El antiguo México

Una guía apasionante sobre el Imperio azteca, la civilización maya, los olmecas, los toltecas y Teotihuacán

© Copyright 2025

Todos los derechos reservados. Ninguna parte de este libro puede ser reproducida de ninguna forma sin el permiso escrito del autor. Los revisores pueden citar breves pasajes en las reseñas.

Descargo de responsabilidad: Ninguna parte de esta publicación puede ser reproducida o transmitida de ninguna forma o por ningún medio, mecánico o electrónico, incluyendo fotocopias o grabaciones, o por ningún sistema de almacenamiento y recuperación de información, o transmitida por correo electrónico sin permiso escrito del editor.

Si bien se ha hecho todo lo posible por verificar la información proporcionada en esta publicación, ni el autor ni el editor asumen responsabilidad alguna por los errores, omisiones o interpretaciones contrarias al tema aquí tratado.

Este libro es solo para fines de entretenimiento. Las opiniones expresadas son únicamente las del autor y no deben tomarse como instrucciones u órdenes de expertos. El lector es responsable de sus propias acciones.

La adhesión a todas las leyes y regulaciones aplicables, incluyendo las leyes internacionales, federales, estatales y locales que rigen la concesión de licencias profesionales, las prácticas comerciales, la publicidad y todos los demás aspectos de la realización de negocios en los EE. UU., Canadá, Reino Unido o cualquier otra jurisdicción es responsabilidad exclusiva del comprador o del lector.

Ni el autor ni el editor asumen responsabilidad alguna en nombre del comprador o lector de estos materiales. Cualquier desaire percibido de cualquier individuo u organización es puramente involuntario.

Índice

PRIMERA PARTE: EL IMPERIO AZTECA 1
  INTRODUCCIÓN 3
  PRIMERA SECCIÓN: ANTES DE LOS AZTECAS 9
    CAPÍTULO 1: LOS OLMECAS Y LOS EPIOLMECAS 11
    CAPÍTULO 2: LOS TOLTECAS 25
    CAPÍTULO 3: LOS CHICHIMECAS 38
  SECCIÓN SEGUNDA: EL SURGIMIENTO DE LA CIVILIZACIÓN AZTECA 51
    CAPÍTULO 4: ORÍGENES AZTECAS Y EL MÍTICO AZTLÁN 53
    CAPÍTULO 5: LOS PRIMEROS ASENTAMIENTOS Y TENOCHTITLAN 65
    CAPÍTULO 6: LAS CIUDADES-ESTADO AZTECAS 77
    CAPÍTULO 7: LA TRIPLE ALIANZA 88
    CAPÍTULO 8: GUERRA CON LOS TARASCOS 99
  SECCIÓN TERCERA: LA CONQUISTA ESPAÑOLA 111
    CAPÍTULO 9: LA LLEGADA DE CORTÉS 113
    CAPÍTULO 10: LA MASACRE DE CHOLULA 123
    CAPÍTULO 11: LA CAÍDA DE TENOCHTITLAN 135
    CAPÍTULO 12: LA FUNDACIÓN DE NUEVA ESPAÑA 145

SECCIÓN CUATRO: ARTE, CULTURA Y LEGADO 157
   CAPÍTULO 13: LA RELIGIÓN AZTECA 159
   CAPÍTULO 14: ARTESANÍA, COMERCIO Y VIDA SOCIAL 170
   CAPÍTULO 15: ARTE AZTECA 182
   CAPÍTULO 16: MITOLOGÍA Y COSMOLOGÍA AZTECAS 195
   CONCLUSIÓN 206
SEGUNDA PARTE: LA CIVILIZACIÓN MAYA 215
   INTRODUCCIÓN 217
   PRIMERA SECCIÓN: LOS OLMECAS Y EL MAYA PRECLÁSICO
   (1400 A. C. - 250 D. C.) 219
      CAPÍTULO 1: SAN LORENZO TENOCHTITLAN: LA
      CIUDAD DE LOS OLMECAS 221
      CAPÍTULO 2: LA VENTA: LA CIUDAD ISLEÑA OLMECA 231
      CAPÍTULO 3: LA DECADENCIA OLMECA Y LOS
      EPIOLMECAS 244
      CAPÍTULO 4: LA ERA MAYA PRECLÁSICA 250
   SEGUNDA SECCIÓN: LA ÉPOCA MAYA CLÁSICA
   (250-900 D. C.) 261
      CAPÍTULO 5: LA SOCIEDAD MAYA CLÁSICA 263
      CAPÍTULO 6: TIKAL: LA CIUDAD DE LOS DIOSES
      JAGUARES MAYAS 281
      CAPÍTULO 7: CALAKMUL: EL IMPERIO MAYA PERDIDO 292
      CAPÍTULO 8: EL COLAPSO DE LA ÉPOCA CLÁSICA 301
      CAPÍTULO 9: CHICHÉN ITZÁ: LA CIUDAD MARAVILLA 306
   TERCERA SECCIÓN: LA ERA MAYA POSTCLÁSICA
   (900-1511 D. C.) 315
      CAPÍTULO 10: EL REINO K'ICHE' DE Q'UMARKAJ 317
      CAPÍTULO 11: LA LIGA DE MAYAPÁN 322
      CAPÍTULO 12: PETÉN ITZÁ: EL ÚLTIMO REINO MAYA 326
   CUARTA SECCIÓN: CONTACTO Y CONQUISTA
   ESPAÑOLA (1511-1697 D. C.) 331
      CAPÍTULO 13: PRIMEROS ENCUENTROS Y EXPLORACIÓN
      DE YUCATÁN 333
      CAPÍTULO 14: HERNÁN CORTÉS Y PEDRO DE ALVARADO 340
      CAPÍTULO 15: CONQUISTA DE CHIAPAS 348
      CAPÍTULO 16: LA CONQUISTA DE LA PENÍNSULA DE
      YUCATÁN 355
      CAPÍTULO 17: LAS CONQUISTAS FINALES 361

CONCLUSIÓN 363
TERCERA PARTE: LA CIVILIZACIÓN OLMECA 367
   INTRODUCCIÓN 369
   CAPÍTULO 1: LOS PRIMEROS ASENTAMIENTOS 371
   CAPÍTULO 2: LA AGRICULTURA DOMESTICADA 380
   CAPÍTULO 3: HERRAMIENTAS Y COMERCIO 388
   CAPÍTULO 4: SITIOS Y ARTEFACTOS IMPORTANTES 397
   CAPÍTULO 5: EL ORIGEN DE LOS OLMECAS 412
   CAPÍTULO 6: SAN LORENZO TENOCHTITLÁN 423
   CAPÍTULO 7: LOGROS CULTURALES Y DECADENCIA DE SAN LORENZO 434
   CAPÍTULO 8: EL AUGE DE LA VENTA 451
   CAPÍTULO 9: COSTUMBRES Y SOCIEDAD 461
   CAPÍTULO 10: ECONOMÍA Y RELIGIÓN 469
   CAPÍTULO 11: LA DECADENCIA Y LOS EPIOLMECAS 477
   CONCLUSIÓN 486
CUARTA PARTE: LA CIVILIZACIÓN TOLTECA 491
   INTRODUCCIÓN 493
   SECCIÓN 1: LA EDAD CLÁSICA MAYA (250 A. C. - 900 D. C.) 497
      CAPÍTULO 1: LAS GRANDES CIUDADES MAYAS 499
      CAPÍTULO 2: VIDA SOCIAL Y ECONOMÍA DE LOS MAYAS ... 505
      CAPÍTULO 3: GRANDES MONUMENTOS DE LOS MAYAS 511
      CAPÍTULO 4: CIENCIA, RELIGIÓN Y LENGUAJE DE LOS MAYAS 517
   SECCIÓN 2: LOS TOLTECAS (674 - 1.122 D. C.) 523
      CAPÍTULO 5: CHICHÉN ITZÁ Y LA CONEXIÓN TOLTECA 525
      CAPÍTULO 6: LA INCÓGNITA DE LOS TOLTECAS 531
      CAPÍTULO 7: TULA, LA CIUDAD DE LOS TOLTECAS 537
      CAPÍTULO 8: CĒ ĀCATL TOPILTZIN, EL MÍTICO REY TOLTECA 544
      CAPÍTULO 9: EL COLAPSO DE TULA Y LA DIÁSPORA TOLTECA 550
      CAPÍTULO 10: EL AUGE DE LOS AZTECAS 556
   SECCIÓN 3: EL LEGADO TOLTECA: ARTE, SOCIEDAD Y CULTURA 561
      CAPÍTULO 11: ESTRUCTURA SOCIAL 563
      CAPÍTULO 12: ARTE, ESCULTURA Y ARQUITECTURA 569

CAPÍTULO 13: GUERRA Y ARMAMENTO 575
CONCLUSIÓN 580
QUINTA PARTE: TEOTIHUACÁN 585
INTRODUCCIÓN 587
PRIMERA SECCIÓN: HISTORIA DE TEOTIHUACÁN (300 A. C.-650 D. C.) 591
CAPÍTULO 1: POSIBLES ORÍGENES Y PRIMEROS ASENTAMIENTOS 593
CAPÍTULO 2: LOS DÍAS GLORIOSOS DE TEOTIHUACÁN 605
CAPÍTULO 3: DECADENCIA Y RUINA 615
SEGUNDA SECCIÓN: VIDA SOCIAL Y POBLACIÓN 625
CAPÍTULO 4: ESTRUCTURA DE LA CIUDAD 627
CAPÍTULO 5: ARTE Y ARTESANÍAS 638
CAPÍTULO 6: VIDA COMERCIAL 649
CAPÍTULO 7: RELIGIÓN Y RITUALES 659
CAPÍTULO 8: LAS GRANDES PIRÁMIDES 670
TERCERA SECCIÓN: LA INFLUENCIA DE TEOTIHUACÁN EN MESOAMÉRICA 683
CAPÍTULO 9: RELACIONES CON LOS MAYAS Y LOS ZAPOTECAS 685
CAPÍTULO 10: INFLUENCIA SOBRE LOS AZTECAS 695
CONCLUSIÓN 705
VEA MÁS LIBROS ESCRITOS POR ENTHRALLING HISTORY 709
BIBLIOGRAFÍA 710
FUENTES DE IMÁGENES 719

Primera Parte: El Imperio azteca

Un apasionante recorrido por la historia de los aztecas, a partir del asentamiento en el valle de México

Introducción

¡Lo vieron! Por fin lo vieron. Allí mismo, delante de ellos, había un águila, posada en un cactus, comiéndose una serpiente. La profecía se había cumplido. El «pueblo de Aztlán» había encontrado el lugar donde establecerse tras incontables años de vagar por los yermos páramos.

Corría el año 1325 e. c., casi 200 años antes de que los primeros europeos pisaran las costas de México. Una tribu nómada llamada los *mexicas* construyó su ciudad en una pequeña isla pantanosa, un lugar improbable para lo que se convertiría en la capital de un gran imperio. A partir de unos orígenes poco prometedores, el extraordinario Imperio azteca pronto se formaría y expandiría hasta convertirse en una civilización famosa por sus habilidades militares, su intercambio comercial, su fascinante cultura y sus extensas y sofisticadas actividades agrícolas. Mediante conquistas y alianzas con otras poderosas ciudades-estado, los aztecas desarrollaron un vasto imperio organizado y densamente poblado que abarcaba gran parte del actual México.

Este resumen del Imperio azteca revelará muchos de los cautivadores misterios de esta vasta nación. ¿Qué civilizaciones existían en la zona antes de que los mexicas alcanzaran la supremacía? ¿De dónde procedían los mexicas? ¿Cómo lograron imponerse a otras civilizaciones y formar su extensa red de poder? ¿Cuál era la mitología y la religión de los aztecas y cómo reflejaba su arte su sistema de creencias? ¿En qué se diferenciaba su sistema agrícola y de mercado de las culturas circundantes? ¿Cómo funcionaba su orden social?

Calendario azteca[1]

Esta completa y detallada guía sobre el Imperio azteca responderá a estas preguntas y a muchas otras sobre esta intrigante nación y su cultura. Explicará los rasgos distintivos de este gran imperio, lo que lo hizo excepcional, y cómo la cultura azteca ha tenido un impacto duradero en el mundo moderno. Los lectores conocerán en profundidad quiénes eran los aztecas, no solo lo que hacían, sino cómo vivían, en qué creían y cómo se relacionaban.

Se han escrito muchos libros sobre el Imperio azteca, así que ¿por qué se necesita otro? Los libros existentes tienden a caer en varias categorías: a algunos les falta información obtenida de los hallazgos arqueológicos y estudios académicos más recientes, algunos son áridos, aburridos y excesivamente académicos, algunos se centran solo en un aspecto del Imperio azteca y otros son simplistas y de alcance limitado, dirigidos a un público infantil.

El objetivo de este libro es ofrecer una presentación amplia y bien documentada del Imperio azteca en un formato fácil de entender e interesante que mantenga al lector fascinado y comprometido. Los aficionados a la historia y quienes simplemente tienen curiosidad por los aztecas apreciarán la profundidad de la información y la perspicacia que se entretejen en esta obra autorizada, acompañada de llamativas ilustraciones que aclaran la narración y dan vida a la cultura azteca y a otras culturas mesoamericanas.

Esta guía se divide en cuatro secciones, empezando por las principales culturas que existieron en la zona antes del Imperio azteca: los olmecas y epiolmecas, los toltecas y los chichimecas. Exploraremos cómo florecieron, por qué eran famosos y quiénes fueron algunos de sus líderes importantes. Consideraremos los factores que llevaron a cada civilización a colapsar, desvanecerse en el olvido o ser asimilada por culturas posteriores.

La segunda parte, El auge de la civilización azteca, se centra en el auge del Imperio azteca, profundizando en los orígenes del pueblo azteca y en cómo se definían a sí mismos. Esta sección explora el misterio del país natal de los aztecas: Aztlán, en la Laguna de la Luna. Indagaremos en las teorías sobre su ubicación y el significado de la palabra *Aztlán*. Investigaremos quiénes eran los mexicas y cómo llegaron a convertirse en la tribu dominante de los aztecas en los primeros asentamientos del valle de México.

El escudo de armas mexicano representa la leyenda mexica-azteca del águila comiéndose una serpiente de cascabel posada en un cactus[2]

¿Y cómo es esa leyenda del águila que se come una serpiente encaramada a un nopal? ¿Qué simboliza y cómo condujo a la fundación de una capital en medio de un pantano?

Analizaremos los elementos clave del establecimiento de la dinastía azteca, cómo se organizaron y conectaron entre sí las ciudades-estado y cómo controlaron los aztecas a otras ciudades-estado mesoamericanas. Estudiaremos cómo se formó la Triple Alianza y cuál fue su exitosa estrategia de conquista.

La tercera parte, La conquista española, explorará lo que ocurrió cuando llegaron los europeos. ¿Cómo reaccionaron los aztecas cuando avistaron por primera vez en el golfo barcos extraños, como nunca habían visto? ¿Cómo consiguió el conquistador español Hernán Cortés aliarse astutamente con los tlaxcaltecas, rivales de los aztecas? Esta sección indagará en los acontecimientos que llevaron al emperador Moctezuma a ser hecho prisionero en su propio palacio y a la revuelta de los aztecas contra los españoles tras la masacre del Templo Mayor.

En esta sección veremos cómo se desarrolló el enfrentamiento entre dos grandes imperios, antes divididos por un gran océano y desconocidos el uno para el otro. ¿Cómo organizaron los españoles el asedio a Tenochtitlan, la capital azteca? ¿Qué factores llevaron a la caída de la gran ciudad y a la victoria de los invasores españoles? Examinaremos qué ocurrió cuando los españoles tomaron el control, cómo se adaptaron los aztecas y otros pueblos indígenas al dominio español y a un nuevo modo de vida, ya que se los presionó para que abandonaran sus ídolos y se convirtieran (al menos en apariencia) al catolicismo.

La cuarta parte —Arte, cultura y legado— repasa la fascinante cultura azteca y su continuo impacto, empezando por la religión azteca y quiénes eran sus dioses. ¿Se practicaban realmente el sacrificio humano? ¿Cómo eran sus rituales religiosos? También examinaremos cómo funcionaba su sistema de mercado, analizando las relaciones y el comercio de los aztecas con otros pueblos, así como su sistema educativo. ¿Y cómo vivía el pueblo llano? Exploraremos cómo era el matrimonio en la cultura azteca, así como algunos aspectos curiosos de la familia y la vida cotidiana.

¿Sabía que los aztecas tenían un sistema de escritura? Su comunicación escrita era una forma de arte que combinaba pictogramas e ideogramas. El arte era fundamental en la cultura azteca y, en la cuarta parte, exploraremos la impresionante belleza de la arquitectura, las esculturas, los mosaicos, la poesía, la cerámica, la metalistería y el exquisito trabajo de plumas con el que vestían a guerreros, sacerdotes e ídolos. Examinaremos cómo su arte y otros artefactos culturales se vieron influidos por los grupos circundantes y cómo ellos mismos influyeron en la zona que los rodeaba, incluso en el actual México y el resto de Mesoamérica.

Retrocedamos en el tiempo y comencemos a seguir el fascinante recorrido de un pueblo de orígenes misteriosos que construyó una ciudad en un pantano y procedió a desarrollar el vasto e impresionante Imperio azteca.

PRIMERA SECCIÓN:
ANTES DE LOS AZTECAS

Capítulo 1: Los olmecas y los epiolmecas

¿Qué tienen en común las pelotas de goma, el chocolate, las cabezas colosales, los *hombres-jaguar* (similar a los hombres lobo, pero jaguar y humano) y una pirámide? Todos ellos eran distintivos culturales de los olmecas, la primera gran civilización o «cultura madre» de Mesoamérica, la región que se extiende desde el centro de México hasta el norte de Costa Rica.

La agricultura formal en América, especialmente el cultivo generalizado del maíz, se remonta al menos al IV milenio a. e. c., avanzando más rápidamente en lo que hoy es México y Guatemala, así como en la región andina de Sudamérica. Entre estas culturas agrícolas, la civilización olmeca surgió hacia 1600 a. e. c. en las pantanosas tierras bajas tropicales cercanas al golfo de México, al sur y al este de la actual Ciudad de México.

El suelo rico y húmedo de esta zona favoreció una agricultura productiva, que proporcionó alimentos a una densa población, y los olmecas establecieron tres asentamientos con vistas al río Coatzacoalcos. Desconocemos el nombre original de los olmecas, pero su principal asentamiento se conoce hoy como San Lorenzo Tenochtitlán, en el actual estado de Veracruz. Para evitar confusiones con otra ciudad mexica-azteca llamada Tenochtitlán, nos referiremos a la ciudad olmeca simplemente como *San Lorenzo*.

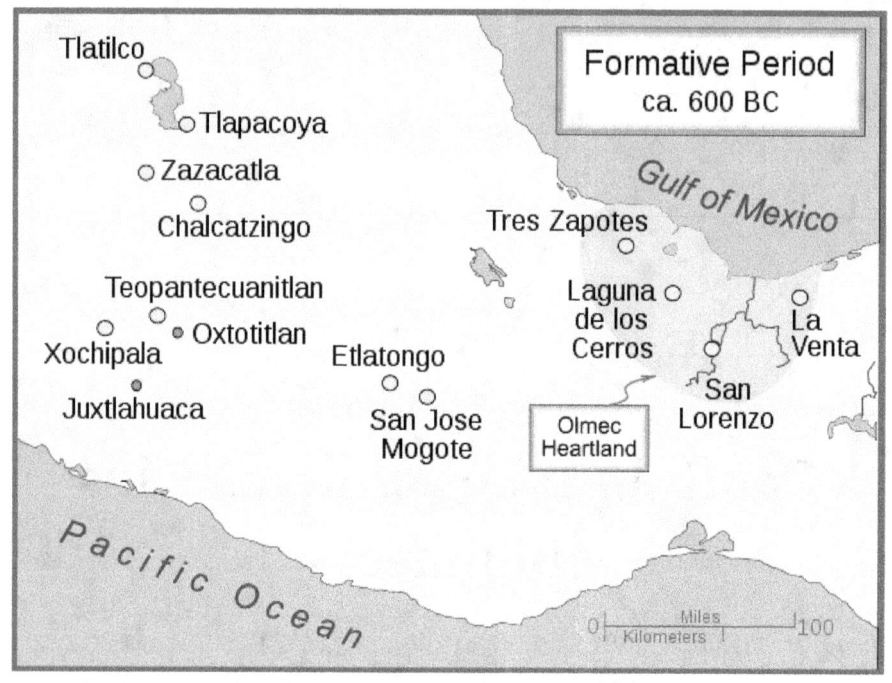

Región olmeca[a]

San Lorenzo, un centro ceremonial para las aldeas agrícolas circundantes, fue construido en una meseta artificial de 140 acres, lo que habría exigido el esfuerzo de trabajadores cargando toneladas de relleno de tierra en cestos. Los arqueólogos quedaron asombrados al descubrir un elaborado sistema de drenaje con cisternas de almacenamiento de agua, sofisticado para esta época, incluso en civilizaciones avanzadas del otro lado del globo. El acueducto de San Lorenzo, una obra maestra de la ingeniería, presentaba canales de agua cubiertos formados con basalto, que suministraban agua dulce a los ciudadanos.

Los asentamientos florecieron con el tiempo y, hacia 1200 a. e. c., San Lorenzo estaba en su apogeo. La ciudad propiamente dicha podría haber albergado a 5.000 personas, con una posible población de 13.000 en toda la zona, la primera verdadera ciudad de Mesoamérica. Esta gran población generó una jerarquía, con una clase de élite que gobernaba la ciudad, hábiles artesanos que tallaban minerales semipreciosos, y trabajadores para los proyectos de construcción, así como para los cultivos de maíz, batata, frijoles, calabaza y yuca, el cultivo de árboles de aguacate y cacao. Estos alimentos constituían la dieta básica de los olmecas, junto con el perro domesticado (su principal fuente de proteínas), el pescado y la caza silvestre.

Parte del jade y la obsidiana utilizados en las tallas procedían de lugares tan lejanos como Guatemala, gracias al comercio a través del sistema del río Coatzacoalcos. Debido a su extenso sistema de comercio, los olmecas tenían una influencia cultural en un área más amplia que donde vivían. Se han encontrado artefactos olmecas tan al norte como la actual Ciudad de México y tan al sur como Ciudad de Guatemala. Muchos aspectos de la cultura olmeca también se transmitieron a civilizaciones futuras, como la azteca.

Los arqueólogos descubrieron un palacio en San Lorenzo hecho de paredes y suelos de tierra con un acabado de yeso, coloreado con ocre rojo, hecho del óxido de hierro hematita. Talladas en basalto, columnas de 13 pies sostenían el techo del «palacio rojo». Este palacio habría albergado a la élite gobernante, mientras que los plebeyos vivían en las laderas alrededor de la ciudad en casas de «bahareque»: un armazón de madera (bahareque) cubierto con tierra húmeda o arcilla (embarradura).

La palabra *olmeca* procede de un vocablo azteca que significa «gente del caucho», ¡y por algo se los llamaba así! El árbol del caucho de Panamá es originario de las zonas tropicales de México y América Central. Los olmecas recolectaban la savia de este árbol y la mezclaban con la de las vides de la gloria de la mañana para hacerla flexible y poder utilizarla para formar objetos. Presionaban la savia de caucho alrededor de piedras y hacían pelotas de goma. ¡Sí! Pelotas de goma para juegos de pelota. Los olmecas inventaron las primeras pelotas de goma.

También se han encontrado pelotas de goma en fosas de sacrificio olmecas, lo que indica que podrían haber sido sacrificadas a deidades. También es posible que las utilizaran debajo de objetos pesados, para hacerlos rodar de un lugar a otro, ya que los olmecas también eran conocidos por sus enormes estatuillas de piedra que habrían necesitado ser transportadas de algún modo.

Altar de La Venta[4]

Alrededor del año 900 a. e. c., la ciudad de San Lorenzo decayó por razones desconocidas, pero lo más probable es que se debiera a que los ríos de la zona cambiaron de curso durante ese periodo. La ciudad habría dependido de los ríos para el comercio y para el transporte de basalto desde las montañas. Por la misma época, surgió otra ciudad como centro de la cultura olmeca. La Venta, asentada alrededor del 1200 a. e. c., tenía unos 300 años cuando San Lorenzo declinó. Se convirtió en la ciudad más importante de los olmecas y siguió siéndolo durante 500 años.

La Venta se encontraba en lo que hoy es el estado mexicano de Tabasco, a unos quince kilómetros del golfo de México y en el río Palma, afluente del río Tonalá. La ciudad se construyó en una isla en medio de un pantano (un tema recurrente de las culturas de la zona), lo que pudo haberle proporcionado protección natural. La población de La Venta creció hasta unos 20.000 habitantes, aproximadamente el doble que la de San Lorenzo.

El examen arqueológico revela varias secciones distintas dentro de la ciudad de La Venta, con un complejo de templos en el extremo norte del yacimiento y una gran pirámide justo al sur del templo.

Curiosamente, la ciudad está alineada 8 grados al oeste del norte, con lados este y oeste casi idénticos. Esta ciudad se planificó muy bien.

Se pensaba que la pirámide de La Venta era la primera pirámide conocida de América. Sin embargo, ahora sabemos que la civilización Caral de Perú construyó pirámides 100 años antes que las pirámides egipcias y más de 1.000 años antes que la pirámide de La Venta. ¿Podrían los peruanos haber influido de algún modo en la cultura olmeca? Los expertos creen que existía un sistema de comercio en balsa, que se extendía desde Perú hasta México, unos 1000 años después de los olmecas. Creen que así fue como las civilizaciones de México adoptaron repentinamente la metalurgia alrededor del año 800 e. c. Existe la posibilidad de que el comercio en balsa existiera mucho antes, en la época olmeca, o al menos que hubiera algún viajero ocasional entre ambas zonas. Independientemente de dónde obtuvieran la idea, la pirámide de La Venta marcó el comienzo de una tendencia de construcción de pirámides en toda Mesoamérica por parte de varias civilizaciones posteriores a la olmeca.

Pirámide de La Venta[3]

¿Qué aspecto tenía la pirámide de La Venta? Era rectangular, con escalones a los costados que subían hasta la cima. Hoy en día, incluso después de miles de años de erosión, tiene 112 pies (34 metros) de altura. En su construcción se emplearon unos 100.000 metros cúbicos de arcilla. Como otras pirámides americanas, se construyó con arcilla compactada y revestimiento de piedra.

El arte fue un sello distintivo de la cultura olmeca. Los olmecas realizaron tallas excepcionales en jade (utilizando jadeíta en lugar del jade nefrita utilizado en China). Estas tallas representaban lo que se cree que eran criaturas sobrenaturales, como el mitológico hombre-jaguar, mitad humano y mitad jaguar.

Cabeza colosal olmeca⁶

Una asombrosa forma de arte distintiva de los olmecas eran las cabezas colosales. Estas sobrecogedoras tallas se han encontrado sobre todo en San Lorenzo, con algunas en La Venta y un par en otros asentamientos. Estas cabezas eran gigantescas, ¡de hasta 3 metros de altura! Pesaban varias toneladas y fueron talladas en enormes rocas de basalto volcánico del cerro Cintepec, en las montañas de los Tuxtlas, a más de ochenta kilómetros de distancia. Otra fuente de basalto utilizada en las colosales cabezas fue el volcán de San Martín.

¿Cómo trasladaron los olmecas estas enormes piedras a lo largo de tantos kilómetros? El misterioso transporte de estas enormes cabezas talladas es alucinante. Tendrían que haber sido arrastradas, tal vez sobre una plataforma rodada sobre pelotas de goma. Podrían haber sido transportadas en balsa por el sistema fluvial, pero eso habría requerido habilidades excepcionales para hacer flotar un objeto de tantas toneladas. Se habrían necesitado más de 1.000 hombres, trabajando durante meses, para llevarlas a su destino.

Las pruebas arqueológicas indican que las cabezas colosales estaban cubiertas de yeso pintado con colores brillantes. Cada cabeza es diferente, y sus rostros presentan labios carnosos, narices anchas y ojos almendrados, algunos con un pliegue epicántico (común en asiáticos y polinesios). Algunas personas creen que su aspecto es africano, o quizás asiático o polinesio.

¿Este era el aspecto de los olmecas? ¿Cuáles fueron los orígenes de los olmecas? Algunos sostienen la teoría de que los olmecas eran originarios de África, pero los estudios de ADN realizados sobre dos restos olmecas indican que tenían ADN compatible con las poblaciones indígenas de América. No se ha encontrado ningún vínculo específico de ADN entre los olmecas y Polinesia o África.

Curiosamente, un estudio de ADN publicado en *Nature* en julio de 2020 vincula a los antiguos zenúes, que vivían en la parte caribeña del país, con la Isla de Pascua y Fatu Hiva (en Polinesia). Los investigadores creen que esto ocurrió alrededor del año 1200 e. c., es decir, mucho después de la civilización olmeca, pero hace volar la imaginación. Quizá futuros hallazgos arqueológicos y estudios de ADN nos digan algo más.

Dado que las cabezas colosales se encuentran tanto en La Venta como en San Lorenzo, sabemos que la producción de estas enormes tallas continuó durante varios siglos. ¿Qué representaban? Quizá cada cabeza fuera la de un gobernante olmeca. Las cabezas están talladas con algún tipo de tocado, como un casco, lo que sugiere una asociación con el ejército. Otros especulan que las colosales cabezas representan a atletas de los juegos con pelotas de goma que llevaban cascos.

Los olmecas no solo inventaron las pelotas de goma, sino que también eran conocidos por los juegos de pelota jugados por dos equipos con la pelota de goma en un foso hundido. El objetivo aparente del juego era llevar la pelota al otro extremo de la cancha sin usar las manos (como el fútbol moderno). Las representaciones en tallas olmecas indican que se usaba equipo de protección, incluidos cascos. El juego era probablemente una forma antigua del juego de pelota *Ulama*, también jugado por las civilizaciones azteca y maya, y todavía jugado hoy en Mesoamérica. En el Ulama, la pelota se golpea con la cadera, la parte superior del muslo o el antebrazo. En Mesoamérica se han encontrado unos 2.000 campos de pelota antiguos.

Figurilla olmeca que presenta a un niño (que parece ser un hombre-jaguar)

Poco se sabe sobre la religión y los mitos de los olmecas, aparte de lo que se puede deducir de los artefactos. El sacrificio forma parte de casi todas las culturas, y los olmecas lo practicaban. Las tallas olmecas de una persona «presentando» a un bebé inerte o a un niño pequeño apuntan al sacrificio de niños; esqueletos parciales y completos de bebés (encontrados en lo que se cree que son fosas de sacrificio) parecen confirmar esta práctica. Otros objetos de las fosas sugieren sacrificios de joyas de metal, pelotas de goma, grano, productos agrícolas y ganado. Se cree que la sangría, común en las culturas mesoamericanas posteriores, formaba parte del sistema de sacrificios, en el que se utilizaban púas de raya y dientes de tiburón reales y de cerámica.

Los gobernantes, sacerdotes y chamanes olmecas probablemente participaban en la dirección de las actividades religiosas. Tenían un dios jaguar, junto con otros seres sobrenaturales a los que rendían culto. Los hombres-jaguar formaban parte de la mitología antigua de los mesoamericanos, incluidos los olmecas. Los jaguares reales estaban en la cima de la cadena alimenticia y tenían una amplia área de cobertura en la antigüedad. El hombre-jaguar era probablemente una deidad olmeca que representaba la supremacía y la fuerza. Las figuras tenían ojos almendrados, la cabeza hendida y la boca abierta hacia abajo en una especie de mueca.

Escultura de un hombre-jaguar del Museo de Antropología de Xalapa, Vera Cruz, México[8]

La imagen de un hombre-jaguar se representa a veces como un bebé en brazos de un hombre, posiblemente una práctica chamánica para aprovechar el feroz poder del jaguar o posiblemente la descendencia mitológica de un jaguar apareado con un humano. Los artefactos olmecas incluyen máscaras de jade de un jaguar, que suelen encontrarse en santuarios, cementerios y templos, y que obviamente tienen un significado espiritual importante.

Otras deidades a las que los olmecas rendían culto eran el dragón o monstruo de tierra, representado en su arte con colmillos, cejas de fuego y lengua partida. Las tallas muestran una deidad del maíz, con maíz creciendo de su cabeza hendida. Los olmecas pueden haber tenido un espíritu de la lluvia, y las tallas en cuencos muestran lo que puede ser una especie de dios de ojos anillados. Una serpiente emplumada, una deidad común en muchas religiones mesoamericanas, se encontró en una estela tallada y en una pintura rupestre. Por último, parece que los olmecas tenían una deidad pez o tiburón.

Hallazgos arqueológicos recientes muestran que los olmecas desarrollaron un sistema de escritura primitivo. A finales de la década de 1990, unos obreros que construían una carretera en lo que fue el corazón olmeca descubrieron un bloque de piedra entre un montón de escombros de excavadora, que también incluía figurillas de arcilla que databan del periodo olmeca de San Lorenzo. En el bloque hay 62 glifos, o símbolos elementales, que se asemejan al maíz, la piña, los peces y los insectos, así como glifos más abstractos. Los símbolos son horizontales, mientras que otras formas de escritura o protoescritura mesoamericana eran todas verticales, como la antigua escritura china.

Esta losa, con sus símbolos tallados, generó mucha controversia. Algunos investigadores la consideraron una prueba irrefutable de la existencia de un sistema de escritura primitivo en la cultura olmeca. Otros opinaban que la losa no era tan antigua como se creía o que los símbolos no eran un tipo de escritura.

En 1997 y 1998, en un yacimiento arqueológico a cinco kilómetros al norte de La Venta, se descubrieron tres artefactos que también parecen apuntar a un sistema de escritura olmeca. Databan de alrededor del 650 a. e. c., cuando la civilización olmeca de La Venta estaba activa. Uno de ellos era un sello cilíndrico que, al desplegarse, mostraba un pájaro «hablando» palabras (o glifos). Se encontraron dos fragmentos de una placa que contenían cada uno un glifo similar a los utilizados en culturas mesoamericanas posteriores.

Pasemos ahora a lo que muchos podríamos considerar el aspecto más interesante de la cultura olmeca: ¡el chocolate! Un artículo en la edición de mayo de 2011 de *Proceedings of the National Academy of Sciences* informó sobre 156 tiestos recogidos en una excavación arqueológica en San Lorenzo. Los residuos de los cuencos, tazas y botellas se analizaron en la Universidad de California. Las pruebas revelaron que el 17% de los tiestos contenían residuos de teobromina, un alcaloide químico que se encuentra principalmente en la planta del cacao. ¡Los olmecas bebían chocolate! Así pues, los olmecas no solo inventaron las pelotas de goma, sino que también podemos agradecerles que descubrieran cómo fabricar chocolate a partir de granos de cacao.

Como ya se ha señalado, la cultura olmeca surgió en la zona de San Lorenzo alrededor del 1600 a. e. c. En el año 900 a. e. c., San Lorenzo decayó abruptamente y la ciudad olmeca de La Venta adquirió importancia como centro cultural o capital. La Venta se desarrolló y dominó hasta alrededor del 400 a. e. c., cuando también fue evacuada y abandonada repentinamente. Durante los siguientes 2.000 años, la mitad oriental del territorio olmeca estuvo escasamente habitada. Un gran segmento de los olmecas parecía haberse extinguido repentinamente.

Estela 19 de La Venta, la primera representación conocida de la Serpiente Emplumada en Mesoamérica[9]

¿Cuál fue la causa de su extinción? Los arqueólogos creen que su despoblación se debió a cambios bruscos y graves en el medio ambiente, hasta el punto de que la zona ya no podía mantener una población densa que requería una inmensa producción agrícola y un buen sistema fluvial para el comercio y el transporte.

Ya hemos especulado sobre los cambios en los cursos fluviales que probablemente causaron el declive de San Lorenzo. ¿Qué pasó en La Venta? La agitación y los cambios tectónicos podrían haber provocado terremotos y erupciones volcánicas en la zona, así como una mayor alteración del sistema fluvial del que dependían los olmecas. México se asienta sobre tres de las mayores placas tectónicas de la Tierra, y los terremotos son frecuentes. El suelo blando del pantanoso corazón olmeca habría amplificado los efectos de los temblores.

México es el cuarto país del mundo con mayor riesgo de erupción volcánica. El volcán San Martín estaba cerca de La Venta y entró en erupción en 1796. El volcán El Chichón tampoco estaba lejos y sigue activo, entró en erupción por última vez en 1981. Los olmecas vivían en las tierras bajas pantanosas; aunque un volcán no esté en erupción, puede liberar dióxido de carbono letal, que puede acumularse en las zonas bajas, matando a humanos, animales y plantas.

Los epiolmecas

Un siglo después del abrupto declive de la cultura olmeca, una nueva cultura la sucedió. Nos referimos a ellos como epiolmecas: «epi», que significa «posterior» o «después». Como ya se ha mencionado, la parte oriental del corazón olmeca se convirtió prácticamente en un páramo. Sin embargo, dos ciudades, Tres Zapotes y Cerro de la Mesas, adquirieron importancia en la parte occidental de lo que fue el corazón olmeca.

La cultura epiolmeca perduró durante unos 550 años, desde el 300 a. e. c. hasta el 250 e. c., y parecía ser una transformación gradual de la cultura olmeca, más que una cultura completamente nueva que ganara el dominio. Aunque no eran tan grandes ni estaban tan organizados como los olmecas, los epiolmecas desarrollaron un calendario y un sistema de escritura sofisticados. Sin embargo, su sistema de comercio no igualaba al olmeca y su arte carecía del refinamiento olmeca.

Estela 1 de La Mojarra que muestra al "Señor de la Montaña Cosechadora", 156 e. c.[10]

Varios artefactos hallados en la región epiolmeca muestran un sistema de escritura conocido como escritura ístmica, que puede haber descendido de los glifos olmecas. En 1986 se desenterró *la estela de La Mojarra*, ¡un descubrimiento extremadamente importante! Este monumento tallado data del año 156 e. c. y contiene 535 glifos. En el lado derecho de la piedra hay una talla de un hombre que lleva un elaborado tocado con una deidad ave de pico ganchudo y tiburones. Esto, junto con su capa de plumas, indica que se trata de un gobernante, deidad o sacerdote. Sobre él hay doce columnas de glifos, y a su derecha otras ocho columnas de glifos.

En 1997, dos lingüistas, John Justeson y Terrence Kaufman, publicaron un artículo en el que afirmaban haber descifrado la escritura. Informaron de que el hombre es el «señor de la montaña recolector» y que los escritos hablan de un eclipse solar y de apariciones de Venus, de cómo el señor de la montaña llegó al poder, de sus guerras, de su propio derramamiento de sangre y del sacrificio de su cuñado. Algunos arqueólogos cuestionan esta traducción.

La piedra también contenía dos fechas del calendario mesoamericano Cuenta Larga, que corresponden a los meses y años de mayo de 143 e. c. y julio de 156 e. c. El calendario de Cuenta Larga era un sistema que surgió en la época epiolmeca y se encontró en zonas influenciadas por las culturas olmecas. Medía el tiempo calculando el número de días a partir de lo que ellos consideraban su fecha de creación, que habría sido el 3114 a. e. c. en nuestro calendario.

Anteriormente, en 1902, la Estatuilla de Tuxtla fue descubierta por un campesino en las estribaciones de las montañas de los Tuxtlas. La estatuilla tiene forma de hombre con boca de pato y alas. En ella están tallados 75 glifos (conocidos como escritura ístmica y correspondientes a la Estela de La Mojarra) y una fecha del calendario de Cuenta Larga que corresponde al año 162 e. c.

El artefacto más antiguo de los epiolmecas, que contiene anotaciones calendáricas y glifos, fue la Estela C. La mitad inferior de este monumento se descubrió en 1939 en el yacimiento arqueológico de Tres Zapotes (y la ubicación de una de las dos principales ciudades de los epiolmecas), y la mitad superior se encontró en 1969. En este monumento se grabó una fecha del calendario de Cuenta Larga que corresponde al 3 de septiembre del año 32 a. e. c. En la parte posterior de la estela había glifos tallados en escritura ístmica epiolmeca.

Tenemos la suerte de contar con estos atisbos de la cultura epiolmeca. La vida cotidiana y los hogares de la gente común no parecen haber cambiado mucho en la transición de la cultura olmeca a la epiolmeca. Los epiolmecas no parecen haber tenido la jerarquía centralizada de los olmecas. Hacia el año 250 e. c., su cultura dio paso a la cultura clásica de Veracruz, situada un poco más al norte, en la costa del golfo.

Capítulo 2: Los toltecas

El reino tolteca, conocido por sus legendarios escultores y artistas, así como por sus feroces conquistadores guerreros, siguió a los olmecas como una gran civilización mesoamericana que prosperó entre los años 600 y 1200 e. c. Los toltecas eran tristemente célebres por practicar regularmente el sacrificio humano de adultos y niños, y recoger sus cráneos en un potro en su plaza ceremonial. Difundían con celo el culto a Quetzalcóatl, la deidad serpiente emplumada de Mesoamérica y el nombre que adoptó su emperador más querido. Los mexica-aztecas veneraban mucho a los toltecas, coleccionaban sus esculturas y otras reliquias de la ciudad abandonada de los toltecas y afirmaban descender de la realeza tolteca.

¿Cuáles eran los orígenes de estos guerreros y artistas? Se cree que descendían de un pueblo salvaje y nómada, llamado tolteca-chichimeca, de los desiertos del noroeste de México y quizá del sur de California. En el siglo IX, algunos de estos pueblos emigraron hacia el sur, hacia el valle de México: la zona que abarca la actual Ciudad de México y hacia el este, hasta el golfo de México. En su periplo, los toltecas recogieron influencias culturales de los olmecas, los mayas y, sobre todo, de los teotihuacanos.

Pirámide B de Tula[11]

Según la tradición oral y pictográfica de los aztecas, algunos de estos nómadas se asentaron en Tlachicatzin, en el territorio del pueblo huetlapallan, que los llamó *tolteca*, que significa artesano o arquitecto, por su renombre como artesanos y artistas. Liderados por dos jefes, Chalcaltzin y Tlacamihtzin, los toltecas se rebelaron contra sus amos en 544 e. c. Los toltecas lucharon durante trece años, perdieron la guerra y fueron exiliados.

Los exiliados viajaron a Tlasiculiacan, donde se reunieron con parte de su clan que había huido anteriormente de Tlachicatzin. Juntos siguieron adelante y llegaron a un lugar llamado Tlapallanconco, donde vivieron durante tres años. Pero temían estar tan cerca de los huetlapallan, por lo que su consejo de jefes decidió emigrar más lejos.

Su sacerdote astrólogo, Huematzin (el hombre de la mano larga), anunció una profecía sobre una tierra deshabitada en el este donde podrían vivir. Al oír esto, los toltecas dejaron parte de su clan en Tlapallanconco, y el resto emigraría al este. Hicieron un voto solemne de que se abstendrían de tener relaciones sexuales durante la migración, para poder viajar sin las complicaciones de los embarazos y los niños pequeños.

Marcharon hacia el este y llegaron a Xalisco (Jalisco), donde vivieron ocho años. Dejando allí a parte de su gente, emigraron al ateneo de Chimalhuacán. En este punto, decidieron que ya habían pasado suficiente tiempo sin tener relaciones sexuales, así que celebraron una fiesta conyugal, disfrutaron de las relaciones con sus esposas y, finalmente, empezaron a tener hijos de nuevo. Construyeron barcos y se asentaron en las islas de la zona, y más tarde vivieron todos juntos en un gran edificio de madera en un lugar llamado Tulancingo. Finalmente, en el año 648 e. c., tras 104 años de vida nómada, se trasladaron al que sería su hogar definitivo, al que llamaron Tollan (Tula), que literalmente significa lugar de los juncos, indicando abundancia.

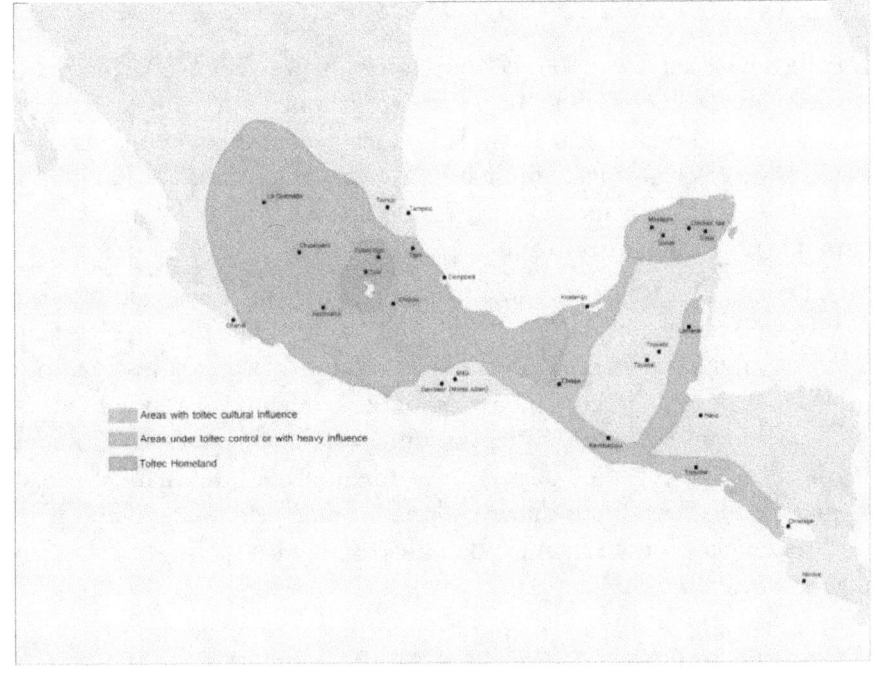

Mapa de la influencia tolteca[13]

El centro tolteca de Tula se encontraba en la región inmediatamente noroccidental de la actual Ciudad de México. La extensión de los artefactos e influencias arquitectónicas toltecas se extendía desde el océano Pacífico hasta el golfo de México. Además, un número significativo de toltecas emigró a la península de Yucatán en varias oleadas, donde influyeron en la cultura maya.

Ixtlilcuechahua fue uno de los primeros reyes toltecas, hijo de Chalchiuhtlanetzin, el jefe que fundó Tula. Ixtlilcuechahua se convirtió en rey en el año 771 e. c., alrededor de los 37 años. Recibió un legado de sabiduría y buen juicio de su padre y fue muy querido por sus súbditos. Su mayor tarea fue convertir a su pueblo, antaño nómada, en una sociedad civilizada.

Ixtlilcuechahua gobernó bajo la guía de Huematzin, el sacerdote-profeta que había acompañado a los toltecas en sus travesías. Los aztecas decían que Huematzin relató los viajes de los toltecas en el *Teoamoxtli* (Libro de los Dioses), que también contenía las leyes, la astrología, la división del tiempo, los ritos sagrados y la ciencia del pueblo tolteca. Algunos investigadores cuestionan la existencia de este libro, ya que no se ha encontrado ninguna forma de escritura en los artefactos toltecas. Huematzin murió a la notable edad de 300 años, según un relato azteca posterior.

Ixtlilcuechahua no intentó conquistar territorios vecinos pacíficos. Sin embargo, protegía ferozmente Tula de cualquiera lo suficientemente insensato como para atacar la ciudad y luego se lanzaba a conquistar las ciudades de los atacantes, eliminando futuras amenazas. Esto amplió el territorio tolteca para incluir a otros pueblos y culturas. Ixtlilcuechahua reinó 52 años, y al parecer renunció en 823 e. c.

Curiosamente, las crónicas de los gobernantes de Tula muestran que la mayoría de ellos reinó durante 52 años, lo que coincide con el antiguo ciclo del calendario mesoamericano de 52 años. Algunos historiadores cuestionan la fiabilidad de las crónicas, concluyendo que son de naturaleza legendaria. Sin embargo, un reinado obligatorio de 52 años podría ser una genialidad, algo así como la limitación de mandatos para los presidentes de hoy en día. Ayudaría a evitar problemas como reyes con demencia o gobernantes demasiado débiles para dirigir a sus guerreros en la batalla.

El gobernante tolteca más importante fue el rey-sacerdote Ce Ácatl Topiltzin Quetzalcóatl, que se cree vivió entre 895 y 947 e. c., durante la edad de oro de Tula. No se puede contar la historia de los toltecas sin contar la historia de Quetzalcóatl. Pero antes, debemos mencionar la cultura teotihuacana que floreció al este de Tula y que ejerció una fuerte influencia en la cultura tolteca. Antes de que llegaran los toltecas, los teotihuacanos adoraban a su señor de la Creación, una serpiente emplumada llamada Quetzalcóatl.

La historia del hombre llamado Quetzalcóatl comenzó cuando el rey tolteca Mixcóatl salió un día de caza y se encontró con una mujer desnuda, Chimalma, cuyo nombre significaba *escudo de mano*. Por alguna razón, Mixcóatl comenzó a disparar flechas a Chimalma, pero ella era *escudo de mano*, por lo que desvió las flechas. Esto despertó la admiración de Mixcóatl, que se enamoró de Chimalma y se casó con ella.

Tras tragarse una preciosa piedra de jade, Chimalma quedó embarazada y dio a luz a un hijo. Lo llamaron Ce Ácatl Topiltzin, que significa *nuestro príncipe de la caña del año uno*, porque nació en el primer año del ciclo de 52 años del calendario mesoamericano. Chimalma murió en el parto, y Mixcóatl fue asesinado por su propio hermano, dejando huérfano a Ce Ácatl Topiltzin. Fue criado por sus abuelos maternos, que le enseñaron a venerar al dios teotihuacano Quetzalcóatl. El príncipe acabó adoptando el nombre de Quetzalcóatl por admiración a la serpiente emplumada.

Tras vengar la muerte de su padre, Ce Ácatl Topiltzin Quetzalcóatl se convirtió en emperador de los toltecas, aportando nuevos conocimientos, incluidos métodos agrícolas avanzados para el maíz y los granos de cacao (chocolate). Topiltzin Quetzalcóatl gobernó una ciudad ordenada y armoniosa de riqueza y arte sin igual. Durante el reinado de Quetzalcóatl, la ciudad de Tula construyó un nuevo distrito para los principales edificios religiosos y políticos, conocido hoy como *Tula Grande*.

Ce Ácatl Topiltzin Quetzalcóatl
Fragmento de un mural de Diego Rivera en el Palacio Nacional (Ciudad de México)[13]

Quetzalcóatl quiso transformar la sociedad tolteca y prohibió los sacrificios humanos. Amado por su pueblo como un gobernante-sacerdote pacífico, misericordioso y justo, nunca sacrificó humanos, sino solo pájaros, serpientes y mariposas. Emigrantes de varios grupos étnicos empezaron a inundar la ciudad, atraídos quizá por el sabio y benévolo gobernante Quetzalcóatl.

El idílico reinado de Quetzalcóatl terminó cuando Tezcatlipoca, el *dios del humo y los espejos*, lo engañó con un espejo que hizo que Quetzalcóatl pareciera deforme. Tezcatlipoca entonces le dio a Quetzalcóatl una bebida: «¡Trágate esto y volverás a parecer joven y guapo!». Quetzalcóatl invitó a su hermana a beber la «medicina» con él. Sin saberlo, la bebida contenía alucinógenos, y acabaron comportándose de forma vergonzosa. A la mañana siguiente, los encontraron desnudos, tumbados uno junto al otro.

Avergonzado y humillado, Quetzalcóatl abdicó de su sacerdocio y de su corona. Durante el año siguiente, vagó de pueblo en pueblo, tratando de purgar su pecado mediante continuas sangrías. Finalmente, llegó al golfo de México, construyó una pira funeraria y se prendió fuego. La leyenda dice que del fuego salieron volando miles de quetzales. Tras su muerte, descendió al inframundo, donde burló a Mictlantecuhtli, dios de los muertos, y luego ascendió a los cielos para convertirse en Venus, la estrella de la mañana.

En una versión diferente y más popular de la historia, Quetzalcóatl navegó mar adentro en una balsa de serpientes, jurando que un día regresaría en el *año de una caña*. Esto se refiere al ciclo del calendario de 52 años, que tenía una caña para cada año. Nació en el año de una caña, dejó la tierra 52 años después en un año de una caña, y volvería en otro año de una caña. Quetzalcóatl prometió que volvería al mismo lugar del que partía para derrocar a Tezcatlipoca y restaurar su reino utópico. Cuentan las leyendas que justo cuando su balsa llegaba al horizonte, explotó, y Quetzalcóatl salió disparado hacia el cielo para convertirse en Venus.

Según algunos historiadores, esta versión alternativa desempeñó un papel fundamental cuando, en 1519, el conquistador español Cortés navegó desde el golfo de México. Era un *año de una caña* en el calendario azteca. Según algunos, el rey azteca Moctezuma creyó que Cortés era Quetzalcóatl, que regresaba para reclamar su reino. Sin embargo, como sabremos más adelante, Moctezuma no recibió a Cortés precisamente con los brazos abiertos.

En cualquier caso, una vez Quetzalcóatl hubo desaparecido, el embaucador Tezcatlipoca usurpó la ciudad de Tula, exigiendo sacrificios humanos. La edad de oro se acabó y sobrevino un pronunciado declive del imperio tolteca. Miles de toltecas abandonaron Tula en torno al año 981 e. c., dirigiéndose en su mayoría a la península de Yucatán y a la ciudad de Uxmal.

Es probable que el mito tenga una base real. Cuando los toltecas llegaron a Tula, eran partidarios de una teocracia pacífica dirigida por un rey-sacerdote justo. La leyenda de Quetzalcóatl burlado por Tezcatlipoca probablemente representa un golpe militar real que derrocó la teocracia e instauró una dictadura militar más violenta, ya que los toltecas acabaron siendo famosos por sus brutales conquistas y sacrificios humanos.

Otra tolteca real intrigante fue la emperatriz Xóchitl, que ascendió de campesina al poder. Su padre, Papantzin, inventó el *pulque*, bebida favorita de los mesoamericanos elaborada con el jarabe fermentado del maguey (agave). Su hija Xóchitl llevó un cuenco de pulque como regalo al emperador Tecpancaltzin, que quedó encantado con Xóchitl y disfrutó de la inusual bebida.

Xóchitl con su padre Papantzin ofreciendo pulque al Emperador. (Obregón, 1869)[14]

De vez en cuando, Xóchitl le llevaba al emperador más tazones de pulque, y su encanto lo conquistó. Elevó a Papantzin a la nobleza terrateniente y Xóchitl se convirtió en su concubina. Xóchitl tuvo un hijo llamado Meconetzin, que significa *hijo del maguey*, y se convirtió en príncipe heredero, ya que la primera esposa de Tecpancaltzin, Maxio, solo tuvo hijas. Tras la muerte de Maxio, Xóchitl se convirtió en emperatriz.

Durante el reinado de Tecpancaltzin estalló una guerra civil étnico-religiosa entre los nonoalcas, en su mayoría adoradores de Quetzalcóatl, y los chichimecas, que adoraban a su archirrival Tezcatlipoca. El conflicto se centró en el sacrificio humano, que Quetzalcóatl había prohibido, pero que los seguidores de Tezcatlipoca creían intrínseco para mantener contentos a los dioses.

Cuando estalló la guerra, Xóchitl llamó a sus compañeras a la batalla, liderando un batallón enteramente femenino. Tanto Xóchitl como su marido murieron en el campo de batalla, y la batalla se perdió. La mayoría de los seguidores del culto de Quetzalcóatl huyeron a Yucatán, donde fueron acogidos por los miembros de su clan, descendientes de los que habían emigrado de Tula tras la abdicación de Quetzalcóatl.

Chac mool[15]

Los toltecas eran conocidos por sus bellas tallas y obras de arte. Un ejemplo intrigante, distintivo de la cultura tolteca, son las figurillas de piedra *Chac mool* reclinadas sobre los codos y sosteniendo un cuenco sobre el pecho. Los toltecas fabricaban exquisitas joyas de oro y turquesa, como narigueras, elegantes máscaras de jade y portaestandartes humanos y de jaguar tallados. Crearon finos trabajos en metal e impresionantes elementos arquitectónicos, como columnas serpentiformes y enormes pórticos.

Además de su arte, los toltecas destacaron por la guerra. En la última parte de su civilización, la guerra era esencialmente una religión, y la clase guerrera era vista con honor y distinción. Los guerreros estaban muy bien entrenados y eran feroces y formidables. Los rangos superiores del ejército tolteca, minuciosamente organizado y eficiente, llevaban armaduras rellenas de algodón para desviar lanzas y flechas. Los soldados llevaban a la batalla escudos redondos y espadas. Sus cascos estaban decorados con penachos de quetzal, llevaban narigueras como signo de su nobleza y algunos tenían barba.

Quetzalcóatl, la serpiente emplumada[16]

Los toltecas tenían varias deidades principales. Quetzalcóatl, adorado por muchos otros pueblos mesoamericanos, era considerado el más sabio de todos los seres, creador del universo y dios del viento, el aire y el aprendizaje. En el arte tolteca, Quetzalcóatl era representado como la serpiente emplumada o como un hombre con barba. La barba de Quetzalcóatl es un tanto curiosa, ya que los hombres barbudos eran poco comunes entre los indígenas mesoamericanos. Quizá los toltecas tenían más vello facial, ya que las tallas y pinturas de guerreros toltecas también muestran a algunos con barba.

Tlaloc era la deidad de las nubes, tanto el benévolo dador de la lluvia como el dios destructor de las tormentas. Estaba casado con Xochiquétzal, la diosa de la belleza, el amor y la juventud. Ella podía ser errática y hacer cosas como seducir a un sacerdote y luego convertirlo en escorpión.

Tezcatlipoca, némesis de Quetzalcóatl, pero a veces considerado su hermano, tenía el apodo de *Espejo Humeante* debido a que engañó a Quetzalcóatl con el espejo mágico. Era el dios de la noche, del tiempo y de la memoria. También era un dios creador.

Cintéotl era el dios del Maíz, el cultivo predominante en Mesoamérica. El maíz fue donado a los humanos por Quetzalcóatl, pero Cintéotl era el encargado de su crecimiento y fertilidad. Poseía la clave del éxito de la agricultura, que enseñó a los humanos.

La plaza ceremonial de Tula contenía templos y pirámides donde se rendía culto a las deidades toltecas, se jugaba a la pelota y se sacrificaban personas. La parcialmente excavada pirámide C, el Templo del Sol, es probablemente un templo de Quetzalcóatl. La pirámide B es el templo de Tlahuizcalpantecuhtli, o Venus, una encarnación de Quetzalcóatl.

Atlantes de la pirámide B de Tula[17]

Columnas asombrosas, talladas para representar guerreros, son las llamadas *atlantes de Tula*, la arquitectura más dominante asociada con los toltecas. Al igual que los olmecas son conocidos por sus cabezas colosales, los toltecas se definen por las columnas atlantes. Se los llama atlantes porque llevan a su lado el *atlatl*, una herramienta para lanzar lanzas que aprovecha su velocidad. Los atlantes tienen cerca de 4,5 metros de altura y sostenían los techos de las grandes salas de los templos.

El templo tolteca B estaba decorado con tallas que representaban una fila de jaguares, bajo los cuales había tallas de Venus, seguidas de una fila de coyotes, y luego una fila de águilas, cada una devorando un corazón. Estos símbolos representaban los rangos del ejército. Junto al templo de Venus hay pasillos con pilares para ocasiones festivas.

En el complejo de templos de Tula hay dos canchas de pelota. A los toltecas les gustaban los juegos de pelota tanto como a los olmecas. A un lado de uno de los campos de pelota hay una cabaña de sudor, donde los jugadores se purificaban antes y después de los partidos. Por todo el complejo del templo hay bancos con imágenes talladas de la serpiente emplumada sobre una procesión de guerreros. En el centro del complejo del templo hay un pequeño altar, con un estante de calaveras a su lado, otro distintivo tolteca.

Pirámide de Chichén Itzá[18]

La influencia de los emigrantes toltecas en la zona de Yucatán se aprecia claramente en las ruinas de Chichén Itzá. La arqueología sugiere que el pueblo Itzá era tolteca o estaba fuertemente influenciado por el pueblo tolteca. La pirámide de Chichén Itzá es un templo a Quetzalcóatl (Kukulkán) que muestra la influencia tolteca. El templo de los Guerreros de Chichén Itzá es un reflejo del templo B de Tula, con todas sus columnatas y una estatuilla de Chac mool frente a dos imágenes de Quetzalcóatl. El campo de juego de pelota más grande de

Mesoamérica se encuentra en el complejo de templos de Chichén Itzá, con el estante de cráneos tolteca justo al lado.

La capital tolteca de Tula (Tollan) fue una de las mayores ciudades de la Mesoamérica precolombina, con una población estimada de 85.000 habitantes. Grandes complejos de apartamentos albergaban a la mayor parte de la población urbana, y la élite gobernante vivía en palacios. Distintas secciones separaban a los ciudadanos de diferentes clases. La mayoría de las estructuras eran de piedra recubierta de adobe.

La sociedad de Tula estaba gobernada por una aristocracia de guerreros y sacerdotes. Los apreciados artesanos, que dieron nombre a los toltecas, formaban la clase media, junto con los comerciantes. Tula dependía de la agricultura para alimentar a su gran población, por lo que los agricultores gozaban de derechos y privilegios especiales. Los numerosos inmigrantes probablemente formaban parte de la clase trabajadora. Los relatos hablan de guerreros toltecas que llevaban a los afligidos huastecos y a otros a Tula; los cautivos probablemente se enfrentaban a la esclavitud o, peor aún, al sacrificio humano.

¿Qué hizo que la artística pero belicosa civilización tolteca fuera asimilada por otros reinos y se desvaneciera? Uno de los elementos fue el continuo conflicto interno entre los dos grupos étnicos dominantes: los nonoalcas, adoradores de Quetzalcóatl, y los chichimecas, adoradores de Tezcatlipoca. Una sequía de siete años, de 1070 a 1077 e. c., provocó el colapso del sistema agrícola y la población quedó diezmada por el hambre. Muchos supervivientes emigraron a zonas más fértiles.

En 1115, Tula fue invadida desde el norte por los chichimecas. La guerra duró un año y cada bando sacrificó sus prisioneros de guerra a sus deidades, terminando con la derrota tolteca. Huemac, rey de Tula, huyó con sus ciudadanos, creando una diáspora tolteca por todo México. La mayor parte de Tula fue abandonada y los toltecas que quedaron fueron gobernados por las ciudades-estado de los alrededores.

El *Códice Boturini*, un antiguo manuscrito azteca escrito poco después de la llegada de los españoles, describe la temprana migración del pueblo azteca-mexicano a través de Tula, donde se detuvieron durante veinte años. Esto habría sido alrededor del año 1250 e. c., y para entonces, la mayoría de los toltecas habían abandonado Tula. Los mexicas pasaron veinte años entre los restos de la población, rodeados de la arquitectura y los artefactos toltecas, empapándose de la cultura tolteca que tanto admiraban.

Deseosos de reclamar la descendencia de los toltecas, los mexicas casaron a sus princesas con los nobles toltecas restantes. Los mexicas no solo absorbieron la cultura tolteca durante su estancia en Tula, sino que también se apropiaron de muchas reliquias toltecas, que más tarde aparecieron en sus propias ciudades.

Capítulo 3: Los chichimecas

Hijos del Viento era como se llamaban a sí mismos; al correr o trepar, parecía que estas personas eran llevadas por el viento. Otras culturas los llamaron *chichimecas*, con la idea de *bárbaros*. Así consideraban a estas tribus errantes otras civilizaciones de Mesoamérica: las que habían construido ciudades con templos y palacios majestuosos, además de desarrollar una agricultura avanzada y lenguas escritas. Y, sin embargo, los indómitos chichimecas permanecieron imbatibles ante los invasores españoles, ante los que rápidamente cayeron culturas más civilizadas. Varios grupos tribales chichimecas siguen existiendo hoy en día, hablan sus antiguas lenguas y mantienen elementos de sus culturas primigenias.

Chichimeca es un término que engloba a varios grupos de pueblos nómadas y seminómadas pertenecientes al grupo lingüístico náhuatl, más amplio, que vivían originalmente en los desiertos del norte de México. Aunque se los suele pintar con una brocha gorda, se trataba de culturas individuales formadas por entre siete y diez tribus. Compartían el mismo grupo lingüístico, pero hablaban dialectos distintos, a menudo ininteligibles entre sí. Podríamos pensar en el grupo lingüístico náhuatl como algo parecido al grupo de lenguas romances, con las diferencias entre el español, el italiano, el francés, el rumano y el portugués. Las principales similitudes que compartían las tribus chichimecas eran las duras condiciones de vida de las tierras que habitaban y su estilo de vida nómada.

Imágenes de un mapa de 1580 de San Miguel y San Felipe en la región chichimeca
Juan Carlos Fonseca Mata[19]

La mayor parte de lo que sabemos sobre las tribus chichimecas es lo que otras civilizaciones registraron sobre ellas, como los aztecas y, finalmente, los españoles. Los chichimecas no tenían una lengua escrita propia y no construyeron templos ni otras estructuras permanentes que pudieran ser estudiadas posteriormente por los arqueólogos. Su estilo de vida era tan sencillo que casi no dejaron huella histórica, salvo las observaciones de otros y lo que queda de su cultura en las tribus chichimecas remanentes de la actualidad.

La gran civilización tolteca tuvo su origen en una tribu chichimeca, la tolteca-chichimeca, que se desplazó hacia el sur y acabó asentándose y construyendo una gran ciudad. Más oleadas de migraciones chichimecas se infiltraron en sus filas hasta que los toltecas se debatieron en una guerra interna entre las culturas anterior y posterior. Finalmente, atacados por otra tribu chichimeca, los toltecas perdieron la guerra y huyeron de su gran ciudad. Así, podría decirse que los chichimecas dieron origen a los toltecas y más tarde fueron sus verdugos.

Los mexica-aztecas fueron probablemente otra tribu chichimeca. Mientras los olmecas y los toltecas construían grandes templos y pirámides, los mexicas subsistían en las tierras salvajes del norte.

Finalmente, emigraron al sur, aprendieron de los toltecas y de otras civilizaciones, desarrollaron su propia lengua escrita y su asombrosa cultura azteca, y se convirtieron en cronistas de las culturas anteriores, así como de sus propios orígenes chichimecas.

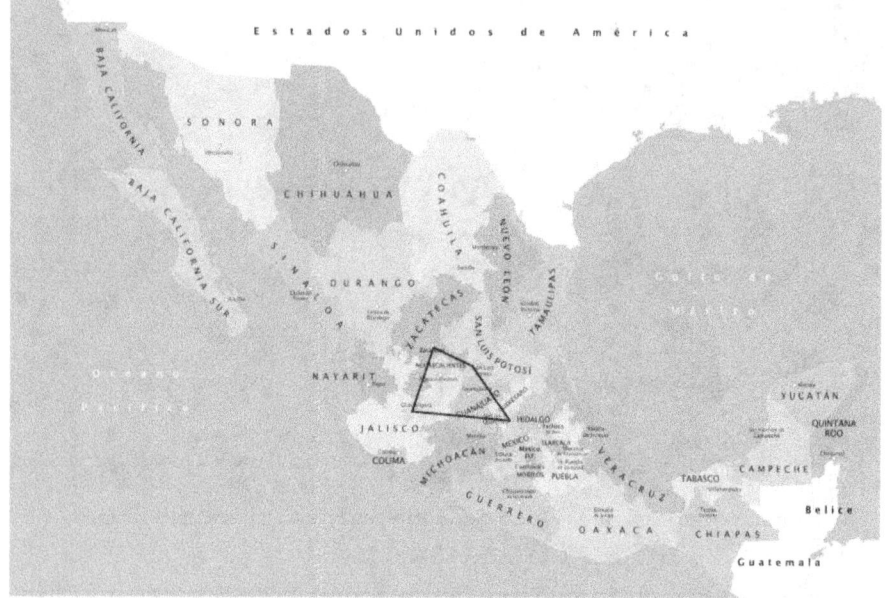

Región del Bajío de México[20]

Como cazadores y recolectores, los chichimecas vagaban por los duros desiertos del norte de México, que se extendían hasta Arizona y California, hasta que algunas de las tribus emigraron en varias oleadas hacia las escarpadas montañas y las zonas áridas del centro de México. Una población considerable de chichimecas se estableció en las tierras bajas del Bajío, en los actuales estados de Aguascalientes, Jalisco, Guanajuato y Querétaro. Su región abarcaba unos 62.000 kilómetros cuadrados. Antes de la invasión española, existían pocos asentamientos permanentes en esta zona.

Hasta que llegaron los españoles, la mayoría de las tribus eran nómadas o seminómadas y vivían en el desierto. Cazaban y recolectaban frutos de cactus, plantas de agave, bayas, raíces y granos de mezquite para alimentarse. Las tribus que vivían en la zona más meridional del amplio territorio chichimeca, la más cercana a la civilización azteca, se dedicaban a una agricultura primitiva, principalmente de calabaza y maíz.

Iban casi siempre desnudos, cubriéndose solo los genitales con pieles de animales o telas tejidas con la planta del maguey. Hasta 60.000 chichimecas vagaban por las llanuras del centro y el norte de México, viviendo en cuevas o refugios temporales, mientras que los más sedentarios vivían en pequeños asentamientos (rancherías). Los chichimecas no construían templos ni tenían ídolos. Eran más animistas y creían en espíritus relacionados con la naturaleza y vinculados a lugares concretos. Sacrificaban plantas y animales a sus deidades, y algunas tribus practicaban el sacrificio humano. Los más cercanos a la región azteca adoptaron algunas de las deidades y prácticas de culto aztecas.

En el siglo XVI, Sahagún, un fraile franciscano, dejó constancia de sus investigaciones etnográficas en el *Códice Florentino*. Informó de que los chichimecas rara vez enfermaban y vivían vidas extraordinariamente largas. Decía que podían correr largas distancias sin cansarse. Sus mujeres daban a luz y se reincorporaban a la actividad del grupo sin hacer ninguna pausa para reposar.

Cuatro de las naciones chichimecas, con gobiernos descentralizados y territorios superpuestos, se convirtieron en una gran molestia para los conquistadores españoles. Estas tribus —los guachichiles, los pames, los guamares y los zacatecos— formaron una vaga alianza para derrotar con éxito los intentos de los españoles de subyugarlos y colonizar sus tierras. Aunque existían otras tribus chichimecas, sabemos más de estas cuatro por los relatos españoles.

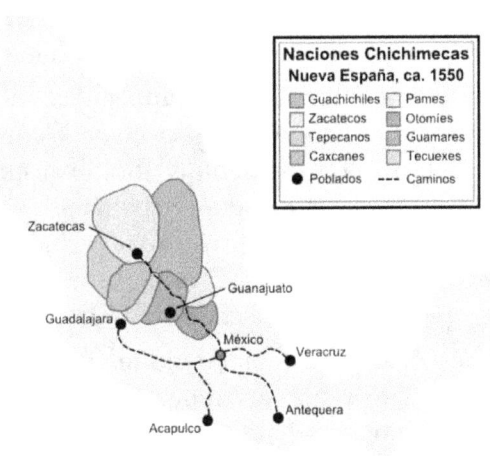

Territorio de las naciones chichimecas[21]

Lo que hoy es la ciudad de San Luis Potosí se encuentra aproximadamente en el centro de la extensa zona por la que deambulaba el grupo tribal de los guachichiles. El mayor de los cuatro grupos, asumió el liderazgo de la Confederación Chichimeca. Su nombre se debe a su afición por el color rojo; teñían de rojo su pelo, su piel y su ropa. Les encantaba arrancar la cabellera a los españoles pelirrojos y secuestrar o comprar mujeres europeas pelirrojas para que fueran sus esposas. Incluso hoy en día, de vez en cuando nace un niño pelirrojo de sus descendientes.

Los guachichiles eran fieros luchadores y expertos cazadores, extremadamente hábiles en el tiro con arco. Los niños aprendían a usar el arco cuando empezaban a caminar. La velocidad, la fuerza y el filo de sus flechas eran increíbles, capaces de atravesar las armaduras metálicas de los españoles. Podían sobrevivir fácilmente en el terreno lleno de cactus que llamaban hogar, sabiendo dónde encontrar comida y agua. Luchaban contra sus rivales con astucia y subterfugios en lugar de ataques directos. Empleaban espías para evaluar los puntos fuertes y débiles de sus adversarios y seguir sus movimientos. Tendían emboscadas a sus enemigos, infundiéndoles miedo saltando de repente con cabezas de animales y pintura roja y aullando y chillando, ¡incluso asustaban a los caballos!

Los pames eran más dóciles que los vecinos guachichiles y más proclives a asimilar la religión y la cultura de las civilizaciones desarrolladas. Eran comerciantes, por lo que les convenía llevarse bien con todo el mundo y aprender los dialectos de quienes los rodeaban. Su capacidad de adaptación les ayudó a sobrevivir en nuestro mundo moderno como una tribu chichimeca cuya cultura perdura hoy en día.

Los pames eran enigmáticos, cumplían exteriormente con el requisito español de vivir agrupados en torno a las misiones y someterse al adoctrinamiento católico mientras adoraban en silencio a sus propias deidades, seguían la guía de sus chamanes y practicaban sus danzas tradicionales. Incluso hoy, los 10.000 habitantes de Santa María Acapulco que hablan la lengua pame son sincretistas: católicos nominales que siguen practicando su religión tradicional.

La tribu guamare se autodenominaba *Hijos del Viento* por su tradición de incinerar a sus muertos y arrojar sus cenizas al viento. Vivían en las montañas de lo que hoy es el estado de Guanajuato y eran astutos, intrépidos y conocidos por traicionar a los demás. Al igual que los guachichiles, les gustaba teñirse el pelo y el cuerpo, a veces de rojo, a veces de blanco u otros colores, según el clan. Se tatuaban el cuerpo y tanto hombres como mujeres llevaban el pelo hasta la cintura.

La cuarta tribu de la Confederación Chichimeca eran los zacatecos, que vivían en los actuales estados de Durango y Zacatecas, donde se solapaban con los guachichiles. Los descendientes de esta tribu aún viven en la zona, pero han abandonado en gran medida su cultura y tradiciones. Antiguamente, algunos eran nómadas, mientras que otros cultivaban maíz. Llevaban espinilleras de piel de animal para protegerse de los arbustos espinosos y los cactus, y a veces calzaban sandalias de cuero.

Miembro de la tribu chichimeca Jonaz[22]

Juan Bautista de Pomar, historiador mestizo del siglo XVI, escribió que los zacatecos eran «gráciles, fuertes, robustos e imberbes» y «los mejores arqueros del mundo». Las deidades de los zacatecos eran celestiales: el sol, la luna y varias estrellas. No practicaban sacrificios humanos, sino que rendían culto con flores, hierbas y danzas.

Cuando los españoles llegaron a México, muy al sur de las tierras chichimecas, su primera preocupación fue conquistar a los aztecas, cosa que hicieron dos años después. La mayoría de las demás civilizaciones de México se sometieron rápidamente al dominio español o fueron conquistadas tras unas pocas batallas. El principal interés de los españoles era recolectar y extraer oro y otros minerales preciosos, además de establecer colonias en zonas fértiles.

En un principio, los chichimecas apenas interesaban a los españoles, ya que sus tierras no eran aptas para la agricultura y no tenían nada que los españoles considerasen valioso. En una carta de 1526, Hernán Cortés escribió que los incivilizados chichimecas podrían ser útiles como mano de obra esclava en las minas. Al parecer, los españoles no explotaron esta posible fuente de mano de obra; si lo intentaron, los chichimecas probablemente resultaron demasiado difíciles de domar.

En 1546, los españoles se enteraron de que cerca del territorio zacatecano había minerales ricos en plata. Entusiasmados por este descubrimiento y ansiosos de riqueza rápida, cientos de españoles emigraron al norte, al corazón chichimeca, al que llamaron *La Gran Chichimeca*. Empezaron a excavar minas de plata, a construir caminos y a establecer ciudades. Las tribus chichimecas resintieron esta intrusión en sus tierras sagradas y ancestrales, tomando represalias con guerrillas, atacando las caravanas de mercancías que atravesaban su territorio.

El conflicto en la región del Bajío se convirtió en la guerra Chichimeca (1550-1590), la campaña militar más larga y costosa de la historia del Imperio español en Mesoamérica. Los chichimecas asaltaron y saquearon los asentamientos y las caravanas españolas, y los españoles intentaron derrotarlos con una estrategia de *fuego y sangre*, pero los chichimecas se mostraron imbatibles.

Retrato de danzantes chichimecas jonaz en el Centro Ceremonial, Misión Chichimecas; descendientes directos vivos de los chichimecas[23]

Principalmente nómadas, los chichimecas tenían pocos asentamientos que los españoles pudieran atacar, y estaban adaptados al terreno accidentado. Sabían vivir de la tierra, pero los invasores españoles dependían de la ganadería, la agricultura y los suministros importados. Al tender emboscadas a las caravanas españolas y asaltar sus asentamientos, los chichimecas cortaban el suministro de alimentos y armas a los españoles, al tiempo que se enriquecían con el ganado y los bienes españoles. Las cuatro tribus de la Confederación Chichimeca habían unido sus fuerzas para luchar contra los españoles, pero incluso las tribus más distantes acudieron a asaltar a los españoles, atraídas por el botín.

Los chichimecas poseían una arquería legendaria. Sus letales puntas de flecha de obsidiana volcánica, más afiladas que una navaja, penetraban en las cotas de malla de los españoles. Incluso en inferioridad numérica de cuatro a uno, los chichimecas derrotaban a los españoles en la batalla. Antes de atacar una ciudad española, primero enviaban espías para recabar detalles estratégicos y luego robaban sus caballos para frenar a los españoles. Al principio, los chichimecas se comían los caballos que robaban, pero pronto aprendieron a montarlos, lo que los hizo más rápidos en sus continuas incursiones contra los españoles.

Desesperados, los españoles empezaron a construir fuertes, contratar mercenarios y entrenar a sus esclavos indígenas para luchar. Once años después del inicio de la guerra, los chichimecas habían matado a más de 4.000 españoles y sus aliados mesoamericanos. La política española de *fuego y sangre* amenazaba con matar, esclavizar o mutilar a todos los guerreros chichimecas. Sin embargo, los chichimecas dominaron la lucha. La Confederación Chichimeca utilizó su número combinado y sus diversas habilidades para cortar caminos, asaltar ciudades y dañar minas.

España recurrió al tesoro real para financiar fuerzas militares, armas y materiales para los fuertes, pero los chichimecas siguieron atacando con mayor ferocidad, cerrando las minas de plata y destruyendo los caminos reales y todos los fuertes españoles en territorio guachichil. Los españoles no fueron rivales para la Confederación Chichimeca. La guerra de fuego y sangre fue un fracaso y el tesoro real español quedó diezmado. Los españoles estaban desconcertados; habían conquistado a los aztecas con solo 500 o 600 hombres, pero no pudieron conquistar a los chichimecas ni siquiera con miles de soldados.

Mapa de 1580 de las zonas chichimecas de San Miguel y San Felipe
Juan Carlos Fonseca Mata[24]

Algunos clérigos españoles se habían horrorizado por el maltrato de los españoles a las mujeres y niños chichimecas y por los asesinatos o mutilaciones de sus guerreros cautivos. Los clérigos señalaron que la insensibilidad y crueldad españolas habían provocado el conflicto inicial y estaban perpetuando la antipatía de los chichimecas. En 1574, los dominicos declararon que la guerra contra los chichimecas era injusta y que si continuaba la agresión solo se avivaría aún más la hostilidad de los chichimecas y se prolongaría el conflicto. ¿Podría haber una manera diferente, más suave, de lograr la paz con los chichimecas y, al mismo tiempo, permitir a los españoles explotar la tierra?

El obispo de Guadalajara hizo una propuesta en 1584, que llamó «remedio cristiano». En lugar de conquistar o matar a los chichimecas, su plan consistía en cristianizarlos. Sugirió establecer pueblos pacíficos por todo el territorio chichimeca, habitados por indígenas que fueran amistosos con los chichimecas y por sacerdotes que enseñaran la fe católica. Para poner fin al conflicto, el obispo recomendó a los españoles que cambiaran su política para comprar la paz y asimilar suavemente a los chichimecas a la cultura española.

En 1585, Álvaro Manrique de Zúñiga se convirtió en virrey de Nueva España (las colonias españolas de América y las islas del Pacífico). Le gustó la propuesta del obispo y decidió ponerla en práctica. Su primera medida fue retirar a la mayoría de los militares españoles de la zona chichimeca. No estaban resultando eficaces contra los chichimecas, y su presencia le parecía una afrenta para los indígenas, pues provocaban la violencia en lugar de atajarla. Manrique de Zúñiga inició entonces negociaciones con los líderes chichimecas. Prometió el fin de las operaciones militares españolas y ofreció tierras, alimentos, animales de granja, ropa y herramientas a cambio de la paz.

El capitán Miguel Caldera, que era en parte chichimeca, descendiente de españoles y guachichiles, fue un negociador clave en la aplicación del programa de *Compras por la Paz*. Negoció tratados de paz entre los españoles y los grupos tribales. Se enviaron al norte grandes cantidades de alimentos, ropa, bienes, arados, azadas y ganado a los chichimecas para persuadirlos de que pusieran fin a las incursiones. También se les prometió liberarlos de impuestos y servicios forzados.

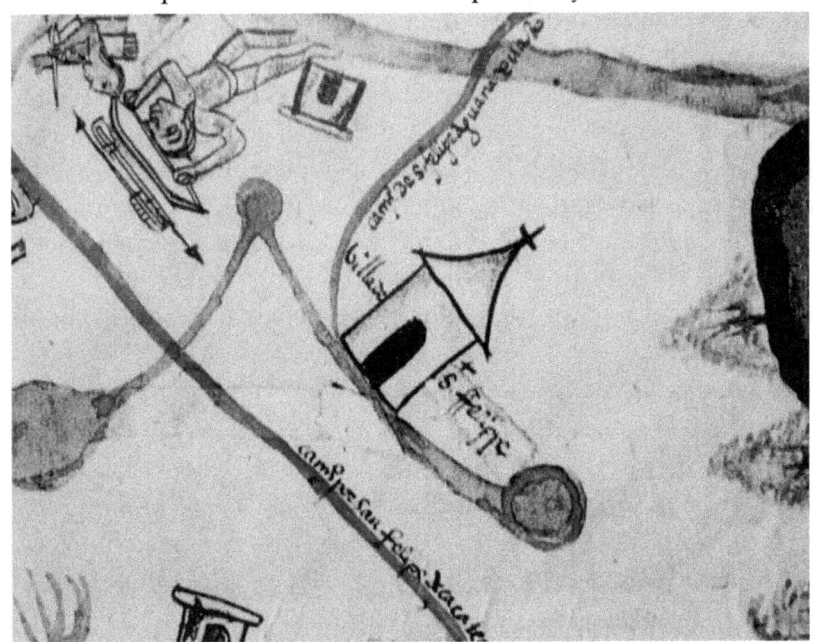

Mapa de finales del siglo XVI que muestra los asentamientos alrededor de la iglesia de una misión. Juan Carlos Fonseca Mata[25]

El siguiente paso fue trasladar a 400 familias de indígenas tlaxcaltecas a la zona para establecer ocho asentamientos. Los tlaxcaltecas eran antiguos aliados de los españoles del sur, que les habían ayudado a derrocar a los aztecas. El plan consistía en que los tlaxcaltecas entablaran amistad con los chichimecas, les enseñaran a cultivar y criar ganado, les sirvieran de ejemplo cristiano y persuadieran suavemente a las tribus chichimecas para que se establecieran en poblados. Los tlaxcaltecas aceptaron instalarse en la zona a cambio de concesiones de tierras, libertad de impuestos, dos años de alimentos y el derecho a portar armas.

Otro paso importante fue poner fin a las redadas de esclavos de los chichimecas arrestando a los culpables (incluidos los soldados españoles). A medida que los chichimecas se iban asentando en aldeas, se enviaron misioneros franciscanos y jesuitas que habían aprendido los dialectos de la tribu para convertirlos al cristianismo. Con el tiempo, más chichimecas abandonaron su estilo de vida nómada para convertirse en agricultores y ganaderos. Poco a poco, los chichimecas se integraron en la sociedad «civilizada» y adoptaron el catolicismo nominal. En 1590, los caminos de la región de Zacatecas eran por fin seguros; tras cuarenta años de guerra, había llegado la paz.

Al fracasar la conquista militar, la nueva política española de paz con los chichimecas se basó en cuatro pilares: 1) negociar tratados de paz proporcionando alimentos y otros bienes y retirando a los soldados y traficantes de esclavos que provocaban a los chichimecas; 2) fomentar la conversión a la fe católica; 3) trasladar aliados indígenas a la región del Bajío para que sirvieran de ejemplo y maestros, y 4) proporcionar los medios (incluido ganado y herramientas) para que los chichimecas se establecieran en poblados. La nueva política logró poner fin a la guerra, y los españoles siguieron utilizando esta estrategia en otras fronteras de Nueva España.

La nueva política española de Compra por Paz funcionó bien para los españoles; reabrieron las minas de plata, viajaron con seguridad por los caminos de Le Grande Chichimeca, y ya no temían a los pueblos tribales. Catorce monasterios se dispersaron por la zona. Sin embargo, para la mayoría de los chichimecas fue el fin de su cultura. Ya no vagaban libres y salvajes, viviendo de lo que la tierra les ofrecía.

Ahora trabajaban en los campos y las minas, junto con los aztecas, los tlaxcaltecas y otros pueblos indígenas con culturas más desarrolladas. Los chichimecas empezaron a absorber esta cultura mestiza, con una mezcla de tradiciones españolas e indígenas, a medida que su propia forma de vida se desvanecía. La mayoría de las tribus perdieron sus lenguas, su estilo de vida y sus tradiciones hasta que prácticamente se extinguieron como cultura. Unos pocos grupos siguieron luchando en la sociedad moderna, pero se han visto obligados a vivir en pequeñas reservas en tierras inhóspitas, lo que dificulta su supervivencia. Los poderosos e indómitos hijos del viento fueron sobornados para que abandonaran su identidad.

SECCIÓN SEGUNDA: EL SURGIMIENTO DE LA CIVILIZACIÓN AZTECA

Capítulo 4: Orígenes aztecas y el mítico Aztlán

Hace unos 850 años, un pueblo nómada vagó por la meseta de las tierras altas del valle de México. Grandes civilizaciones habían surgido y caído en esta zona durante más de mil años: Cuicuilco, sepultada bajo la lava del volcán Xitle, Teotihuacán y el Imperio tolteca. Ahora, las majestuosas pirámides, los majestuosos templos y las impresionantes tallas de civilizaciones pasadas estaban en gran parte abandonados, pero rápidamente surgían nuevos asentamientos.

Los recién llegados eran los mexicas de habla náhuatl, también llamados aztecas, por su misterioso país natal de Aztlán que habían abandonado más de 100 años antes. ¿Quiénes eran y de dónde venían? ¿Cómo se definían a sí mismos? ¿Acaso Aztlán, su hogar ancestral, era mítico o un lugar real?

Según su grupo lingüístico (náhuatl) y las descripciones de sus peregrinajes por la zona septentrional llena de espinas de cactus, cardos y lagartos venenosos, los mexicas eran probablemente una rama de las tribus chichimecas, que subsistían en el desierto antes de asentarse en el valle de México. Los propios mexica-aztecas presentaban sus orígenes como chichimecas, pero también toltecas.

Es probable que el aspecto cazador-guerrero de los chichimecas encajara con ellos. Los chichimecas representaban la virilidad, la fuerza, la destreza en la batalla, la capacidad de prosperar en condiciones duras, la astucia y la intrepidez, todas ellas características del guerrero perfecto en el que los aztecas se esforzaban por convertirse.

Los mexica-aztecas también admiraban a los toltecas, antaño nómadas, que surgieron de sus propios orígenes tolteca-chichimecas para desarrollar una gran civilización. Eran modelos para los mexicas, que aspiraban a emular su ascenso al poder y llevarlo a un plano superior. Los mexica-aztecas se enorgullecían de ser un pueblo en evolución, siempre avanzando, siempre elevándose al siguiente nivel.

Los aztecas se definían a sí mismos como descendientes de feroces nómadas que se habían alzado para cumplir su destino como guerreros, conquistadores y constructores de imperios. Consideraban su historia como una larga campaña militar en la que hacían la guerra a provincias y ciudades para subyugarlas. Los mexica-aztecas afirmaban que seguían la profecía de su dios principal, Huitzilopochtli, enemigo de la tranquilidad y amigo de la contienda. Consideraban que los conceptos de paz y conservación del *statu quo* eran impedimentos para lograr lo que estaba predestinado.

Y, sin embargo, hubo un tiempo en que no eran nómadas ni constructores de imperios. Hubo un tiempo en el que, según sus leyendas, vivieron una vida pacífica como agricultores y pescadores en su idílica isla de Aztlán. ¿Qué podemos saber sobre esta misteriosa tierra y su ubicación?

Página 3 del Códice Boturini que muestra el viaje de los aztecas desde Aztlán hasta el valle de México[96]

Varios manuscritos aztecas escritos en el siglo XVI, justo antes o después de la llegada de los conquistadores españoles, nos permiten comprender mejor los orígenes de este pueblo. Entre ellos se encuentran el *Códice Boturini*, la *Crónica Mexicáyotl*, el *Códice Ramírez*, el *Códice Aubin* y los *Anales de Tlatelolco*. También contamos con historias escritas por los primeros cronistas españoles, basadas en su estudio de los documentos aztecas y en entrevistas con el pueblo azteca. Entre ellas se encuentran la *Monarquía indiana*, escrita en 1615 por fray Juan de Torquemada, y la *Historia de las Indias de Nueva España*, de fray Diego Durán (h.1537-1588).

Los mexica-aztecas decían que procedían de un lugar idílico llamado Aztlán. ¿Dónde estaba Aztlán? ¿Podemos encontrar alguna pista lingüística en el significado del nombre? En la lengua náhuatl, el sufijo *lan* o *tlan* significa el lugar de, y el sufijo *tec* significa gente de. Así, azteca significa gente de *Az* o *Azt*, y *aztlán* significa lugar de *Az* o *Azt*. ¿Qué significa el prefijo *Az* o *Azt*? Los lingüistas y los documentos históricos han presentado varias opciones.

La crónica azteca *Crónica Mexicáyotl* dice que Aztlán significa *lugar de garzas*. La palabra náhuatl *aztatl* significa *garza o garceta*, juntando el prefijo náhuatl *azt*, que frecuentemente se refiere a una garza o plumaje de garza o a un ave, con el sufijo *atl* de *agua*. Esto encajaría con la descripción de Aztlán como una isla en un lago llena de aves acuáticas.

Algunos lingüistas dicen que Aztlán significa *lugar blanco* porque la palabra náhuatl *aztapiltic* significa algo muy blanco. Sin embargo, esta palabra para blanco nos remite a la idea de *garza*; básicamente significa *color de garza* al combinar el prefijo para garza con el sufijo *iltic* que conlleva la idea de color. Muchas palabras náhuatl para colores terminan con *ic, itc, ltic* o *iltic*.

Una tercera idea es que Aztlán significa *lugar de herramientas*. La razón de este significado es que, en la lengua náhuatl, *āz* (o *huaztli*) es un *morfema* (parte de la palabra) que cambia un sustantivo en otro diferente que podría usarse para producir algo. Por ejemplo, la palabra *tronco* en náhuatl es *tepontli*, pero insertando *āz* en la palabra la cambia a *teponāztli*, que significa *tambor*. Lingüísticamente, esto es un poco exagerado porque uno debe tener un sustantivo en el que insertar *āz* para que esto funcione. Con *Aztlán*, no tenemos un sustantivo, solo el sufijo *tlan* o *lan*, que significa *lugar de*.

En resumen, la definición más sólida de Aztlán desde el punto de vista lingüístico es *lugar de garzas (blancas)*. Esto es lo que los propios aztecas dijeron que significaba en la *Crónica Mexicáyotl*, y también encaja con la descripción de la isla paradisíaca que tendría garzas a lo largo de la orilla. Además, las garzas y su plumaje desempeñaban un papel importante en la cultura azteca: formaban elaborados tocados con los penachos de esta ave y decoraban sus áreas ceremoniales y objetos sagrados con plumas de garza.

Según su historia, los mexicas abandonaron su hogar de Aztlán hacia 1168 e. c. y vagaron casi dos siglos antes de llegar a la isla del lago pantanoso donde construirían su ciudad. Su jefe era Tenoch, hijo de Iztac Mixcóatl, quien tuvo dos esposas y siete hijos y puede que fuera una persona real, pero tanto en la mitología tolteca como en la azteca se lo identifica como el dios de la caza. En el capítulo anterior, sobre los toltecas, se lo mencionó como el cazador y rey que se casó con Chimalma y se convirtió en padre de Ce Ácatl Topiltzin, que más tarde se hizo llamar Quetzalcóatl.

A pesar de ser hijo de Mixcóatl, Tenoch fue

Tenoch, jefe mexica, del Códice Mendoza[17]

elegido cacique por un consejo de ancianos y gozaba de gran respeto entre el pueblo al que guió en su gran migración hacia el sur. A lo largo de su historia, la nobleza y los sacerdotes mexicas eligieron a sus líderes. Cuando los mexicas llegaron a su destino final en el lago Texcoco, llamaron a su asentamiento isleño Tenochtitlan en honor a este estimado jefe. Otro nombre para los mexicas era Tenochca, pueblo del gran cacique que los guió hasta el lugar donde pronto construirían un imperio.

Abandonando Aztlán, del Códice Boturini[28]

La primera página del *Códice Boturini* muestra una imagen de la isla de Aztlán con una pirámide. La imagen indica que un sacerdote condujo a los mexicas y a su antepasada Chimalma desde Aztlán en un barco. Curiosamente, los mexica-aztecas reivindicaron tanto a Mixcóatl como a Chimalma como sus antepasados. Estos dos fueron los padres del emperador Ce Ácatl Topiltzin Quetzalcóatl en la historia Tolteca. ¿Intentaban los mexicas reclamar legitimidad adoptando a esta pareja como sus propios antepasados? ¿O eran realmente del mismo clan y solo emigraron varios siglos después?

El resto *del Códice Boturini* relata la migración de los mexicas y su historia desde 1168 hasta 1355. No proporciona mucha información sobre Aztlán en sí, excepto que menciona que después de que los mexicas dejaron Aztlán, su dios Huitzilopochtli les enseñó a sacrificar sangre y que ofrecieron por primera vez sacrificios humanos. De esto podemos inferir que el sacrificio humano y el sacrificio de sangre no eran parte de la cultura de Aztlán.

Una tendencia interesante en Mesoamérica era construir ciudades en una isla en un lago o zona pantanosa. Las fuentes antiguas dicen que Aztlán era una isla en un lago llamado *Metztliapan* o *Lago de la Luna*, con una gran colina llamada Culhuacán (o Coatepec). Se decía que los habitantes de la isla disfrutaban de todo lo necesario para vivir. Las aguas que rodeaban Aztlán estaban llenas de aves acuáticas, como garzas y patos. Los habitantes pescaban hermosos peces grandes en sus canoas y cuidaban huertos *chinampas* flotantes de pimientos, tomates y maíz. Exquisitos pájaros rojos y amarillos revoloteaban en los árboles de sombra que bordeaban las orillas de la isla, llenando el aire de cantos.

Siete tribus surgidas de siete cuevas[29]

En el cerro llamado Culhuacán de la isla (o cerca de la isla) se localizaron siete cuevas de las que surgieron siete tribus: los xochimilcas, los tlahuicas, los acolhuas, los tlaxcaltecas, los tepanecas, los chalcas y los mexicas. Cada tribu partió, una a una, para emigrar y asentarse en diferentes zonas. Los mexicas fueron la última tribu en partir. Quizá estas siete tribus fueran los siete hijos de Iztac Mixcóatl, padre del jefe mexica Tenoch. Como todos procedían de Aztlán, las siete tribus pueden denominarse colectivamente aztecas.

¿Dónde se encontraba Aztlán? La respuesta está rodeada de misterio. Una pista, obtenida a partir del rastreo de su linaje lingüístico, es que las tribus aztecas procedían de las tierras situadas al norte de Ciudad de México. Los aztecas hablaban la lengua náhuatl, que nos ha dado palabras como coyote, tomate, chocolate, aguacate y chile. El náhuatl pertenece a la familia lingüística uto-azteca, que se extiende desde México hasta el suroeste de Estados Unidos, lo que lleva a especular con la posibilidad de que los aztecas procedieran del norte de la frontera.

Su descripción de los jardines flotantes en las aguas que rodean Aztlán es fascinante. ¿Llevaban los aztecas esta costumbre consigo? Los xochimilcas, otra cultura de habla náhuatl que, según se dice, formaba parte de las siete tribus de Aztlán, eran conocidos por sus chinampas o jardines flotantes construidos con balsas de juncos cubiertas con barro del lago. En estas balsas cultivaban verduras, frutas y flores, que transportaban a tres kilómetros de la capital azteca, Tenochtitlan. Las investigaciones del antropólogo y arqueólogo Richard Blanton datan los asentamientos chinampas del lago Xochimilco en el año 1100 e. c., lo que significa que estaban allí antes de que llegaran los mexicas, pero los xochimilcas eran otra tribu azteca que pudo haber importado la tecnología de Aztlán.

Un aspecto confuso de los orígenes aztecas es qué o quién era *Chicomóztoc*. Algunos relatos dicen que Chicomóztoc fue la cueva de la que nacieron las siete tribus. Otros dicen que los Chicomóztoc eran un pueblo anterior a las siete tribus y menos civilizado. El *Códice Aubin* dice que los aztecas abandonaron Aztlán debido a la tiranía de una élite gobernante llamada Azteca Chicomóztoc. Otros relatos mencionan Chicomóztoc como un lugar cerca de Aztlán, pero no en Aztlán mismo. ¿Acaso los mexicas de Aztlán eran vasallos de una nación cercana? ¿Habían sido conquistados por un pueblo llamado Chicomóztoc? ¿O era un lugar de refugio tras abandonar Aztlán?

¿Por qué los mexicas y otras tribus aztecas abandonaron su idílica Aztlán? Quizá alguna lucha interna o el ataque de otra tribu o cacique los obligó a abandonar su dichosa isla. También pudieron verse afectados por algún desastre natural, como una gran sequía, una erupción volcánica, una inundación o un terremoto. Algo traumático pudo obligarlos a pasar repentinamente de agricultores y pescadores sedentarios a nómadas.

Los mexicas contaban que, cuando abandonaron Aztlán, su vida fácil fue sustituida por espinas, cardos, rocas afiladas, serpientes y lagartos venenosos en una tierra que se volvió contra ellos. Esto caracteriza los duros desiertos que atravesaron en su largo viaje al valle de México. También proporciona más indicios sobre la ubicación de Aztlán por ser un lugar fértil pero cercano a zonas desérticas. El terreno del noroeste de México es mayoritariamente árido o semiárido, pero franjas de humedales tropicales se extienden por la parte occidental del país hacia la frontera norte.

Pirámide de La Quemada con vistas al lago
Marisol Narváez Quiroz[80]

Una de las ubicaciones propuestas para Aztlán (o para Chicomóztoc) es La Quemada, un yacimiento arqueológico en tierras chichimecas del estado de Zacatecas, a unos 450 kilómetros al noroeste de Ciudad de México. Hay quien dice que sus ruinas pertenecen a la misteriosa cultura Chicomóztoc. La Quemada, con vistas a un gran lago al este, está en una colina alta con árboles y hierba verde, con vistas al desierto. Fray Juan de Torquemada, en su *Monarquía indiana*, dejó constancia de que La Quemada fue lugar de paso de los aztecas en su migración al valle de México. Según él, los aztecas permanecieron allí nueve años, dejaron en el lugar a sus ancianos y niños y continuaron su migración.

Yacimiento de La Quemada, 300-1200 e. c.[31]

La Quemada, la ciudad sobre una colina, tiene una construcción de mampostería de terrazas, pilares estatuarios, una majestuosa pirámide de 12.2 metros de altura, un campo de pelota y un sitio residencial. La pirámide es única en el sentido de que la mayoría de las pirámides mesoamericanas están formadas por un núcleo de escombros y tierra compactada sostenida por muros de contención revestidos con ladrillos de adobe recubiertos de piedra caliza. La pirámide votiva de La Quemada es sólida y mucho más inclinada que otras pirámides mexicanas, aunque más pequeñas.

Es bastante sorprendente encontrar un sitio con una arquitectura tan grandiosa en el desierto tan al norte. ¿Qué hacía esta sofisticada ciudad en territorio chichimeca, tan lejos del valle de México? Las evidencias arqueológicas sugieren que La Quemada no recibió la influencia de las civilizaciones mesoamericanas del sur, como la tolteca, sino que fue construida por un pueblo que desarrolló de forma independiente sus propias técnicas y estilos.

La Quemada[32]

La datación por radiocarbono sitúa el inicio de la construcción en el año 300 e. c., extendiéndose hasta el 1200. Esto situaría la historia anterior de la ciudad mucho antes de la cultura tolteca, pero coincidiría con la época en que los aztecas vivieron en Aztlán y con el momento en que dijeron que abandonaron su isla, alrededor de 1168 e. c. El nombre La Ciudad Quemada se debe a que las ruinas muestran evidencias de un incendio masivo que aparentemente destruyó la ciudad. La Quemada tiene algunas similitudes con la cultura Chalchihuites que floreció a unas 100 millas al oeste de La Quemada desde aproximadamente el año100 al 1250 e. c.

Los elementos que hacen que La Quemada pueda encajar con Aztlán incluyen la antigüedad de la ciudad, su situación en una colina alta en una zona fértil rodeada de desierto, la pirámide y la destrucción por un incendio que pudo haber precipitado una migración más o menos al mismo tiempo que los mexicas abandonaron Aztlán. No es una isla en un lago, pero hay un lago cercano. Ese lago se formó al represar un río en el lado oriental de la ciudad. A lo largo del lado occidental de la colina hay un barranco irregular, probablemente el lecho de un arroyo. Tal vez, hace siglos, antes de que se construyera la presa, la ciudad era una especie de isla rodeada por el río y el arroyo. Otra posibilidad es que La Quemada no fuera Aztlán propiamente dicha, sino Chicomóztoc, que, según el relato de fray Torquemada, era una zona cercana a Aztlán donde los aztecas se detuvieron para su reagrupación, permaneciendo nueve años antes de su migración hacia el sur.

Otra pista para la ubicación de Aztlán es el nombre *Culhuacán* para la gran colina en la isla de Aztlán. Culhuacán (o *Colhuacan*) es también el nombre de una ciudad-estado precolombina fundada por los toltecas bajo Mixcóatl (y recuerde que Mixcóatl también se supone que es un antepasado de los mexicas). Se cree que fue el primer asentamiento de los toltecas en la zona, incluso antes de que construyeran Tula. Culhuacán estaba en el valle de México, a orillas del lago Xochimilco, que conectaba con el lago Texcoco, donde los mexicas establecieron más tarde su ciudad de Tenochtitlan en una isla. Culhuacán también era conocida por tener jardines flotantes. Sobrevivieron a la caída de Tula y continuaron en la época azteca.

En la región de Culhuacán hay una colina llamada Chapultepec (que significa saltamontes) situada en una isla del lago de Texcoco, cerca de donde se construyó la capital mexica-azteca de Tenochtitlan. Cuando los mexicas llegaron por primera vez al valle de México, este estaba poblado por los restos de los toltecas, por los chichimecas que habían emigrado allí antes, por otras tribus de Aztlán y por otras culturas. No había mucho espacio para los mexicas, y a la población local no le gustaban estos recién llegados.

Sin embargo, después de años de servilismo a otras culturas y de luchar por sobrevivir, los aztecas consiguieron hacerse con el control de Chapultepec, una isla situada al oeste del lago de Texcoco. En el centro de esta isla había un pequeño volcán extinguido que se elevaba sobre una costa con manantiales de agua dulce. Durante unos veinte años, vivieron en esta isla con una colina elevada sobre un lago con la cultura de jardines flotantes. La isla de Chapultepec tenía un asombroso parecido con Aztlán.

¿Podría ser Chapultepec la mítica Aztlán? ¿Qué tal si los aztecas siempre fueron nómadas del desierto hasta entonces? ¿Y si su vida en Aztlán se desarrolló en una historia mucho más reciente, pero fue «ajustada» en el tiempo para crear credibilidad? O bien, ¿podrían las descripciones posteriores de Aztlán estar empañadas por los recuerdos de Chapultepec?

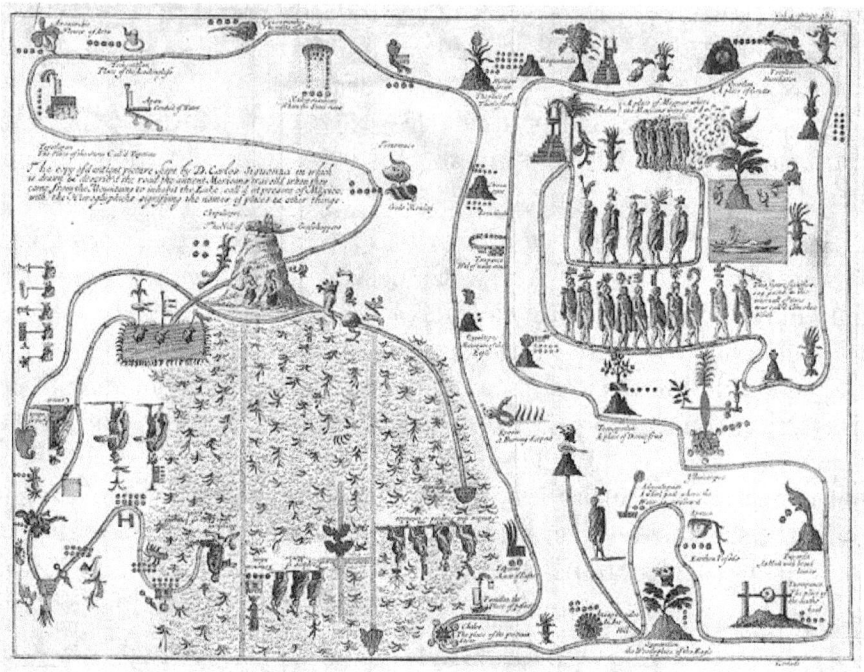

Mapa de Gemelli de 1704 de la migración azteca de Aztlán (esquina superior derecha lago y palmera) a Chapultepec, en el centro izquierda, una colina con un saltamontes en la cima)[33]

Incluso después de fundar la ciudad de Tenochtitlan, los mexicas sentían debilidad por la isla de Chapultepec. Se convirtió en un lugar sagrado para ellos, donde construyeron un centro religioso y un retiro para sus emperadores. Se cree que en la colina de la isla se enterraban las cenizas de los emperadores aztecas que habían sido cremados.

¿Fue Aztlán real o mítica? Se trata de un misterio para el que no tenemos una respuesta definitiva. ¿Los aztecas fueron siempre cazadores y recolectores antes de asentarse en Tenochtitlan, o tuvieron orígenes agrícolas? Podemos obtener pistas de sus leyendas, de la arqueología y de la lingüística, pero los inicios del pueblo que construiría un gran imperio están envueltos en la niebla.

Capítulo 5: Los primeros asentamientos y Tenochtitlan

Suponiendo que Aztlán fuera un lugar real, cabe imaginar la desorientación y el desconcierto de los mexica-aztecas cuando abandonaron su hogar ancestral. Algún acontecimiento cataclísmico, quizá una guerra o un desastre natural o la voz de su dios, había forzado el exilio. ¿Qué les ocurriría? ¿Adónde irían?

Según sus propios relatos, pronto se sintieron reconfortados por el canto del dios colibrí Huitzilopochtli, que les dijo que los había adoptado como su pueblo y que los conduciría a un nuevo hogar. Les prometió que les proporcionaría las herramientas necesarias para su viaje y que serían grandes y prósperos. A cambio, exigió sacrificios, sacrificios sangrientos.

Un colibrí parece una manifestación extraña para una deidad que era el dios de la guerra y el dios del sol. El nombre de Huitzilopochtli significaba literalmente *colibrí de la izquierda* (la izquierda era el sur para los mexicas). Los mexicas creían que los guerreros se reencarnaban en colibríes. Noche tras noche, este guerrero reencarnado, Huitzilopochtli, les cantaba, indicándoles adónde ir y qué hacer.

Cuando los mexica-aztecas cruzaron el lago desde Aztlán, se encontraron con las otras tribus que, como los mexica, habían salido de las siete cuevas de Aztlán: los xochimilca, los tlahuica, los acolhua, los tlaxcalteca, los tepaneca y los chalca. Estas tribus, que habían abandonado Aztlán anteriormente, pidieron unirse a los mexicas, y viajaron juntos durante algún tiempo.

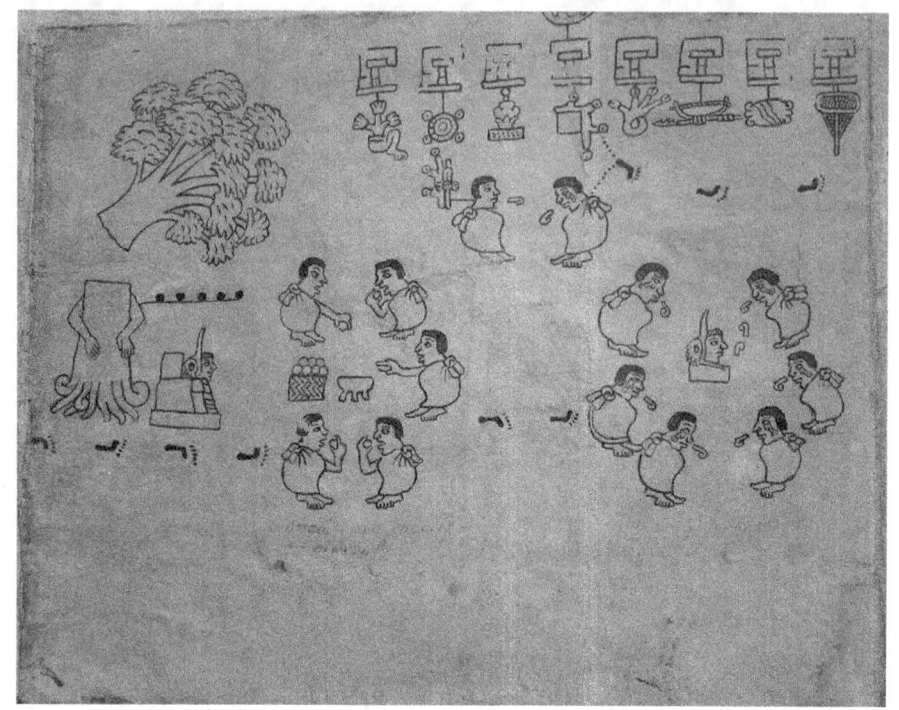

Árbol roto, símbolo de la escisión de los mexicas de otras tribus aztecas. A la derecha de la imagen, seis hombres se reúnen en torno a Huitzilopochtli, representado como un hombre con boca de colibrí. Del *Códice Boturini*[34]

Después de llegar a un lugar llamado Tlatzallan Texcaltepetzallan, el dios mexica Huitzilopochtli les ordenó separarse de las demás tribus; esta división se representa en el *Códice Boturini* como la copa de un árbol cortada del tronco. Más de 100 años después, los mexicas se reencontraron con sus parientes aztecas de Aztlán, que llegaron al valle de México antes que ellos. Las otras tribus aztecas no dieron una cálida bienvenida a los mexicas.

Tras separarse de las demás tribus, su dios anunció que ahora se llamarían mexicas, no aztecas. Los pueblos que hoy conocemos como aztecas se llamaron a sí mismos mexicas a lo largo de su historia. El nombre azteca englobaba a las siete tribus de las siete cuevas de Aztlán. Esto puede resultar confuso porque, en la historia más reciente, la tribu mexica se ha llamado a menudo *azteca*.

En la actualidad, el término *azteca* se utiliza a veces exclusivamente para referirse a la tribu mexica que acabó asentándose en Tenochtitlan. El nombre *azteca* se utiliza con más precisión para designar a las tres tribus principales de la Triple Alianza que formaron el Imperio azteca:

los mexicas, los acolhuas y los tepanecas. Estas tres tribus procedían de Aztlán, por lo que colectivamente se los denomina aztecas. El nombre *azteca* también puede referirse a todos los ciudadanos de las ciudades-estado que formaban parte del Imperio y hablaban náhuatl como lengua común. Muchas tribus de estas ciudades-estado formaban parte de las siete tribus de Aztlán, por lo que eran de ascendencia azteca.

Para mayor claridad, este libro utiliza el término *mexica* o *mexica-azteca* para referirse a la tribu específica que se asentó en Tenochtitlan. Utiliza *azteca* cuando habla de las siete tribus de Aztlán, las tribus de la Triple Alianza y cuando habla del Imperio en su conjunto.

Primer sacrificio humano de los mexicas, según el Códice Boturini[35]

Volviendo a la larga migración, los mexicas permanecieron bajo el árbol roto durante cuatro años después de su ruptura con las otras tribus aztecas. Fue entonces cuando iniciaron la espeluznante práctica del sacrificio humano. El *Códice Boturini* muestra a Huitzilopochtli guiándolos en el sacrificio de tres víctimas, dos hombres y una mujer de la tribu Chicomóztoc-Mimixcoa. En esta imagen, se puede ver al cuarto hombre desde la izquierda llevando a la espalda al dios colibrí Huitzilopochtli; el dios tiene la cabeza de un pájaro con un largo pico combinada con una cabeza humana.

La *Crónica Mexicáyotl* dice que los mexica-aztecas continuaron viajando hacia el sur, viviendo de la tierra durante muchas décadas. Se detenían durante una temporada cuando llegaban a un lugar más fértil, permaneciendo el tiempo suficiente para plantar y luego recoger una cosecha, que podían llevar consigo. Esto indica que los mexicas no eran completamente cazadores y recolectores; debían de tener una formación agrícola para saber cultivar.

Con ellos viajaba Malinalxóchitl, la hermana de Huitzilopochtli, una hermosa hechicera que practicaba la brujería con serpientes, escorpiones y otras criaturas venenosas. Huitzilopochtli pensó que su hermana era malvada, algo incongruente, ya que era él quien ordenaba a sus seguidores que arrancaran los corazones de las personas vivas como tributo a él. Advirtió a los mexicas de que era una grave amenaza para ellos.

«La hechicería no es mi camino —explicó Huitzilopochtli—. Mi camino es la guerra.»

Huitzilopochtli continuó explicándoles cuáles serían las recompensas de su conquista bajo su dirección: «Esto nos traerá jade, oro y plumas de colores para decorar mi templo. Ustedes tendrán maíz, chocolate y algodón. Juntos, lo tendremos todo».

Un día, mientras la hechicera dormía, Huitzilopochtli y los mexicas se alejaron sigilosamente, dejándola atrás. Años más tarde, Copil, el hijo de Malinalxóchitl, intentó vengar el abandono de su madre atacando a los mexicas en su querida isla de Chapultepec. No le fue bien a Copil. Los mexicas lo mataron y, siguiendo las instrucciones de Huitzilopochtli, le arrancaron el corazón y lo arrojaron al lago de Texcoco. El mito mexica dice que la isla, que más tarde se convertiría en Tenochtitlan, creció del corazón de Copil.

Tras décadas de vagabundeo nómada, los mexicas llegaron a Tula (Tollan), la ciudad fantasma de los toltecas. Recorrieron las dramáticas ruinas de Tula, aprendiendo de los lugareños que quedaban cómo los toltecas gobernaban la zona. Se asentaron en Tula durante veinte años, tal vez planeando cómo establecerían algún día un imperio propio. Más tarde, cuando llegaron al valle de Anáhuac (valle de México), buscaron alianzas con el pueblo Culhuacán, una rama de los toltecas, casándose con ellos para establecer un linaje tolteca.

Tras su estancia de veinte años en las ruinas de Tula, los mexicas reanudaron su migración hacia el sur, adentrándose en el valle de

Anáhuac entre 1220 y 1240 e. c. El nuevo mundo que encontraron era una civilización avanzada, más densamente poblada que las anteriores y políticamente organizada en ciudades-estado. El suelo fértil y la pluviosidad constante favorecieron la agricultura extensiva, principalmente de maíz.

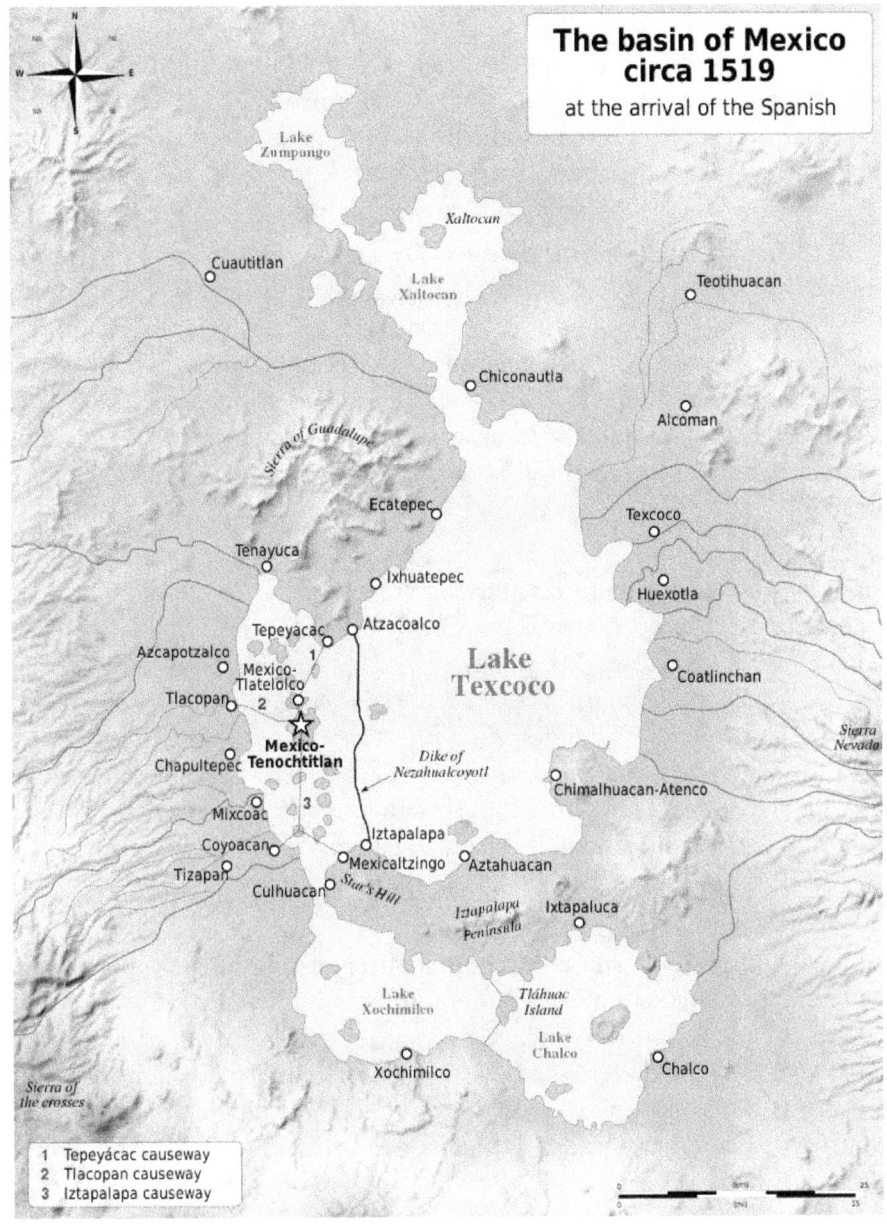

Localización de las principales ciudades-estado en torno al lago de Texcoco[36]

¿Quién estaba allí, en el valle de Anáhuac, cuando llegaron? Se encontraron con cuatro de las tribus aztecas de las que se habían separado más de un siglo antes: los xochimilcas, los acolhuas, los tepanecas y los chalcas. Sus parientes y otros habitantes del valle los rechazaban, pues no querían competir por la tierra, los recursos y el poder político que cada grupo se esforzaba por desarrollar.

Los poderosos colhuas-toltecas gobernaban la parte sur del valle, y la ciudad tepaneca de Azcapotzalco estaba formando rápidamente un imperio al oeste. Otras tribus chichimecas habían emigrado y vivían en la periferia. Los mexicas tuvieron que enfrentarse a estas otras civilizaciones mientras intentaban hacerse un lugar.

Los mexicas trataron de establecerse en la corriente principal de la cultura del valle activo contratándose como picapedreros, trabajadores de la construcción y soldados mercenarios. Estas profesiones mejoraron sus conocimientos de arquitectura y perfeccionaron sus habilidades militares. Iniciaron alianzas con varias ciudades-estado a través del matrimonio. Finalmente, trabajaron para establecer sus propios asentamientos; el primero fue la aldea de Huixachtitlan, establecida en 1240.

Su empleo como guerreros mercenarios resultó beneficioso de inmediato cuando estalló la guerra entre el *altépetl* (ciudad-estado) de Tenayuca y el *altépetl* de Culhuacán. Buscando congraciarse con los toltecas de Culhuacán, los mexicas se aliaron con ellos para luchar contra Tenayuca. Tras ganarse el favor de los colhuas, formaron una alianza matrimonial cediendo a una joven de una de sus familias nobles para que se casara con un príncipe de Culhuacán. Esta pareja tuvo un hijo llamado Coxcoxtli, cuya hija se convirtió en la madre del primer gobernante de Tenochtitlan, la eventual capital de los mexica-aztecas.

Como se mencionó en el capítulo anterior, los mexicas capturaron la isla de Chapultepec, en el lado oeste del lago de Texcoco, estableciéndola esencialmente como una ciudad-estado independiente. Su vida en esta hermosa isla terminó en unos veinte años, cuando varias otras ciudades-estado los atacaron, enfurecidas por su audacia de establecer una ciudad independiente en medio de su territorio. Los tepanecas ganaron la guerra, expulsaron a los mexicas de Chapultepec y capturaron al líder mexica Huehue Huitzilíhuitl y a su hija como sacrificios humanos para sus dioses.

Los mexicas que sobrevivieron a la batalla se escondieron en los pantanos que rodean el lago, pero finalmente tuvieron que salir para sobrevivir. Se rindieron a Culhuacán, ofreciéndose como esclavos a cambio de protección frente a los tepanecas. Resultó que el líder colhua era Coxcoxtli, hijo de la princesa mexica que se había casado con un príncipe colhua. Les dio permiso para asentarse en Tizapán, una tierra vacía y estéril. Los mexicas vivieron allí unos años, asimilando la cultura Culhuacán.

Tras un grotesco incidente en 1303, los mexicas fueron desterrados de Culhuacán. La serie de acontecimientos que condujeron a la truculenta escena comenzó cuando los colhuas entraron en guerra con los xochimilcas, que habían construido un poderoso *altépetl* al sur del territorio colhua. Los xochimilca eran parientes aztecas de los mexicas de Aztlán; sin embargo, los mexicas se unieron a los colhuas, liderados por su pariente Coxcoxtli.

Según el *Códice Aubin*, los colhuas estaban perdiendo, por lo que el rey Coxcoxtli hizo un llamamiento a los mexicas: «Vayan donde los xochimilcas que nos están derrotando y capturen a 8000 de ellos para que sean nuestros esclavos», ordenó.

Los mexicas pidieron escudos y garrotes para esta misión, pero el rey se negó, así que los mexicas emprendieron su descomunal tarea. En lugar de capturar a los xochimilcas, los mataron, y no solo a 8.000: ¡prosiguieron y mataron a 32.000! Cortaron las narices a los guerreros, llenaron sus sacos con ellas y marcharon de vuelta ante el rey Coxcoxtli.

«Oh gobernante, aquí están todos nuestros cautivos. Hemos capturado a 32.000 de ellos». Dejaron caer los sacos llenos de narices ensangrentadas delante de Coxcoxtli.

Horrorizado, Coxcoxtli llamó a sus consejeros. «¡Los mexicas no son humanos! ¿Cómo le hicieron esto a los Xochimilca? Son un mal presagio».

Los mexicas presionaron su ventaja: «Oh gobernante, dale a nuestro altar de tierra algo para adornarlo».

Querían a la hija de Coxcoxtli; querían adorarla como a una diosa, dijeron. Tal vez el rey de Culhuacán tuvo reparos, pero les dio a su hija para que la adoraran como a una diosa. Cuando el rey llegó para la ceremonia, ¡uno de los sacerdotes mexicas se paseaba con la piel de su hija! La habían matado y desollado, ¡y él la llevaba puesta! Como era de esperar, la macabra perspectiva de los mexicas sobre cómo adorar a una diosa incitó una terrible batalla y la expulsión de los mexicas de Culhuacán. Entonces tuvieron que vagar por los pantanos y las zonas lacustres como parias.

Al principio, intentaron asentarse al norte de Culhuacán, en Mexicaltzingo. Pero su horrible reputación los precedía, y los habitantes de esa zona los obligaron a seguir adelante. Finalmente encontraron una isla llamada Nextipac, a orillas del lago Texcoco, donde se asentaron durante un tiempo. Pero los colhuas, sus antiguos aliados convertidos en enemigos, los atacaron y quemaron su ciudad, sin dejar rastro de la existencia de Nextipac.

Los mexicas huyeron; utilizando sus escudos como balsas, remaron y se escondieron entre los juncos de la orilla del lago. Los mexicas habían perdido a muchos de los suyos, todas sus pertenencias, y ahora se escondían en el pantano, con los colhuas presionándolos. Estaban en una situación desesperada; ¿qué los salvaría ahora?

Esa noche, el dios colibrí, Huitzilopochtli, se apareció en sueños a uno de los líderes de la tribu: «Cuando llegue la mañana, levántate y busca un cactus espinoso, entre los juncos. Sobre él se posará un águila, comiéndose una serpiente. Aquí debes construir tu ciudad, Tenochtitlan. Y aquí debes esperar a los enemigos que te rodean y conquistarlos, uno a uno, a todos».

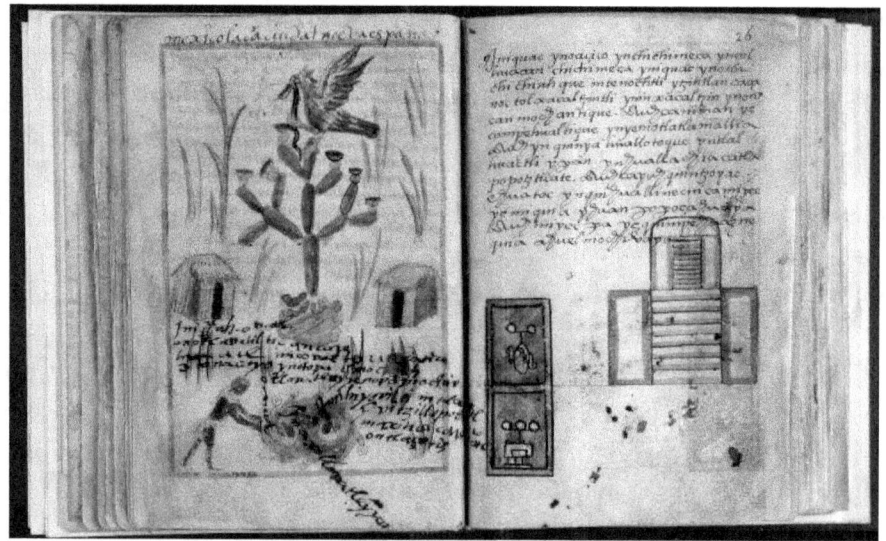

Águila sobre cactus comiendo una serpiente, del Códice Aubin folio 25[37]

A la mañana siguiente, el anciano de la tribu convocó al pueblo y le comunicó la profecía que había recibido en sueños. La gente se puso en acción, mirando por encima del hombro por si los colhuas aún los seguían. Sus ojos escudriñaron la zona, buscando entre los juncos, un lugar improbable para que creciera un cactus. Y entonces, en una isla pantanosa de la orilla occidental del lago de Texcoco, vieron un águila que desplegaba las alas y se posaba en un nopal que crecía entre los juncos. Se estaba comiendo una serpiente que sostenía en sus garras.

Águila sobre cactus con pájaro, del Códice Tovar del siglo XVI[38]

(Algunas versiones anteriores de la historia no incluyen la serpiente, solo el águila y el cactus. Muestran al águila comiendo el fruto del cactus o comiéndose un pájaro. Es posible que la serpiente entrara en la historia después de la llegada de los españoles, tal vez por una mala traducción de los escritos mexicas).

¡Este era el lugar! Después de todos esos años de vagar, de luchar contra los elementos, de luchar por sobrevivir, de anhelar un lugar al que llamar hogar, ¡aquí estaba! Aquí estaba la isla donde construirían su ciudad, Tenochtitlan. Corría el año 1325 e. c. Habían abandonado su isla natal de Aztlán en 1168 y, tras una larga migración, habían llegado por fin a su nueva isla natal.

Construir su nueva ciudad en medio de una zona pantanosa podría haber parecido un comienzo poco propicio. Sin embargo, esta isla baja en un lago era un lugar estratégico. Dispondrían de abundantes alimentos procedentes de peces, aves acuáticas y de la agricultura, donde había una fuente constante de agua. El lago de Texcoco estaba conectado con otros lagos, lo que les proporcionaba múltiples vías fluviales para el comercio, el transporte y la salida en expediciones bélicas.

Por supuesto, la isla no les pertenecía. Estaba bajo el control del *tlatoani* (rey) de la ciudad de Azcapotzalco, sede del Imperio tepaneca. Los tepanecas eran parientes de los mexicas de Aztlán y antiguos aliados, pero más recientemente sus enemigos. ¿Permitiría el rey tepaneca que vivieran allí? Sí. A cambio de convertirse en vasallos de Azcapotzalco y guerreros mercenarios de los tepanecas, ¡podrían quedarse!

Lo único que tenían que hacer era luchar con los tepanecas contra los otros *altépetl*, especialmente Culhuacán y Texcoco, la ciudad-estado de los acolhua, también parientes de Aztlán. Juntos, los mexicas y los tepanecas derrotaron a Culhuacán y Texcoco, poniendo todos los territorios alrededor del lago Texcoco bajo el control del Imperio tepaneca. Con la zona asegurada, los mexicas pudieron centrarse en la construcción de su ciudad.

En 1375, Tenoch, su estimado jefe de la larga migración, murió. Tras un periodo de luto, los mexicas se reunieron para decidir quién sería el próximo líder de su incipiente ciudad. Tendría que ser alguien que se ganara el respeto de las ciudades-estado circundantes y mantuviera vínculos con la élite política de la región. Nadie de su propio grupo cumplía los criterios, así que empezaron a buscar más lejos, nada menos que en Culhuacán.

Así que, sí, hubo un horrible incidente en el que su sacerdote se vistió con la piel de la princesa de Culhuacán, lo que los llevó al exilio. Y sí, se habían aliado con los tepanecas para derrotar a Culhuacán y ponerla bajo control tepaneca. Pero a través de sus matrimonios con la realeza colhua, habían desarrollado importantes lazos de sangre.

Recordemos que el propio Coxcoxtli era hijo de una princesa mexica. La hija de Coxcoxtli, Atotoztli (no la que fue desollada), se había casado con Opochtli Iztahuatzin, un líder mexica, y había dado a luz a un hijo llamado Acamapichtli. Este niño era de linaje mexica, pero también de la realeza colhua, y también estaba emparentado con la tribu acolhua. A través de su linaje colhua, era descendiente de los toltecas. Los ancianos mexicas no podían pensar en un candidato mejor, con lazos con todas las personas adecuadas, para ser su próximo gobernante.

Acamapichtli, primer rey azteca (reinó 1376-1395). Del Códice Tovar[89]

Una delegación se dirigió a Texcoco para invitar a Acamapichtli a ser su gobernador, ¡y él aceptó! El joven de veinte años llegó a Tenochtitlan en 1376 y fue recibido con gran pompa. Acamapichtli estrechó lazos con los colhuas casándose con la hija del rey, y luego afirmó su posición en su nueva ciudad casándose con tres mujeres mexicas, cada una de una de las tres casas principales de Tenochtitlan. La dinastía azteca-mexica quedaba así establecida. Pronto se convertiría en múltiples ciudades-estado y, finalmente, en un gran imperio mesoamericano.

Capítulo 6: Las ciudades-estado aztecas

Durante los cincuenta años siguientes, gracias a una política inteligente, a la guerra y a astutas alianzas, los feroces mexicas alcanzaron la prominencia y se establecieron como una potencia política con dominio sobre otras ciudades-estado. Durante el reinado de sus tres primeros reyes, se centraron en consolidar su propia ciudad-estado de Tenochtitlan, al tiempo que ampliaban su tamaño y se embarcaban en enormes proyectos arquitectónicos. También empezaron a apoderarse de ciudades-estado más pequeñas que les pagarían tributos, les servirían de aliados contra fuerzas enemigas y les proporcionarían una fuente de comercio. En este capítulo exploraremos cómo empezaron a adquirir estas ciudades-estado y cómo estaban organizadas y relacionadas entre sí.

La ciudad mexica de Tenochtitlan se desarrollaba en una cultura mesoamericana más amplia que se centraba en la agricultura extensiva combinada con complejos centros urbanos densamente poblados. Estas grandes ciudades servían como centros religiosos, políticos y económicos para la población circundante. La mayoría de estas áreas urbanas formaban alianzas con otras ciudades; las ciudades más pequeñas y débiles se convertían en tributarias de las ciudades más grandes y poderosas. Los tributarios proporcionaban bienes y servicios, incluidos soldados mercenarios, junto con el pago de tributos a sus señores.

Guerreros mexicas: guerrero Águila a la izquierda y guerrero Jaguar a la derecha blandiendo un *macuahuitl* (garrote de madera con afiladas hojas de obsidiana). Del Códice Florentino[40]

En el caso de Tenochtitlan, los mexicas fueron inicialmente aliados y tributarios de la ciudad tepaneca de Azcapotzalco. Juntas, estas dos ciudades comenzaron a aumentar su poder. Mediante el suministro de guerreros para campañas militares exitosas, los mexicas permitieron que Azcapotzalco se convirtiera en un imperio con un gran poder regional. El emperador tepaneca Tezozómoc apreciaba enormemente el apoyo de Tenochtitlan y comenzó a conceder a los mexicas parte del tributo a medida que conquistaban juntos otras ciudades-estado. Con el tiempo, Tenochtitlan se convirtió en una ciudad-estado por derecho propio.

En el sistema político de la época, un *tlatoani* era el rey de una ciudad-estado, y un *huey tlatoani* era el gobernante de una ciudad-estado que tenía otras ciudades como tributarias bajo su mando (algo así como un emperador sobre un imperio). Cuando Acamapichtli llegó a Tenochtitlan para gobernar, su estatus era el de *cihuacóatl* o gobernador, ya que Tenochtitlan aún se estaba convirtiendo en una ciudad propiamente dicha. En los siete años siguientes, a medida que Tenochtitlan crecía en poder y en estima, fue finalmente reconocida como ciudad-estado (aunque seguía siendo tributaria de los tepanecas). En 1382, Acamapichtli fue coronado *tlatoani* (rey) de Tenochtitlan, con gran fanfarria.

Mientras los tepanecas de Azcapotzalco, con sus aliados de Tenochtitlan, ampliaban su base de poder en las orillas occidentales del lago de Texcoco, la ciudad acolhua de Texcoco se convertía en un importante contendiente en el lado noreste del lago. Cuando estalló la guerra entre Azcapotzalco y Texcoco, los mexicas lucharon con sus aliados tepanecas, y juntos conquistaron Texcoco.

Durante el reinado de Acamapichtli, los guerreros mexicas siguieron luchando con los tepanecas contra otras ciudades-estado. Con el tiempo, se les permitió emprender sus propias expediciones. En estas campañas militares, conquistaron la ciudad tlahuica de Cuauhnáhuac y Xochimilco al sur, ¡convirtiéndolas en sus primeros estados tributarios! Tlahuica y Xochimilco eran dos de las siete tribus de Aztlán, por lo que los mexicas estaban construyendo la base del poder azteca.

La isla pantanosa en la que se encontraba Tenochtitlan se amplió durante el reinado de Acamapichtli transportando tierra y rocas para construir la isla original y construyendo una calzada hasta una isla cercana. Como ciudad insular, Tenochtitlan carecía de tierras para cultivar alimentos suficientes para la población. Acamapichtli amplió las *chinampas* (jardines flotantes) alrededor de la ciudad. Después de que Xochimilco se convirtiera en una ciudad tributaria, los xochimilcas enviaban frutas y verduras a Tenochtitlan desde sus propios jardines flotantes en el sur.

Ilustración de Tenochtitlan mostrando la calzada y el Templo Mayor[41]

Los mexicas empezaron a sustituir sus casas de caña por casas de piedra, madera y marga. Acamapichtli desarrolló la ciudad en cuatro distritos centrados alrededor del gran complejo del templo, que incluía el Templo Mayor, una alta pirámide con dos templos en la cima. El Templo Mayor fue reconstruido en numerosas ocasiones a lo largo de los años, haciéndose cada vez más alto. El complejo del templo también contaba con una cancha de pelota y un estante de calaveras, y estaba rodeado por los palacios de la élite. Los canales que recorrían la ciudad facilitaban el transporte. Los antropólogos han calculado que la población de Tenochtitlan en su apogeo era de 200.000 habitantes.

Como líder político, Acamapichtli construyó astutamente la fortaleza mexica mediante la formación de alianzas con otros clanes rivales en lugar de luchar contra ellos. Mantuvo relaciones estables con el emperador tepaneca Tezozómoc pagando puntualmente el tributo exigido. Una vez, estando en Azcapotzalco, la ciudad de Tezozómoc, Acamapichtli compró una hermosa mujer en el mercado de esclavos. Con esta esclava tuvo un hijo llamado Itzcóatl, que se convirtió en *tlatoani* de Tenochtitlan en 1427, después de que el hijo mayor de Acamapichtli, Huitzilíhuitl, y su nieto Chimalpopoca reinaran como reyes de Tenochtitlan.

Acamapichtli murió joven, en torno a los cuarenta años. Antes de morir, quiso resolver la cuestión de su sucesor. La costumbre de los mexicas era elegir a sus líderes. Los ancianos tomaban esta decisión y, por lo general, el siguiente gobernante pertenecía a la familia real, pero no necesariamente era el hijo mayor. Podía ser un sobrino u otro pariente. Desde su lecho de muerte, Acamapichtli convocó a los jefes de los cuatro distritos de Tenochtitlan. Les comunicó que quería que continuaran con la costumbre de elegir a sus líderes.

Los cuatro jefes celebraron un consejo y eligieron al hijo mayor de Acamapichtli, Huitzilíhuitl, que solo tenía dieciséis años. Acamapichtli aprobó esta elección antes de morir. Huitzilíhuitl, un joven perspicaz, sabía que sus detractores podrían cuestionar su elección, realizada por solo cuatro líderes. Ordenó una nueva elección con un grupo más amplio de sacerdotes, ancianos y jefes guerreros para que emitieran sus votos y volvió a ganar, consolidando su derecho al trono.

Huitzilíhuitl asumió el trono en 1395 y gobernó hasta 1417. El *Códice Aubin* señala que en el año en que Huitzilíhuitl accedió al trono, un enjambre de saltamontes asedió la zona, provocando un año de hambruna. Mantuvo relaciones amistosas con el emperador tepaneca Tezozómoc de Azcapotzalco, casándose con su hija Ayauhcihuatl. Después de esto, Tezozómoc redujo los pagos de tributo de Tenochtitlan a un nivel nominal. Huitzilíhuitl y Ayauhcihuatl tuvieron un hijo llamado Chimalpopoca, que se convirtió en el siguiente *tlatoani*. Otra esposa, Miahuaxihuitl, dio a luz a Moctezuma I, que más tarde se convirtió en el *Huey Tlatoani* de los aztecas (*Huey Tlatoani*, no solo *tlatoani*, ya que para entonces Tenochtitlan era un imperio).

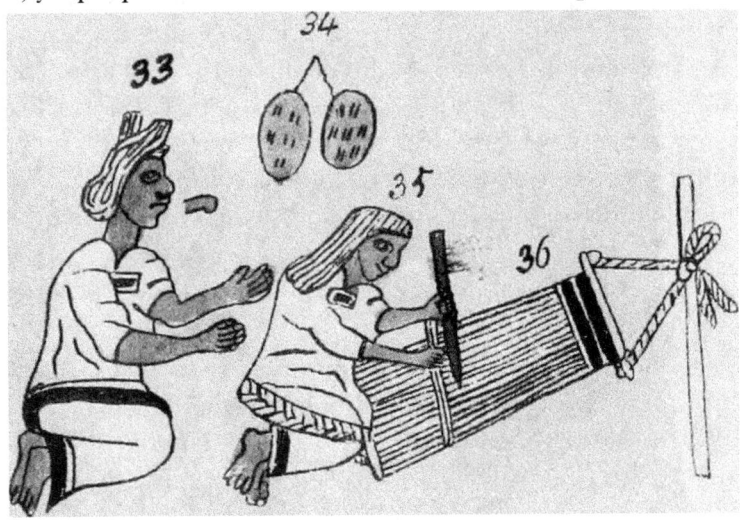

Madre enseñando a su hija a tejer algodón[42]

Huitzilíhuitl, un líder sabio, continuó la política de su padre de establecer alianzas pacíficas con los estados vecinos. Durante su reinado, el tejido de algodón se convirtió en una industria importante. Anteriormente, la gente había usado ropa hecha de fibra de maguey (agave), que era áspera, como la arpillera. Ahora podían usar algodón suave y fresco, que podía teñirse con los colores brillantes que tanto gustaban a los mexicas. La industria algodonera era tan productiva que exportaban algodón a Azcapotzalco y a Cuauhnáhuac, su ciudad vasalla en el extremo sur.

Cuando el gobernante de la ciudad de Texcoco murió en 1409, su hijo Ixtlilxóchitl se convirtió en *tlatoani* y rápidamente empezó a desafiar el *statu quo*. La participación de los mexicas fue complicada. Décadas antes, se habían aliado con los tepanecas en una guerra contra Texcoco y habían ganado. En ese momento, Texcoco se había convertido en una ciudad tributaria de Azcapotzalco. El nuevo gobernante Ixtlilxóchitl continuó pagando tributo a la ciudad tepaneca, pero cuando el emperador Tezozómoc de Azcapotzalco le ofreció a su hija en matrimonio, eligió en su lugar a la hija de Huitzilíhuitl, Matlalcihuatzin.

Ixtlilxóchitl se proclamó entonces «señor de los chichimecas», invitando a su suegro mexica Huitzilíhuitl a convertirse en su aliado contra Tezozómoc de Azcapotzalco. Eso significaba que Huitzilíhuitl tenía que elegir entre su suegro Tezozómoc y su nuevo yerno. Huitzilíhuitl eligió a su viejo aliado Tezozómoc.

Enfadado por el desaire a su hija y la insubordinación de Ixtlilxóchitl, el emperador Tezozómoc dirigió su ejército, junto con guerreros mexicas, para atacar Texcoco. Al cabo de dos años, las fuerzas conjuntas de tepanecas y mexicas conquistaron Texcoco y mataron a Ixtlilxóchitl. Como recompensa por la lealtad de los mexicas, el emperador Tezozómoc entregó Texcoco a Tenochtitlan como tributaria. Texcoco era una ciudad de la tribu acolhua, parientes de los mexicas de Aztlán. Ahora las ciudades de tres tribus aztecas —Acolhua, Tlahuica y Xochimilco— eran tributarias de los mexicas. Su colección de ciudades-estado crecía.

Al igual que su padre, Huitzilíhuitl murió joven, con solo 38 años. Su hijo Chimalpopoca, de veinte años, asumió el trono en 1417 y gobernó hasta 1427, solo diez años. Uno de sus logros fue cumplir el sueño de su padre de construir un acueducto para llevar agua dulce a Tenochtitlan. Aunque estaban en una isla dentro de un lago, las fuentes termales que rodeaban la isla salinizaban el agua. Los lagos de conexión y otras partes del lago de Texcoco se alimentaban de manantiales de agua dulce, por lo que los mexicas tenían que obtener agua potable de allí o de tierra firme. El abuelo materno de Chimalpopoca, el emperador Tezozómoc de Azcapotzalco, colaboró en el proyecto de construcción de un acueducto de madera desde Chapultepec hasta Tenochtitlan. Chimalpopoca también construyó una calzada hasta Tlacopan, en tierra firme, con puentes que podían levantarse por la noche o cuando se viera amenazada por una invasión.

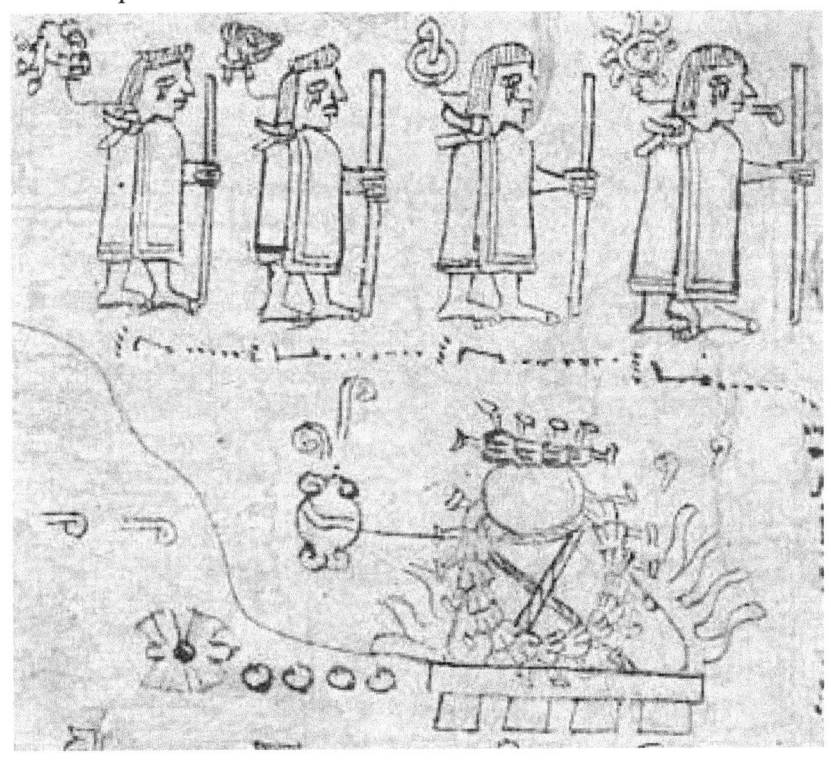

Pira funeraria del emperador Tezozómoc, del Códice Xólotl[48]

La muerte de Chimalpopoca, cuando solo tenía treinta años, estuvo rodeada de intriga. ¿Fue un suicidio o un asesinato asociado a un golpe de Estado? Su abuelo Tezozómoc, emperador tepaneca, murió en 1427. El hijo de Tezozómoc, Tayatzin, tío de Chimalpopoca por parte de madre, sucedió a su padre. A los pocos días, Maxtla, el hermano mayor de Tayatzin, organizó una rebelión y le arrebató el trono. Chimalpopoca se unió a Tayatzin para recuperar el trono de Azcapotzalco. Tayatzin murió en la lucha, y los guerreros de Azcapotzalco invadieron Tenochtitlan, capturaron a Chimalpopoca y lo llevaron de vuelta a Azcapotzalco, donde fue encerrado en una jaula. O bien se suicidó ahorcándose con su cinturón, o fue estrangulado por sus captores tepanecas.

Sin embargo, algunos eruditos creen que murió a manos de su tío mexica Itzcóatl, que le sucedió como gobernante de Tenochtitlan. Dicen que Itzcóatl era el líder encubierto de una fuerza rebelde secreta que había estado conspirando contra sus señores y antiguos aliados, los tepanecas. Como nieto de Tezozómoc, que había ayudado generosamente con el acueducto y de otras formas, Chimalpopoca era leal a los tepanecas. Estos eruditos creen que fue asesinado en secreto por su tío Itzcóatl, y que su muerte fue atribuida a los tepanecas.

Independientemente de cómo murió Chimalpopoca, la saga entre Tenochtitlan y Azcapotzalco continuó, terminando en la Triple Alianza, que trataremos en el próximo capítulo. Por ahora, repasemos más sobre la cultura de las ciudades-estado en el valle de México para entender mejor el desarrollo del Imperio azteca.

Los mexica-aztecas comenzaron a convertirse en un imperio a través de la conquista militar, el comercio y la formación de valiosas alianzas. Instalaron gobernantes amigos en los territorios que conquistaron y se casaron con las dinastías gobernantes. Los *altépetl* o ciudades-estado que cayeron bajo su control pudieron, por lo general, conservar sus propios líderes y religión, pero tuvieron que apoyar al creciente Imperio mexica y al *tlatoani* de Tenochtitlan mediante el pago de tributos. También tenían que incluir al dios mexica Huitzilopochtli en el culto a sus deidades. Si no lo hacían, el ejército mexica atacaba la ciudad y destruía los templos y otros edificios. Huelga decir que esto generó resentimiento en algunas de sus ciudades tributarias.

Los *altépetl* (ciudades-estado) del creciente imperio mexica-azteca estaban organizados en un sistema jerárquico. Cada *altépetl* tenía su propio *tlatoani* (rey), que gobernaba a los nobles y plebeyos de su territorio. Cada ciudad-estado tenía su propia capital, que era el eje del comercio y el centro de la actividad religiosa, alrededor de la cual se extendían las tierras agrícolas y los pueblos y aldeas más pequeños.

La mayoría de las ciudades-estado estaban marcadas por una identidad étnica específica, aunque todas eran multiétnicas y hablaban varias lenguas. La *lingua-franca* (lengua común) de todas las ciudades-estado bajo control mexica era el náhuatl, el grupo lingüístico de las tribus aztecas, así como de las tribus chichimecas y de los descendientes del Imperio tolteca.

La palabra *tlatoani* para el gobernante de la ciudad-estado significa literalmente el que habla, lo que indica que era un representante de su pueblo. El *tlatoani* no solo era el líder político, sino también el sumo sacerdote y comandante en jefe de su ciudad-estado. Se lo consideraba propietario de todas las tierras del *altépetl* y recibía tributos de estas tierras, así como de las ciudades y aldeas más pequeñas. Supervisaba los mercados y los templos y actuaba como juez para resolver las disputas que le planteaba el alto tribunal. Bajo el *tlatoani* estaba su segundo al mando, el *cihuacoátl*, que actuaba como juez principal del sistema judicial y nombraba a los jueces de los tribunales inferiores. El *cihuacoátl* era también el principal responsable financiero del *tlatoani*.

La mayoría de los *tlatoani* eran de sangre real, pero solían ser elegidos de entre cuatro candidatos por un consejo de nobles, guerreros y sacerdotes. Una vez elegido, el *tlatoani* era vitalicio y se le permitía tener varias esposas, lo que generaba muchos hijos que continuaban su legado.

Cuatro guerreros aztecas, del Códice Mendoza"

Cuando una ciudad-estado defendía su territorio o participaba en una campaña militar contra otras ciudades-estado, el *tlatoani*, como comandante en jefe, creaba estrategias de guerra para su fuerza militar. Se basaba en la información que recibía de exploradores, espías y mensajeros que evaluaban la situación de la ciudad-estado rival en cuanto a la posición del enemigo y los puntos fuertes y débiles. Se le informaba inmediatamente del éxito o fracaso de las escaramuzas y de las muertes o cautivos. El *tlatoani* también recababa el apoyo de las ciudades-estado amigas, enviándoles regalos y solicitando su ayuda.

Los plebeyos de las pequeñas ciudades y aldeas que rodeaban la capital de una ciudad-estado se subdividían en unidades más pequeñas llamadas *calpulli*. Cada *calpulli* tenía un *teuctli* (terrateniente) que gobernaba la región y distribuía la tierra entre los plebeyos, que solían ser parientes emparentados por matrimonios mixtos. El *teuctli* o terrateniente podía ser de origen plebeyo, pero solía ascender a la nobleza como representante de su calpulli ante las autoridades superiores.

Los campesinos no poseían sus propias tierras; se trataba más bien de un sistema feudal en el que los campesinos pagaban tributo a su terrateniente en forma de una parte de las cosechas de las tierras que les habían sido asignadas, y los comerciantes pagaban tributo con sus productos manufacturados, como telas y prendas de algodón, cestas, cerámica, herramientas e incluso papel. Los arqueólogos calculan que un *altépetl* típico tenía entre 10.000 y 15.000 habitantes en un área de entre 50 y 50 kilómetros cuadrados.

Los mexicas desalentaron las conexiones entre sus ciudades-estado tributarias, limitando la comunicación y el comercio entre las ciudades-estado, prefiriendo que dependieran de Tenochtitlan como su principal socio comercial. Esto hizo a Tenochtitlan más poderosa como principal centro comercial de la región del lago Texcoco. También ayudó a asegurar el poder mexica. Si las ciudades-estado empezaban a relacionarse entre sí, a entablar relaciones amistosas, a comerciar y a casarse, podrían aliarse y desafiar a sus señores mexica-aztecas.

Cada *altépetl* era su propia unidad política, separada de las demás ciudades-estado. Las guerras eran frecuentes entre las ciudades-estado tributarias de los mexica-aztecas, sobre todo si una de ellas era de habla náhuatl y la otra pertenecía a otra etnia.

Los mexica-aztecas siguieron conquistando otras ciudades-estado mesoamericanas y expandiendo su imperio. En 1430 se formó la Triple Alianza entre tres poderosas ciudades: Tenochtitlan, Texcoco y Tlacopan (como veremos en el próximo capítulo). En ese momento, las tierras que antes habían formado parte del Imperio tepaneca se dividieron entre las tres ciudades, por lo que cada una ganó más territorio. El Imperio mexica-azteca gobernó la mayor parte de las ciudades-estado alrededor del lago de Texcoco, incluyendo Azcapotzalco, Culhuacán, Chapultepec, Coyoacán, Chalca, Tenayuca y Xochimilco.

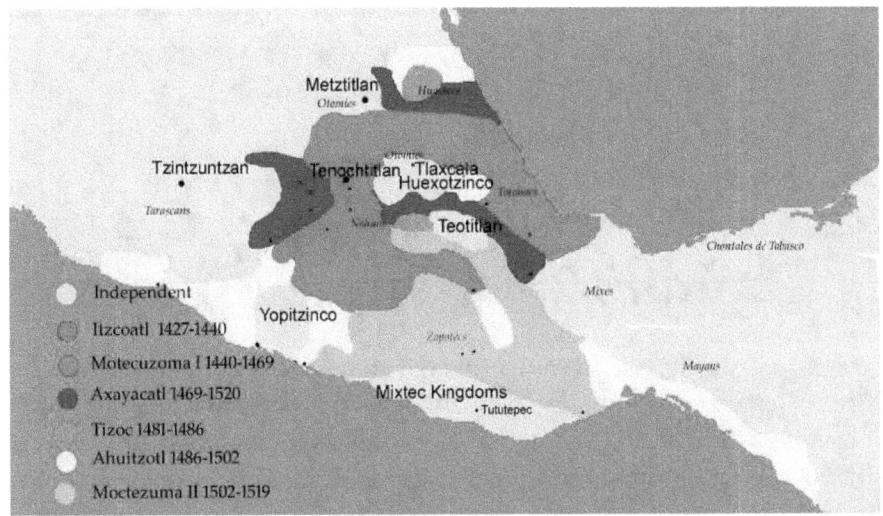

Expansiones de varios gobernantes mexica-aztecas[45]

Tras la formación de la Triple Alianza, el imperio continuó su expansión hacia zonas fuera del valle de México, adquiriendo Huaxtepec, al sur, en el actual estado de Morelos, y Oaxaca aún más al sur. Conquistaron Tlaxcala y Cholula, en el valle de Puebla. El imperio llegó a extenderse desde el océano Pacífico hasta el golfo de México y tan al sur como Guatemala. Tenochtitlan gobernaba aproximadamente 500 pequeñas ciudades-estado con hasta seis millones de habitantes que abarcaban más de 80.000 millas cuadradas. Cuando los nómadas mexicas soñaban con gobernar un imperio, probablemente nunca imaginaron lo extenso que llegaría a ser algún día.

Capítulo 7: La Triple Alianza

Su nombre significaba serpiente de obsidiana, una descripción adecuada para el cuarto *tlatoani* de Tenochtitlan. La obsidiana era el vidrio volcánico negro que los chichimecas utilizaban para las flechas, tan afilado que penetraba las armaduras de cota de malla de los españoles. Itzcóatl era como una serpiente, que pasaba desapercibida entre la hierba hasta que se presentaba la oportunidad de asestar un golpe letal.

Su padre era Acamapichtli, el primer *tlatoani* de Tenochtitlan. Pero Itzcóatl era hijo menor, y su madre era esclava. Mientras reinaba su hermanastro Huitzilíhuitl, y después cuando reinó el hijo de Huitzilíhuitl, Chimalpopoca, Itzcóatl permaneció en la sombra, formando silenciosamente alianzas con otros hijos reales de ciudades cercanas —los hijos más jóvenes, nacidos de esposas o concubinas sin importancia. Mientras tramaba en secreto su rebelión contra los señores tepanecas de los mexicas, Itzcóatl buscó alianzas con las principales familias de Tlacopan y Texcoco, pequeñas ciudades-estado oprimidas por Azcapotzalco.

El caos que siguió a la muerte del emperador tepaneca Tezozómoc dio a Itzcóatl la oportunidad de manejar la situación a su favor. Mientras los herederos de Tezozómoc se enzarzaban en una lucha desesperada por el trono tepaneca, la misteriosa muerte del sobrino de Itzcóatl, Chimalpopoca, abrió la puerta para que Itzcóatl asumiera el trono mexica. El exitoso juego de poder de Itzcóatl acabó provocando la caída de Azcapotzalco, la ciudad más poderosa del valle de México. Cuando Azcapotzalco cayó, nació el Imperio azteca.

Los acontecimientos que condujeron a la gran batalla de Azcapotzalco comenzaron con un golpe de estado en la ciudad tepaneca de Azcapotzalco, en el que Maxtla arrebató el trono a su hermano. Días después, en Tenochtitlan, Itzcóatl se convirtió en *tlatoani*. Las dos ciudades habían sido fuertes aliadas desde la fundación de Tenochtitlan, y los mexicas ayudaron al ascenso de Azcapotzalco como la ciudad-estado más fuerte del valle de México. Tenochtitlan era técnicamente una ciudad tributaria de Azcapotzalco, pero el antiguo emperador había reducido el pago de tributos a una cantidad nominal en agradecimiento por el leal apoyo de los mexicas.

Ahora, Maxtla, el nuevo *Huey Tlatoani* tepaneca, bloqueó Tenochtitlan, cortó su suministro de agua dulce y exigió mayores pagos de tributo. La ciudad acolhua de Texcoco también fue víctima de las despóticas exigencias de Maxtla. El rey de Texcoco, Nezahualcóyotl el poeta, era mitad acolhua y mitad mexica, nieto de Huitzilíhuitl, segundo rey de Tenochtitlan. Al enterarse de que Maxtla planeaba matarlo, Nezahualcóyotl huyó de Texcoco. Mientras estaba en el exilio, tuvo una epifanía, que fue registrada más tarde por su bisnieto Juan Bautista Pomar:

«Verdaderamente los dioses que adoro son ídolos que no hablan ni sienten... algún dios inmensamente poderoso y desconocido es el creador de todo el universo. Él es el único que puede consolarme en mi aflicción y socorrerme en tanta angustia como siente mi corazón; quiero que sea mi amparo y protección».

Nezahualcóyotl (1402-1472), gobernante de Texcoco, del Códice Ixtlilxóchitl

Una vez que Nezahualcóyotl recuperó el poder en Texcoco, construyó una pirámide y escribió himnos al *dios desconocido de todas partes, dador de vida y sin par*. Pero ese día aún no había llegado. Por el momento, Nezahualcóyotl necesitaba reunir apoyo para su ciudad. Encontró un aliado en la ciudad tolteca-chichimeca de Huexotzinco, muy al este. Su rey aceptó ayudar a Nezahualcóyotl en su lucha contra Maxtla.

Mientras tanto, Itzcóatl, que ya era amigo de Texcoco y Huexotzinco, pedía apoyo a otro amigo, el *tlatoani* de Tlacopan. Esta era una pequeña ciudad tepaneca que pertenecía a la ciudad-estado de Azcapotzalco, pero habían apoyado al bando perdedor en la guerra civil por la sucesión en Azcapotzalco. Temiendo la ira de Maxtla, decidieron unir fuerzas con Itzcóatl y los mexicas de Tenochtitlan.

Nezahualcóyotl, al darse cuenta de que varias ciudades-estado se preparaban para resistir a Maxtla y Azcapotzalco, imaginó brillantemente una coalición formando una fuerza militar masiva para acabar con el feroz y poderoso imperio tepaneca. Esta alianza estaba formada por Tenochtitlan, Texcoco, Huexotzinco, Tlacopan y Tlatelolco (una pequeña ciudad hermana mexica justo al lado de Tenochtitlan). Más de 100.000 guerreros formaron el ejército de coalición en 1428 para hacerse con el bastión tepaneca de Azcapotzalco.

El ejército formó tres divisiones que recuperaron tres de las ciudades acolhuas del reino de Texcoco: Otumba y Acolman al norte, y Coatlinchán al sur. Ahora Nezahualcóyotl marchó a su propia ciudad de Texcoco y derrotó a los tepanecas, mientras que otra división se hizo con el control de Acolhuacan. Una vez aseguradas la mayoría de las ciudades del reino de Texcoco, Nezahualcóyotl reclamó su corona mientras la coalición continuaba atacando puestos tepanecas aislados.

Batalla de Azcapotzalco, del Códice Tovar, con guerreros jaguar y otros combatientes. A la derecha, un sacerdote sacrifica a un niño pequeño mientras otras dos víctimas yacen en el suelo[17]

Los guerreros de la coalición se dirigieron entonces hacia las orillas occidentales del lago Texcoco, hacia la capital tepaneca de Azcapotzalco. Tras un asedio de 112 días, derrocaron la gran ciudad, incendiándola y masacrando a la población. El Imperio tepaneca, del que todas habían sido ciudades tributarias, fue finalmente conquistado. Esto convirtió a las tres principales, Tenochtitlan, Texcoco y Tlacopan, en ciudades-estado independientes. Mediante un golpe de estado coordinado, consiguieron la libertad y ejercieron un enorme poder sobre el centro de México durante casi 100 años. De esta coalición nacería la Triple Alianza.

Una vez derrocado el Imperio tepaneca, los guerreros de Huexotzinco regresaron a su hogar en el este. Las tres grandes potencias —la ciudad mexica de Tenochtitlan, la ciudad acolhua de Texcoco y la ciudad tepaneca de Tlacopan— formaron un tratado llamado la Triple Alianza. Estas tres tribus formaban parte de las siete tribus originales de las cuevas de Aztlán. Estas tribus aztecas dieron origen al Imperio azteca, que pronto se extendería desde el océano Pacífico hasta el golfo de México.

Las tierras del Imperio tepaneca se dividieron entre las tres ciudades conquistadoras. Parte de su acuerdo consistía en seguir conquistando otras ciudades con el ejército de la coalición. Las nuevas tierras que adquirieran serían propiedad conjunta de las tres ciudades. Los tributos de las ciudades conquistadas se dividirían en una quinta parte para Tlacopan y dos quintas partes para Tenochtitlan y Texcoco. Cada uno de los tres reyes de la alianza se turnaría como *Huey Tlatoani* (emperador) del imperio consolidado, ostentando temporalmente el poder legal sobre los otros dos.

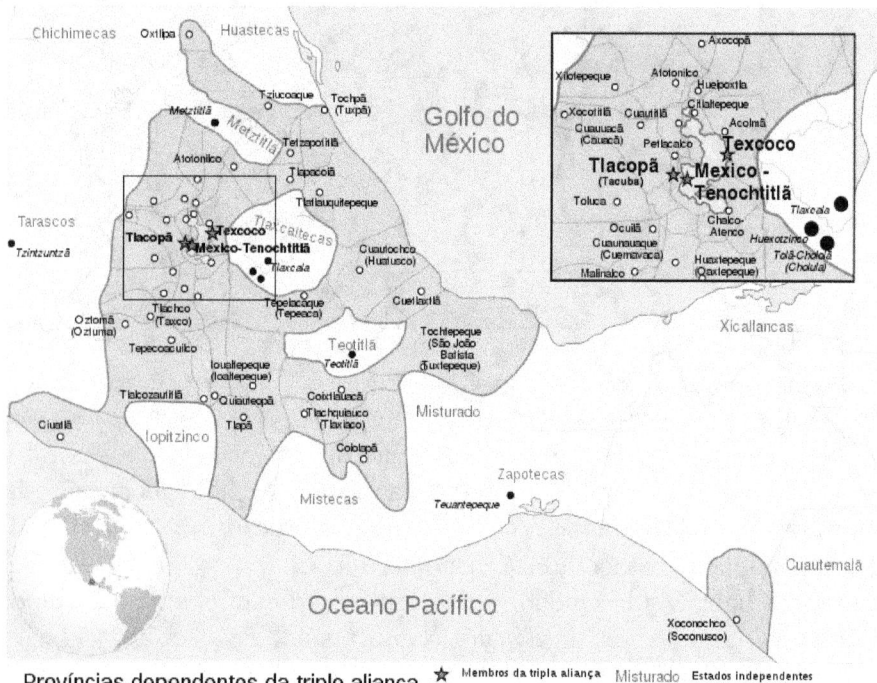

Territorio de la Triple Alianza, con un recuadro que muestra la ubicación de tres ciudades principales: Tenochtitlan, Texcoco y Tlacopan. Las zonas sombreadas indican las ciudades-estado que pagaban tributo al Imperio azteca. Xoconochco, en la frontera con Guatemala, estaba a cientos de kilómetros de otras ciudades-estado aztecas[48]

Ese mismo año, las fuerzas de la alianza conquistaron Culhuacán y Huitzilopochco. Con el objetivo de controlar todas las ciudades-estado de la región del lago de Texcoco, el ejército de la coalición conquistó Xochimilco e Iztapalapa en 1430, y Mixquic dos años más tarde. Los únicos que resistieron fueron los chalcas, derrotados en 1465, y Tlatelolco en 1473.

El principal artífice de la Triple Alianza fue el sobrino de Itzcóatl, Tlacaélel, hijo del rey Huitzilíhuitl. Tlacaélel recibió el título de *cihuacóatl*. Ahora que la ciudad-estado de Tenochtitlan se había convertido en parte de un vasto imperio, el *Huey Tlatoani* (emperador) servía como ejecutivo sobre los asuntos externos del imperio: guerra, expansión, tributo y diplomacia. El *cihuacóatl* gestionaba los asuntos internos del imperio y podía ejercer gran influencia y poder en este cargo.

Tlacaélel trabajó diligentemente para moldear la autoidentidad mexica como el pueblo elegido llamado por el dios Huitzilopochtli para conquistar y gobernar otras tierras. El pueblo del Imperio azteca adoraba a muchos dioses, pero Tlacaélel forzó la adoración de Huitzilopochtli como dios principal entre todos los pueblos del imperio. Tlacaélel también se esforzó por borrar los recuerdos anteriores a la conquista de las ciudades-estado conquistadas quemando sus crónicas históricas. Incluso quemó las crónicas de los mexicas, aparentemente porque no apoyaban la narrativa de la identidad azteca que pretendía cultivar.

Al igual que otras culturas mesoamericanas, los sacrificios humanos habían formado parte de la cultura mexica desde que abandonaron Aztlán, pero una vez que Tenochtitlan obtuvo el dominio en la Triple Alianza, Tlacaélel elevó la escala de los sacrificios humanos a cifras

Guerreros aztecas, del Códice Florentino

espantosas para saciar a los dioses y que los mexicas pudieran mantener el poder. Estos sacrificios diarios a gran escala exigían víctimas, muchas víctimas.

En el pasado, los mexicas habían sacrificado prisioneros de guerra, pero se estaban quedando sin ellos cuando conquistaron la mayor parte de los territorios cercanos. En consecuencia, Tlacaélel tuvo la idea de las *guerras floridas*. Se trataba de guerras rituales y reglamentadas destinadas a que ambos bandos capturaran suficientes guerreros para satisfacer sus necesidades de sacrificios. Los principales enemigos de los aztecas eran los tlaxcaltecas, un pueblo que los aztecas nunca conquistaron, junto con varios otros grupos de la zona de Puebla, entre ellos los cholula. Tlacaélel negoció un acuerdo entre Tenochtitlan y Tlaxcala para participar en un tipo de guerra en la que los soldados capturaban a los enemigos en lugar de matarlos. Una vez que cada bando había capturado suficientes guerreros para los sacrificios, la batalla terminaba. Estas batallas eran preestablecidas por los líderes de ambos bandos cada veinte días. Las guerras floridas eran normalmente con los tlaxcaltecas, pero ocasionalmente con Cholula u otras ciudades.

Con un frente unido, la Triple Alianza expandió rápidamente su territorio a medida que conquistaba una ciudad tras otra. El dominio del Imperio sobre estas ciudades conquistadas era hegemónico (indirecto). Si el gobernante de la ciudad accedía a sus demandas, podía seguir siendo *tlatoani* y disfrutar de la protección de la Triple Alianza, de la estabilidad política y la mejora económica que ello conllevaba. Solo tenía que pagar tributo a la Alianza dos veces al año y suministrar guerreros para sus campañas militares. Las ciudades conquistadas mantuvieron su autonomía local y llevaron a cabo sus asuntos locales como antes, incluidas sus propias religiones, pero tuvieron que añadir al dios mexica Huitzilopochtli como deidad principal.

En ocasiones, el *tlatoani* de una ciudad conquistada se negaba a someterse a los requisitos de la Triple Alianza. Una estrategia que utilizaban los aztecas con este problema era sustituir a los líderes que no cooperaban por un gobernador que no perteneciera a la familia real. Otra era gravar directamente a la población y dejar al rey fuera de la ecuación. Una tercera forma era sobornar al *tlatoani* con tributos de otra ciudad lejana si continuaba sumiso al imperio. Si este tipo de persuasión no funcionaba, y una ciudad seguía luchando contra el imperio o matando a sus delegados, los aztecas destruían la ciudad. Esto ocurrió con los huastecos al este. Como siguieron luchando ferozmente sin rendirse, las fuerzas aliadas mataron a la mayoría de los habitantes de la zona, incluso a los ancianos, los niños y las mujeres.

Las ciudades de la Triple Alianza presentaban una coalición militar desalentadora, pero también estaban surgiendo económicamente. Allí donde ya existían relaciones comerciales, las ampliaban, con el efecto final de que las tres ciudades gobernantes del lago de Texcoco eran el centro de un eje comercial que se extendía por todo el valle de México y más allá. Para reforzar sus lazos, se casaban entre sí dentro de los tres estados gobernantes y cultivaban alianzas matrimoniales con las familias reales de las ciudades que conquistaban.

Una vez alcanzada la paz en la región del lago de Texcoco, las tres ciudades gobernantes del Imperio se dedicaron a reformar y desarrollar sus ciudades. En Tenochtitlan se construyeron escuelas en todos los barrios. Los plebeyos tenían escuelas telpochcalli, que impartían instrucción básica en religión y proporcionaban a los niños entrenamiento militar. Las escuelas calmécac estaban destinadas a la nobleza y a los plebeyos que parecían candidatos prometedores para el sacerdocio o como artesanos. Se promulgaron leyes para definir claramente la distinción entre nobles y plebeyos, así como conceder privilegios a guerreros y sacerdotes. Se estableció un sistema de tribunales y jueces, con niveles de castigo para diversos delitos.

Presas diseñadas por Nezahualcóyotl para Tenochtitlan[60]

En Texcoco, Nezahualcóyotl estaba transformando su ciudad en un centro cultural al tiempo que ganaba fama como ingeniero y arquitecto. Consultó con los mexicas sobre los mejores planes para construir un acueducto más grande hacia Tenochtitlan, utilizando su genio de ingeniero para idear una presa y un sistema de diques para controlar las inundaciones, además de separar el agua salobre del agua dulce alrededor de Tenochtitlan. En su propia ciudad, Texcoco, construyó templos y un exquisito palacio en la ladera de un acantilado, con un sistema de riego para llenar sus bañeras con vistas a la ciudad.

Bañeras con vistas a la ciudad diseñadas por Nezahualcóyotl[51]

Nezahualcóyotl era conocido por reunir *tlamatini* (alguien que sabe algo) en Texcoco. Se trataba de eruditos, sabios, astrónomos, sabios y filósofos, algo así como los Reyes Magos de Persia. Bajo su liderazgo, Texcoco floreció e influyó en el renacimiento cultural de todo el Imperio azteca.

Nezahualcóyotl desdeñaba los sacrificios de sangre diarios de Tenochtitlan. En 1467, año de la primera semilla del calendario azteca, se reconstruyó y consagró en Tenochtitlan el gran templo del dios Huitzilopochtli. Según consta en el *Códice Ixtlilxóchitl* de su descendiente Fernando de Alva Cortés Ixtlilxóchitl, Nezahualcóyotl profetizó: «En un año como este, este templo, ahora nuevo, será destruido... entonces la tierra disminuirá; los cacicazgos terminarán».

El calendario azteca era una rotación de 52 cañas o años, por lo que el año siguiente una caña era 1419. Este fue el año en que Hernán Cortés entró por primera vez en Tenochtitlan; dos años más tarde, la gran ciudad cayó en manos de los españoles.

En su propia ciudad de Texcoco, Nezahualcóyotl construyó una gran pirámide, en cuya cima había un templo de nueve pisos de altura, dedicado a *Tloque Nahauque, el dios desconocido, el creador increado y autoexistente de todas las cosas, dador de vida.* No permitía imágenes ni ídolos ni sacrificios de sangre; solo se ofrecía incienso y flores. Al amanecer, al mediodía, al atardecer y a medianoche, sonaban instrumentos y Nezahualcóyotl rezaba.

Nezahualcóyotl escribió la primera codificación de leyes para su ciudad-estado, que abarcaba los derechos de propiedad, el crimen y la moralidad. Estas ochenta leyes exhaustivas y concisas parecían estrictas y los castigos duros, pero su código legal fue adoptado por otras ciudades-estado del Imperio azteca. Mientras Tenochtitlan quemaba libros y reescribía la historia, Texcoco preservaba las crónicas del pasado, con la pena de muerte para la falsificación deliberada de la verdad histórica.

Nezahualcóyotl puso en marcha un sistema de bienestar social para proporcionar alimentos y ropa a las viudas, los soldados heridos y los ancianos indigentes con cargo al tesoro real, junto con las tasas escolares para los huérfanos. Durante la gran sequía, proveyó de alimentos a sus ciudadanos con cargo al tesoro, tal vez porque pensaba que la sequía era culpa suya. Al igual que el hebreo David y Betsabé, se había enamorado perdidamente de la joven esposa de Cuacuahtzin, *tlatoani* de Tepechpan, una de sus ciudades menores. Envió a Cuacuahtzin al frente para luchar contra los tlaxcaltecas, donde fue asesinado; Nezahualcóyotl reclamó entonces a Azcalxóchitzin como esposa. Inmediatamente sobrevinieron plagas de langostas y una grave sequía que duró tres años, lo que Nezahualcóyotl consideró un castigo por sus pecados.

Coronación de Moctezuma I, quinto tlatoani de Tenochtitlan, del Códice Tovar

Aunque se suponía que las tres ciudades-estado de la Triple Alianza eran socios en pie de igualdad, Tenochtitlan se alzó con el dominio a medida que su población crecía hasta duplicar la de Texcoco. Cuando Itzcóatl murió en 1440, su sobrino Moctezuma I asumió el trono de Tenochtitlan, y Nezahualcóyotl viajó a Tenochtitlan para negociar la continuidad de la Triple Alianza. Los nuevos términos del tratado eran que Texcoco y Tlacopan reconocieran la supremacía de Tenochtitlan.

Nezahualcóyotl organizó una pseudo batalla en la que su ejército y los guerreros de Tenochtitlan se encontraron en el campo de batalla e intercambiaron insultos. A continuación, los guerreros de Texcoco huyeron hacia su ciudad perseguidos por los guerreros mexicas. En ese momento, Nezahualcóyotl encendió un gran fuego en la cima de la pirámide principal de Texcoco, simbolizando su reconocimiento del dominio de Tenochtitlan. A partir del reinado de Ahuízotl en 1486, los reyes de Tenochtitlan pasaron a llamarse *Huey Tlatoani* (emperador); los tres gobernantes de la Triple Alianza ya no se turnaban como jefe principal. El *Huey Tlatoani* de Tenochtitlan asumió la mayor parte de las tareas de dirección del Imperio azteca.

No obstante, las tres ciudades siguieron colaborando en campañas militares para conquistar y expandir aún más su imperio. El Imperio purépecha (tarasco), situado al noroeste, era la némesis del Imperio azteca. Los purépechas estaban expandiendo su propio territorio, lo que a veces implicaba reclamar tierras que los aztecas ya habían conquistado.

Cuando Nezahualcóyotl murió en 1472, su hijo Nezahualpilli asumió el trono de Texcoco; como su padre, era poeta y buscador de la sabiduría. Cuando Moctezuma II subió al trono de Tenochtitlan en 15012, Nezahualpilli le advirtió de que sus *tlamatini* (sabios) habían recibido la profecía de que los extranjeros dominarían el valle de México. Moctezuma lo dudó y le retó a un juego de pelota para poner a prueba la profecía. Cuando Moctezuma perdió, temió que el presagio fuera cierto. Y así fue. Dos años después de la muerte de Nezahualpilli, en 1515, el explorador Francisco Hernández de Córdoba desembarcó en la costa de Yucatán, lo que supuso el principio del fin del Imperio azteca.

Capítulo 8: Guerra con los tarascos

Mientras los mexicas construían Tenochtitlan, otro imperio se desarrollaba en las altas montañas volcánicas del actual estado de Michoacán. Pronto se extendería hasta Jalisco y Guanajuato, llegando hasta el océano Pacífico. Nunca se llamaron tarascos. Eran los purépecha. Siempre fueron purépechas. La palabra tarasco vino siglos después, de una palabra para «cuñado»; la usaban burlonamente para los conquistadores que violaban a sus mujeres. Pero los españoles la retomaron y usaron este epíteto para los purépecha.

Islas del lago de Pátzcuaro[53]

La cultura purépecha apareció en las cuencas lacustres de Zacapu, Cuitzeo y Pátzcuaro alrededor del año 500 a. e. c., donde se asentaron en islas de los grandes lagos (otro pueblo isleño más). Un grupo de habla náhuatl se unió a ellos varios siglos después, aportando una cultura de juegos de pelota y figurillas de *chac mool*. Los purépechas dijeron a los españoles que eran toltecas, aunque algunos arqueólogos creen que eran teotihuacanos. Es posible que estuvieran escapando de una serie de erupciones volcánicas en el centro de México en aquella época.

¿De dónde procedían los purépechas? Sus orígenes son desconcertantes, con una lengua y una cultura diferentes a las de cualquier otro pueblo de Mesoamérica. Desde el punto de vista lingüístico, su lengua es única y no está relacionada con el náhuatl ni con ninguna otra lengua de México. Algunos lingüistas encuentran un posible vínculo con los zuni de Nuevo México y Arizona o con la lengua quechua de los incas de Sudamérica. Su estilo de construcción y sus conocimientos avanzados de metalurgia compleja también apuntan a la influencia inca. ¿Estaban los purépechas relacionados de algún modo con los pueblos de los Andes sudamericanos?

Los estudios genéticos dicen que sí. En 2015, Nicolas Brucato y otros investigadores presentaron un estudio sobre el flujo genético de los nativos americanos entre Mesoamérica y los Andes; encontraron un claro componente andino, aunque minúsculo, en el genoma de los purépecha-tarascos (junto con los mayas, mixtecos y kaqchikel).

Dibujo de una balsa cerca de Guayaquil, Ecuador[54]

En 1526, los exploradores españoles describieron los barcos o grandes balsas con velas de algodón que utilizaban los pueblos de Ecuador y Perú a lo largo de la costa del Pacífico, con capacidad para veinte hombres y 25 toneladas métricas de carga. Es concebible que sus rutas comerciales se extendieran por la costa del Pacífico hasta México. Aunque los primeros asentamientos de los purépechas se encontraban tierra adentro, utilizaban los sistemas fluviales que desembocaban en el Pacífico como importantes rutas comerciales. Los investigadores creen que pudieron haber tenido contacto con comerciantes sudamericanos a partir del año 650 e. c.

Aparte de los estudios arqueológicos y lingüísticos, nuestros principales conocimientos sobre los purépechas proceden de la *Relación de Michoacán*, una historia escrita en 1540 por el sacerdote franciscano fray Jerónimo de Acalá. Tradujo y registró los relatos de los nobles purépechas sobre su historia oral y sus tradiciones. También se conservan manuscritos pictográficos de su historia, como el *Lienzo de Jucutacuto*.

Alrededor del año 1300, surgió un líder entre los purépecha-tarascos llamado Tariácuari, del clan uacúsecha (águila guerrera). Una noche, Tariácuari tuvo un sueño profético: una visión en la que reunía a todas las comunidades de los alrededores del lago de Pátzcuaro en un solo estado, fuerte y unido. Se alió con varias ciudades amigas cercanas y comenzó a conquistar sistemáticamente ciudades alrededor del lago, entregándolas a sus hijos y sobrinos para que las gobernaran. Tras la muerte de Tariácuari, su hijo Hiripan continuó con las campañas militares en torno al cercano lago de Cuitzeo.

Estatuilla de coyote atribuida a la cultura purépecha-tarasca[55]

A diferencia de los aztecas, los purépechas asimilaron las culturas de los pueblos conquistados a la suya propia. De hecho, eran tan diversos étnicamente que los purépechas eran minorías en sus propias ciudades. Al igual que los aztecas, los purépechas instituyeron un sistema tributario de las ciudades que conquistaban, con el pago de tributos en forma de trabajadores, soldados mercenarios y bienes. Cada vez más territorios fueron incorporados a un estado altamente centralizado a medida que duplicaban su tamaño. Los nuevos territorios aportaron una importante producción y comercio de productos agrícolas, minerales y cerámica. Todo giraba en torno a su capital, Tzintzuntzan, que se distinguía de otras antiguas ciudades mesoamericanas.

Pirámides redondas de yácata en Tzintzuntzan[46]

Tzintzuntzan contaba con asombrosos y singulares monumentos y una elaborada arquitectura religiosa y cívica. En la *Casa del Viento*, un centro cívico-ceremonial situado en una colina con vistas al lago de Pátzcuaro, se alzaban cinco *yácatas*: pirámides escalonadas redondeadas con forma de ojo de cerradura. Estaban cubiertas con losas de piedra encajadas, como la mampostería utilizada por los incas sudamericanos.

En 1522, Tzintzuntzan contaba ya con 35.000 habitantes y la población total de la región lacustre ascendía a 80.000 habitantes repartidos en 90 pueblos y ciudades. A medida que la población crecía, se llevaron a cabo extensos proyectos de construcción de terrazas en las montañas circundantes para proporcionar tierras para la agricultura. Mientras conquistaban la cuenca del Balsas y Jalisco, los purépecha-tarascos controlaban la extracción de plata y oro, y contaban con hábiles artesanos para trabajar los metales preciosos. Fueron los primeros pueblos de México en utilizar el oro y los únicos que emplearon el bronce. Su conocimiento y artesanía de los metales valiosos era probablemente el mejor de toda la antigua Mesoamérica. Fueron los más importantes productores y comerciantes de estaño, bronce y cobre en México.

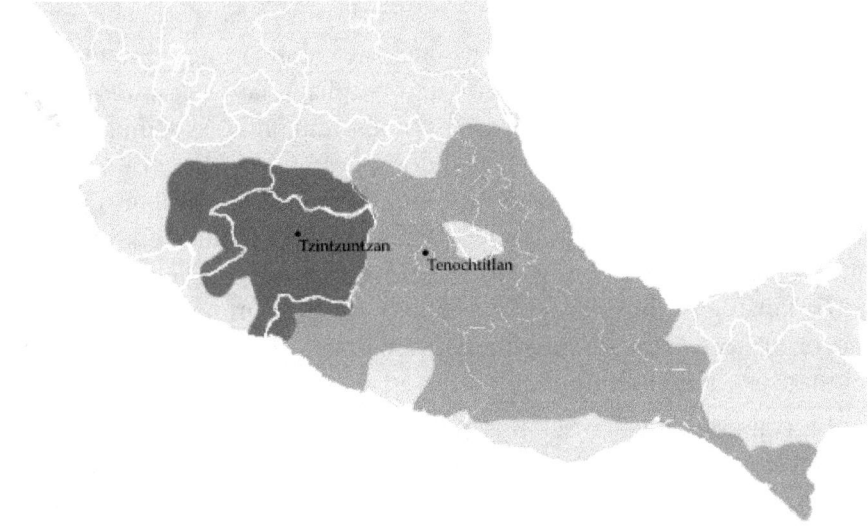

Mapa que muestra el Imperio purépecha-tarasco junto al Imperio azteca[57]

Con el tiempo, el creciente Imperio purépecha entró en conflicto directo con el Imperio azteca. Las dos potencias se estaban expandiendo simultáneamente, y ambas intentaban conquistar e incorporar el mismo territorio que se extendía a lo largo de la frontera noroeste del Imperio azteca y a lo largo de la frontera sureste del Purépecha. En competencia directa por la tierra y los recursos, cada uno bloqueaba los proyectos de expansión del otro.

Los purépecha-tarascos habían conquistado asentamientos y territorios solo para perderlos ante la expansión azteca, y lo mismo les ocurría a los aztecas. A partir de 1440 y hasta la década de 1450, los purépechas se expandieron en zonas alejadas de las tierras aztecas y se desplazaron hacia el este, a la costa del Pacífico, donde adquirieron Zacatula. Después se expandieron por el valle de Toluca, así como hacia el norte, hasta lo que hoy es el estado mexicano de Guanajuato.

El Imperio purépecha administraba sus nuevos territorios fronterizos de forma diferente a como los aztecas mantenían sus ciudades tributarias. Los purépechas proporcionaban apoyo a estos territorios periféricos desde su núcleo, su capital de Tzintzuntzan. Enviaban recursos a sus territorios periféricos y también recibían de ellos, en un intercambio relativamente equitativo. En el Imperio azteca, se trataba más bien de una situación en la que se recibía, pero no necesariamente se devolvía. Los purépecha se dieron cuenta de que no podían agotar los recursos de sus provincias y se esforzaron por mantener relaciones cordiales con ellas.

Los purépechas animaban a las nuevas culturas que conquistaban a integrarse en la cultura purépecha más amplia, a llevar su estilo de ropa y a hablar su lengua. Si los otros grupos humanos se asimilaban a la cultura dominante, eran considerados purépechas. No era tanto una cuestión de nacimiento como de estilo de vida. No trazaban una línea divisoria entre conquistadores y conquistados. Su política era más suave que la de los aztecas, que no se preocupaban por la asimilación y gobernaban con dureza mediante el terror. Los purépechas gozaban de mayor armonía con sus provincias, mientras que los aztecas generaban animadversión y resentimiento.

El Imperio azteca y el purépecha se enfrentaron en escaramuzas fronterizas y compitieron por hacerse con nuevos territorios antes de que el otro llegara. Sin embargo, también experimentaron periodos en los que las tensas relaciones se relajaban y, en estas épocas de distensión, entablaban relaciones comerciales. El comercio terminó sobre todo a mediados del siglo XIV, cuando se intensificó la rivalidad.

Las enconadas relaciones entre los dos imperios estallaron finalmente en una guerra total entre 1469 y 1478. El recién coronado *Huey Tlatoani* de los aztecas era Axayácatl, nieto de Moctezuma I. Su juvenil destreza militar le había granjeado el favor del virrey Tlacaélel de Tenochtitlan y del rey Nezahualcóyotl de Texcoco. A la muerte de su padre, el consejo de gobernantes y ancianos eligió a Axayácatl por encima de sus dos hermanos mayores Ahuízotl y Tízoc, a pesar de que solo tenía veinte años.

Como era típico en la región cuando un nuevo gobernante asumía el trono, los reinos vecinos aprovechaban la oportunidad para desafiar al inexperto rey. En 1469, el año en que Axayácatl fue coronado rey, los purépechas instigaron nuevos conflictos fronterizos, que al principio no les salieron bien. Axayácatl era joven, pero era un guerrero feroz y astuto.

En los años siguientes, Axayácatl lanzó una audaz ofensiva contra los purépechas. Comenzó a reconquistar sistemáticamente antiguas tierras aztecas periféricas que los purépechas habían tomado en la década anterior. También comenzó a capturar nuevos territorios a lo largo de los bordes de la frontera Purépecha, con muchas batallas sangrientas y prolongadas entre los dos imperios.

Envalentonado por sus primeros nueve años de éxito inicial, Axayácatl reunió una fuerza de 32.000 combatientes aztecas y marchó sobre la ciudad de Taximaroa (actual Hidalgo), la capital del territorio purépecha más cercano a tierras aztecas. Taximaroa estaba preparada. Axayácatl se encontró con la asombrosa cifra de 50.000 guerreros que defendían Taximaroa, ¡una gran inferioridad numérica! Los dos ejércitos lucharon durante todo el día; finalmente, Axayácatl no tuvo más remedio que retirarse. Los purépechas habían matado al menos a 20.000 de sus hombres. Había perdido casi dos tercios de su ejército.

Uno puede imaginarse a Axayácatl y a sus hombres regresando a casa, llorando a sus camaradas y abatidos por haber perdido la batalla. Estaban acostumbrados a ganar. ¿Qué ocurrió esta vez? Además de contar con una fuerza militar mucho mayor y de luchar en su propio terreno, los purépecha-tarascos tenían otra gran ventaja: sus conocimientos de metalurgia. Tenían escudos de cobre que desviaban fácilmente flechas y lanzas, mientras que los escudos aztecas eran de madera o de juncos tejidos. Tenían lanzas largas con punta de cobre, pero los aztecas usaban garrotes de madera y lanzas cortas.

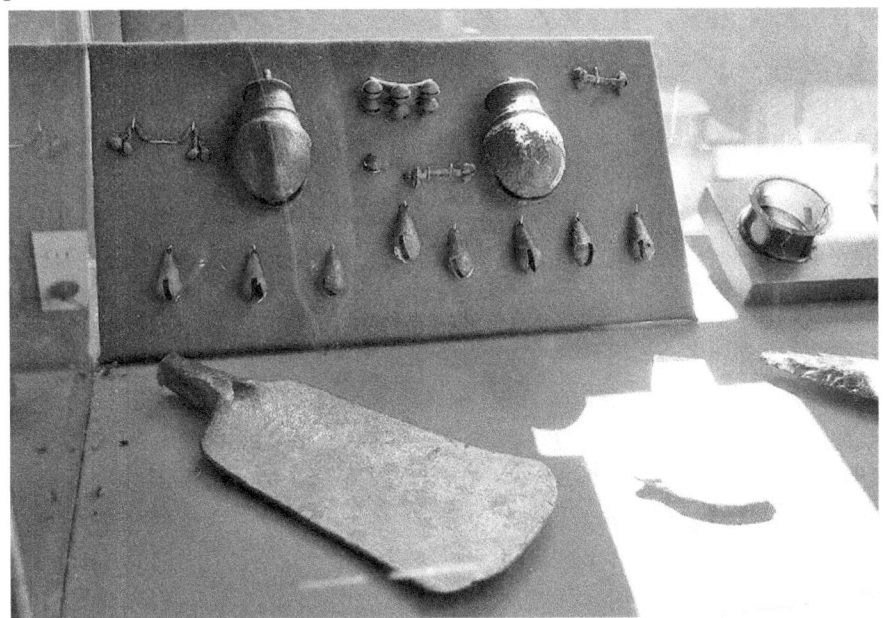

Utensilios de bronce utilizados por los purépecha-tarascos hallados en el yacimiento arqueológico de Tzintzuntzan[58]

Aunque ganaron la batalla, esta experiencia impulsó a Tzitzipandácuare, el gobernante purépecha, a construir más fortificaciones y centros militares a lo largo de la frontera azteca. Llegó a un acuerdo con los otomíes y matlatzincas, que habían sido expulsados de sus tierras por los aztecas. Fueron invitados a vivir en territorio purépecha en la frontera con los aztecas a cambio de ayudar a defender las tierras purépechas de los aztecas. Por supuesto, los otomíes y matlatzincas estaban más que felices de luchar contra el pueblo que los había dejado sin hogar.

Esta fue la primera gran derrota que sufrieron los aztecas desde que se formó la Triple Alianza. Y ocurrió bajo el mandato de Axayácatl. Aunque en los años siguientes conseguiría varios triunfos menores, esta gran derrota ensombrecería para siempre su reinado. Axayácatl murió solo tres años después, apenas en sus treintas.

Ese mismo año, Tzitzipandácuare lanzó un contraataque contra los aztecas, alcanzando las cincuenta millas de Tenochtitlan antes de verse obligado a retroceder. Esto llevó a los aztecas a llegar a un acuerdo con los purépechas para crear una zona desmilitarizada en la frontera entre las tierras aztecas y las tierras purépecha-tarascas. Esta zona entre los ríos Balsas y Lerma estaba protegida por fortificaciones estratégicas que dominaban los valles. Una vez establecido este alto el fuego, los purépechas dirigieron su atención hacia otras tierras que pudieran conquistar.

A la muerte del emperador azteca Axayácatl, le sucedió su hermano Tízoc en 1481. Durante su reinado, Tízoc participó en pequeños enfrentamientos fronterizos con los purépechas; sin embargo, los aztecas lo consideraban un gobernante militar débil e inepto. Murió tras solo cinco años en el trono. Persistieron los rumores de que fue envenenado por Tlacaélel en un complot desesperado para poner fin a su desastroso reinado.

Ahuízotl, quizá el mejor gobernante militar del Imperio azteca, era hermano de Axayácatl y Tízoc, los tres de la misma madre. Gobernó Tenochtitlan de 1486 a 1502. Además de reprimir una rebelión del pueblo huasteco, duplicar el tamaño del Imperio azteca y conquistar una amplia franja de la costa del Pacífico mexicano hasta Guatemala, Ahuízotl también exacerbó la lucha con los purépechas.

En lugar de asaltar directamente a los purépechas, Ahuízotl apoyó y animó inicialmente a otros pueblos a atacarlos. Se dirigió a los chontales, a los cuitlatecos y a otros grupos étnicos que eran aliados o ciudades tributarias del Imperio azteca, incitándolos a hostigar a los purépechas e instigar escaramuzas fronterizas, a cambio de favores de los aztecas.

Después de que estos otros grupos suavizaran las líneas defensivas, Ahuízotl conquistó la ciudad fronteriza de Otzo en una sangrienta masacre; no quedó nada de la población, todos fueron asesinados o huyeron de la zona. Ahuízotl convirtió la ciudad en un puesto militar azteca. Los purépechas respondieron construyendo fortalezas cerca de Otzo para impedir que los aztecas la utilizaran como punto de apoyo. Ahuízotl se trasladó más al oeste, a la costa del Pacífico, y conquistó Guerrero.

Trajes religiosos tradicionales purépecha-tarascos[59]

A partir de 1480, el nuevo emperador purépecha-tarasco Zuangua conquistó y ocupó regiones de los actuales estados mexicanos de Colima y Jalisco, haciéndose con el control de las minas de nitrato de la zona. Su reinado fue resistido por estos pueblos y, de 1480 a 1510, se desató la guerra del Salitre entre el Imperio purépecha y los pueblos de Colima, Sayula, Zapotlán, Tapalpa y Autlán. Finalmente, los purépechas fueron expulsados de Colima y Jalisco.

Mientras tanto, en Tenochtitlan, Ahuízotl murió y su sobrino Moctezuma II fue coronado *Huey Tlatoani* en 1502, el emperador que gobernaba cuando llegaron los españoles. Moctezuma pasó la primera década de su reinado consolidando las inmensas extensiones del nuevo territorio conquistado por Ahuízotl. Después, en 1515, el Imperio azteca marchó de nuevo contra los purépechas, liderado por el general tlaxcalteca Tlahuicole. Una vez más, su campaña militar terminó en fracaso. Y una vez más, los guerreros aztecas se retiraron derrotados.

El Imperio purépecha no fue conquistado por el Imperio azteca. El fracaso de los aztecas en su intento de imponerse al imperio vecino debió de socavar su sentimiento de invencibilidad y su autoidentidad como pueblo elegido llamado por Huitzilopochtli para conquistar las tierras que los rodeaban.

Los purépechas y los aztecas pronto tuvieron un enemigo común, los conquistadores españoles, que inicialmente se centraron en el imperio azteca, ignorantes de la existencia de un segundo imperio al noroeste. En 1520, mientras los españoles asediaban Tenochtitlan, el emperador purépecha Zuangua murió y fue sucedido por Tangáxoan. Casi de inmediato, Tangáxoan recibió emisarios aztecas de Tenochtitlan, solicitando que los purépechas se aliaran con ellos en su desesperada lucha contra los españoles.

Una vez que Tangáxoan extrajo información crucial de los aztecas, mató a los emisarios. Estaba formulando su propio plan. Los aztecas luchaban contra los españoles, y eso no iba bien. Tangáxoan formuló una táctica diferente, una de diplomacia. Envió una pequeña delegación a negociar la paz con los españoles y recibió en su reino a un grupo de conquistadores, a los que obsequió con oro y otros regalos. El plan le salió mal.

Cuando Hernán Cortés vio el oro, se interesó de repente por el Imperio tarasco-purépecha. Una vez conquistada Tenochtitlan, envió a uno de sus capitanes, Cristóbal de Olid, a una campaña militar contra los purépechas en 1522. Sorprendentemente, los purépechas no opusieron resistencia. Dejaron las armas. Tangáxoan persistió en su plan de un acercamiento diplomático en lugar de sufrir el violento final que habían experimentado los aztecas.

Los tarascos se sometieron a los españoles y aceptaron la fe católica, con la esperanza de que su imperio pudiera continuar como una especie de tributario de los españoles. El plan funcionó durante los ocho años siguientes. Los frailes españoles se trasladaron para instruir en el catolicismo, mientras Tangáxoan seguía gobernando. Continuó recaudando tributos de sus provincias, la mayoría de los cuales se los quedaba él, enviando una parte a los españoles. Hernán Cortés centraba su atención en otros lugares, y los tarascos no causaban problemas.

La «conquista» de los tarascos por Nuño de Guzmán, que ya se habían rendido años antes. Nótese el uso de soldados aztecas (abajo a la izquierda)⁶⁰

Sin embargo, todo acabó de forma repentina y violenta cuando Nuño de Guzmán fue nombrado por España primer presidente de la recién creada *Real Audiencia de México*. Cuando Guzmán descubrió que Tangáxoan había continuado como gobernante de facto de los tarascos, lo acusó de retención de tributos, herejía y sodomía, celebrando un juicio por tortura. En 1530, Tangáxoan, el último emperador del Imperio tarasco-purépecha, fue horriblemente ejecutado.

El fray Jerónimo de Acalá, en *Relación de Michoacán*, documentó cómo Guzmán hizo envolver al emperador en una estera atada a la cola de un caballo; se prendió fuego a la estera y el caballo la arrastró mientras Tangáxoan moría quemado. Un pregonero iba con el caballo, llamando al pueblo: «¡Mirad y prestad atención! Mirad, gente humilde que sois todos unos granujas».

Esto marcó el fin del Imperio tarasco-purépecha. Habían coexistido en mutuo respeto con los misioneros españoles durante ocho años, y ahora veían el lado más oscuro, humillante y cruel de su nuevo imperio, el lado que los aztecas habían estado experimentando durante la última década.

SECCIÓN TERCERA: LA CONQUISTA ESPAÑOLA

Capítulo 9: La llegada de Cortés

Corría el año 1518 y Moctezuma II, emperador azteca de Tenochtitlan, estaba preocupado. Inquietantes presagios perturbaban a su pueblo: un fuego ardiente en el cielo nocturno, las aguas del lago Texcoco hirviendo de repente con grandes olas inundando la ciudad, una mujer lamentándose en la noche —algunos decían que era su diosa madre Coatlicue.

Dos años antes había muerto el rey Nezahualpilli de Texcoco, su amigo y cogobernante de la Triple Alianza. Nezahualpilli era un vidente que había profetizado que los extranjeros dominarían el imperio. El padre de Nezahualpilli, Nezahualcóyotl, había profetizado que el gran templo sería destruido en un año de una semilla. En el calendario azteca de 52 años, el año siguiente sería un año de una semilla. Y ahora, los extranjeros habían llegado a la región maya de Yucatán.

Moctezuma estaba preocupado por el estado inestable del Imperio azteca. Tras la muerte de Nezahualpilli, la disputa sobre qué hijo sería el siguiente monarca de Texcoco estalló en una guerra civil. Moctezuma había apoyado a Cacamatzin, pero la guerra terminó con el reino de Texcoco dividido en tres partes entre tres hijos. Cacamatzin gobernaba la capital, su hermano Ixtlilxóchitl —ahora enemigo jurado de Moctezuma— gobernaba el tercio norte del territorio y un tercer hermano gobernaba el resto. Tenochtitlan y Texcoco habían sido poderosos aliados durante casi un siglo. ¿Podría Moctezuma contar con el fracturado Texcoco en lo que se avecinaba?

Los extraños extranjeros habían sido vistos por primera vez el año anterior en tres peculiares y enormes barcos que podían transportar treinta hombres o más cada uno. El pueblo maya había luchado y matado a más de la mitad de ellos y los había expulsado. Moctezuma se había relajado momentáneamente; estos extranjeros eran mortales y podían ser vencidos. Pero este año habían llegado cuatro barcos más. Esta vez habían derrotado a la ciudad maya de Champotón, matando o expulsando a todos sus habitantes. Y ahora sus naves se dirigían al norte, hacia territorio azteca.

Moctezuma II, Huey Tlatoani de Tenochtitlan, 1502-1520[61]

¿Quiénes eran estas personas? Moctezuma decidió averiguarlo. Llamó a un grupo de sus nobles y les pidió que tomaran regalos y viajaran rápidamente a la costa. Había oído que estos extranjeros estaban interesados en el oro, así que dijo a sus emisarios que incluyeran algo de oro con los regalos. Les ordenó que recabaran información sobre estos hombres de brillante armadura.

Lo que Moctezuma quizá no sabía es que dos de estos insólitos forasteros llevaban siete años viviendo en Yucatán, víctimas de un naufragio. En 1511, un pequeño barco español navegaba de Panamá a Santo Domingo cuando naufragó en un banco de arena. Dieciséis hombres y dos mujeres subieron al bote salvavidas y fueron arrastrados hacia el norte por una fuerte corriente hasta la península de Yucatán. La docena de supervivientes fue capturada por los mayas, que sacrificaron inmediatamente al capitán y a otros cuatro. Los demás fueron enviados a la esclavitud, y todos menos dos murieron por enfermedad o exceso de trabajo.

Los dos supervivientes, un sacerdote franciscano llamado Jerónimo de Aguilar y un marinero llamado Gonzalo Guerrero, consiguieron escapar. Pero más tarde fueron capturados por una tribu maya rival liderada por el jefe Xamanzana. Vivieron con la tribu de Xamanzana, aprendiendo la lengua y adaptándose a la nueva cultura. Guerrero demostró su valía como luchador y fue recompensado convirtiéndose en jefe de guerra; se casó con una mujer de la nobleza maya y formó una familia.

Seis años más tarde, Francisco Hernández de Córdoba solicitó al gobernador de Cuba permiso para encabezar una expedición en busca y exploración de nuevas tierras y recursos. Al menos, ésa es la historia que le contó al gobernador Diego Velázquez de Cuéllar. Lo más probable, según sus escritos personales, es que él y sus amigos necesitaran más indígenas como esclavos para las minas y plantaciones de Cuba. El permiso fue concedido y Córdoba zarpó de Cuba en 1517 con tres barcos y 110 hombres.

Encontraron México por casualidad, después de que una fuerte tormenta los arrastrara hasta la costa de Yucatán. Desde sus naves, se asombraron al ver una gran zona urbana con edificios de mampostería. Los europeos aún no habían encontrado una cultura tan sofisticada en el Nuevo Mundo. El 4 de marzo de 1517, los mayas se acercaron a sus barcos en diez piraguas con velas y remos. Sonrieron y se mostraron amistosos, comunicando por señas que vendrían al día siguiente con más embarcaciones para ayudarlos a llegar a tierra.

Volvieron al día siguiente, pero esta vez no fueron amistosos. Cuando los españoles llegaron a tierra, los mayas les tendieron una emboscada. Los españoles se defendieron desesperadamente con sus ballestas y armas de fuego, consiguiendo escapar a sus barcos. Siguieron navegando, pero se habían quedado sin agua; finalmente, la sed los llevó a anclar y bajar a tierra en busca de agua. Esa noche, el jefe maya Moch Couoh los atacó, matando a 57 de sus hombres y capturando a otros dos, que probablemente fueron sacrificados.

El resto de los hombres lograron volver al barco, pero el cuerpo de Córdoba estaba lleno de flechas y varios otros hombres estaban heridos de muerte. Cinco murieron en el viaje de vuelta; Córdoba y otros tres hombres murieron justo después de llegar a Cuba. En total perecieron 68 de los 110 originales. A pesar del gran número de bajas, las historias que contaban los supervivientes sobre la extraordinaria arquitectura comparable a la de los edificios europeos despertaron el interés del gobernador de Cuba, Velázquez. Con una civilización tan avanzada, sospechaba que esta nueva tierra tenía oro y otras riquezas que explotar.

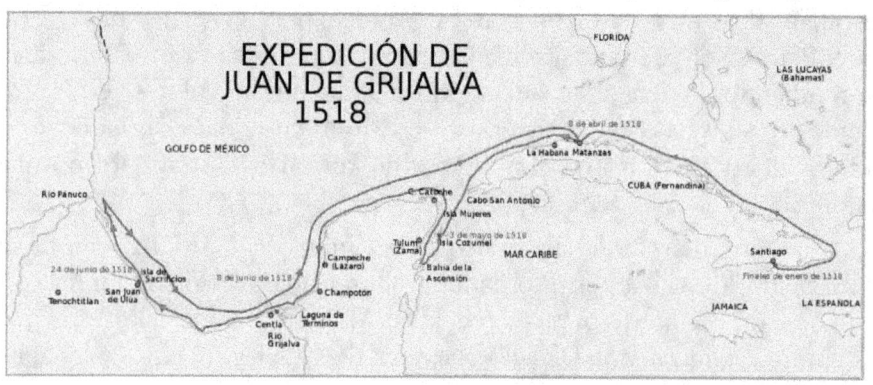

Expedición de Juan de Grijalva, 1518[02]

El gobernador Velázquez no tardó en organizar otra expedición. Juan de Grijalva zarpó de Cuba en abril de 1518 con cuatro navíos y 170 hombres. Las órdenes de Grijalva eran conseguir todo el oro y la plata que pudiera y llevárselos a Velázquez. Grijalva navegó directamente a Champotón, donde los indígenas habían masacrado sin piedad a los hombres de Córdoba. Una vez más, los mayas atacaron, pero Grijalva estaba preparado. Esta vez ganaron los españoles y los mayas huyeron.

Grijalva continuó el viaje, navegando hacia el oeste a lo largo de la península de Yucatán, que el navegante insistía en que era una isla. Llegaron a la región de Tabasco y fueron recibidos por la población local. Los españoles les regalaron cuentas de vidrio de colores y los indígenas les correspondieron con collares de oro y pequeñas figuras de oro de lagartos y pájaros. Dijeron a los españoles que se podía encontrar mucho oro en el oeste.

Grijalva siguió navegando por la costa cuando vieron a unos hombres en la playa que agitaban estandartes blancos, indicándoles que desembarcaran. En ese momento se encontraban en la zona de Boca del Río, en territorio azteca, casi al este de Tenochtitlan. Echaron el ancla y desembarcaron, donde se reunieron con las personas que habían ondeado las banderas. Eran aztecas, los hombres que Moctezuma había enviado para averiguar más cosas sobre este extraño pueblo nuevo. Los emisarios aztecas obsequiaron a Grijalva con objetos de oro tallado, mientras que los conquistadores les regalaron cuentas de vidrio. Grijalva llevó consigo a uno de los hombres aztecas como traductor, que fue bautizado y recibió el nombre de Francisco.

Grijalva reclamó el territorio para la corona y el gobernador Velázquez, dándole el nombre de Nueva España (que más tarde se utilizaría para todas las colonias españolas de América y las islas del Pacífico). A estas alturas, su navegante ya se había dado cuenta de que habían llegado a otro continente, no solo a una isla. Cuando Grijalva regresó a Cuba y entregó a Velázquez los objetos de oro y su informe, el gobernador comenzó a organizar otra expedición.

Hernán Cortés[63]

Varios meses después, el 23 de octubre de 1518, Velázquez encargó a Hernán Cortés que dirigiera una tercera expedición con el objetivo de explorar, difundir el cristianismo e intercambiar objetos con la población local. No dio permiso para establecer una colonia. Cortés zarpó hacia México el 10 de febrero de 1519, desembarcando primero en Cozumel, en la península de Yucatán, en territorio maya. Llevaba 11 barcos, 109 marineros, 508 soldados, 16 caballos, 13 mosquetes, diez piezas de artillería pesada, cuatro de artillería ligera y 32 ballestas. Cortés llevaba dos traductores: Francisco, el azteca, y Melchor, un joven maya que Córdoba había capturado anteriormente. Un conquistador de la expedición, Bernal Díaz del Castillo, relató posteriormente la conquista en *Historia verdadera de la conquista de la Nueva España*.

En Cozumel, Cortés se enteró de que dos españoles vivían en Yucatán desde su naufragio ocho años antes. Les envió mensajeros con un rescate (más cuentas de vidrio) para los mayas. El padre Jerónimo de Aguilar se unió alegremente a los conquistadores, sirviendo como otro traductor, lo que funcionó bien, ya que Melchor consiguió escabullirse de vuelta a los suyos dos días después.

Por otro lado, Gonzalo Guerrero se había vuelto nativo con tatuajes y piercings. La Inquisición española estaba en marcha, y probablemente podía imaginarse siendo tendido en el potro y quemado en la hoguera por abandonar su fe. Cuando el padre Aguilar intentó convencerlo de que fuera con él, le contestó (según relata Bernal Díaz del Castillo):

> «Hermano Aguilar, estoy casado y tengo tres hijos, y me ven como cacique (señor) aquí, y capitán en tiempo de guerra. Tengo la cara tatuada y las orejas perforadas. ¿Qué dirían de mí los españoles si me vieran así? Anda, y que Dios te bendiga, pues has visto qué guapos son estos hijos míos. Por favor, dame algunas de esas cuentas que has traído para regalárselas, y les diré que mis hermanos las han enviado desde mi propio país».

Cortés reclamó Cozumel para la corona española en marzo de 1519 antes de zarpar de nuevo hacia la región de Tabasco. Un año antes, los putunes de habla maya se habían mostrado cordiales con Grijalva, pero esta vez atacaron. Cortés los derrotó, capturó a algunos de sus hombres como prisioneros y reclamó Tabasco para la corona. Los putunes lo superaban ampliamente en número, pero sus hombres lucharon con armas y cañones, y aterrorizaron a los indígenas luchando a caballo. Nunca habían visto caballos, y pensaban que el caballo y el hombre eran una sola criatura diabólica.

Tras otro ataque fallido, los jefes putunes se acercaron con oro y otros regalos, disculpándose por su comportamiento inhóspito. Cortés les perdonó y aceptó sus regalos, pero les ordenó que dejaran de adorar ídolos, a lo que accedieron. Cortés preguntó a los putunes de dónde sacaban el oro, y le dijeron que de Cholula, en el interior.

Doña Marina, conocida como La Malinche⁶⁴

Los putunes entregaron 20 mujeres a los españoles, que fueron bautizadas como cristianas. Una de ellas, doña Marina, conocida como La Malinche, se convirtió en la amante de Cortés y dio a luz a su hijo Martín. Era azteca de habla náhuatl, pero había sido entregada o vendida a los mayas de niña y hablaba con fluidez tanto el náhuatl como el maya. Su conocimiento de ambas lenguas la hacía inestimable como traductora. Aún no sabía español, pero el padre Aguilar podía hacerle preguntas en maya, que ella traducía al náhuatl azteca.

El 23 de marzo, Cortés zarpó hacia Veracruz. Cuando desembarcó el Domingo de Resurrección, fue abordado por dos emisarios aztecas, Tendile y Pitalpitoque. Doña Marina y el padre Aguilar tradujeron su mensaje: venían a darles la bienvenida y a saber más de ellos. Los aztecas construyeron un refugio para los españoles, les sirvieron una comida y les entregaron regalos. Después se sentaron a pintar cuadros de Cortés, el padre Aguilar, un perro y un cañón, que llevaron a Tenochtitlan para enseñárselos a Moctezuma.

Cortés les hizo una demostración de lo que podían hacer sus cañones grandes y pequeños, mosquetes y ballestas. Les regaló cuentas de vidrio y otros objetos, incluido un casco de soldado que les pidió que le devolvieran lleno de polvo de oro. Tal y como les había pedido, una semana más tarde regresaron más de cien hombres con el casco lleno de polvo de oro y costosos tesoros de oro y plata tallados. También transmitieron cortésmente el mensaje de Moctezuma de que Cortés *no* estaba invitado a viajar a Tenochtitlan para ver al emperador.

Cortés expresó con calma lo esencial que era que se reuniera con Moctezuma. Les dio más regalos para que se los llevaran al emperador, así como regalos personales para los embajadores. Les pidió que volvieran con su líder y convencieran a Moctezuma para que recibiera a Cortés y a su séquito. Poco después, los emisarios regresaron, con más regalos de oro, pero con la respuesta final del emperador: Cortés no tenía permiso para verlo, y ahí se acabó la discusión.

Así que Cortés se dedicó a otros asuntos. El gobernador de Cuba, Diego Velázquez, solo le había encargado explorar nuevos territorios, recoger tesoros y convertir a los indígenas al catolicismo, no establecer ningún asentamiento. Sin embargo, Cortés se atrevió a colonizar, construyendo la Villa Rica de la Vera Cruz, que declaró independiente de Cuba y sujeta únicamente al rey Carlos, emperador del Sacro Imperio Romano Germánico y monarca de España.

Cortés renunció al mandato de Velázquez, nombró a algunos de sus hombres para un cabildo y luego aceptó su nombramiento como gobernador general de la nueva colonia. Inmediatamente envió un barco a España con el oro que habían recogido, acompañado de cartas al rey. En ellas describían al rey Carlos todo lo que habían descubierto y conseguido, así como sus motivos para declarar la independencia de Cuba y del gobernador Velázquez.

Una vez resuelto todo, ¡había llegado el momento de marchar a Tenochtitlan! Haciendo caso omiso de la orden de Moctezuma de no acudir, Cortés dejó 100 hombres en Veracruz a las órdenes de su capitán de confianza, Juan de Escalante, y luego marchó hacia el interior a mediados de agosto de 1519 con el resto de sus soldados, 15 jinetes y 15 cañones. También lo acompañaron el padre Aguilar, doña Marina y el azteca Francisco (que había aprendido español el año anterior); entre los tres intérpretes pudieron comunicarse con las diversas personas que encontraron.

Cempoala, en relación con Tenochtitlan y otras ciudades aztecas[65]

Llegaron a Cempoala, 25 millas tierra adentro, donde residieron durante dos meses con el pueblo totonaca. Unos setenta años antes, el pueblo totonaca había sido conquistado por los aztecas y ahora era una ciudad tributaria. Comunicaron a Cortés cómo detestaban a sus gobernantes, que les exigían el pago de tributos dos veces al año, pero lo que era aún peor, se llevaban a sus hijos como mano de obra esclava y para sacrificios a Huitzilopochtli. Los totonacas dijeron a Cortés que no eran los únicos descontentos; muchas ciudades-estado conquistadas en la frontera azteca guardaban rencor a Moctezuma.

Justo cuando Cortés estaba desarrollando relaciones amistosas con los totonacas, recibió noticias de una situación urgente en el asentamiento de Villa Rica de la Vera Cruz. Algunos de los hombres que dejó allí eran leales a Velázquez; censuraban el motín de Cortés y el hecho de que se hubiera dirigido al rey de España a espaldas del gobernador. Planeaban enviar uno de los barcos a Cuba para avisar a Velázquez. Al recibir esta noticia, Cortés regresó rápidamente a Vera Cruz, reunió a los conspiradores y ahorcó a los dos cabecillas. Cortó los pies al navegante y azotó al resto de los implicados. También hundió todos los barcos, impidiendo que nadie pudiera regresar a Cuba.

Una vez restablecido el orden en la costa, Cortés regresó a Cempoala para reanudar su misión diplomática. Con gran delicadeza, negoció una alianza con los totonacas de Cempoala, que aceptaron unir sus guerreros a su fuerza militar. Mientras estaba allí, algunos emisarios aztecas llegaron para cobrar el tributo semestral de Cempoala. Cortés persuadió astutamente a los totonacas para que rechazaran el tributo y encarcelaran a los delegados aztecas. Después liberó a los funcionarios de Moctezuma, fingiendo inocencia en el asunto y diciéndoles que informaran al emperador de que estaba dispuesto a ayudar a los aztecas con el problema de las ciudades rebeldes. Hábilmente instigó la rebelión entre los totonacas mientras aseguraba a Moctezuma que se aliaría con los aztecas contra los rebeldes.

Con los guerreros totonacas acompañándolos, llegó el momento de reanudar la marcha hacia Tenochtitlan. Su siguiente reto sería someter a los feroces tlaxcaltecas, los incesantes e invictos enemigos de los aztecas, y alistarlos en el plan para vencer al poderoso Imperio azteca.

Capítulo 10: La masacre de Cholula

Tlaxcala estaba más delante. ¿Qué tipo de bienvenida recibirían los conquistadores? Era agosto de 1519 y Cortés y sus hombres, a los que se habían unido los guerreros totonacas, reanudaban la marcha hacia Tenochtitlan. Se acercaban a Tlaxcala, una confederación de unas 200 ciudades. Cortés había oído hablar de la feroz reputación de estos pueblos, pero sabía que estaban en guerra constante con Tenochtitlan. ¿Serían amistosos u hostiles?

Los tlaxcaltecas recibieron a los españoles en plena batalla y lucharon ferozmente contra Cortés y sus aliados durante tres días. A pesar de la superioridad de sus armas y armaduras, los españoles sucumbían al brutal asalto de los feroces guerreros. El conquistador Bernal Díaz del Castillo escribió que los españoles estaban rodeados por todas partes y probablemente habrían muerto todos si los tlaxcaltecas no hubieran cambiado repentinamente de opinión.

Siempre que los tlaxcaltecas libraban las frecuentes batallas con los aztecas, los guerreros capturados por el otro bando eran sacrificados a los dioses. Cuando lucharon contra Cortés, éste los sorprendió por lo que hizo con los tlaxcaltecas que capturó. A diario, devolvía a los prisioneros de guerra acompañados de mensajes de paz y recordándoles que él también era enemigo de los aztecas. Con el tiempo, los tlaxcaltecas se dieron cuenta de que los españoles serían más útiles como aliados contra los odiados aztecas. Los ancianos convencieron a su jefe de guerra para que pusiera fin a la lucha y, con doña Marina y el padre Aguilar como traductores, negociaron una tregua. Cortés permaneció con los tlaxcaltecas durante 20 días, planeando su próximo movimiento.

Tlaxcala aliado de Cortés; pintura de escribas aztecas desconocidos[66]

Por delante se extendía la gran ciudad-estado de Cholula, con una población de 100.000 habitantes. Se cree que los olmecas se asentaron en la zona alrededor del año 100 a. e. c. Más tarde, un grupo de toltecas emigró allí tras la caída de Tula. Cholula se había convertido en una fuerza política dominante en la región, un centro de comercio y destino de peregrinaciones religiosas. Allí se erigía la pirámide más grande de toda Mesoamérica, y Cortés calculaba que había 430 templos.

Durante años, Cholula había existido en una alianza informal con los tlaxcaltecas, 20 millas al norte. Sin embargo, los aztecas ejercieron una gran presión; solo dos años antes, Cholula había capitulado y se había aliado con los aztecas. Esto significaba abandonar su alianza con los tlaxcaltecas, enemigos mortales de los aztecas, lo que los perjudicó, ya que Cortés se dirigía hacia ellos con 1.000 guerreros tlaxcaltecas.

Cortés seguía debatiendo sus opciones: si iniciar una guerra total con los aztecas o continuar con un acercamiento diplomático. Dado que Cholula era aliada de los aztecas, debía actuar con cautela. En Tenochtitlan, Moctezuma estaba al corriente de la marcha de Cortés hacia su reino y ordenó a Cholula que detuviera a los españoles. Cortés y sus hombres entraron en Cholula sin oponer resistencia. Sin embargo, los líderes de la ciudad no salieron a recibirlos y nadie les ofreció comida ni agua.

Los amigos indígenas de Cortés estaban inquietos. Los totonacas observaron que se estaban construyendo fortificaciones. Doña Marina aprovechó para charlar con las mujeres de la ciudad en su lengua nativa, el náhuatl. Se enteró de que los cholulas planeaban asesinar a los españoles mientras dormían. Los tlaxcaltecas estaban sedientos de venganza contra los cholulas por haber abandonado su alianza, y no dejaban de presionar a Cortés para que lanzara un ataque.

Finalmente, Cortés entró en el templo principal y se enfrentó a los gobernantes de la ciudad. Sí, admitieron, Moctezuma les había ordenado resistir a los españoles, pero no habían cumplido sus órdenes. Cortés pensó en lo que decían, y luego en los preparativos de batalla que habían advertido sus aliados y en lo que había oído doña Marina. Decidió que no podía confiar en la gente de Cholula y ordenó un ataque preventivo.

Los españoles y sus aliados indígenas reunieron a la nobleza y la masacraron, matando a 3.000 personas en tres horas. Después incendiaron la gran ciudad antigua. Esta matanza masiva de un pueblo que (aún) no había sido agresivo causó conmoción en el Imperio azteca. Muchas ciudades consideraron prudente aliarse con los conquistadores antes que arriesgarse a la aniquilación. Fue entonces cuando Moctezuma cedió e invitó a Cortés a visitar su ciudad de Tenochtitlan.

Llegó el gran día. El 8 de noviembre de 1519, diez meses después de zarpar de Cuba, Cortés y sus tropas atravesaron sin obstáculos la calzada que conducía a Tenochtitlan. Nunca había visto una ciudad tan grande. Con una población estimada de 200.000 habitantes, Tenochtitlan probablemente superaba en número a la mayoría de las ciudades de Europa. Tenochtitlan, una ciudad isleña en el lago Texcoco, tenía un sistema de calzadas que la conectaban con puntos de tierra firme y con una isla cercana.

Moctezuma saluda a Cortés[67]

En su litera decorada con plumas, Moctezuma salió por la calzada al encuentro de Cortés, con su hermano menor Cuitláhuac, su sobrino Cacamatzin (corregente de Texcoco, aliado de Tenochtitlan), junto con sus ancianos y jefes de guerra. Los gobernantes aztecas iban magníficamente ataviados con plumas, joyas y oro. El pueblo de la ciudad, de pie a lo largo de la calzada y en los altos edificios de Tenochtitlan, observaba el encuentro. Moctezuma dio formalmente la bienvenida a Cortés, que se presentó como representante de la reina Juana y de su hijo, el rey Carlos de España y emperador del Sacro Imperio Romano Germánico.

Se produjo un momento incómodo cuando Cortés intentó saludar a Moctezuma con el acostumbrado abrazo castellano, rápidamente interceptado por Cuitláhuac y Cacamatzin, que dejaron claro que no se podía tocar al emperador. Moctezuma alivió la vergüenza de Cortés colocándole una cadena de oro alrededor del cuello, seguida de una guirnalda de flores. Luego condujo a Cortés al santuario de la diosa Toci, donde, según el *Códice Florentino*, le dijo:

> «Mi señor... has llegado a tu ciudad; has venido a sentarte en tu lugar, en tu trono. Oh, te ha sido reservado por poco tiempo, fue conservado por los que se han ido, tus sustitutos . Esto es lo que han dicho nuestros gobernantes... que vendrías a pedir tu trono, tu lugar, que vendrías aquí. Ven a la tierra, ven y descansa; toma posesión de tus casas reales, da alimento a tu cuerpo».

Si Moctezuma realmente dijo esto, estaba reconociendo que Cortés era Quetzalcóatl, volviendo en el año una caña, como Quetzalcóatl había dicho que haría. Si Moctezuma creía esto, ¿por qué resistió a Cortés todos esos meses?

Moctezuma alojó a Cortés y a sus principales oficiales en el palacio real de su difunto padre, Axayácatl. Según Bernal Díaz del Castillo, el emperador aceptó a Cortés como representante del rey de España, prometiéndole lealtad y diciendo: «En cuanto a tu gran rey, estoy en deuda con él y le daré de lo que poseo». Díaz relató que, en el palacio, los españoles encontraron la sala secreta del tesoro con platos de oro y joyas. «La visión de toda aquella riqueza me dejó estupefacto».

La amabilidad de Moctezuma se deterioró cuando Cortés quiso colocar una cruz y una imagen de la Virgen María en el Templo Mayor, en lo alto de la gran pirámide. El emperador y los ancianos se enfurecieron, alegando que no podían ofender a sus dioses, que les daban salud, lluvia, cosechas y victorias en las batallas.

Seis días después de su llegada a Tenochtitlan, Cortés recibió la noticia de un ataque a su nueva ciudad de Villa Rica de la Vera Cruz, a 200 millas de distancia en la costa. Cuauhpopoca, el comandante militar de Moctezuma, había dirigido una fuerza de aztecas, matando al querido amigo de Cortés, Juan de Escalante, a quien Cortés había dejado a cargo del asentamiento, junto con otros seis españoles y muchos totonacas.

En respuesta a esta traición, Cortés, acompañado por doña Marina, el padre Aguilar y cinco de sus capitanes, abordó a Moctezuma, ordenándole que fuera tranquilamente con ellos a sus aposentos en el palacio de Axayácatl. «¡No grites! ¡No armes alboroto! Si lo haces, te mataremos inmediatamente». A partir de ese momento, Moctezuma vivió bajo arresto domiciliario con Cortés en el palacio de Axayácatl.

Moctezuma continúa reinando bajo arresto domiciliario[68]

A pesar de su encarcelamiento, Moctezuma continuó supervisando los asuntos del imperio, pero bajo el control de Cortés. Moctezuma aseguró a su pueblo que se había trasladado voluntariamente al palacio de Cortés bajo las instrucciones de los dioses. Los aztecas dudaban; también les inquietaba cada vez más la presencia de los 1.000 guerreros tlaxcaltecas en su ciudad, sus odiados enemigos, pero aliados de Cortés.

Con Moctezuma en arresto domiciliario, Cortés envió a sus hombres a investigar fuentes de oro en las provincias y obligó a Moctezuma a pagar tributo a la corona española. Los españoles fundieron las estatuillas de oro del palacio y formaron lingotes de oro. Cortés también construyó un altar católico en el Templo Mayor, pero dejó los ídolos aztecas.

Los aztecas estaban cada vez más agitados; sus sacerdotes decían que sus dioses estaban enfadados y que se marcharían todos a menos que los aztecas mataran a los españoles o los obligaran a volver al otro lado del mar. Moctezuma advirtió a los españoles de que corrían un peligro mortal. Con su emperador detenido, la mayoría de la nobleza se dirigía a su hermano Cuitláhuac en busca de liderazgo. Pero dudaban en actuar sin una orden directa de Moctezuma. Esta inestable situación se prolongó durante cinco meses.

Entonces, en abril de 1520, Moctezuma alertó a Cortés de que sus hombres habían observado el desembarco en la costa de una flota de 19 barcos españoles con 1400 soldados. Al mando de Pánfilo de Narváez, las tropas habían sido enviadas por Velázquez, gobernador de Cuba, para arrestar o matar a Cortés por desafiar las órdenes del gobernador. Al conocer esta noticia, Cortés dejó a algunos de sus soldados en Tenochtitlan bajo el mando de Pedro de Alvarado, un experimentado conquistador, dándole estrictas instrucciones para que no permitiera escapar a Moctezuma.

Cortés y el resto de sus tropas marcharon rápidamente a Cempoala, donde Narváez había acampado. Con un ataque nocturno por sorpresa, Cortés capturó a Narváez y convenció al resto de los soldados españoles para que se pasaran a su bando. Les habló del oro que habían conseguido y les prometió hacerlos ricos a todos. Con sus nuevos reclutas, Cortés marchó de vuelta a Tenochtitlan con 1300 soldados, 96 caballos y 2000 guerreros tlaxcaltecas.

Cortés se horrorizó al regresar a una situación caótica en Tenochtitlan. En su ausencia, Alvarado y sus compañeros habían matado a cientos de nobles aztecas desarmados en un ataque no provocado, conocido como la *Matanza del Templo Mayor*. Cortés interrogó a Alvarado y a sus hombres, al igual que a los aztecas para tratar de averiguar qué había ocurrido el 22 de mayo de 1520.

Pedro de Alvarado[69]

Durante la ausencia de Cortés, Moctezuma había solicitado permiso para celebrar el importante festival de Tóxcatl, que honraba a Tezcatlipoca, dios principal azteca (quizá lo recuerde como el dios que engañó a Quetzalcóatl, provocando su caída). Alvarado dio su permiso, con la condición de que no se realizaran sacrificios humanos y de que ninguno de los participantes llevara armas. Normalmente, en este festival se sacrificaba a un joven que se había hecho pasar por Tezcatlipoca durante el último año, pero al parecer, los aztecas decidieron seguir las órdenes de Alvarado.

Alrededor de mil nobles aztecas se habían reunido en los terrenos que rodeaban el gran templo, desnudos pero ataviados con joyas, oro y plata y con elaborados tocados de plumas. Los tambores sonaban con fuerza, acompañados por el estridente sonido de los instrumentos de viento. Los hombres bailaban en círculos, cogidos de la mano, cantando con los músicos, alabando a Tezcatlipoca y pidiéndole agua, grano, buena salud y la victoria. Todos disfrutaban de la fiesta, bailando y cantando, con la música rugiendo como las olas.

De repente, aparecieron Alvarado y los soldados españoles, bloqueando todas las salidas con diez o doce hombres. Se abalanzaron sobre el hombre que tocaba el tambor y le cortaron los brazos y la cabeza con tal fuerza que voló por los aires. Sin ningún remordimiento ni piedad, mataron brutalmente a los celebrantes, despojándolos de su oro y sus joyas. Cortaron cabezas y brazos, apuñalaron a los hombres en las tripas, de modo que sus entrañas brotaron, y arrojaron a algunos al suelo, de modo que sus cabezas quedaran aplastadas.

Los aztecas corrieron hacia las salidas, pero fueron recibidos y asesinados por los risueños españoles que custodiaban la salida. Algunos se tumbaron, fingiendo estar muertos, mientras la sangre de los muertos corría como agua sobre ellos y el hedor de las entrañas llenaba el aire. Otros trepaban por los muros y gritaban a los de fuera: «¡Vengan rápido! ¡Vengan con lanzas y escudos! ¡Han asesinado a nuestros guerreros! ¡Han sido aniquilados!» Los mexicas asaltaron rápidamente el templo con lanzas, arcos y jabalinas. Lanzaron con furia una andanada de jabalinas amarillas contra los españoles.

Se dieron diferentes explicaciones sobre la motivación de la masacre. Alvarado dijo a Cortés que había recibido información de que los aztecas planeaban atacar a los españoles durante el festival, por lo que la matanza fue un ataque preventivo. Algunos dijeron que intervinieron para evitar un sacrificio humano, aunque la mayoría de los españoles afirmaron que los aztecas solo estaban cantando y bailando. Los aztecas pensaban que los españoles habían atacado a los nobles para robarles el oro y las joyas.

Cuando Cortés regresó a Tenochtitlan, los aztecas habían bloqueado el palacio donde se alojaban los españoles y donde seguía retenido Moctezuma. Habían elegido a Cuitláhuac, hermano de Moctezuma, como nuevo *tlatoani*, renunciando a Moctezuma. De alguna manera, en la confusión y el caos, Moctezuma fue asesinado —una muerte misteriosa.

Moctezuma II golpeado por las piedras[70]

En el relato español, Cortés intentó desesperadamente restablecer el orden conminando a Moctezuma a salir al balcón del palacio y hablar al pueblo, solicitando que permitieran a los españoles abandonar la ciudad pacíficamente y regresar a la costa. El pueblo rechazó sus palabras y le arrojó piedras y dardos, que los españoles intentaron desviar con sus escudos. Díaz informó de que tres piedras alcanzaron a Moctezuma, una de ellas en la cabeza. Se negó a recibir tratamiento y murió tres días después. Los aztecas dijeron que Moctezuma fue estrangulado por los españoles. Llegados a este punto, la renuncia del emperador ya no tenía sentido para ninguno de los dos bandos.

Los españoles y sus aliados indígenas se encontraban en una situación peligrosa, sin agua, alimentos ni pólvora. Cortés solicitó a los aztecas un alto el fuego de una semana, prometiendo que los españoles devolverían todos los tesoros que habían robado y abandonarían la ciudad pacíficamente. En lugar de esperar una semana, los españoles intentaron salir de la ciudad esa misma noche.

Tenochtitlan tenía varias calzadas que iban de la isla a tierra firme o a las islas adyacentes. Cada calzada tenía varios huecos cubiertos por puentes que se retiraban por la noche. Los españoles construyeron un puente portátil para llevárselo consigo y poder cruzar esos vanos. Empacaron el oro y otros tesoros que habían acumulado y permitieron que los soldados españoles se llevaran lo que quisieran. Muchos de los soldados se llenaron los bolsillos y se cubrieron de oro y joyas pesadas.

El 1 de julio de 1520, Cortés y sus hombres se escabulleron del palacio por la noche, en dirección a la calzada de Tlacopan. Un aguacero los ayudó a escapar, enturbiando la visibilidad y manteniendo a la mayoría de la gente en sus casas. Llegaron a la calzada y colocaron su puente portátil sobre el primer vano, pero de repente saltó la alarma en la ciudad. Una mujer que sacaba agua los había visto, al igual que un sacerdote que estaba en lo alto de la gran pirámide. Se apresuraron a cruzar el primer tramo sobre el puente portátil, pero los hombres tuvieron dificultades para volver a subirlo.

De repente, fueron atacados por la espalda y por cientos de canoas en el agua. Los españoles se apresuraron a cruzar la calzada lo más rápido posible, pero se vieron obstaculizados por los grandes cofres del tesoro que transportaban. Algunos de los soldados, agobiados por el peso del oro y las joyas que llevaban en los bolsillos, el cinturón y el cuello, perdieron el equilibrio y cayeron al agua, donde se ahogaron.

La Noche Triste[71]

Cortés y sus principales oficiales iban a caballo y habían saltado por encima de los vanos abiertos de la calzada. Pero la infantería a pie luchaba desesperadamente contra las hordas aztecas mientras intentaban cruzar los vanos. Gran parte del oro y las joyas que habían sacado de la ciudad cayeron al camino o al agua. Ajenos a su situación, Cortés y sus jinetes se adelantaron y llegaron a tierra firme.

Cuando Cortés se dio la vuelta, se dio cuenta de la miserable situación en la que se encontraban sus hombres, mientras contemplaba cómo llegaban tambaleándose españoles y tlaxcaltecas heridos y ensangrentados. Dio media vuelta y cabalgó de vuelta a la calzada, llorando al darse cuenta de la magnitud de la matanza. El propio Cortés estaba herido y había perdido toda la artillería. Murieron 1.000 españoles y al menos 2.000 de sus aliados indígenas. También murieron algunos miembros de la realeza azteca que apoyaban a los españoles: El hijo de Moctezuma, Chimalpopoca, el príncipe tepaneca Tlaltecatzin y el rey Cacamatzin de Texcoco con sus tres hermanas y dos hermanos. Esta oscura y lluviosa noche de horror fue recordada como la *Noche Triste*, la noche del llanto.

Capítulo 11: La caída de Tenochtitlan

Con los aztecas en acalorada persecución, los tlaxcaltecas guiaron a los españoles alrededor del lago Zumpango, al norte del lago Texcoco. Tres cuartas partes de los conquistadores españoles habían perecido y la mayoría de los supervivientes estaban heridos. Cortés había sufrido una herida en la cabeza, pero dio órdenes de continuar hacia un lugar más seguro. Más tarde dejó constancia de estos hechos en sus cartas al rey Carlos, las *Cartas y relaciones de Hernán Cortés al emperador Carlos V*.

Guiados por sus aliados, los españoles avanzaron trastabillando hacia la seguridad de tierras tlaxcaltecas, llevando a sus heridos a cuestas o en los caballos. Esquivaron constantemente escaramuzas de bandas de aztecas, que mataron a uno de sus caballos; hambrientos, se comieron al animal, sin dejar siquiera su piel. Al cabo de varios días, exhaustos y heridos, llegaron a la ciudad de Otumba, a unos 80 km de Tenochtitlan.

Los aztecas se abalanzaron sobre ellos en Otumba con un ataque tan violento que pensaron que había llegado su último día. Bernal Díaz del Castillo escribió que la caballería castellana logró la victoria en la desesperada batalla. Una y otra vez, los españoles a caballo rompían las filas aztecas, abatiéndolos a diestro y siniestro. Los aztecas nunca habían experimentado un ataque de caballería. Aun así, una horda estimada en 40.000 aztecas amenazaba con arrollar a los españoles.

Batalla de Otumba, por Manuel Rodríguez de Guzmán[73]

La estrategia de batalla de Cortés también ayudó a ganar la batalla. Ordenó a las tropas que se centraran en los líderes y capitanes aztecas. Al reconocer a un jefe de guerra azteca por su distintiva armadura y tocado, los hombres de Cortés separaron a los guerreros de su jefe, mientras un conquistador mataba al jefe y entregaba su estandarte de batalla a Cortés. Con su líder muerto, los aztecas flaquearon y los tlaxcaltecas y españoles pudieron derrotarlos. La guerra de Otumba estaba ganada, pero los 440 conquistadores supervivientes e innumerables tlaxcaltecas estaban heridos.

Los cansados vencedores se quedaron en la colina cercana a Otumba, mirando las montañas a lo lejos, que sus aliados les dijeron que era tierra tlaxcalteca, donde encontrarían seguridad y descanso. Finalmente, una semana después de abandonar Tenochtitlan, llegaron a la ciudad de Galipán. La gente los recibió con amabilidad, curando sus heridas y proporcionándoles comida y agua.

Cortés y su ejército permanecieron allí durante tres días, reuniéndose con los nobles tlaxcaltecas de toda la región. Prometieron a Cortés que lucharían hasta la muerte con él contra sus enemigos, como ya habían demostrado que harían. A cambio, pedían la ciudad de Cholula, una parte igual del botín y la exención de futuros tributos. Una vez renovada la alianza, los tlaxcaltecas dijeron a los españoles que se considerasen en casa, que descansasen y se recuperasen.

Durante los meses siguientes, los españoles descansaron y se recuperaron, preparándose para su próximo asalto. Después de *La Noche Triste*, todo parecía sombrío para los españoles, pero Cortés estaba decidido a desafiar todos los pronósticos para alcanzar su objetivo de conquistar el imperio azteca. Los refuerzos llegaron desde el asentamiento de Villa Rica de la Vera Cruz, en la costa, junto con la llegada fortuita de barcos de suministros procedentes de Cuba (destinados a Narváez) y España, que traían más hombres y caballos.

Durante este tiempo, Cortés formó alianzas con las ciudades del pueblo acolhua en la orilla oriental del lago de Texcoco. El rey Ixtlilxóchitl, uno de los tres virreyes de Texcoco y enemigo de Moctezuma II, envió emisarios a Cortés, ofreciéndole sus tropas en el asedio de Tenochtitlan. A cambio, pidió ayuda para vencer a los otros dos virreyes de Texcoco. Estas alianzas eran indispensables para permitir el acceso al lago de Texcoco, por no hablar de proporcionar más guerreros y peones. Una a una, las fuerzas aliadas se abrieron camino a ambos lados del lago y hacia el este, negociando tratados con ciudades como Huejotzingo, Chalco, Tlalmanalco, Xochimilco, Otomí y Tepanco.

Mientras tanto, en septiembre de 1520, los aztecas fueron atacados por la viruela, que duró casi tres meses. Esto mermó su población y desvió su atención de atacar a los españoles o defender sus ciudades-estado alrededor del lago. Entre los fallecidos se encontraba Cuitláhuac, hermano de Moctezuma y nuevo emperador. Le sucedió su primo Cuauhtémoc, el último emperador azteca. En primavera, los aztecas se reunieron para lanzar cuatro ataques contra los españoles y perdieron todos.

Como Tenochtitlan era una ciudad insular y las calzadas suponían una gran complicación, Cortés tuvo la ingeniosa idea de construir una flota de 13 bergantines pequeños y poco profundos para navegar por el lago Texcoco. Puso a trabajar a su maestro carpintero y constructor Martín López, utilizando aparejos, herrajes y velas rescatados de los barcos hundidos. Su plan maestro consistía en transportar los bergantines desmontados por tierra y armarlos cerca del lago.

Mientras sus hombres y aliados se ponían a trabajar cortando madera y construyendo los pequeños barcos, Cortés emprendió una misión de exploración alrededor del lago de Texcoco y los lagos adyacentes. Después de inspeccionar el terreno y tomar nota de la mejor manera de invadir Tenochtitlan por tierra y por agua, Cortés construyó un canal de

12 pies de profundidad en el lado oriental del lago que se extendía hacia donde estaban construyendo los bergantines. Aun así, tuvieron que arrastrar todas las piezas de los barcos durante más de una milla. Se necesitaron 50 días y 8.000 personas para construir las piezas de los barcos, transportarlas hasta el canal, ensamblarlas y botarlas, utilizando la mano de obra de los habitantes de Texcoco.

Los barcos fueron botados en el canal con velas, remos y cañones el 28 de abril de 1521. Cortés pasó revista a sus tropas españolas, contando 86 caballos con jinetes, 118 arqueros y mosqueteros, más de 700 soldados de a pie con espadas y escudos, tres cañones pesados de hierro y quince cañones pequeños de cobre. En cada bergantín había 25 hombres: 12 remeros, 12 arqueros de ballesta y mosqueteros, y un capitán. Alentó a las tropas diciéndoles que se animaran y renovaran el ánimo, ya que Dios los conducía a la victoria, lo que debía inspirarles valor y fervor para vencer o morir.

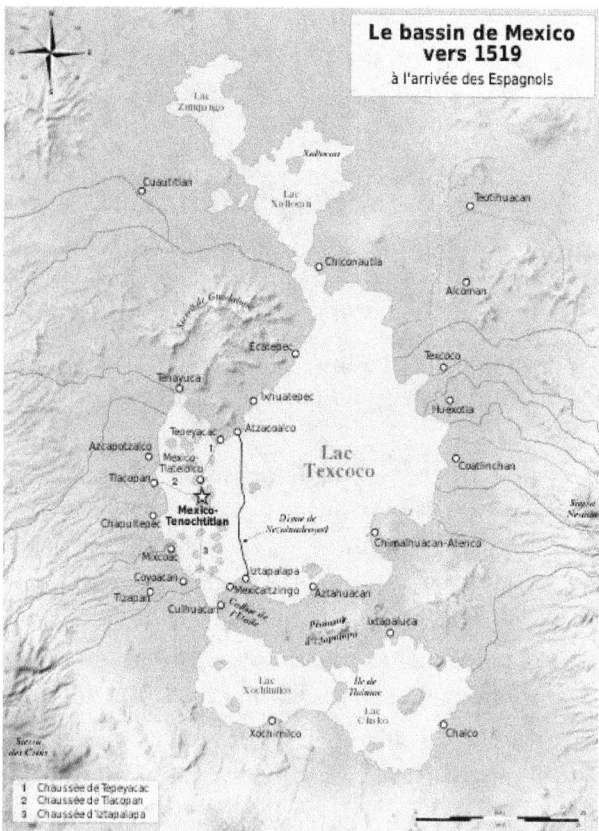

El lago de Texcoco con los lagos adyacentes y los territorios cercanos tal y como aparecía en 1519. Tenochtitlan se encuentra en la orilla occidental conectada por calzadas con tierra firme[73]

Las fuerzas conjuntas de 20.000 guerreros indígenas aliados con los hombres de Cortés y barcos, caballos y cañones enviaron ondas de choque a través del lago. Una división se dirigió a la isla de Chapultepec para cortar el acueducto que suministraba agua dulce a Tenochtitlan. Los barcos y las otras dos fuerzas terrestres tomaron como objetivo la ciudad de Iztapalapa, justo al otro lado de la calzada de Tenochtitlan, lo que les dio la oportunidad de probar los bergantines. Consiguieron rodear la ciudad y anotarse lo que Cortés llamó «una victoria brillantísima».

Mientras los bergantines se acercaban a Iztapalapa, algunas personas habían corrido hacia la montaña próxima a la ciudad y enviaron señales de humo, alertando a Tenochtitlan. De repente, una inmensa flota de unas 500 canoas arremetió contra Iztapalapa. Cuando se acercaron a los barcos, se detuvieron de repente y flotaron en silencio, quizá preguntándose cómo habían llegado los barcos al lago y qué eran capaces de hacer.

En pocos minutos, se levantó un viento que soplaba desde detrás de los barcos. Al instante, Cortés dio órdenes a sus comandantes de navegar hacia las canoas, atravesándolas y persiguiéndolas. Los aztecas huyeron tan rápido como pudieron a remo, pero el viento empujó a los bergantines, que se abalanzaron sobre las canoas, rompiéndolas y arrojando a los aztecas al agua. Siguieron a las canoas durante tres leguas hasta que los que quedaron se refugiaron en la ciudad de Tenochtitlan.

Una división del ejército de Cortés dirigida por Pedro de Alvarado estaba apostada en las colinas de Coyoacán, justo al sur de Tenochtitlan, observando y vitoreando al ver lo bien que actuaban los 13 bergantines y lo rápido que surcaban el agua. Los hombres de Alvarado acababan de cortar el acueducto que llevaba agua dulce a Tenochtitlan, ya que las fuentes termales alrededor de la ciudad hacían que el agua fuera salobre. Ahora, este contingente se dirigía a la ciudad isleña.

Comenzó una gran batalla en la calzada, pero esta vez los españoles tenían ventaja. Los bergantines que rodeaban la ciudad impidieron a los aztecas defender la calzada con sus canoas. Cuando los aztecas de otras ciudades del lago lanzaron un ataque por la retaguardia desde tierra firme, Cortés ordenó a parte de la caballería que vigilara la calzada y a 10.000 aliados indígenas que vigilaran la orilla del lago frente a Tenochtitlan. En ese momento llegó la división de Alvarado, que repelió a los aztecas que habían lanzado el ataque por la retaguardia y cortó las calzadas de acceso a la ciudad. Esto permitió a los bergantines acceder al agua que rodeaba la ciudad y también cortó el acceso terrestre a la ciudad, dificultando la entrada de alimentos y refuerzos.

Asedio de Tenochtitlan, con batallas en las calzadas y en el agua, con los bergantines y las canoas aztecas. La ciudad no está a escala; era mucho más grande que en este cuadro[74]

Los españoles controlaban la calzada con sus miles de aliados de Tlaxcala y otras ciudades-estado. Intentaron entrar en la ciudad, pero los mexicas estaban apostados en los tejados, disparando flechas a cualquiera que se acercara al perímetro. Cortés decidió quemar las casas para que los mexicas no tuvieran la ventaja de los tejados. Utilizando los bergantines, quemaron muchas casas y torres alrededor del borde de la ciudad.

Tenochtitlan tenía una red de canales, como Venecia, y los bergantines navegaron hasta la ciudad a través de los canales, utilizando sus cañones para demoler casas y otros edificios. Cortés y sus fuerzas se abrieron paso hasta el centro de la ciudad, incendiando los templos del centro religioso del Templo Mayor. Finalmente, tras un largo día de lucha, empezó a oscurecer, por lo que Cortés reunió a sus fuerzas para regresar al campamento.

Mientras se retiraban, hordas de mexicas los persiguieron furiosamente, atacando su retaguardia. La caballería arremetió contra los mexicas, empalándolos con sus lanzas. Aun así, con aullidos y gritos, siguieron acercándose, enfurecidos por la consternación de ver a sus antiguos aliados aztecas —los texcoco, chalca y otomí— quemando su ciudad y luchando contra ellos, burlándose de los mexicas al gritar los nombres de sus provincias.

En su contraataque, los aztecas mataron a unos 40 españoles y a más de 1.000 aliados indígenas. Capturaron vivos a algunos de los españoles y los arrastraron hasta lo alto de las altas torres del centro de la ciudad, abriéndoles el pecho y sacándoles los corazones palpitantes para ofrecérselos a sus dioses. Los españoles observaban horrorizados desde el perímetro.

El plan inicial de Cortés consistía en retirarse a su campamento en tierra firme por la noche y realizar incursiones en la ciudad durante el día, ganando terreno poco a poco. Esto resultó problemático, ya que una vez que abandonaban la ciudad por la noche, los aztecas construían barricadas y cubrían las calzadas con rocas y piedras para bloquear el paso de los caballos. Cortés acampaba entonces en las calzadas, preparado para luchar si los aztecas se aventuraban a salir. Cada mañana, las fuerzas españolas invadían la ciudad, ganando terreno poco a poco.

Incapaces de atravesar las calzadas, los aztecas que se encontraban fuera de la ciudad empezaron a introducir alimentos de contrabando en canoas, hasta que Cortés ordenó a dos de los bergantines que montaran guardia por la noche. Los habitantes de la ciudad se estaban quedando sin comida ni agua potable. Desesperados, empezaron a beber el agua salobre de los canales contaminados, que les provocó disentería. Miles de personas morían de hambre, sed y enfermedad.

Otras ciudades aztecas de la orilla del lago se rindieron, como Iztapalapa, Churubusco, Culiacán y Mixquic. Un mes después del asedio, más de 20.000 aliados indígenas regresaron a sus hogares, asustados por la profecía de los chamanes aztecas de que los españoles morirían en diez días. Solo unos 200 nobles de Texcoco permanecieron leales durante ese tiempo. Doce días después, al darse cuenta de que la profecía era falsa, los guerreros de Tlaxcala, Cholula, Tepaneca y otras tribus regresaron.

Habían pasado 45 días desde que los españoles lanzaron sus bergantines y sitiaron Tenochtitlan. Cortés decidió que debían presionar más, arrasando la ciudad barrio a barrio, hasta que no quedara ningún lugar donde los mexicas pudieran esconderse. Ese día reunió a más de 150.000 guerreros y logró destruir gran parte de la ciudad.

Conquistadores y aliados indígenas[75]

A continuación, Cortés ordenó a las tres divisiones que invadieran la ciudad desde tres puntos distintos, dirigiéndose hacia el mercado del centro. La división de Alvarado fue la primera en llegar, deteniéndose para ascender a la pirámide, prender fuego al templo de Huitzilopochtli y plantar las banderas españolas. Cuatro días después, las otras dos divisiones, dirigidas por Cortés y Sandoval, se abrieron paso hasta el centro.

Cortés subió a lo alto de la torre más alta del complejo del Templo Mayor. Desde allí, se dio cuenta de que aproximadamente siete octavos de la ciudad habían caído, y el resto de la población estaba apiñada en el área restante. La gente se moría de hambre, comiendo las raíces y la corteza de los árboles. Consternado, Cortés ordenó a sus tropas que dejaran de luchar y les ofreció condiciones de paz. Pero los aztecas declararon que nunca se rendirían y que morirían luchando.

Al día siguiente volvieron a entrar en la ciudad y encontraron las calles llenas de mujeres y niños, muertos de hambre y enfermos. Cortés ordenó a sus hombres que no les hicieran daño. Los hombres aztecas permanecieron secuestrados en su fortaleza y no lucharon ese día.

A la mañana siguiente, los españoles y sus aliados se reunieron al amanecer, con los bergantines flotando en el agua a poca distancia de la sección donde se encontraban los aztecas. Se les dijo que cuando oyeran un disparo de mosquete, las tropas terrestres debían invadir ese último reducto, conduciendo a los aztecas hacia el agua y los bergantines. Se les ordenó a todos que vigilaran al emperador Cuauhtémoc; si lograban capturarlo vivo, la guerra habría terminado.

En ese momento, una gran cantidad de hombres, mujeres y niños salieron de los edificios que quedaban, a trompicones y apenas con vida, rindiéndose y buscando refugio con los españoles. Cortés escribió que fue incapaz de contener a los tlaxcaltecas para que no atacaran al indefenso y sufrido pueblo. Cortés escribió al rey Carlos:

> «Nos costó más trabajo impedir que nuestros aliados mataran con tanta crueldad que combatir al enemigo. Porque ninguna raza, por salvaje que sea, ha practicado jamás una crueldad tan feroz y antinatural como los nativos de estas partes. . . También encargué a los capitanes de nuestros aliados que prohibieran, por todos los medios a su alcance, la matanza de estos fugitivos; sin embargo, todas mis precauciones fueron insuficientes para evitarla, y aquel día perdieron la vida más de 15.000 personas».

Mientras los tlaxcaltecas masacraban brutalmente a la población, cientos de canoas se lanzaron al lago desde la parte que les quedaba de la ciudad. Los bergantines irrumpieron en medio de las canoas, y el capitán de uno de los barcos observó varias canoas con gente vestida de gala. Era el emperador Cuauhtémoc, ¡acompañado de su familia! Fue apresado al instante y entregado a Cortés.

La guerra terminó con la captura del emperador el 13 de agosto de 1521, tras un asedio de más de tres meses. Cuauhtémoc se acercó y puso su mano sobre la daga de Cortés, pidiéndole que lo golpeara en el corazón. Cortés le dijo: «Has defendido tu capital como un valiente guerrero. Un español sabe respetar el valor, incluso en un enemigo».

Durante los tres días siguientes, incluso después de la rendición, los tlaxcaltecas saquearon la ciudad, violaron a las mujeres y masacraron a los civiles, sin perdonar siquiera a los niños. A los ciudadanos que pudieron escapar se les permitió asentarse en Tlatelolco. Cuando los españoles no encontraron el oro y el botín que esperaban, torturaron a Cuauhtémoc, quemándole las plantas de los pies con carbones al rojo vivo hasta que confesó haber arrojado el oro y las joyas al lago.

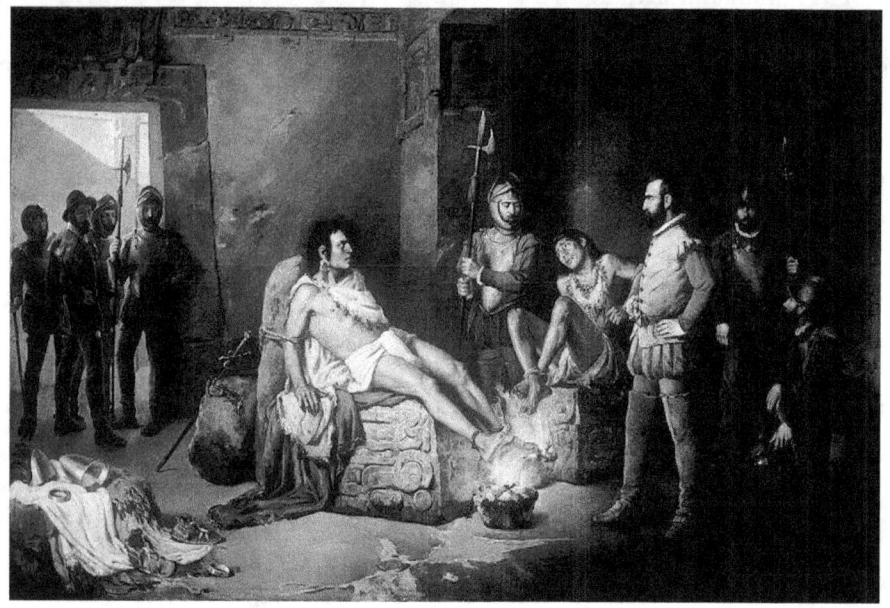

Tortura de Cuauhtémoc. Por Leandro Izaguirre[76]

Cuauhtémoc, bautizado como Fernando Cuauhtémotzín, se estableció en Tlatelolco durante cuatro años, conservando el título nominal de *tlatoani*, aunque ya no era el soberano del imperio. Luego, en 1525, Cortés se llevó a Cuauhtémoc y a varios de sus nobles en una expedición a Honduras, temiendo que Cuauhtémoc se sublevara durante su ausencia. En la expedición, Cortés ejecutó al último emperador azteca en la horca, acusándolo de supuesta conspiración para asesinar a Cortés y a su tripulación.

Capítulo 12: La fundación de Nueva España

A los españoles que conquistaron el Imperio azteca les interesaban principalmente tres cosas: Dios, la gloria y el oro. Tal vez habría que invertir ese orden. Decían que su principal objetivo era ganar a los indígenas para la fe católica, pero sus acciones (como la crueldad abyecta y la explotación sexual de las mujeres indígenas) enviaban mensajes contradictorios.

La Iglesia española, que acababa de recuperar su país del dominio islámico, se reafirmaba como baluarte del catolicismo. Los gobernantes españoles se empeñaban en difundir la fe católica en sus nuevas colonias. En consecuencia, los frailes católicos solían acompañar a los conquistadores en las campañas militares, atendiendo a los soldados y estableciendo misiones para la población local en cuanto se conquistaba una zona.

El deseo de gloria y oro de los conquistadores, junto con su alejamiento de España, engendraron una mentalidad independiente y a veces insubordinada, como cuando Cortés desafió las órdenes del gobernador de Cuba. Cuando la Nueva España resurgió de las cenizas del Imperio azteca, la monarquía española se dio cuenta de que necesitaba frenar a los conquistadores y establecer un sistema de control y equilibrio. Así surgió el Consejo de Indias, seguido de la Real Audiencia de México y el Virreinato de Nueva España.

El rey Carlos de España creó el Consejo de Indias en 1524 como órgano de gobierno con autoridad suprema sobre todas las colonias españolas en América y las islas del Pacífico. Cuatro años más tarde, creó la primera Audiencia de México para someter a Cortés a la supervisión y control de la monarquía. La presidió Nuño Beltrán de Guzmán, quien torturó y ejecutó sin piedad al emperador tarasco Tangáxoan, a pesar de que se había rendido pacíficamente a España. En lugar de hacer valer la autoridad real sobre los conquistadores, Guzmán abusó de su posición para acumular su propia riqueza y poder. En 1530 se disolvió la Audiencia y, finalmente, Guzmán fue arrestado por traición y atrocidades contra los indígenas, para luego ser enviado a España con grilletes.

El virrey don Antonio de Mendoza y los indios tlaxcaltecas combaten con los caxcanes en la guerra del Mixtón, 1541-42 en Nueva Galicia[77]

El rey Carlos nombró a don Antonio de Mendoza primer virrey de Nueva España (*imagen viva* del rey en México). Mendoza llegó a México en 1537 para ejercer la autoridad en nombre del rey, frenando hábil y diplomáticamente el poder y la ambición de Cortés y otros conquistadores. Consiguió estabilizar los enfrentamientos entre los conquistadores y los indígenas y ayudó a fundar las dos primeras universidades de México: el Colegio de Santa Cruz y la Real y Pontificia Universidad de México.

En su mayor parte, los dirigentes de Nueva España mantuvieron la estructura interna preexistente del Imperio azteca. Bajo el dominio español, estas ciudades-estado continuaron en gran medida con su propia nobleza indígena o con gobernadores españoles, pagando tributo a la corona española y continuando con su anterior estructura económica y de tenencia de tierras.

La corona española recompensó a los conquistadores con concesiones de comunidades indígenas enteras en el sistema de trabajo de la *encomienda*. Los indígenas no eran esclavos propiamente dichos, sino que trabajaban en su comunidad como lo habían hecho anteriormente en los pueblos *calpulli* de las civilizaciones mesoamericanas. En este sistema, cada *calpulli* tenía un *teuctli* (terrateniente) que gobernaba la región y distribuía la tierra entre los plebeyos. Los campesinos trabajaban las tierras que les habían sido asignadas, y los agricultores y comerciantes pagaban tributo a su terrateniente con una parte de sus cosechas o de sus productos manufacturados. El sistema de *encomienda* se basaba en el anterior, pero ahora el *teuctli* era un amo español. Algunos de estos amos o señores adquirieron notoriedad por los terribles abusos a los que sometían a sus trabajadores.

Los aztecas tenían un sistema de esclavitud que incluía a los conquistados o a los cautivos de las campañas bélicas (los que no eran sacrificados, esclavizaban a hombres, mujeres y niños, y los marcaban en la mejilla). Cortés poseía unos cientos de esclavos que trabajaban en las minas de oro. La esclavitud de los indígenas de México terminó a mediados del siglo XV y fue sustituida por esclavos negros procedentes de África.

Al establecer la nueva colonia de México, España no envió barcos cargados de familias para colonizar la tierra. A menudo eran solo los conquistadores y los frailes misioneros, sobre todo en los primeros años. Las colonias de Mesoamérica estaban formadas por indígenas con algunos líderes españoles y frailes católicos. Los frailes franciscanos (y más tarde dominicos, agustinos y jesuitas) establecieron misiones en comunidades indígenas existentes y nuevas.

Los españoles convirtieron tierras baldías en grandes ranchos ganaderos y plantaciones (haciendas), con cultivos comerciales como el plátano, el algodón y el café. Estas pequeñas comunidades agrícolas se convirtieron en pueblos y ciudades, como Veracruz y Guadalajara. Los colonos también construyeron nuevas ciudades españolas sobre las antiguas grandes ciudades de los aztecas y otros pueblos indígenas. Por ejemplo, la actual Ciudad de México se asienta sobre lo que fue Tenochtitlan.

Restos del Templo Mayor de Tenochtitlan rodeados por la moderna Ciudad de México[78]

Cuando el Imperio azteca fue sustituido por la Nueva España, la vida cotidiana de los indígenas cambió significativamente en algunas zonas, mientras que otros aspectos de su cultura continuaron como antes. La mayoría siguió hablando náhuatl, que había sido la lengua común del imperio. Algunos nobles indígenas aprendieron español para comunicarse con los españoles. El español se utilizaba sobre todo para asuntos administrativos en los primeros asentamientos coloniales.

Los frailes españoles creían que la gente sería más receptiva a la fe cristiana si se enseñaba en su propia lengua. Para conseguirlo, los frailes aprendieron primero el náhuatl (y otras lenguas) y luego se pusieron a idear una escritura en náhuatl con el alfabeto latino (el mismo alfabeto que se utiliza en español, inglés y la mayoría de las lenguas europeas). Después enseñaron a algunos de los niños y jóvenes indígenas a leer en náhuatl, para que pudieran aprender las enseñanzas cristianas básicas y leer las partes de la Biblia que los frailes traducían.

Misión de Santiago en Jalpan, construida en el siglo XVI en Sierra Gorda, Querétaro, México[79]

Al principio, pocos habitantes del antiguo Imperio azteca aprendieron español. Para empezar, la mayoría de la gente común no tenía escuelas, por lo que no había lugar para enseñar una nueva lengua. Las colonias españolas incluso permitían que los documentos, como los certificados de matrimonio, de nacimiento y los títulos de propiedad, se escribieran en náhuatl. No fue hasta 1714 cuando el rey Felipe V de España ordenó que todos los habitantes de la colonia mexicana aprendieran español. En 1770, el rey Carlos III ordenó que el español fuera la única lengua autorizada para la educación, la administración y la documentación (ahí se acabaron los certificados de nacimiento en náhuatl).

Los frailes franciscanos aprendieron las lenguas indígenas y dedicaron mucho tiempo a estudiar la cultura del pueblo. Comprendiendo la cosmovisión de la gente, los frailes pensaron que podían contextualizar el Evangelio, presentándolo de una manera culturalmente relevante. Transcribían durante horas sus entrevistas con los indígenas sobre su historia y su cultura. Algunos de estos relatos han sobrevivido, proporcionándonos una gran cantidad de información sobre los aztecas y otras culturas indígenas del periodo precolombino.

Los frailes dominicos empezaron a llegar en 1525, pero cuestionaron los esfuerzos de los franciscanos por trabajar dentro de la cultura de la población local. Los franciscanos tendían a creer que todas las culturas son una mezcla de bien y mal y que se pueden conservar los aspectos buenos y conectarlos con las enseñanzas de la fe. No trataban de derribar las culturas de los pueblos; solo intentaban erradicar las partes malas (como los sacrificios humanos).

Muchos dominicos creían que las culturas paganas eran intrínsecamente diabólicas —incluso sus lenguas eran diabólicas; su planteamiento era la conversión de la gente mediante el aprendizaje del español y de una forma de vida totalmente nueva. En su afán por erradicar la antigua cultura, destruyeron objetos precolombinos de valor incalculable y códices (manuscritos) nativos. Cuando el pueblo vaciló, los dominicos se quejaron ante el Consejo de Indias de que los indígenas eran incapaces de aprender, rechazaban toda forma de progreso y solo eran dignos de la esclavitud.

El franciscano fray Jacobo de Testera y otros miembros de su orden salieron en defensa de las tribus aztecas, señalando que, si eran incapaces de aprender, no podrían haber desarrollado la sofisticada cultura azteca, con enormes ciudades, una arquitectura impresionante y una artesanía exquisita. El primer concilio eclesiástico de Nueva España acordó que los indígenas podían entender y abrazar la fe, además que eran seres racionales capaces de autogobernarse.

La mayoría de los frailes que trabajaban en la conversión de los mexicas y otros pueblos se alegraron al principio de ver lo rápido que la gente accedía a recibir el bautismo en la fe católica. Más tarde descubrieron que simplemente habían añadido a Jesús y a la Virgen María a su panteón de dioses. En la mente politeísta mesoamericana, no eran más que deidades adicionales. Durante los últimos cien años, los aztecas permitieron a los pueblos que conquistaron seguir adorando a todos sus otros dioses si añadían a Huitzilopochtli como *dios principal*. No percibieron la necesidad de descartar a sus dioses. El sincretismo (mezcla de dos o más religiones) persiguió los esfuerzos de la Iglesia a lo largo de los siglos y, hasta el día de hoy, muchos pueblos de México practican tanto el catolicismo como sus antiguas religiones.

Los frailes estaban divididos sobre si debían bautizar primero a la gente y luego enseñarles la fe, o solo bautizar a las personas a las que se les había enseñado la fe y la habían entendido y recibido como propia. La doctrina católica enseña que el Espíritu Santo habita en la persona en el momento del bautismo (normalmente en la infancia) e inicia la fe. Muchos frailes creían que, sin bautizar primero a la gente, no podrían comprender la enseñanza de la fe. Así, se realizaban bautismos en masa (a veces miles a la vez) para personas que no tenían ni idea de nada relacionado con el cristianismo.

Independientemente de cuándo se realizara el bautismo, los frailes de todas las órdenes estaban de acuerdo en que había que enseñar a la gente los fundamentos de la fe cristiana. El fray Alonso de Molina tradujo la *Doctrina Cristiana* en 1546, compiló un confesionario español-náhuatl en 1569 y un diccionario en 1571. El fray franciscano Bernardino de Sahagún tradujo al náhuatl un catecismo, los Salmos y los Evangelios, y escribió el *Códice Florentino*, que presentaba la historia y la cultura de los aztecas.

Fray franciscano Bernardino de Sahagún[80]

Los frailes misioneros se dedicaron sistemáticamente a construir misiones por todo el país. Contaban con una iglesia para el culto, una sección educativa para enseñar los fundamentos de la fe y viviendas para los frailes. Las misiones también servían como centros comunitarios, con tiendas y bodegas donde los frailes vendían los productos de la agricultura y la industria. Los frailes también ejercían a veces como funcionarios del gobierno de su zona y a menudo eran firmes defensores de los derechos humanos básicos de los indígenas, aunque algunos eran culpables de abusos.

La educación entró en una espiral descendente tras la colonización española. Los aztecas eran una de las pocas civilizaciones antiguas en las que la educación era obligatoria tanto para niños como para niñas. A los 14 años, los chicos empezaban a asistir a un *calmécac* (escuela para la nobleza) o a un *telpochcalli* (escuela para la gente común). El *calmécac* formaba a los adolescentes para ser administradores, sacerdotes, maestros, curanderos o pintores de códices; las asignaturas incluían historia, rituales religiosos, lectura y escritura, la escritura ideográfica azteca, el sistema calendárico, astronomía, habilidad política y teología. La escuela de los plebeyos (*telpochcalli*) enseñaba lucha militar, historia y religión, además de una habilidad u oficio como agricultura, artesanía, metalurgia o alfarería. Las adolescentes aprendían rituales religiosos, danza, canto, labores domésticas y artesanía. Algunas recibían formación en obstetricia y curación.

Al principio, en las colonias españolas no se hacía nada por educar a los niños, aparte de cierta formación religiosa. En 1536, los franciscanos colaboraron con el virrey don Antonio de Mendoza para establecer el Colegio de Santa Cruz de Tlatelolco con el fin de formar a los jóvenes indígenas en el sacerdocio. Esta fue la primera institución de educación superior en el México de la Nueva España. Los muchachos eran elegidos entre las antiguas familias gobernantes del imperio azteca y se les enseñaba español, latín, náhuatl (lectura), música, lógica, filosofía y medicina.

El colegio no produjo sacerdotes indígenas, en parte porque los dominicanos promulgaron leyes que prohibían ordenarse como sacerdotes a la población nativa. Sin embargo, produjo jóvenes con conocimientos avanzados de idiomas que ayudaron enormemente a los franciscanos en sus esfuerzos de evangelización y en el registro de la historia y la cultura indígenas.

El colegio de San José de los Naturales fue fundado por los franciscanos en Ciudad de México para formar a niños en oficios y artesanía. Los franciscanos también formaron escribas en lengua náhuatl para crear documentos como testamentos, peticiones a la corona, contratos de compraventa, censos y otros registros legales locales. Aparte de estos esfuerzos, la mayor parte de la población carecía de escolarización y era analfabeta. Pocas niñas recibían educación, salvo un puñado en colegios de monjas. Las niñas de las familias elitistas recibían clases particulares.

Mujer mexica cocinando maíz, del Códice Florentino[81]

A los amantes de la comida mexicana les interesará saber que no ha cambiado mucho desde la época azteca. La dieta azteca se basaba principalmente en plantas: maíz, judías, tomates, guacamole, calabaza y chiles. Hacían tortillas y tamales, como hoy, y de vez en cuando comían pescado o caza silvestre. En algunas zonas criaban perros domesticados para el consumo.

El mayor cambio que introdujeron los españoles en la dieta azteca fueron los productos lácteos y la carne de animales domesticados, como vacas, pollos, cerdos, patos y cabras. Los aztecas no tenían animales de granja, así que esto era algo nuevo para ellos. Empezaron a hacer queso con leche de vaca y cabra, ¡y por eso nuestros tacos llevan queso hoy en día! Los españoles también trajeron plataneras, caña de azúcar, arroz, aceite de oliva, ajo y otras especias. Los frailes españoles intentaron suprimir el uso de hongos alucinógenos que utilizaban los aztecas en sus ceremonias religiosas, pero eso persistió silenciosamente hasta los tiempos modernos.

La institución del matrimonio experimentó cambios tras el control español, especialmente entre la nobleza. En la cultura azteca, los hombres se casaban a los veinte años y las mujeres a los dieciséis. Los padres concertaban los matrimonios, a veces recurriendo a un casamentero. Los jóvenes de las familias de élite solo podían casarse con otros nobles y a menudo eran peones en los planes de sus familias para crear alianzas magistrales con otras familias importantes.

Aunque sus matrimonios eran concertados, las parejas gozaban de cierta autonomía, ya que cuando nacía su primer hijo podían decidir si querían permanecer en el matrimonio o seguir caminos separados. El adulterio se castigaba con la muerte en la ciudad-estado de Texcoco y en algunas otras ciudades. Los hombres aztecas corrientes solían tener una sola esposa, pero los de clase alta podían tener varias esposas y concubinas. Los *tlatoani*, y especialmente los *huey tlatoani*, eran conocidos por tener harenes con muchas esposas y concubinas.

Cuando los españoles convirtieron a los aztecas al catolicismo, prohibieron la poligamia. Obligaron a los *tlatoani* de Chalco y a otros nobles a elegir una esposa con la que quedarse y abandonar al resto. Las esposas secundarias y sus hijos no tenían reconocimiento legal en el nuevo dominio español. Los hijos eran considerados ilegítimos y desheredados de propiedades y rango.

Los españoles no practicaban lo que predicaban en materia de monogamia. Miles de españoles —en su mayoría hombres— inundaron Nueva España en los dos siglos siguientes. Muchos eran solteros, y muy pocos de los casados trajeron a sus esposas e hijos. Los solteros solían casarse con las indígenas o vivir fuera del matrimonio con ellas. Los casados tomaban amantes entre las mujeres aztecas. Un ejemplo de ello es el propio Cortés.

Cortés estaba casado con Catalina Suárez Marcayda cuando llegó a México, pero la dejó en Cuba. Poco después de su llegada a México, Cortés contrató a una esclava, doña Marina, como traductora y amante, prometiéndole que la liberaría de la esclavitud si lo ayudaba con Moctezuma. La esposa de Cortés, Catalina, se unió a él en 1522; tres meses después, murió repentinamente, tras un arrebato de ira contra doña Marina, que estaba embarazada del hijo de Cortés, Martín. Cortés fue acusado de asesinato, pero se retiraron los cargos. Cuando Marina dio a luz, Cortés reconoció a Martín como hijo suyo y lo legitimó en 1529.

Además, en 1529 se casó con una noble española, doña Juana de Zúñiga, pero poco antes Cortés había pretendido a doña Isabel, hija de Moctezuma II. Isabel había sido la novia excepcionalmente joven de dos emperadores aztecas. Tras la muerte de su padre, se casó rápidamente con su tío Cuitláhuac, el nuevo *Huey Tlatoani*. Ese matrimonio duró 80 días antes de morir de viruela. Su primo, Cuauhtémoc, se convirtió en emperador y se casó con doña Isabel.

Cinco años más tarde, Cortés ejecutó al marido de Isabel, el último emperador azteca, y la entregó en matrimonio a su amigo Alonso de Grado, que murió pocos meses después. En ese momento, Cortés se llevó a Isabel a su propia casa. Lo que ocurrió a continuación —violación o seducción— dejó a Isabel embarazada de la hija de Cortés. Para encubrir su indiscreción y poder casarse con doña Juana, Cortés casó rápidamente a Isabel con otro amigo, Pedro Gallego de Andrade; Leonor Cortés-Moctezuma nació unos cinco meses después. Isabel no quiso saber nada del bebé, sugiriendo que Leonor era fruto de una violación. Cortés la entregó a un pariente lejano para que la criara, pero se encargó de su cuidado y la incluyó en su testamento.

Niño mestizo[62]

Lo que Cortés hizo a Marina e Isabel (y probablemente a otras mujeres indígenas) fue repetido miles de veces por otros hombres españoles. Violadas, esclavizadas, esposas o amantes, miles de mujeres aztecas tuvieron hijos de padres españoles. A estos niños se los llamó mestizos, una categoría del sistema de castas del México colonial. El gobierno español impuso el complejo sistema de castas, que determinaba el estatus legal y social de una persona. El sacerdote decidía la casta de un niño en el bautismo.

La casta dependía de dos factores básicos: dónde había nacido una persona y quiénes eran sus padres. Los cuatro niveles fundamentales (y había muchos más) eran:

Peninsulares: españoles de pura cepa nacidos en España.

Criollos: españoles de pura cepa nacidos en las colonias.

Mestizo: persona de ascendencia mixta española e indígena.

Indios: indígenas de México.

La casta determinaba la vocación, el rango y la capacidad de acumular riqueza. Solo los peninsulares podían ocupar los más altos cargos administrativos y eclesiásticos. A los mestizos no se les permitía asistir a la universidad, ingresar en el sacerdocio, ocupar cargos en el gobierno ni formar parte de los gremios de orfebres u otros artesanos. El sistema generó descontento entre las castas inferiores y acabó provocando la guerra de Independencia de México en 1810.

SECCIÓN CUATRO: ARTE, CULTURA Y LEGADO

Capítulo 13: La religión azteca

Cuando los mexicas abandonaron su tierra natal de Aztlán, iban acompañados de su patrón Huitzilopochtli, el dios colibrí sediento de sangre. A lo largo de los siglos, al incorporar otras deidades de las culturas que encontraron, acumularon una inmensa variedad de dioses y diosas. Como los aztecas se apropiaron libremente de los dioses de otras tribus, a veces sus deidades tenían identidades que se solapaban. Por ejemplo, la serpiente emplumada, Quetzalcóatl, era el dios del viento, la creación y la lluvia, pero Tláloc también era el dios de la lluvia, y Ometéotl y Coatlicue eran deidades creadoras.

Las funciones y atributos del panteón de dioses aztecas eran fluidos. La palabra náhuatl *téotl* suele traducirse como dios, pero también puede significar poder sagrado. Algunos expertos sostienen que no deberíamos categorizar a estos dioses como personalidades discretas (como ocurre con los dioses griegos y romanos), sino como fuerzas o poderes panteístas que se mueven por el cosmos. Por ejemplo, Tláloc podría entenderse como la fuerza o el poder asociado con la lluvia, más que como un dios.

H. B. Nicholson, erudito de la cultura azteca, clasificó a sus dioses en tres grupos. El primer grupo, creadores celestiales, incluía a Ometéotl (creador del universo) y Coatlicue (diosa de Aztlán, creadora de la luna y las estrellas, y madre de Huitzilopochtli). El dios más importante del segundo grupo, los dioses de la lluvia y la fertilidad agrícola, era Tláloc, dios de la lluvia y las tormentas. El tercer grupo, dioses de la guerra-sacrificio/nutrición del Sol y la Tierra, incluía a Quetzalcóatl (dios del viento, el aire y el aprendizaje), Huitzilopochtli (dios de la guerra y el sol), Mictlantecuhtli (dios del inframundo), Mixcóatl (dios de la caza, antepasado de los toltecas, padre de Quetzalcóatl) y Tezcatlipoca (dios de la noche y la hechicería).

Maqueta de los templos duales de Tláloc y Huitzilopochtli en la pirámide del Templo Mayor[88]

Cuando los españoles llegaron a la capital azteca de Tenochtitlan, observaron santuarios duales en la cima de la pirámide mayor (Templo Mayor), donde se rendía culto a los dioses Tlaloc y Huitzilopochtli. Un templo en la plaza frente al Templo Mayor estaba dedicado a Ehécatl, dios del viento y una manifestación de Quetzalcóatl. Estos eran tres de los cuatro dioses aztecas más importantes.

El cuarto de los dioses importantes era el poderoso aliado de Huitzilopochtli, el dios tolteca Tezcatlipoca. Se lo conocía como el *adversario y el enemigo de ambos bandos*. En la mitología tolteca, era hermano de Quetzalcóatl, pero también su enemigo. Aunque podía perdonar pecados, curar enfermedades y liberar a un hombre de su destino ordenado, era poco probable que hiciera algo bueno por nadie debido a su naturaleza arbitraria. Era más probable que trajera sequía y hambruna. Los aztecas lo llamaban «Aquel de quien somos esclavos».

La religión azteca impregnaba todos los estamentos de la sociedad. El estado azteca era una teocracia, en la que la política y la religión estaban entrelazadas. Los reyes presidían como sacerdotes los festivales mensuales y las ceremonias estatales, con la carga de estabilizar tanto el mundo político como el cósmico. Todos los ciudadanos participaban en los ritos diarios. Cortés escribió que la gente quemaba incienso en sus templos cada mañana antes de empezar su trabajo del día. Dijo que a veces practicaban sangrías, en las que se cortaban el cuerpo y dejaban que la sangre fluyera sobre sus ídolos y la rociaran alrededor de los templos.

En un ritual de suplantación de deidades, los sacerdotes elegían a un joven guerrero sin ningún defecto para ser *ixiptla*, convirtiéndose en un dios determinado durante una temporada. Los aztecas creían que esta persona se convertía realmente en ese dios —y se vestía como tal— recibiendo honores, comida y mujeres consortes durante un año. Se le rendía culto hasta que llegaba el inevitable día del sacrificio.

Los rituales aztecas solían representar sus mitos. El Templo Mayor simboliza uno de los mayores mitos asociados a Huitzilopochtli. Cuando estaba en el vientre de su madre, Coatlicue, su hermana Coyolxauhqui y sus 400 hermanos atacaron a su madre. Justo en ese momento, Huitzilopochtli salió del vientre para defender a su madre, completamente crecido y armado para la batalla. Mató a su hermana, la decapitó y la arrojó por el monte Coatepec. Cuando su cuerpo llegó al fondo de la montaña, se rompió en mil pedazos, pero su cabeza voló hacia el cielo y se convirtió en la luna. Huitzilopochtli también se comió los corazones de sus 400 hermanastros.

Piedra monolítica que representa el cuerpo desmembrado de Coyolxauhqui después de que Huitzilopochtli la decapitara y la arrojara montaña abajo[84]

En 1978, unos electricistas que excavaban en la base de la pirámide del Templo Mayor descubrieron una enorme piedra monolítica que representaba el cuerpo desmembrado de Coyolxauhqui. Esta enorme piedra redonda estaba al pie de las escaleras que subían al templo de Huitzilopochtli. La pirámide simbolizaba las laderas del monte Coatepec con el cuerpo de su hermana en la parte inferior. En la cima, se ofrecían a Huitzilopochtli los corazones de las víctimas de los sacrificios para que se los comiera.

Los aztecas seguían dos calendarios. Uno era el calendario solar natural de 365 días y el otro era un calendario religioso de 260 días dividido en unidades de 20 días. Cada unidad tenía sus propios dioses, con sus correspondientes festivales y rituales. Por ejemplo, se sacrificaban niños durante el festival de *Atlcahualo*, en honor a Tláloc, dios de la lluvia. Al mes siguiente se celebraba la fiesta de *Tlacaxipehualiztli*, en la que se desollaba a los cautivos y los sacerdotes vestían la piel de la víctima durante 20 días.

Cada 52 años, los dos calendarios se alineaban, y esto se celebraba con la extravagancia de la ceremonia del Fuego Nuevo. En los meses y años previos a la ceremonia de los 52 años, los templos piramidales se ampliaban y se hacían más altos. Como preparación, la gente se deshacía en sus casas de su ropa vieja, utensilios de cocina y otros enseres domésticos para renovar sus vidas para el nuevo ciclo de 52 años.

Todos los fuegos se apagaban al atardecer, cuando los sacerdotes marchaban hacia la cima del monte Huizachtecatl, una montaña volcánica situada en la orilla oriental del lago de Texcoco que podía verse desde las ciudades que rodeaban el lago. Los sacerdotes sacrificaban a una víctima en la cima de la montaña y encendían una hoguera en su pecho. Ese fuego encendía una hoguera cercana, lo que significaba el nuevo ciclo de 52 años. Los corredores encendían antorchas de la hoguera y las llevaban montaña abajo para encender fuegos en los templos y las casas.

Los aztecas criaban perros, águilas, jaguares y ciervos para sacrificarlos a sus dioses. Se sacrificaban mariposas y colibríes a Quetzalcóatl. El autosacrificio y la sangría también eran comunes. La gente utilizaba las puntas espinosas de la planta de agave para perforarse los lóbulos de las orejas, la lengua o los genitales, o se apuñalaban con cuchillos. Si se sorprendían a sí mismos pronunciando palabras hirientes o escuchando chismes, se cortaban la lengua o las orejas para librarse del espíritu malévolo. Si cometían pecados más graves, se estrangulaban o saltaban al vacío.

Un sacerdote era conocido como un *dador de cosas*, y su deber era dar a los dioses lo que se les debía mediante sacrificios, ofrendas y ceremonias. El *tlatoani* de Tenochtitlan era el rey-sacerdote de Huitzilopochtli, y asistía a los rituales estatales en los templos principales. El Imperio azteca tenía dos sumos sacerdotes que gobernaban los centros de peregrinación de Cholula y Tenochtitlan; eran algo así como arzobispos e incluso ejercían su ministerio fuera del territorio azteca. Bajo estos dos hombres había muchos niveles de sacerdotes, sacerdotisas, monjes y monjas que atendían los santuarios de sus deidades.

Cortés escribió que había templos y santuarios en todos los distritos de Tenochtitlan y sus suburbios. Según él, las viviendas de los sacerdotes estaban junto a los santuarios. Los sacerdotes vestían ropas negras y nunca se cortaban ni peinaban el pelo desde que entraban en el sacerdocio hasta que lo abandonaban. Los hijos de nobles y ciudadanos respetables ingresaban en el templo alrededor de los siete u ocho años, donde vivían como novicios y sacerdotes célibes hasta que sus padres concertaban un matrimonio para ellos. No se les permitía el contacto con mujeres y debían abstenerse de ciertos alimentos.

En el *Códice Florentino*, el fraile franciscano Sahagún escribió sobre curanderos o chamanes que viajaban de un lugar a otro, atendiendo dolencias tanto espirituales como físicas y utilizando hongos psicodélicos y otras plantas para tratar a los pacientes. También mencionaba a encantadores que se dedicaban a la magia negra y a lo oculto, moliendo las semillas de la planta de la gloria de la mañana para hacer té de *Ololiuqui*, que provocaba visiones. Sahagún describía la intoxicación con Ololiuqui como perturbadora, que trastornaba o poseía a la persona y le hacía ver cosas aterradoras.

THE GREAT PLAZA—TENOCHTITLAN, MEXICO—A RECONSTRUCTION

El principal complejo de templos de Tenochtitlan[85]

Delante de cada templo principal había un gran patio donde la gente se reunía para cantar, bailar, ver los rituales religiosos, disfrutar de los hongos psicodélicos y beber chocolate. Atrapados por el ritmo de las flautas y los tambores, la gente se perforaba y rociaba con su sangre a los ídolos. Los *calli* (templos) estaban tenuemente iluminados por las brasas que quemaban incienso, llenando la oscuridad de humo. El suelo estaba cubierto de flores y empapado con la sangre de los sacrificios. En las alcobas que rodeaban el templo, los ídolos se sentaban en sus pedestales, cubiertos de joyas, velos, plumas y campanillas.

En una carta al rey de España, Cortés escribió sobre un templo especial de Tenochtitlan, probablemente el Templo Mayor:

> «Entre estos templos hay uno que supera con mucho a todos los demás, pues dentro de su recinto, rodeado por un alto muro, hay espacio suficiente para una ciudad de quinientas familias. Alrededor del interior de este recinto hay hermosos edificios, que contienen grandes salones y corredores, en los que residen las personas religiosas adscritas al templo. Hay cuarenta torres, que son altas y bien construidas, la mayor de las cuales tiene cincuenta escalones que conducen a su cuerpo principal y es más alta que la torre de la iglesia principal de Sevilla...
>
> »El interior de las capillas que contienen los ídolos está formado por una curiosa imaginería, forjada en piedra con techos de escayola y carpintería tallada en relieve, pintada con figuras de monstruos y otros objetos. Cada capilla está

dedicada a un ídolo en particular, al que rinden devoción. Hay tres salas en este gran templo, que contienen los principales ídolos; de las salas salen capillas con puertas muy pequeñas, a las que no se admite la luz, ni a ninguna persona excepto a los sacerdotes, y no a todos».

Prisionero conducido a la cima de una pirámide para ser sacrificado[86]

Los aztecas creían que el cuerpo humano era un depósito sagrado de fuerzas divinas, con la capacidad de liberar su energía al cosmos. La cabeza y el cabello contenían *tonalli*, una energía responsable de la fuerza y la salud del cuerpo. El corazón contenía *teyolía*, ligada al razonamiento y la percepción humanas. Era como un fuego divino, especialmente fuerte en los sacerdotes. Cuando una persona moría, el *teyolía* abandonaba el cuerpo, y cuando moría un guerrero, su *teyolía* se elevaba hacia el sol. Los aztecas percibían el sacrificio humano como un medio de reciclar la energía. La energía liberada por las víctimas del sacrificio nutría a los dioses, que a su vez nutrían a los humanos mediante la lluvia, los alimentos y otras provisiones. Alrededor de 20.000 personas eran víctimas de sacrificios cada año en distintos tipos de rituales ceremoniales.

Algunos sacrificios imitaban el desmembramiento de la hermana de Huitzilopochtli, Coyolxuahqui, cortando los brazos y los muslos de la víctima. Un sacrificio infame se practicaba durante el festival anual de Tóxcatl, que celebraba al dios *espejo humeante* Tezcatlipoca. Se trataba de un ritual de personificación del dios en el que participaba un joven guerrero en perfectas condiciones, que vivía durante un año como el dios *Tezcatlipoca*. Antes y durante la matanza, el pueblo se reunía en la vasta plaza del Templo Mayor, practicándose perforaciones hasta que el pavimento manaba sangre. Mientras los sacerdotes llevaban a cabo las fases del ritual, la gente saltaba y giraba al son de la música de percusión, dirigida por bailarines con llamativos trajes. Después de matar al joven, el sacerdote colocaba su cabeza en el estante de calaveras. La calavera representaba la fuerza divina del *tonalli*, que residía en la cabeza.

A partir de 2015, el Instituto Nacional de Antropología e Historia recogió unos 200 cráneos del *tzompantli* (estante de cráneos) en la zona del Templo Mayor. El análisis de los cráneos mostró que el 75% de los cráneos encontrados eran de hombres jóvenes en edad guerrera, mientras que el 20% eran mujeres y el 5% niños. El tamaño de la torre que sostenía el estante sugiere que se expusieron miles de cráneos.

Este recipiente de piedra con forma de jaguar se utilizaba para guardar los corazones de las víctimas de los sacrificios[87]

Huitzilopochtli, el dios colibrí, enseñó a los mexicas el sacrificio humano después de que abandonaran Aztlán. Una vez que establecieron la Triple Alianza con otras tribus aztecas, su dios exigió alimentarse de un suministro recurrente y creciente de sangre, corazones y otras partes del cuerpo de víctimas humanas. Los sacerdotes empujaban y arrastraban a la víctima hasta el santuario del dios en lo alto de la pirámide del Templo Mayor, donde cuatro sacerdotes ataban a la víctima, sujetándola en una mesa de sacrificios. El sumo sacerdote (o el *tlatoani*) apuñalaba a la víctima en la parte superior del abdomen, metía rápidamente la mano bajo la caja torácica, arrancaba el corazón del cuerpo y lo sostenía en alto —aún latiendo— ante la imagen de Huitzilopochtli. A continuación, el sacerdote o el rey colocaba el corazón en la vasija del jaguar, o en la jofaina sostenida por la figurilla del *chac mool*. Las vísceras se daban de comer a los animales del zoológico de Moctezuma. A veces se practicaba el canibalismo ritual, comiéndose los muslos y los brazos de la víctima.

Chac Mool, del Templo Mayor, sosteniendo una jofaina utilizada para recibir la sangre o el corazón de una víctima de sacrificio[88]

Junto al templo de Huitzilopochtli, en la cima de la pirámide del Templo Mayor, se erigía el templo a juego del dios de la lluvia Tlaloc, que exigía las lágrimas de los niños; los hijos pequeños de familias nobles eran ofrecidos por sus padres. El *Códice Ixtlilxóchitl* estimaba que el 20% de los niños aztecas eran sacrificados cada año; sus lágrimas goteando sobre el suelo harían que Tlaloc hiciera llover sobre la tierra en la época de siembra. El *Códice Magliabecchiano* registra niños sacrificados por ahogamiento y menciona dos casos de sacrificio de recién nacidos. Según este códice, cinco de los 18 festivales del año religioso azteca incluían el sacrificio de niños.

En 2008, los arqueólogos analizaron los esqueletos de 31 niños encontrados en la excavación del Templo R de Tlatelolco (justo al lado de Tenochtitlan), dedicado a Ehécatl-Quetzalcóatl, el dios tolteca-azteca del viento y la lluvia. Dos tercios de los niños eran bebés y niños pequeños, en su mayoría varones. Las pruebas arqueológicas indican que todos fueron asesinados en una misma ceremonia, probablemente durante la gran sequía de 1454-57 e. c.

Algunos vestigios de la religión azteca han perdurado durante el periodo colonial y hasta nuestros días. Los aztecas del norte de Veracruz aún veneran a un dios llamado Ometotiotsij, que probablemente sea Ometéotl, el dios creador. Los mexicanos celebran el Día de los Muertos incorporando ritos indígenas asociados con el dios del inframundo, Mictlantecuhtli, y su esposa, Mictecacíhuatl.

La práctica del curanderismo (medicina popular tradicional) se remonta a la época azteca y está muy extendida en México en la actualidad. Los curanderos tradicionales son especialmente importantes si la enfermedad parece deberse a la brujería. Se cree que los curanderos tienen poder espiritual y utilizan oraciones y conjuros, ofrendas de incienso y comida, diversas hierbas y, ocasionalmente, sangre de un pollo sacrificado.

Algunos mexicanos de la región de Puebla, al este de Ciudad de México (antigua región azteca y totonaca), siguen adorando al dios del sol Tonatiuh (una manifestación de Quetzalcóatl), al que llaman Jesús en español. En los primeros tiempos de la colonia, los frailes franciscanos enseñaban a la gente sobre Jesús, con pasajes como Lucas 1:78 sobre que «el sol naciente vendrá a nosotros desde el cielo». En la mente azteca, Tonatiuh se convirtió en Jesús, también conocido como el *Cristo solar*.

Danzantes en la fiesta del 12 de diciembre de Nuestra Señora de Guadalupe, frente a su basílica[89]

Tonantzin era una diosa azteca llamada *madre tierra* y *honrada abuela*. Llegó a asociarse con la Virgen María. La basílica de Guadalupe se construyó para honrar a la Virgen María (tras varias visiones de María a dos hombres, en las que aparecía como una princesa azteca). El santuario se construyó en el lugar donde había un templo de Tonantzin y es el santuario católico más visitado del mundo. La Virgen de Guadalupe también es conocida como la «reina de México». Los aztecas transmitieron su culto a Tonantzin a la Virgen de Guadalupe del mismo modo que sincretizaron las enseñanzas y rituales del catolicismo con su cosmovisión y religión aztecas.

Capítulo 14: Artesanía, comercio y vida social

Todo se vino abajo con la llegada de los españoles. Hasta entonces, los aztecas vivían en una sociedad claramente estratificada, unificada por el afán común de expandir su imperio y difundir su religión. La clase comerciante estaba alcanzando su apogeo cuando Cortés invadió el país, y los mercaderes estaban adquiriendo una riqueza comparable a la de la aristocracia. ¿Acaso los poderosos mercaderes y comerciantes de clase media habrían acabado por romper las estrictas barreras de la clase dominante, generando una estratificación más fluida? No queda más que especular sobre cómo podría haber evolucionado el gran Imperio azteca.

El destino de un niño azteca dependía principalmente de sus padres: su linaje y su posición en la jerarquía social claramente definida. En la cúspide estaba la nobleza, que incluía líderes políticos, jueces, sacerdotes y comandantes militares. A continuación, estaban los artesanos, arquitectos, mercaderes, comerciantes y funcionarios administrativos inferiores. Por debajo estaban los trabajadores de la construcción, los obreros y los agricultores y, por último, los esclavos. Los jóvenes tenían pocas oportunidades de ascender por encima de la posición social de sus padres a menos que demostraran méritos inusuales.

Había cuatro formas de convertirse en *tlacotin* (esclavo) en la sociedad azteca. Un niño o un adulto podía ser capturado en la guerra o enviado como tributo por las ciudades-estado conquistadas. Los adultos solían ser sacrificados, pero los niños, las mujeres hermosas y algunos hombres eran mantenidos como esclavos. A veces, los criminales eran condenados a la esclavitud. Si alguien apostaba demasiado y se endeudaba mucho, podía venderse. La esclavitud no siempre era para toda la vida; se podía comprar la libertad. Los amos rara vez revendían a los esclavos sin su consentimiento.

Los esclavos se utilizaban para trabajos agrícolas y de construcción, así como para sirvientes domésticos; se compraban esclavas hermosas para que fueran concubinas de la nobleza. Los esclavos educados, hábiles o que aprendían con rapidez podían ascender a puestos más altos, como la gestión de la finca o el negocio de su dueño. Incluso podían ser dueños de otros esclavos. Las leyes aztecas protegían a los esclavos de los abusos (salvo los sacrificios humanos) y les permitían casarse con ciudadanos libres. La esclavitud no se heredaba; los hijos de esclavos eran libres.

El grupo más numeroso de la sociedad azteca era el de los agricultores (*macehualli*). En el nivel inferior se encontraban los jornaleros, que araban los campos, plantaban, regaban, desherbaban y cosechaban. Por encima de ellos estaban los especialistas, que aplicaban la rotación de cultivos, supervisaban la construcción de los jardines flotantes y los campos en terrazas, y supervisaban la siembra, el trasplante y la cosecha. Todos los campesinos debían unirse a las campañas militares en la pausa entre la cosecha y la siembra, y los trabajadores del campo ayudaban en la construcción de carreteras y templos fuera de temporada.

Riego, del Códice Florentino[90]

Los aztecas disfrutaban de una agricultura productiva, incluso sin caballos o mulas que los ayudaran a arar o a arrastrar cargas. Algunas partes del imperio estaban perfectamente irrigadas, pero otras necesitaban riego, sobre todo en épocas secas o de sequía. Los agricultores de Mesoamérica habían utilizado sistemas de riego durante siglos, pero los aztecas lo llevaron a un nivel superior con canales más complejos y extensos, incluso desviando ríos para satisfacer sus necesidades. Las ciudades-estado aztecas alrededor del lago de Texcoco se encontraban en una región montañosa, por lo que construyeron terrazas en las colinas y montañas, donde las semillas podían plantarse en terreno llano.

Las *chinampas* (jardines «flotantes») se utilizaban mucho para cultivar hortalizas y flores. Se construían dragando barro del fondo del lago y alternándolo con materia vegetal hasta conseguir pequeñas islas rectangulares donde cultivar. Estas islas estaban atravesadas por una red de canales a los que los campesinos podían acceder en canoa. Las chinampas eran tan fértiles que podían producir siete cosechas al año; las plántulas se sembraban en balsas y luego se trasplantaban. La propia Tenochtitlan tenía un sistema de chinampas, pero su enorme población dependía de las extensas chinampas del lago Xochimilco, al sur y conectadas con el lago Texcoco. Los agricultores de Xochimilco transportaban productos y flores en barco a Tenochtitlan y otras ciudades del sistema lacustre.

Los aztecas estaban excepcionalmente orgullosos de sus artesanos, a los que llamaban *tolteca* en honor a la muy estimada civilización tolteca que precedió a los aztecas y pasó a formar parte de su linaje a través de los matrimonios mixtos. Los hábiles artesanos aztecas eran muy respetados y creaban su asombrosa carpintería, cerámica, metalistería, tallas en piedra y otras artesanías en grandes talleres. Estos instruidos artesanos realizaban mediciones utilizando la geometría y empleaban herramientas de cobre y obsidiana para tallar y esculpir la piedra y la madera.

Un oficio importante para los artesanos era la construcción de armas para la guerra que caracterizaba a los aztecas. Fabricaban cerbatanas de 2 metros de largo con dardos recubiertos de secreciones de ranas venenosas, mazos de guerra con hojas de obsidiana afiladas, hachas con cabezas de piedra o cobre, y dagas con empuñaduras bellamente talladas en sílex u obsidiana.

La construcción de barcos era un oficio esencial porque Tenochtitlan era una isla situada en un gran lago conectado a otros lagos. Los aztecas utilizaban las vías fluviales para viajar de una ciudad a otra y para navegar por el sistema de canales que entrelazaba los barrios de Tenochtitlan. Las canoas excavadas de fondo plano se utilizaban para cultivar las chinampas y para el transporte a través de los canales, tierra firme y alrededor del lago. Los aztecas también construían balsas de tablones atados con fibras tensas para transportar objetos grandes, como figurillas de piedra. Los ingenieros y artesanos debían diseñar y construir canales, diques y acueductos para el transporte, la gestión de las fluctuaciones del nivel del agua y el suministro de agua potable.

Los carpinteros construían casas y templos de madera, piedra o ladrillos de adobe con tejados de paja o pizarra. Los canteros aztecas cubrían el exterior de los edificios con yeso de piedra caliza y tallaban intrincados diseños en la fachada de templos y palacios. Las casas albergaban a generaciones de familias en habitaciones construidas alrededor de un patio central.

Arquitectos y urbanistas diseñaron meticulosamente el plano de la capital, Tenochtitlan, antes de su construcción. Con una población estimada de 200.000 habitantes, la ciudad tenía cuatro cuadrantes, cada uno de los cuales albergaba a unas 50.000 personas, que rodeaban el centro ceremonial donde se encontraban los templos principales. Cada cuadrante estaba dividido en cuatro distritos más pequeños de 10.000 a 15.000 habitantes. Estos distritos más pequeños se llamaban *calpulli*, como las fincas en el campo, ya que cada uno tenía su propio liderazgo, su propia plaza central con un templo y un mercado, y a menudo se especializaban en una artesanía específica, como la cerámica o el trabajo de la pluma. Un sistema de canales atravesaba la ciudad y la conectaba con el lago circundante.

Mural de Diego Rivera en el Palacio Nacional de Ciudad de México, que muestra la vida en la época azteca. En primer plano, el mercado de Tlatelolco, presidido por la pochteca tlatoque. Al fondo, la ciudad isleña de Tenochtitlan, con su calzada y su sistema de canales[91]

Los mercaderes y comerciantes acumulaban una riqueza y un poder considerables en los mercados organizados y diversos del Imperio azteca. En los mercados de barrio situados en cada *calpulli*, los *tlacuilo* (mercaderes) vendían metales preciosos, piedras preciosas, telas y ropa de algodón, pieles de animales, verduras y frutas, caza silvestre, tallas complejas, utensilios para el hogar y mucho más. El mercado reunía a la gente para cotillear, compartir las noticias locales y enterarse de los acontecimientos importantes del imperio.

Los *pochteca* (comerciantes de larga distancia) gozaban de gran prestigio, ya que recorrían grandes distancias para conseguir los codiciados bienes de la nobleza. Se trataba de un cargo hereditario y podía reportar grandes riquezas. Sin embargo, a los *pochteca* no se les permitía exhibir su prosperidad vistiendo las plumas y los ricos ropajes de la nobleza. El fino algodón apreciado por la élite azteca debía cultivarse por debajo de los 1.000 metros de altitud; no podía cultivarse en las regiones montañosas de los alrededores de Tenochtitlan. Así pues, los aztecas tenían que comerciar con algodón cultivado en regiones lejanas o conquistar la zona y exigirles el pago de algodón como tributo. Los *pochteca* también adquirían granos de cacao para chocolate, plumas de aves de colores, gemas, oro y pieles de animales. Como los aztecas no utilizaban bestias de carga, todas estas mercancías tenían que ser transportadas en barcos por los ríos o por porteadores por tierra.

Los *pochteca tlatoque* eran los supervisores de los comerciantes. Eran los comerciantes más experimentados y consumados que supervisaban los mercados y celebraban juicios para administrar justicia a los de la clase comerciante. Otro grupo de comerciantes de larga distancia, los *naualoztomeca*, viajaban disfrazados a territorios hostiles; eran espías del Estado y recogían información mientras interactuaban con la gente de las zonas fronterizas.

Los comerciantes *tlatoani* se especializaban en el comercio de esclavos, una importante fuente de víctimas para sacrificios. Los *tencunenenque* recaudaban tributos en las ciudades-estado de todo el imperio. El *Códice Mendoza* detalla las asombrosas cantidades de bienes que recolectaban los *tencunenenque*, como textiles, grano, plumas, miel, jade y cobre. En una lista de tributos de una ciudad, el *Códice Mendoza* registra que debían enviar 1.200 fardos de algodón cada año, y cada seis meses, enviarían

- 800 cargas de mantos rojos y blancos con bordes ornamentales verdes, amarillos, rojos y azules
- 400 cargas de taparrabos
- 400 cargas de grandes mantos blancos

Toda esta ropa obligaba a las mujeres a pasar la mayor parte del día tejiendo telas para satisfacer las demandas de tributo.

Todos los adolescentes eran entrenados para la guerra, y los hombres adultos sanos debían mantener ese entrenamiento y estar preparados para movilizarse en las enormes campañas militares. Sin embargo, los aztecas contaban con un ejército permanente formado por los mejores guerreros, que habían recibido formación avanzada cuando eran adolescentes o se habían distinguido en el campo de batalla. Podían proceder de cualquier clase. La clase guerrera gozaba de gran prestigio y era un canal de movilidad ascendente. A los que ascendían socialmente en la clase guerrera se los llamaba «nobles águila».

La clase sacerdotal organizaba los rituales y festivales religiosos, dirigía el sistema educativo obligatorio y controlaba a los artesanos. Algunos sacerdotes se especializaban en astronomía, medicina o profecía. Los sacerdotes también servían como guerreros, llevando las efigies de sus dioses y capturando guerreros enemigos para sacrificarlos. Cualquier persona de cualquier clase podía ser sacerdote, pero los sacerdotes dirigentes procedían de familias nobles.

Nobleza azteca, con elaborados tocados de plumas, capas de vivos colores, pendientes y piercings en los labios. Del folio 65 del Códice Mendoza[92]

Los *Tlatoani* (reyes) y *Huey Tlatoani* (emperadores) eran elegidos por los *pipiltin* (nobleza). Los *pipiltin* eran terratenientes privados, generalmente de grandes propiedades, y formaban los consejos gobernantes de las ciudades-estado. Se distinguían por su vestimenta de fino algodón, múltiples piercings (nariz, orejas, lengua, labios) y brillantes capas y tocados de plumas. Los *teteuctin* ejercían de gobernadores de ciudades y regiones, vivían en grandes palacios y eran honrados con el sufijo -*tzin* al final de sus nombres.

De arriba abajo, la estructura política del Imperio azteca comenzaba con el *Huey Tlatoani* (emperador). Al principio de la Triple Alianza, los gobernantes de Tenochtitlan, Texcoco y Tlacopan se turnaban como *Huey Tlatoani*, pero finalmente Tenochtitlan asumió el liderazgo. Bajo su mando se encontraban los *tlatoani* (reyes) de los *altépetls* o ciudades-estado (que tenían ciudades y pueblos más pequeños bajo su dominio). Estos se dividían en *calpulli*, normalmente unidades de parentesco, que eran aldeas agrícolas en las zonas rurales y distritos vecinales en las grandes ciudades.

Los *altépetls* se esforzaban constantemente por ganar ascendencia sobre sus ciudades-estado vecinas mediante la guerra, para poder enriquecerse con los tributos que recibían. Los *altépetls* formaban alianzas constantemente, algunas efímeras y otras a largo plazo, para defenderse o conquistar otras regiones. Así fue como la Triple Alianza azteca pudo derrocar a la ciudad dominante de Azcapotzalco y ejercer la hegemonía (supremacía) política sobre gran parte de Mesoamérica.

La unidad fundamental de la sociedad azteca era la familia, para la que el linaje era primordial. Los nobles remontaban su linaje a los toltecas y de ahí a Quetzalcóatl. El árbol genealógico de ambos progenitores era importante, aunque el linaje paterno era el principal. Los jóvenes de ambos sexos solo podían casarse con alguien de su misma clase social; las novias debían ser vírgenes y a los jóvenes se los animaba a ser célibes antes del matrimonio. La boda suponía una celebración de cuatro días con banquetes y discursos; la novia se cubría de polvo de pirita dorada y se adornaba con plumas rojas.

Las mujeres eran las encargadas del hogar: cocinaban, cuidaban de los niños más pequeños, enseñaban a sus hijas y tejían (en grandes cantidades). Las mujeres aztecas podían ser propietarias de sus bienes y mantenían el control sobre cualquier herencia. Con una formación adecuada antes del matrimonio, podían ejercer de curanderas, comadronas, sacerdotisas y comerciantes. Los hombres aztecas eran los principales asalariados, cuidadores y maestros de sus hijos una vez cumplidos los tres años. Las parejas casadas vivían con la familia del marido en hogares multigeneracionales.

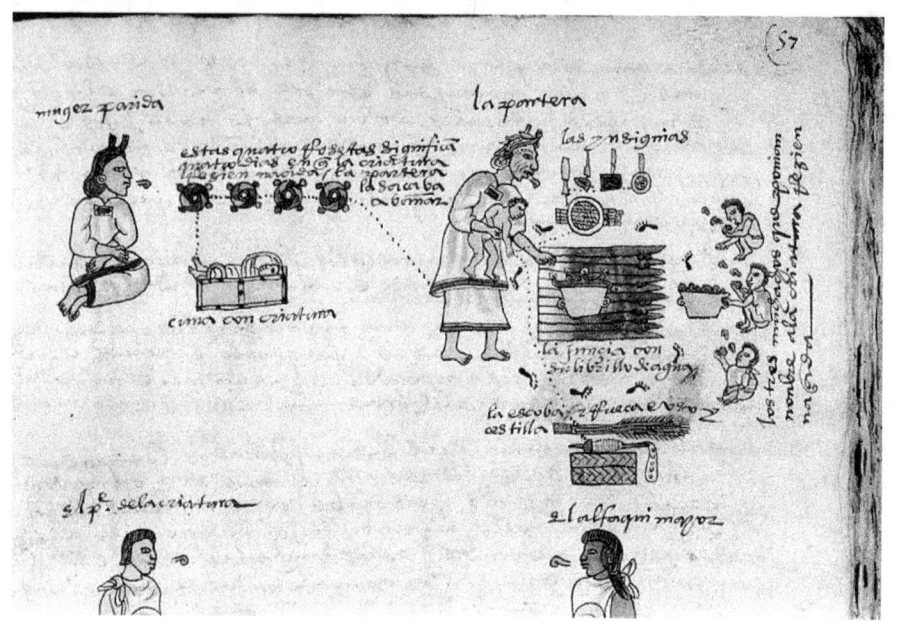

Ceremonia azteca de nombramiento, del Códice Mendoza. Arriba a la izquierda, la madre se dirige a su bebé en la cuna. Al cabo de cuatro días, la comadrona se lleva al bebé para bañarlo y darle nombre (arriba a la derecha). A la derecha de esta escena, tres niños gritan el nombre del bebé, y encima y debajo hay símbolos de posibles carreras futuras para niños y niñas[98]

Cuatro días después del nacimiento del niño, la familia se reunía para el ritual del nombre, algo parecido a un bautizo. La comadrona bañaba al niño al aire libre, bajo el sol de la mañana, le daba un nombre y un regalo que simbolizaba su futuro papel en la sociedad. Una niña solía recibir un equipo de tejido y una escoba, y un niño podía recibir flechas y un escudo o utensilios que representaban el oficio de su padre. Los bebés recibían un nombre de calendario basado en la fecha de su ritual de bautizo, junto con un nombre personal. Para conseguir una fecha más propicia para el nombre de calendario, los padres podían ajustar el día del nombre al tercer o quinto día después del nacimiento.

El *Códice Mendoza* detalla la crianza de los niños: sus lecciones, castigos y cuántas tortillas debían comer a cada edad. Los niños de tres años recibían media tortilla para comer y, con el tiempo, llegaban a comer dos o tres en la adolescencia. A partir de los tres años, las madres enseñaban a sus hijas los primeros pasos para tejer, y cuando entraban en la adolescencia, aprendían a cocinar. Las mujeres dedicaban mucho tiempo a tejer para poder hacer frente a las exigencias del tributo, por lo que gran parte de la formación de las niñas se centraba en este campo. Los padres llevaban a sus hijos para enseñarles su oficio; les enseñaban otras habilidades como recoger leña, cortar juncos para hacer cestas y pescar con redes.

Los niños y las niñas sólo recibían correcciones verbales y reprimendas hasta los ocho años. Después, si los niños eran descuidados, desobedientes o irrespetuosos, los padres administraban castigos corporales. A veces los pinchaban con espinas de maguey o los obligaban a respirar el humo de los chiles asados.

Los líderes *calpulli* supervisaban la educación de los niños por parte de los padres. Además de las habilidades para la vida, los niños debían aprender *huehuetlatolli* (refranes de los viejos). Se trataba de saludos corteses y discursos breves para todo tipo de ocasiones, como despedirse de un moribundo o celebrar el nacimiento de un hijo. De vez en cuando, los niños tenían que presentarse en sus templos locales para someterse a pruebas de su formación.

Los mexicas fueron uno de los primeros pueblos del mundo en imponer la educación obligatoria para niños y niñas de todas las clases. Alrededor de los 14 o 15 años, los niños de las familias de élite asistían a una escuela para la nobleza llamada *calmécac*, y los plebeyos a un *telpochcalli* (ambos descritos en el capítulo 12), donde vivían en dormitorios. Las niñas asistían a escuelas para aprender a cantar y bailar, pero vivían en casa. La meta gloriosa de la mayoría de los chicos era servir a su nación como grandes guerreros. A los diez años, los chicos se cortaban el pelo corto y se dejaban un mechón largo en la parte de atrás. Llevaban este peinado hasta que entraban en batalla y capturaban a su primer prisionero, y entonces se cortaban el mechón como rito de iniciación.

Los aztecas trabajaban duro, luchaban aún más y participaban en espantosos rituales religiosos. Pero sus vidas no siempre eran sombrías. Se tomaban tiempo para jugar. Practicaban un juego de pelota —algo parecido al baloncesto— llamado *Ullamaliztli Tlachtli*. Tenían que introducir una pelota de goma (cortesía de la civilización olmeca) en un aro de piedra, pero no podían usar las manos (como en el fútbol). En su lugar, utilizaban las caderas, las rodillas, los codos y la cabeza para mantener la pelota en el aire (algo que los jugadores más hábiles podían hacer durante una hora o más). Se jugaba mucho. A veces se bailaba y cantaba con motivo de actos religiosos o políticos, pero también por pura diversión. A veces se acompañaban de sketches cómicos.

Juego de mesa azteca llamado Patolli, del Códice Florentino de Bernardino de Sahagún[24]

¡Y también estaban las peleas de almohadas! Todos los años, los chicos lanzaban sacos llenos de hierba a las chicas y estas los perseguían con espinas de cactus. Los adolescentes retaban a las escuelas rivales a partidos de pelota y simulacros de batallas. Adultos y jóvenes se divertían con «juegos de mesa» sobre esteras de juncos, utilizando judías como dados.

No debemos olvidarnos del zoológico. Cuando los conquistadores entraron en Tenochtitlan, lo que más les llamó la atención fue un jardín lleno de plantas y animales extraños, criaturas que nunca habían visto. Muchos escribieron más sobre el zoológico que sobre cualquier otra cosa de la ciudad. Decían que era tan grande que se necesitaban 300 cuidadores para atender a los animales.

Los españoles no sabían los nombres de todos los animales, pero enumeraban osos, águilas, lobos y monos, y describían lo que probablemente eran jaguares, ocelotes, pumas, perezosos, armadillos, cocodrilos, flamencos y muchas otras aves, ¡e incluso un bisonte! El zoológico estaba situado en terrenos de palacio, por lo que probablemente estaba reservado para el placer de la nobleza. Y no era el único. Un conquistador, Bernal Díaz de Castillo, dijo haber visto uno otro al otro lado del lago, en Texcoco.

Capítulo 15: Arte azteca

Pensar en la cultura azteca suele evocar imágenes de arte atrevido y lleno de color. Las antiguas culturas preexistentes influyeron en el extravagante arte de los aztecas: las civilizaciones que conquistaron y las civilizaciones limítrofes con las que comerciaban. A su vez, los aztecas utilizaron su arte como una especie de propaganda para ejercer su dominio sobre las ciudades-estado de su vasto imperio. Mediante la conquista militar, los aztecas lograron el dominio político y la hegemonía cultural sobre sus civilizaciones tributarias.

Durante los 20 años que los mexicas migratorios vivieron en las ruinas de Tula, reverenciaron el arte y la artesanía tolteca, esforzándose por emular esta espectacular cultura, llegando a llamar *tolteca* a sus propios artesanos. Los mexicas también aprendieron de las culturas olmeca, maya, zapoteca y huasteca, entre otras. Desde Oaxaca, en el extremo sur de su imperio, importaron a Tenochtitlan una comunidad de artistas. Combinaron el arte diverso de múltiples civilizaciones en su propio estilo ecléctico de pintura, joyería, escultura, cerámica, metalistería, arquitectura y otros. Tallas grotescas y abstractas convivían incongruentemente con gráciles imágenes naturalistas de seres humanos y animales.

La escritura azteca era una forma de arte; sin embargo, al carecer de alfabeto, no era un sistema de escritura plenamente desarrollado. Combinaban pictogramas con signos que representaban sonidos. Por ejemplo, *ma* era la palabra para *mano*. Para escribir una palabra con el sonido *ma*, utilizaban la imagen de la mano. Si una palabra terminaba en *tlan* (como Aztlán), utilizaban el dibujo de diente (*tlantli*).

El viaje de un lugar a otro se indicaba con huellas. El viaje en el tiempo se indicaba con líneas punteadas y símbolos numéricos. El habla se representaba con pergaminos delante de la boca. En la imagen de la ceremonia del nombre del bebé del capítulo anterior hay ejemplos de los tres.

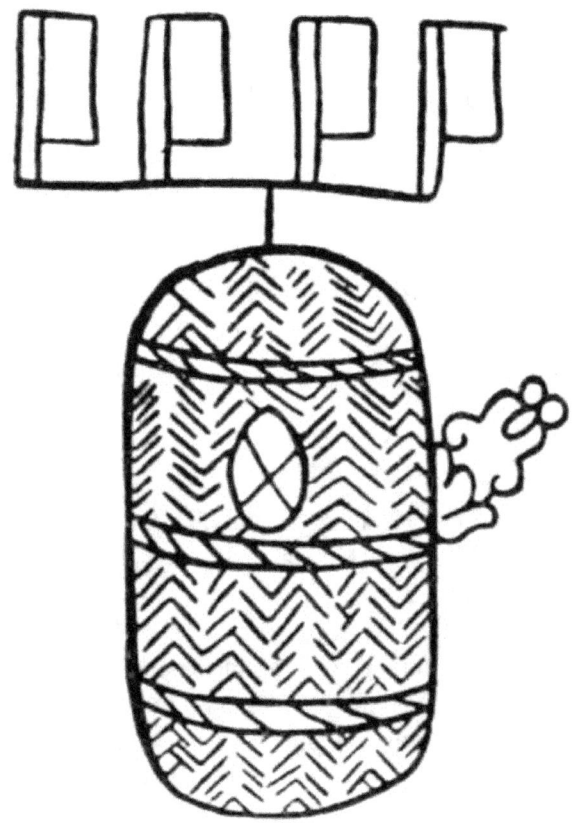

Glifo o pictograma azteca para 80 fardos de granos de cacao (para chocolate). Cada una de las cuatro banderas de la parte superior representa el número 20. El dibujo ovalado de la paca representa los granos de cacao. (Del Libro de los Tributos)[95]

Los aztecas también tenían un sistema «vigesimal» (basado en el número 20) para escribir los números. Un punto (o a veces un dedo) representaba el 1. Dos puntos significaban el 2; el 5 se representaba con una barra, mientras que el 6 era una barra y un punto. Dos barras representaban el 10, y el 11 eran dos barras y un punto, mientras que el 20 era una bandera, y el 21 una bandera y un punto. Las centenas se representaban mediante una pluma con un número determinado de púas, cada una de las cuales representaba 20 unidades.

La escritura y la pintura requieren algo sobre lo que escribir, por lo que los aztecas tenían papel *amate* hecho del árbol de Amate, un tipo de Ficus. El papel de amate se utilizaba principalmente para códices (manuscritos) y fue muy utilizado en la Triple Alianza para la comunicación, los registros de tributos y los rituales. Cuarenta pueblos (en el actual estado de Morelos) producían anualmente unas 480.000 hojas de papel, que enviaban como tributo a las ciudades de la Triple Alianza. El papel se fabricaba remojando la corteza durante la noche y machacándola después en hojas con piedras volcánicas.

Los aztecas pintaban su característico arte sobre papel amate, piel de ciervo, lienzos de algodón, cerámica, madera y piedra. A veces imprimaban la superficie con *gesso*, una mezcla de cola de piel de conejo, tiza y pigmento blanco. Los aztecas utilizaban coral, tiza, arcilla y piedra en sus pinturas y dibujos. Muchas de sus pinturas eran códices; por desgracia, la mayoría fueron destruidos por los españoles inmediatamente después de la conquista. Sin embargo, el gobierno español encargó el *Códice Mendoza*, pintado por artistas aztecas, y permitió la producción de códices que trataban de historia o del pago de tributos.

Los aztecas aprendieron el arte de pintar murales de los restos de la cultura teotihuacana. El Templo Mayor y otros edificios importantes de Tenochtitlan estaban adornados con complejos murales que representaban a personas en un estilo similar al de los códices. Se cree que un anciano y una anciana representados en un mural de Tlatelolco (justo al lado de Tenochtitlan) son Cipactónal y Oxomoco, el primer hombre y la primera mujer del primer mundo, algo así como Adán y Eva, salvo que en la cosmología azteca, el primer mundo no sobrevivió.

En 2002, los arqueólogos descubrieron en Tlatelolco una antigua cisterna debajo de una iglesia colonial. Se construyó por orden de Cuauhtémoc, el último emperador de los aztecas, que se había trasladado allí con el resto de los ciudadanos de Tenochtitlan después de que los españoles conquistaran Tenochtitlan. La cisterna tenía dos metros de profundidad y seis de ancho, y se alimentaba de un acueducto que fluía seis kilómetros desde el cerro de Chapultepec. Las paredes de la cisterna estaban pintadas con frescos de vivos colores de pescadores echando sus redes y gente remando en sus canoas. Los rodean patos, ranas, garzas y jaguares entre los juncos y nenúfares del lago.

Ceremonia de «Una flor» celebrada con dos tambores, que se llaman teponaztli (primer plano) y huehuetl (fondo). Códice Florentino [96]

Los aztecas adoraban el canto y la poesía, y en la mayoría de los festivales había concursos de poesía, presentaciones musicales y actuaciones acrobáticas. Las canciones se dividían en varios géneros: *Yaocuícatl* se cantaba a los dioses de la guerra, *Teocuícatl* honraba a los dioses de la creación y transmitía mitos de la creación, *Xochicuícatl* eran canciones de flores utilizadas en un sentido metafórico.

La poesía era especialmente famosa entre la tribu acolhua de los aztecas, que a menudo utilizaban el paralelismo y las coplas con conceptos concretos para describir metafóricamente dos perspectivas de una idea abstracta. Por ejemplo, el concepto de poesía se expresaba como la flor, la canción. Afortunadamente, hoy podemos leer esta poesía, ya que parte de ella fue conservada por los descendientes de la realeza acolhua de Texcoco y Tepexpan. He aquí un himno del rey Nezahualcóyotl de Texcoco:

TÚ, AVE CELESTE

Tú, ave celeste, loro resplandeciente, caminas volando.
Oh altísimo árbitro, dador de vida: temblando te extiendes aquí, llenando mi casa, llenando mi morada, aquí.

¡Ohuaya, Ohuaya!

Con tu piedad y gracia se puede vivir, oh Autor de la Vida, en la tierra: temblando,

Te extiendes aquí, llenando mi casa, llenando mi morada, aquí. ¡Ohuaya, Ohuaya!

Los aztecas son famosos por sus notables esculturas en piedra, que iban desde exquisitas figurillas en miniatura hasta monumentos colosales. Las esculturas aztecas presentaban tallas realistas de serpientes, jaguares, ranas, monos y otros animales, así como enormes figuras de sus deidades, incrustadas con joyas y capas de oro. Aunque la mayoría de las tallas conservadas a lo largo de los siglos tienen ahora el color de la piedra en la que fueron talladas, cuando eran nuevas estaban pintadas y decoradas con colores brillantes.

Réplica de piedra solar azteca pintada en lo que los expertos creen que eran los colores originales[97]

La enorme Piedra Solar o Calendario Azteca, un sorprendente ejemplo de escultura azteca, fue descubierta en 1790 en la zona del antiguo Templo Mayor de Tenochtitlan. Tallada en basalto hacia 1427, mide unos 3 metros de diámetro y 3 de grosor. Lo que probablemente sea el rostro del dios-sol Tonatiuh hace una mueca desde el centro del disco, rodeado por cuatro cuadrados que representan cuatro de los cinco soles que se sustituyeron consecutivamente a lo largo de los milenios.

Piedra de Moctezuma I, donde se encadenaba a gladiadores humanos para una batalla a muerte[98]

Dos formas escultóricas aztecas únicas están relacionadas con la cultura del sacrificio humano. Una es el *cuauhxicalli*, un gran cuenco de piedra que suele tener forma de jaguar o águila y que se utilizaba para guardar corazones humanos tras el sacrificio (véase la foto del *cuauhxicalli* de jaguar en el capítulo 13). El otro es el temalácatl, un enorme disco de piedra sobre el que se colocaban dos guerreros capturados para luchar en combate uno a uno hasta la muerte, otra forma de sacrificio humano. Dos ejemplos famosos de piedras *temalácatl* son la Piedra de Moctezuma I y la Piedra de Tízoc.

En 1790, unos hombres que construían un canal de agua en el centro de Ciudad de México descubrieron una espantosa estatua de la diosa Coatlicue. Esta era la diosa madre de la tierra que vivía en el monte Coatepec, en Aztlán, y la madre de Huitzilopochtli, el dios colibrí. La estatua, de casi 3 metros de altura, muestra a una mujer decapitada con dos serpientes de coral que representan la sangre que brota de su cuello (en una versión del nacimiento de Huitzilopochtli, su hija Coyolxauhqui le cortó la cabeza). Alrededor del cuello lleva una guirnalda de manos y corazones humanos y un colgante de cráneo humano. En su falda se retuercen serpientes de cascabel y tiene garras en manos y pies para desgarrar cadáveres humanos.

Estatua colosal de la diosa Coatlicue[99]

Los aztecas creían que ella devoraría a la población humana si no salía el sol, y como ése era el trabajo de Huitzilopochtli, se aseguraban de mantenerlo bien alimentado con sacrificios. Tras ser desenterrada, la estatua de la diosa fue trasladada a la Universidad de México para ser estudiada. Pero a los profesores les preocupaba que los lugareños empezaran a venerarla de nuevo, así que volvieron a enterrarla, allí mismo, en el campus universitario. En 1803, un erudito visitante la desenterró para hacer dibujos y un molde, pero le pareció tan inquietante que volvió a enterrarla cuando terminó. Finalmente, en 1823, los investigadores la desenterraron por última vez, y desde entonces ha permanecido en la superficie, en el Museo Nacional de Antropología de Ciudad de México.

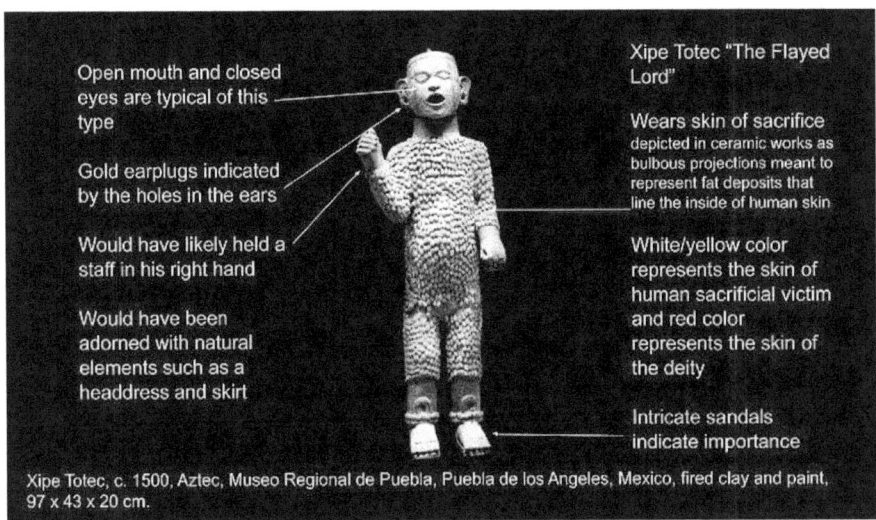

Pequeña estatua de Xipe Tótec[100]

En todo el valle de México se han descubierto pequeñas estatuas de piedra en zonas rurales. Se trata de dioses de la agricultura y deidades locales. Una escultura pequeña común es la de Xipe Tótec, el dios del maíz, también conocido como «el Desollado». Venerado por los toltecas y más tarde por los aztecas, llevaba la piel desollada de una víctima de sacrificio humano como símbolo de la nueva vegetación.

Este colgante tallado en jade de Chalchiuhtlicue (Falda de jade), una joven diosa, mide aproximadamente 2 3/4 x 1 3/8 pulgadas[101]

Los artesanos también tallaban pequeñas esculturas de materiales preciosos, como amatista, turquesa, caracola, cristal de roca y jade. Estas tallas en miniatura solían llevarse como colgantes o pendientes.

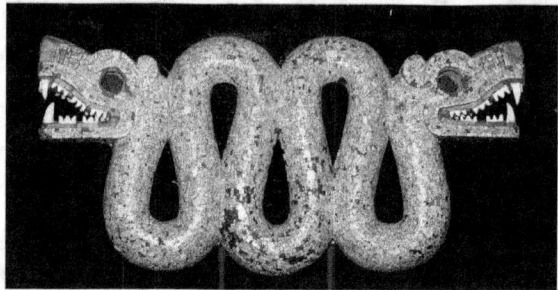

Serpiente bicéfala de mosaico de turquesa[102]

A los artistas aztecas les encantaba el color azul verdoso de la piedra turquesa y la utilizaban con frecuencia en forma de mosaico en esculturas y máscaras. En el Museo Británico se expone una hermosa serpiente bicéfala tallada en una sola pieza de madera de cedro y recubierta de pequeños cuadrados de turquesa. Su boca y nariz rojas están hechas de la ostra espinosa spondylus, y las conchas de caracol forman sus dientes. Probablemente se llevaba como adorno en el pecho en festivales especiales. ¿Por qué tiene dos cabezas? En lengua náhuatl, la palabra *coatl* significa *serpiente*, pero también gemelo, lo que conlleva la idea de cooperación y amistad. *Xiuhcóatl* significa serpiente turquesa (o serpiente de fuego), que representa el rayo, que une el cielo y la tierra.

Cerámica de Cholula[103]

Incluso sin torno de alfarero, los artesanos aztecas fabricaban hermosas cerámicas, como urnas para cenizas funerarias, jarras, tazas, cuencos y platos para comer, ollas, recipientes de mortero para moler chiles, copas y jarrones. Las piezas de cerámica azteca solían ser delgadas (especialmente la cerámica de Cholula) y a menudo presentaban diseños geométricos negros sobre un fondo naranja para la cerámica doméstica cotidiana. Las piezas más finas tenían un engobe crema, rojo o negro (una mezcla de arcilla y agua utilizada para decorar la cerámica) y podían presentar diseños de flores, hojas o animales.

Los artesanos de Cholula eran famosos por su delicada cerámica, conocida como estilo Mixteca-Puebla, que se importaba a Tenochtitlan para Moctezuma y otros nobles. En la primera época azteca, la cerámica solía estar decorada con diseños florales y glifos que representaban días. La cerámica del periodo posterior presentaba líneas sencillas, a veces curvas o en bucle. La cerámica azteca se formaba en moldes o se tallaba en arcilla dura, y luego se cocía en hornos de tiro ascendente o a cielo abierto en fosas a baja temperatura.

El trabajo con plumas es una deslumbrante forma de arte que constituye un rasgo clásico de la cultura azteca. Se recogían plumas de aves de brillantes colores para formar intrincados mosaicos, decorar armas y tejer tocados y capas. Las plumas más apreciadas eran las de los resplandecientes quetzales, que tienen largas plumas en la cola de color verde esmeralda y el pecho escarlata. También utilizaban plumas de flamenco y otras plumas de vivos colores, algunas recogidas de las aves del zoológico de Moctezuma. Todo un distrito de la capital, Tenochtitlan, albergaba el gremio de los artesanos de plumas *amantecas*, que no estaban obligados a pagar tributo ni a prestar servicio público.

Tocado de plumas de quetzal de Moctezuma (reproducción)[104]

Los artesanos amantecas cortaban las plumas en pequeños trozos para utilizarlos en el arte del mosaico, o pintura de plumas, en escudos y mantos para los ídolos. Los mosaicos generalmente se formaban sobre una base de papel amate, a veces cubierto con algodón y engrudo, y luego utilizaban las preciosas plumas del quetzal y otras aves de colores llamativos, junto con plumas teñidas, todo picado y adherido con pegamento hecho de bulbos de orquídeas. Llamativos tocados, mantos, matamoscas, abanicos y otros objetos decorativos se confeccionaban con plumas enteras cosidas con hilo de agave.

La metalurgia en Mesoamérica tuvo sus orígenes en la cultura purépecha-tarasca, al noroeste de las tierras aztecas, cerca del océano Pacífico. A partir de ahí, los elementos de la técnica, la forma y el estilo se difundieron por toda Mesoamérica. La civilización mixteca de Oaxaca y Puebla fueron los orfebres dominantes. Los mixtecos se convirtieron en una región tributaria de los aztecas, y cuando estos importaron a Tenochtitlan artesanos plumíferos amantecas, es probable que también contaran con un gremio de orfebres mixtecos.

Utilizando tecnología prestada, cobre, oro, estaño y plomo importados, y probablemente metalúrgicos importados, los artesanos aztecas fabricaron una metalurgia elegante y sofisticada. En sus talleres de Tenochtitlan, crearon impresionantes piezas de fundición de flores y animales en oro y cobre-oro, que se exhibían en sus jardines recreativos. Sus artesanos también fundieron cientos de campanas de estaño, bronce arsenical y cobre para el Templo Mayor.

Los artesanos trabajaban el metal en hornos de altísima temperatura, donde las llamas se avivaban soplando aire a través de tubos. Utilizaban moldes para formar objetos de metal y también martillaban el metal en láminas. Utilizaban una tecnología llamada fundición a la cera perdida para fabricar campanas y otros objetos. Los artesanos aztecas también eran conocidos por su trabajo de filigrana. Por desgracia, la mayoría de sus objetos de oro fueron fundidos por los conquistadores para fabricar lingotes de oro como moneda. Algunos objetos más pequeños sobrevivieron, como anillos labiales, pendientes y collares de oro.

Al igual que sus predecesores olmecas, toltecas y teotihuacanos, los aztecas utilizaron el arte para reforzar su supremacía política y cultural. Sus impresionantes pirámides y templos, sus espectaculares esculturas y sus exquisitos mosaicos representaban los componentes centrales de su religión. El deslumbrante y exótico trabajo de plumas, las tallas enjoyadas y los monumentos colosales daban testimonio a sus ciudades-estado conquistadas del gran poder y riqueza del Imperio azteca y de su derecho a dominar.

Incluso su papel imponía su influencia sobre las ciudades-estado sometidas. El papel amate, al que se atribuían poderes especiales, se utilizaba para registrar los tributos de las ciudades y pueblos dominados y se convirtió en una representación de la transacción entre conquistadores y vencidos. El papel amate se utilizaba para registrar el fino algodón, la turquesa, el oro, las largas plumas de quetzal y otros lujos proporcionados como tributo desde los confines del imperio. Incluso el propio papel era fabricado por los pueblos conquistados.

Cuando los aztecas conquistaban una nueva región, permitían que la gente siguiera adorando a sus deidades locales, pero también imponían su propia religión —el culto a Huitzilopochtli— a los pueblos sometidos. Construyeron templos en las plazas principales de las ciudades tributarias y en las espectaculares cumbres de las montañas, imponiendo al dios colibrí azteca como supremo a través de los frescos, esculturas y trabajos en metal que ahora cubrían lugares antes dedicados a otros dioses.

No solo difundieron el culto a Huitzilopochtli; también introdujeron otras deidades, como sus dioses agrícolas y de la naturaleza. Por ejemplo, se encargó la erección de un relieve de la diosa del agua Chalchiuhtlicue cerca de la antigua Tula. Por todo el imperio se han encontrado estructuras artísticas, tallas y otras obras de arte aztecas, lo que indica la influencia cultural de las tres ciudades en zonas situadas a cientos de kilómetros de distancia.

Pintura de un jaguar azteca junto a un mural de la Anunciación en el claustro del monasterio franciscano de Cuautinchán, construido en la década de 1570[105]

Aunque el Imperio azteca acabó siendo conquistado por el español, su arte perduró, por lo menos hasta cierto punto. El papel amate sigue produciéndose hoy en día por artistas nahuas de Guerrero. Los frailes franciscanos y austriacos emplearon a artistas aztecas locales para decorar sus iglesias de nueva construcción en las décadas posteriores a la conquista española. Algunos murales aztecas han sobrevivido hasta nuestros días en iglesias de México, como un jaguar y un águila a cada lado de un mural de la anunciación en el monasterio franciscano de Cuautinchán, en Puebla.

Capítulo 16: Mitología y cosmología aztecas

La cosmología, desde una perspectiva antropológica, es lo que da a los miembros de una cultura específica un sentido fundamental de identidad. La cosmología es la forma en que una determinada civilización percibe el universo: sus comienzos y su destino final. Define el lugar de una cultura en las complejidades del cosmos, dando sentido a la vida e impulsando las acciones actuales.

¿Y los aztecas? ¿Cuál era su cosmología? ¿Qué creían sobre los orígenes del universo? ¿De dónde venían? ¿Cómo se identificaban? ¿Cuál creían que era su papel en el cosmos? ¿Cuál creían que era su destino final como civilización?

Dado que los aztecas tomaron prestado libremente de otras culturas para construir una mezcolanza cosmológica, observaremos algunas incoherencias en sus mitos. Por ejemplo, un mito dice que su dios colibrí, Huitzilopochtli, era hijo del dios creador, Ometéotl, mientras que otro mito dice que era hijo de Coatlicue. Los mitos no siempre encajan perfectamente en la historia.

En la cosmología azteca, el mundo constaba de tres partes: la tierra en la que vivían los humanos, un inframundo llamado Mictlán (con nueve capas) y los cielos superiores o planos en el cielo (con 13 capas). Los humanos podían habitar la tierra y el inframundo, pero no podían penetrar en los cielos, salvo en la capa más baja, y solo ciertas personas podían hacerlo. El nivel más bajo de los cielos era un lugar de abundante agua llamado Tlalocan, donde vivía el dios Tlaloc.

Los aztecas creían que el lugar al que iba una persona después de morir dependía de lo que había hecho en vida, pero, sobre todo, de cómo había muerto. El alma podía ir a uno de estos cuatro lugares: la tierra del sol, la tierra del maíz, el cielo más bajo (Tlalocan) y el inframundo Mictlán.

Mictlantecuhtli, dios de los muertos[106]

El Mictlán no era un infierno ardiente ni un lugar de castigo. Era el lugar al que la mayoría de la gente iba después de morir, pero llegar allí no era fácil. Tenían que realizar un arduo viaje y superar varias pruebas por el camino. Cuando una persona azteca moría, sus seres queridos enterraban el cuerpo con útiles para ayudarlos en su viaje.

El paraíso oriental del sol era el destino de los guerreros que morían en batalla: todos los guerreros, incluso los enemigos. También iban allí los guerreros capturados que eran sacrificados. El alma de una persona permanecía en el paraíso oriental durante cuatro años; después, se reencarnaba en colibrí, águila, búho o mariposa, por lo que podía volver a la Tierra para ver cómo iba todo y transmitir mensajes sutiles a los que escuchaban.

El parto se consideraba un tipo de guerra, así que, si una mujer moría en la «guerra», iba al paraíso occidental, la casa del maíz. Podía regresar a la tierra en forma de espíritu algo malévolo: la llorona de la noche y la portadora de malos augurios. Los aztecas creían que estos espíritus femeninos rondaban los cruces de caminos y capturaban allí a los niños, por lo que erigían templos y dejaban comida en los cruces para que las lloronas no raptaran a sus hijos.

El paraíso de Tlalocan, el nivel más bajo del cielo, era para la gente que se ahogaba o moría por un rayo. Allí también iban los que morían de lepra y enfermedades asociadas al agua, junto con los deformes físicos. Este otro mundo tenía mucha comida. Curiosamente, el sacrificio de niños se realizaba a menudo ahogándolos; tal vez fuera para asegurarse de que los bebés irían al paraíso de Tlalocan.

En el cielo más alto vivían Ometecuhtli y Omecíhuatl, los dioses creadores marido y mujer, conocidos colectivamente como Ometéotl. Eran el dios dual: dos seres, pero uno a la vez. Fueron creados de la nada y, durante un tiempo, fueron lo único que existía; no se había creado nada más. Entonces, Ometéotl dio a luz a cuatro hijos: Xipe Tótec (el dios desollado), Tezcatlipoca (espejo humeante), Quetzalcóatl (serpiente emplumada) y Huitzilopochtli (colibrí).

El *Mito de los Cinco Soles*, plasmado en el *Códice Chimalpopoca*, cuenta cómo surgió el mundo azteca. Ometéotl encomendó a los cuatro niños la tarea de crear un sol, un mundo, personas para vivir en el mundo y otros dioses. Quetzalcóatl y Huitzilopochtli recibieron específicamente esta tarea, pero todos los hermanos eran frenéticamente competitivos y no dejaban de crear drama (excepto Xipe Tótec, que parecía mantenerse al margen). Cada una de las cuatro primeras era —tierra, viento, fuego y agua— terminó en catástrofe. Hicieron falta cuatro intentos para crear y mantener un mundo antes de que todo saliera bien en el quinto intento.

En la primera creación, la era del Primer Sol, Quetzalcóatl y Huitzilopochtli crearon un sol. Pero no era lo suficientemente brillante como para dar luz y calor adecuados. Entonces crearon al primer hombre y a la primera mujer: Cipactónal y Oxomoco. Eran gigantes que comían bellotas y eran tan fuertes que podían arrancar árboles con sus propias manos. Juntos tuvieron muchos hijos. Los dioses observaron su creación y decidieron que no era buena. El sol era demasiado débil.

Tezcatlipoca y Quetzalcóatl[107]

Así que Tezcatlipoca se transformó en el sol, que era lo suficientemente brillante y cálido para el mundo. Después de 676 años, el rival de Tezcatlipoca, Quetzalcóatl, se sintió abrumado por los celos de que Tezcatlipoca gobernara como el sol. Quetzalcóatl tomó su garrote y lo derribó del cielo, y Tezcatlipoca cayó en picado al océano.

En su rabia por haber sido derribado del cielo, Tezcatlipoca emergió como un jaguar y se comió a todos los gigantes, poniendo fin a la era del primer sol.

En el segundo intento, la era del segundo sol, Quetzalcóatl tomó su lugar como sol. Creó personas (de tamaño normal) que comían piñones. Después de 674 años, Tezcatlipoca se vengó de Quetzalcóatl. Vino al mundo en una ráfaga de viento, tan fuerte que se llevó a toda la gente e incluso se llevó al sol Quetzalcóatl. Las pocas personas que no fueron arrastradas por el viento se convirtieron en monos y huyeron a vivir a la selva.

En el tercer intento, una nueva era comenzó cuando Tlaloc, el dios de la lluvia, se convirtió en el sol. Esta era duró 364 años, y la gente de este mundo se comió las cañas del río. En un ataque de celos, Quetzalcóatl envió una lluvia de fuego y piedras ardientes, matando a casi toda la humanidad. Hasta el mismo sol ardió en llamas. Cuando las llamas se enfriaron, el suelo era ceniciento y los supervivientes se habían convertido en pájaros, pavos para ser exactos. Quetzalcóatl entregó entonces el mundo a la esposa de Tláloc, Chalchiuhtlicue, «la que tiene su falda de jade».

Cuando Chalchiuhtlicue, la diosa del agua, asumió las responsabilidades del sol, comenzó la cuarta era. Pero ella era la diosa del agua, por lo que llovía constantemente. Esta era fue la más corta, duró 312 años. Al final, la gran lluvia, tan larga y tan fuerte, cubrió la tierra con una inundación que se elevó por encima de las cimas de las montañas; las personas que sobrevivieron se convirtieron en peces. Incluso el sol se cayó del cielo, y luego el cielo se desplomó y cubrió la tierra, de modo que nada podía vivir en ella.

Los dioses se dieron cuenta de que luchar entre ellos era contraproducente y que todos los mundos que habían creado habían sido destruidos por sus disputas. Quetzalcóatl y Tezcatlipoca hicieron las paces y bajaron a reconstruir el mundo. Se transformaron en grandes árboles que empujaban el cielo hacia atrás, dividiéndolo de la tierra.

Todos los dioses se reunieron en torno a una hoguera en un intento de crear la quinta era, y de hacerlo bien por fin. Los dioses sabían que alguien tendría que sacrificarse para convertirse en el próximo sol de la nueva era. Así que un dios apuesto y fuerte (aunque engreído), Tecciztecatl, se preparó para saltar a la hoguera. Cuatro veces se acercó al fuego, pero cada vez perdía los nervios y se alejaba avergonzado.

Tonatiuh, dios del sol[108]

Finalmente, Nanáhuatl, el más pequeño y humilde de los dioses, cubierto de lepra, saltó a las llamas. Se convirtió en Tonatiuh, el sol; fue el nacimiento del quinto sol. Humillado por el sacrificio de Nanáhuatl, Tecciztecatl también saltó al fuego y se convirtió en la luna. Sin embargo, era tan brillante como el sol, lo que los dioses consideraron inapropiado. Uno de los dioses cogió un conejo y se lo lanzó. Cuando el conejo golpeó la cara de la luna, su luz se atenuó. Por eso la luna tiene la forma de un conejo en su cara.

Ahora tenían un nuevo problema. El sol estaba atascado. Tonatiuh, el dios del sol, dijo a los demás dioses que tendrían que sacrificarse para ponerlo en movimiento. Saltaron al fuego y se convirtieron en estrellas y planetas, y finalmente, Tonatiuh pudo moverse por el cielo. Como todos los dioses se sacrificaron por la gente de la tierra, ahora se esperaba que la gente se sacrificara por los dioses.

Con el sol moviéndose, Quetzalcóatl asumió la tarea de crear nuevos humanos. Fue a Mictlán para traer de vuelta los huesos de la gente que había muerto. Tras un tenso encuentro con el dios del inframundo, salió corriendo con la bolsa de huesos, pero resbaló y cayó en un pozo, rompiendo los huesos. Finalmente consiguió salir y roció con su sangre los huesos de los muertos, resucitándolos. Como procedían de fragmentos de huesos, los hombres y las mujeres tenían todos tamaños diferentes.

Como ya se ha mencionado, los aztecas tenían dos mitos sobre el nacimiento de su dios patrón Huitzilopochtli. El primero probablemente lo tomaron prestado de otra cultura, quizá la teotihuacana. El segundo parecía resonar más entre los aztecas, ya que lo representaban anualmente en el Templo Mayor. Los aztecas remontaban sus orígenes al nacimiento de Huitzilopochtli en su isla natal de Aztlán, en el monte Culhuacán (o Coatepec). En esta versión, Coatlicue (la diosa terrorífica con falda de serpiente) es la madre de Huitzilopochtli. Un día, Coatlicue estaba barriendo su santuario cuando una bola de plumas de colibrí cayó a sus pies. Recogió las plumas y se las metió en la cintura, con lo que quedó embarazada. Sus otros hijos (400 hijos y su hija, Coyolxauhqui) la atacaron por lo que consideraban un embarazo deshonroso. En ese momento, ella dio a luz a Huitzilopochtli, como se menciona en el capítulo 13, y él salió en su defensa.

El fraile dominico e historiador Diego Durán escribió un interesante relato sobre los orígenes de los aztecas en su libro de 1581 *Historia de las Indias de Nueva España* (conocido como el *Códice Durán*). Durán había llegado a México a los siete años con su familia y llegó a dominar la lengua náhuatl. Tras hacerse sacerdote, pasó mucho tiempo entre la población local, aprendiendo sus costumbres y cosmología.

En su libro, Durán recoge un relato que había traducido de una historia azteca anterior sobre Moctezuma I, el segundo emperador azteca, que gobernó entre 1440 y 1469, cincuenta años antes de la llegada de los españoles. Moctezuma sentía curiosidad por saber dónde habían vivido sus antepasados y cómo eran aquellas siete cuevas. Le fascinaban las historias de su isla ancestral. ¿Podrían volver a encontrarla?

Moctezuma mandó llamar a Cuauhcoatl, el historiador real, quien le contó que Aztlán había sido un lugar dichoso y feliz cuyo nombre significaba «blancura». Había una gran colina en el lago llamada

Culhuacán, porque era retorcida, y en ella había cuevas y grutas de los antepasados aztecas. Vivían en el ocio, con toda clase de aves acuáticas —patos, garzas, grullas— a su disposición. Disfrutaban con los cantos de los pajarillos de cabeza roja y amarilla en las arboledas que crecían en la isla. Sus antepasados recorrían el lago en canoa y plantaban huertos flotantes donde cultivaban maíz, chile, tomates, amaranto y judías, que los aztecas llevaron consigo al valle de México.

Sin embargo, cuando abandonaron Aztlán y llegaron a tierra firme, el mundo se volvió contra ellos. Tuvieron que enfrentarse a maleza, piedras afiladas, zarzas y espinas que dificultaban sus desplazamientos. No encontraron ningún lugar donde descansar: la tierra estaba llena de serpientes, jaguares y otras criaturas peligrosas. El historiador le dijo a Moctezuma I que esto era lo que estaba pintado en los libros antiguos.

Moctezuma organizó una expedición para encontrar Aztlán. Su hermano, Tlacaélel, le advirtió que eligiera cuidadosamente a los que lo acompañarían, ya que no se trataba de una campaña bélica, sino de una empresa de recopilación de conocimientos. Moctezuma reunió a sesenta hechiceros para un viaje en busca de su misteriosa patria. Debían buscar el lugar donde nació su deidad, Huitzilopochtli, y donde aún vivía su madre. Llevaban consigo tesoros de gemas, oro, vainilla y granos de cacao como regalos para sus antepasados y la diosa.

Los hechiceros consiguieron localizar Aztlán. Llegaron a orillas de un gran lago, con una colina en medio, y les encantó oír a la gente hablar su propia lengua náhuatl. Los lugareños los llevaron en sus canoas hasta la isla. Al pie de la colina se encontraron con un anciano, el sacerdote guardián del santuario de Coatlicue, la diosa madre de la tierra. Les preguntó a qué habían venido, y ellos le dijeron que habían sido enviados por su emperador Moctezuma y su consejero Tlacaélel.

El anciano frunció el ceño; nunca había oído hablar de aquellos dos hombres. Pero sí conocía a los hombres que habían abandonado Aztlán siglos atrás. «¿Los conocen?», preguntó, recitando los nombres de sus líderes ancestrales. «No —respondieron los hechiceros—, todos esos hombres murieron hace mucho tiempo». El hombre los miró, sorprendido. «Pero yo estaba aquí cuando se fueron. Todos los que los vimos partir seguimos vivos».

El sacerdote los condujo colina arriba para encontrarse con la diosa madre tierra, Coatlicue. Mientras subían la colina, los hechiceros empezaron a hundirse en la arena. El sacerdote los miró extrañado.

«¿Qué han comido?». Le dijeron que habían estado bebiendo chocolate y comiendo los alimentos cultivados en su nueva tierra. «Esa fue su perdición —dijo el sacerdote—. Por eso muere tu gente.

Coatlicue, madre de Huitzilopochtli[109]

Finalmente, se encontraron con la grotesca y sucia diosa Coatlicue. Les contó que había estado llorando desde que su hijo, Huitzilopochtli, se había marchado. Dijo que no se había lavado, cambiado de ropa ni peinado desde que él se había ido. Les contó que Huitzilopochtli se había marchado para guiar a los aztecas (las siete tribus) en su largo peregrinaje desde Aztlán hasta el valle de México. Coatlicue anhelaba su prometido regreso.

La diosa compartió con ellos la profecía del futuro que Huitzilopochtli le había dicho antes de partir:

> «Debo hacer la guerra a todas las provincias, ciudades, pueblos y lugares, tomándolos y sometiéndolos a mi servicio. Pero de la misma manera que las he conquistado, de esta misma manera me serán arrebatadas por extraños conquistadores, y yo seré expulsado de esa tierra. Entonces volveré a este lugar... entonces, madre, se habrá cumplido mi tiempo, y volveré huyendo a tu regazo».

El anciano, guardián del santuario de Coatlicue, les dijo que los aztecas habían perdido su inmortalidad al consumir alimentos ricos y codiciar el oro y otros lujos. Se negó a aceptar los regalos que traían los hechiceros, pero en su lugar les obsequió con plantas y alimentos de la isla, donde la gente vivía una vida sencilla pero idílica. También llevaron a casa un manto hecho con el cáñamo de la planta del maguey, un regalo de la diosa para su sol Huitzilopochtli.

Los hechiceros viajaron a casa y relataron todo lo sucedido a Moctezuma. El emperador rompió a llorar cuando se enteró de la inminente caída de su imperio. Llevó el manto de fibra de maguey al templo de Huitzilopochtli. Consultó temeroso con sus astrólogos, profetas y con las crónicas antiguas para identificar a los extranjeros que un día vendrían a conquistarlos.

En su relato de los orígenes y la historia de los aztecas, fray Diego Durán afirmó tres veces que copió *directamente de la propia historia escrita de los aztecas* como fuente primaria. El documento fuente azteca, llamado *Crónica X*, se ha perdido, pero sirvió como recurso para otras historias en lengua española.

Podemos ver que la cosmología de los aztecas afectaba a sus creencias sobre su papel en la guerra y el sacrificio. Una vida después de la muerte en el paraíso oriental del sol para los guerreros caídos y las víctimas sacrificadas animaría a los soldados cuando fueran a librar batallas. Probablemente hizo que los aztecas (y sus víctimas sacrificadas) se sintieran mejor con todos los sacrificios humanos que debían ofrecer. Las profecías de Huitzilopochtli reforzaban su mandato como conquistadores de las tierras circundantes.

Pero la profecía también incluía funestas noticias sobre su destino futuro: un día serían derrotados por los conquistadores extranjeros y su dios Huitzilopochtli volaría lejos de ellos y regresaría a Aztlán y a su madre. Una profecía similar le había sido dada a Moctezuma I por Nezahualcóyotl, rey de Texcoco. Moctezuma II había recibido una profecía del hijo de Nezahualcóyotl, Nezahualpilli, según la cual los extranjeros vencerían al imperio. Quizá por eso Moctezuma II, bisnieto de Moctezuma I, optó por no enfrentarse a los conquistadores españoles en una batalla sin cuartel, sometiéndose con fatalismo a las profecías.

Conclusión

Antes de que los aztecas se convirtieran en un poderoso imperio, llevaban una vida sencilla y sin pretensiones en algún lugar del noroeste del valle de México. Ya fuera como pescadores y agricultores en la idílica isla de Aztlán o simplemente como cazadores y recolectores chichimecas, probablemente no intuían el destino que un día les depararía.

Sin la rueda y sin un alfabeto completamente desarrollado, emergieron de sus humildes comienzos para construir una ciudad altamente organizada de 200.000 personas en una isla pantanosa, la ciudad más grande de América y una de las más grandes del mundo en aquella época. Construyeron enormes templos y pirámides, y conquistaron y gobernaron un área de 80.000 millas cuadradas con hasta seis millones de personas.

Grandes civilizaciones habían surgido y caído antes de que estos nómadas errantes se adentraran en el centro de México. Estas civilizaciones influyeron en los aztecas, maestros de la asimilación y la adaptación, y así los aztecas se convirtieron en preservadores de estas culturas excepcionales. Los olmecas construyeron las primeras verdaderas ciudades, las primeras pirámides de Mesoamérica y tallaron cabezas colosales de 11 pies de altura y varias toneladas de peso, las cuales, de alguna manera, transportaban 80 kilómetros hasta sus ciudades. La cultura de transición de los epiolmecas desarrolló un sofisticado calendario y un sistema de escritura al menos a partir del año 32 a. e. c.

A continuación, la poderosa civilización tolteca, admirada y emulada por los aztecas, alcanzó la preeminencia desde sus orígenes chichimecas de habla náhuatl. Los feroces guerreros toltecas extendieron su imperio desde el Pacífico hasta el golfo, invadiendo la península de Yucatán mientras difundían el culto a Quetzalcóatl. Construyeron las asombrosas columnas Atlantes de Tula, de 4,5 metros de altura, para sostener sus enormes pórticos, y sus afamados artesanos produjeron hermosas tallas, obras de arte y joyas.

Una fuerza desconocida empujó a los mexicas y a las demás tribus aztecas a abandonar su dichosa tierra natal de Aztlán: tal vez un desastre natural, tal vez una lucha interna o tal vez la dominación de otra cultura. Durante más de 100 años, vagaron por una tierra que se les había vuelto en contra —desiertos de espinas, rocas afiladas, serpientes y lagartos venenosos— hasta que llegaron al fértil valle de México. Allí se encontraron con sus parientes de Aztlán, pero sus compatriotas aztecas se mostraron poco hospitalarios y reacios a competir por la tierra, los recursos y el poder por los que luchaban.

Mientras se escondían entre los juncos del ejército colhua, recibieron una profecía de su dios colibrí, Huitzilopochtli: por la mañana, debían buscar entre los juncos un cactus espinoso sobre el que se posaría un águila. Allí construirían su ciudad, Tenochtitlan, y luego conquistarían a sus enemigos circundantes, a todos, uno por uno. Tras años de vagar, luchar contra los elementos y por sobrevivir, encontraron el águila en el cactus, en una isla del lago. Tenían un lugar al que llamar hogar. La siguiente parte de la profecía consistía en una larga campaña militar de subyugación de provincias y ciudades.

Primero tuvieron que construir su ciudad, formar importantes alianzas y ganar fuerza. Finalmente, llegaron al punto en que formaron una coalición con otras ciudades-estado víctimas de las despóticas exigencias de sus señores, la ciudad-estado tepaneca de Azcapotzalco. Tras derrocar a Azcapotzalco, las tres tribus aztecas —los mexicas de Tenochtitlan, los acolhuas de Texcoco y los tepanecas de Tlacopan— formaron la Triple Alianza. Esta se convirtió en el Imperio azteca, con una identidad propia como pueblo elegido llamado por el dios Huitzilopochtli para conquistar y gobernar otras tierras.

Durante casi 200 años, el extraordinario Imperio azteca gobernó el valle de México, expandiéndose hasta dominar una parte sustancial de Mesoamérica. Desarrollaron una civilización famosa por sus conquistas militares, sus amplios intercambios comerciales, su fascinante cultura y sus sofisticados esfuerzos agrícolas. Florecieron como una intrincada organización religiosa, política, social y comercial de más de 500 ciudades-estado.

Su caída se debió no solo a la superior tecnología militar de los españoles (caballería, ballestas, cañones), sino también al malestar entre las culturas tributarias y a las continuas guerras con civilizaciones no aztecas en las afueras de su civilización. Sus provincias tributarias estaban descontentas por los elevados pagos de tributos con escasos beneficios. Sus propias ciudades-estado y los rivales aztecas de Tlaxcala lamentaban que sus hijos fueran tomados como esclavos y sacrificados. Los aztecas no aprendieron de su propia historia: la razón por la que formaron una alianza para derrocar al Imperio azcapotzalco fue la crueldad y las exigencias despóticas de los tepanecas. Ahora, los tlaxcaltecas echaron su suerte con los españoles, e incluso los cholultecas y otros aliados les traicionaron, formando un ejército de 150.00 indígenas que marchó contra el Imperio azteca con los conquistadores.

Un antiguo proverbio dice: «Conoce bien la condición de tus rebaños, y presta atención a tu ganado». El estilo de liderazgo azteca generaba animadversión y resentimiento, lo que influía en el alejamiento de sus rebaños. Gobernaban con dureza sus provincias mediante el terror, en lugar de una colaboración más armoniosa, como hacían los purépecha-tarascos. El liderazgo es administración; es prepararse activamente para la vitalidad futura de la propia organización, comunidad o nación. Es ahí donde fracasaron los aztecas.

Los aztecas atacaron y antagonizaron constantemente a sus enemigos invictos, los tlaxcaltecas, creando un odio mortal que volvió para atormentarlos. En nuestra sociedad y en nuestro mundo de hoy, es mejor negociar una tregua con nuestros adversarios más intransigentes porque un día podríamos necesitarlos como aliados. El antagonismo es contraproducente para cualquier empresa y ha condenado a muchos líderes, incluso en la actualidad.

¿Han influido e inspirado los aztecas a los actuales ciudadanos de México y Centroamérica? Sí. La economía azteca ayudó a dar forma a la estructura económica de la actual Ciudad de México. La ciudad de Tenochtitlan contaba con varios gremios de hábiles artesanos, pero carecía de materias primas. Así, los aztecas crearon un intercambio económico de materias primas, capital y bienes a través del tributo, el comercio local y a larga distancia, y las transacciones mercantiles, que influyeron en los métodos de comercio de la actual Ciudad de México.

Ulama[110]

Gran parte de la cultura cotidiana de los aztecas impregna la cultura de México y Centroamérica, e incluso la de Estados Unidos. Los mexicanos siguen teniendo una dieta basada en los alimentos básicos de los aztecas: maíz, judías, tortillas, tomates, guacamole y chiles, que se disfrutan no solo en el México actual, sino también en toda

Norteamérica. Y no olvidemos el chocolate, ¡amado en todo el mundo! El ulama era el juego de pelota favorito de los aztecas. Este juego se sigue practicando hoy en día en toda Mesoamérica. El ulama tiene algunas similitudes con el deporte favorito de México, el fútbol, lo que enciende una gran pasión en las comunidades y como nación.

Mujeres indígenas en Cuetzalan, Puebla, México, vistiendo huipiles. La mujer de la izquierda lleva sandalias huaraches[111]

La vestimenta en Centroamérica y México tiene su origen en la cultura azteca. El *cactli* y las sandalias *huaraches* que usaba la nobleza han perdurado como calzado común e incluso como declaración de moda en México, Centroamérica e incluso en todo el mundo. La ropa holgada *huipil* (o *huanengo*) de las damas aztecas sigue siendo la prenda favorita de las mujeres indígenas de México y Centroamérica.

La música tradicional, las danzas y las obras de arte aztecas se exhiben en importantes festivales. La lengua náhuatl ha sobrevivido, y 1,7 pueblos indígenas de México hablan dialectos de la antigua lengua, sobre todo en las zonas rurales que rodean Ciudad de México. Un tercio de los nahuas solo hablan la lengua nahua y no el español. Los nahuas, emparentados étnicamente con aztecas y toltecas, son el mayor grupo indígena de México y también viven en El Salvador, Honduras y Nicaragua.

Danza/ritual azteca en el parque Juana de Asbaje de Tlalpan, Ciudad de México[112]

Un interesante vestigio de la sociedad azteca fue la *pepenilia*, o recolectores callejeros. Los habitantes de Tenochtitlan estaban comprometidos con la limpieza, y los *pepenilia* se encargaban de recuperar los objetos reciclables. Hoy en día, la Ciudad de México cuenta con tropas de pepenadores que recorren las calles en busca de objetos que puedan recolectar. La palabra «pepenador» procede del náhuatl, que significa elegir o seleccionar.

Los aztecas alcanzaron (o mejoraron) muchos logros en materia de civilización de forma simultánea pero independiente de logros similares en Europa, África y Asia. Utilizaron la forma *chinampas* de agricultura, un calendario de 365 días y notables pirámides escalonadas. Aplicaron una planificación urbana avanzada y construyeron acueductos para obtener agua potable en Tenochtitlan. Tenían un fuerte sentido del orden y utilizaban un sistema de méritos que recompensaba el trabajo duro y la innovación. La educación era obligatoria para todos los adolescentes, independientemente de su clase o sexo. Tenían un sistema de justicia muy desarrollado, y la nobleza, a la que consideraban un modelo a seguir, era castigada más estrictamente que los plebeyos.

Tenían un sistema numérico y utilizaban la multiplicación, la división y la geometría en su comercio, en su impresionante arquitectura y en la artesanía. Utilizaban algoritmos para calcular áreas. Sin conocer el tamaño de la Tierra, calculaban cuándo se producirían los eclipses. Conservaban documentos organizados y detallados de los pagos de tributos y las transacciones comerciales.

Cuando los españoles entraron en Tenochtitlan, quedaron impresionados por su tamaño y su orden. Comentaron sobre la limpieza de la gente y las calles inmaculadas de la gran ciudad. Recuerde que era una ciudad de 200.000 habitantes, construida sobre el agua. Dependían de los peces, las ranas, los patos y otros animales acuáticos para alimentarse, por lo que, si contaminaban el agua, podrían perder una valiosa fuente de alimento. Contaban con un extraordinario sistema de gestión de residuos para mantener el lago de Texcoco y su ciudad razonablemente limpios.

Los excrementos humanos y los residuos orgánicos se reciclaban como abono para las chinampas. La orina se reciclaba como fijador para teñir telas. Por la noche, las zonas públicas se iluminaban con basura incinerable, que también proporcionaba combustible para cocinar y calentar las casas. Arrojar basura o desechos humanos en las calles estaba penado por la ley. Comprendían la importancia de los árboles; talar uno sin permiso podía acarrear la pena de muerte. Reciclaban todo lo que podían en una cultura que hacía un uso eficiente de los recursos y minimizaba los residuos, lo que sirve de modelo para las ciudades actuales.

Los aztecas estaban conectados cultural y mentalmente con otras grandes civilizaciones mesoamericanas —como los mayas, los toltecas y los olmecas— por la gran importancia que su religión y sus dioses tenían en sus vidas. Todos eran politeístas y compartían varias deidades. Valoraban el trabajo duro, el culto y la guerra como sus mayores prioridades, lo que se refleja en su arquitectura, obras de arte, esculturas y pinturas.

El legado de los aztecas, y en concreto de la tribu mexica, perdura en el nombre del país y de la capital, México, y de sus habitantes. A la llegada de los españoles, las ciudades-estado mexicas de la Triple Alianza se llamaban México-Tenochtitlan. Tras la conquista española, llamaron *Ciudad de México* a la ciudad que construyeron sobre las ruinas de Tenochtitlan. Tras independizarse de España, el nombre oficial del país es *Estados Unidos Mexicanos*, pero es más común llamarlo México.

Bandera de México[113]

La bandera de México tiene su escudo de armas en el centro, el mismo diseño general que se ha utilizado desde la independencia de España en 1821. El escudo mexicano se basa en la pictografía azteca de Tenochtitlan, que representa un águila con una serpiente en la garra, posada sobre un nopal en una roca que surge de un lago.

¿Qué deducciones podemos extraer tras el auge y la caída del Imperio azteca? A la hora de sopesar la importancia de su historia en la sociedad contemporánea, podemos considerar sus puntos fuertes y sus puntos débiles. Una de las claves de su éxito fue su astucia para formar alianzas brillantes. Esta habilidad puede ponerse en práctica en las organizaciones, la economía y la política actuales. A los aztecas también les impulsaba la visión: un fuerte sentido de quiénes eran y qué debían hacer. Una identidad propia sólida y la comprensión de un destino definido impulsarán a individuos, empresas y naciones hacia la grandeza. Un tercer punto fuerte era su voluntad de aprender de otras culturas, absorbiendo sus tecnologías, artesanía y conocimientos. Cuando estamos dispuestos a aprender de otras personas y otras culturas, eso nos abre puertas, nos mantiene relevantes y aumenta nuestra capacidad de adaptación y nuestras posibilidades de éxito.

Segunda Parte: La civilización maya

Una apasionante visión de la historia maya, desde la dominación de los olmecas en el México antiguo hasta la llegada de Hernán Cortés y la conquista española

Introducción

Los mayas son una de las civilizaciones más cautivadoras de la historia de Mesoamérica, con una arquitectura monumental y unas obras de arte distintivas que todavía hoy nos maravillan. Aunque los medios de comunicación populares han retratado a menudo a los mayas como pueblos primitivos que giraban en torno a espantosos sacrificios humanos, fueron una de las civilizaciones más avanzadas del mundo durante su apogeo.

Este libro pretende informar al lector sobre la realidad de la civilización maya, desde sus inicios en la costa del golfo hasta la llegada de los conquistadores españoles a la península de Yucatán. Aunque nadie podrá comprender realmente el alcance de la historia y la cultura mayas, este libro utilizará diversos recursos para ofrecer una visión general de la cronología de la civilización.

La primera parte explorará a los olmecas, a menudo llamados la «civilización madre» de las civilizaciones mesoamericanas avanzadas que vinieron después. Se tratarán los impresionantes logros arquitectónicos y artísticos, así como sus avances políticos y científicos. Estos capítulos se centrarán en gran medida en las ciudades olmecas de San Lorenzo y La Venta, así como en la ciudad epiolmeca de Tres Zapotes. En el último capítulo de la primera parte, se explorará el periodo maya preclásico: un periodo de enorme transformación y crecimiento en el corazón maya mientras la sociedad olmeca declinaba.

La segunda parte abarcará el periodo maya Clásico, cuando la civilización maya era la fuerza dominante de Centroamérica. En primer lugar, se explorará la sociedad urbana maya clásica. Se tratarán sus fascinantes creencias religiosas, su concepto del tiempo y mucho, mucho más. Estos capítulos se centrarán en gran medida en las dos mayores ciudades de las tierras bajas mayas durante el periodo clásico, Tikal y Calakmul. A continuación, se tratará el colapso de las ciudades-estado de los mayas clásicos y las numerosas teorías sobre el motivo de dicho colapso, así como el surgimiento de ciudades en el norte de Yucatán, concretamente Chichén Itzá.

La tercera parte girará en torno al periodo posclásico, cuando las poblaciones y el dominio político de los centros urbanos de las tierras bajas se dispersaron por toda la región de Yucatán. Se tratarán los mayas quiché (k'iche') de las tierras altas, la liga de Mayapán del norte de Yucatán y el reino de Petén Itzá de las tierras bajas. Esto proporcionará al lector una buena base de cómo era la sociedad maya a la llegada de los conquistadores españoles.

La cuarta parte explorará las décadas de conquista española que envolvieron la región de Yucatán. Se tratarán los numerosos conquistadores, sus expediciones y cómo afectaron a las poblaciones mayas locales.

Aunque este libro pretende ser exhaustivo, seguramente quedarán fuera muchas grandes ciudades y componentes de la vida maya. Sin embargo, su texto sirve como un gran punto de partida para los lectores que estén interesados en seguir aprendiendo sobre una de las mayores civilizaciones del mundo.

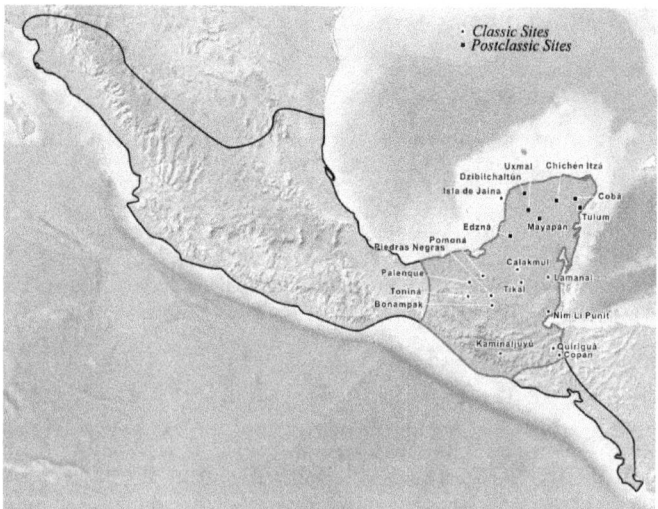

Fuente de la imagen[114]

PRIMERA SECCIÓN: LOS OLMECAS Y EL MAYA PRECLÁSICO (1400 a. C. - 250 d. C.)

Capítulo 1: San Lorenzo Tenochtitlan: La ciudad de los olmecas

Los olmecas son ampliamente considerados como la primera civilización de Mesoamérica y una de las más prominentes «culturas madre» que eventualmente se convertirían en las grandes civilizaciones maya y azteca. Hasta el siglo XIII a. C., la antigua Mesoamérica se componía en gran medida de pequeñas aldeas primitivas dispersas por toda América Central. Los olmecas avanzaron mucho más allá de los límites de una civilización primitiva de la edad de piedra y acabaron convirtiéndose en el pueblo dominante de la región de la costa del golfo de México.

Los olmecas eran unos escultores excepcionales y su arte tuvo una gran influencia en las civilizaciones mesoamericanas que surgieron en Centroamérica después de ellos. Las esculturas y la arquitectura de los olmecas han demostrado ser indispensables para entender su antigua cultura, ya que estos artefactos de piedra han sido algunos de los únicos rastros de los olmecas que han sobrevivido. No solo eran talentosos escultores y artesanos, sino que demostraron ser excelentes administradores, agricultores y diplomáticos.

Los olmecas se expandieron sobre las primitivas aldeas agrícolas y crearon grandes centros urbanos agrícolas, en los que se utilizaban avanzados métodos de riego y cultivo. El primero de estos centros urbanos fue San Lorenzo Tenochtitlan, situado a unas 38 millas del golfo de México, en el actual estado de Veracruz. (Esta ciudad no debe confundirse con la capital azteca de Tenochtitlan que surgiría muchos siglos después).

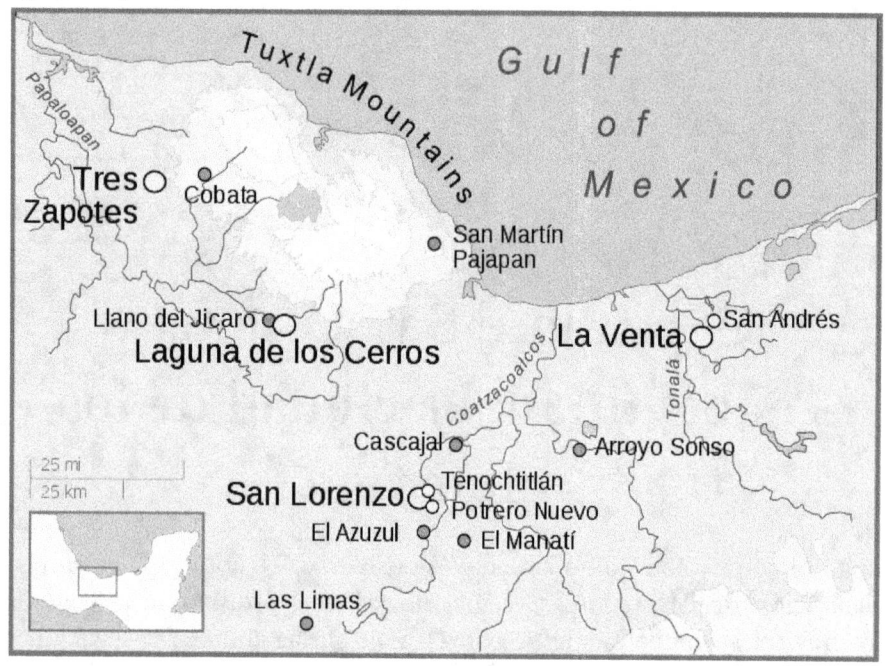

Los puntos amarillos muestran los pueblos y ciudades olmecas conocidos. Los puntos rojos marcan los lugares en los que se han encontrado artefactos o arte que no están asociados con la vivienda[115]

San Lorenzo se considera la primera ciudad olmeca avanzada y fue, con diferencia, la más próspera de la región durante el periodo Formativo temprano de la historia de Mesoamérica (1800-900 a. C.). La ciudad se convirtió en la potencia dominante de la llanura costera del golfo, lo que contribuyó a que la cultura olmeca se extendiera ampliamente a otras sociedades mesoamericanas.

La sociedad olmeca prosperó en la región durante cientos de años antes de la creación de San Lorenzo. El cercano yacimiento de El Manatí estaba en uso desde el año 1600 a. C. y prosperó como pequeña ciudad costera. La arqueología del yacimiento muestra que los colonos olmecas empezaron a llegar a la zona de San Lorenzo en torno al año 1450 a. C., y que fue creciendo hasta convertirse en una gran aldea.

Sin embargo, no fue hasta la ascensión de San Lorenzo como poder dominante de la región en el siglo XII a. C. cuando el uso de las prácticas de caza y recolección, la agricultura, la cultura olmeca distintiva y la habilidad administrativa se unieron para formar un centro urbano mesoamericano avanzado.

La ciudad tenía una estructura política socioeconómica muy parecida a la de las antiguas ciudades-estado de Europa y Asia, formada por una élite de terratenientes y una clase trabajadora campesina. Las extensas redes de comercio que conectaban la economía de la ciudad con otras comunidades mesoamericanas de la región contribuyeron en gran medida a la difusión de las diferentes culturas en toda América Central.

Entre el 1150 y el 900 a. C., San Lorenzo disfrutó de su máximo dominio en la región hasta que fue sustituida como potencia regional por la cercana ciudad olmeca de La Venta. A principios del siglo IX a. C., gran parte de la población de San Lorenzo se había trasladado a otros lugares. Aunque habría asentamientos posteriores en la ciudad, esta nunca se acercaría a la prosperidad que tuvo en su día. Muchos estudiosos especulan que esta dispersión y éxodo masivo de la población de San Lorenzo sentó las bases de la civilización maya que dominaría la región años después.

Las primeras excavaciones del sitio de San Lorenzo comenzaron en 1945 por Mathew Stirling y Philip Drucker, patrocinadas por el Instituto Smithsoniano y la Sociedad Geográfica Nacional. Stirling descubrió muchos de los primeros restos de la ciudad olmeca y sorprendió enormemente a la comunidad arqueológica al declarar que la ciudad pertenecía a una antigua civilización anterior a la maya.

Sin embargo, la mayor parte de sus hallazgos se produjeron entre el 600 y el 400 a. C., mucho después de la edad de oro de la ciudad. En 1966, Michael Coe dirigió el proyecto de la Universidad de Yale sobre las ruinas de la ciudad, y se llevaron a cabo proyectos de cartografía de excavación masiva que mostraron la verdadera cronología de la ciudad olmeca. El Proyecto Arqueológico Tenochtitlan de San Lorenzo ha dirigido la excavación de la ciudad desde 1990, y su trabajo ha permitido descubrir miles de artefactos, monumentos y patrones de asentamiento.

Paisaje de la ciudad

La ciudad estaba situada en una de las mayores regiones costeras de Mesoamérica. Estaba construida sobre un terreno elevado (160 pies de altura) rodeado de una llanura, que incluía numerosos afluentes y fuentes de agua. La ubicación de la ciudad en un terreno elevado aumentó en gran medida su densidad de población, ya que los habitantes situados en los humedales se trasladaron a la ciudad para escapar de las inundaciones. El área central de la ciudad abarcaba unos 140 acres, y se calcula que los olmecas movieron entre 50.000 y 2.000.000 de metros cúbicos de tierra por cesta para construir la ciudad.

Se calcula que 5.500 personas podrían haber vivido en la ciudad inmediata, mientras que 13.000 personas podrían haber poblado toda la región circundante. Durante el apogeo de la ciudad, esta controlaba gran parte de la cuenca del río Coatzacoalcos. Sin embargo, muchas zonas al norte y al este de la ciudad gozaban de una considerable autonomía respecto a la influencia de San Lorenzo, incluida la ciudad de La Venta.

La pesca, la caza y la recolección a lo largo de la llanura costera inundable de la ciudad fue la principal forma de sustento de la población de la ciudad durante su ascenso inicial al poder. El róbalo era el principal pescado capturado por los pescadores de San Lorenzo, y los animales acuáticos constituían alrededor del 60% del consumo de carne de la ciudad. La ciudad también dependía de muchas especies no acuáticas para alimentarse, como ciervos, aves, perros y conejos.

Aunque al principio la población de la ciudad obtenía la mayor parte de sus alimentos de los recursos de las llanuras aluviales, empezó a depender cada vez más de la agricultura a lo largo del periodo Formativo temprano. Se calcula que 30 millas cuadradas de la región se destinaron al cultivo de la cosecha principal de los olmecas: el maíz. Los habitantes de la ciudad podían producir 500 toneladas métricas de maíz al año, lo que alimentaba a unas 5.500 personas. Aunque gran parte de su sector agrícola se dedicaba a la producción de maíz, las judías y la mandioca —un arbusto leñoso también conocido como yuca— se cosechaban ampliamente en toda la región.

Las tierras agrícolas de la ciudad eran prósperas gracias a las abundantes precipitaciones de la región y a la riqueza del suelo alimentado por la costa del golfo y sus numerosas fuentes de agua. La competencia por estos suelos fértiles creó una competencia entre la población de la ciudad, que sentó las bases de la composición socioeconómica de San Lorenzo. Debido a esta competencia, se creó en la ciudad una élite de terratenientes, y el sistema económico de San Lorenzo reflejó cada vez más los sistemas de muchos reinos europeos y asiáticos.

Mientras que la élite gobernante residía en la meseta elevada de la ciudad, la mayoría de la población vivía en la ladera de la meseta. La clase dirigente vivía en grandes casas construidas sobre plataformas de arcilla, con muchas de las estatuas características de la ciudad rodeando sus casas.

El «Palacio Rojo», reservado a la élite de la ciudad, estaba hecho con suelos de tierra y paredes enlucidas con arena y manchadas de hematites. El palacio era un complejo que incluía cinco estructuras diferentes y un gran taller dedicado a las esculturas de basalto. Otras casas de la élite estaban hechas con basalto, arcilla, piedra caliza o barro.

Fuera de San Lorenzo, muchos otros asentamientos y pueblos cercanos estaban bajo la influencia directa de la ciudad. Los asentamientos cercanos de Tenochtitlan y Potrero Nuevo estaban poblados por campesinos y agricultores que eran una parte central de la producción agrícola de la ciudad. Estas pequeñas aldeas fueron muy probablemente gobernadas por miembros de la élite de la población de la ciudad. Estas comunidades más pequeñas no solo se utilizaban para la producción agrícola con el fin de alimentar a la población de la ciudad, sino también para actuar como guarniciones militares para la defensa de la ciudad.

Esto demuestra que San Lorenzo era mucho más que una ciudad olmeca agraria. Durante su apogeo, San Lorenzo se convirtió en un imperio regional que utilizó sus alrededores para fortalecerse aún más.

Los ingenieros de la ciudad también crearon un sofisticado sistema de drenaje. Un sistema de drenaje en forma de herradura, compuesto por tuberías hechas de piedra, permitía la entrada y salida del agua. Algunas pruebas apuntan a que el agua tenía un valor ceremonial y religioso en la cultura olmeca, ya que muchos de estos sistemas de agua estaban decorados con inscripciones y objetos espirituales. La ciudad también construyó diques para controlar las inundaciones alrededor de los ríos en Potrero Nuevo y El Azuzul.

<u>Esculturas</u>

La ciudad es famosa en el campo de la arqueología por las numerosas estatuas y esculturas de piedra que se han encontrado en sus ruinas. El estilo más famoso de estas esculturas se ha denominado «cabezas colosales».

Cabeza colosal 3 de San Lorenzo. Esta cabeza en particular pesa alrededor de 9 toneladas y mide 1,5 metros de alto y 1,5 metros de ancho[116]

La mayor de estas estatuas medía nueve pies de altura, y algunas llegaban a pesar 28 toneladas. Las cabezas solían estar representadas con un casco que se asemejaba a los cascos del fútbol americano de principios del siglo XX.

Se cree que estas estatuas representan seres sobrenaturales de la religión olmeca, líderes de la ciudad o venerados antepasados de las familias de la ciudad. Los arqueólogos han descubierto muchas de estas esculturas en todo el yacimiento de San Lorenzo, y se cree que existen muchas más repartidas por toda la región. La arqueología ha demostrado que en la ciudad se celebraban muchas ceremonias y rituales, y estas esculturas eran una parte importante de muchas de las ceremonias.

Más impresionante aún que las propias cabezas es el método con el que fueron construidas. Como muchos otros artefactos olmecas, se construyeron con rocas basálticas. Los constructores de las estatuas viajaban a las montañas de Tuxtla, a 65 kilómetros de distancia, para recuperar el basalto del volcán Cerro Cinotepeque. Se cree que las piedras eran arrastradas hasta el río Coatzacoalcos, donde eran transportadas en balsa hasta la ciudad. Esto demuestra la gran sofisticación de los olmecas, ya que no habría sido una hazaña fácil.

Los escultores de la ciudad no solo crearon esculturas de cabezas gigantes, sino también representaciones más pequeñas de animales regionales. Durante las primeras etapas de la ascensión de la ciudad al poder regional, los animales se utilizaban con frecuencia en las obras de arte olmecas, lo que puede indicar que el mundo animal desempeñaba un papel importante en su espiritualidad. Los escultores olmecas crearon un estilo distintivo de figurillas que representaban un híbrido de jaguar y humano. La cerámica de barro se producía y utilizaba en todos los hogares de San Lorenzo, y la evidencia arqueológica sugiere que la cerámica se exportaba ampliamente fuera de la ciudad.

Un adolescente presentando una cría de hombre-jaguar. Mide 22 pulgadas de alto y es la mayor escultura de piedra verde conocida [117]

Los talleres de escultura y cerámica estaban dirigidos por la élite, y las obras de arte se utilizaban en gran medida para legitimar y mantener la autoridad de los ciudadanos de clase alta de San Lorenzo. Las esculturas se colocaban estratégicamente en toda la ciudad, en las entradas, en las grandes plazas y en el exterior de las casas de la élite.

Los habitantes de San Lorenzo eran ávidos mercaderes y comerciaban con frecuencia con las ciudades y asentamientos vecinos. La obsidiana, que se utilizaba en gran medida para construir armas y equipos de cultivo, se compraba en nueve fuentes mesoamericanas diferentes de las tierras altas del sur de México y Guatemala.

La cerámica olmeca creada en la ciudad se ha encontrado en yacimientos arqueológicos de toda América Central, especialmente en el estado de Chiapas, en la actual frontera entre México y Guatemala. De hecho, se han encontrado más objetos olmecas en el yacimiento de Cantón Corralito, en Chiapas, que en la propia ciudad de San Lorenzo. La ciudad exportaba principalmente estos objetos, ya que no se ha encontrado evidencia en el sitio de San Lorenzo sobre la importación de cerámica u otros objetos cerámicos de culturas externas.

La mayoría de las esculturas fueron destruidas o dañadas alrededor del año 900 a. C., época en la que la ciudad comenzó su pronunciado declive. Aunque los expertos no han llegado a un consenso sobre la razón exacta de su declive, la destrucción de las esculturas puede apuntar a la conquista de la ciudad por parte de una fuerza invasora o al abandono de la población, destruyendo simbólicamente todo lo que representaba.

Vaso de cerámica con forma de pájaro; nótese el ocre rojo (un pigmento de arcilla). Esta pieza se ha datado entre el siglo XIII y el IX a. C. Se la puede ver en el Museo Metropolitano de Arte de Nueva York, Estados Unidos [118]

Decadencia

Entre el 1400 y el 900 a. C., San Lorenzo disfrutó de su máximo poder en la región, pero desde el 900 a. C. hasta el 400 a. C., la población comenzó a decaer a medida que la población se desplazaba cada vez más fuera de la ciudad. Del 300 al 50 a. C., la población disminuyó aún más hasta quedar casi desierta. La ciudad se repobló finalmente de forma escasa entre el 800 y el 1000 d. C., pero nunca volvió a acercarse a lo que fue.

Los expertos coinciden en que la ciudad decayó y fue sustituida por La Venta como potencia regional en el siglo X a. C., pero se desconoce la causa de este rápido declive. Las pruebas arqueológicas demuestran que, a partir del año 900 a. C., no se construyeron más monumentos de piedra ni otros grandes proyectos en la ciudad. Durante este periodo, la población de la meseta central de la ciudad disminuyó en un asombroso 57%.

Algunos han especulado que fue invadida por una ciudad rival o que se deterioró debido a los cambios medioambientales. El desplazamiento de los antiguos ríos cercanos alejándose de la ciudad puede haber perturbado gravemente las redes comerciales vitales de la ciudad, y una sequía que se produjo durante la época del declive puede haber provocado una disminución de las cosechas.

Estudios recientes han demostrado que durante el periodo Formativo temprano la ciudad dependía principalmente de su ubicación costera para su sustento. La caza y la recolección en la llanura aluvial atrajeron a muchos forasteros a la ciudad, contribuyeron al crecimiento de la población y crearon un sistema político que la élite utilizó para mantener la estabilidad en la región. Sin embargo, a medida que la población empezó a depender cada vez más de la agricultura, este sistema pudo empezar a desmoronarse.

Lo más probable es que la decadencia de San Lorenzo no se debiera a un único acontecimiento cataclísmico, sino más bien a circunstancias cambiantes que hicieron que su población se trasladara a otros lugares. La élite de la ciudad seguramente confiaba en la dependencia de su población del sustento de la llanura aluvial para mantener su control sobre la población, y este sistema de dependencia puede haber sido desmantelado por una mayor dependencia de la agricultura a medida que la población se trasladaba cada vez más a aldeas agrícolas aisladas en las tierras altas.

Algunos estudiosos creen que esto puede indicar que la población de la ciudad puede haber crecido cada vez más desilusionada por su gobierno y estaban más que dispuestos a salir de San Lorenzo cuando la oportunidad se presentó. Otros han conjeturado que la población de la ciudad simplemente vio más oportunidades en vivir en zonas rurales aisladas o en otros asentamientos de los alrededores, como La Venta, que eran cada vez más prósperos que San Lorenzo.

Aunque San Lorenzo nunca volvió a ser una ciudad dominante en la región después del 900 a. C., sentó las bases para las numerosas ciudades mesoamericanas que vendrían después. El éxito de la ciudad como potencia regional durante el periodo Formativo temprano demostró que los crecientes desarrollos de la tecnología, la cultura y la administración mesoamericana ya no podían limitarse a la primitiva sociedad aldeana de la Edad de Piedra. La muerte de San Lorenzo como poder regional de la costa del golfo marcó el inicio de la civilización mesoamericana avanzada en la antigua América Central.

Capítulo 2: La Venta: La ciudad isleña olmeca

El declive de San Lorenzo hacia el año 900 a. C. marcó el ascenso al poder de la ciudad vecina de La Venta en la región. La Venta disfrutaría de medio milenio de dominio regional durante el período Formativo medio (900-400 a. C.) de la historia mesoamericana antes que también fuera abandonada por gran parte de su población.

A lo largo del Formativo medio, las influencias de la ciudad de San Lorenzo se extendieron por toda América Central, ya que empezaron a surgir asentamientos más grandes y centros urbanos en toda la sociedad mesoamericana. La mayor dependencia de la agricultura significó que el sustento mesoamericano ya no dependía de la caza y la recolección, y la propiedad de tierras fértiles comenzó a transformar las estructuras de poder de la región.

A medida que estas ciudades crecían, se creaban estructuras socioeconómicas de clase, y los miembros de la élite de las ciudades exigían cada vez más artículos de lujo, que incluían desde estatuillas de piedra hasta bloques de serpentina. Esto dio lugar a una explosión de la artesanía olmeca, y muchas de las élites de las ciudades crearon activamente talleres para producir estos objetos en masa. Las redes de comercio de toda la región se utilizaron con mayor frecuencia, ya que la demanda de estos artículos hizo que las ciudades se especializaran en algunas producciones e importaran otras.

Los asentamientos no solo crecieron por el aumento de la densidad de población, sino que las prácticas culturales olmecas distintivas también se arraigaron más en la región, ya que estos centros urbanos se convirtieron en focos de una variedad de influencias culturales mesoamericanas. Ninguna otra ciudad mostró mejor esta explosión de la cultura olmeca durante el Formativo medio que la ciudad de La Venta.

Muchos arqueólogos creen que La Venta fue la mayor ciudad olmeca de la antigua Mesoamérica, tanto en población como en influencia. En comparación con el sitio de San Lorenzo, las excavaciones en La Venta indican que la ciudad arraigó el ceremonial religioso mucho más profundamente en su población. Los sacerdotes de la ciudad tenían un enorme poder en La Venta y utilizaban con frecuencia los rituales y la doctrina religiosa para mantener el control de su población. La ciudad albergaba la primera pirámide de Mesoamérica, que atraía a gente de toda la región para participar en sus ceremonias religiosas.

La Gran Pirámide de La Venta. Tiene unos 110 pies de altura y está rellena con unos 3,5 millones de pies cúbicos de tierra. Está hecha completamente por el hombre; se ha teorizado que los olmecas la construyeron para representar una montaña, que consideraban sagrada, para utilizarla en sus ceremonias religiosas [119]

Se cree que la ciudad se asentó por primera vez en el año 1750 a. C. y que fue aumentando su población hasta que la caída de San Lorenzo, alrededor del año 900 a. C., marcó su dominio regional. La ciudad de La Venta estaba situada en el plano aluvial más grande de México, y su territorio comprendía la zona entre los ríos Mezcalapa y Coatzacoalcos, en el actual estado mexicano de Tabasco. La ciudad en sí estaba situada en una isla de tres kilómetros cuadrados en un pantano costero del golfo de México.

La ciudad estaba situada muy cerca de cuatro ecosistemas distintos: marismas, manglares, bosques tropicales y el océano. Esto proporcionó a los habitantes una variedad de flora y fauna para cazar y recolectar en toda la región, aunque la agricultura comenzó a dominar cada vez más la ciudad a lo largo del periodo Formativo medio. Los habitantes de La Venta hicieron de los animales de la llanura aluvial una parte importante de su dieta y establecieron cada vez más granjas de maíz en las zonas ribereñas de la región. La ciudad contaba con amplias redes de comercio en toda la región, ya que los arqueólogos han encontrado pruebas de pequeñas guarniciones militares en regiones cercanas que protegían el comercio de la ciudad.

Los estudiosos no están seguros de qué parte de la zona circundante estaba bajo el control directo de La Venta. Se cree que el asentamiento de Arroyo Pesquero (a 20 km al sur) y la urbanización de Arroyo Sonso (a unos 35 km al sureste) pueden haber estado controlados por el gobierno de La Venta.

Al igual que San Lorenzo, la ciudad tenía una sociedad compleja de diferentes ocupaciones y clases socioeconómicas. La Venta tenía una sociedad excepcionalmente segregada, ya que a la élite se le permitía asistir a ceremonias en partes de la ciudad en las que el resto de la población no lo hacía. La mayor parte de la población de la ciudad vivía relativamente lejos de la isla central de la ciudad. Gran parte de la población de la ciudad vivía en el asentamiento cercano de San Andrés y en otros pueblos y aldeas vecinas.

La ciudad en sí fue construida en gran parte con tierra y arcilla, así como con el basalto que se transportaba desde las cercanas montañas de Tuxtla. También se han encontrado cuatro grandes esculturas de basalto con «cabezas colosales» en toda La Venta; estas se parecen mucho a las encontradas en San Lorenzo.

Conocido como Monumento Uno. Se encontró a unos cien pies al sur de la Gran Pirámide, y se puede ver hoy en día en Villahermosa. Esta cabeza en particular tiene unos nueve pies de altura, y se cree que fue creada entre el 800 y el 700 a. C.[120]

Excavaciones

Frans Blom y Oliver La Farge publicaron por primera vez detalles sobre la ciudad en 1925 durante una expedición patrocinada por la Universidad de Tulane. En un principio pensaron que habían descubierto una ciudad maya hasta que la datación por radiocarbono demostró que se trataba de una ciudad olmeca más antigua. Debido a su ubicación en la densa selva, los expertos tardaron muchos años en darse cuenta que los diferentes restos del yacimiento pertenecían a una sola ciudad.

Mathew Stirling y Philip Drucker dirigieron las primeras excavaciones del yacimiento a lo largo de la década de 1940. Estas primeras excavaciones fueron financiadas por el Instituto Smithsoniano y la National Geographic Society. Los trabajos publicados por Stirling sobre sus hallazgos en La Venta ayudaron en gran medida a los estudiosos a comprender la cultura olmeca.

La National Geographic Society volvió a financiar una expedición dirigida por Philip Drucker, Robert Heizer y Robert Squier en 1955 que se centró específicamente en las tumbas y plazas del Complejo A. El equipo de Drucker descubrió gran cantidad de artefactos, incluidos restos de cerámica olmeca y joyas de jade. También realizaron algunos de los primeros mapas de la ciudad, dividiéndola en zonas designadas. El equipo encontró un total de 53 ofrendas diferentes, que iban desde pequeñas tumbas llenas de cerámica hasta enormes fosas subterráneas llenas de grandes bloques de serpentina.

A principios de la década de 1960, la mayor parte de la ciudad seguía sin excavar, y muchos arqueólogos creían que el gobierno mexicano no se esforzaba lo suficiente por proteger el yacimiento. Las excavaciones ilegales que no eran supervisadas por profesionales, así como el establecimiento de una base de operaciones en la ciudad para una compañía petrolera, amenazaban en gran medida el futuro trabajo de los arqueólogos.

A lo largo de la década de 1960, la National Geographic Society siguió financiando las excavaciones y, en 1967, se descubrió que la forma de la ciudad trazada por los arqueólogos había sido completamente errónea debido al denso follaje de la selva que cubría gran parte de la zona. El equipo de excavación también tomó numerosas muestras de carbono para demostrar que los habitantes de la ciudad eran anteriores a la civilización maya.

El Instituto Nacional de Antropología e Historia realizó grandes excavaciones a lo largo de la década de 1980. Estos esfuerzos giraron principalmente en torno a la cartografía exacta de la ciudad y a la creación de una frontera protectora que ayudara a preservar el sitio. Desde la década de 1980, el yacimiento de La Venta ha sido objeto de continuas excavaciones y se ha convertido en uno de los sitios arqueológicos más estudiados de América, aunque todavía se enfrenta a muchos peligros que podrían impedir la realización de más excavaciones precisas.

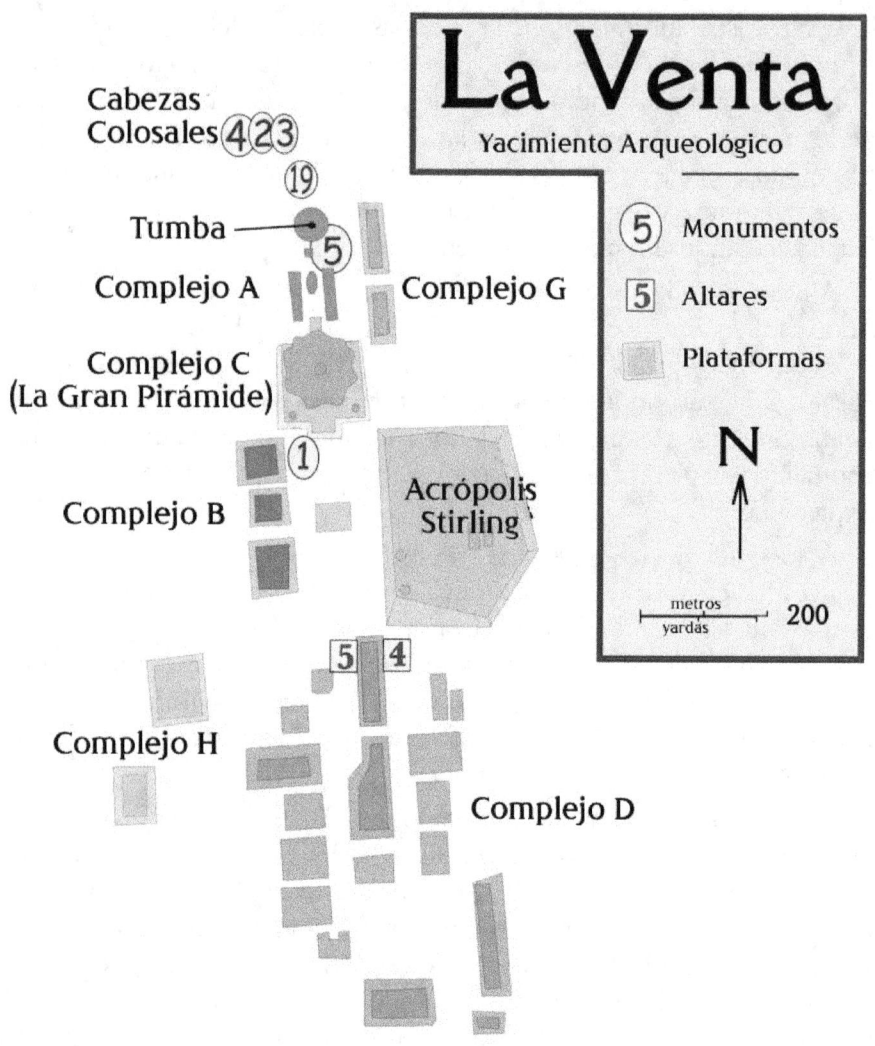

Plano del yacimiento de La Venta [121]

En 2009, 23 esculturas diferentes fueron dañadas en la ciudad por miembros de una iglesia evangélica mexicana que llevaron a cabo rituales espirituales que implicaban el vertido de agua salada, zumo de uva y aceite sobre estas esculturas, incluidas las cuatro esculturas de cabezas colosales de la ciudad. Tras el incidente, la población mexicana presionó al gobierno para que promulgara leyes de protección más estrictas.

La distribución de la ciudad

La isla central de la ciudad estaba reservada a las casas de la élite. La isla también incluía una sección sagrada restringida a la clase gobernante, la Gran Pirámide, y las plazas en el sur de la isla.

Los numerosos altares, montículos, esculturas y tumbas encontrados por los excavadores en el yacimiento de La Venta demuestran que la ciudad tenía un gran valor ceremonial para los olmecas de la región. El centro de la ciudad servía como área ceremonial masiva, con un gran número de montículos, plataformas y tumbas que apuntaban en la misma dirección, ocho grados al oeste del norte. Esta área central ha sido dividida por los arqueólogos en cuatro zonas distintas.

En el Complejo A, el más septentrional, muchos montículos ceremoniales rodean dos grandes patios que solo utilizaba la élite de la ciudad. Filas de grandes columnas de basalto separaban estas plazas de élite del resto de la población de la ciudad.

También existen numerosas tumbas construidas para los gobernantes fallecidos en esta zona. En estas tumbas se encontraron muchos adornos de jade, así como espejos hechos de mineral de hierro. Estos objetos que se dejaron por toda esta zona han resultado ser algunas de las ofrendas más valiosas de la historia temprana de Mesoamérica. Por desgracia, debido a la humedad del clima de la costa del golfo, solo unos pocos huesos han sobrevivido a los siglos. Esto ha dificultado la comprensión exacta del tipo de personas que fueron enterradas en estas tumbas.

En comparación con otros montículos y plazas de la sociedad mesoamericana posterior, los de La Venta no eran especialmente grandes; sin embargo, estaban excepcionalmente bien construidos y finamente detallados. Las plataformas, construidas en su mayoría con ladrillos de adobe, situadas por toda la plaza eran multicolores, en gran parte hechas con arenas y arcilla teñidas.

En el Complejo A, se encontraron cinco ofrendas de grandes bloques de serpentina (importados a la ciudad) en las tumbas de los gobernantes fallecidos. En muchas de estas tumbas se enterraron grandes mosaicos de pavimento decorados con arcillas multicolores, y algunos han especulado que se utilizaron para representar imágenes espirituales.

Uno de los mosaicos desenterrados; mide unos cuatro metros por cinco y está formado por casi quinientos bloques de serpentina[122]

En el lado oriental de la plaza pública del Complejo B se encuentra la Acrópolis de Stirling, una gran plataforma que se utilizaba para las ceremonias públicas y los discursos. También se encontraron tres pequeños montículos en el extremo occidental del Complejo B.

El Complejo C alberga la que fue la estructura más alta de Mesoamérica en el momento de su construcción. La Gran Pirámide de 110 pies de altura, situada en el mismo centro de la ciudad, fue construida casi en su totalidad con arcilla, y en su cima se han encontrado numerosas tumbas y altares. Desde esa cima, los espectadores podían observar toda la zona circundante, incluidas las montañas de Tuxtla, de donde la ciudad obtenía la mayor parte de su basalto.

Se cree que en esta cima se realizaban muchos rituales y ceremonias, ya que las montañas se consideraban sagradas para el sistema de creencias olmeca. Hoy en día, se parece más a una gran colina debido a siglos de erosión eólica, pero originalmente se construyó como una pirámide rectangular que tenía terrazas escalonadas a lo largo de sus lados.

Al sur de la pirámide se encontraba la plaza dedicada a las ceremonias para la población en general. Una gran plataforma se encontraba en el centro de la zona, donde se daban discursos y rituales ante grandes multitudes.

Poco se sabe del Complejo D, que parece haber sido la ubicación de los edificios gubernamentales de la ciudad. Se han encontrado veinte montículos en este complejo, y otra gran plaza en este complejo en el sur de la ciudad.

Las evidencias arqueológicas de La Venta muestran que los estilos de las obras de arte de la ciudad se transformaron gradualmente, pasando de esculturas de bulto entero que se parecían mucho a las de San Lorenzo a esculturas en relieve que empezaron a adoptar un estilo exclusivamente de La Venta.

Se cree que las cabezas colosales encontradas en La Venta fueron creadas en torno a la decadencia de San Lorenzo, lo que puede indicar que hubo una considerable polinización cruzada de estilos artísticos durante este periodo de transición. Otro estilo escultórico que se impuso durante este periodo fue la representación de figuras sentadas en grandes tronos, muchas de las cuales parecían representar a los dirigentes de la ciudad.

Los estilos escultóricos de la ciudad reflejaban en gran medida el sistema de creencias olmecas, ya que en toda la ciudad se encuentran numerosas representaciones de elementos naturales sagrados como montañas y manantiales de agua dulce. Las figuras de una deidad, a menudo representadas como híbridos animal-humano, también se encuentran en toda la ciudad.

Se encontraron siete altares de roca basáltica en toda la ciudad. Los altares 4 y 5 estaban decorados con figuras que podrían representar a una deidad espiritual o a un gobernante de la ciudad. El altar 4 muestra una figura que está dentro de una cueva o la boca de una criatura ficticia. El altar 5 muestra una figura que sostiene a un bebé híbrido humano-jaguar fallecido. Mientras que algunos han afirmado que se trata de un signo de sacrificio de niños olmecas, otros creen que describe una historia de creación de algún tipo.

Los arqueólogos Matthew Stirling y Marion Stirling en Veracruz, México[123]

Muchos de los detalles de estos altares se han desvanecido debido a siglos de erosión, pero es evidente que todos tienen importantes componentes espirituales. Los estudiosos creen que estos altares eran en realidad tronos en los que se sentaban los líderes de la ciudad durante las ceremonias y los rituales.

Artefactos

Aunque los estudiosos de Mesoamérica aún no están seguros de las prácticas y creencias religiosas exactas de los olmecas, los artefactos encontrados en La Venta han proporcionado muchas pistas sobre sus creencias espirituales. Se han encontrado muchos símbolos distintos tallados en piedras, objetos o tumbas, que podrían apuntar a símbolos utilizados en la religión olmeca. También se tallaron muchas representaciones de deidades, a menudo con características híbridas humano-animales, por toda la ciudad.

Un relieve de La Venta. Se trata de la primera representación conocida de una serpiente emplumada; se ha fechado entre el 1400 y el 400 a. C.[134]

El jade se consideraba el objeto más codiciado por la élite mesoamericana. No solo era extremadamente difícil encontrar jade en la región, sino que también era muy difícil darle forma de joya. Para fabricar una sola cuenta de jade era necesario que un joyero altamente cualificado pasara muchas horas lijando y dando forma a la roca. Solo en el Complejo A se encontraron más de 3.000 objetos de jade.

Los arqueólogos han encontrado muchos esqueletos cubiertos de cinabrio y enterrados con espejos de obsidiana, que se utilizaban para mostrar el alto estatus en la cultura mesoamericana. El predominio de estos objetos en las tumbas y en otros lugares de sepultura de los puntos neurálgicos de la ciudad muestra la inmensa riqueza de la que llegó a disfrutar la élite de la ciudad. Está claro que en La Venta, la brecha socioeconómica entre la clase dirigente y la clase campesina se había ampliado enormemente, y esta disparidad de riqueza jugó un papel decisivo en las prácticas culturales y religiosas de La Venta.

El legado de La Venta

San Lorenzo y La Venta compartían muchas características, lo que sugiere que muchas influencias y personas pueden haberse trasladado de San Lorenzo a La Venta en la época de la decadencia de la primera ciudad. Ambas ciudades tenían estilos muy similares de esculturas, cerámicas y estructuras, incluyendo las «cabezas colosales». También tuvieron un destino similar, ya que la población de la ciudad comenzó a desplazarse fuera de ella alrededor del año 400 a. C.

Aunque San Lorenzo fue la primera capital de la sociedad mesoamericana avanzada, La Venta fue la primera sociedad mesoamericana verdaderamente urbana. La Venta mostró una complejidad que empequeñecía a cualquier otra ciudad mesoamericana de la época. Tal vez lo más importante es que La Venta ha demostrado ser uno de los sitios más útiles para los arqueólogos que han tratado de entender la cultura olmeca.

A lo largo del período Formativo medio, la ciudad de La Venta actuó como mucho más que un centro de población; actuó como un centro cultural para la región que solidificó las creencias y prácticas culturales de sus pueblos. Durante la edad de oro de La Venta, los enormes proyectos de construcción llevados a cabo en toda la ciudad reflejaron la rápida expansión de la sofisticación de la sociedad mesoamericana. El predominio de los objetos sagrados y de lujo entre la élite de la ciudad, así como el modo en que el sistema de creencias olmecas estaba arraigado en el paisaje de la ciudad, muestra un enorme contraste con las pequeñas aldeas de cazadores-recolectores que componían la región solo unos siglos antes.

A finales del Formativo medio, estaba claro que la sociedad mesoamericana estaba cambiando rápidamente hacia una civilización cada vez más urbana e interconectada que giraba en torno a prácticas culturales y creencias distintivas. Sin embargo, pronto quedaría claro que la civilización olmeca no sobreviviría completamente intacta al rápido cambio del clima cultural de Mesoamérica.

Aunque los arqueólogos siguen teniendo un gran conflicto sobre muchas partes de las prácticas culturales, la espiritualidad y la vida cotidiana de los olmecas, La Venta ha arrojado luz sobre muchos aspectos del cambiante paisaje mesoamericano a lo largo del período Formativo medio. Si bien la ciudad experimentaría un misterioso declive similar al de San Lorenzo, seguiría siendo para siempre el sitio arqueológico central de la cultura olmeca y quizás la última gran ciudad del pueblo olmeca.

Capítulo 3: La decadencia olmeca y los epiolmecas

Entre el 400 y el 350 a. C., la población olmeca de las ciudades de la costa del golfo disminuyó drásticamente. Los estudiosos aún no han llegado a un consenso sobre el motivo del colapso de la civilización olmeca. Muchos creen que fue causado por factores ambientales cambiantes, que podrían haber destruido los medios de subsistencia de las comunidades olmecas, que dependían totalmente del rendimiento de los cultivos.

Un cambio en el flujo de los sistemas fluviales de la región pudo haber interrumpido tanto las operaciones agrícolas como el comercio en la región. El cambio del caudal de los ríos puede haberse producido de forma natural o por sus prácticas agrícolas, que podrían haber enturbiado los ríos. Otros expertos creen que la despoblación de la región fue causada por la actividad volcánica.

Alrededor del año 400 a. C., mientras la sociedad olmeca declinaba en la región, la cultura epiolmeca comenzó a crecer en la región occidental del corazón olmeca. Aunque muchos de los rasgos culturales olmecas se perdieron con el auge de la cultura epiolmeca, la mayoría de los estudiosos coinciden en que se trató de una transformación de la cultura olmeca y no de una ruptura directa con ella.

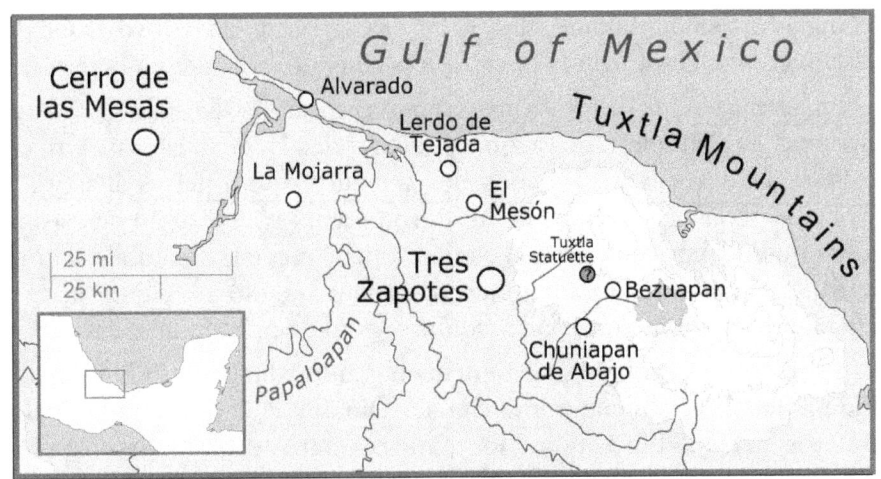

Importantes yacimientos epiolmecas [125]

El período Formativo tardío que caracterizó el surgimiento de los epiolmecas vio un gran declive en el comercio y el intercambio entre las sociedades mesoamericanas. El arte epiolmeca también era muy inferior al arte olmeca de La Venta y San Lorenzo. Las esculturas encontradas en asentamientos epiolmecas como Tres Zapotes tenían mucho menos detalle y profundidad que el arte olmeca tradicional, lo que sugiere que la artesanía adquirió un papel mucho menos importante en su sociedad.

Mientras que gran parte del gran arte olmeca de los predecesores de los epiolmecas se centraba en representar a sus gobernantes, los artistas de los epiolmecas centraron gran parte de su trabajo en plasmar acontecimientos históricos. Durante este periodo, las obras de arte y las inscripciones encontradas en los yacimientos epiolmecas empezaron a mostrar cada vez más una fecha al lado, lo que era prácticamente inédito para sus predecesores.

Estas inscripciones utilizaban en gran medida la escritura ístmica, el sistema de escritura más antiguo de Mesoamérica, que se remonta al 500 a. C. La escritura tiene muchas características de la escritura maya que se utilizaría siglos después. Se cree que la escritura se originó en el istmo de Tehuantepec y llegó a las ciudades olmecas a través de la difusión cultural y las redes de comercio de la costa del golfo.

Tres Zapotes

La ciudad más grande de los epiolmecas, Tres Zapotes, estaba situada en la parte occidental del corazón olmeca, en la actual Veracruz, en la parte occidental de la sierra de Los Tuxtlas. La ciudad se pobló hacia el año 900 a. C., en la época del ocaso de San Lorenzo, y alcanzó su máximo poder durante el siglo V a. C. La ciudad estuvo habitada hasta bien pasado el siglo IV, pero fue perdiendo su poder en la región.

La ubicación de Tres Zapotes era un lugar privilegiado para una próspera ciudad olmeca, ya que estaba rodeada de una variedad de ecosistemas y recursos. Los bosques cercanos de las tierras altas y los pantanos de las tierras bajas demostraron ser un gran terreno de caza, a la vez que proporcionaban a la ciudad muchos recursos naturales como la madera. La cadena montañosa cercana también dio a la ciudad acceso a la piedra de basalto que podía utilizarse para erigir monumentos.

Tres Zapotes también se benefició en gran medida del río Hueyapan, que pasaba directamente por la ciudad. Durante la época dorada de los olmecas, la ciudad fue uno de los grandes centros de comercio para los olmecas de la costa del golfo, y hay pruebas respecto a que la ciudad comerciaba con otras civilizaciones desde el norte de Guatemala hasta el centro de México. Sin embargo, la proliferación del comercio en la región declinaría bruscamente durante la era epiolmeca.

A partir del 400 a. C., la ciudad inició un periodo de transición de la cultura tradicional olmeca a la epiolmeca. Mientras que los logros arquitectónicos y artísticos de la ciudad empequeñecían a los de San Lorenzo y La Venta, los epiolmecas consiguieron grandes logros en el calendario mesoamericano y en el sistema de escritura, que cada vez era más sofisticado.

A diferencia de las rutas comerciales bien conectadas de La Venta y San Lorenzo, Tres Zapotes no fue un eje central de las redes comerciales mesoamericanas durante la época epiolmeca. Algunos expertos creen que el declive del comercio olmeca fue causado por la planta del cacao, ya que muchas rutas comerciales fueron desviadas hacia los comerciantes mayas de cacao. Los epiolmecas también comerciaban mucho menos con artículos de lujo de la élite, como el jade y la obsidiana, lo que indica que la riqueza material de la élite de las ciudades disminuyó en gran medida, o que los epiolmecas se vieron obligados a cambiar su enfoque del comercio de la región al sustento y la supervivencia.

Estructuras

Se han encontrado más de 150 estructuras en todo el sitio arqueológico de Tres Zapotes, la mayoría de las cuales fueron construidas en algún momento entre el 400 a. C. y el 200 d. C. Mientras que las ciudades olmecas solían tener una plaza central o un patio en el centro de la ciudad, la disposición de Tres Zapotes era mucho más dispersa. Muchas de las estructuras más famosas del sitio se encontraron bastante fuera del centro de la ciudad.

Las viviendas de la élite gobernante también estaban descentralizadas, con varias áreas reales repartidas por el sitio. Esto puede indicar que el sistema estaba gobernado por varias familias o facciones diferentes en lugar de un solo órgano de gobierno.

En los alrededores de las ruinas de la ciudad se han encontrado dos cabezas gigantes colosales, aunque son mucho más pequeñas que las encontradas en San Lorenzo y La Venta. Las esculturas encontradas en el yacimiento arqueológico de la ciudad ponen de manifiesto esta transformación, ya que las representaciones religiosas tradicionales se convirtieron gradualmente en representaciones históricas más seculares.

Monumento A de Tres Zapotes. Mide un metro y medio de alto y un metro y medio de ancho. Pesa cerca de ocho toneladas [126]

La estela C, una de las estructuras más famosas de Tres Zapotes, incluye una inscripción de uno de los poderosos gobernantes de la ciudad representado como una figura parecida a un jaguar. Pero lo más importante es que la estela incluye una fecha del calendario de cuenta larga. Aunque el calendario se había ido desarrollando gradualmente en todo el territorio olmeca, Tres Zapotes fue una de las primeras ciudades en las que se inscribió una fecha en la arquitectura. Este calendario pronto se convertiría en una parte central de la vida mesoamericana y en uno de los rasgos definitorios de la civilización maya.

A mediados del siglo III d. C., los asentamientos circundantes de Cerro de las Mesas y Remojadas sustituyeron a Tres Zapotes como ciudades dominantes de la región. A diferencia de las dos ciudades anteriores, Tres Zapotes no vio un despoblamiento repentino de sus habitantes. La ciudad permanecería poblada hasta el año 900 d. C., pero dejaría gradualmente sus influencias olmecas en su transición a la cultura clásica veracruzana.

El legado de los olmecas

Aunque el comercio ya era una parte integral de la sociedad mesoamericana antes del surgimiento de los olmecas, estos fueron los primeros mercaderes de la región en viajar regularmente a través de largas distancias para comerciar con otras ciudades y civilizaciones. Estas rutas comerciales aportaron una gran prosperidad económica a las ciudades de la costa del golfo, como San Lorenzo y La Venta, pero lo más importante es que difundieron las influencias culturales olmecas por toda América Central. Estos comerciantes también llevaron a las ciudades olmecas ideas culturales de otras civilizaciones y poblaciones. El predominio del comercio olmeca en la región hizo que Mesoamérica estuviera más estrechamente conectada y contribuyó a una gran difusión cultural entre las poblaciones.

Muchas de las creencias religiosas de civilizaciones posteriores, como los aztecas y los mayas, proceden del panteón olmeca, y muchos de ellos adoran a los mismos dioses que los olmecas siglos antes. Las figuras de humanos y jaguares que se encontraban en las ciudades olmecas se convertirían en una parte central de la religión mesoamericana posterior. Las tumbas y estructuras de muchas ciudades del maya Clásico representaban a sus gobernantes divinos como figuras de jaguar que se asemejan mucho a las representaciones olmecas.

Los artistas, artesanos y arquitectos olmecas realizaron quizás los logros más impresionantes de la sociedad mesoamericana temprana. Las colosales e intrincadas estructuras que se encontraban en las ciudades olmecas empequeñecían todo lo que se había construido antes en Centroamérica. Aunque algunos diseños, como las cabezas colosales, quedarían en el pasado, las civilizaciones que vinieron después de los olmecas utilizaron ciudades como San Lorenzo como ejemplo de lo que debía ser un centro urbano poderoso.

A los olmecas se les atribuye la creación del primer sistema de escritura solidificado de Mesoamérica. También hicieron grandes progresos en la creación de un sistema calendárico preciso y en la cartografía del sistema solar. Estas tres innovaciones olmecas serían perfeccionadas y ampliadas gradualmente por los mayas.

A principios del siglo V a. C., los epiolmecas surgieron como una civilización de transición, ampliando las innovaciones y los fundamentos de sus predecesores y dejando en el pasado otras ideas culturales anticuadas. La civilización zapoteca, al sur, en la costa del Pacífico, la gran ciudad de Teotihuacán, en el valle de México, y la civilización maya del Yucatán, al este, pronto se convertirían en los pueblos dominantes de Mesoamérica.

Mientras que los olmecas se desvanecerían gradualmente en el fondo distante del orden político de la región, estas civilizaciones construirían continuamente sobre lo que creó la primera civilización avanzada de Mesoamérica.

Capítulo 4: La era maya Preclásica

Mientras la sociedad olmeca de la costa del golfo se transformaba gradualmente en la cultura clásica veracruzana, al este, los pequeños asentamientos de la península de Yucatán eran cada vez más grandes. Aunque estas pequeñas ciudades tenían muchas características de los olmecas, comenzaron a desarrollar muchas características culturales propias. A medida que las ciudades olmecas del golfo iban decayendo poco a poco, los mayas de Yucatán se iban convirtiendo en la mayor civilización de Centroamérica.

El periodo Preclásico maya incluye el establecimiento de asentamientos permanentes alrededor del inicio del primer milenio a. C. hasta el periodo clásico, alrededor del año 250 d. C. El periodo preclásico se divide en Preclásico temprano (antes del 1000 a. C.), Preclásico medio (1000-400 a. C.) y Preclásico tardío (400 a. C.-250 d. C.). Las mayores ciudades del Preclásico fueron El Mirador, Cival, San Bartolo, Seibal, Nakbe y Uaxactun.

En las décadas previas al inicio del periodo Clásico, en el año 250 d. C., se produjo un «colapso Preclásico», cuando muchas de las ciudades que florecieron durante el periodo Preclásico se despoblaron rápidamente. Esto crearía una dispersión masiva de sus poblaciones, que se trasladaron a otras ciudades que se convertirían en los grandes centros urbanos del periodo Clásico.

<u>La península de Yucatán</u>

Durante la edad de oro olmeca, los asentamientos mayas se fueron haciendo cada vez más complejos en toda la península de Yucatán, que acabaría convirtiéndose en el corazón maya. La península se compone en gran parte de llanuras de tierras bajas con una densa selva tropical que tiene muy pocas regiones accidentadas o montañosas.

Las regiones más septentrionales de la península reciben muchas menos precipitaciones que las demás regiones, lo que hace que las ciudades del norte sean especialmente susceptibles a la sequía. El suelo de las regiones del norte y del noroeste, en la llanura costera, es en gran parte de piedra caliza, y esta región de la península tiene una plétora de sistemas de cuevas naturales de piedra caliza creadas por la erosión de las lluvias. La región también es conocida por sus enormes sumideros, que se crean cuando estos sistemas de cuevas se derrumban.

La región noreste es conocida sobre todo por sus vastas llanuras pantanosas, que servían de gran frontera defensiva entre otras regiones de la península. La llanura costera del norte tenía muy pocos sistemas fluviales, y la mayoría de los ríos de la península se encontraban en las tierras bajas y altas del sur.

La cuenca del Petén, situada en las tierras bajas centrales, se caracteriza por una gran variedad de rasgos topográficos, como densos bosques tropicales, pantanos y lagos. La precipitación anual en toda la península es de 43 pulgadas, con la estación húmeda de junio a septiembre y la estación seca de octubre a mayo. La región del Petén recibe la mayor cantidad de lluvia de la península, lo que contribuyó a que se convirtiera en la región dominante para las grandes ciudades del periodo Clásico.

<u>El Preclásico temprano</u>

Se ha demostrado que la agricultura existía en las tierras bajas mayas desde el año 3.000 a. C. Lo más probable es que se tratara de poblaciones nómadas o poco pobladas que fueron creando aldeas permanentes. La caza y la recolección eran la principal fuente de sustento de los mayas del Preclásico, aunque el cultivo del maíz se convirtió cada vez más en la fuente de alimentación dominante.

Durante este periodo se empezó a crear cerámica, con muchos estilos tomados de los olmecas y otras culturas mesoamericanas vecinas. Los mayas del Preclásico temprano mantuvieron una estrecha relación comercial con los olmecas, y se produjo una inmensa difusión cultural entre ambas culturas.

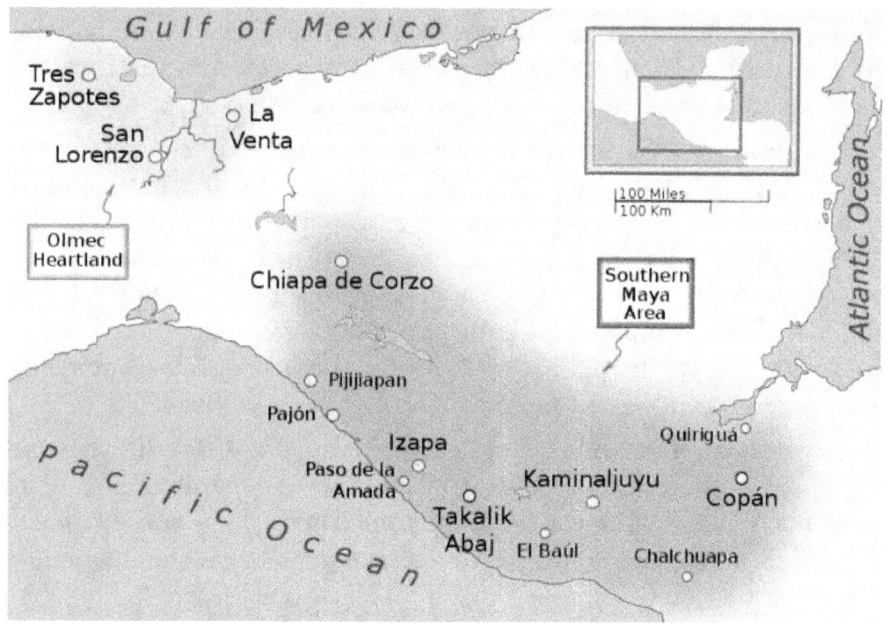

Un mapa de las principales ciudades mayas del sur [197]

El Preclásico medio

A principios del primer milenio a. C., la ciudad de Aguada Fénix era un próspero centro urbano en Tabasco. La construcción de Aguada Fénix marcó el inicio de los asentamientos agrarios permanentes del pueblo maya. Hasta la construcción de la ciudad, los mayas de la región eran en gran medida nómadas y no producían una cantidad significativa de cerámica.

El registro arqueológico señala este momento de la historia maya como una época en la que se produjo con más frecuencia cerámica maya distintiva y los asentamientos se hicieron más grandes y más poblados. Este periodo de transformación marcó el inicio de las ciudades-estado mayas que pronto dominarían la región.

El comercio entre diferentes regiones y asentamientos se hizo más frecuente, y el intercambio de artículos de lujo, como el jade y los artefactos de obsidiana, aumentó enormemente. Los proyectos de infraestructura, como los canales y los sistemas de riego, también se hicieron más grandes y complejos.

Los pequeños asentamientos del Preclásico adoptaron cada vez más las características organizativas de las grandes ciudades, como tener grandes plazas en su centro y una amplia gama de monumentos y estructuras ceremoniales. Muchos de los proyectos arquitectónicos de este periodo se inspiraron en las ciudades olmecas cercanas, como La Venta y San Lorenzo.

Las pruebas también apuntan a un aumento de la guerra durante este periodo, ya que las armas mayas mejoraron mucho y los reyes fueron representados cada vez más como figuras guerreras. También se han descubierto fosas comunes datadas en este periodo que muestran evidencias de la ejecución de prisioneros de guerra.

El Preclásico tardío

En el Preclásico tardío, la ciudad de Kaminaljuyú controlaba gran parte de las tierras altas mayas, mientras que la ciudad de El Mirador controlaba las tierras bajas. Existen pruebas que los mayas de las tierras altas empezaron a expandirse hacia el norte, hacia las tierras bajas del sur y del centro durante este periodo, donde pronto surgirían las grandes ciudades del periodo Clásico.

Muchas de las prácticas culturales y creencias olmecas inspiraron a los mayas, mientras sus propias prácticas culturales distintivas se volvían cada vez más complejas. A lo largo del Preclásico y hasta el Clásico, el pueblo maya comenzó a crear una civilización que cada vez tenía más características propias que se separaban de las tradiciones olmecas del golfo y empezaban a crear una cultura maya distintiva. En el Preclásico tardío se construyeron las emblemáticas pirámides escalonadas mayas en algunas ciudades, lo que indica que la espiritualidad y la religión se convirtieron cada vez más en una parte integral de la vida urbana.

Escultura maya del Preclásico tardío encontrada en Kaminaljuyú [138]

La agricultura del Preclásico

A muchos estudiosos les ha desconcertado el tamaño de la población de las ciudades mayas del Preclásico y el Clásico en toda la península de Yucatán. Las ciudades de las tierras bajas estaban situadas en uno de los lugares más improbables del mundo para una civilización agrícola avanzada. La península de Yucatán y sus alrededores estaban llenos de densas selvas tropicales, suelos infértiles, impenetrables tierras pantanosas y graves sequías estacionales.

Al igual que los primeros olmecas, los mayas pasaron gradualmente de pequeños asentamientos de cazadores-recolectores a grandes asentamientos de agricultores centrados en el cultivo del maíz. Aunque el maíz era el principal cultivo de los mayas, los agricultores mayas también cultivaban frijoles, calabazas y muchos otros cultivos.

A pesar de no tener la ventaja de las herramientas metálicas y los animales domesticados que tenían los agricultores contemporáneos de Europa, los mayas eran unos de los agricultores más avanzados de su tiempo. Los mayas utilizaban sobre todo técnicas agrícolas de tala y quema. Este método consistía en talar una zona boscosa determinada y luego quemarla. Los cultivos se plantaban en la tierra cenicienta, rica en nutrientes, de la zona quemada. Después de utilizar esta zona quemada varias veces, se trasladaban a un nuevo terreno para permitir que la zona se regenerara. Este método resultó ser muy eficaz para los mayas, aunque a medida que las ciudades del Clásico crecían, también contribuía a una fuerte deforestación de las tierras bajas.

Los mayas también utilizaron complejas técnicas de irrigación y terrazas aprovechando los numerosos pantanos dispersos por la región de Yucatán. Los ingenieros mayas utilizaron métodos ingeniosos para desviar las fuentes de agua de los pantanos hacia canales para crear tierras de cultivo más fértiles. En las tierras altas y montañosas, a menudo se excavaban terrazas en las laderas de las montañas para cultivar maíz.

El género también desempeñaba un papel importante en la sociedad agrícola maya. Mientras los hombres cuidaban los campos, cazaban y luchaban en las batallas, las mujeres se encargaban de la gestión del hogar y de las tareas domésticas.

En el periodo clásico, la agricultura maya y la gestión del agua se habían vuelto extremadamente eficientes y podían mantener a grandes poblaciones urbanas. El excedente de las cosechas y el crecimiento de la población, que podía fabricar artículos de lujo como la cerámica, hicieron que aumentara el comercio en toda la sociedad maya.

El Mirador utilizaba un sistema de recogida de agua; arriba se pueden ver los frisos de estuco que lo adornaban[129]

El Mirador

No hay mejor ejemplo de los ingeniosos métodos utilizados en la agricultura del Preclásico que El Mirador. La ciudad de El Mirador fue la gran ciudad de las tierras bajas mayas durante el Preclásico tardío. Floreció como eje comercial de la región desde el año 300 a. C. hasta el siglo I d. C.

El Mirador estaba rodeado de muchos pantanos húmedos, lo que convirtió a la ciudad en uno de los centros agrícolas más eficientes de la región. Los agricultores llevaban cientos de toneladas de barro de las zonas pantanosas y lo utilizaban para crear terrazas en todas las granjas de la ciudad. El pH del suelo se aumentó añadiéndole cal, lo que permitió que el suelo de la región, carente de nutrientes, pudiera cultivar una gran variedad de productos.

Alrededor del comienzo de la Era Común, El Mirador y muchas otras ciudades vecinas vieron un éxodo masivo de su población como parte del «colapso del Preclásico». Los estudios medioambientales han demostrado que la región que rodea a El Mirador estaba muy deforestada en la época del colapso. Una gran parte del bosque circundante fue talado para producir cal y para otros proyectos arquitectónicos.

Con la ausencia de árboles en la región, gran parte del suelo, carente de nutrientes, dejó de ser retenido por la vegetación natural y fue arrastrado a las tierras pantanosas por las fuertes lluvias. El barro rico en nutrientes de los pantanos, que en su día sirvió de ingrediente secreto para el auge agrícola de la ciudad, fue cubierto por capas de tierra de los alrededores.

Arquitectura preclásica

La cronología de la arquitectura maya muestra la gran progresión de su civilización. Desde sus raíces en comunidades aldeanas de la edad de piedra, en el Preclásico tardío los mayas construyeron algunas de las estructuras más grandes y complejas de Mesoamérica. Los numerosos e impresionantes monumentos y edificios de las ciudades del Clásico de las tierras bajas se construyeron predominantemente con piedra caliza, mientras que en las ciudades de las tierras altas se utilizó sobre todo piedra arenisca y rocas ígneas.

Una foto de La Danta, un templo situado en El Mirador. Tiene una altura de unos 236 pies y está considerada como una de las mayores pirámides del mundo[130]

Aunque al principio los mayas construyeron estructuras por necesidad para mantener a su creciente población, la arquitectura de las tierras bajas empezó a caracterizarse cada vez más por elementos que promovían el orden político y religioso de la ciudad. La arquitectura se decoró cada vez más con jeroglíficos e inscripciones de dioses mayas, acontecimientos históricos y gobernantes poderosos. La clase dirigente utilizó la arquitectura de la ciudad para solidificar su poder divino haciendo de la religión una parte integral de sus ciudades.

A lo largo del periodo Clásico, los gobernantes mayas quedaron inexorablemente vinculados a su arquitectura. El elemento religioso de estas estructuras se hizo eco de la creencia de que estas grandes ciudades fueron construidas por gobernantes divinos que fueron puestos en el trono por los dioses. Se construyeron esculturas, monumentos, inscripciones y templos sagrados que representaban a los gobernantes del pasado, subrayando la divinidad y la importancia histórica de la dinastía gobernante. En los ejemplos en los que los estudiosos creen que la población de las ciudades derrocó a sus gobernantes en una revolución o revuelta, muchas de estas estructuras y monumentos sagrados fueron desfigurados y dañados a propósito.

Aparte de la utilidad política y práctica de estas estructuras, también tenían un gran significado astronómico y religioso. Muchas de las grandes estructuras de los centros urbanos mayas se construían orientadas hacia una dirección cardinal. El norte y el sur representaban los cielos y el inframundo, mientras que el este y el oeste se asociaban con la salida y la puesta del sol.

En el centro de casi todas las ciudades del maya Clásico había grandes plazas, normalmente rodeadas por las pirámides y otras grandes estructuras de la ciudad. Estas plazas servían para que la población se congregara y observara grandes ceremonias. Las diferentes partes de las ciudades estaban conectadas por calzadas, que eran calles anchas hechas de piedra o madera. Estas calles desembocaban en la plaza central y conectaban la ciudad con los asentamientos exteriores con los que se mantenía una relación comercial o política.

Los arquitectos del maya Clásico tomaron prestados muchos estilos arquitectónicos diferentes de toda Mesoamérica. El estilo elegido a menudo reflejaba un sistema de alianzas, una relación comercial o un trasfondo cultural con otra ciudad. Por ejemplo, la gran ciudad maya de Tikal tenía muchos diseños arquitectónicos que reflejaban los estilos de la ciudad de Teotihuacán, en el centro de México. La similitud de la arquitectura refleja la estrecha relación entre las dos ciudades, ya que Teotihuacán conquistó Tikal en el periodo Clásico temprano y mantuvo una fuerte conexión cultural con la ciudad durante todo el apogeo político de Tikal.

Muchas ciudades de las tierras bajas mayas también tenían estilos arquitectónicos que reflejaban la ciudad tolteca de Tullán en el centro de México. Algunas pruebas han demostrado que los toltecas invadieron algunas regiones del corazón maya durante los periodos Clásico terminal y Postclásico. El estilo arquitectónico Puuc que se observa en ciudades como Chichén Itzá tiene sus raíces en el centro del corazón maya de Yucatán. Utilizaba un estilo geométrico repetitivo que a menudo incluía figuras enmascaradas de los dioses mayas.

Un ejemplo del estilo Puuc. Este edificio en particular se encuentra en Uxmal[131]

La mayor parte de la población maya vivía en aldeas con tejados de paja y una o dos habitaciones, mientras que la élite real vivía en complejos palaciegos de varias habitaciones. Los complejos de la élite crecieron mucho a lo largo del periodo Clásico y, en el siglo IX, muchos de ellos tenían sus propios patios y suministros de agua.

Un ejemplo de casa tradicional maya[132]

Mientras que la población maya de a pie enterraba a sus familiares fallecidos en pequeñas tumbas cerca de sus casas, la realeza era enterrada en elaboradas tumbas y templos. Las prácticas de sepultura de una figura de élite dependían de lo poderoso que fuera el gobernante. La mayoría de los gobernantes eran enterrados con objetos valiosos y sagrados, como el jade, en tumbas decoradas situadas en una parte de la ciudad dedicada a la conmemoración de la élite fallecida. Los gobernantes más poderosos tenían templos y pirámides enteras dedicadas a ellos, y muchas de ellas incluían una representación visual del gobernante, su nombre y la hora de su muerte.

Las grandes pirámides escalonadas se consideran hoy en día el símbolo icónico del maya Clásico. Estas pirámides estaban dedicadas en gran parte a los gobernantes fallecidos, y en la cima de las escaleras se llevaban a cabo muchos rituales en honor a los dioses.

Muchas de las grandes estructuras construidas por los mayas, incluidas las pirámides escalonadas, se construían y reconstruían continuamente. Cuando una estructura empezaba a quedar obsoleta, se construía una nueva estructura en el exterior de la misma. Esto permitía a los gobernantes mayas construir edificios aparentemente nuevos que poseían los sólidos cimientos de la estructura anterior.

Los mayas del Clásico también construyeron algunos de los primeros sistemas avanzados de gestión del agua del mundo, con enormes depósitos que recogían el agua de lluvia para sus ciudades. Como la región estaba constantemente bajo la amenaza de las sequías estacionales y tenía muy pocas fuentes ribereñas, las poblaciones mayas del Clásico llegaron a depender en gran medida de estos embalses urbanos.

Los mayas urbanos erigieron miles de «estelas», losas de roca en las que a menudo se inscribían acontecimientos históricos, representaciones religiosas o retratos de gobernantes. Muchas de las estelas incluían fechas de los calendarios mayas, que han ayudado mucho a los arqueólogos a crear una línea de tiempo para la historia maya.

Colapso del Preclásico

El colapso del Preclásico se produjo alrededor del año 100 d. C., y los estudiosos aún no han llegado a un consenso sobre las causas de la rápida despoblación de las ciudades del Preclásico. Las pruebas científicas apuntan a una serie de sequías que envolvieron la región durante este periodo, lo que puede haber provocado un suministro de agua inadecuado para la creciente población urbana. También existen pruebas sobre muchas de las ciudades del Preclásico habían sido fuertemente deforestadas en el primer milenio d. C., y sus suministros de agua habían sido fuertemente contaminados por la escorrentía urbana.

Sean cuales sean las causas, este colapso de las ciudades del Preclásico preparó el terreno para el auge de la población en las tierras bajas del sur y del centro que caracterizaría el periodo Clásico.

A medida que las poblaciones de las ciudades preclásicas como El Mirador se derrumbaban, las ideas y la cultura se dispersaron por toda la península de Yucatán. Esta dispersión de los mayas por todo Yucatán creó una inmensa difusión cultural, ya que los mayas comenzaron a asentarse en los pueblos que pronto se convertirían en las mayores ciudades de Mesoamérica.

SEGUNDA SECCIÓN: LA ÉPOCA MAYA CLÁSICA (250-900 d. C.)

Capítulo 5: La sociedad maya Clásica

El periodo Clásico de la civilización maya fue el apogeo de los logros culturales, científicos y políticos de los mayas. Las ciudades de Tikal, Calakmul, Palenque y Copán se convirtieron en las grandes ciudades de la civilización maya. Durante este periodo, los mayores monumentos y templos que definen la civilización actual fueron construidos por gobernantes divinos que gobernaban grandes imperios políticos regionales. Los gobernantes del periodo Clásico asumieron un liderazgo secular y un papel espiritual que los proclamaba como figuras divinas ordenadas por los dioses.

El periodo Clásico se divide en tres periodos distintos: Durante el Clásico temprano (250-550), los centros urbanos de las tierras bajas del sur y del centro se convirtieron en las ciudades dominantes de la civilización maya. En el Clásico tardío (550-830) estas ciudades alcanzaron su máximo nivel de población, arquitectura y poder político. En este periodo se produjeron constantes guerras en las tierras bajas, ya que se produjo una lucha de poder entre las grandes ciudades y sus alianzas. El Clásico terminal (830-950) fue la época del «colapso del maya Clásico», cuando estas ciudades fueron rápidamente abandonadas por sus habitantes, para no volver a ser densamente pobladas.

Sistema político de los mayas clásicos

A diferencia de la civilización azteca, que tenía un gobierno centralizado en su capital de Teotochtitcal, las ciudades de la civilización maya actuaban como estados independientes que actuaban de forma autónoma. Se formaron vastos sistemas de alianzas en todo el territorio maya que vinculaban a estas ciudades con lazos culturales, alianzas militares o socios comerciales.

Las ciudades más poderosas también tenían bajo su control ciudades vasallas más pequeñas, que solían pagar tributos a la ciudad más grande a cambio de protección militar y acceso a las redes comerciales. Dentro de las ciudades del periodo Clásico, los sistemas políticos urbanos mayas giraban en torno a gobernantes hereditarios que creían que los dioses los elegían para gobernar sus poblaciones.

Los mayas del Clásico tenían cuatro niveles socioeconómicos. Los reyes y la alta realeza de las ciudades más grandes, como Tikal y Calakmul, eran considerados la clase más alta de la sociedad maya. Luego estaban los líderes de los estados vasallos más pequeños, que eran considerados aliados militares cercanos y socios comerciales de la ciudad más grande. A continuación estaban los asentamientos de las aldeas, gobernados por la nobleza regional. Por último, las aldeas situadas en la periferia de la sociedad urbana maya, que se dedicaban exclusivamente a la agricultura o a algún otro tipo de producción de bienes a pequeña escala.

Los reyes poderosos en las ciudades mayas no se hicieron comunes hasta alrededor del siglo IV d. C., cuando se empezaron a erigir grandes estelas en todas las zonas urbanas que conmemoraban a la realeza de la ciudad. La realeza se consideraba a medio camino entre los humanos y los dioses, y creía que tenía el deber sagrado de actuar como intermediario entre ambos.

Existen ejemplos de reinas que gobernaban ciudades, pero esto solo solía ocurrir cuando no había un heredero masculino adecuado para el trono. Los jóvenes de las familias reales que estaban destinados al trono solían ser líderes militares y dirigían campañas contra ciudades-estado enemigas.

Se esperaba que los reyes estuvieran en el campo de batalla y dirigieran personalmente a sus tropas. La captura de la realeza enemiga era una de las partes más importantes de la guerra maya. Los reyes o nobles capturados no siempre eran ejecutados, pero muchos eran sacrificados en grandes ceremonias rituales.

Los enormes y fastuosos palacios donde residían las familias reales eran una parte ineludible de los centros urbanos del maya Clásico. Estos palacios solían construirse en la plaza central de la ciudad, cerca de los grandes templos y otras grandes estructuras.

A lo largo del periodo Clásico, la realeza de las ciudades mayas vivió cada vez más lujosamente. Los pequeños y modestos palacios del Clásico temprano acabaron convirtiéndose en elaborados complejos en el Clásico terminal. Muchos estudiosos han apuntado a la revolución o al derrocamiento de la clase real debido a la creciente desigualdad de ingresos como posible razón del colapso de las ciudades del Clásico. Tendría sentido que una población que se encontraba cada vez más en una situación desesperada se resintiera contra una clase dirigente divina que vivía tan extravagantemente ante sus ojos en el centro de su ciudad.

Religión

Es imposible visitar las ruinas de las ciudades del maya Clásico hoy en día sin notar la evidencia de un complejo sistema de creencias espirituales. Los dioses de los mayas desempeñaban un papel integral en toda su sociedad, desde la agricultura hasta el gobierno divino de los reyes. La espiritualidad de los mayas giraba en torno a la creencia de que el mundo entero estaba envuelto por «k'uh», que se traduce como «sagrado».

Los sacerdotes mayas se encargaban de supervisar el orden religioso de su sociedad. Esto implicaba realizar ceremonias y observar el cielo para descifrar la «voluntad de los dioses».

Algunos mayas daban al sol y a la luna caracteres distintos, siendo el sol una figura masculina y la luna femenina. Creían que los dioses habían colocado el sol y la luna en la tierra, pero que habían sido llevados a los cielos como castigo debido a la infidelidad de la luna femenina.

La muerte era una parte importante de la religión maya, especialmente para los gobernantes. Se dedicaban secciones enteras de las ciudades a enterrar y conmemorar a los gobernantes fallecidos. Los mayas creían que el alma viajaba a los infiernos después de la muerte, que a menudo se representa como un lugar oscuro gobernado por dioses parecidos a los jaguares.

Los mayas creían que el tiempo funcionaba de forma cíclica en lugar de lineal. Creían que habían existido diferentes mundos antes que ellos, y que muchos otros existirían después. Creían que su mundo llegaría a un final abrupto un día, y los dioses crearían un nuevo mundo.

Aunque la práctica de los sacrificios humanos es ciertamente exagerada en los medios de comunicación populares que describen a los mayas, se practicaba ampliamente en las ciudades del Clásico. El derramamiento de sangre humana se consideraba una ofrenda divina y necesaria para los dioses. Los prisioneros de guerra y los gobernantes de las ciudades rivales eran los pueblos más sacrificados.

La creación del universo es uno de los componentes más importantes de la religión maya. Al principio, el cielo y la tierra estaban unidos entre sí, y no había espacio para que existiera vida alguna en el planeta. Los dioses plantaron un gran árbol en la tierra para elevar el cielo y crear espacio para la existencia de la vida. Mientras el árbol crecía, sus raíces se extendían hasta las profundidades del inframundo, y sus ramas llegaban hasta el mundo superior. Los animales y la vegetación comenzaron a habitar la Tierra, pero los dioses se disgustaron porque no había seres avanzados que pudieran utilizar la comunicación verbal para alabarlos, así que crearon a los humanos.

La historia de la creación maya

Los mayas creían que vivían en la tercera creación cíclica del universo y que las dos anteriores habían sido destruidas. Creían que la suya también acabaría siendo destruida por los dioses.

En la primera creación del universo, las personas estaban hechas completamente de barro, lo que significaba que no podían moverse ni pensar de forma crítica. Los dioses se disgustaron con los seres de barro y destruyeron el mundo con inundaciones de agua hirviendo. Los dioses entonces hicieron a los humanos de madera. Aunque eran mucho más productivos y avanzados que la gente del barro, no tenían alma y no alababan a sus dioses. Al igual que la población anterior, los dioses los destruyeron con agua. Se cree que los seres que de alguna manera fueron capaces de sobrevivir a estos dos universos eran monos.

Los humanos modernos fueron creados en la tercera creación, cuando los dioses decidieron hacer los seres con masa hecha de maíz y la sangre de los dioses. Los dioses consideraron que los cuatro seres que crearon eran demasiado inteligentes y temieron que los derrocaran y tomaran el control del universo. Los dioses decidieron difuminar sus mentes para que fueran menos divinos e inteligentes.

La destrucción del universo se produjo cuando los seres dejaron de adorar a sus dioses. Esto hizo que los mayas tuvieran que hacer del culto religioso un componente central de la sociedad de forma continua y enfática.

Panteón y mitología

El panteón maya está compuesto por una larga lista de deidades divinas que cubren casi todos los componentes de la vida del pueblo maya. Aunque muchas de las deidades eran parte universal de las creencias religiosas de todo el pueblo maya, el panteón podía cambiar significativamente según la región. Como se ve a continuación, muchos de estos dioses tenían características similares. La dependencia de los mayas a la lluvia y la agricultura para su supervivencia hizo que el sol, la lluvia y los símbolos meteorológicos, como el rayo, fueran temas recurrentes en el panteón.

Itzamná es considerado el principal creador del universo y a menudo es representado como una iguana o una figura anciana. También era el dios de la sabiduría, la escritura y el conocimiento. Además se le consideraba uno de los dioses del sol más importantes. Su esposa, Chebel Yax, también es representada a menudo como una figura parecida a una iguana. Ambas figuras están consideradas como dos de las deidades de mayor rango del panteón maya.

Una representación de Itzamná[133]

A Huracán, la deidad del viento y del cielo, también se le atribuye ser uno de los creadores del universo para los mayas de las tierras altas. Se le representa como un dios con una sola pierna que a menudo sostiene un rayo.

K'inich Ajaw era uno de los dioses solares más poderosos de la religión. Los dioses del sol se consideraban unos de los más poderosos y sagrados debido a la dependencia de los mayas a la agricultura y el agua dulce: si había poco sol, las cosechas no crecían, y si había demasiado sol se producían graves sequías que devastarían la región. Cada día, nacía en el este cuando salía el sol y envejecía a lo largo del día hasta que el sol se ponía en el oeste. Cuando el sol desaparecía más allá del horizonte, se convertía en una figura parecida a un jaguar y se convertía en un guerrero del inframundo

Hun H'unahpu se considera la más importante de las deidades, ya que era el dios del maíz, el alimento central de Mesoamérica. La mayoría de las veces se le representaba como un hombre joven con el pelo largo. El segundo dios más importante era Chak, el dios de la lluvia. Chak se representa a menudo como un híbrido de hombre y reptil. Los mayas creían que tanto Chak como Hun H'unahpu necesitaban sangre humana.

K'awiil es descrito a menudo como el dios de la realeza y del rayo, y se le representa con un rayo en la mano. Ah Puch, también llamado Kisim, es el dios de la muerte y se le suele representar como una figura esquelética en descomposición. A menudo se le representa sosteniendo un búho, que se consideraba un mensajero intermediario entre la Tierra y el inframundo.

Akan es otro dios de la muerte que se asocia específicamente con la bebida y la enfermedad. A menudo se le representa vomitando y sosteniendo vino, y en algunas representaciones se corta la cabeza. Ix Chel es el dios del arco iris, a menudo representado con un tocado de serpientes. Representa la feminidad, junto con el parto y la fertilidad, y a menudo se la representa con imágenes de la luna.

La ceiba, una especie de árbol tropical originario de América Central, era sagrada para los mayas. En las inscripciones mayas se cita a menudo la ceiba como el árbol de la historia de la creación que los dioses plantaron para separar la Tierra de los cielos. Su papel esencial en la historia de la creación lo convirtió en el símbolo del universo para los mayas. Las inscripciones del árbol describen sus raíces descendiendo hacia el inframundo, mientras que su gran tronco representaba la existencia de la Tierra en el mundo medio, y sus ramas llegaban hasta el mundo superior. Existen representaciones del árbol en los códices y en muchas inscripciones y murales encontrados en las ciudades mayas del Clásico.

Ejemplo de un árbol de ceiba; esta foto fue tomada en Chiapas, México [134]

Los puntos cardinales eran importantes para los mayas, especialmente el este y el oeste, debido a la salida y puesta del sol. Cada dirección tenía un color diferente: el norte era blanco, el este era rojo, el sur era amarillo y el oeste era negro. A los dioses particulares se les asignaban estas direcciones, y muchos templos, tumbas y santuarios se construían perfectamente orientados hacia una dirección cardinal debido a su significado espiritual.

Los mayas creían que el universo existía en tres niveles. El mundo medio es la Tierra, mientras que los dioses habitan el mundo superior y el inframundo. El mundo superior contenía trece niveles, mientras que el inframundo estaba compuesto por nueve niveles.

El inframundo, llamado «Xibalbá» por los k'iche de las tierras altas y «Mitnal» por los yucatecos, era importante para el sistema de creencias maya. El inframundo estaba gobernado por una serie de dioses aterradores y sedientos de sangre que ascendían periódicamente a la tierra para traer la muerte y la destrucción a la humanidad. Las almas entraban en el inframundo a través de una caverna subterránea llena de agua o a través del cielo y se encontraban con un paisaje infernal de escenas y criaturas espantosas.

Astronomía

Es imposible hablar de las creencias religiosas de los mayas sin mencionar su relación con la astronomía. Los mayas eran unos de los astrónomos más avanzados del mundo y eran capaces de contar con precisión el año solar exacto de la región.

Los mayas utilizaban altísimos observatorios y templos para teorizar sobre el sistema solar, que utilizaban para la programación secular de la producción agrícola y el almacenamiento de agua. Sin embargo, el estudio de la astronomía iba mucho más allá de la programación pragmática y el control del tiempo. La astronomía también desempeñaba un papel importante en las creencias espirituales y religiosas de los mayas.

El observatorio de Chichén Itzá, conocido como Caracol [185]

Creían que al observar el cielo nocturno, sus dioses les mostraban mensajes y revelaciones. Los mayas creían que la Tierra estaba situada en el centro del universo y que los planetas y las estrellas de arriba eran dioses que se movían por el reino espiritual.

El sol era uno de los aspectos más importantes de la astronomía maya, y el dios del sol, Kinich Ahau, era una de las deidades más importantes de su religión. Los mayas creían que Kinich Ahau viajaba al inframundo por la noche después de permanecer en el cielo durante todo el día.

La luna también desempeñaba un papel importante en el sistema de creencias mayas. Los mayas creían que la diosa de la luna, Ix Chel, luchaba cada día contra el dios del sol, obligándole a realizar su viaje al inframundo.

La astronomía también desempeñaba un papel en las dinastías gobernantes, ya que muchos murales de los mayas mostraban a los gobernantes con ropas que simbolizaban las estrellas y los planetas. Los sacerdotes-astrónomos de las ciudades mayas también tenían un enorme poder. Una guerra podía retrasarse hasta que un determinado planeta o estrella se encontrara en el lugar adecuado, o un nuevo gobernante podía entrar en funciones solo durante determinados ciclos celestes.

El planeta Venus desempeñaba un papel especialmente importante en el sistema de creencias mayas. Venus simbolizaba la guerra para los mayas, y los ataques y las conquistas se sincronizaban con la posición del planeta.

Aunque los planetas desempeñaban un papel importante en el sistema de creencias mayas, las estrellas tenían un lugar más práctico en la civilización maya. Las posiciones de las estrellas se utilizaban en gran medida para planificar y programar la producción agrícola.

Muchos monumentos de las ciudades mayas están claramente relacionados con la astrología, y muchos edificios de las ciudades están casi perfectamente alineados con los puntos cardinales. La ciudad de Chichén Itzá tiene uno de los ejemplos más famosos de esta arquitectura astronómica. Durante el equinoccio, el sol ilumina las escaleras de una de las mayores pirámides de la ciudad, dando al espectador la ilusión de una serpiente subiendo por la escalera.

Una foto tomada durante el equinoccio de primavera de 2009. Se cree que la aparición de la serpiente representa a Kukulkán, la deidad de la serpiente emplumada.[186]

Rituales y ceremonias

Aunque el sacrificio humano ha sido una característica definitoria de la civilización maya en los medios de comunicación populares, lo más probable es que fuera menos común que estas representaciones. Las personas más sacrificadas eran los prisioneros de guerra y los líderes rivales capturados. El método más común de sacrificio era la decapitación, aunque la extracción del corazón, en gran medida influenciada por los aztecas del centro de México, se había convertido en un método común a finales del periodo Clásico.

El desangrado se practicaba con mucha más frecuencia que los sacrificios humanos letales. Normalmente lo practicaba la nobleza, ya que su sangre se consideraba sagrada. Esta práctica era importante para los mayas porque los dioses derramaban su sangre al crear el universo. El derramamiento de su propia sangre mostraba gratitud y demostraba su lealtad a los dioses por la creación del pueblo maya. El desangrado solía ser practicado por la nobleza, generalmente haciendo incisiones en la lengua o en los genitales con espinas de raya.

Las características topográficas del corazón maya eran una parte sagrada del sistema de creencias mayas. Se celebraban elaboradas ceremonias en las cimas de las montañas, en sistemas de cuevas que se creía que conducían al inframundo, o en sumideros que servían como lugares de sacrificio ritual. Los mayas creían que los dioses les habían dado su tierra, y estos elementos servían como lugares sagrados para conectar con el reino espiritual. Muchos de estos puntos de referencia, sobre todo un gran sumidero en la ciudad de Chichén Itzá, se utilizaban regularmente como lugar de peregrinación. Las poblaciones mayas también contaban con una serie de santuarios regionales dedicados a los santos locales a los que se viajaba con regularidad.

Los sacerdotes eran los líderes de la vida espiritual en la sociedad maya, supervisando las ceremonias, los sacrificios y probablemente la construcción de templos sagrados y otra arquitectura religiosa. Los sacerdotes también tenían un gran conocimiento de otras materias, como la astronomía, la medición del tiempo y las matemáticas. La síntesis de estas materias y las creencias religiosas tradicionales otorgaban a los sacerdotes un enorme poder en el sistema político maya. Los sacerdotes solían decidir la ascensión de los gobernantes al trono o el momento adecuado para ir a la guerra basándose en el ciclo de los planetas o en el significado religioso de las fechas del calendario.

Modificación del cuerpo

La modificación del cuerpo era una parte muy extendida de la cultura maya. Los piercings, los tatuajes y el afilado de dientes se utilizaban a menudo como expresión individualista que mostraba los vínculos culturales de una persona o su estatus político. Estas modificaciones, a menudo insoportables y dolorosas, eran un rito de paso para los jóvenes que aspiraban a ser guerreros o a convertirse en gobernantes.

Una de las más dolorosas era la modificación del cráneo, una práctica cultural probablemente transmitida por los olmecas. Consistía en moldear la cabeza con distintas formas utilizando una serie de dispositivos diferentes, entre los que se encontraban unos soportes especiales que se utilizaban para comprimir el cráneo mientras se estaba acostado y un dispositivo hecho de paletas que el niño podía llevar durante todo el día. La forma más común era la de un cráneo alto con la frente aplanada, que solía crearse sujetando dos paletas a cada lado de la cabeza del niño.

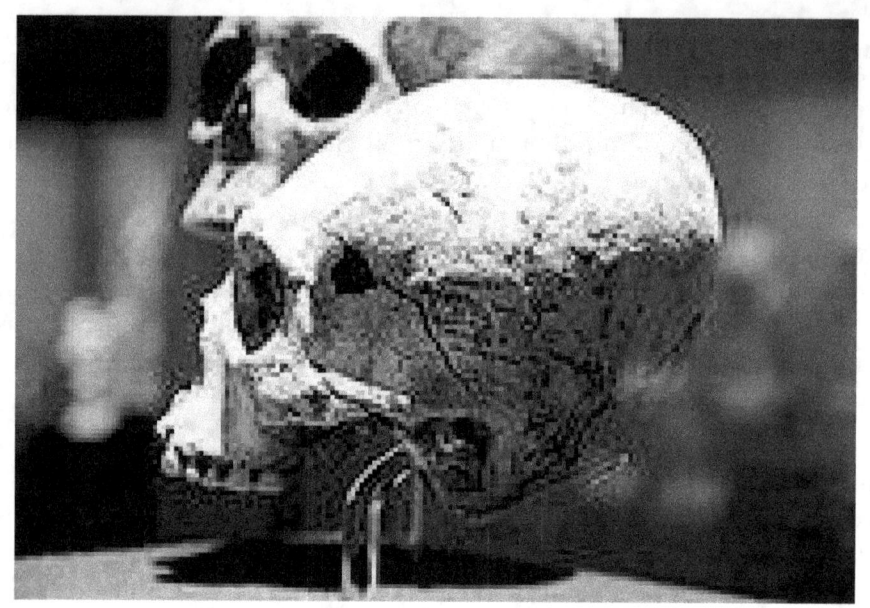
Un cráneo femenino olmeca deformado[187]

Hacia el siglo X, esta práctica se había extendido a toda la población de las ciudades mayas, aunque los ciudadanos pertenecientes a las clases más bajas normalmente tenían modificaciones menos evidentes. En muchas ciudades, los miembros de las familias de la élite se veían obligados a someterse a alguna forma de modificación del cráneo. Este proceso solía comenzar cuando los niños eran pequeños, una época en la que el cráneo aún está en proceso de crecimiento y es más maleable que un cráneo adulto completamente formado.

La modificación dental también se practicaba ampliamente en toda la sociedad maya. Muchos guerreros mayas se afilaban los dientes para intimidar a sus enemigos, mientras que muchas mujeres de la nobleza se hacían incrustar piedras preciosas como el jade en los dientes.

La pintura corporal era una práctica cultural maya importante y se utilizaba especialmente durante las ceremonias. Los sacerdotes solían teñirse de rojo con cinabrio durante las ocasiones religiosas, y las víctimas de los sacrificios solían pintarse antes de derramar su sangre para los dioses. Los tatuajes eran un signo de gran valentía para los hombres mayas, ya que era un proceso extremadamente doloroso. La mayoría de los tatuajes se cortaban en el cuerpo con armas de obsidiana. Los piercings eran comunes entre las poblaciones mayas, ya que las joyas hechas con piedras preciosas eran un indicador de alto estatus o belleza.

Sistema de escritura

Muchos componentes del sistema jeroglífico maya fueron transmitidos por sus predecesores olmecas. Los jeroglíficos e inscripciones mayas se hicieron comunes en todos los asentamientos de Yucatán hacia el año 300 a. C., y a principios del periodo Clásico, el sistema de escritura maya era parte integral de la arquitectura de los centros urbanos de la región. Las estelas, los templos y las tumbas estaban cubiertos de inscripciones con descripciones de acontecimientos históricos, mitología o nombres de gobernantes.

La escritura utilizada por los mayas combinaba símbolos e imágenes que denotaban ciertos objetos o acciones con símbolos que representaban pronunciaciones de la lengua hablada. Aunque no se sabe a ciencia cierta qué porcentaje de la población urbana maya sabía leer y escribir, lo más probable es que la comprensión total del sistema de escritura solo se enseñara a la élite, ya que la lectura y la escritura se consideraban habilidades sagradas otorgadas por los dioses.

Los códices

Los mayas tomaban notas escrupulosas sobre su historia, sus observaciones astronómicas y su sistema de creencias, pero casi todos estos registros fueron destruidos por los misioneros españoles del siglo XVI. Estos misioneros destruyeron estos registros para borrar tanto la religión nativa de los mayas como su historia precolombina. Cuatro de estos extensos registros históricos, llamados «códices», sobrevivieron a los esfuerzos de evangelización de los misioneros y han sido una herramienta tremendamente útil para entender la civilización maya.

El más importante de estos códices es el Códice Dresde. Se considera uno de los libros más antiguos y mejor conservados escritos por los mesoamericanos, a pesar de los graves daños causados por el agua en el bombardeo aliado de Dresde durante la Segunda Guerra Mundial. El descubrimiento del Códice Dresde mostró a los historiadores y arqueólogos la gran extensión de los conocimientos astronómicos mayas. El Códice Madrid explica muchas de las creencias religiosas de los mayas y muchas partes de la vida cotidiana mesoamericana. El Códice París se ocupa exclusivamente de los rituales y las ceremonias de los mayas. El Códice Grolier, que se encuentra hoy en día en Ciudad de México, es el único códice cuya autenticidad se cuestiona.

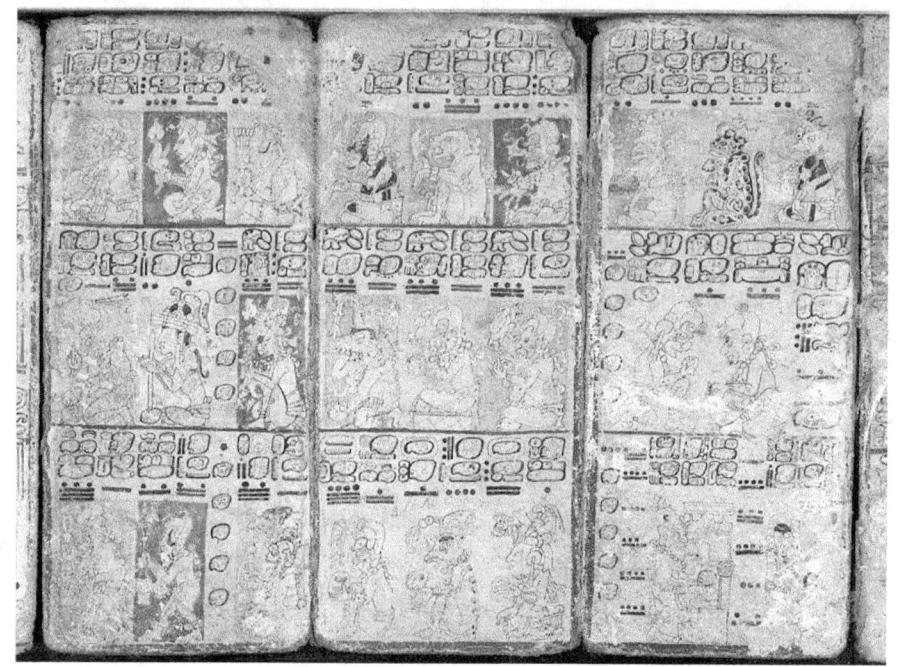

Páginas del Códice Dresde[138]

Popol Vuh y Chilam Balam

El Popol Vuh, que se traduce como «El libro del pueblo» en lengua maya, es uno de los libros más sagrados del pueblo maya. Fue escrito por los mayas k'iche' del altiplano guatemalteco, centrándose principalmente en la religión maya del altiplano. También se detalla el asentamiento de las tierras altas por parte del pueblo k'iche'. El libro se considera tan sagrado porque los sacerdotes españoles destruyeron la mayoría de los textos mayas durante los siglos XVI y XVII.

Un escriba maya escribió el Popol Vuh durante el siglo XVI, y se convirtió en un texto apreciado por el pueblo k'iche' de las tierras altas. Cuando los españoles conquistaron la región, los mayas lograron mantenerlo oculto hasta que un sacerdote español de confianza, muy querido por la población local, pudo verlo. Sabiendo que era un importante artefacto histórico y cultural de los mayas locales, el sacerdote lo tradujo al español.

Junto con la historia de la creación de la religión, que se parece mucho a la de los mayas de las tierras bajas, el Popol Vuh incluye una de las crónicas más importantes de la religión maya: la historia de los Héroes Gemelos.

El Chilam Balam es también uno de los textos sagrados de los mayas. La serie de textos se remonta al siglo XVIII y muestra la amplitud de la cultura, la religión y la vida cotidiana de los mayas de las tierras bajas. El escritor de los textos creó una gran línea de tiempo histórica, describiendo los patrones de migración y las dinastías gobernantes de los mayas de las tierras bajas. En los textos se escribieron muchas adivinanzas, poemas y una colección de profecías realizadas por los sacerdotes mayas.

Danza y música

La música era una parte central de la sociedad maya clásica. Aunque no existen pruebas sobre el uso de instrumentos de cuerda por parte de los mayas, los instrumentos de viento y percusión se utilizaban ampliamente tanto en ocasiones seculares como religiosas. Los instrumentos primitivos, parecidos a las trompetas, estaban hechos de arcilla y madera, y se encontraron muchas flautas en las ciudades mayas. Los tambores y las sonajas eran los principales instrumentos de percusión de la música maya y constituían un elemento doméstico común en muchas regiones.

Las poblaciones mayas utilizaban la música mientras se preparaban para la batalla, realizaban rituales o durante las celebraciones, como las bodas. Muchas tradiciones musicales y de danza han sobrevivido y son interpretadas por muchos pueblos mayas modernos en toda América Central.

Cacao

El cacao era una parte integral de la dieta olmeca y de su comercio, pero los mayas hicieron de este cultivo una parte esencial de su cultura. Junto con el maíz, la planta del cacao se consideraba uno de los cultivos más divinos del corazón maya. Según la religión maya, la planta fue entregada por los dioses al pueblo en la cima de una montaña.

La planta era muy consumida por la élite real, que la mayoría de las veces la consumía en su forma líquida, que probablemente se parecía mucho al «chocolate caliente» moderno. Los granos de cacao también se utilizaban ampliamente como moneda en los sistemas de comercio mesoamericanos. La planta se utilizaba como medicina para muchas enfermedades, y los granos de cacao se enterraban a menudo con los seres queridos para utilizarlos durante su viaje por el inframundo.

Matemáticas

Los matemáticos mayas eran de los más avanzados de toda América. Utilizaban tres símbolos para contar: el número uno se representaba con un pequeño punto, el número cinco con una barra y una concha para representar el cero. El uso del cero es especialmente impresionante, ya que muy pocas civilizaciones del mundo lo utilizaban en su sistema numérico.

Estos números se utilizaban por diversas razones. Las matemáticas básicas eran necesarias para el comercio y el intercambio de bienes. Se utilizaban símbolos porque era muy fácil para las poblaciones mayas utilizarlos en su vida cotidiana. También se utilizaba por razones más importantes, como hacer predicciones basadas en el sistema calendárico.

Calendarios

Los mayas estaban fascinados con el tiempo, y la medición del tiempo era inexorable tanto con sus estudios de astronomía como con sus creencias religiosas.

Los estudiosos creen que el primer calendario de Mesoamérica se remonta al año 1500 a. C., y los mayas lo perfeccionaron cada vez más a lo largo de los periodos Preclásico y Clásico. Los mayas tenían varios calendarios que se utilizaron ampliamente durante el periodo Clásico, siendo el Calendario Redondo y la Cuenta Larga los más destacados.

El Calendario Redondo se utilizaba principalmente para documentar los días sagrados de los rituales y ceremonias religiosas. Este calendario utilizaba un ciclo de 260 días que incluía veinte períodos de trece días. El Haab utilizaba un año solar de 365 días que se dividía en dieciocho meses de veinte días y un mes extra de cinco días. Los mayas inscribían imágenes a cada mes, ya que creían que cada mes del calendario poseía su propia «personalidad».

El calendario de Cuenta Larga, también llamado «ciclo universal», se utilizaba para períodos más largos. Este calendario tenía fuertes vínculos con la religión maya y la creencia de que el mundo era constantemente destruido y reconstruido por los dioses. Cada ciclo de la Cuenta Larga duraba 2.880.000 días, y cada nuevo ciclo suponía un renacimiento completo del universo. Estos ciclos calendáricos coincidían cada 52 años, lo que marcaba el comienzo de un nuevo siglo maya.

El sistema calendárico que crearon los mayas era una parte esencial de su sociedad urbana. El calendario se utilizaba para calcular cuándo plantar las cosechas, cuándo anticiparse a la estación húmeda o seca, y el mejor momento para llevar a cabo la guerra. El calendario se calculaba según la posición de las estrellas y los planetas, que creían que eran señales de los dioses. Los sacerdotes utilizaban el calendario para documentar tanto los días sagrados de las celebraciones como los «días de mala suerte», en los que había que hacer sacrificios para apaciguar a los dioses.

Estos calendarios también han sido una herramienta indispensable para los historiadores y arqueólogos, ya que muchos acontecimientos centrales fueron pintados y codificados con fechas de los calendarios mayas.

El calendario maya ganó la atención internacional en el año 2012, cuando el calendario de la Cuenta Larga llegó al final de su ciclo el 21 de diciembre. Aunque los medios de comunicación populares especularon cada vez más con que se trataba de una profecía apocalíptica del día del juicio final, la fecha era simplemente el final del año del calendario maya.

La guerra maya clásica

Durante muchos años, los estudiosos de Mesoamérica creyeron que los mayas eran una civilización excepcionalmente pacífica. Propusieron que el periodo Clásico fue un periodo de gran paz en todas las tierras bajas mayas, ya que las ciudades prosperaron al tiempo que su cultura y arte florecieron.

Sin embargo, los conocimientos modernos sobre los mayas han dado un vuelco total a esta visión de la civilización. El estado de fractura del corazón maya significaba que las ciudades competían constantemente por los recursos y el control político de la región.

Las sequías estacionales de las tierras bajas, el escaso número de fuentes de agua dulce y la infertilidad general del suelo yucateco hicieron que la tierra y el agua fueran los recursos más codiciados por los mayas del Clásico. A medida que crecía la población de las ciudades, estos recursos se volvieron más demandados y escasos, lo que provocó un aumento masivo de las rivalidades y guerras regionales.

Las ciudades más grandes contaban con ejércitos bien entrenados que resultaron ser algunas de las fuerzas militares más formidables de Mesoamérica. Estos ejércitos a menudo realizaban largos y peligrosos viajes que se extendían durante cientos de kilómetros a través de la densa selva tropical. Las principales armas de los mayas eran las espadas, las lanzas y los arcos y flechas, y la mayoría de estas armas estaban hechas de obsidiana. La toma de prisioneros era un componente central de la guerra maya, especialmente la captura de la realeza. Estos prisioneros solían ser las principales víctimas cuando se realizaban sacrificios humanos.

A finales del periodo Clásico, muchos líderes de las tierras bajas del centro y del sur, devastadas por la guerra, habían construido enormes fortificaciones defensivas alrededor de sus ciudades. También existen pruebas que demuestran que las poblaciones rurales que antes vivían despreocupadas en la periferia de las ciudades se fueron desplazando hacia el interior, acercándose a la ciudad. Esto demuestra que la guerra destructiva se había convertido en una verdadera amenaza existencial para muchas poblaciones mayas en esta época. A lo largo de los tres próximos capítulos, exploraremos cómo la guerra y muchos otros factores condujeron a la caída de los centros urbanos del maya Clásico.

Capítulo 6: Tikal: La ciudad de los dioses jaguares mayas

Tikal fue una de las mayores ciudades de la civilización maya del periodo clásico. Estaba situada en el actual norte de Guatemala, en la cuenca del Petén, a 40 millas al suroeste de las actuales ciudades de Flores y Santa Elena y a 188 millas al norte de Ciudad de Guatemala.

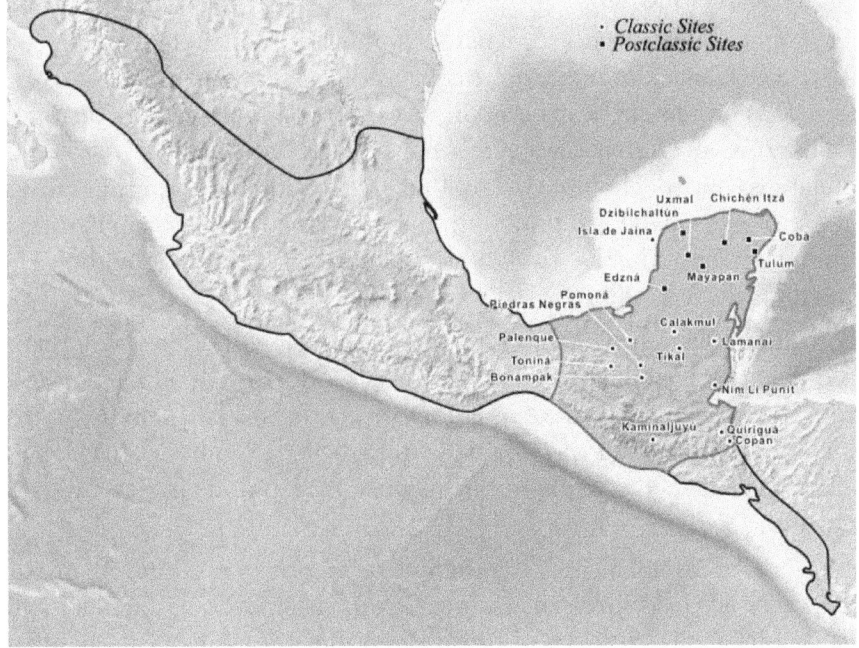

Tikal se encuentra en el centro de la zona resaltada[139]

La ciudad ha sido uno de los yacimientos mesoamericanos más estudiados por su amplia documentación de gobernantes y sus numerosos templos, tumbas y monumentos. El yacimiento arqueológico pasó a formar parte del Parque Nacional de Tikal en 1955, convirtiéndose en la primera zona protegida a nivel federal del país. En 1979 fue clasificado oficialmente como Patrimonio de la Humanidad por la UNESCO.

El área total de la ciudad era de más de 6,2 millas cuadradas, con alrededor de 3.000 estructuras que se encuentran en todo el sitio. Parte de la arquitectura más antigua de Tikal se remonta al siglo IV a. C., y las pruebas de producción agrícola en la ciudad se remontan al año 1000 a. C.

En todo el yacimiento arqueológico se descubrió una colección de cerámica maya que databa de entre el 700 y el 400 a. C., lo que indica la presencia de una población permanente y urbanizada caracterizada por las distintivas influencias culturales mayas. Muchos de los principales proyectos iniciales de construcción de la ciudad tuvieron lugar entre el 400 y el 300 a. C., un periodo en el que Tikal era mucho más pequeña que las cercanas ciudades del norte, El Mirador y Nakbe. La dinastía de gobernantes de la ciudad comenzó en el siglo I d. C. y contó con más de 33 gobernantes a lo largo de 800 años de gobierno dinástico.

La ciudad disfrutó de su máximo dominio regional entre el 200 y el 900 d. C. Tikal dominó las tierras bajas mayas durante su apogeo. Los estudiosos no han llegado a un consenso sobre las cifras de población de la ciudad, con estimaciones que oscilan entre los 10.000 y los 90.000 habitantes. Entre el 700 y el 830 d. C., la ciudad experimentó un aumento masivo de su población, pero esta disminuyó rápidamente durante el siglo IX. La ciudad fue abandonada casi por completo a principios del siglo XI.

La ciudad estaba situada en una de las tierras más fértiles de la región y contaba con amplias redes comerciales que se extendían por toda Mesoamérica. Sin embargo, la ciudad no contaba con fuentes de agua dulce situadas en su proximidad inmediata, lo que la hacía muy vulnerable a las sequías que se producían con las imprevisibles lluvias de la región.

La ciudad contaba con diez grandes depósitos que se utilizaban para recoger el agua de lluvia en un intrincado sistema de gestión del agua que ayudaba a la ciudad a sobrevivir durante las estaciones secas. Los ingenieros de la ciudad construyeron grandes superficies inclinadas con canales alrededor de estos embalses, diseñados para recoger la mayor cantidad de agua de lluvia posible.

Estructuras

La zona más famosa de la ciudad es la Gran Plaza, que incluye un conjunto de palacios, altares y dos de las pirámides más grandes de los mayas enfrentadas a ambos lados de la plaza. Se construyeron varias calzadas de piedra caliza para conectar las diferentes secciones de la ciudad, que actuaban como calles para la población y que también podían servir como presas durante la temporada de lluvias.

Una imagen reciente de la plaza de Tikal[140]

El Templo I, de 154 pies de altura, también conocido como el «Templo del Gran Jaguar», se construyó en la década de 730 para conmemorar la muerte del gobernante Jasaw Chan K'awil, que lideró la victoria de la ciudad contra la ciudad rival de Calakmul. El Templo II, el «Templo de la Máscara», tiene una altura de 125 pies y se cree que fue construido por Kasaw Chan K'awil en honor a su esposa fallecida.

En la periferia de la Gran Plaza se encuentra la pirámide más alta de Tikal, el Templo de la Doble Serpiente, que se eleva a 230 pies de altura. Se cree que el templo fue construido en honor del hijo de Jasaw Chan K'awiil en el año 740. Además de estas tres pirámides situadas en el centro de la ciudad, se han encontrado otras cinco pirámides en todo el yacimiento arqueológico que fueron construidas para gobernantes fallecidos.

La Acrópolis Norte está al norte de la Gran Plaza, que incluye dos hectáreas y media de tumbas y templos sagrados. La Acrópolis ha sido uno de los sitios arqueológicos más estudiados de Mesoamérica. La construcción de la Acrópolis Norte comenzó a mediados del siglo IV a.

C. y se convirtió en el lugar central para el entierro de los gobernantes fallecidos.

Vista de la Acrópolis Norte desde la plaza [141]

Al sur de la plaza se encuentra la Acrópolis Central, que albergaba el principal lugar real para la élite gobernante. Durante los primeros años del periodo Clásico, el palacio era un modesto edificio ceremonial, pero a medida que Tikal se fue convirtiendo en una poderosa ciudad maya, el palacio fue mejorado para reflejar el creciente poder político de la ciudad en las tierras bajas.

El Mundo Perdido es una gran plaza de 650.000 pies cuadrados que alberga la pirámide del Mundo Perdido, una de las principales atracciones de la ciudad. La plaza tiene un significado especial para la historia de la ciudad, ya que fue la primera gran plaza que se construyó durante el periodo preclásico y, en última instancia, la última plaza que se abandonó tras el declive de la ciudad.

El lado occidental restaurado de la Pirámide del Mundo Perdido. Los mayas la reconstruyeron varias veces; la primera fase data de finales del Preclásico medio y la última, de alrededor del año 300[148]

En el momento del declive de la ciudad, el palacio se había convertido en un enorme complejo con múltiples edificios, patios e incluso su propio depósito de agua. La ciudad también contaba con siete canchas de pelota, utilizadas para un juego de pelota mesoamericano que era practicado por la población.

El Clásico temprano de Tikal

El periodo Clásico trajo consigo un periodo de gobierno divino a las ciudades mayas. Los gobernantes eran vistos cada vez más como figuras divinas que eran puestas en el trono por la voluntad de los dioses. Se construyeron cada vez más monumentos y templos en su honor, lo que ha ayudado a los arqueólogos a trazar la cronología de los gobernantes de la ciudad.

La dinastía de Tikal fue creada por Yax Ehb Xook en el siglo I d. C., y hasta el siglo X habría 33 gobernantes de la ciudad. Existen pruebas de que en el año 317 d. C., una reina llamada Lady Unen Bahlam gobernó la ciudad, poniendo fin a siglos de una dinastía exclusivamente masculina.

A lo largo del periodo Clásico temprano, las ciudades de Tikal y Calakmul se convirtieron en las potencias dominantes del corazón maya. A medida que Tikal crecía, facilitaba cada vez más el comercio con sus vecinos, lo que ayudó a otras ciudades de la región a crecer también. Sin embargo, esta nueva dinámica de poder en el corazón maya también hizo que Takal tuviera muchos enemigos. Los estados mayas de Uaxactun, Caracol, Naranjo y Calakmul entrarían en conflicto con Tikal a lo largo del periodo Clásico.

Durante el Clásico temprano, Tikal luchó activamente contra la ciudad de Uaxactun en numerosas batallas. El estado rival de Caracol derrotó a Tikal durante el periodo Clásico temprano, y Caracol tomó el lugar de Tikal como poder dominante de las tierras bajas mayas durante algún tiempo hasta que Tikal resurgió como la ciudad más poderosa de la región.

Relación con Teotihuacán

Teotihuacán, una gran ciudad enclavada en el valle de México, tenía una estrecha relación con Tikal. A principios del siglo III d. C., la ciudad de Teotihuacán tenía múltiples embajadas construidas en Tikal, a pesar de estar a más de 800 millas de distancia. Muchos de los monumentos y edificios de Tikal construidos durante este periodo tenían influencias directas de Teotihuacán, la mayor ciudad de Mesoamérica en ese momento. También existen pruebas que demuestran que las dos poblaciones incluso practicaban la misma religión y adoraban a muchos de los mismos dioses.

El decimocuarto rey de Tikal, Chak Tok Ich'aak, construyó un gran palacio que sería una de las estructuras más importantes de la ciudad durante siglos. Las pruebas apuntan a un derrocamiento de Chak Tok Ich'aak por parte del rey de Teotihuacán, Siyah K'ak, a finales del siglo IV d. C. También se cree que esta invasión se llevó a cabo con la ayuda de algunas facciones políticas de Tikal.

Al capturar la ciudad, Chak Tok Ich'aak fue ejecutado, y el hijo de Siyah K'ak, Yax Nuun Ayiin I, fue nombrado gobernante de la ciudad y gobernó durante 47 años. Tikal pronto obtendría una completa autonomía del poder político de la ciudad, ya que Teotihuacán comenzó a declinar en el siglo VI. Sin embargo, a medida que Tikal iba adquiriendo protagonismo, las ciudades seguirían siendo aliadas militares y grandes socios comerciales.

Rivalidad con Calakmul

Durante el siglo VI, las ciudades de Tikal y Calakmul se convirtieron en potencias regionales rivales, y ambas formaron alianzas con ciudades cercanas. Durante los siglos siguientes, hasta el periodo Terminal, se produjo una «guerra fría» maya entre las dos ciudades, ya que cada una de ellas competía por la influencia política en las tierras bajas.

Calakmul cambió rápidamente la escala de poder a su favor estableciendo un sistema de alianzas con muchas ciudades de las tierras bajas, como El Zotz, El Perú y Caracol. La alianza derrotó con éxito a Tikal en el año 562 d. C. Aunque la batalla no destruyó por completo a Tikal, su dominio regional disminuyó rápidamente durante varias décadas. Esta derrota desencadenó un periodo que se ha denominado el «hiato de Tikal», un periodo en el que no se realizaron grandes proyectos de construcción o escritura en la ciudad. A finales del siglo VI, muchos de los monumentos y estructuras de la ciudad fueron desfigurados.

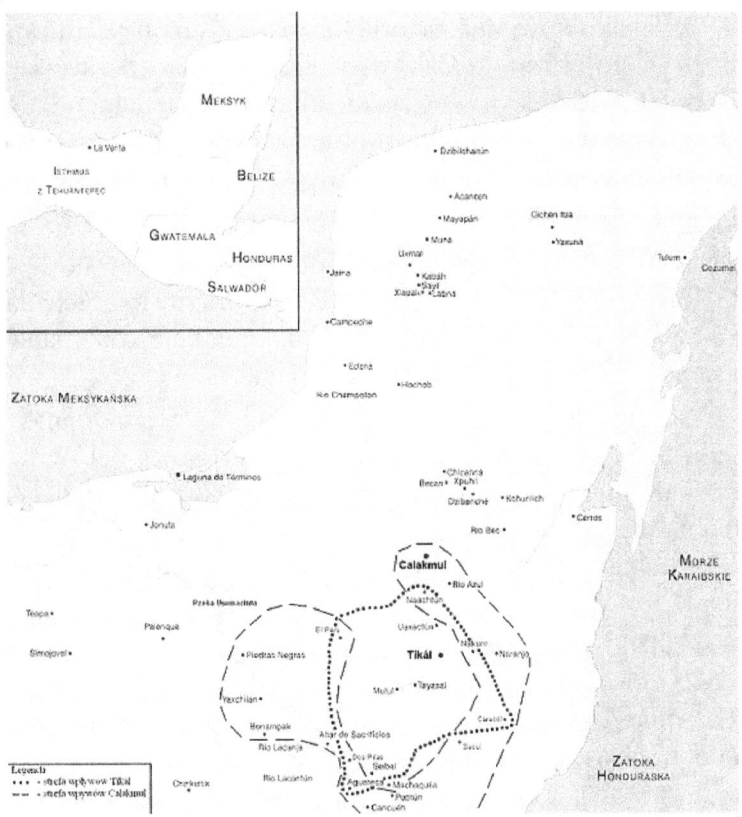

Un mapa de los aliados y la zona de influencia de Tikal y Calakmul[143]

Caracol y Calakmul se convirtieron en las dos ciudades más prósperas de la región durante el paréntesis de Tikal. La derrota de Tikal marcó el final del Clásico temprano y el comienzo del período maya del Clásico tardío.

Sin embargo, Tikal empezó a recuperar lentamente su fuerza y volvió a erigirse en el principal rival de Calakmul y sus aliados. Tikal creó el asentamiento de Dos Pilas a 68 millas al suroeste de la ciudad en el año 629. Dos Pilas sirvió como un puesto militar defensivo que protegía los intereses comerciales de la ciudad cerca del río Pasión.

En 655, Calakmul invadió con éxito Dos Pilas, y el rey de la ciudad se vio obligado a convertirse en un gobernante vasallo de Calakmul. Con una importante ayuda y orientación de Calakmul, Dos Pilas pronto declaró la guerra a su antigua ciudad gobernante. Dos Pilas atacó con éxito Tikal en 657, obligando a la realeza de Tikal a escapar de la ciudad. En 672, Tikal atacó a Dos Pilas en represalia, obligando a los gobernantes de la ciudad a huir al exilio.

En 738, Tikal obtuvo una victoria decisiva en una batalla frontal con su rival y ejecutó al rey de Calakmul. Esta derrota destruyó la fuerza militar y política de Calakmul, y la ciudad decayó rápidamente. Aunque Tikal acabó ganando la guerra contra Calakmul, pronto correría la misma suerte que su rival durante el periodo Clásico terminal.

<u>Asentamientos y colonias</u>

Tikal conquistó un pequeño asentamiento al noreste de la ciudad llamado Río Azul a finales del siglo IV. Una inscripción fechada en el año 385 encontrada en Río Azul representa a la élite gobernante de la ciudad siendo ejecutada por guerreros de Tikal.

Río Azul quedó estrechamente vinculado a Tikal, tanto como guarnición defensiva para protegerse de las invasiones del norte como para servir de puesto de avanzada en las rutas comerciales del Caribe. La pequeña ciudad también ayudó a Tikal en su guerra con Calakmul debido a su ubicación en el río Hondo, que conectaba Calakmul con el Atlántico.

La ciudad de Uaxactun y muchos otros asentamientos mayas más pequeños como Bejucal y Motul de San José en la región fueron finalmente puestos bajo el control de Tikal. A mediados del siglo V, la ciudad controlaba dieciséis millas cuadradas.

Aparte de estos asentamientos que se utilizaban como guarniciones militares y fortalezas, Tikal tenía muchas barreras defensivas naturales, incluyendo pantanos tanto al este como al oeste de la ciudad. Durante el siglo V, se construyó un enorme sistema de fortificaciones defensivas de 46 millas cuadradas para proteger la ciudad, lo que indica que la guerra era cada vez más común en las tierras bajas del sur y del centro.

Relación con Copán

En el siglo V, la ciudad sureña de Copán pasó a estar bajo el control de Tikal, ya que la ciudad comenzó a extender su influencia por todo el territorio maya del sureste. Hay evidencias respecto a que el fundador de la dinastía de Copán, K'inich Yax K'uk Mo', creció en Tikal y puede haber sido puesto a cargo de la ciudad por la intervención de Tikal. Después, la ciudad se convirtió en uno de los aliados más cercanos de Tikal, tanto como socio comercial como aliado militar.

Un estado vasallo de Copán, Quiriguá, se rebeló contra su gobernante en el año 738 y consiguió su independencia. Algunos expertos creen que este movimiento hacia la independencia fue ayudado por Calakmul, ya que la disminución del poder político de Copán habría debilitado enormemente el sistema de alianzas de Tikal.

Período Clásico terminal

El siglo IX marcó un período de decadencia para la ciudad y gran parte del resto de las ciudades mayas de las tierras bajas. A medida que la guerra se extendía por la región, los habitantes de Tikal se desplazaban cada vez más hacia el interior para estar protegidos por las defensas de la ciudad. Las rutas comerciales que conectaban la ciudad con el resto de Mesoamérica se vieron gravemente interrumpidas, y los costes de la guerra agotaron tanto la economía de la ciudad como la moral de su población.

Muchos expertos creen que la caída de Tikal fue causada en parte por el hacinamiento que provocó una inmensa degradación ambiental de la zona, lo que llevó al colapso de la producción agrícola. Las prácticas agrícolas de la ciudad provocaron una enorme degradación medioambiental en la zona, ya que la tierra se sobreexplotó y se sobrepobló. La zona circundante estaba fuertemente deforestada y el suelo se había quedado sin nutrientes, lo que hacía imposible cultivar durante una grave sequía. Cuando una grave sequía estacional envolvió la zona, estos problemas medioambientales se agravaron enormemente.

Las elevadas cantidades de sustancias químicas tóxicas, como el mercurio y el fosfato, también contaminaron gran parte de las fuentes de agua de la ciudad. Estudios recientes indican que el complejo sistema de gestión del agua creado por los ingenieros de la ciudad puede haber contribuido a su caída.

El uso generalizado del tinte de cinabrio, que contiene grandes cantidades de mercurio, habría provocado una gran escorrentía de la sustancia tóxica a las fuentes de agua durante las lluvias intensas. El cinabrio era un elemento que escapaba de las ciudades del maya Clásico, ya que se utilizaba para pintar el exterior de los edificios y como tinte para la ropa. Además, en estos embalses se encontraban grandes cantidades de fosfato, lo que provocaba una floración de algas tóxicas. El embalse más contaminado se encontraba cerca del palacio real de la ciudad, lo que significa que los gobernantes pueden haber sido los más afectados por los suministros de agua tóxica.

En el siglo IX, los embalses de los que la población de la ciudad dependió durante siglos estaban muy contaminados. Esto resultó ser un momento terrible, ya que la región experimentaría una serie de graves sequías a lo largo de los últimos años del periodo Clásico. Sin suministros de agua en la ciudad y sin agua de lluvia que recoger, la población no tuvo más remedio que abandonar la ciudad.

El agua es una parte integral de cualquier civilización, pero era especialmente importante en las creencias espirituales de los mayas del Clásico. La contaminación de sus únicas fuentes de agua y la falta de precipitaciones naturales también pueden haber aportado un elemento espiritual divino al declive de Tikal, ya que gran parte de la población de la ciudad puede haber creído que la ciudad había sido maldecida o castigada por los dioses.

Entre los años 830 y 950, el gobierno de Tikal se derrumbó rápidamente y gran parte de su población abandonó la ciudad. A lo largo del siglo IX, los asentamientos vasallos vecinos comenzaron a erigir monumentos que celebraban a sus propios gobernantes y costumbres locales, lo que indica que aprovecharon el declive de Tikal como una oportunidad para su independencia.

A finales del siglo IX se erigieron algunos monumentos en un intento de rejuvenecer la ciudad, pero fue en vano. A principios del siglo XI, la ciudad había quedado casi completamente abandonada, y los habitantes que quedaban vivían dispersos entre las ruinas de la ciudad.

A principios del siglo XVI, el conquistador español Hernán Cortés y su fuerza expedicionaria pasaron, sin saberlo, por Tikal y las ruinas abandonadas de la que fue siglos atrás una de las mayores ciudades de la civilización maya. El colapso de Tikal marcó un momento definitivo para el pueblo maya. Una de las mayores ciudades de la región, que mostraba la cúspide del arte, la arquitectura y la cultura mayas, fue engullida por la selva, para no volver a ser poblada.

Capítulo 7: Calakmul: El imperio maya perdido

Calakmul fue una de las ciudades más destacadas de las tierras bajas durante el periodo Clásico y resultó ser la mayor rival de Tikal. El sitio se encuentra hoy en día en el estado de Campeche en México, a 22 millas de la frontera entre México y Guatemala.

Calakmul fue la principal ciudad del «reino de la Serpiente», que gobernó gran parte de las tierras bajas centrales durante la mayor parte del periodo Clásico. En su apogeo, se calcula que la ciudad estaba habitada por unas 50.000 personas, y su superficie total abarcaba 7,7 millas cuadradas. Calakmul se eleva a 115 pies sobre el nivel del mar y cuenta con una gran zona pantanosa situada al oeste. Su ubicación permitió a la población de la ciudad acceder a los suelos especialmente fértiles de las regiones pantanosas, lo que la convirtió en una de las regiones agrícolas más productivas de las tierras bajas centrales.

En su momento de mayor dominio regional, el reino controlaba 5.000 millas cuadradas de territorio. Controlaba 20 asentamientos en todo su territorio, con una población combinada de 200.000 habitantes. Combinando estos asentamientos, las zonas rurales y la propia ciudad, la población total del reino de la ciudad se estimaba en 1,5 millones de personas durante el periodo Clásico.

Sin embargo, al igual que Tikal, durante el siglo IX, la población de la ciudad se desplomó rápidamente hasta el 10% de lo que era solo unas décadas antes.

Se han descubierto 6.750 estructuras en toda la zona arqueológica de la ciudad y, a pesar de su remota ubicación lejos de cualquier asentamiento moderno, ha sido uno de los sitios más excavados de la península de Yucatán.

La distribución de la ciudad

El principal material utilizado para construir las numerosas estructuras de piedra de la ciudad fue la piedra caliza blanda, que es especialmente susceptible a la erosión. El uso de este material y la ubicación especialmente remota de la ciudad en la densa selva tropical de las tierras bajas centrales han presentado muchos desafíos para los equipos de arqueología en sus estudios de la ciudad.

El yacimiento es un brillante ejemplo de la complejidad de los sistemas de gestión del agua de los mayas, ya que grandes canales y embalses están dispersos por toda la ciudad. La ciudad alberga el mayor embalse de toda la civilización maya Clásica, con una superficie de 540.000 pies cuadrados. El agua de este colosal embalse se recogía de un pequeño arroyo que desembocaba en él durante las estaciones húmedas. La región de Calakmul recibe muchas menos precipitaciones que el resto de las tierras bajas del centro y el sur, por lo que este sistema de gestión del agua era crucial para la supervivencia y la prosperidad de la ciudad.

Los 13 embalses que se encontraban en la ciudad podían albergar un total de 44.000.000 de galones de agua, lo que podría mantener a una población de 100.000 personas. Es probable que estos sistemas de embalses se utilizaran exclusivamente para el consumo de la población de la ciudad, ya que no hay pruebas de que se utilizaran con fines agrícolas.

La ciudad contaba con ocho grandes calzadas que la atravesaban. Estas calzadas conectaban la periferia de la ciudad con su centro y conectaban la ciudad con sus ciudades aliadas vecinas, como El Mirador y Nakbe. La más larga de estas calzadas, que unía la ciudad con su aliado cercano (El Mirador), se extendía 24 millas.

Las estructuras 1 y 2 son las pirámides principales de Calakmul, situadas en el centro de la ciudad. La estructura 1 tiene 160 pies de altura y tiene un grupo de pequeñas estelas erigidas en su base. La estructura 2 es una de las mayores estructuras de la civilización maya, con 148 pies de altura. Como muchas otras pirámides del Clásico, la estructura 2 tiene otros múltiples templos en su interior, con cada estructura construida encima de la otra.

Una foto de la estructura 2. Al igual que otras pirámides mayas, la estructura 2 alcanzó su enorme tamaño tras años de construcción sobre los cimientos originales[144]

La tumba encontrada en la estructura 2 era una de las más ricas encontradas en el mundo maya, llena de muchos artefactos valiosos hechos de jade, obsidiana y muchas artesanías de cerámica. Se cree que la tumba perteneció a un poderoso rey que ascendió al poder durante el siglo VII.

La estructura 7 es una pirámide de 79 pies de altura situada en la sección norte de la plaza. En la cúspide de la pirámide hay un pequeño templo de tres habitaciones en el que se encontró un tablero de juego de patolli. El patolli era uno de los juegos de mesa más comunes de los mayas y era jugado tanto por la población de la ciudad como por sus gobernantes. El juego se practicaba a menudo con fuertes apuestas y giraba en gran medida en torno a la suerte.

Se han encontrado ciento diecisiete estelas en las ruinas de la ciudad, el mayor número de cualquier ciudad del maya Clásico. La mayoría de ellas representan a los gobernantes de la dinastía real de Calakmul y a sus esposas. Como muchas otras estructuras de Calakmul, las inscripciones están muy erosionadas debido a la blanda composición de la piedra caliza.

El mercado maya Clásico

En Calakmul se pintaron muchos murales de gran tamaño que representaban la vida cotidiana de la ciudad. Las grandes escenas de un bullicioso mercado representan la bulliciosa y populosa metrópolis, y las interacciones cotidianas de los ciudadanos del maya Clásico. Esto difiere de muchas otras ciudades del Clásico, cuyos murales se centran en sus gobernantes divinos, en las deidades mayas o en escenas de batallas épicas.

A lo largo del periodo clásico, los centros urbanos como Calakmul tenían grandes y animados mercados que servían como motores económicos de las ciudades. Estos mercados solían estar situados en la plaza central de las ciudades y servían como lugar de congregación para la población de la ciudad mientras realizaban sus recados y actividades diarias. Los mercaderes viajaban por toda el área maya y más allá, vendiendo artículos de lujo regionales hechos en la ciudad y comprando artículos exóticos de ciudades de toda Mesoamérica.

La mayoría de los mercaderes de los centros urbanos vendían sus productos dentro de los confines de la ciudad, y lo más probable es que viajaran a las afueras rurales de la región para comprar bienes a los agricultores y otros productores. Mientras que los que viajaban fuera de la ciudad para comerciar eran probablemente exclusivamente hombres, tanto hombres como mujeres podían ser vendedores en el mercado.

En Calakmul, las largas calzadas que conducían a otras ciudades vecinas eran muy probablemente utilizadas por vendedores y compradores diariamente. Está bien documentado que Calakmul mantuvo una gran relación comercial durante todo el periodo Clásico.

Los mercaderes ambulantes, llamados «polom», viajaban largas distancias para comerciar con otras ciudades, y algunos incluso hacían viajes frecuentes al centro de México. Estos mercaderes solían pertenecer a las clases socioeconómicas más bajas de la ciudad, ya que los mercaderes no tenían un estatus de clase alta como los comerciantes de larga distancia de otras sociedades mesoamericanas como los aztecas.

Los talleres eran una parte esencial de las ciudades mayas, ya que en ellos se fabricaban cerámicas, joyas y otros productos artesanales propios de la ciudad. Estos objetos culturales y sus estilos distintivos se convirtieron en sellos de la ciudad y se vendieron en toda Mesoamérica. Las ciudades que tenían alianzas estrechas, como El Mirador y Calakmul, tendían a tener una considerable difusión cruzada de bienes culturales artesanales.

Un plato de cerámica encontrado en Calakmul, fechado entre el 600 y el 800 d. C.[146]

En las zonas rurales de la periferia de las ciudades, los agricultores solían intercambiar cosechas y bienes con sus vecinos. Cuando los agricultores tenían un excedente de cosechas durante una buena temporada, solían llevarlas al mercado para venderlas a la población urbana. Parece que los vendedores cotidianos tenían un gran poder dentro de las economías de las ciudades, aunque es probable que la clase dirigente pusiera un impuesto a las transacciones dentro de la ciudad.

<u>Historia temprana</u>

Las ciudades de Calakmul y El Mirador fueron ciudades prominentes durante el periodo Preclásico, y la evidencia indica que tenían una relación comercial muy estrecha. Calakmul superó con creces a El Mirador durante el periodo Clásico, y se cree que muchos de los habitantes de El Mirador se trasladaron a Calakmul durante el Preclásico tardío. Las ciudades de Calakmul, El Mirador, Nakbe y El

Tintal estaban conectadas por una red de calzadas, lo que sugiere que la población podía viajar libremente entre las ciudades.

Rivalidad con Tikal

A mediados del siglo VI, la ciudad comenzó a crear una alianza con muchas ciudades de las tierras bajas, y estalló una guerra con Tikal. Las dos ciudades se convirtieron en las «superpotencias» de las tierras bajas, ya que cada una de ellas creó sistemas de alianzas y libró guerras por delegación para disminuir el poder político de la otra. La mayoría de los estudiosos coinciden en que esta rivalidad se debió más al control de los recursos y las rutas comerciales de la región que a una guerra ideológica.

Aunque Tikal tenía una población mucho mayor, los líderes de Calakmul demostraron ser astutos diplomáticos que formaron una alianza con la mayoría de las ciudades y asentamientos de la región. Durante los siglos VI y VII Tikal estuvo completamente rodeada por el sistema de alianzas de Calakmul. Tikal se encontraba completamente aislada del resto de las tierras bajas, y la mayoría de sus aliados habían sido derrotados o se habían aliado con Calakmul.

Durante este periodo, Calakmul tuvo un control político casi indiscutible de toda la región, y su vasto sistema de alianzas formó muchas nuevas redes de comercio que aportaron a la ciudad una gran riqueza. Muchas de las ciudades conquistadas en toda la región fueron clasificadas como estados vasallos que se vieron obligados a pagar tributo a Cara Kamal.

Después de que Calakmul derrotara a Tikal en una batalla a principios del siglo VII, Tikal entró en un rápido declive, convirtiendo a Calakmul en la ciudad dominante de la región y dando paso al periodo Clásico tardío.

Sin embargo, Tikal pronto se recuperó y derrotó a Calakmul en una gran batalla en el año 695. El rey de Calakmul murió en la batalla y el poder político de la ciudad decayó drásticamente en el periodo Clásico terminal.

Guerra con Palenque y Naranjo

En 599, Calakmul y la pequeña ciudad de Santa Elena atacaron Palenque y saquearon la ciudad. Tras la derrota, Palenque se vio obligada a convertirse en una ciudad vasalla y a pagar tributo a Calakmul. Sin embargo, tan solo una década después de la batalla, la ciudad comenzó a dar pasos hacia la independencia, lo que enfureció al gobernante de Calakmul.

En el año 611, Calakmul atacó Palenque y muchos de los nobles de la ciudad fueron asesinados. La ciudad fue saqueada por las fuerzas de Calakmul y entró en un rápido declive del que nunca se recuperó durante el periodo Clásico. Se cree que los gobernantes de Calakmul tenían un gran interés político en tomar la región de Palenque. Temían que la ciudad se aliara con Tikal, y que pudiera servir como puesto de avanzada para algunas de las mayores rutas comerciales de las tierras bajas.

En algún momento de la década de 620, la cercana ciudad de Naranjo, que se había convertido en un estado vasallo, se rebeló contra Calakmul. Tras algunos intentos fallidos, la ciudad fue finalmente retomada en el año 631. El rey de Naranjo fue hecho prisionero por los guerreros de Calakmul, y las inscripciones indican que fue torturado y ejecutado. Las inscripciones de Calakmul sugieren que no solo se ejecutó al rey después de la batalla, sino que toda la familia real fue asesinada. Calakmul instauró entonces una nueva familia real que fue firmemente leal a su autoridad política.

Relación con Dos Pilas

Dos Pilas fue un pequeño asentamiento establecido por Tikal en el año 629 que sirvió para proteger sus rutas comerciales en el río Pasión. El hermano del rey de Tikal fue nombrado rey de Dos Pilas en 635 y lucharía con Tikal contra Calakmul durante muchos años.

En el año 648, Dos Pilas fue atacada por Calakmul, lo que provocó la captura del rey de la ciudad y la muerte de una élite noble de Tikal. En lugar de ejecutar al rey de Dos Pilas, Calakmul decidió ponerlo en su antiguo trono como rey vasallo para luchar contra su antiguo aliado, Tikal.

En el año 657, Dos Pilas, ahora con la ayuda y guía de Calakmul, atacó Tikal y obligó a gran parte de la clase dirigente a huir de la ciudad. A pesar que las dos ciudades antes aliadas eran ahora enemigas, Dos Pilas siguió utilizando muchos símbolos y emblemas de Tikal a lo largo de su conflicto. Muchos estudiosos creen que los gobernantes de Dos Pilas tenían la ambición de ocupar el trono de Tikal.

En 672, Tikal atacó Dos Pilas, tomando la ciudad y obligando a muchos de sus gobernantes a exiliarse. Calakmul intervino y comenzó a consolidar su sistema de alianzas con la esperanza de poder cercar completamente Tikal y su territorio.

En el año 677, Calakmul atacó Dos Pilas, tomando la ciudad y reinstalando al antiguo rey en el trono. Dos años más tarde, una fuerza aliada de Dos Pilas y Calakmul derrotó a Tikal en una gran batalla, aunque esta victoria no pareció tener un gran impacto en el conflicto Tikal-Calakmul.

Declive

La ciudad construyó cinco estelas diferentes a principios de la década de 740. Para entonces, el poder político de Calakmul era una fracción de lo que fue. En las tierras bajas, muchos de los aliados más leales de Calakmul fueron derrotados por Tikal. El poder político de los gobernantes de Calakmul dependía totalmente de este fuerte sistema de alianzas, y a medida que comenzó a desmoronarse, la ciudad también empezó a declinar.

A lo largo del periodo Clásico terminal, Calakmul comenzó a centrarse en el comercio desde sus alrededores en las tierras bajas centrales hasta el norte de Yucatán. Esto puede indicar que el gobierno de Calakmul preveía el declive de la región y esperaba mantenerse a flote estableciendo relaciones con ciudades en crecimiento en el norte como Chichén Itzá.

Una de las estelas encontradas en Calakmul; esta está fechada en la década de 730[146]

Las últimas estructuras de cualquier tipo que se construyeron en el Calakmul Clásico fueron tres estelas construidas en el año 810, que es más o menos cuando los historiadores creen que el gobierno de la ciudad se derrumbó por completo. Durante este periodo, las ciudades que antes gobernaba Calakmul empezaron a erigir sus propios monumentos culturales y a separarse de las prácticas culturales distintivas de sus antiguos señores.

Existen pruebas que indican que una pequeña población, tal vez incluso parte de la clase dirigente, permaneció en la ciudad tras su fuerte despoblación a lo largo del siglo IX. Se construyeron algunos monumentos, pero de forma muy tosca en comparación con los monumentos del periodo clásico. Es posible que se tratara de un intento de revitalizar la ciudad y devolverla a lo que fue en su día.

Tras siglos de dominación política en las tierras bajas del centro y el sur, en el periodo Clásico terminal las grandes ciudades de Calakmul y Tikal eran ruinas abandonadas y ocultas entre la inmensa selva centroamericana.

De todas las grandes ciudades del periodo Clásico, ha desconcertado a los historiadores por qué las dos más grandes se derrumbaron tan rápidamente y nunca volvieron a ser pobladas. Una gran parte fue sin duda los siglos de guerra, ya que los constantes combates seguramente agotaron la economía de las ciudades.

Los historiadores aún no están seguros sobre lo que provocó exactamente el abrupto deterioro de Calakmul y las demás ciudades del Clásico, pero un creciente conjunto de pruebas apunta a algunas causas probables. En el siguiente capítulo se analizarán las numerosas teorías y pruebas que apuntan a la razón del colapso de los dos gigantes de las tierras bajas.

Capítulo 8: El colapso de la época Clásica

Entre los siglos VIII y IX, las ciudades mayas de las tierras bajas del sur se despoblaron rápidamente. Este periodo ha sido llamado el «Colapso del maya Clásico», ya que el periodo maya Clásico fue reemplazado por el periodo Postclásico maya. El siglo IX se suele clasificar como el periodo Clásico terminal.

Aunque se han formulado muchas teorías sobre el colapso, los expertos no están seguros de qué fue exactamente lo que llevó a la desintegración de la sociedad urbana maya en las tierras bajas. Está demostrado que las grandes ciudades de la región, como Tikal, Calakmul y Palenque, se deterioraron a lo largo de los siglos VIII y IX y pronto fueron abandonadas por completo.

Durante este periodo de decadencia, no se realizaron escritos en los monumentos ni se llevaron a cabo grandes proyectos de construcción en las ciudades. Sin embargo, este colapso no supuso el fin de la civilización maya.

De hecho, cuando las grandes ciudades de las tierras bajas del sur empezaron a fracasar, las ciudades del norte de Yucatán llenaron el vacío de poder y empezaron a prosperar como las nuevas ciudades dominantes del mundo maya. Muchas de estas nuevas ciudades del norte conservaron muchas tradiciones culturales y características del maya Clásico, aunque muchos estilos artísticos quedaron en el pasado.

La ciudad de Chichén Itzá se convirtió en la potencia dominante de la península durante el colapso, y muchas otras ciudades tanto en el norte de Yucatán como en las tierras altas del sur prosperaron hasta las conquistas españolas. Aunque este periodo suele denominarse «Colapso Maya», muchos expertos mesoamericanos rechazan esta terminología. Por el contrario, creen que el poder que culminó en las ciudades de las tierras bajas del sur se desplazó y dispersó por toda la región.

Teorías sobre el colapso

Los estudiosos de Mesoamérica han sugerido casi un centenar de teorías diferentes, y no han podido llegar a un consenso sobre una explicación unificada. Sin embargo, la comunidad académica parece aceptar una serie de temas como factores que contribuyeron al colapso.

El colapso de los centros urbanos mayas debido a factores medioambientales tiende a ser una de las principales teorías. Muchos estudiosos creen que una grave sequía o una serie de sequías en la región causaron el repentino declive. Otra teoría que los estudiosos han explorado es la de una invasión por parte de los toltecas del centro de México u otro grupo cultural foráneo. Sin embargo, la mayoría de los estudiosos no creen que haya suficientes pruebas respecto a que una invasión militar colapsara la sociedad maya por sí misma.

Los estudiosos de Mesoamérica han propuesto continuamente la teoría acerca de las rutas comerciales por tierra que dominaban las tierras bajas, y que convirtieron a ciudades como Tikal y Calakmul en centros económicos de comercio, fueron sustituidas por rutas comerciales de ultramar que recorrían la península. El abandono de las rutas comerciales de las tierras bajas puede haber sido causado por la constante guerra de la región, ya que muchos mercaderes seguramente habrían elegido viajar por mar en lugar de atravesar las tierras bajas devastadas por la guerra. Esto habría desplazado la dinámica de poder de los mayas de Yucatán de las tierras bajas del sur y del centro a la región costera. La disolución de las rutas comerciales que conectaron al pueblo maya durante siglos seguramente habría provocado el deterioro de las ciudades de la región.

Una gran sequía generalizada que envolvió la región es la teoría más aceptada entre los estudiosos de Mesoamérica. Las investigaciones modernas han demostrado que la región experimentó una disminución del 40% de las precipitaciones anuales durante el periodo terminal. Una sequía habría impedido a la población cultivar la agricultura, de la que las ciudades se habían vuelto totalmente dependientes, y habría dañado muchos de los suelos fértiles de las tierras bajas. Mientras que las ciudades centrales habrían comenzado a colapsar rápidamente durante una sequía prolongada, las ciudades cercanas a la costa como Chichén Itzá se habrían visto mucho menos afectadas por la sequía, ya que tienen relativamente más fuentes de agua dulce.

Aunque mucha gente piensa que el corazón de los mayas es una selva tropical con abundancia anual, la región era especialmente propensa a las sequías prolongadas y tenía muy pocas fuentes de agua dulce. Hoy en día, muchos ecologistas se sorprenden al ver que el pueblo maya prosperó en una región del mundo tan inhóspita.

Los mayas combatieron su falta de fuentes permanentes de agua dulce con muchos métodos ingeniosos de recogida de agua de lluvia. Sin embargo, una grave y prolongada sequía pudo hacer que estas prácticas de almacenamiento de agua fueran insostenibles para las grandes poblaciones de las ciudades. Además, hay pruebas claras que estos suministros de agua estaban muy contaminados en el momento del colapso.

Los mayas eran unos de los agricultores más avanzados del mundo, ya que utilizaban una serie de técnicas e innovaciones para cultivar la tierra y alimentar a las grandes poblaciones de las ciudades. Sin embargo, el uso de prácticas agrícolas de tala y quema habría provocado una inmensa deforestación en todo el territorio maya. Esta inmensa y extendida degradación medioambiental habría tardado décadas en recuperar los bosques.

También hay algunas pruebas de revolución o rebelión de las poblaciones de las ciudades contra sus gobernantes. Muchos monumentos y estructuras sagradas fueron desfigurados y dañados en la época del colapso, lo que puede indicar que la población destruyó simbólicamente las estructuras sagradas de la clase dirigente antes de abandonar las ciudades.

Las ciudades que llegaron al poder tras el colapso del Clásico muestran un «culto divino» mucho menor a sus gobernantes, y parece que las poblaciones del Postclásico buscaron gobiernos más pragmáticos y seculares que los del Clásico. A medida que la sequía, la deforestación y la guerra envolvían la región, tendría sentido que las poblaciones del Clásico se volvieran rápidamente contra sus gobernantes, que predicaban que habían sido puestos divinamente en el trono por los dioses para proteger a su pueblo.

Aunque los estudiosos de Mesoamérica han estado buscando una teoría principal sobre el colapso del maya Clásico, lo más probable es que el colapso de las ciudades clásicas de las tierras bajas se debiera a una combinación de factores ambientales, económicos y políticos que quizá nunca se llegue a comprender completamente.

A pesar de la creencia popular que el colapso puso fin a la civilización maya, muchas regiones del corazón maya prosperaron después del siglo X, especialmente en la costa norte de la península.

Lo que ha desconcertado a muchos estudiosos es por qué las tierras bajas del centro y del sur no se repoblaron tras el colapso. Los centros urbanos del maya Clásico se caracterizaban por un ciclo constante de desarrollo, colapso y desembolso. Tras muchos ejemplos de «colapso», sobre todo durante el Preclásico, los mayas se desplazaron a otros lugares de la región y pronto surgieron nuevos centros urbanos.

Sin embargo, las tierras bajas del sur y del centro nunca volvieron a estar densamente pobladas después del colapso, lo que hace que los historiadores se pregunten a dónde fue esta gente. Lo más probable es que las poblaciones que abandonaron estas ciudades se desplazaran hacia el norte, a través de Yucatán, hacia la costa atlántica, mientras que otras viajaron hacia el este y el oeste, uniéndose a otras sociedades mesoamericanas.

Los métodos de almacenamiento de agua, junto con muchas otras innovaciones administrativas, se habían vuelto extremadamente complejos en el periodo Clásico. La repoblación de la región habría implicado una reconstrucción completa de estos sistemas de almacenamiento de agua, un proyecto masivo que requería mucha mano de obra y que tal vez no parecía valer la pena. También puede haber un elemento religioso o espiritual, ya que muchos pueden haber optado por no regresar porque creían que los dioses condenaban a las ciudades.

Cuando las grandes ciudades como Tikal se derrumbaron en el sur, las ciudades del norte como Chichén Itzá llenaron el vacío de poder y llevaron adelante la antorcha del maya Clásico. Sin embargo, el colapso del maya Clásico sin duda puso fin a la progresión de siglos desde las primitivas aldeas agrarias hasta los grandes templos de Tikal y Calakmul. El colapso de las ciudades mayas clásicas de las tierras bajas no significó el colapso de la civilización maya, pero esta nunca volvería a ser la misma.

Los logros artísticos y culturales de los mayas del Clásico fueron engullidos por la selva y dejados atrás cuando la población se dispersó hacia otros lugares. Durante el Postclásico, el pueblo maya sufriría una serie de enormes transformaciones al tratar de llenar el vacío que el colapso creó.

Capítulo 9: Chichén Itzá: La ciudad maravilla

La ciudad de Chichén Itzá se encontraba en el actual municipio de Tinúm del estado de Yucatán, México, situado en el norte de la península de Yucatán. Chichén Itzá fue considerada una de las mayores ciudades mayas precolombinas y llegó a ser una de las más prósperas de Yucatán durante el periodo Clásico terminal.

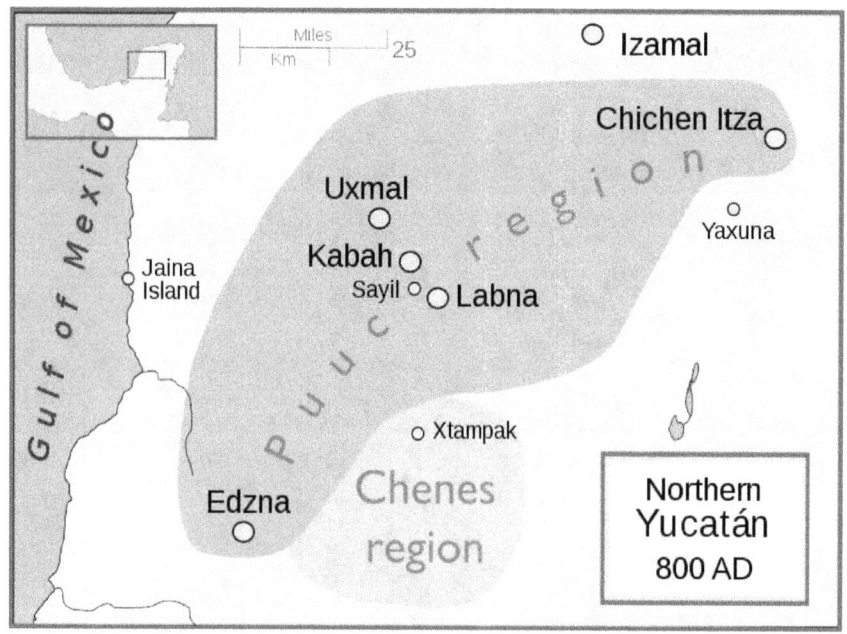

Un mapa de la parte superior de la península de Yucatán [147]

Algunos expertos creen que la ciudad tenía una población especialmente diversa, lo que reflejaría la diversidad de estilos artísticos y arquitectónicos de la ciudad. Esto se debió, sobre todo, a la afluencia de migrantes mayas procedentes de ciudades como Tikal que viajaron al norte, hacia la costa, tras el colapso del periodo Clásico.

Cuatro sumideros diferentes, o «cenotes», sirvieron como principales fuentes de agua dulce para la población de la ciudad. También se ha demostrado que los cenotes se utilizaban para realizar sacrificios humanos al dios de la lluvia Chaac, como se ha encontrado en el más famoso de los cenotes, el Cenote Sagrado. En estos cenotes se encontraron muchos objetos sagrados habituales en los enterramientos mayas, como el jade, junto con restos humanos. La mayoría de los restos humanos encontrados eran de niños.

El Cenote Sagrado. Se ha sugerido que muchos de los sacrificios humanos fueron asesinados antes de ser arrojados al cenote. Como solo algunos cenotes albergaban restos humanos, es posible que los mayas creyeran que ciertos cenotes conducían al inframundo[148]

El nombre de Chichén Itzá se traduce como «en la boca del pozo del Itzá», lo que probablemente hace referencia a los grandes cenotes y a la fuerte influencia de la cultura Itzá en la ciudad. Mientras que los estilos Itza-Puuc caracterizan la arquitectura de la parte norte de la ciudad, la parte sur está fuertemente influenciada por los estilos toltecas. Algunos estudiosos han planteado la hipótesis de que esto fue causado por una gran migración o una posible invasión de los toltecas. Sin embargo, la mayoría cree que simplemente refleja la interacción con la gran ciudad tolteca de Tula.

Desde principios del siglo X hasta mediados del XI, Chichén Itzá se convirtió en la ciudad más próspera de la península de Yucatán, con una población de 35.000 habitantes. Durante su apogeo, la ciudad aprovechó su ubicación privilegiada en la costa del norte de la península de Yucatán y se convirtió en una importante potencia económica de las rutas comerciales de las tierras bajas mayas.

La ciudad creó isla Cerritos como uno de los puertos más importantes de América Central. Como las tierras bajas del sur y del centro entraron en guerra constante durante el periodo Clásico, muchas rutas comerciales se vieron interrumpidas. Las rutas comerciales de ultramar alrededor de la península, en lugar de atravesarla, se hicieron más comunes, dando a las ciudades cercanas a la costa como Chichén Itzá una gran ventaja económica. Con su proximidad al mar, los comerciantes de Chichén Itzá podían navegar por todo el golfo de México, obteniendo artículos que eran raros en la región de Yucatán, como el oro y la obsidiana del centro de México.

La distribución de la ciudad

Las estructuras más prominentes del centro de la ciudad cubrían un área de alrededor de dos millas cuadradas, convirtiéndola en uno de los mayores centros urbanos del norte de Yucatán. Los ingenieros nivelaron el terreno en el centro de la ciudad para construir muchas de las estructuras más grandes de la misma.

La ciudad tenía muchas calzadas, o calles, que conectaban las distintas secciones de la ciudad con la plaza central. Estaba llena de edificios de piedra que cumplían diferentes funciones, desde viviendas hasta edificios administrativos utilizados por el gobierno. Las estructuras de la parte sur de la ciudad, llamada «Chichén Viejo», tenían muchas características del estilo arquitectónico Puuc que se originó en las tierras bajas del centro de Yucatán.

El Castillo, una pirámide de 98 pies situada en el centro de la ciudad, es el proyecto arquitectónico más destacado de Chichén Itzá. La construcción de la estructura no solo fue una hazaña arquitectónica impresionante, sino que también pone de manifiesto la sofisticación de sus conocimientos de astronomía y cronometría.

Una imagen de El Castillo, también conocido como la Pirámide de Kukulkán[149]

La pirámide se construyó con cuatro lados que tenían 91 peldaños cada uno y estaban orientados a todos los puntos cardinales. Los cuatro lados y sus peldaños suman 365, el número total de días del año. Durante los equinoccios de otoño y primavera, una gran sombra con forma de serpiente se proyecta por las escaleras. En la cima de la pirámide se encuentra una gran inscripción de una serpiente, que representa a uno de los dioses mayas. El Castillo se construyó sobre otro templo más antiguo dedicado al dios jaguar del inframundo. En el periodo Clásico, esto era una práctica común en las ciudades mayas.

El detalle y la reflexión que se puso en la construcción de El Castillo muestran la gran amplitud de conocimientos y creencias que impregnaban la sociedad maya y cómo se entrelazaban con sus grandes hazañas arquitectónicas.

Las excavaciones han demostrado que existía un gran mercado debajo de las pirámides, lo que sugiere que la gran plaza se utilizaba para que las grandes multitudes vieran los rituales que tenían lugar en la cima de la pirámide y se reunieran con sus conciudadanos para hacer compras.

El Caracol, una gran estructura utilizada como observatorio para los astrónomos de la ciudad, se construyó en algún momento antes del siglo IX. Muchos estudiosos creen que este edificio se utilizaba para ver a Venus y puede haber estado dedicado a Kukulkán, el dios maya del viento.

El Templo de los Guerreros es un complejo que se construyó en algún momento entre los siglos IX y XI. Las paredes del templo estaban decoradas con grandes representaciones de guerreros mayas y de la batalla y tiene muchas inscripciones de serpientes emplumadas. El templo se parece mucho a uno similar encontrado en la capital tolteca de Tula, lo que ha llevado a muchos historiadores a sugerir que hubo una considerable difusión cultural entre las dos ciudades.

El Templo de los Guerreros. Muchos de los murales del interior del complejo representan batallas y guerreros [150]

Chichén Itzá también alberga el mayor campo de juego de pelota de Mesoamérica, con 1,5 metros de largo y 7 metros de ancho. Hay muchas inscripciones en las paredes de la cancha que muestran a los jugadores victoriosos exhibiendo las cabezas decapitadas de sus oponentes.

Existen numerosas teorías sobre cómo se jugaba a la pelota. La mayoría cree que el objetivo del juego era evitar que la pelota tocara el suelo golpeándola contra las paredes, probablemente con las caderas de los jugadores. La pelota utilizada era de goma y podía pesar hasta nueve libras. Aunque lo más probable es que la población de la ciudad jugara a menudo de forma recreativa, las inscripciones del campo de juego de pelota de Chichén Itzá indican que pudo haber un elemento ritual en el juego.

El campo de juego de pelota de Chichén Itzá[161]

Con vistas al campo de juego de pelota, el Templo del Jaguar es un gran complejo de templos con muchas inscripciones de las deidades mayas de las serpientes emplumadas y una gran representación de una batalla. En el templo inferior del complejo hay un trono decorado con una inscripción de una figura de jaguar, similar al trono de El Castillo.

Junto al Gran Juego de Pelota estaba el Templo del Hombre Barbudo, un pequeño templo que tiene una inscripción de un hombre grande y barbudo. Justo enfrente del Templo del Hombre Barbudo hay una estructura más grande, pero fue destruida hasta quedar irreconocible.

El azul maya y el sacrificio

Durante el apogeo de la ciudad, estos edificios habrían sido pintados en una gama de colores festivos. La metrópolis de Chichén Itzá habría tenido un aspecto muy diferente al de las monótonas ruinas de piedra que se encuentran en el sitio moderno.

Uno de los colores más populares utilizados en ciudades mayas como Chichén Itzá era el «azul maya». Este pigmento se utilizaba en todas las ciudades en esculturas, cerámicas y murales. El color turquesa proviene de la combinación de material vegetal índigo y mineral de palygorskita. Estos ingredientes se combinaban en pequeños hornos a altas temperaturas de hasta 200 grados Celsius. El pigmento es extremadamente resistente y duradero, ya que muchos murales y objetos aún conservan rastros visibles del color a pesar de siglos de erosión.

Un ejemplo de obra de arte maya que utiliza el azul maya[152]

Los artistas mayas empezaron a utilizar el color para pintar murales durante la última parte de la era Preclásica, y el uso del pigmento pronto empezó a extenderse a monumentos, estelas y cerámica por todas las ciudades. Era el color principal de Chaak, la deidad de la lluvia, que también era la figura central de los sacrificios humanos mayas.

Cuando los sacerdotes de la ciudad preveían una sequía, solían elegir una víctima para un derramamiento de sangre no letal o, en casos más graves de sequía, para un sacrificio humano. Para apaciguar a Chaak, una víctima era pintada completamente con el pigmento y sacrificada en la plaza central de la ciudad.

El alcance de los sacrificios humanos en los mayas es desconocido para los estudiosos, ya que las inscripciones y representaciones de los sacrificios dejadas por los mayas han mantenido el tema en el misterio en cuanto a sus métodos y frecuencia. Sin duda, los prisioneros de guerra eran los más utilizados para los sacrificios. Las víctimas podían ser decapitadas o destripadas, muy probablemente en una ceremonia ritual dirigida por los sacerdotes de la ciudad. Ejemplos más extremos, como ser arrojados a los cenotes de Chichén Itzá, fueron muy probablemente sucesos muy raros.

La captura de reyes y otros miembros de la realeza de una ciudad rival solía dar lugar a ejecuciones y sacrificios públicos. Estos asesinatos celebraban la victoria política de derrotar a un líder rival y daban espiritualmente a los dioses sangre real.

Es probable que la mayoría de los sacrificios no fueran letales, ya que los objetos ceremoniales y los artefactos se entregaban simbólicamente a los dioses como sacrificios materiales. También se practicaba con frecuencia el «desangrado», cuando los ciudadanos de la ciudad se hacían pequeños cortes no letales en el cuerpo como sacrificio de sangre.

Historia temprana

La ciudad se pobló y construyó por primera vez entre los siglos VI y VIII y se desarrolló aún más a lo largo de los siglos X y XI, cuando se convirtió en un próspero centro de comercio para Yucatán.

A pesar de su ubicación cerca de la costa del golfo, el norte de Yucatán se considera una de las regiones más secas y áridas del corazón maya. Chichén Itzá se convirtió probablemente en un lugar ideal para los colonos debido a los numerosos suministros de agua situados en sus sistemas de cuevas naturales y sumideros.

Ascenso al poder

La ciudad ya había cobrado importancia a principios del siglo VII, al convertirse en una ciudad comercial regional vital en las tierras bajas del norte. Con el declive de muchas de las grandes ciudades del sur (como Tikal), Chichén Itzá se convirtió en el poder político, cultural y económico dominante de las tierras bajas mayas a finales del siglo IX.

Antes que Chichén Itzá alcanzara el dominio regional, las dos ciudades vecinas de Yaxuná y Cobá, que eran estrechas aliadas, comenzaron a declinar. Algunos expertos creen que Chichén Itzá pudo haber jugado un papel directo en el declive de estas ciudades, ya sea por intervención directa o simplemente por competir con ellas económicamente.

Después de disfrutar de un período de prosperidad regional, la ciudad comenzó a declinar alrededor del año 900. Durante esta época, llegó a la ciudad una afluencia de emigrantes de la cultura itzá del sur y comenzó a revitalizar la mitad norte de la ciudad. A lo largo del siglo X, la ciudad vecina de Uxmal, estrecha aliada de Chichén Itzá, decayó rápidamente y allanó el camino para que Chichén Itzá ascendiera de nuevo al poder.

Declive

La evidencia muestra que a principios del siglo XII, la ciudad había declinado como una ciudad más débil en la región, marcando el ascenso de la ciudad vecina de Mayapán. Durante este periodo, Chichén Itzá se alió tanto con Mayapán como con Uxmal, lo que se conoce como la Liga de Mayapán, de la que se hablará en la cuarta parte.

Cuando los conquistadores españoles llegaron a Chichén Itzá, observaron que una gran población seguía viviendo en la ciudad. Sin embargo, algunos expertos creen que esta población pudo haber estado viviendo en las afueras de las ruinas de la ciudad. Los españoles también observaron que el Cenote Sagrado seguía siendo un lugar sagrado para los mayas.

Hoy en día, Chichén Itzá es uno de los sitios más visitados de Mesoamérica debido a sus numerosas y grandes estructuras y monumentos como El Castillo. Aunque solo mantuvo su dominio regional del norte de Yucatán durante un breve periodo de tiempo tras el colapso del maya Clásico, la ciudad demostró ser digna de llevar la antorcha de las ciudades del Clásico hacia el sur.

Los impresionantes logros de la población de la ciudad, su mezcla de influencias itzáicas y toltecas, y su prosperidad económica cerca de las rutas comerciales de ultramar demostraron que, a pesar del colapso de las grandes ciudades del Clásico, la civilización maya estaba más viva que nunca. El declive de Chichén Itzá marcó el inicio de una nueva era en el norte de Yucatán, cuando la ciudad de Mayapán se convirtió en la más poderosa de la región.

TERCERA SECCIÓN:
LA ERA MAYA POSTCLÁSICA
(900-1511 d. C.)

Capítulo 10: El reino K'iche' de Q'umarkaj

Q'umarkaj

El reino de Q'umarkaj (también llamado Utatlán en lengua maya) estaba situado en el altiplano de Guatemala. La ciudad fue creada por el rey Q'uq'umatz, que se traduce como «Serpiente Emplumada» en la lengua k'iche' a principios del siglo XV.

Q'umarkaj estaba situada en una gran meseta del altiplano guatemalteco, a 1,6 millas al oeste de la moderna ciudad de Santa Cruz del Quiché. El yacimiento arqueológico tiene una superficie de 1.300.000 pies cuadrados, lo que lo convierte en uno de los mayores sitios de las tierras altas mayas. En su apogeo, la ciudad de Q'umarkaj y sus alrededores tenían una población de 15.000 personas.

Este mapa muestra los centros importantes de K'iche', que se encuentra en el sur de Guatemala[153]

Había un orden socioeconómico muy arraigado en la ciudad, ya que los k'iche' comprendían tres linajes diferentes: Los nima eran la élite gobernante, los tamub eran comerciantes y los ilok'ab eran los principales guerreros de los k'iche'.

Fundación de la ciudad

El origen exacto de los pueblos de habla k'iche' sigue siendo objeto de debate entre los estudiosos. Sin embargo, la mayoría está de acuerdo en que lo más probable es que fueran originarios de la región de Tabasco, en la costa del golfo de México. Estos pueblos viajaron a lo largo de la costa del golfo y a través de las tierras bajas del sur para llegar a la ciudad, aunque algunos estudiosos creen que pueden haber viajado a lo largo de la costa del Pacífico para llegar a las tierras altas de Guatemala. La mayoría de estos pueblos probablemente hicieron el viaje alrededor del declive de Chichén Itzá en el norte de Yucatán, en algún momento del siglo XII.

La distribución de la ciudad

La ciudad contaba con once plazas rodeadas por un conjunto de templos y complejos, todos ellos elevados sobre una serie de terrazas. Todas estas estructuras tienden a ser del mismo tamaño, aunque las estructuras que rodean la plaza central son las más grandes de la ciudad.

Una gran serie de zanjas separaba la zona administrativa de élite de la mayoría de las zonas residenciales, lo que refleja las profundas divisiones socioeconómicas de la ciudad. Muchas de estas casas parecen tener marcadores culturales que difieren en gran medida de las estructuras de la élite de la ciudad. Esto ha hecho que muchos estudiosos planteen la hipótesis de que la ciudadanía de la ciudad fue posiblemente conquistada por una población que se convirtió en la clase dirigente de élite tras la conquista y permitió a sus ciudadanos conservar su identidad cultural.

Historia temprana

Los k'iche' eran un pueblo maya que se asentó en el altiplano alrededor del año 600 a. C. Hay evidencias arqueológicas que indican que la región estuvo poblada en cierta medida desde el período Preclásico, pero la mayoría de los artefactos de la ciudad están fechados en el Postclásico. Durante el Postclásico tardío, el área de la ciudad probablemente tenía alrededor de 15.000 personas viviendo en ella.

Las capitales del reino K'iche' estaban originalmente en Jakawitz y luego en Pismachi, pero a principios del siglo XV, el rey Q'uq'umatz eligió la zona por su gran posición defensiva natural en la alta meseta. El rey Q'uq'umatz mantendría un legado espiritual entre los k'iche' después de su muerte, ya que se le describía como una figura mítica que podía transformarse en varios animales.

Orden político

Las facciones socioeconómicas dentro de la sociedad k'iche' son profundas, ya que los nobles, o «ajaw», afirmaban ser descendientes de los invasores extranjeros de la costa del golfo que conquistaron la región a principios del siglo XIII. Los invasores se hicieron con el poder político de la región y abandonaron muchas de sus tradiciones culturales del golfo, integrándose plenamente en la cultura k'iche' de sus súbditos conquistados.

Los vasallos de los k'iche', o «al k'ajol», constituían las clases bajas de la sociedad de las tierras altas. Servían como trabajadores, agricultores y soldados y, por lo general, no tenían ninguna oportunidad de ascender en el sistema político. Los vasallos, sin embargo, podían obtener altos títulos en el ejército por mostrar valentía y habilidad en el campo de batalla. Los mercaderes ocupaban un lugar ligeramente superior en la escala socioeconómica que los vasallos, pero estaban obligados a pagar tributos a la clase noble.

El reino estaba regido por un gobierno compuesto por cuatro poderosas figuras: el rey, el rey electo y dos capitanes. Cada uno de estos gobernantes pertenecía a los linajes más célebres de la ciudad.

Expansión

A lo largo del siglo XV, los k'iche' empezaron a expandir gradualmente su territorio por toda la región y crearon una poderosa alianza con los kaqchikel, un poderoso pueblo maya de las tierras altas del medio oeste.

Durante este periodo, Q'uq'umatz ofreció al gobernante de los k'oja, una cultura maya cercana de las montañas de Cuchumatán, a su hija en matrimonio. Sin embargo, los k'oja mataron a la hija de Q'uq'umatz cuando esta llegó a su territorio. Esto desencadenó una sangrienta guerra entre las dos ciudades.

El rey Q'uq'umatz acabó muriendo en la batalla mientras luchaba contra los k'oja y fue sucedido por su hijo, K'iq'ab, que juró derrotar a los k'oja. Entró en la ciudad de K'oja con una gran fuerza militar, mató al rey y saqueó la ciudad. También recuperó los restos de su padre y se llevó un gran número de prisioneros, así como numerosos y valiosos artefactos de jade. Los militares k'iche' también pusieron bajo su control muchas zonas cercanas a K'oja tras la victoria.

K'iq'ab continuó trayendo una gran prosperidad al reino al realizar grandes conquistas militares que expandieron el territorio k'iche' hasta el río Okos en el oeste y el río Motagua en el este.

Declive

A medida que el territorio de K'iq'ab se expandía, estalló una guerra civil en Q'umarkaj cuando los vasallos intentaron derrocar a la clase real. Dos de los hijos de K'iq'ab se unieron a los vasallos y mataron a muchos nobles de alto rango de la ciudad. Los miembros de alto rango de los guerreros kaqchikel aliados se vieron obligados a huir a su territorio.

K'iq'ab estuvo a punto de ser asesinado durante el levantamiento, pero huyó a la periferia de la ciudad con algunas tropas que le seguían siendo fieles. El rey aceptó hacer algunas concesiones a los rebeldes, lo que creó una nueva clase noble de señores. K'iq'ab murió poco después, en 1475. A pesar de la gran expansión territorial que caracterizó su reinado, la ciudad era mucho más débil que cuando subió al trono, en gran parte debido al malestar interno de la estructura política de la ciudad y a la disolución de su alianza con Kaqchikel.

Tras la muerte de K'iq'ab, la ciudad se vio envuelta en una sangrienta guerra con sus vecinos, incluidos los tz'tutjil y su antiguo aliado, los kaqchikel. Los k'iche' intentaron conquistar la capital de los kaqhickel, pero fueron derrotados. Esto provocó un fuerte declive del poder militar y político de los k'iche' en la región.

Cuando los conquistadores españoles llegaron al altiplano guatemalteco en 1524, la ciudad de Q'umarkaj era una sombra de lo que fue durante el siglo XV. Q'umarkaj se despojó por completo de su antigua gloria debido a su disfuncional sistema político interno y a su ansia de expansión territorial.

Capítulo 11: La Liga de Mayapán

La Liga de Mayapán fue formada en 987 d. C. por el gobernante maya Ah Mekat Tutul Xiu. La liga era una alianza política entre las ciudades del norte de Yucatán, Chichén Itzá, Mayapán y Uxmal. La liga se centró en la ciudad de Chichén Itzá, que fue la más poderosa de la región durante el Posclásico temprano. La liga también se componía de muchas ciudades y pueblos más pequeños en toda la región, pero no está claro el poder que tenían estas ciudades más pequeñas en lo que respecta a la gobernanza.

Lo más probable es que esta liga se creara debido al desmoronamiento de las grandes ciudades del Clásico en el sur, ya que los mayas del norte de Yucatán temían que la creciente guerra se extendiera al norte o que una afluencia de migrantes desesperados se apoderara de la región. La creación de la liga también fue causada, sin duda, por las fuertes sequías y la interrupción de las rutas comerciales que caracterizaron la época. Es posible que los mayas yucatecos del norte hubieran tratado de llevar adelante y poner en práctica la conclusión más importante del colapso del maya Clásico: que la falta de paz, estabilidad y cooperación causó el declive de las mayores ciudades de las tierras bajas. La alianza se creó para mantener una apariencia de gobierno centralizado en la región, promoviendo la paz y el comercio entre los mayas yucatecos del norte.

Sin embargo, a lo largo del Postclásico, la liga comenzó a desmoronarse rápidamente debido a las luchas internas entre las tres ciudades. Mayapán fue sustituyendo a Chichén Itzá como la ciudad más poderosa del norte de Yucatán.

Mayapán

Mayapán estaba situada a 100 kilómetros al oeste de Chichén Itzá y se convirtió en la ciudad más poderosa del norte de Yucatán desde principios del siglo XIII hasta mediados del siglo XV. Se han encontrado más de 4.000 estructuras a lo largo de su yacimiento arqueológico, y los expertos creen que hasta 17.000 personas podrían haber vivido en la ciudad durante su apogeo.

Mayapán, que se traduce como «estandarte de los mayas», fue la última gran capital de los mayas en el norte de Yucatán y se considera una de las ciudades más densamente pobladas que han existido. La ciudad fue formada durante el siglo XI por los Cocom, una familia de élite de Chichén Itzá que huyó debido a la rivalidad política.

El templo de Kukulkán. Es similar al de Chichén Itzá, aunque los arqueólogos consideran que este último es muy superior en términos de artesanía [154]

La ciudad fue abandonada bruscamente a mediados del siglo XV, y hay indicios del posible incendio de parte de la ciudad. Las pruebas arqueológicas apuntan a un aumento de la guerra en el norte de Yucatán a lo largo de los siglos XIV y XV, y para el declive de Mayapán se habían construido grandes fortificaciones defensivas alrededor de la ciudad.

Uxmal

Uxmal fue una poderosa ciudad del norte de Yucatán desde el año 850 hasta el 900 d. C., durante el periodo Clásico terminal. A partir del año 1000, la población de la ciudad comenzó a abandonarla, posiblemente emigrando a las ciudades cercanas de Chichén Itzá y Mayapán. Hacia el año 1200 la ciudad estaba casi abandonada.

La ciudad fue fundada por los Tutal Xiues, un pueblo maya que viajó hacia el este desde la costa del golfo hasta el norte de Yucatán en algún momento del Clásico tardío. Lo más probable es que la ciudad se uniera a la Liga de Mayapán durante su declive, convirtiéndose en la ciudad más débil de la alianza.

Influencia tolteca y posible invasión

La disposición arquitectónica de Chichén Itzá ha sido durante mucho tiempo un tema de debate entre los estudiosos mayas, ya que algunos creen que la presencia de influencias toltecas en la ciudad puede apuntar a una invasión tolteca de los centros urbanos del norte de Yucatán. Tanto la ciudad de Mayapán como la de Uxmal tenían también muchas características arquitectónicas/culturales toltecas, por lo que muchos apuntan a que la Liga de Mayapán se formó en parte debido a una herencia cultural tolteca compartida.

Muchos estudiosos que trabajaron en los programas de investigación de la Institución Carnegie de Washington de mediados del siglo XX llegaron a la conclusión que, antes de la posible invasión del Postclásico, Chichén Itzá estaba poblada por un grupo cultural maya diferente, lo que significa que los itzá acabarían apoderándose de la ciudad durante el Postclásico eran los toltecas de Tulla.

Sin embargo, los estudios recientes han refutado en gran medida esta teoría. La mayoría de los académicos sostienen ahora que los itzá de Chichén Itzá simplemente tuvieron grandes relaciones comerciales y diplomáticas con los toltecas de Tulla, lo que moldeó sus estilos culturales y arquitectónicos.

Disolución de la Liga

Hacia 1175 la liga comenzó a desintegrarse. Aunque la arqueología aún no ha demostrado la siguiente narración de la disolución de la liga, se cita en múltiples fuentes mayas y es aceptada por muchos estudiosos mesoamericanos.

Ceel Cauich Ah fue arrojado al Cenote Sagrado de Chichén Itzá y de alguna manera logró sobrevivir. Debido a la naturaleza sagrada del cenote para el pueblo maya, Ceel Cauich Ah se proclamó gobernante divino de la región. La mayor parte de la población de Chichén Itzá no lo aceptó como gobernante, mientras que gran parte de la población de Mayapán sí lo hizo.

Tras la disolución de la liga, Chichén Itzá fue sustituida por Mayapán como la mayor ciudad del norte de la península. La ciudad de Uxmal declaró la guerra a los Cocom de Mayapán en 1441, poniendo fin oficialmente a la liga.

Capítulo 12: Petén Itzá: El último reino maya

El último gran reino maya fue el de Petén Itzá, que giraba en torno a la ciudad de Nojpetén. En todo el yacimiento arqueológico de la ciudad hay 21 templos sagrados. La ciudad fue considerada como uno de los centros centrales de los Itzá durante el periodo Postclásico.

La ciudad estaba aislada en una isla del lago Petén, y parece que no había puentes ni otras estructuras que conectaran la ciudad con el resto de las tierras bajas. La ciudad permaneció relativamente aislada desde el punto de vista político y diplomático, ya que solo tenía relaciones con las ciudades itzá de Chakok'at, Ch'ich y Chakan. En la

La ubicación de Petén Itzá [155]

época de la conquista española, se calcula que vivían en la ciudad unas 60.000 personas.

El lago Petén es la mayor masa de agua del corazón maya y fue el hogar de los mayas itzá durante siglos. La región de los lagos de Petén comprendía un grupo de ocho grandes lagos unidos entre sí que se extendían 80 kilómetros de este a oeste. Sus fuentes de agua dulce son un pequeño número de arroyos estacionales que fluyen por toda la zona. El lago más grande de la región es, con mucho, el lago Petén Itzá, que tiene una superficie de unos 100 kilómetros.

El pueblo Itzá

Los itzá no eran un pueblo culturalmente unificado, sino que estaban formados por diferentes y poderosos clanes familiares que gobernaban la zona. Los itzá también tuvieron gran influencia en las ciudades de Chichén Itzá y Mayapán, en el norte de Yucatán, durante el Postclásico. Es muy probable que una gran proporción de la población itzá de estas regiones del norte emigrara hacia el sur, hacia el lago, durante el declive de Chichén Itzá y Mayapán, hasta la llegada de los españoles.

Tanto los itzá del norte como los del sur eran conocidos como algunos de los mayores comerciantes de Mesoamérica, supervisando las rutas comerciales de larga distancia desde el centro de México hasta las regiones del sur de Centroamérica.

Lo más probable es que el pueblo itzá se originara en la cuenca del Petén de las tierras bajas del sur, con una gran proporción de su población migrando hacia el norte de Yucatán durante el colapso de las tierras bajas, y luego una gran ola de migrantes itzá bajando a Petén tras el colapso de la Liga de Mayapán.

La comunidad académica aún no ha llegado a un consenso sobre los orígenes de los itzá como reino unificado y sobre cuándo empezaron a ganar influencia política en los lagos de Petén. Múltiples inscripciones encontradas en ciudades mayas del actual Belice, así como en ciudades del norte como Chichén Itzá, parecen mencionar interacciones con un líder itzá durante el periodo Clásico tardío.

El gobierno de Petén Itzá

A la llegada de los españoles en el siglo XVI, la región del Petén se había convertido en una región política bien organizada y jerarquizada, gobernada por una serie de familias itzá de élite, que se asemejaba mucho a las estructuras gubernamentales de las ciudades itzá del norte, como Chichén Itzá.

Muchos historiadores creen que la amplia influencia de los itzá tanto en las tierras bajas del norte como en las del sur, sugiere una gran fuerza militar que integraba a sus pueblos conquistados en la sociedad itzá. Después de conquistar una población, lo más probable es que los alentaran a casarse con familias de élite, lo que permitiría que algunos de los pueblos conquistados se convirtieran en miembros de la realeza de alto rango en la sociedad itzá. Esto no solo proporcionaba al conquistador itzá grandes ciudades y poblaciones ya bien establecidas sobre las que expandirse, sino que también disminuía la probabilidad de rebelión o malestar político dentro de sus estructuras gubernamentales. Al convertir a los pueblos conquistados en una parte poderosa del gobierno itzá, los itzá pudieron extender su influencia por todo el territorio maya sin alienar o diezmar a las poblaciones de sus compañeros mayas.

El gobernante del pueblo Petén Itzá a lo largo de los siglos XVI y XVII siempre recibió el título de «Ajaw Kan Ek» en los registros españoles. Vivía en la capital isleña de Nojpetén y ocupaba el más alto cargo gubernamental de toda la región de Petén.

Los gobiernos de las provincias de Itzá se componían generalmente de ocho personas. Estos ocho funcionarios se dividían en pares de menor a mayor en función de los puntos cardinales. Por ejemplo, el consejo de gobierno de una de las provincias occidentales estaba formado por un funcionario superior que supervisaba los asuntos de la provincia, mientras que un funcionario inferior supervisaba el pueblo más grande de esa provincia.

La gran confederación Itzá, que actuaba como un reino unificado de la región de Petén, estaba compuesta por un consejo de gobierno formado por los cuatro altos funcionarios provinciales, junto con trece «ach kats» que gobernaban los pequeños asentamientos de la periferia de la confederación.

El territorio que controlaban los itzá durante su apogeo aún no se conoce del todo, aunque está claro que eran unos de los mayores agricultores de la región, con campos que se extendían por las tierras bajas del centro-sur.

Contacto con los españoles

Tras conquistar el imperio azteca del centro de México, el conquistador español Hernán Cortés pasó por la región de Petén Itzá. En marzo de 1525, la fuerza expedicionaria llegó a la orilla del lago

Petén Itzá, donde el gobernante Aj Kan Ek lo recibió. Tras presenciar la misa católica, Aj Kan Ek se convirtió inmediatamente al cristianismo e invitó a los hombres a la ciudad de Nojpeten.

Después del encuentro, ninguna otra fuerza española intentó entrar en la cuenca del Petén durante casi un siglo, sobre todo debido a su impenetrable cobertura de selva. En 1618, dos misioneros españoles partieron del asentamiento de Mérida para convertir a los itzá del Petén. El gobernante del Petén Itzá acogió a los misioneros, pero se negó a abandonar la religión nativa maya. Después que uno de los misioneros intentara destruir la estatua de una deidad, la población nativa comenzó a agitarse ante los visitantes. Solo después que uno de los misioneros dirigiera un sermón pacífico, los nativos se calmaron. Los españoles se marcharon poco después y establecieron una relación amistosa con el gobernante del Petén Itzá.

Al año siguiente, los misioneros volvieron al lago Petén y fueron de nuevo bien recibidos por el gobernante. Sin embargo, los sacerdotes de la ciudad veían cada vez más a los españoles como una amenaza para su religión y convencieron al gobernante para que los desterrara del reino. Una fuerza militar maya rodeó repentinamente la vivienda de los misioneros, y los españoles se vieron obligados a salir río abajo en una canoa.

Tras los intentos fallidos de evangelización, el capitán español Francisco de Mirones se lanzó a la conquista de Petén Itzá en 1622. Un misionero llamado Diego Delgado también viajó con la fuerza, pero se desilusionó cada vez más por el trato que los conquistadores daban a los indígenas. Delgado se separó de Mirones con su propia fuerza expedicionaria, formada en gran parte por mayas evangelizados de las tierras bajas del este. Al entrar en la ciudad de Nojpetén, que no había encontrado misioneros cristianos desde 1618, fueron tomados inmediatamente como prisioneros y luego sacrificados a los dioses. A la llegada de Mirones, él y sus hombres fueron encontrados desarmados en una iglesia cercana por los guerreros de Petén Itzá y fueron masacrados. Estas dos misiones fallidas en Petén Itzá detuvieron todos los intentos españoles de conquistar o evangelizar la región hasta 1695.

En 1695 Martín de Ursúa y Arizmendi, gobernador de la provincia de Yucatán, comenzó a construir un camino desde el oeste de Yucatán hasta el lago Petén. El misionero Andrés de Avendaño viajó por el camino y llegó a la orilla del lago Petén ante un grupo de Itzá que le dio la bienvenida. El gobernante del Petén Itzá llegó al día siguiente, invitando al grupo misionero a entrar en Nojpetén. Durante su estancia en la ciudad, Avendaño bautizó a muchos de los niños de la ciudad e hizo varios intentos de convertir al gobernante de Petén Itzá. El gobernante dijo que no era el momento adecuado para su conversión y que Avendaño debía volver en unos meses para evangelizar con éxito a la población. El gobernante descubrió un complot ideado por una facción de la ciudad para matar a Avendaño y rápidamente les aconsejó que abandonaran la ciudad.

En diciembre de ese año, el gobernante de Itzá envió mensajeros a Mérida para que se rindiera a la corona española. El conquistador Pedro de Zubiaur viajó a Petén con una pequeña fuerza militar, pero fue emboscado por una gran fuerza maya. Muchos de los españoles murieron o fueron hechos prisioneros, y cuando una fuerza de socorro llegó al día siguiente, también fue derrotada por los guerreros mayas. Tras esta conquista fallida, Martín de Ursúa comenzó a planear un ataque masivo a la región de Petén Itzá.

Ursúa condujo su ejército al lago Petén en 1697, y el gobernante de Petén envió inmediatamente un grupo de enviados que se rindió a los españoles. Ursúa aceptó la rendición e invitó al gobernante a visitar su campamento en la orilla del lago al día siguiente. Sin embargo, al día siguiente, en lugar de la llegada programada del gobernante, una fuerza masiva de guerreros mayas comenzó a rodear el campamento español. Sabiendo que la única manera de conquistar la región era con la fuerza militar, Ursúa dirigió a sus hombres en un asalto a Nojpetén. Muchos de los defensores de la ciudad murieron en la batalla que siguió por la isla, y los españoles tuvieron muy pocas bajas. Ursúa rebautizó la ciudad con el nombre de «Nuestra Señora del Remedio y San Pablo, Lago del Itzá».

CUARTA SECCIÓN: CONTACTO Y CONQUISTA ESPAÑOLA (1511-1697 d. C.)

Capítulo 13: Primeros encuentros y exploración de Yucatán

Durante el Postclásico tardío, las fuerzas españolas llegaron a la península de Yucatán. Comenzaron una estrategia de acorralamiento de los mayas locales en pequeños asentamientos coloniales que probablemente se parecían a los campos de concentración o internamiento modernos. Muchos de los mayas huyeron a zonas remotas de la selva o se unieron a otras ciudades que los españoles aún no habían conquistado.

El orden político diverso y desarticulado del Yucatán maya supuso un reto para los conquistadores españoles, ya que no había una ciudad, un estado o una autoridad central que pudiera ser derrocada, como ocurrió con los aztecas del centro de México. En cambio, los españoles se vieron obligados a conquistar la región ciudad por ciudad, pueblo por pueblo. Los españoles abordaron este problema aprovechando las rivalidades políticas entre las poblaciones mayas, estableciendo alianzas que enfrentaban a las ciudades entre sí.

Los mayas que optaron por resistir lucharon en una guerra de guerrillas contra los invasores españoles y sus aliados, utilizando principalmente tácticas de emboscada. Aunque los españoles disponían de un armamento muy superior, que incluía artillería de pequeño calibre, espadas de acero y caballería, los guerreros mayas demostraron ser fieros combatientes que utilizaron el terreno de la región en su beneficio. La caballería española se convirtió en el mayor factor determinante en las batallas a lo largo de las conquistas. Las cargas de la caballería española eran muy eficaces contra los ejércitos europeos, pero contra los mayas (que nunca habían visto caballos), estas cargas solían provocar una retirada inmediata y frenética.

Aún más mortífera que los propios invasores españoles fue la plétora de enfermedades que trajeron a la región. Enfermedades como la viruela, el sarampión y, finalmente, la malaria hicieron estragos en las poblaciones locales de toda América, y tanto en las tierras altas como en las bajas de los mayas se registraron enormes tasas de mortalidad por estas enfermedades a lo largo del siglo XVI.

Prejuicios

Los siguientes capítulos explorarán las conquistas españolas del corazón maya: un período de tiempo en el que el pueblo maya tuvo su primer sabor amargo del colonialismo europeo, ya que los españoles intentaron conquistar una población indígena que luchó ferozmente por la supervivencia tanto de su cultura como de su pueblo.

Se debe señalar que la mayor parte de lo que se sabe sobre estas conquistas procede de fuentes españolas, que solían tener un sesgo eurocéntrico al describir a los mayas como salvajes que necesitaban ser civilizados por la alta cultura europea. (Al igual que los mayas hicieron registros históricos sesgados que describen a los españoles como brutos asesinos). Nunca sabremos el alcance total de las atrocidades españolas contra el pueblo maya, ni la exactitud total de las representaciones españolas del «salvajismo» maya, como los sacrificios humanos.

Por muy tendenciosas que sean estas fuentes, desgraciadamente son la única manera de empezar a entender las conquistas de las Américas. Es posible que nunca se conozca del todo la exactitud de estos detalles, historias y representaciones. Sin embargo, al ofrecer una narración detallada y objetiva de las fuentes españolas y mayas, se puede empezar a descubrir una visión general de este periodo de enorme transformación y cambio en la civilización maya.

Primeros encuentros

Se cree que la primera vez que los españoles se encontraron con los mayas de Yucatán fue en 1502, cuando una expedición dirigida por el famoso explorador español Cristóbal Colón se encontró con comerciantes mayas en la costa de la península.

Colón desembarcó en la isla de Guanaja, frente a la costa de Honduras, durante su cuarta expedición a América. Luego envió a su hermano menor, Bartolomé Colón, a explorar la isla y sus aguas. Mientras exploraba la región, Bartolomé encontró una gran canoa conducida por una tripulación maya procedente de la península de Yucatán. A bordo había muchos artículos de lujo, por lo que era muy probable que se tratara de una canoa comercial que viajaba hacia el sur para comerciar con otras sociedades mesoamericanas.

En lugar de intentar intercambiar información con la tripulación maya o establecer una relación cordial, la tripulación española saqueó la canoa y tomó al capitán como prisionero, con la esperanza de que pudiera servir de intérprete para futuras conquistas. Este primer encuentro entre españoles y mayas marcaría el tono sombrío de décadas de conquista y explotación en todo el Yucatán.

El resto de la tripulación viajó de vuelta a la península y comenzó a difundir la noticia de su encuentro con los españoles. La noticia de los invasores blancos empezó a extenderse por las ciudades mayas de la costa, y muchos empezaron a creer que habían sido enviados por el dios serpiente emplumada Kukulkán, una poderosa deidad de las tierras bajas del norte.

En 1511, la «Santa María de la Barca» naufragó frente a la costa de Jamaica, en el mar Caribe. El capitán Pedro de Valdivia y su tripulación decidieron flotar hacia el oeste en uno de los pequeños botes del barco. En el transcurso de dos semanas, la mitad de la tripulación murió por deshidratación y exposición al calor. Los supervivientes desembarcaron en la costa oriental de Yucatán, donde les esperaba un recibimiento no muy acogedor.

Según fuentes españolas, el señor maya local, Halach Uinik, tomó a la tripulación superviviente como prisioneros. El capitán y otros cuatro miembros de la tripulación fueron asesinados inmediatamente en un sacrificio ritual, y la población local se comió sus cuerpos.

Aguilar y Guerrero

Dos de los supervivientes, Gerónimo de Aguilar y Gonzalo Guerrero, escaparon de sus captores mayas, pero fueron capturados por otro señor maya. Los dos hombres sirvieron como esclavos en la ciudad maya de Chetumal durante ocho años, llegando a dominar la lengua maya. Aguilar fue rescatado por una fuerza expedicionaria española dirigida por Hernán Cortés, a quien sirvió de traductor durante sus campañas en el centro de México.

Guerrero siguió un camino muy diferente hacia la libertad. Cuando Aguilar fue rescatado, Guerrero se había asimilado parcialmente a la cultura maya local. Se había convertido en un miembro de alto rango de la fuerza militar del pueblo maya y había adoptado muchas prácticas culturales de la población local, como los piercings y tatuajes tradicionales mayas. Se había casado con una mujer maya local y puede haber sido el primer padre de hijos mestizos en América.

Los compañeros españoles de Guerrero hicieron varios intentos por recuperarlo, pero él se negó a abandonar el pueblo maya. Se sabe que Guerrero pudo incluso dirigir campañas de los mayas locales en su lucha contra sus antiguos camaradas.

Una estatua de Guerrero en Akumal, México[156]

Francisco Hernández de Córdoba

La primera fuerza expedicionaria española que desembarcó en la península estaba al mando de Francisco Hernández de Córdoba. La flota partió de Cuba en 1517 y llegó cerca de la costa norte de la península. Córdoba optó por no desembarcar debido a los peligrosos bajos de la costa, pero divisó un pequeño asentamiento indígena en la costa. Al día siguiente, varias canoas mayas remaron hasta el barco y mantuvieron un intercambio amistoso con la tripulación española tras subir a bordo.

Decidiendo que la población local recibiría a sus fuerzas pacíficamente, Córdoba decidió desembarcar en la costa. La pequeña fuerza expedicionaria comenzó a dirigirse a la ciudad local cuando los guerreros mayas locales les atacaron. Algunos de los miembros de la tripulación resultaron heridos por las flechas de la emboscada, pero pudieron hacer retroceder con éxito a los atacantes mayas. Los mayas solían utilizar puntas de flecha de sílex, por lo que a menudo se rompían dentro de las heridas y provocaban horribles infecciones, que más tarde causarían la muerte de dos de los hombres heridos.

Después de rechazar con éxito a los atacantes, las fuerzas españolas se dirigieron a las afueras de la ciudad cercana, donde saquearon algunos de los templos mayas y otros edificios. Los españoles encontraron muchos objetos de oro, lo que llenó a los hombres de gran emoción por las riquezas que se podían encontrar en la región. Después de tomar dos prisioneros para que sirvieran de intérpretes, Córdoba y sus hombres volvieron a su barco para continuar su expedición.

A medida que la flota navegaba hacia el sur por la costa occidental de la península, la tripulación se vio peligrosamente mermada en sus suministros de agua dulce. La tripulación llegó a la ciudad costera maya de Campeche en febrero de 1517 e inmediatamente envió un grupo a la ciudad para recuperar agua. La población de la ciudad les permitió entrar en ella y llevarse algo de agua en sus barriles, pero la situación pronto se agravó, ya que los dirigentes de la ciudad les ordenaron que regresaran a su barco.

El barco siguió navegando hacia el sur durante más de una semana, hasta desembarcar cerca de la ciudad maya de Champotón. Al llegar a la costa, la tripulación encontró rápidamente una fuente de agua dulce, pero pronto fue recibida por un grupo de guerreros de la ciudad. El barco pudo reponer su suministro de agua, pero la fuerza expedicionaria se encontró completamente rodeada por una importante fuerza maya al día siguiente.

Durante la batalla que duró una hora, más de la mitad de las fuerzas españolas murieron y todos los españoles supervivientes resultaron heridos. Al final de la batalla, los hombres supervivientes se dirigieron frenéticamente a sus barcos y zarparon hacia el Caribe.

La historia de la expedición fue documentada por el capitán Córdoba, que sucumbió a sus heridas poco después de la batalla de Champotón. Lo más importante es que también escribió con detalle sobre el oro y otros artefactos ricos encontrados en la región maya. Aunque la narración de esta expedición no tuvo un final feliz para los primeros españoles que exploraron el corazón maya, no disuadió a otras expediciones. Las perspectivas de riqueza potencialmente intacta en el territorio maya no hicieron sino acrecentar el creciente fervor de la conquista española en América.

Juan de Grijalva

En 1518, Juan de Grijalva fue enviado por su tío, el gobernador cubano Diego Velázquez, en la segunda expedición a Yucatán. Velázquez era muy optimista respecto a los informes sobre la existencia de oro en las zonas costeras de la península y dio a su sobrino cuatro barcos para la expedición.

En abril de 1518, la flota llegó a la isla de Cozumel, frente a la costa oriental de Yucatán. Grijalva y sus hombres hicieron varios intentos de relacionarse con la población de la isla, pero esta huyó de la costa a la llegada de los barcos. Tras recorrer la costa oriental de la península, Grijalva decidió dar la vuelta y navegar por la costa occidental.

La fuerza llegó a la ciudad de Campeche e intentó negociar un intercambio por agua potable, pero la población de la ciudad declinó. El capitán, enfadado, abrió fuego sobre la ciudad con un cañón montado, lo que provocó que gran parte de la población abandonara la ciudad y huyera al bosque. Mientras la flota se acercaba a Champotón, apareció una banda de guerreros mayas en canoas, pero huyeron rápidamente a la orilla cuando Grijalva empezó a disparar sus cañones.

La flota se dirigió entonces a la región de Tabasco, en la costa del golfo, donde un grupo de guerreros mayas les miraba fijamente desde la costa, pero no mostraba ningún signo de ataque. Grijalva utilizó a sus traductores para realizar una pequeña transacción comercial con el grupo, que le habló de la gran riqueza de los aztecas en el centro de

México. A continuación, la flota navegó hacia el oeste, hacia la costa del centro de México, y vio muchas señales del gran imperio azteca.

En su viaje de regreso al Caribe para informar sobre el gran imperio azteca, la flota se detuvo en Champotón para vengar a los españoles muertos en la ciudad durante la expedición anterior. La batalla que siguió tuvo resultados similares a la primera, y gran parte de la fuerza expedicionaria fue herida y obligada a huir de vuelta a sus barcos.

Aunque estas dos expediciones solo dieron lugar a breves encuentros con las poblaciones mayas de la costa, sembraron la semilla de las posteriores conquistas que asolarían la sociedad maya. La inmensa riqueza intacta de Mesoamérica quedó confirmada por estos peligrosos viajes, y ahora solo era cuestión de tiempo que los grandes conquistadores del siglo XV llegaran para apoderarse de ella.

Capítulo 14: Hernán Cortés y Pedro de Alvarado

Mientras los rumores se extendían por toda España y el Caribe controlado por los españoles sobre las potenciales riquezas de Mesoamérica, el más grande de los exploradores españoles se erigió en el capitán de la expedición más ambiciosa de las Américas. Hernán Cortés quedó cautivado por las historias de la gran riqueza del Imperio azteca en el centro de México. Consideró que la península de Yucatán no solo era un lugar de gran riqueza potencial, sino también un lugar privilegiado para el desembarco y la base de operaciones para el eventual avance hacia el corazón azteca.

Cortés fue puesto a cargo de una flota de 11 barcos y 500 hombres para la expedición. Muchos miembros de la tripulación, como Pedro de Alvarado, se convertirían en algunos de los más famosos (o infames) conquistadores de las conquistas españolas.

Un grabado de Cortés realizado por el artista del siglo XIX William Holl [157]

La expedición de Cortés

Al igual que la expedición anterior, la flota llegó primero a la isla de Cozumel. Sin embargo, Cortés sabía que su expedición tenía que aportar un elemento mucho más permanente a la influencia española de las Américas. Los templos sagrados mayas fueron destruidos al llegar a la isla y se levantó una cruz cristiana en sus tejados. Como se mencionó en el capítulo anterior, Cortés también envió una partida de búsqueda a la península que rescató a Gerónimo de Aguilar, quien le serviría de traductor.

La flota viajó entonces hacia el oeste rodeando la península, llegando finalmente a la región de Tabasco en la costa del golfo. Las fuerzas españolas desembarcaron en la desembocadura de lo que Cortés llamó el río Grijalva, cerca de la ciudad maya de Potonchán. Los guerreros mayas salieron de la ciudad y se produjo una gran batalla que terminó con una decisiva victoria española tras las inmensas bajas mayas.

La caída de los aztecas

Tras la batalla, Cortés fue abordado por los nobles mayas derrotados, que le ofrecieron diversos bienes, entre ellos artículos de oro y jóvenes mujeres mayas. Una de estas mujeres, llamada Marina, desempeñaría un papel fundamental en la conquista de México y de los aztecas.

El padre de Marina era un jefe azteca y, tras su muerte, fue vendida como esclava por su madre. Acabó en la región de Tabasco tras ser vendida a los mayas de la costa del golfo. La combinación de su gran formación educativa en el seno de una familia noble azteca y su dominio de las lenguas maya y azteca la convirtieron en un gran activo para Cortés.

La joven esclava demostró ser mucho más que una traductora. Resultó ser un gran activo para la conquista de México, ya que enseñó a los españoles los entresijos de la cultura mesoamericana y la geografía de la región. También se convertiría en amante de Cortés durante el viaje, y la pareja tendría un hijo en común.

Tras la victoria en Tabasco, Cortés dirigió su flota hacia el noroeste, a lo largo de la costa, hasta el corazón del Imperio azteca. Tras derrotar a los tlaxcaltecas y a Cholula, Cortés formó una poderosa alianza con muchos pueblos del centro de México que estaban más que dispuestos a ayudar a derrocar a sus señores aztecas. En 1521, Cortés tomó la capital de Tenochtitlan y la rebautizó como Ciudad de México. La nueva ciudad serviría como capital de la Nueva España y se convirtió en el centro del colonialismo español en América.

Interacciones con los mayas del Soconusco

Tras enterarse de que el Imperio azteca había caído tan rápidamente en manos de los españoles, los mayas kaqchikel y k'iche' de las tierras altas enviaron a sus diplomáticos para proclamar su lealtad al dominio español de México. Al año siguiente, Cortés envió una partida de reconocimiento al Soconusco, en el suroeste de la región de Chiapas, en la Sierra Madre de Chiapas. A pesar de la lealtad de los k'iche' y kaqchickel a España, los exploradores informaron que ambos reinos mayas estaban atacando a los pueblos del Soconusco que eran aliados leales a España.

Con estos dos reinos mayas que podían perturbar el control español de la región, Cortés envió a Pedro de Alvarado con una fuerza militar masiva formada por tropas españolas y aliados mesoamericanos para sofocar los disturbios y conquistar totalmente la actual Guatemala.

Alvarado conquistó por completo la región del Soconusco a principios de 1524. Mientras que en la mayoría de las regiones controladas por los españoles, las poblaciones indígenas fueron reunidas en los asentamientos coloniales, a los mayas del altiplano se les permitió permanecer en su territorio debido a sus huertas de cacao, consideradas uno de los cultivos más valiosos de la Nueva España.

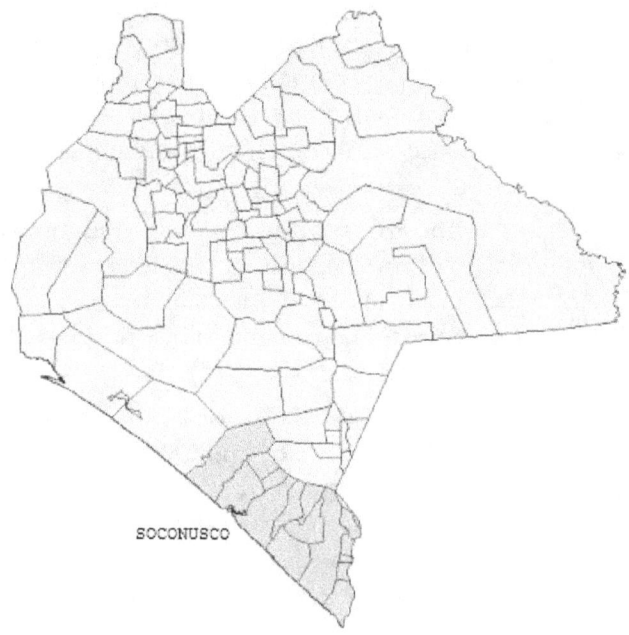

Ubicación del Soconusco [158]

Encomienda

El sistema de encomienda fue un sello de la brutalidad y la explotación de las conquistas. Fue la respuesta de la corona española a la imposibilidad de establecer un gobierno colonial centralizado entre las hostiles poblaciones indígenas de América. El sistema de encomiendas permitía a los colonos españoles vivir en cualquier tierra no conquistada que desearan. Por supuesto, estas tierras solían estar ocupadas por poblaciones locales a las que no les gustaba tener nuevos gobernantes españoles.

Al colonizar el territorio, se convertían en propietarios a los ojos de la corona española. Tenían la responsabilidad de actuar como administradores de la tierra y de su población local, lo que significaba en gran medida protegerla de invasores externos, convertirla al cristianismo y establecer otras instituciones, como un sistema educativo. Sin embargo, este sistema casi siempre se convertía en explotación. Los colonos solían asentarse en la tierra con la ayuda de una fuerza militar, conquistando a los lugareños y saqueando gran parte de su riqueza. Los mayas locales eran tomados y vendidos como esclavos o trabajaban en los campos con poca o ninguna paga. También se obligó a los lugareños a renunciar a muchos de sus suministros y provisiones, lo que provocó una hambruna generalizada en los pueblos locales.

Todo esto quedó impune para las autoridades coloniales, ya que el sistema de encomiendas se convirtió en un cheque en blanco firmado por la corona española para la explotación y la atrocidad sin control en toda América. Con el pretexto de «civilizar» a las poblaciones nativas, las autoridades españolas permitieron a los conquistadores y colonos diezmar y explotar libremente al pueblo maya.

La conquista de las tierras bajas por parte de Cortés

Con la región del Soconusco firmemente controlada por los españoles, Cortés puso su mirada en la actual Honduras. Cortés había enviado a uno de sus capitanes de mayor confianza, Cristóbal de Olid, a conquistar la región, pero Olid se rebeló y se declaró gobernante de la región independiente de la Nueva España.

Cortés partió del corazón azteca en octubre de 1524 con una fuerza militar compuesta en gran parte por tropas indígenas mexicanas. Tras atravesar la región del golfo de Tabasco, Cortés condujo a sus hombres a la densa selva tropical de las tierras bajas mayas del sur, pasando justo por las ruinas abandonadas de Tikal. En marzo de 1525, la fuerza llegó al lago Petén Itzá y fue recibida por los mayas locales. El rey maya que se reunió con Cortés quedó tan impresionado con los sacerdotes católicos después de celebrar una pequeña ceremonia para celebrar la misa que declaró que él y su pueblo se convertirían inmediatamente al cristianismo.

Después de visitar Nojpetén, Cortés se embarcó en su parte más ardua de la expedición. Sus fuerzas cruzaron el actual Belice, en las montañas Mayas, y muchos hombres y caballos murieron al encontrarse perdidos en el actual este de Guatemala. Los hombres estuvieron a punto de morir de hambre antes de encontrar a un joven niño maya que les condujo a un pueblo cercano. Al cabo de unas semanas, Cortés llegó finalmente a su destino en Honduras con una parte de los hombres con los que partió del centro de México. Para su sorpresa, se encontró con que el territorio había sido reclamado para la Nueva España, ya que sus propios hombres mataron al capitán renegado.

<u>Conquista de las tierras altas</u>

A principios de 1524, Pedro de Alvarado dirigió las fuerzas españolas a través de la llanura costera del Pacífico, llegando finalmente a los mayas k'iche' del altiplano guatemalteco. Una fuerza militar k'iche' trató desesperadamente de impedir que Alvarado cruzara el río Samala, pero finalmente fracasó. Tras cruzar el río y hacer retroceder a los mayas, los españoles saquearon los pueblos de la región.

El 8 de febrero, Alvarado se enfrentó a una formidable fuerza defensiva en la ciudad de Xetulul y, tras derrotar a los mayas, asaltó la ciudad e instaló su campamento en la plaza central. La fuerza española se dirigió entonces a las montañas de la Sierra Madre, donde otra fuerza maya le tendió una emboscada. Tras hacer huir a los guerreros locales, se dirigió a la ciudad de Xelajú, cuya población entera había huido al enterarse de la entrada de los españoles en la Sierra Madre.

El 18 de febrero, un enorme ejército de 30.000 guerreros k'iche' atacó a Alvarado, pero este rechazó el ataque con éxito, infligiendo grandes bajas al ejército k'iche'. Tras su desastrosa derrota, los señores k'iche' pidieron la paz y solicitaron a Alvarado que visitara Q'umarkaj. En la ciudad local de Tzakaha, se celebró una misa de Pascua, se construyó una iglesia y muchos de los nativos fueron bautizados y convertidos.

Durante todo el mes de marzo, Alvarado y sus hombres residieron en un pequeño campamento en las afueras de Q'umarkaj. Alvarado invitó a dos de los líderes más poderosos de la ciudad a reunirse con él en el campamento y, en cuanto llegaron, los tomó como prisioneros. Al conocer la noticia de la captura de sus líderes, los k'iche' lanzaron un asalto al campamento, pero fueron rechazados. Tras la exitosa defensa del campamento, Alvarado quemó vivos a los dos líderes, atacó la ciudad y la arrasó.

Tras destruir la ciudad, Alvarado se puso en contacto con los kaqchikeles cercanos y les propuso una alianza para luchar contra los guerreros k'iche' supervivientes que huyeron de la ciudad. Al enterarse de la destrucción de Q'umarkaj, muchos otros pueblos mayas de las tierras altas se rindieron a Alvarado.

En abril, Alvarado y sus hombres entraron en la ciudad de Iximche y establecieron relaciones amistosas con sus gobernantes kaqchikeles. Los reyes proporcionaron a la fuerza española muchas tropas mayas nativas para ayudar a derrotar a los k'iche' y a los tz'utujil. En julio, Alvarado decidió hacer de Iximche la capital de la Guatemala colonial, rebautizándola como «Santiago de los Caballeros de Guatemala».

Alvarado envió entonces dos enviados a los tz'utujil para persuadirlos que se rindieran, pero ambos españoles fueron asesinados. Los españoles se reunieron inmediatamente con los tz'utujil para combatir en un lago local con una fuerza masiva, incluyendo muchos soldados kaqchikeles. Tras una devastadora carga de caballería, los tz'utujil se retiraron frenéticos a una isla del lago. Los españoles atacaron entonces a los supervivientes que huyeron a la isla, aunque muchos tz'utujil pudieron escapar nadando hasta la orilla.

Tras la batalla, los españoles y los kaqchikeles entraron en Tecpán, la capital de los tz'utujiles, y la encontraron completamente abandonada. Los gobernantes mayas de la ciudad no tardaron en enviar emisarios al campamento de Alvarado sobre su deseo de rendirse.

El paisaje que se podía ver desde Tecpán [159]

Preludio a la conquista de Chiapas

El conquistador Luis Marín fue enviado a Chiapas en 1524 para realizar un reconocimiento para la próxima conquista de la región. Partió de Coatzacoalcos, en la costa del golfo, con una pequeña fuerza expedicionaria, que acabó enfrentándose a una fuerza de guerreros chiapanecos en el río Grijalva. Tras derrotar a la fuerza maya, Marín atravesó un asentamiento poblado por zinacantecos, que resultarían ser algunos de los aliados españoles más leales en la región de Chiapas.

Al acercarse a la ciudad de Chamula, Marín fue abordado por un grupo de mayas tzotziles, que le dieron la bienvenida pacíficamente. Sin embargo, cuando se acercó a la ciudad, empezó a encontrar una resistencia hostil por parte de los guerreros locales y descubrió que la población había huido con sus provisiones. Marín sufrió una emboscada de los guerreros chamulas, que se situaron en lo alto de un acantilado y lanzaron lanzas contra las fuerzas españolas. Cuando Marín y sus hombres llegaron por fin a Chamula, comprobaron que estaba completamente abandonada. Los españoles se dirigieron a Huixtán, una ciudad aliada de los tzotziles, donde la población también abandonó la ciudad. Tras derrotar a la pequeña fuerza defensiva que había allí, los españoles decidieron regresar a Coatzacoalcos.

Revuelta kaqchikel

A pesar de la fuerte alianza entre los gobernantes kaqchikeles y Alvarado, los kaqhickeles se desilusionaron cada vez más por los exorbitantes tributos de oro exigidos por los españoles. Después que los kaqchikeles se negaran a pagar, la población abandonó rápidamente la capital, anticipando un ataque español. Los kaqchikeles que ahora vivían en los remotos bosques de la región empezaron a llevar a cabo una guerra de guerrillas contra los conquistadores.

Marín estableció un nuevo asentamiento colonial en la región, pero pronto fue trasladado hacia el este, al valle de Almolonga, debido a los constantes ataques de los rebeldes kaqchikeles. Los kaqchikeles continuaron su guerra de guerrillas contra los españoles hasta 1530, cuando dos gobernantes kaqchikeles se rindieron finalmente a Marín.

Zaculeu

El hermano de Pedro de Alvarado, Gonzalo de Alvarado y Contreras, conquistó la ciudad de Xinabahul en 1525 con una gran fuerza militar compuesta en gran parte por tropas nativas aliadas. A continuación, se dirigió a la ciudad de Momostenango, que fue rápidamente tomada por las fuerzas españolas. Después de tomar Momostenango, sus fuerzas se dirigieron a Huehuetenango, donde un gran ejército maya mam le salió al encuentro. Las fuerzas españolas dirigieron una carga de caballería contra los guerreros, que rápidamente emprendieron una frenética retirada y corrieron hacia el bosque. Al llegar a la ciudad, los españoles la encontraron completamente abandonada.

El gobernante de los mam se enteró de la victoria española y estableció una fuerte defensa en la ciudad de Zaculeu mientras los españoles se acercaban. Utilizó su gran sistema de alianzas de los pueblos mayas vecinos para defender la ciudad. Aun así, Alvarado pudo romper muchas de las defensas durante las fases iniciales de la batalla. Los guerreros mam se retiraron al interior de las defensas amuralladas de la ciudad mientras una gran fuerza de refuerzo maya atacaba a los españoles desde el norte. Los hombres de Alvarado diezmaron rápidamente a los refuerzos y los españoles iniciaron un asedio a Zaculeu que duraría meses. Cuando se levantó el asedio, la mayor parte de la población de la ciudad había muerto, y muchos de los hambrientos supervivientes recurrieron al canibalismo. Tras el brutal asedio, se construyó una gran guarnición en Huehuetenango.

Capítulo 15: Conquista de Chiapas

Pedro de Portocarrero fue puesto al frente de una nueva conquista en la región de Chiapas. A principios de 1528, sus fuerzas crearon una base de operaciones en San Cristóbal de Los Llanos, que controlaban los mayas tojolabales. Tras crear una guarnición allí, la fuerza avanzó gradualmente hacia el valle de Ocosingo. La expedición de Portocarrero a Chiapas tuvo un éxito extraordinario y, al final del año, los españoles controlaban casi todos los Altos de Chiapas.

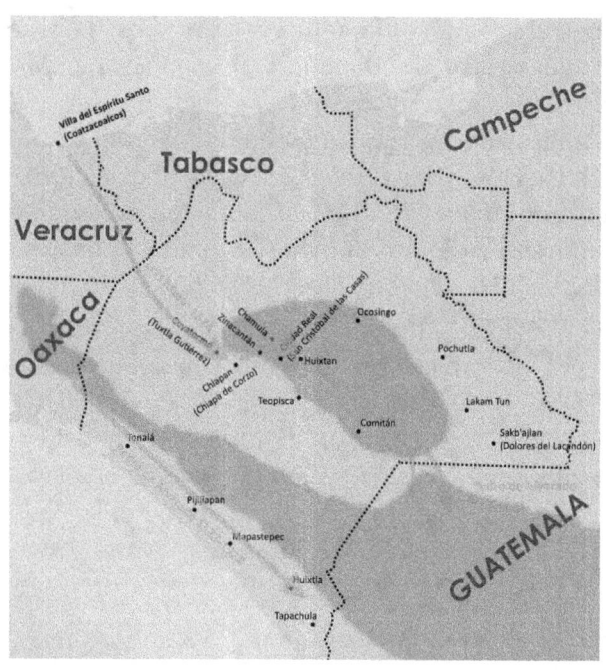

Primeras rutas de entrada a Chiapas, 1523-1525 [160]

Diego Mazariegos

Ese mismo año, Diego Mazariegos llevó una fuerza a la región de Chiapas, donde gran parte de la población había muerto debido a la hambruna generalizada y a las enfermedades. La ciudad local de Zinacantán, que se quejaba de las revueltas contra el nuevo gobierno español, pidió ayuda para sofocar a los rebeldes, y Mazariegos envió una pequeña fuerza que sofocó rápidamente la rebelión.

Mazariegos había recibido la orden de convertir los Altos de Chiapas en una provincia para la corona española. Después de asegurar Zinacantán, dirigió su fuerza a Chiapas, donde crearon una pequeña guarnición llamada «Villa Real» que serviría como base temporal de operaciones para la conquista de Chiapas.

Muchos de los españoles que ya estaban en los Altos de Chiapas recibieron a Mazariegos y a sus hombres con amargura, ya que la región era considerada una de las zonas más preciadas de los Altos. Mazariegos ordenó a Portocarrero y sus hombres que abandonaran la zona, y ambos se reunieron en la ciudad de Coatzacoalcos para negociar. Se acordó que los colonos españoles que vivían en San Cristóbal de Los Llanos emigrarían a Villa Real, que ahora estaba en el valle de Jovel.

Tras las negociaciones, Portocarrero abandonó la región, regresando a Guatemala, y Mazariegos comenzó a animar a los españoles locales a aventurarse en territorio maya virgen. La expansión en estos territorios fue más fácil porque un gran porcentaje de la población maya local había sido asesinada.

Rebelión

El principal asentamiento español de Villa Real en el valle de Jovel se encontró rodeado por una población maya local cada vez más hostil que luchaba constantemente por la supervivencia. Las fuerzas españolas trajeron enfermedades a los mayas locales y les obligaron a renunciar regularmente a sus recursos, como la comida y el agua. Cuando la hambruna empezó a devastar a la ya deteriorada población maya, esta empezó a planear una rebelión contra los españoles. Al ver que Villa Real quedaba aislada de los refuerzos y suministros españoles, los mayas se levantaron contra sus nuevos amos. La única población maya local que no se rebeló fue la ciudad de Zinacantán.

Cuando los mayas locales se negaron a entregar los suministros a los colonos de Villa Real, los españoles dirigieron una serie de asaltos de caballería a los pueblos locales. Los mayas se retiraron con sus familias a las remotas montañas y cuevas de la región que les sirvieron de baluartes defensivos. Los españoles y las tropas indígenas del centro de México entablaron una batalla frontal con los mayas locales en Quetzatlepeque, que se saldó con una victoria española a pesar de las numerosas bajas. A pesar de la victoria, el resto de la población chiapaneca siguió siendo hostil a los españoles.

Mazariegos se vio pronto obligado a abandonar la región al caer gravemente enfermo y fue sustituido por Juan Enríquez de Guzmán como líder de Villa Real. Guzmán trató de extender la influencia española por toda la región, pero la población local siguió sin obedecer a la autoridad colonial.

Ciudad Real

Pedro de Alvarado asumió el cargo de gobernador de la provincia de Chiapas en 1531 e inmediatamente cambió el nombre de Villa Real por el de San Cristóbal de Los Llanos. Una fuerza española atacó la ciudad maya local de Puyumatlan y, aunque no pudo tomarla por completo, se llevó muchos esclavos mayas que pudieron ser vendidos en el creciente mercado de esclavos de Nueva España.

La captura de esclavos locales se convirtió en una de las partes esenciales de las conquistas españolas, ya que el asalto a las pequeñas aldeas solía causar pocas bajas, y los esclavos podían venderse a precios elevados en el mercado de esclavos. La captura de esclavos por parte de los conquistadores les ayudó mucho en sus aspiraciones de conquista, ya que creó un ciclo continuo que hizo que las conquistas se autofinanciaran en gran medida. Los esclavos eran capturados y vendidos a precios elevados en el mercado, y luego ese dinero se utilizaba para comprar más caballos y armas, que se empleaban para capturar más esclavos y territorios. De hecho, a lo largo de algunos periodos de la conquista, muchos conquistadores se centraron más en realizar pequeñas incursiones para capturar esclavos en las poblaciones locales que en ampliar su territorio. Sin embargo, esto contribuyó obviamente a la creciente hostilidad de las poblaciones locales.

En 1535, San Cristóbal de Los Llanos fue rebautizado como Ciudad Real, y la colonia comenzó a crecer en la década de 1540 con la llegada de nuevos colonos de toda Nueva España.

Bartolomé de Las Casas y la evangelización de Chiapas

A medida que las conquistas se prolongaban, muchos católicos de las colonias del Caribe y de España empezaron a manifestar su preocupación humanitaria por el trato que recibían los indígenas de las

Américas. Bartolomé de Las Casas se convirtió en el más destacado crítico del desastre humanitario que se estaba produciendo en todo el Nuevo Mundo.

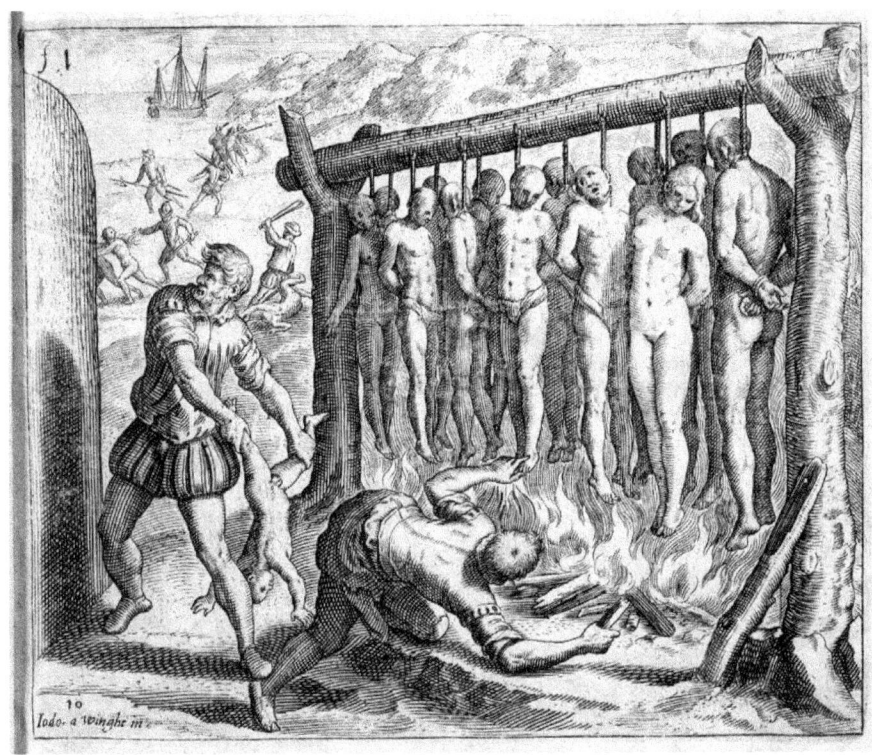

Las Casas incluyó en su libro esta imagen de los españoles cometiendo atrocidades durante la conquista de Cuba [161]

Las Casas fue un sacerdote español que ayudó a evangelizar a las poblaciones indígenas durante la conquista del Caribe. Tras ver los horrores de las conquistas de primera mano, regresó a Europa en 1515 y comenzó a hacer campaña para una investigación que sacara a la luz las atrocidades de los conquistadores. Aunque Las Casas estaba a favor de la colonización y de la asimilación de los indígenas a la cultura católica española, esperaba poder transformar la expansión genocida desenfrenada de las Américas en una colonización pacífica. Una de las estrategias era enviar a los campesinos católicos a las Américas, ya que eran mucho más propensos a ser colonos pacíficos que los violentos y militantes conquistadores.

Las Casas puso en práctica esta estrategia en la actual Venezuela en 1520. Partió de España con un grupo de campesinos, proclamando que establecería una ciudad donde los nativos y los campesinos convivirían pacíficamente en una sociedad igualitaria y libre. Las Casas esperaba crear una alternativa al genocidio y la explotación de los conquistadores. Esperaba convertir a los indígenas al catolicismo y asimilarlos, al menos parcialmente, a la cultura europea, al tiempo que les daba el mismo estatus que a los españoles.

Sin embargo, el plan estaba condenado desde el principio. No solo pudo reclutar a un número muy reducido de campesinos y trabajadores para viajar a América, sino que además encontró una gran oposición por parte de los terratenientes españoles locales una vez que llegaron. La ciudad fue abandonada en 1522 cuando fue atacada por los indígenas cercanos.

Tras su desastroso experimento en América, Las Casas comenzó a escribir la Historia de las Indias, que relataba sus experiencias durante las conquistas. El libro ofrecía una crónica sombría de los acontecimientos de las conquistas, pero con un sabor profético y religioso. El tema principal del libro profetizaba que —un día— España sería castigada divinamente por el horror que había traído a los pueblos de América. La Casas se aseguró que el libro no se publicara hasta después de su muerte. Los escritos posteriores tendrían un tono cada vez más laico, ya que acusaba a los españoles de diezmar a la población nativa por su codicia de oro y riquezas.

La monarquía española aprobó las «Leyes Nuevas» en 1542, que se centraron en el establecimiento de sistemas administrativos más oficiosos en las regiones conquistadas que ayudaran a disminuir la violencia, las incursiones y los saqueos contra las poblaciones locales. Esta fue una inmensa victoria para Las Casas, a quien el rey Carlos eligió como obispo colonial para la región de Chiapas.

Las Casas se embarcó hacia América en 1544 con un grupo de seguidores, llegando a Ciudad Real en marzo de 1545. La llegada de Las Casas y los dominicos supuso un cambio radical en la administración de la región, y muchos colonos locales se opusieron a la nueva injerencia religiosa. Los colonos acabaron expulsando a los clérigos de Ciudad Real con amenazas de violencia, y estos se vieron obligados a operar desde los pueblos rurales cercanos. Cuando el grupo comenzó a evangelizar la región, volvió a instalarse en Ciudad Real después de que se enfriaran las tensiones con los colonos. Sin embargo, el poder de Las Casas como obispo pronto sería desmantelado por colonos influyentes que utilizaron su poder para presionar a la corona española.

Las Leyes Nuevas no tuvieron éxito en su misión, y el rey Carlos se vio obligado a desechar muchas de las disposiciones centrales de las leyes. Poderosos colonos de toda Nueva España amenazaron con rebelarse si se aplicaban las leyes, y Carlos temió perder los nuevos territorios americanos en los que tanto había invertido. A pesar de ello, las Leyes Nuevas supusieron un momento monumental en la conquista española, ya que la Iglesia católica española, una de las instituciones más poderosas del país, comenzó a condenar la brutalidad de los conquistadores.

Tras la disolución de las Leyes Nuevas, los colonos locales se volvieron cada vez más hostiles a Las Casas, quien finalmente se vio obligado a huir de la región. Tras regresar a España en 1547, pasó el resto de su vida escribiendo y predicando sobre la situación de los indígenas de América y la devastación causada por las conquistas. A los ojos de muchos grupos indígenas, Las Casas no sería ciertamente una figura histórica perfecta, ya que abogó por la colonización y la conversión de los pueblos indígenas al catolicismo. Sin embargo, Las Casas ha sido celebrado por muchos líderes latinoamericanos que reconocen los extraordinarios riesgos que corrió al pronunciarse contra los poderosos conquistadores y las aspiraciones coloniales de la corona española.

Las Casas vio de primera mano la degradación moral de las conquistas desde dentro y utilizó su poder en la Iglesia católica para educar a los gobiernos europeos y a sus poblaciones sobre las brutales realidades de la exploración en el Nuevo Mundo. Las Casas fue una de las primeras figuras en abogar por los pueblos nativos de las Américas, que perdían cada vez más sus tierras, su población y su cultura ante el control cada vez más estricto del colonialismo español.

A pesar de los grandes esfuerzos humanitarios de Las Casas y sus compañeros evangelistas dominicanos, estos misioneros también se esforzaron por destruir las creencias religiosas sagradas de los mayas de Chiapas. Los dominicos destruyeron muchos templos y monumentos mayas sagrados en toda la región de Chiapas, sustituyéndolos por iglesias cristianas.

Los misioneros utilizaron tácticas manipuladoras para persuadir a la población nativa que se convirtiera, como utilizar el libro bíblico de las revelaciones para convencerles que serían castigados divinamente si no abandonaban sus propias creencias religiosas. Con la rápida y completa destrucción de sus vidas y medios de subsistencia que ocurría a su alrededor, no es difícil entender por qué gran parte de la población nativa maya empezó a creer en las advertencias apocalípticas de los misioneros y a convertirse al cristianismo.

Capítulo 16: La conquista de la península de Yucatán

Mientras las conquistas del Imperio azteca en el centro de México aportaban a los conquistadores y a la corona española una enorme cantidad de riquezas, el norte de la península de Yucatán permanecía en gran medida en la periferia de las ambiciones coloniales. El estado fragmentado de las ciudades y la aparentemente impenetrable y densa selva tropical hacían del corazón maya un territorio mucho menos deseable para saquear.

Francisco de Montejo

Sin embargo, en 1526 Francisco de Montejo, un veterano conquistador que ayudó a Cortés a conquistar a los aztecas, recibió oficialmente el permiso de la corona española para conquistar Yucatán. Desembarcó cerca de la aldea de Xelha, en el noreste de la península, con 400 hombres e inmediatamente la rebautizó como «Salamanca de Xelha». Los hombres pronto empezaron a quedarse sin comida y provisiones y comenzaron a hacer cada vez más incursiones contra los aldeanos mayas locales. Después de que los mayas huyeran con sus provisiones a la selva tropical, los hombres mostraron signos de moral decaída, y a Montejo le preocupó que pudieran secuestrar un barco y desertar. Para frenar esta amenaza, quemó los cuatro barcos que estaban atracados cerca del asentamiento.

La fuerza se fue acostumbrando a las duras condiciones de la península y comenzó a extender la influencia española por el noreste de

Yucatán. En 1528, Montejo y sus hombres llegaron a la ciudad maya de Chaucaca, solo para encontrarla completamente vacía. A primera hora de la mañana del día siguiente, los hombres fueron emboscados por una fuerza de guerreros mayas de la ciudad que habían huido a la selva antes de la llegada de Montejo. Los españoles lograron rechazar el ataque y partieron inmediatamente hacia la ciudad de Aké. A su llegada, se produjo una gran batalla que condujo a una decisiva victoria española que dejó más de mil guerreros mayas muertos. Después de esta enorme derrota maya, los gobernantes locales se rindieron a Montejo.

Después de visitar otros asentamientos mayas, Montejo y sus hombres volvieron a su base de operaciones en Xelha, pero se encontraron con que los mayas locales habían matado a más de la mitad de los hombres allí destinados. También encontraron muerta a toda una fuerza de españoles que estaban apostados cerca del pueblo de Pole.

Tras huir al Caribe con sus hombres, en 1529, Montejo se convirtió en alcalde de Tabasco, en la costa del golfo. Sin embargo, aún no había terminado con su objetivo final de tomar el Yucatán. Tras varios intentos fallidos de crear asentamientos que sirvieran de punto de partida para la conquista de la península, Montejo estableció una guarnición en la ciudad de Campeche. Alonso d' Avila viajó por tierra a través del este de la península para formar un asentamiento, pero se vio obligado a huir finalmente a la actual Honduras debido a la hostilidad de los lugareños.

Una gran fuerza militar maya local dirigió un asalto a las tropas españolas en Campeche, pero Montejo pudo rechazar el ataque. El señor maya local, Aj Canul, se reunió inmediatamente con Montejo tras la derrota y se rindió. El hijo de Montejo, que ya era un conquistador de alto rango, pudo establecer la nueva colonia española en la ciudad de Chichén Itzá, llamada Ciudad Real. Unos meses más tarde, el gobernante maya local fue asesinado durante un supuesto intento de asesinar al hijo de Montejo. La muerte del gobernante maya agudizó aún más las hostilidades entre los lugareños y los españoles, y la guarnición de Chichén Itzá fue atacada en el verano de 1533. Las fuerzas españolas se vieron obligadas a abandonar Ciudad Real y huir hacia el oeste, a territorios mayas más amistosos.

La población maya de Xiu, en el noroeste de la península, se convirtió en el mayor aliado de los españoles durante sus conquistas. Su territorio se convirtió en un refugio seguro para los conquistadores mientras seguían intentando conquistar regiones hostiles. Montejo regresó a Campeche para establecer relaciones más amistosas con los mayas de allí, pero los rumores de las expediciones del conquistador Francisco Pizarro en el corazón de los incas en Sudamérica empezaron a quebrar la moral de los hombres de Montejo. Mientras que tanto las conquistas de los aztecas en el centro de México como las de los incas en Perú encontraron enormes riquezas, lo único que el Yucatán había aportado a los conquistadores eran poblaciones mayas locales hostiles. Aunque el oro descubierto por las expediciones iniciales era prometedor, a muchos de los españoles les parecía que estaban tratando de conquistar una civilización que no tenía riquezas que merecieran ser conquistadas.

Los hombres de Montejo empezaron a abandonarlo en busca de otras oportunidades en América, y Montejo y su hijo regresaron a la región del golfo de Veracruz. Montejo y Alvarado se enzarzaron en una amarga rivalidad por la gobernación de Honduras, de la que Alvarado resultó finalmente vencedor.

Un fraile franciscano llamado Jacobo de Testera se embarcó hacia el oeste de Yucatán para intentar la evangelización y la incorporación pacífica de los lugareños al Imperio español. Fiel amigo de su compañero evangelizador Bartolomé de las Casas, Testera también había sido testigo de primera mano de la crueldad de los conquistadores y esperaba llevar la colonización pacífica a Yucatán. Sin embargo, esta misión pronto se vino abajo. Después de llegar a Champotón en 1535, el fraile y los conquistadores estacionados allí se volvieron cada vez más hostiles entre sí, y Testera se vio obligado a abandonar sus esfuerzos por evangelizar el oeste de Yucatán.

Tras la marcha del fraile, la fuerza militar española en Champotón persuadió a los señores mayas locales para que se sometieran. Sin embargo, esto resultó ser una victoria muy pequeña, ya que la guarnición española quedó aislada, rodeada de poblaciones locales que solo se habían vuelto más hostiles desde su llegada. La amarga realidad de la conquista de Yucatán desanimó a muchos conquistadores, que abandonaron cada vez más las perspectivas de capturar el corazón maya.

Las ruinas de una iglesia que había sido construida con piedras de los templos mayas [162]

Los efectos de la conquista en los mayas

Tras casi veinte años de conquista en la península, los españoles solo ocupaban un puesto aislado en la costa occidental. Mientras se descubrían cantidades insondables de oro y riquezas en toda América, Yucatán no solo parecía ser una de las regiones más inconquistables, sino que además no contaba con la riqueza suficiente para que las conquistas merecieran la pena. El corazón maya, que solo unos siglos antes había sido el hogar de la mayor civilización de las Américas, se veía cada vez más como un desperdicio de recursos, vidas y tiempo de los españoles.

Mientras los españoles pensaban en qué hacer con Yucatán, la civilización maya luchaba por sobrevivir. Desde la llegada de los españoles, las enfermedades del Viejo Mundo habían hecho estragos en sus poblaciones. Los intentos de los españoles de enfrentar a las poblaciones mayas entre sí funcionaron, y ahora las ciudades y aldeas mayas, que durante siglos se consideraron amigas, aliadas, vecinas y parientes, se veían cada vez más como enemigos potenciales. Aunque el corazón maya nunca fue totalmente pacífico, la entrada de los conquistadores españoles en el frágil y fragmentado ecosistema político de Yucatán creó un ambiente paranoico que inhibió cualquier intento de unificación entre los mayas para defender su patria.

Las enfermedades, la hambruna y la manipulación política habían roto definitivamente cualquier atisbo de unificación maya, ya que cada ciudad y pueblo empezó a luchar por su supervivencia en el nuevo y destructivo paisaje creado por las conquistas españolas. Todo lo que los mayas podían hacer ahora era aferrarse a sus sistemas culturales que todavía estaban firmemente en su lugar y anticipar la próxima llegada de los conquistadores al norte de Yucatán.

La colonización del norte de Yucatán

El hijo de Montejo, Montejo el Joven, asumió la colonización del norte de Yucatán de manos de su padre en 1540. Al año siguiente, llevó sus tropas primero a Champotón y luego a Campeche, donde creó el primer ayuntamiento colonial local de Yucatán. Montejo el Joven sabía que para evitar los errores de las anteriores conquistas de la península, tenía que crear estructuras estables de poder administrativo local que atrajeran a los colonos y crearan una presencia colonial española permanente en la región. Tras crear el consejo, se dirigió a los asentamientos mayas locales y les ordenó que se rindieran, a lo que muchos señores locales accedieron.

Sin embargo, el gobernante maya local de Canul siguió siendo hostil, y Montejo el Joven envió a su primo a su ciudad. El segundo ayuntamiento colonial, Mérida, se creó cerca de la ciudad de Canul, y las tropas españolas de guarnición allí fueron abordadas por el señor de Canul. Esperaba establecer la paz con los españoles. El gobernante, Tutul Xiu, quedó impresionado por los sacerdotes cuando dieron misa católica y se convirtió inmediatamente al cristianismo.

La sumisión de Tutul Xiu a los españoles en Mérida fue uno de los momentos más importantes de la conquista de Yucatán. Tutul Xiu era uno de los gobernantes más influyentes del mundo maya, y su rendición creó un efecto dominó, ya que los gobernantes mayas de todo el oeste de Yucatán comenzaron a someterse a la autoridad colonial española. Mientras que los gobernantes del este de Yucatán seguían siendo hostiles a los españoles, la creciente influencia en el oeste dio a los españoles el respiro y los aliados nativos que necesitaban para conquistar la totalidad del corazón maya.

Las fuerzas españolas fueron enviadas hacia el este, donde muchos gobernantes aceptaron a los españoles pacíficamente, y los que no lo hicieron fueron rápidamente derrotados. Cuando estas fuerzas llegaron a los mayas del extremo oriental de Yucatán, muchos permanecieron hostiles y pudieron mantenerse independientes de la autoridad española. Sin embargo, en 1546 los españoles tenían gran parte del oeste y el centro del norte de Yucatán firmemente bajo su control.

En noviembre de 1546, los señores mayas más poderosos de las regiones independientes del este llevaron a cabo una rebelión masiva y bien organizada contra las autoridades coloniales españolas. Las guarniciones y los asentamientos coloniales de todo el oeste fueron atacados por guerreros mayas, lo que provocó numerosas bajas en ambos bandos. Los mayas fueron finalmente derrotados en una batalla final y gran parte de la población de las provincias occidentales huyó hacia el sur, a las tierras bajas del centro y del sur. Después de 30 años de conquista, los españoles finalmente capturaron el norte de Yucatán.

Capítulo 17: Las conquistas finales

Con el norte de Yucatán y la mayor parte de las tierras altas bajo control español, las tierras bajas del centro y el sur, concretamente la cuenca del Petén, se convirtieron en la última región maya independiente que sobrevivía. Miles de mayas de toda la región acudían continuamente a ella para escapar del hambre, las enfermedades, la esclavitud y el sistema colonial. Los españoles veían esto como una gran amenaza, ya que su sistema de encomiendas dependía en gran medida del trabajo de los indígenas locales.

Esta región sería, con mucho, el territorio más inconquistable de toda Centroamérica. Aparte de las densas selvas tropicales, había fuentes de agua dulce para sostener una fuerza militar durante las campañas, y los asentamientos tendían a estar algo aislados. Los habitantes de la región, especialmente los mayas itzá, eran los guerreros más feroces que los españoles habían encontrado en América.

A mediados del siglo XVI, los itzá habían aprendido muchas de las tácticas de los españoles gracias a los emigrantes que huían del norte de Yucatán y de las tierras altas, y empezaron a utilizar su terreno en beneficio de los conquistadores mediante tácticas de asalto y huida. Debido a la densa selva de la región, los españoles se vieron privados de su mayor ventaja militar: el uso de la caballería. Sin embargo, el declive del comercio en la región y el creciente aislamiento de las comunidades itzá significó que era solo cuestión de tiempo que también cayeran ante los españoles.

Como se explica en el capítulo 12, la conquista de la cuenca del Petén comenzó con la llegada de los misioneros a mediados del siglo XVI. La ciudad de Nojpetén fue la última ciudad maya importante que cayó en manos de los españoles, siendo finalmente conquistada en marzo de 1697. La región resistió más de 150 años tras las conquistas iniciales de Yucatán.

Tras siglos de progresión desde las ciudades olmecas de la costa del golfo hasta los centros urbanos de las tierras bajas, la gran civilización maya se encontraba ahora totalmente a merced del gobierno colonial español.

Conclusión

La conquista completa del corazón maya no sería el fin de las penurias para el pueblo maya. De hecho, solo fue el principio. Desde la corona española hasta el gobierno guatemalteco moderno, el pueblo maya experimentaría muchos años de explotación y opresión.

Entonces, ¿qué se puede aprender de la civilización maya y cómo se pueden utilizar esas lecciones en un contexto moderno? ¿Qué relación tienen las pirámides escalonadas de piedra con los modernos rascacielos de nuestras grandes ciudades como Nueva York o Dubái? ¿Cómo podría un antiguo sistema de creencias compuesto por dioses míticos tener algo que ver con la vida del siglo XXI? Aunque la civilización maya de la península de Yucatán pueda parecer demasiado lejana en el pasado como para extraer lecciones modernas, el paisaje internacional del siglo XXI es un reflejo directo del antiguo sistema político maya.

Los mayas tenían rutas comerciales de larga distancia por todo Yucatán que crearon una compleja economía dentro de Centroamérica, lo que refleja en gran medida los sistemas de comercio internacional de hoy en día. ¿Cómo puede uno estudiar el conflicto entre Tikal y Calakmul y no pensar en la Guerra Fría entre Estados Unidos y la Unión Soviética, donde cada bando libró guerras por delegación y creó sistemas de alianzas para conseguir el dominio político? Aunque los estudios internacionales modernos empequeñecen los de los mayas, casi todos los temas del orden internacional del siglo XXI pueden verse en la civilización maya dentro de un área relativamente pequeña de la península de Yucatán.

Muchos de los problemas internacionales a los que se enfrenta la sociedad actual, desde la guerra hasta la desigualdad de ingresos, pasando por la degradación del medio ambiente, suelen considerarse problemas modernos. Las amenazas a las que se enfrentó la civilización maya demuestran que muchos de estos problemas no nacen únicamente en el siglo XXI. Por el contrario, son problemas humanos que han formado parte de nuestra historia desde el principio de los tiempos. Así, en lugar de condenar las lecciones de las antiguas civilizaciones del pasado como «demasiado antiguas para ser relevantes», deberíamos estudiar los problemas a los que se enfrentaron y cómo los combatieron.

El tiempo era inherente al sistema de creencias maya. Los mayas no solo estaban fascinados con él; estaban obsesionados con él. El tiempo se estudiaba en gran medida a través de la observación astronómica y el registro para llevar la cuenta de las estaciones agrícolas, realizar ceremonias religiosas y muchas otras necesidades que dependían del tiempo.

La idea central que giraba en torno al tiempo para los mayas era su creencia de que su universo acabaría siendo destruido por los dioses y sustituido de nuevo por otro. A pesar de todas sus asombrosas teorías astronómicas y matemáticas, su impresionante arquitectura, que todavía hoy nos maravilla, sus vivas prácticas culturales y su arte, que podía competir con cualquier cosa que se produjera en la Europa contemporánea, quizás su concepto de la «destrucción del universo» fue lo único que los mayas entendieron mal.

La supervivencia y el florecimiento del pueblo maya actual demuestran que los universos, los mundos y las civilizaciones nunca se destruyen realmente. Por el contrario, la historia pasa por un patrón cíclico de destrucción, dispersión y creación que combina los restos de lo antiguo con las invenciones de lo nuevo.

Aunque el declive de Tikal y Calakmul supuso la destrucción de un sistema político que abarcaba toda la península y de los grandes centros urbanos de la época, sus poblaciones llevaron los restos de lo que hizo grandes a estas ciudades a otras regiones. Allí, las poblaciones mayas aprendieron de los errores de los grandes centros urbanos de las tierras bajas y los ampliaron. Aunque los conquistadores españoles asolaron Yucatán con sus aspiraciones de conquista y evangelización, el pueblo maya se aferró firmemente a su cultura e historia. Aunque las ciudades y pueblos cercanos pueden tener nombres y lenguaje español, los mayas han encontrado su lugar en la vida moderna de Centroamérica, a la vez que mantienen un firme control de su herencia cultural.

La civilización maya nunca se derrumbó, ni se extinguió por las brutales conquistas de los conquistadores; la civilización maya ha sobrevivido hasta nuestros días a pesar del colapso apocalíptico del Clásico terminal y de las conquistas del siglo XVI. La supervivencia de los mayas ha demostrado que, por muy apocalíptica que sea una amenaza, una base cultural fuerte y resistente se mantendrá firme en su pueblo.

Es difícil no señalar la amarga ironía por la que, mientras el catolicismo disminuye entre la población de España hoy en día, la cultura tradicional de los pueblos rurales mayas ha seguido siendo una parte inherente e inexorable de sus vidas. Aunque la inmensa brutalidad de las conquistas españolas y el colapso de las ciudades-estado mayas no lo muestren, está claro que los dioses de los mayas siguen velando hoy por su pueblo de Yucatán.

Tercera Parte: La civilización olmeca

Un apasionante repaso a la historia de los olmecas, desde la agricultura en Mesoamérica hasta la caída de La Venta

Introducción

Varias civilizaciones han sido descritas como envueltas en el misterio debido a la inexacta información detallada disponible para los amantes de la historia. La civilización olmeca resulta ser una de esas civilizaciones con muchas preguntas sin respuesta.

Los olmecas llegaron al golfo de México alrededor del año 1500 a. C. y llegaron con nuevas ideas de ingeniería, religión y agricultura. En poco tiempo, alcanzaron el protagonismo y se convirtieron en la envidia de la región por su rápido desarrollo. Existen preguntas como de dónde vinieron, su origen y, en última instancia, qué llevó a su caída.

Los estudiosos están divididos en su opinión sobre la civilización olmeca y las historias que la rodean. Algunos historiadores opinan que los olmecas son originarios de la propia región y no son emigrantes, como se les ha descrito a menudo. En cambio, otros creen que los olmecas fueron viajeros que se asentaron en Mesoamérica y mejoraron la civilización.

En este libro lo contaremos todo, y qué mejor manera de abordar el tema que empezar por el Período Preolmeca Mesoamericano, donde empezó todo. No hemos dejado ninguna piedra sin volcar al tratar este tema. En este libro también se tratan los períodos arcaicos y las diferentes fases dentro de la región mesoamericana.

Este libro presenta la asombrosa historia de los olmecas y sus contribuciones a las regiones actuales de la forma más completa y fácil de entender, más que cualquier texto similar que pueda encontrar. El autor ha tenido en cuenta conscientemente las inquietudes de los principiantes y de quienes tienen dificultades con la historia. Además, el libro pretende abarcar todo lo que se necesita saber sobre los olmecas, desde el origen hasta la caída. Por lo tanto, incluso si antes le costó entender la historia, usted se divertirá leyendo este y recomendándolo a sus amigos y familiares.

Entremos de lleno en el tema.

Capítulo 1: Los primeros asentamientos

El Período Arcaico, que es la época que precede a la invención de la cerámica, se conoce también como el *Período Precerámico*. Es un período de la historia de Mesoamérica que comenzó en algún momento alrededor de 8.000 a. e. c. (antes de la era común) hasta el año 2000 a. e. c. Este período fue conocido sobre todo por la transición de la dependencia de la caza para alimentarse a una forma de vida más asentada que condujo al aumento de la agricultura para alimentar a la población en rápido crecimiento. Mesoamérica se compone de los actuales

- Belice
- Costa Rica
- México Central
- El Salvador
- Nicaragua
- Guatemala

Este Período Arcaico se clasifica tradicionalmente en Temprano, 2000 a 1000 a. e. c.; Medio, que fue entre 1000 a 400 a. e. c.; y Tardío/Terminal, que fue entre 100 a 250 a. e. c. Este período es anterior al período lítico (o paleoíndio) y le sigue el período preclásico. Todavía no está claro cuándo terminó exactamente el período lítico y cuándo comenzó el período arcaico; sin embargo, muchos creen que estuvo relacionado con el cambio climático —la metamorfosis de la edad de hielo al presente— y con el hecho de que nunca se encontraron restos de animales extintos de la edad de hielo.

El Período Arcaico

Este período fue una época notable en las regiones mesoamericanas porque marcó el inicio de un cambio en el estilo de vida, pasando de personas que se desplazaban cazando animales salvajes a arreglos más asentados. Con este estilo de vida emergente, la gente permaneció más tiempo en algunos de estos lugares y, en el proceso, desarrollaron habilidades agrícolas porque dependían más de los productos que de la caza. Los primeros asentamientos permanentes que se descubrieron fueron en el golfo de México, el Caribe y la costa del Pacífico. Estos asentamientos son, en su mayoría, el resultado de la abundancia de vida marina y de recursos alimenticios.

Los arqueólogos descubrieron el uso de varios lugares durante diferentes períodos de tiempo. Por ejemplo, varios sitios en la costa de Chiapas, como el cerro de las Conchas, mostraron evidencia de asentamientos durante todo el año. Otros se encuentran en el actual Belice, a lo largo de la costa del Caribe, y algunos asentamientos en el interior, hacia el lago Faber y Colha.

Aunque el origen exacto de la agricultura mesoamericana sigue sin estar claro, los historiadores y estudiosos creen que varias generaciones de personas en las principales regiones localizaron muchas especies de plantas silvestres durante la época arcaica; estas sirvieron posteriormente como base agrícola de la civilización mesoamericana preclásica y clásica. Entre estas plantas se encuentran los frijoles, los chiles y el maíz, que a menudo se cultivan juntos en un campo de maíz.

Aunque el origen del maíz sigue sin ser concluyente y los debates continúan, las regiones a las que les fue bien en la agricultura —especialmente la domesticación de plantas silvestres— fueron las tierras altas de Oaxaca y Tehuacán, es decir, el actual sureste del valle de México, las tierras bajas costeras del golfo de México y el Pacífico.

Cuanto más elegía la gente quedarse más tiempo en un lugar determinado, más rápido aumentaba su población debido a la dependencia de la agricultura y otros tipos de alimentos que se encontraban en la orilla del mar. Esta expansión de la población pronto condujo al nacimiento de una sociedad más sofisticada, diferenciada principalmente por su artesanía, sus oficios y su emergente clase social. Estos primeros olmecas comerciaban con obsidiana, pedernal, sílex, textiles y plumas.

Vamos a ver las categorías que surgieron durante el Período Arcaico, la diferencia en los desarrollos económicos, culturales y políticos. También veremos las similitudes y las variaciones regionales. En el Período Preclásico surgieron cuatro culturas mesoamericanas principales: El Valle de Oaxaca, los Olmecas, el Litoral del Golfo de México, el Valle de México y la Zona Maya.

Período Preclásico Temprano - 2000 a 1000 a. C.

La característica central del Período Preclásico Temprano fue la expansión de la población y la mayor complejidad del asentamiento. Algunos de los avances más notables encontrados en los registros arqueológicos incluyen la creación de artesanías especializadas, figurillas únicas y cerámica. Además, durante este período se produjo un mayor comercio entre las redes regionales, una mayor complejidad social y la aparición de la guerra.

Se descubrieron evidencias de guerra dentro de la región que datan de 1800 a. C., especialmente en el valle de Oaxaca entre los zapotecos y otras áreas circundantes. Estas batallas se volvieron cada vez más complejas a medida que el período Preclásico se desvanecía y daba lugar al dominio de los habitantes de Monte Albán sobre Oaxaca.

Durante este tiempo, prevalecieron los signos de ampliación de las diferencias sociales, incluyendo la adquisición de bienes de estatus, la variación en las casas construidas y los rituales funerarios. Este período también fue conocido por el descubrimiento de la primera forma de cerámica en Mesoamérica alrededor de la costa de Chiapas, extendiéndose hasta lo que hoy se conoce como El Salvador.

Este Período Preclásico temprano también vio el surgimiento de los olmecas, la «cultura madre» de las políticas y estados mesoamericanos que siguieron.

Preclásico Medio - 1000 a 400 a. C.

El Preclásico Medio fue testigo de un mayor desarrollo y expansión de estas complejas sociedades del Preclásico Temprano. Por ejemplo, la unidad y los sistemas de gobierno jerárquicos se generalizaron en la región, como las tierras bajas y altas mayas, Chalcatzingo, el valle de México y el valle de Oaxaca. Algunas de estas sociedades pasaron de los sistemas tradicionales de cacicazgo a los *estados*. También fue una época en la que los reyes y otros miembros de la realeza eran tratados como portavoces de los dioses, por lo que no se les podía cuestionar ni contradecir. Este cambio en el enfoque de los gobernantes se observó entre los de Monte Albán I de c. 500 - 200 a. C. en el valle de Oaxaca. Durante este período, los reyes/gobernantes eran *seleccionados divinamente*, por lo que no respondían ante nadie. Se creía que todas sus palabras y acciones provenían de los dioses.

El Preclásico Medio también experimentó el crecimiento y la densidad de población, lo que hizo que la diferenciación social fuera más pronunciada. La brecha entre la élite y los plebeyos se amplió aún más. Las élites gobernantes y religiosas adquirieron poderes espirituales para imprimir su autoridad.

En cuanto a la cultura, fue una época de cristalización de la zona cultural panmesoamericana. Hubo una compraventa masiva y continua de bienes e intercambio de ideas entre las regiones; esto incluía las creencias religiosas y los objetos sagrados. También se intercambiaban artículos de gran valor y piedras preciosas como conchas de ostras perladas, pirita, jade, plumas de quetzal y magnetita. Durante este período también se produjo un inmenso salto en las compras y ventas, y la arquitectura ocupó un lugar preponderante con la construcción de monumentos arquitectónicos únicos tallados; uno de ellos se encontró en el valle de Oaxaca, que data del año 1000 a. C.

Además, la introducción del culto a los ídolos comenzó en el 500 a. C. Entre los gobernantes de Monte Albán I, se erigieron más de 300 ídolos, tallados con diversas inscripciones como fechas y eventos. Muchas de estas inscripciones incluían escritos que describían guerras y el sacrificio de prisioneros de guerra. Los expertos siguen estudiando algunos de estos símbolos.

Los mayas también experimentaron algunos de estos desarrollos de símbolos y monumentos con piedras masivamente talladas o losas de madera que mostraban el poder, la autoridad y la legitimidad del gobernante. Los monumentos mayas del Preclásico fueron tallados desde Chiapas hasta el este y el sur de El Salvador.

La necesidad de tomar y gobernar otras áreas más pequeñas aumentó considerablemente en la región. La explosión demográfica contribuyó a intensificar los procesos agrícolas, y vemos el desarrollo de tecnologías más complejas para el control del agua. El aumento de la complejidad de la sociedad también se sintió y se vio en los diseños de la alfarería, ya que la producción se disparó y llegó a tener formas más sofisticadas y elaboradas.

Período Preclásico Posterior/Terminal - 100 a 250 a. C.

Este período se definió por la verdadera transformación urbana, que sentó las bases para la floreciente presencia de estados y políticas del Período Clásico. Por ejemplo, en el norte y el oeste de la región, específicamente en Nayarit, Colima y Jalisco, hubo una urbanización gradual, la construcción de edificios estatales y edificios arquitectónicos significativos, pero no en la escala vista en las otras partes de la región. En la región sur, el Monte Albán II de c. 250 a. C. hasta 1 d. C., los gobernantes se aferraron al poder y al control de la zona mientras ampliaban la construcción de centros residenciales y ceremoniales. La construcción de la colosal ciudad de Teotihuacán comenzó durante este período. Situada en el centro de México, esta civilización dominaría posteriormente la mayor parte de la región mesoamericana.

En el sur, Monte Albán II (c. 250 a. C. - 1 d. C.) se desarrolló y expandió como centro residencial y ceremonial mientras el gobernante mantenía un firme control sobre la región.

El norte y el oeste, que son los actuales Nayarit, Jalisco y Colima, experimentaron la urbanización, la construcción de estados y el desarrollo arquitectónico monumental, pero en menor escala en comparación con otras regiones. El estilo de la cerámica, los diseños artísticos de estas regiones y los rituales y prácticas funerarias reflejaron además las aparentes variaciones regionales entre los territorios.

En la parte oriental de Mesoamérica se produjeron desarrollos masivos de todo tipo, sobre todo en los Tres Zapotecas de los olmecas a lo largo de la costa del golfo. Por otro lado, localidades vecinas como La Venta y San Lorenzo decayeron en poder e influencia.

Los mayas destacaron entre las sociedades de la región que experimentaron un rápido desarrollo en el Preclásico terminal. El pueblo desarrolló y avanzó en sus escritos, astrología y matemáticas. Sus habilidades arquitectónicas eran notables en sus diseños estructurales y en la planificación urbana. También ganaron y dominaron más territorios dentro de la región, lo que les dio más poder y control. Otros avances de esta civilización acabaron por hacerla única en el Período Clásico.

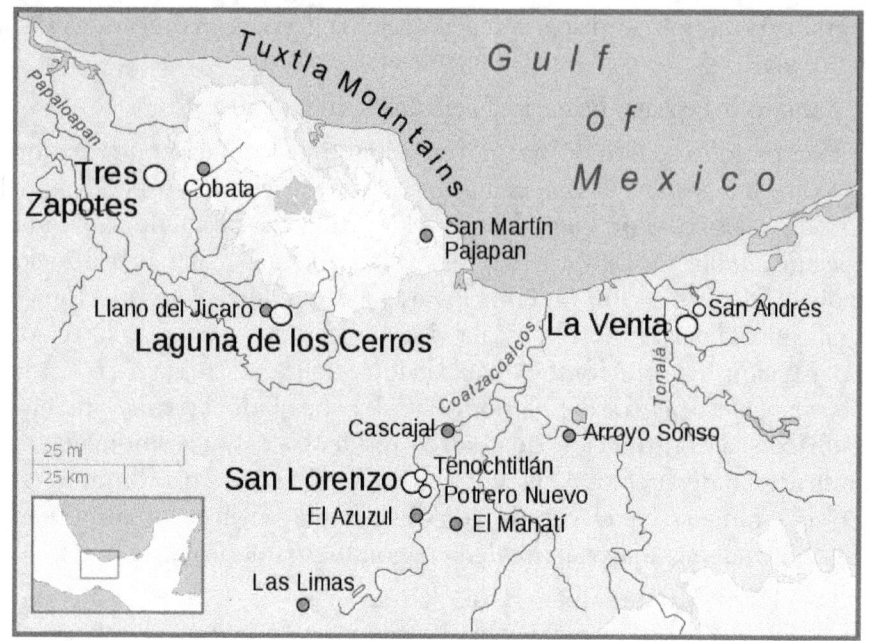

Corazón olmeca[163]

Primeros asentamientos

El Período Arcaico fue una época de transición para los pueblos mesoamericanos, que gradualmente se transformaron de ser cazadores-recolectores maravillados a ser parcialmente asentados o sedentarios rumiantes y agricultores. Según los resultados del estudio sobre los restos de la costa del golfo de México, los humanos empezaron a coexistir y a construir casas permanentes cerca de los 3000 y 1800 a. C. Comenzaron con artículos que podían quemarse fácilmente y más tarde con materiales y estructuras más duraderas. La gente participó activamente en actividades comerciales, especialmente en el comercio de obsidiana.

Ejemplos de estos primeros cambios son los refugios temporales y estacionales, como el Guilá Naquitz, un refugio de roca en el valle de Oaxaca. Se descubrió que una banda de nómadas utilizó este refugio como asentamiento entre el 8000 y el 6500 a. C. al menos en seis ocasiones. La velocidad de este desarrollo no fue al mismo ritmo en todas las regiones.

Asimismo, viajeros y colonos temporales se refugiaron en el abrigo rocoso de la Cueva del Gigante, situado en el altiplano sur de la actual Honduras. La evidencia que el refugio rocoso fue ocupado solo durante la estación húmeda fue apoyada por la presencia de un tipo único de plantas, que solo pudo haber llegado allí por los colonos que utilizaron el lugar principalmente durante la estación húmeda de julio a septiembre. También, durante el Período Arcaico del 4.700 a. C., de mayo a octubre. Se identificaron varios asentamientos que se fusionaron en un arreglo aldeano alrededor de la costa marítima de Chiapas y el Caribe.

Era evidente que el mar y la laguna cercanos proporcionaban recursos que hacían que los pobladores permanecieran más tiempo y, en la mayoría de los casos, todo el año. Los montículos de conchas encontrados en estos sitios fueron ejemplos de evidencia que probaron esta estancia prolongada, y algunas de estas conchas han sido fechadas entre 5500 y 3500 a. e. c.

Además, la inexistencia de restos de animales del Arcaico y la escasez de artefactos revelaron aún más que cerro de las Conchas se utilizó más bien como punto de recolección y procesamiento de los recursos del mar y la laguna. Mientras que este yacimiento podría haber estado habitado temporalmente, la situación era diferente en los campamentos del interior, con signos de asentamientos durante todo el año.

> «En el registro arqueológico se identifican con mayor frecuencia sitios permanentes que datan del año 3000 a. C. y posteriores. El sitio de *Zohapilco*, en el *lago de Chalco*, en la cuenca de México, tiene evidencias de asentamientos durante todo el año antes de una erupción volcánica alrededor del año 3000 a. C. El yacimiento de *Colha* y los pantanos cercanos, como el pantano *Cobweb* y el pantano *Pulltrouser*, muestran evidencias de asentamientos permanentes hacia el año 3000 a. C. Actun Halal, un refugio rocoso en *Belice*, fue ocupado entre el 2400 y el 2130 a. C. Las aldeas permanentes se observan incluso más tarde en el valle de Oaxaca, hacia el 2000 a. C., y en el valle de Tehuacán, hacia el 1500 a. C. Basándose en estos hallazgos, parece que la gente se asentó en zonas ricas en recursos, como a lo largo de las costas o junto a los lagos, antes que en entornos semiáridos y áridos como los valles de Oaxaca y Tehuacán. A medida que se desarrolló la agricultura, la población aumentó y los asentamientos se expandieron hacia zonas más marginales y menos ricas en recursos».
> *Extraído de Wikipedia - Período Arcaico Mesoamericano.*

Basándose en estos descubrimientos, parece que las zonas ricas en recursos, como las costas junto a los lagos, fueron utilizadas primero como asentamientos y más pobladas que las tierras semiáridas y secas, como en el valle de Oaxaca y Tehuacán. Cuanto más se desarrollaba la agricultura, más se expandía la población y se requerían más asentamientos; eso llevó a la expansión hacia zonas marginales más ricas en recursos.

El refugio rocoso El Gigante

A 1300 metros sobre el nivel del mar y por encima del valle del río Estanzuela, el abrigo rocoso El Gigante ofrece una vista completa de la parte sur del actual centro de Honduras. Solo se permite el acceso a personal autorizado; el sitio está completamente cerrado debido a que el borde inferior está a 3 o 4 metros por encima de la pendiente que conduce a él. A lo largo de miles de años, la presencia de sedimentos acumulados en la entrada cuenta la historia de cómo la bóveda protegió a los pobladores en el refugio de roca de la lluvia y el viento.

Estas mismas condiciones han hecho posible que los colonos sobrevivan a lo largo de las diferentes estaciones del año y se mantengan constantes en el avance de sus vocaciones. Entre los artefactos recuperados en la zona se han encontrado evidencias de vocaciones conservadas, incluyendo restos de cuero y fibras tejidas. Otro hallazgo significativo en El Gigante es la colección de cestería más destacada de la región y probablemente la más conservada, que data de hace 11.000 años. Esto la convierte en uno de los artefactos más antiguos encontrados en Mesoamérica.

En El Gigante también se han encontrado restos humanos, lo que demuestra que los humanos gigantes se refugiaron en la roca. Además, hay muchos huesos de especies marinas como el cangrejo, así como de ciervos, armadillos y conejos. También se han descubierto restos de plantas como el aguacate, el jobo, los frijoles silvestres, la guanábana y, más recientemente, mazorcas de los primeros maíces domesticados.

Mesoamérica ha sido descrita como uno de los primeros lugares del mundo donde se produjo la domesticación de plantas silvestres. La enorme colección de plantas agrícolas bien conservadas refuerza aún más la exactitud del momento y la trayectoria de la domesticación en Centroamérica y los territorios mesoamericanos. Los frijoles, el maíz y la calabaza fueron algunas de las plantas bien conservadas y descubiertas en este sitio. También pudimos comprender mejor cómo los colonos manejaban sus preciados árboles gracias a la presencia de una extensa colección de recursos parcialmente domesticados como palmas de coyol, ciruela, bellotas y varias especies de zapote. Una comprensión aún más profunda de esta domesticación se observó en las muestras de huesos y cáscaras de aguacate.

A partir de la prueba arqueológica realizada sobre los restos botánicos encontrados en el abrigo rocoso, el asentamiento humano temprano en El Gigante se remonta a hace unos 11.000 años en el Período Arcaico. Entre el 5.700 y el 2.000 a. C. se produjo la transición de un cultivo a gran escala a un cultivo más agresivo de maíz, principalmente porque el bosque tropical original retrocedió en los valles cercanos debido a los incendios masivos. Estos incendios hicieron que la gente se desplazara de sus tierras de pino-roble, anteriormente favorecidas, emigrando masivamente de los pueblos originales de las tierras altas a tierras donde podían cultivar más alrededor de los fondos de los valles.

El Gigante no es el único refugio rocoso de Honduras, pero ninguno de los otros que se le acercan son *depósitos*. El Gigante es realmente masivo y majestuoso, con su cubículo medido en 42 metros de ancho, 17 metros de profundidad y 12 metros de alto. Nuevamente, a diferencia de lo que se puede obtener en los otros abrigos rocosos de Honduras, de la colección de arte rupestre de El Gigante solo quedan algunas pinturas negativas de manos. En base a todos los descubrimientos realizados hasta la fecha, ningún otro abrigo rocoso se acerca a El Gigante en cuanto a tamaño, dimensión y ubicación en toda Centroamérica y Mesoamérica.

Capítulo 2: La agricultura domesticada

La adaptación de la agricultura

La domesticación de la agricultura se refiere a la adaptación o evolución de las plantas silvestres a tipos que puedan ser cultivados o plantados para el consumo humano, y este fue el tipo de agricultura predominante en el Período Arcaico. Sin embargo, los pueblos de Mesoamérica tardaron miles de años en adaptar la agricultura como medio de vida debido a muchas razones, pero principalmente a las lluvias, los tipos de suelo y los terrenos. La mayor dependencia de la planta domesticada fue un proceso mucho más lento para los pueblos de la región.

Parece que el cambio climático afectó a los recursos disponibles para los cazadores-recolectores itinerantes y les llevó a adoptar nuevas formas de obtener alimentos. No cabe duda de que el cambio climático desempeñó un papel muy importante en la aparición de la domesticación de las plantas, pero hay otras razones complejas por las que la gente empezó a depender de la agricultura como medio de vida. Aunque los pueblos arcaicos potenciaron su dependencia de las plantas domesticadas, nunca dejaron de desplazarse de un lugar a otro en busca de plantas silvestres y de animales de caza, que era su medio de alimentación predominante.

Las primeras formas de cultivo (y las primeras etapas de la domesticación) posiblemente implicaban alguna variación de la horticultura de huerta. Los arcaicos utilizaban algunas de las tierras de sus asentamientos o refugios para plantar y cultivar diferentes especies vegetales. Poco a poco, la agricultura empezó a cobrar auge junto con la demanda de cultivos domesticados. Los arcaicos recurrieron a métodos de cultivo como la tala y la quema debido a la creciente demanda de más tierras para la agricultura. Con este método, pudieron recuperar más tierras lejos de sus asentamientos y aldeas.

La agricultura de tala y quema es un método de cultivo que consiste en cortar y despejar las tierras silvestres y forestales, y luego quemar la vegetación restante para cultivar. Así, la capa de ceniza quemada proporciona a la tierra recién despejada ricos nutrientes para fertilizar los cultivos.

Los utensilios de labranza, como las azuelas de piedra astillada, nos permiten comprender mejor cómo se excavaba y cómo se talaban los árboles para ganar más terreno para la agricultura durante el período arcaico. También comprendemos mejor a las personas de este período y, sobre todo, cómo interactuaban con el medio ambiente.

Los habitantes de esta época preferían el método de cultivo de tala y quema. Como su nombre indica, implicaba la tala de árboles del bosque para hacer sitio a más tierras de cultivo, como demuestra el alto nivel de carbón vegetal encontrado en los yacimientos. Otras pruebas que apoyan el uso de la tala y la quema son la presencia de bajos niveles de polen y los varios pólenes de maíz encontrados en el yacimiento. Este estilo de agricultura se utilizó para cultivar varias cosechas, especialmente el maíz que data del 7300 a. C. en las regiones del Caribe y del Balsas.

Entre el 5200 a. C. y el 3.500 a. C., confirmamos una amplia tala de bosques en las tierras bajas mayas de la costa del golfo. Además, los niveles de carbón vegetal en la costa de Chiapas se mantuvieron altos después de 3500 a. C., lo que sugiere más intentos de la gente por recuperar más tierras de cultivo. La recuperación de las tierras de cultivo y los altos niveles de carbón vegetal continuaron en el 2500 a. C., cuando la gente empezó a acercarse a los recursos del mar y de las lagunas. Esta migración se ha relacionado con la tala de bosques mediante el método de la quema. Desde el punto de vista paleoecológico, las evidencias en el norte de Belice muestran que la gente empezó a cultivar mandioca y maíz antes del año 3000 a. C. Sin embargo, la tala masiva de bosques y el aumento del cultivo de maíz no comenzaron hasta después del año 2000 a. C.

Hacia el final del Período Arcaico y en el Preclásico, los mesoamericanos comenzaron a improvisar diferentes tipos de agricultura, como se discute a continuación.

El cultivo en terrazas

El método de cultivo en terrazas es un conjunto de tierra estructurada en pendiente sobre el terreno plano cortado en plataformas o superficies planas consecutivas en declive. Este método de cultivo requiere mucha mano de obra y es uno de los primeros tipos de agricultura que se remontan al período arcaico. Los montones de tierra parecen largos tramos de escalones y hacen que la agricultura sea más eficaz.

Las terrazas escalonadas se utilizan habitualmente para cultivar en superficies accidentadas o terrenos montañosos. Además, sirven como medio para regular la erosión y la escorrentía superficial, y también se emplean para los cultivos que necesitan riego.

Campos elevados

Este tipo de agricultura se realiza en un terreno grande y elevado, delimitado principalmente por zanjas llenas de agua para controlar factores ambientales como los daños por heladas, el nivel de humedad y las inundaciones. La agricultura de campos elevados era común principalmente entre los prehispánicos de América Latina, como los pueblos del lago Budi Mapuche y las tierras bajas tropicales.

Estos campos elevados prehispánicos son bastante conocidos en las regiones cercanas a Santa Cruz de Mompox, en el norte de Colombia, y en la región de los llanos de Moxos, en las tierras bajas de la actual Bolivia. En el altiplano boliviano, la tribu Tiwanaku, cerca del lago Titicaca, también utilizaba este método de cultivo, llamado «waru» o *camellones*. También se han localizado antiguos campos elevados en Centroamérica, en el pantano de Pulltrouser, en Belice, donde la civilización maya practicaba este tipo de agricultura. Otros pueblos antiguos que practicaban los campos elevados eran los pueblos tolteca y azteca en la orilla del lago Texcoco, donde se llamaban *chinampas*.

Rotación de cultivos

La rotación de cultivos fue otro sistema de cultivo que se ha observado que se inició en el Período Arcaico y se hizo común entre los mesoamericanos. La adaptación a estos sistemas de cultivo ayuda a aumentar las actividades agrícolas y reduce la dependencia excesiva del sistema de agricultura de tala y quema.

Agricultura de domesticación

A medida que los pueblos de Mesoamérica se convirtieron más en colonos que en recolectores, se volvieron más dependientes de la agricultura y de algún tipo particular de plantas, lo que convirtió a Mesoamérica en una de las mayores áreas de domesticación de plantas independientes del mundo. El requisito para sobrevivir a la disposición de los asentamientos incluía procesos de domesticación únicos e intensivos, como la recolección selectiva de semillas más grandes para cultivarlas y conservarlas.

Se han descubierto varios yacimientos que nos ayudan a entender cómo y cuándo empezó la agricultura en Mesoamérica, pero muchos detalles fueron manipulados, lo que dificulta nuestra capacidad para reconstruir una imagen exacta. Por ejemplo, el yacimiento de Guilá Naquitz, en el sur de México, posee abundantes pruebas de la transición de la caza a la agricultura y la producción de alimentos por parte de los mesoamericanos. Se han encontrado pruebas sólidas del uso de plantas comestibles como los frijoles silvestres y las semillas de otras hierbas que proporcionaban nutrientes. Otras incluyen:

- Bellota (especie Quercus)
- Higo chumbo (especie Opuntia)
- Piñón de pino (Pinus edulis)
- Semillas de mezquite (especie Prosopis)

También tenemos plantas como:

- Calabaza (Cucurbita pepo)
- Maíz (Zea mays)
- Frijoles (en el género Phaseolus)
- Chiles (género Capsicum)

Los pueblos arcaicos mesoamericanos eligieron plantas que podían conservar convenientemente con una composición genética que puede ser manipulada fácilmente. Algunas de estas plantas son los chiles (género Capsicum), la calabaza (Cucurbita pepo), los frijoles (del género Phaseolus) y el maíz (Zea mays). El éxito en el cultivo de estas plantas domesticadas permitió a los pueblos arcaicos disponer de un suministro de alimentos más fiable, lo que dio lugar a más asentamientos y a la expansión de la población.

La domesticación del maíz

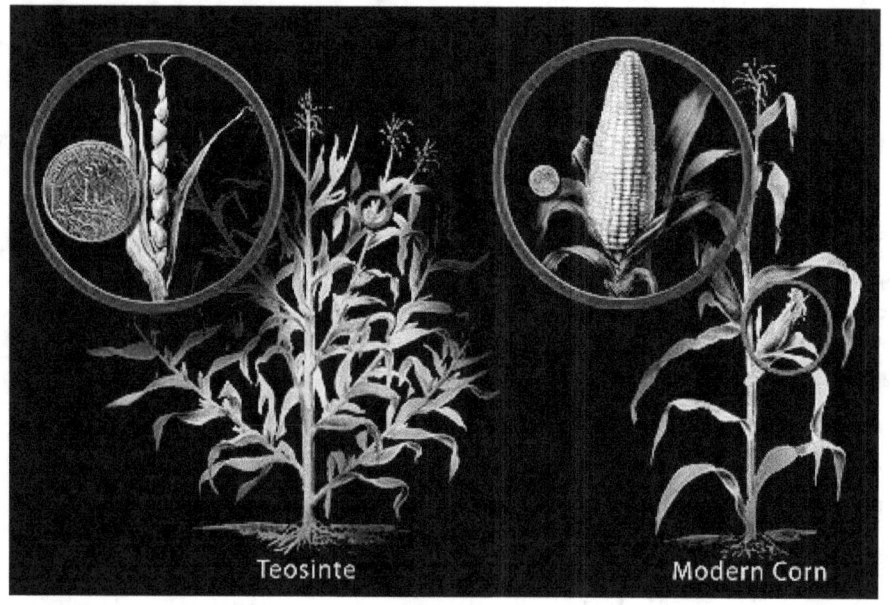

Fuente de la imagen[165]

El maíz fue probablemente uno de los cultivos más importantes que se domesticaron durante el Período Arcaico. También desempeñó un papel fundamental para los mesoamericanos porque era valioso, nutritivo y fácil de conservar. A pesar de su popularidad y uso entre las regiones y en los registros arqueológicos de los mesoamericanos, el origen real del maíz sigue envuelto en el misterio. Aunque la mazorca de maíz más antigua se descubrió en forma de mazorca en Guilá Naquitz, que data de entre el 6.300 y el 6.000 a. C., lo más probable es que no se haya domesticado allí (porque apareció de repente en forma domesticada).

Una serie mostró que se habían reclamado múltiples mutaciones como responsables de la domesticación de la mazorca de maíz; sin embargo, no hay registros de estas mutaciones. En lugar de confiar en conspiraciones o conjeturas, el investigador decidió que era mejor realizar un análisis genético. Este enfoque acabó dando sus frutos porque demostró que otra planta silvestre, la gamma (Tripsacum acetylides), era una planta silvestre cruzada con el teosinte para producir la estructura del maíz actual. A diferencia del teosinte, el Tripsacum era totalmente comestible. Los mesoamericanos posiblemente identificaron el teosinte-Tripsacum en la naturaleza y decidieron cruzarlos para hacer pruebas. También existe la posibilidad de que hicieran pruebas del teosinte con otras plantas con hojas y tallos azucarados.

Los mesoamericanos masticaban las hojas y los tallos del maíz primitivo por el sabor dulce que les proporcionaba. Al mismo tiempo, el almidón y el azúcar eran también ingredientes valiosos para producir alcohol, que era un consumible vital para las reuniones sociales.

Las pruebas arqueológicas revelan que la región de Balsa fue uno de los primeros sitios donde se domesticó el maíz antes de extenderse a las zonas vecinas. Además, se ha rastreado genéticamente el teosinte hasta la planta silvestre domesticada como maíz. El altiplano mexicano es uno de los lugares conocidos donde se avistó el maíz más antiguo. Tras pasar por el proceso de radiocarbonatación, los dos tipos de maíz (Zea diploperennis y Zea mays parviglumis) encontrados en la roca de Guilá se dataron en el año 4300 a. C.

El maíz encontrado en la costa de Chiapas alrededor del año 3000 a. C. solo pudo haber sido un producto comercial debido a la forma en que se encontró. Por lo tanto, no fue una sorpresa encontrar maíz en la vecina Colha alrededor del mismo 3000 a. C., que se habría extendido al norte de Belice dentro de la misma línea de tiempo. Ya no fue novedad encontrar maíz para el 2600 a. C. en Guatemala, Mirador, Nakbe y Belice Central, específicamente en Actun Halal para el 2210 a. C.

Independientemente de su origen y del lugar donde fue domesticado por primera vez, el maíz se convirtió en un cultivo básico en las regiones mesoamericanas y en diversos asentamientos. Se preparaba y consumía en diferentes formas: pasta de maíz, torta plana, tortillas, gachas, o incluso molido o hervido en agua de cal.

Domesticación de la calabaza

Las fechas de los restos encontrados en los yacimientos de Guilá Naquitz sugieren que los habitantes de la región llevaron a cabo múltiples domesticaciones de la calabaza. Un buen ejemplo es la calabaza (Cucurbita pepo), que parece haber sido domesticada también hacia el 8000 a. C. Al igual que el maíz, la calabaza fue otra planta ampliamente domesticada y se extendió por las regiones a través del comercio. En el yacimiento de Guilá Naquitz también se descubrieron varias semillas de calabaza de mayor tamaño que las silvestres, lo que demuestra aún más que se estaba produciendo la domesticación. Una de las semillas de calabaza más grandes ha sido datada en 10.000 a. C., una de las validaciones más antiguas de la domesticación por parte de los mesoamericanos.

Domesticación infructuosa

Está claro que no todos los intentos de domesticación de los mesoamericanos tuvieron éxito. Hubo varios intentos fallidos y abandonados, como el de la planta silvestre *cola de zorro*. Además, el yacimiento de San Andrés está repleto de pruebas de domesticación abandonadas, como el polen de cuerdas domesticadas que data del 7000 al 6000 a. C.

También se encontraron en el yacimiento semillas de algodón y polen que datan del año 4000 a. C.; los investigadores creen que proceden de girasoles silvestres domesticados, pero parece que la gente tuvo algunas dificultades con el girasol mexicano. Parece que la planta silvestre que se encontró en el este de Norteamérica pertenecía a otra especie. La otra razón del problema podría haberse debido a la naturaleza móvil de la población de baja densidad. La calabaza porongo (Lagenaria siceraria) fue la otra planta no comestible domesticada alrededor del mismo 8000 a. C. encontrada en el yacimiento de Guilá Naquitz. Sin embargo, la calabaza porongo no era un producto agrícola consumible, sino que se utilizaba para el agua y otros líquidos.

Se descubrieron restos de plantas silvestres como una versión diferente de la calabaza, el maíz, la mandioca, el chile y los frijoles en herramientas que datan de los sitios del Período Arcaico alrededor del norte de Belice, lo que aclara aún más que estas plantas ya estaban domesticadas desde ese período. Aproximadamente en la misma época se encontraron otros cultivos esenciales en la región, como el cacao, el algodón, la quínoa (Chenopodium quinoa), los frijoles comunes, las habas y los tomates. En cuanto a los animales domesticados, en este período se encontraron perros, pato de Moscovia y pavo.

Aldeanos y agricultura en Mesoamérica

Los asentamientos aldeanos eran todavía poco comunes en Mesoamérica hasta el Período Formativo Temprano, que comenzó alrededor del 3800 a. C., después de la domesticación del maíz. El entorno de la aldea estaba formado por los padres y la familia de sus hijos, la familia extensa. Esta familia extensa proporcionaba la mano de obra necesaria para el cuidado de las granjas. Poco a poco, los asentamientos de pequeñas unidades se convirtieron en aldeas, y más tarde —basados en las pirámides planas cercanas— florecieron unidades locales más grandes.

Con el tiempo, las sociedades que se consideraban más avanzadas, como los olmecas, construyeron grandes ciudades que destacaban por moldear colosales cabezas de piedra. Hacia el año 2000 a. C., surgieron sociedades más refinadas y desarrolladas que dominaron a grupos formativos más pequeños, como los toltecas, mayas y aztecas. Se desarrolló la tecnología para suministrar agua a la agricultura durante todo el año en todos los pueblos e imperios más pequeños. También se crearon canales de alimentación para satisfacer las necesidades de los centros urbanos.

Capítulo 3: Herramientas y comercio

Cuanto más se alejaban los mesoamericanos de la caza itinerante como principal fuente de alimentación, más adoptaban la agricultura. Como hemos visto, la conversión de las plantas silvestres en comestibles se extendió por todas las regiones, y más miembros de la población dependieron de la agricultura. Esta dependencia significa que se necesitaría más tierra para cultivar, lo que automáticamente significa que se necesitarían herramientas para cultivar con eficacia.

La Zona Cartográfica del Norte de Belice (NBCBZ) parecía ser el centro de fabricación de herramientas de piedra en el Período Arcaico. Hubo evidencia masiva de materiales, tecnologías y usos de herramientas de piedra durante este período. También hubo mucha adaptación y diversificación en el uso de estas herramientas en torno a yacimientos arqueológicos como el de Colha. Una de las herramientas más eficaces fue el chert de NBCNZ o el chert de Colha, que era de mayor calidad y diferente de los cherts fabricados en otras regiones. A principios del año 3000 a. C., el chert de Colha se había convertido en el principal material para la fabricación de herramientas de piedra. Esta evolución de las herramientas de piedra no se detuvo, ya que también se observó en los períodos Preclásico y Clásico.

En Colha se descubrió otro taller de producción con fines especiales, donde se fabricaban azuelas estrechas en grandes cantidades. Este descubrimiento sugiere el origen de la comercialización de las herramientas de piedra, especialmente porque se encontraron azuelas estrechas del mismo estilo y forma en todas las regiones de Mesoamérica. Las herramientas fabricadas eran, en su mayoría, de construcción bifacial a partir de pedernal local. Por ejemplo, las azuelas estrechas eran herramientas casi de uso general que se utilizaban principalmente para cavar, cortar maderas y despejar el bosque para obtener más tierras de cultivo.

En toda la región se encontraron bastantes herramientas de piedra laminada, pero las más notables fueron las puntas bifaciales Lowe y Sawmill. Estas herramientas se utilizaban principalmente como instrumentos de pesca y armas de caza o incluso como cuchillos. La gente aplicaba diferentes métodos en el relleno de estas herramientas para mantenerlas afiladas y eficaces. Prácticamente todos los métodos de producción de herramientas de piedra practicados en períodos posteriores estaban presentes y prevalecían en los períodos arcaicos. Se encontraron evidencias de herramientas de piedra utilizadas en el procesamiento de productos agrícolas, como el corte y la molienda, en piedras astilladas y molidas.

Más adelante hablaremos de estas herramientas; primero, hablemos del comercio.

Comercio

No se sabe mucho sobre el comercio en el Período Arcaico. Hay pruebas aquí y allá que demuestran que el comercio, y la compra y venta a larga distancia ocurrieron durante este período. Por otra parte, las herramientas de piedra confirmaron la posibilidad de actividades y redes de comercio en todas las regiones de Mesoamérica. Algunos arqueólogos han señalado que los pueblos costeros de Chantuto, en el sur de México, compraban y vendían obsidiana. Por ejemplo, 57 obsidianas de alto valor pertenecientes a las tierras altas de Guatemala terminaron en el vertedero de conchas de Tlacuachero, en Chiapas.

Su presencia allí solo pudo haber sido a través del comercio y también para ser posiblemente utilizadas para el comercio. También se descubrió que los asentamientos alrededor de la cuenca de México comerciaban para comprar obsidiana verde extranjera en lugar de viajar para recolectarla en la fuente. Además, se ha descubierto chert Colha de la región fuera de Mesoamérica, lo que indica que el chert Colha podría haber estado involucrado en los intercambios comerciales.

Herramientas

Ahora echemos un vistazo crítico a algunas de estas herramientas que desempeñaron papeles vitales en la transición de un modo de vida forrajero a un arreglo más sedentario que implicaba la agricultura. Como hemos visto antes, algunas de estas herramientas se utilizaban también como producto de intercambio en el comercio, pero ¿se utilizaban también como moneda? Ya lo veremos.

Obsidiana

Fuente de la imagen[166]

El examen medioambiental de los orígenes de la obsidiana formó parte de las investigaciones realizadas en la región, que revelaron cómo se utilizaba el preciado objeto rocoso en los intercambios a larga distancia. Además, proporcionó detalles sobre la relevancia de la obsidiana en la vida cotidiana de los habitantes de la región, especialmente en la realización de rituales, el comercio y la vida sociocultural.

Según la Wikipedia, «se obtiene en canteras o en forma de nódulos de los lechos de los ríos o de los afloramientos fracturados.

> «Tras la eliminación de la corteza (cuando procede), se podían producir herramientas de piedra de escamas bifaciales, unifaciales y expeditivas mediante la reducción lítica. El uso de técnicas de picado, molido y tallado también puede emplearse para producir figurillas, joyas, excéntricas

u otros tipos de objetos. La producción de láminas prismáticas, una técnica que empleaba una técnica similar a la de lascas a presión que extraía las láminas de un núcleo poliédrico, era omnipresente en toda Mesoamérica».

Métodos de producción

La estructura interna vítrea de la obsidiana facilita su estructuración en diferentes cantos. Tiende a romperse de forma predecible y directa a través de la fractura de la roca. Esto contribuyó a su abundante uso en las regiones mesoamericanas. La obsidiana se obtiene en forma de nódulos o a través de la extracción de afloramientos fracturados o lechos de ríos. Una vez eliminada la corteza, cuando es necesario, se pueden fabricar herramientas de piedra unifacial, bifacial y de escamas propias mediante reducción lítica. Otros propósitos de la obsidiana incluyen técnicas de molienda, el picado y tallado para producir excéntricos, joyas, figurillas y otros objetos. Muy común entre los pueblos mesoamericanos fue la producción de hojas prismáticas, un método de descascarillado a presión que desprende las hojas del núcleo poliédrico.

Muchas regiones de Mesoamérica no tenían acceso directo a la fuente de obsidiana, por lo que su distribución era bastante limitada. Esta escasez llevó a un método diferente de manejo de la herramienta para rejuvenecerla, algunos de estos métodos consistían en volver a afilar los filos para cortar hierba y otros fines. A medida que la herramienta se va desafilando, la función se carga de cortar a otros usos como rascar y raspar. Otras formas de afilar la preciada piedra rocosa y extenderla consisten en darle forma para que se parezca a otras herramientas, como los taladros. También se hicieron para servir como puntas de proyectil.

Lugares de Mesoamérica con obsidiana

Como se mencionó anteriormente, la obsidiana no estaba disponible en grandes depósitos en todas las regiones, independientemente de sus usos y popularidad. A continuación se presentan los lugares donde los arqueólogos han confirmado la disponibilidad en gran cantidad.

En las tierras bajas del centro-sur del golfo de México

- Altontonga y Zaragoza
- Las Derrumbadas
- Pico de Orizaba
- Guadalupe

Tierras bajas del centro de México
- Partodo
- Cranzido

En el altiplano de México
- Santa Elena
- Paredón

En el altiplano central de México
- Malpaís
- Otumba
- Tapalcingo
- Tulancingo
- Zacaultipan
- Múltiples canteras en Pachuca

En el oeste de México
- Zinapecuaro
- Ucareo

San Martín Jilotepeque, Tajumulo, Ixtepeque, Tajumulco y El Chaval son fuentes conocidas y lugares donde los mesoamericanos precolombinos explotaron. También está confirmado que casi toda la obsidiana encontrada en los sitios mayas y olmecas provenía de estos lugares.

Valor o utilidad

La relevancia de la obsidiana en Mesoamérica puede compararse con la del acero actual. El vidrio rocoso se distribuía masivamente por las regiones a través de las actividades comerciales. Sin embargo, hay evidencia de diferentes valores otorgados a la obsidiana por diferentes regiones dentro de Mesoamérica. Un buen ejemplo es que durante el Período Preclásico, la obsidiana era bastante rara y solo se encontraba principalmente en las regiones de las tierras bajas con un alto estatus y valor ritual.

Asimismo, entre los mayas, la evidencia reveló que la obsidiana se encontraba principalmente entre los privilegiados. Los mayas de clase baja solo empezaron a tener acceso a más obsidiana hacia el final del Período Clásico. Incluso entonces, los mayas de clase alta siguieron teniendo acceso al limitado suministro de la prestigiosa obsidiana verde de Teotihuacán.

El valor de la obsidiana es ligeramente diferente entre los teotihuacanos, donde la obsidiana se comercializaba como un desperdicio de esfuerzo humano en los desplazamientos a través de largas distancias. La obsidiana se intercambiaba o cambiaba por artículos de prestigio de alto nivel. La obsidiana de Teotihuacán jugó un papel esencial en su ascenso al poder y sirvió como elemento de comercio que impulsó la creciente economía.

Artículos valiosos como las orejeras contenían elementos de obsidiana. Sin embargo, este artículo también se encontraba entre la gente de clase baja. Por lo tanto, el valor otorgado a la obsidiana variaba. La obsidiana era un artículo de comercio vital con diferentes valores, pero no existe evidencia de que haya jugado el papel de una moneda en Mesoamérica.

Fuente de la imagen[167]

El chert de Colha

La expansión de la población y la necesidad de más tierras cultivables son responsables de los talleres de herramientas de piedra en el sitio de Colha. El alto nivel de piedra caliza cenozoica presente en Colha indica cómo el sitio y los talleres aprovecharon al máximo las fuentes y la ubicación del sitio. El pueblo también desarrolló un nicho para sí mismo utilizando una ruta muy transitada para impulsar el comercio de su tipo de chert en el mercado comercial maya, que podría haberse expandido a las Antillas Mayores.

Colha fue el principal proveedor de chert de la región durante los períodos Preclásico y Clásico. En el yacimiento de Colha se encontraron 36 talleres. Se estima que produjeron más de cuatro millones de cherts y herramientas de obsidiana que se distribuyeron principalmente a través del comercio dentro de las regiones mesoamericanas durante el reinado maya. Esto situó al chert en el mismo nivel de relevancia que la obsidiana.

Piedras laminadas

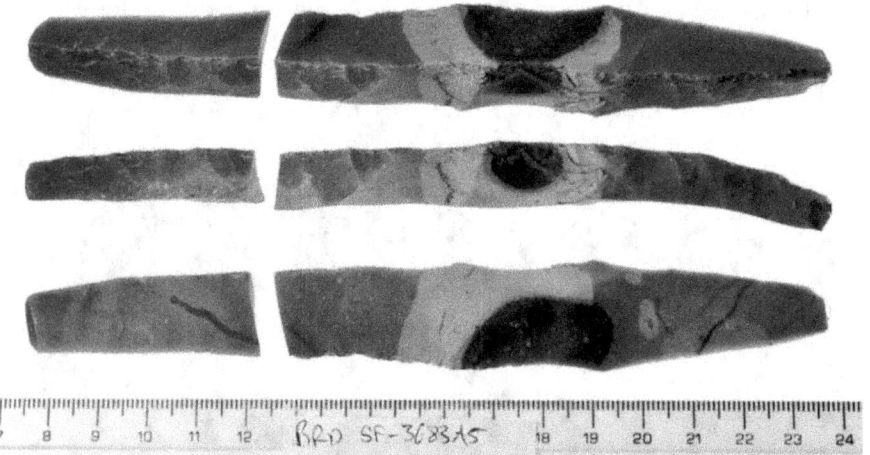

Fuente de la imagen[168]

Las herramientas de piedra laminada eran esenciales en la Mesoamérica prehispánica y servían para muchos propósitos, incluyendo usos ceremoniales, militares y domésticos. La herramienta de piedra multicolor se encontró en lo que hoy se conoce como El Salvador, algunas partes de Honduras, Belice, Guatemala y México. La piedra en escamas es otro producto fabricado con obsidiana que se utiliza para múltiples actividades. Las herramientas laminadas se fabrican en formas bifaciales o unifaciales para tener puntas de proyectil como cuchillos.

Sin embargo, este equipo no era tan estándar como otras herramientas de hoja aparte durante la prehistoria mesoamericana temprana o en un sitio como Colha donde se fabricaban cherts, y la obsidiana era escasa.

Azuelas estrechas

La azuela estrecha de una sola cara, bifacial o de piedra astillada es una herramienta diagnóstica descubierta en el Período Precerámico y en el norte de Belice de Mesoamérica. En el sitio de Colha también se encontraron talleres de uso especial, donde se fabricaban azuelas estrechas. Esta herramienta se utilizaba principalmente para desbrozar la selva con el fin de crear más terreno para la agricultura. Además, se sabe que era eficaz para cavar y cortar maderas húmedas y secas.

Lowe y Sawmill

También se descubrieron en el yacimiento de Colha en Belice (y se fecharon en el período Arcaico entre el 8000 y el 900 a. C.) 54 puntas Lowe, 21 puntas Sawmill, 4 puntas Allspice y 2 puntas Ya'axche. Estas herramientas bifaciales de piedra son a menudo diagonales en bordes alternativos-opuestos e indican varios niveles de retrabajo y reafilado, lo que impacta en el tamaño y la forma de la hoja y el tamaño de la herramienta. Las puntas Lowe y las Sawmill sirvieron para diferentes propósitos a los habitantes de la región; se utilizaron como puntas de lanza, arpones, cuchillos y puntas de dardo.

Las puntas Lowe, en particular, se colocaban en lanzas arrojadizas o de empuje. También se han utilizado como cuchillos. Por otro lado, las puntas Sawmill se utilizaban como puntas de lanza, puntas de dardo y cuchillos.

Lanzas y arpones

Además de la agricultura, la caza y la pesca fueron otros medios de vida vitales para los pueblos de Mesoamérica. Las herramientas predominantes para la caza y la pesca son las lanzas y los arpones. Históricamente, Mesoamérica fue la única civilización arcaica del mundo que prosperó sin la domesticación exitosa de animales como el ganado vacuno, los caballos, las ovejas y los cerdos. Así, la recolección, la caza y la pesca proporcionaban todos los nutrientes que necesitaba la creciente población, lo que significa que las tierras de cultivo y el medio acuático eran el paisaje más productivo de Mesoamérica.

Las lanzas y los arpones desempeñaron un papel fundamental en el éxito de la caza y la pesca en Mesoamérica. El arpón es un arma larga parecida a una lanza que se utiliza en la pesca. La cabeza está hecha de piedra tallada, y en algunos casos de obsidiana, los bordes son ásperos de tal manera que cuando perfora al animal, la parte áspera del arma lo saca del agua. El proceso consistía en clavar el arpón en el agua lo suficientemente rápido como para atravesar al pez y sacarlo del agua. El arpón también se utilizaba para cazar mamíferos marinos que se movían con rapidez y grandes peces.

La metalurgia en Mesoamérica

La metalurgia consiste en la extracción, purificación y modificación de los metales y la elaboración de los mismos por parte de los pueblos de América antes de la llegada de los europeos a la región a finales del siglo XV. Un reciente descubrimiento demostró que se encontraron artefactos de oro en la región andina desde el año 2155 - 1936 a. C. En América del Norte, el cobre se databa en torno al año 5000 a. C., lo que significa que los indígenas americanos conocían y utilizaban los metales desde el Período Arcaico.

Además, estos metales habrían sido descubiertos y utilizados en su forma natural sin necesidad de fundirlos y darles las formas deseadas mediante el golpeo en frío y en caliente y sin el uso de productos químicos para su modificación y mezcla. No ha habido ninguna prueba que demuestre la fusión, fundición y moldeado de este metal en la América del Norte prehistórica. Sin embargo, la historia fue diferente en el sur de América. Los habitantes de la región hacían mucha fundición y moldeado y mezclaban deliberadamente otros metales.

En Mesoamérica, y en el oeste de México en particular, la metalurgia se desarrolló notablemente tras el contacto con los sudamericanos a través de los comerciantes marinos de Ecuador y Colombia. Al igual que en otras partes de América donde los metales aparecieron por primera vez, se convirtieron en material para la élite de la región mesoamericana. Su peculiar color, reflejo y calidad atrajeron a la élite y propiciaron varios avances tecnológicos en la región. En el oeste de México se encontraron artefactos metálicos parecidos que se utilizaban de la misma manera que los ecuatorianos. Hubo descubrimientos arqueológicos de artículos como agujas, anillos de cobre y campanas, que se fundían con cera perdida de forma similar a los de Colombia.

Durante este período se descubrieron otras herramientas en la región, pero estas son las más destacadas. El proceso y el método de fabricación de estas herramientas incluyen el golpeteo directo de estas piedras entre sí y el descascarillado con martillos duros y blandos.

Capítulo 4: Sitios y artefactos importantes

Ahora centramos nuestra atención en los restos arcaicos críticos descubiertos como resultado de una amplia investigación. Se exploraron varios sitios como el valle de Oaxaca, hogar de los zapotecas, el valle de Tehuacán, la ubicación de la cueva de Cuscatlán, Colha, Guilá Naquitz, y la costa de Chiapas, y se descubrieron muchos artefactos, que también discutiremos, sin ningún orden en particular.

Valle de Oaxaca

Fuente de la imagen[169]

«Valles centrales» o «Los Valles» es el nombre con el que se le llama cariñosamente hoy en día, pero en la época mesoamericana, se le llama principalmente valle de Oaxaca, y es un sitio rico para muchos pueblos de la región. En la actualidad, es un estado del sur de México y está formado por distritos como Ejutla, Tlacolula, Ocotlán, Zimatlán, Zaachila, Centro y Etla. El valle en forma de «Y» se encuentra dentro de las montañas de la Sierra Madre. La forma se asemeja a una «Y» del alfabeto al derecho, y cada punto del alfabeto tiene nombres específicos: el brazo noroeste de Etla, el centro-sur de Valle Grande, y el de Tlacolula al este.

Este valle también fue el hogar de una de las sociedades más avanzadas de la región, los zapotecas, y más tarde de la cultura mixteca, que dominó varios territorios menores durante mucho tiempo, pero que luego fue arrollada por los españoles. Al igual que el valle de Tehuacán, Oaxaca ha estado habitada desde hace más de 10.000 años.

En los diferentes yacimientos del valle oaxaqueño se han realizado varios hallazgos arqueológicos, como los de Gheo Shih, Guilá Naquitz, Monte Albán, Mitla y San José Yagul. La ciudad de Oaxaca, situada en el corazón del valle, es actualmente la capital del estado.

Los arqueólogos descubrieron muchos sitios históricos en el valle de Oaxaca, como San José, Yagul, Monte Albán, Mitla, Guilá Naquitz y Gheo Shih. Actualmente, la ciudad de Oaxaca, la capital del estado, se encuentra en el corazón del valle.

Civilización zapoteca

El pueblo zapoteco, también conocido como la «gente de las nubes», vivió en el altiplano sur del centro de Mesoamérica, en el valle de Oaxaca. Ocuparon estas tierras desde el 500 a. C. hasta el 900 d. C., es decir, desde el Preclásico hasta el final del Clásico. La capital inicial estuvo en Monte Albán y posteriormente en Mitla. Aunque destacaban por sus sociedades avanzadas, tenían buenos tratos con los demás y compartían culturas similares con civilizaciones avanzadas como la olmeca, la teotihuacana y la maya, los zapotecas también oprimían las tierras altas del sur con su avanzado ejército y sus armas. Eran conocidos por ser buenos «hombres de negocios» e incluso adoptaron su versión de la lengua otozapoteca.

Origen y avance

Los zapotecos, al igual que varias sociedades de la región, surgieron de la población que dependía en gran medida de la agricultura y se expandieron en el valle de Oaxaca. Desarrollaron métodos avanzados de agricultura y se enfrentaron a civilizaciones similares en el comercio. Por ejemplo, tuvieron una gran alianza con los olmecas en la costa del golfo que favoreció la construcción de una impresionante capital en Monte Albán y extendió su opresión por la región durante el período clásico. Por el aspecto de la ciudad, se puede decir que fue construida deliberada y estratégicamente para dominar tres importantes valles que se desarrollaron entre el 500 a. C. y el 900 d. C.

La ciudad zapoteca consta de otros asentamientos vitales diferentes a la capital, y se identificaron más de 15 palacios de élite en los valles de la ciudad. Hay indicios de que los zapotecas podrían haberse dividido en tres grupos distintos:

- Los zapotecos del valle, basados en el valle de Oaxaca.
- Los zapotecos de la sierra, en la parte norte.
- Los zapotecos del sur, basados en el sur y el este, alrededor del istmo de Tehuantepec.

Los sitios zapotecos más conocidos se encuentran repartidos por todo el valle de Oaxaca en forma de «Y». Son Mitla, Tlacolula, Abasolo, Ocotlán, Zimatlán, Zaachila, San José Mogote, Etla, Huitzo, Oaxaca y Monte Albán. Mitla ocuparía posteriormente un papel importante en la historia de los zapotecos. La ciudad destaca desde el año 900 d. C. por sus singulares edificios dispuestos estratégicamente alrededor de plazas, ricamente decoradas con relieves y diseños simétricos.

Al descorrer el telón de la época preclásica, se produjeron notables avances en el singular tipo de arte de los zapotecas. Mejoraron aún más en sus escritos e impulsaron la arquitectura con diseños únicos y la construcción de centros para diferentes dioses y propósitos. En los proyectos de ingeniería, desarrollaron sistemas de riego improvisados entre varias ciudades bajo su control. Por ejemplo, en Hierve el Agua, se construyeron laderas artificiales en forma de terrazas para trasladar el agua del canal de los manantiales naturales a varias tierras de cultivo de la ciudad.

Los zapotecos no avanzaron aislados, sino que tuvieron contactos con otros pueblos de la región con distintos fines. Por ejemplo, las evidencias en sitios como Dainzú cuentan mejor la historia. Un gran escenario elevado con relieves de cara a la piedra revela a los jugadores que practican un particular juego de pelota mesoamericano mientras llevan un equipo de protección. La cosa se pone aún más interesante porque, en la cuenca de México, los teotihuacanos mantenían una admirable relación con los zapotecos que reservaban una cuarta parte de sus ciudades para cualquier zapoteco dispuesto a establecerse allí.

La escritura zapoteca

El pueblo zapoteco desarrolló un sistema de escritura único, conocido como uno de los primeros en las regiones de Mesoamérica. Los que siguieron, como la civilización maya, azteca y mixteca, lo mejoraron. Utilizaron un sistema de escritura logo-silábica que utiliza diferentes símbolos para representar cada sílaba de su lengua.

Las múltiples fases de Monte Albán

La historia zapoteca estaría incompleta sin hablar de las fases de Monte Albán, ya que fue allí donde se produjo la formación. Como se mencionó anteriormente, algunos de los avances notables de los habitantes de Monte Albán fueron la unificación y la realeza divina. La unificación de Monte Albán y Zapoteca llevó a la dominación externa y a la expansión política hacia el final de Monte Albán 1 (400 a. C. a 100 a. C.) hasta Monte Albán 2 (100 a. C. a 200 a. C.).

Impulsados por un ejército y unas armas mejores e improvisadas, los gobernantes zapotecas de Monte Albán conquistaron y saquearon reinos más allá de los valles de Oaxaca. Su dominio fue tan contundente y pronunciado que para finales del segundo Monte Albán, el dominio militar y político de los zapotecas se había extendido desde Quiotepec en el norte hasta Ocelotepec y Chiltepec en el sur.

Las ciudades de Monte Albán se hicieron famosas y admiradas por su influencia política, religiosa y cultural en la región y conservaron este estatus hasta el año 700 d. C.

Religiones, deidades y artefactos

Fuente de la imagen[170]

Al igual que lo que tenemos en la actualidad, la religión zapoteca era rica y confusa, al igual que varias religiones mesoamericanas. Había deidades para cosas o eventos que aparecían regularmente como el sol, la lluvia, el viento, la tierra e incluso la guerra. Entre las más importantes estaba el

- Dios-murciélago, la deidad de la fertilidad y del maíz.
- Beyda, la deidad del viento y la semilla.
- Casino, la deidad de la lluvia y el rayo.
- Patio Cozobi, deidad del maíz.
- Copijcha, deidad del sol y la guerra.
- Coquebila, dios del centro de la tierra.
- Huechaara, diosa madre de la caza y la pesca.
- Kedo, dios de la justicia.
- Ndan, dios andrógino de los océanos.
- Pixee Pacala, el dios del amor.
- Coqui Xee, el dios del infinito.

También se sabe que las ciudades y pueblos individuales tenían sus deidades guardianas. Por ejemplo:

- Coquenexo (Señor de la Multiplicación), guardián de Zoquiapa.
- Coqui Bezelo y Xonaxi Quecuva (dioses del inframundo y la muerte), guardián de Mitla y Teocuicuilco.
- Cozicha Cozee, guardián de Ocelotepec.

El pueblo ofrecía oraciones, ofrendas y sacrificios a estas deidades con la esperanza de que les trajeran buena fortuna e intervinieran en sus asuntos. Por ejemplo, que las cosechas crezcan bien para que las lluvias acaben con una sequía o la fertilidad de la tierra y la población. En la región mesoamericana era habitual que las sociedades utilizaran símbolos para representar los diferentes días de los meses; los zapotecas lo adoptaron. Por ejemplo, Pija era representada por la sequía, Xoo, el terremoto, mientras que un cocodrilo representaba a chilla.

Hay indicios de que los zapotecas llevaban a cabo sacrificios humanos, especialmente a los dioses de la fertilidad, y realizaban elaborados juegos de pelota rituales en la corte de Monte Albán. También eran comunes los rituales de limpieza y dedicación de nuevos sitios religiosos y templos cuando se completaban. También se encontraron evidencias de piezas raras de perlas, obsidiana y jade encontradas en un acopio en Oaxaca para apoyar esta afirmación.

La caída de los zapotecas

Aunque intentaron evitar enfrentarse a los invasores españoles, los zapotecas acabaron siendo invadidos y destruidos por los españoles tras perder una guerra contra los aztecas entre 1497 y 1502. Los invasores se aprovecharon de la debilidad militar y de la búsqueda de la paz de los zapotecas, derrotándolos tras cinco años de intentos, que terminaron en 1527.

Todos los intentos de rebelión de la población fueron sofocados por la llegada de armas de acero y nuevas enfermedades. Más tarde, hubo levantamientos aquí y allá contra el nuevo gobierno y el gobernante, pero todos fueron controlados. Sin embargo, cientos de dialectos zapotecos y siete lenguas sobrevivieron, y se extienden por todo México y Los Ángeles, California.

Valle de Tehuacán (tewa'kan)

El valle de Tehuacán se encuentra en el sureste del valle de México y ha estado habitado desde hace más de 10.000 años. En 1960, el sitio fue estudiado y excavado por el arqueólogo Robert MacNeish y su equipo, y los descubrimientos realizados han sido muy beneficiosos y claves para entender a los pueblos de Mesoamérica en el Período Arcaico. Sin embargo, ha habido controversias sobre algunos de los artefactos y otros elementos encontrados en el sitio, lo que ha llevado a múltiples nuevos análisis y exámenes. En un sitio particular del valle se encontraba la cueva de Coxcatlán, que contenía entre 15 y 33 componentes del Período Arcaico. Los artículos encontrados incluyen

- Pequeñas mazorcas de maíz.
- Restos de frijoles de calabaza.
- Chiles y calabazas.

La actual Tehuacán, apodada «El Lugar de los Dioses», es la segunda ciudad más grande de Puebla, México, en el sureste del valle de Tehuacán y rodeada por estados como Veracruz y Oaxaca.

Domesticación del maíz

Históricamente, el valle de Tehuacán fue el primer lugar donde los arqueólogos encontraron el maíz cultivado más antiguo. A partir de la exploración y los hallazgos en el sitio, los arqueólogos creyeron que el valle de Tehuacán fue el origen del primer maíz cultivado por el hombre. El descubrimiento de más de 10.000 mazorcas de teosinte en la cueva de Coxcatlán refuerza aún más su conclusión. Entre los hallazgos originales de la cueva había maíz (¡solo del tamaño de un cigarrillo!) con menos semillas de maíz que las actuales, maíz silvestre y no comestible, y teosinte.

Los hallazgos del yacimiento fueron objeto de una nueva evaluación, que incluyó el análisis de muestras de yacimientos vecinos como la cueva de Coxcatlán y la cueva de San Marcos. Las fechas más tempranas fueron 4700 a. C. o 3600 a. C. Recientemente se han descubierto nuevos yacimientos con evidencias de maíz temprano en el valle del río Balsas que continuaba río abajo hasta el estado de Guerrero. Han surgido más pruebas que confirman aún más que el valle del río Balsas fue uno de los primeros sitios del mundo donde el teosinte se cruzó inicialmente con otras plantas comestibles —hace más de 9.000 años— para producir el tipo de maíz que tenemos hoy. El peculiar teosinte de Balsas, que ahora se ha confirmado como una de las primeras fuentes de maíz domesticado, se encontró principalmente en el corazón del valle y se cree que creció en otras partes del mismo.

Cueva de Coxcatlán

Richard MacNeish y su equipo, mientras realizaban un recorrido de inspección por el valle de Tehuacán, descubrieron la cueva de Coxcatlán en el valle de Tehuacán de Puebla, México. Se trata de un yacimiento arqueológico mesoamericano en el que se ha excavado más del 75% de las herramientas de piedra.

En la cueva de Coxcatlán hay varias zonas. Para comprenderla mejor, los arqueólogos han dividido la zona ocupada por los seres humanos en cuatro fases culturales: las fases Ajuereado, El Reego, Abejas y Coxcatlán. Estas fases se separaron en base a los cambios en la tecnología de la piedra, la cestería, el tejido de esteras y el patrón de asentamientos.

Las zonas habitadas por los pobladores que no se dedicaron a la alfarería, también conocidas como zonas precerámicas, son los primeros niveles del abrigo rocoso. La principal evidencia de humanos en el valle de Tehuacán se dio durante la fase Ajuereado.

La fase Coxcatlán, que data de entre el 5000 y el 3000 a. C., fue la época en la que los pobladores y los habitantes llevaron a cabo una gran cantidad de cruces entre las plantas silvestres y las comestibles. Los descubrimientos también revelaron que los humanos y los animales compartían el tiempo en la cueva debido al carácter no permanente de los humanos. Estas personas eran predominantemente cazadores, colonos temporales que construyeron aldeas improvisadas.

Artefactos

Algunos artefactos relevantes encontrados en la cueva de Coxcatlán datan del año 5000 a. C. Por ejemplo, las mazorcas de maíz, los frijoles y la calabaza fueron algunas de las versiones más antiguas de la región. La pluma de tinta con recipientes fue otro de los artefactos encontrados en la cueva y se descubrió que utilizaba material que se remontaba a la época precerámica.

El análisis posterior de los objetos excavados en el yacimiento reveló más información sobre 42 tipos de ocupación del pueblo, 28 lugares de habitación y siete fases culturales. Otras zonas arqueológicas de la cueva de Coxcatlán revelaron signos del tipo de ocupación del período cerámico. Al mismo tiempo, las pruebas apoyan la presencia de restos arqueológicos en las capas superiores de la cueva.

Colha

El sitio arqueológico de Colha es otro lugar crítico que revela mucho y juega un papel crucial en el período mesoamericano. Alberga una rica historia de talleres, herramientas de piedra y el equipo utilizado para la transición de la caza a la agricultura por parte de los habitantes de la región. Situado en el norte del país, Colha, Belice, es un yacimiento arqueológico maya. Es uno de los primeros sitios de la región maya de Mesoamérica. Sigue conservando registros arqueológicos relevantes del pueblo y la cultura maya hasta el período preclásico.

Las excavaciones del yacimiento arqueológico de Colha facilitaron la descripción de la ocupación del pueblo desde el Precerámico Temprano 3400 - 1900 a. C. hasta el Postclásico Medio 1150 - 1300. Su expansión poblacional tuvo un pico en el Preclásico Tardío (400 a. C. - 100 d. C.) y en el Clásico Tardío (600 - 850 d. C.) Estos picos de expansión demográfica tuvieron mucho que ver con los talleres de herramientas de piedra del yacimiento de Colha.

Colha tenía fama de ser el acceso a la carta de primera calidad debido a su ubicación estratégica en torno a las rutas más transitadas de la región. También estaba situada alrededor de una fuente principal de piedra caliza del Cenozoico. Los mayas se aprovecharon de ello y se crearon un nicho como fuente del mejor chert de la región. Este mercado se extendió posteriormente a los Anillos Mayores. Con el tiempo, Colha se convirtió en el principal proveedor de herramientas de piedra para toda Mesoamérica de los períodos Preclásico y Clásico.

Las cifras obtenidas de Wikimili sugieren que «se estima que se produjeron y distribuyeron 4 millones de herramientas de obsidiana, de pedernal y otras herramientas importantes en la época maya, y todas ellas provenían de los 36 talleres ubicados en el sitio». Así que, cuando se trata del comercio y la distribución de herramientas y objetos raros en Mesoamérica, la historia no está completa sin la mención de Colha y los mayas.

La presencia de obsidiana en el yacimiento de Colha

Además de los numerosos talleres de construcción y tallado de herramientas de piedra utilizadas para la caza y la agricultura, hubo evidencia de la alta presencia de obsidiana de primera calidad en el sitio arqueológico de Colha.

Según una publicación de la Universidad de Cambridge de 2017:

«Este estudio explora el uso temprano de la obsidiana en el sitio maya de Colha en el norte de Belice y las implicaciones que las variaciones en la distribución de la fuente tienen para el sitio y sus conexiones regionales. El análisis de fluorescencia de rayos X por dispersión de energía (EDXRF) de 104 especímenes de obsidiana de contextos del Preclásico en el sitio identificó la obsidiana de El Chayal como la más común en general, seguida de cerca por la de San Martín Jilotepeque. La obsidiana de Ixtepeque, que no es común en muchos conjuntos del Preclásico, también estaba fuertemente representada. Los resultados revelaron una dependencia del Preclásico Medio de la obsidiana de San Martín que disminuye gradualmente a través del Preclásico hasta el período Clásico, cuando San Martín casi desaparece del sitio. Un aumento correspondiente en el uso de la obsidiana El Chayal a través del tiempo en Colha coincide con el surgimiento del Kaminaljuyu en las tierras altas de Guatemala. El análisis de la obsidiana por contexto indicó que la obsidiana de El Chayal dominó en los depósitos arquitectónicos y rituales mientras que la obsidiana de Ixtepeque fue la más común en los talleres. La obsidiana de San Martín representó un porcentaje ligeramente mayor que la de El Chayal en los basureros, y los materiales de Ixtepeque fueron notablemente menos comunes. Los datos indican que Colha estaba conectada a una amplia red de distribución desde el Preclásico Medio en adelante, y que la variabilidad de las fuentes de obsidiana fue mayor durante el Preclásico que en el subsiguiente período Clásico».

(Brown, D., Dreiss, M., & Hughes, R. (2004). *Preclassic Obsidian Procurement and Utilization at the Maya Site of Colha, Belize*. Latin American Antiquity, 15(2), 222-240. doi:10.2307/4141555)

Guilá Naquitz

La cueva de Guilá Naquitz en Oaxaca, México, es un sitio arqueológico notable por la temprana domesticación de varios cultivos como la calabaza de Cucurbita, las calabazas porongo (Lagenaria siceraria) el teosinte, los ancestros silvestres del maíz. En lo que respecta al continente, Guilá Naquitz fue el lugar de la primera domesticación conocida de la calabaza. Aunque había pruebas que respaldaban la presencia del maíz en su forma silvestre primitiva, un examen más detallado del polen y la ubicación del hallazgo demostraron que el maíz no pudo haber sido domesticado allí. Es probable que sea un producto del comercio o de alguna forma de intercambio.

Forma de vida

Aunque las pruebas revelan que la presencia humana más temprana data de alrededor del 10.750 a. C., los asentamientos no se mantuvieron durante todo el año. Por ejemplo, los humanos dejaron de habitar el refugio rocoso hacia el año 500 a. C. Las pruebas revelaron que los habitantes de los abrigos rocosos no eran colonos permanentes, sino cazadores-recolectores precerámicos que habitaron el abrigo en seis ocasiones diferentes, principalmente entre agosto y diciembre.

Domesticación

Los primeros indicios de domesticación de la calabaza se remontan a los años 8.000 - 10.750, es decir, 4.000 años antes de la domesticación de otros cultivos como las judías y el maíz en la región. Las pruebas que apoyan esta afirmación se encontraron durante la excavación de la cueva en 1960 y de otras cuatro cuevas mexicanas.

En 1970, un equipo de la Universidad de Michigan llevó a cabo nuevas exploraciones en el yacimiento de Guilá Naquitz, que proporcionaron fechas más precisas para respaldar las pruebas de la domesticación de C. Pepo (calabaza de campo) en forma de un mayor grosor de la piel y de troncos más grandes en las capas del nivel más reciente de la cueva. Aproximadamente en el año 8000 AP, los troncos de calabaza de campo encontrados tenían un grosor de más de 0,39 pulgadas (10 mm). Los troncos de Cucurbita silvestre estaban por debajo del límite de 0,33 pulgadas (10 mm). Estos cambios en el tamaño y la forma de los frutos son signos de un cruce intencionado de C. pepo, que se produjo no más tarde de 8000 años AP. Aproximadamente en la misma época, el grosor medio de la piel aumentó de 0,033 in (0,84 mm) a 0,045 in (1,15 mm).

La técnica agrícola de domesticar los cultivos forestales silvestres se produjo hace más de 5000 a 6.400 años en Mesoamérica, comenzando por la calabaza, seguida de cerca por el maíz y luego por el frijol, formando parte del sistema agrícola de las tres hermanas de la siembra en compañía. Otras plantas comestibles recuperadas en el sitio de Guilá Naquitz son el pino, las bellotas, las bayas de almez, los frutos de cactus, el chile, el amaranto, el chenopodium, el agave y las vainas de mezquite.

Costa de Chiapas

Chiapas de Corzo, alberga el sitio arqueológico mesoamericano precolombino de Chiapas. El sitio ha sido ocupado desde el período Formativo Temprano de c. 1200 a. e. c. Se hizo famoso como centro regional alrededor del 700 al 500 a. C. durante el período Formativo Medio. Para esta época, su territorio público había alcanzado de 18 a 20 hectáreas de tamaño y los asentamientos cerca de 70 hectáreas. El control de las rutas se debía a su cercanía con el río Grijalva, ubicado en la Depresión Central de Chiapas. Los cerros y terrazas del sitio datan del año 700 a. C., con palacios y templos construidos hacia el final del período Formativo o Preclásico, entre el 100 a. C. y el 200 d. C.

Artefactos y hallazgos importantes

Los descubrimientos fundamentales de los arqueólogos incluyen el hallazgo en 2008 de un considerable depósito de hachas olmecas del período Formativo Medio en la parte inferior de la pirámide del montículo once de Chiapas de Corzo. Este depósito de hachas olmecas se remonta al año 700 a. C. y es el segundo hallazgo de este tipo en Chiapas, después del vecino San Isidro.

La tumba piramidal más antigua de Mesoamérica fue descubierta en 2010, cuando los arqueólogos encontraron una tumba de un dignatario de 2.700 años de antigüedad en el interior del Montículo 11. Según Bruce Backhand, la tumba se parecía más a la de un dignatario olmeca que a la de un maya. La tumba probablemente fue anterior en 600 años a cualquier otro fondo de Mesoamérica, como Kaminnaljuve y Tikal.

En el yacimiento chiapaneco también se encuentra el calendario de cuenta larga más antiguo descubierto en Mesoamérica, de diciembre del

36 a. C., hallado en la Estela 2. De las ruinas solo queda el nombre del día y los dígitos «7.16.3.2.13».)

Chiapas también es conocido por sus piezas rotas de materiales cerámicos que contienen escritura epiolmeca que data de una fecha tan temprana como el 300 a. e. c. Estas piezas son los ejemplos más antiguos de escritura que se han encontrado.

Este sitio arqueológico único contiene posiblemente los primeros ejemplos de un complejo palaciego construido sobre colinas en Mesoamérica. La torre real, que fue derribada ceremoniosamente algunos siglos después, fue construida con elegancia en el siglo I a. C.

Mesoamérica era rica en productos de arcilla, pero ninguno se acerca a lo encontrado en Chiapas, especialmente en los períodos formativos donde se encontraron artefactos de arcilla como sellos cilíndricos y sellos planos de arcilla. Además, en cuanto a los arreglos funerarios y la organización de los cementerios, Chiapas presentó el más completo y probablemente el mejor ordenado y subdividido de toda la región en lo que respecta al período formativo. En el famoso yacimiento de Chiapas de Corzo se han desenterrado más de 250 enterramientos que datan del período formativo. Un buen número de estos cementerios se encontraban debajo de la plaza del montículo 1.

En toda la región mesoamericana, no hay ningún sitio donde se hayan encontrado más artefactos cerámicos en forma de sellos planos y cilíndricos como los encontrados en Chiapas. Por ejemplo, en el sitio se descubrieron jeroglíficos de Tlatilco que se sospecha fueron tallados alrededor del año 100 a. C.

Gheo Shih

Se trata de casi dos hectáreas de terreno abierto situado en el delta del río Mitla, debajo del yacimiento de Guilá Naquitz. Este yacimiento estuvo ocupado principalmente durante el período Arcaico Medio, entre el 5000 y el 4000 a. C., y fue famoso por algunos artefactos únicos que se encontraron allí, como:

- Herramientas de piedra molida.
- Herramientas de carnicería.
- Puntas de proyectil.
- Colgantes de piedra perforada.

Otros descubrimientos interesantes en este yacimiento fueron las estructuras rocosas que posiblemente se utilizaron como refugios, una disposición de piedras que formaban lo que parecía un patio, una pista de baile y un camino.

Cueva de Santa Marta

Este yacimiento arqueológico se encuentra en los Altos de Chiapas, México, y fue habitado temporalmente por cazadores-recolectores hasta el 3500 a. C. y posteriormente abandonado hasta el 1300 a. C., cuando los agricultores volvieron a ocuparlo. Los objetos encontrados en el sitio son polen de cacao de teosinte y herramientas de piedra molida.

Zohapilco

Este yacimiento se encuentra en la orilla del lago de Chalco, en el valle de México. El pueblo era residente durante todo el año y dependía de la agricultura y la ganadería para mantenerse. Existe evidencia de que podrían haber domesticado el amaranto y el maíz durante este tiempo.

Posteriormente, el sitio fue cubierto y tomado por las cenizas de una erupción volcánica que lo hizo inhabitable durante mucho tiempo. Sin embargo, volvió a ser ocupado en el siglo siguiente. Tras la erupción, se multiplicó el polen de maíz, la calabaza y las calabazas.

Actun Halal

Estaba estratégicamente situado en el valle del río Macal, en el oeste de Belice. El refugio rocoso fue ocupado alrededor de 2.400 a 1210 a. C., y algunos de los artefactos encontrados en él incluyen signos de producción de algodón, azuelas de consistencia y maíz.

Refugio rocoso de Xihuatoxtla

Este sitio se encuentra en la quebrada del río Balsas central y data de entre 6990 y 6610. Entre los objetos descubiertos en el sitio se encuentran piedras de mano y de molienda, y 251 piedras astilladas.

Montículo de las conchas de Tlacuachero

Este sitio arqueológico era uno de los que los pobladores de la región utilizaban por temporadas. Las actividades principales en este sitio son el procesamiento de recursos marinos como almejas, pescado y tortugas marinas. El hallazgo de 57 lascas de obsidiana sugiere que fueron producto de intercambios o comercios con otras sociedades de la región. También se excavaron en el sitio dos tumbas.

Cerro de las Conchas

Hemos hablado de varios túmulos de conchas; la lista está incompleta sin el encontrado en el cerro de las Conchas, que data de entre el 5500 y el 3500 a. C. y mide cerca de 4 metros de altura y 100 metros de ancho. Se trata de otro yacimiento estacional utilizado principalmente para las transacciones marítimas. El sitio se encuentra en el borde del puerto de manglares de El Hueyate.

Capítulo 5: El origen de los olmecas

Los olmecas - Visión general

Los olmecas son un pueblo fascinante con una gran cultura. Toda la región mesoamericana tuvo una civilización única y un avance que planteó preguntas sobre quiénes eran, si eran inicialmente de Mesoamérica o si eran viajeros. En este capítulo vamos a desgranar todo eso y más.

Los arqueólogos y exploradores creían que la cultura y la civilización olmeca existían mucho antes que la maya o la de Monte Albán, y se remontan al año 1800 antes de Cristo. Incluso hay pruebas que apoyan su existencia mucho antes de esa época en lugares como la actual Guatemala. Los olmecas han sido apropiadamente identificados como los primeros constructores de templos en toda Mesoamérica y lo que hoy se conoce como México y alrededores, y definitivamente no son los mayas.

Varios avances que antes se atribuían a los mayas se han atribuido a los olmecas. Por ejemplo, el famoso calendario maya de cuenta larga (y otros encontrados en la era maya) se originó y fue desarrollado por los olmecas. Algunas de las razones por las que el origen de los olmecas está envuelto en muchas controversias incluyen las pistas de algunas escrituras épicas olmecas que sugieren el surgimiento o la combinación de múltiples culturas que forman la civilización.

Algunas teorías sostienen que la escritura procedía de África; otras han argumentado que podrían ser chinos, y otro grupo concluyó que podrían ser polinesios. Todos los argumentos son conocidos: los olmecas no se parecían a los nativos mexicanos, ni siquiera a los nativos americanos. Más adelante se hablará de estas controversias.

Todos los atributos conferidos a los olmecas, como el nivel de su civilización, la singularidad de sus culturas y lo diferentes que eran de los demás pueblos de la región, se conocen como «civilizaciones arqueológicas». Esto significa que se basan en una colección de artefactos que los arqueólogos consideran que pertenecen a una sociedad determinada. En esencia, las culturas arqueológicas se basan en la denominación genérica de los objetos descubiertos en esas zonas y no en el texto.

En este caso, los estudiosos llegaron a la conclusión de que todos los artefactos excavados en la zona que cubre el norte del istmo de Tehuantepec, que datan del año 1200 al 500 de nuestra era, solo podían pertenecer a una cultura y civilización conocida como los olmecas. Por ejemplo, el nombre *olmeca* (que significa «gente del caucho» o «productores de caucho») no era particularmente el nombre del pueblo, pero un erudito lo unió. Derivó el nombre de una combinación de palabras aztecas (náhuatl) «Olmecatl». Las palabras «gente que habita en la nación del caucho». Entonces, la gente lo simplificó a gente del caucho. Esto se debe principalmente a que Olmec hace referencia al lugar donde se encontraron la mayoría de los artefactos y a la producción de caucho que se realizaba allí.

El sitio olmeca es un importante centro de actividades, con varias ciudades que surgen y son conocidas por diferentes propósitos históricos. Sin embargo, ninguna es tan crucial para la historia de la civilización olmeca como La Venta y San Lorenzo. La actual Veracruz se encuentra a unas 35 millas en la parte sur del golfo de México y se erigió como ciudad popular en torno a los años 1150 - 900 de la era cristiana. Del mismo modo, La Venta, que es el actual Tabasco, se encontraba a unas 9 millas en la parte oriental de San Lorenzo en la costa del golfo de México. Por su parte, La Venta alcanzó su apogeo alrededor de 900 a 500 d. C.

Los descubrimientos realizados en los lugares donde habitaban los olmecas revelaron más información sobre el pueblo y el tipo de dieta que llevaban. Por ejemplo, alimentos como el maíz y otros cultivos no eran originarios del pueblo. Por el contrario, se añadieron porque su dieta y sustento dependía principalmente de la pesca y la caza.

El pueblo olmeca fue reconocido por su habilidad para crear estructuras masivas, como las numerosas cabezas de piedra colosales encontradas en los yacimientos. Algunas de las otras creaciones de la lista incluyen enormes tronos de piedra utilizados por los gobernantes para representar el poder y la divinidad, y diferentes tipos de pinturas que sirven para múltiples propósitos. Sin duda, crearon el popular juego de pelota, que era bastante común en todas las civilizaciones de la región. Parte de la evidencia que apoya esto es que el objeto del juego, la pelota, está hecho de caucho, y los olmecas eran el pueblo cercano a la fuente de caucho, además que eran bastante buenos con la creación de artículos de la materia prima.

Los olmecas eran buenos con su producción de artículos de caucho y la creación de estructuras a partir de la tierra. Construyeron estructuras de arena como pirámides, cerámicas y montículos de diferentes tamaños y formas hasta que fueron conocidos predominantemente por su creación única de tamaño significativo. Sus estructuras únicas también influyeron en varias civilizaciones de la región.

La civilización olmeca fue una de las culturas más robustas y avanzadas que influyeron en las primeras Américas. Aunque en el último siglo empezamos a ver cómo se disipaba su fuerte influencia, especialmente por la llegada de la era común, la civilización olmeca sigue siendo considerada como la cultura madre de otras sociedades que aparecieron en las regiones muchos años después.

Hubo culturas muy conocidas como las civilizaciones teotihuacana, totonaca, maya y zapoteca, famosas por sus artes únicas, arquitecturas sobresalientes y culturas avanzadas que las pusieron por delante de las demás culturas de la región mesoamericana. Sin embargo, todas estas civilizaciones tienen su origen en lo que compartieron con los olmecas en algún momento a través de contactos.

El origen de los olmecas

Fuente de la imagen[171]

Como se mencionó anteriormente, el pueblo de la nación del caucho, también conocido como los olmecas, fue el más influyente y se destacó durante la era mesoamericana. Todas las demás civilizaciones conocidas pueden remontar su avance a los olmecas. Como resultado del rápido desarrollo que el pueblo experimentó en el Soconusco, se asentaron en los actuales Veracruz y Tabasco, o lo que se conoce como los valles cálidos y húmedos de México.

El origen de los olmecas está envuelto en una profunda controversia, y más adelante veremos algunas de estas controversias y lo que llevó a la conclusión de los estudiosos involucrados. Un relato creía que los olmecas posiblemente provenían de la vecina civilización Mixe Zoque o Mokaya.

El período formativo perteneció principalmente a los olmecas porque prosperaron y se expandieron ampliamente en la región mesoamericana alrededor de 1500 a 400 a. C. La época olmeca se divide en dos; las culturas preolmecas existieron principalmente a partir del 2500 a. C., pero para el 1600 al 1500 a. C., la cultura olmeca temprana había comenzado y se ubicó en San Lorenzo Tenochtitlán en la costa sureste de Veracruz.

A partir de sus diversas prácticas y formas de vida, se pudo comprobar cómo sentaron una sólida base para que otras civilizaciones emergentes de la región las copiaran, adaptaran y mejoraran. También quedó claro que los olmecas practicaban rituales de derramamiento de sangre; si se trataba de un sacrificio humano o de animales, la controversia sigue vigente.

Algunos estudiosos han situado el inicio de la civilización olmeca entre los años 1400 y 1200 a. C.; sin embargo, algunas excavaciones y descubrimientos posteriores han ajustado el origen a los años 1600 - 1500 a. C. Estos descubrimientos se realizaron en el santuario de El Manatí, en San Lorenzo. Con el tiempo, los olmecas adoptaron las dietas disponibles en la región, como el cultivo de maíz y otras cosechas de alimentos. Algunos de los restos descubiertos en Tabasco indican que la agricultura era una de las principales fuentes de subsistencia, y sugieren que probablemente se inició hacia el 5100 y el 4600 a. C. Estas dietas y alimentos también fueron adoptados por civilizaciones olmecas posteriores al igual que las tecnologías.

El desarrollo del pueblo olmeca y de su cultura se vio facilitado por el ecosistema, que consistía en depósitos de tierra marina bien regados. Además, la cuenca del río Coatzacoalcos proporcionó al pueblo una gran red de transporte. El entorno y el clima olmecas se han comparado con los de otras civilizaciones avanzadas como la del Nilo, la del Indo y la de Mesopotamia.

La naturaleza productiva del entorno supuso una experiencia buena y mala para el pueblo, ya que la densa población empezó a dar lugar a clases. Con el tiempo, surgió la clase de la élite que impulsó la producción de artículos únicos para diferenciar la cultura olmeca. Esto llevaría a producir algunos de los conocidos artefactos de lujo, símbolos y artículos sofisticados.

Varios de estos artículos de lujo hechos de magnetita, jade y obsidiana estaban fuera del alcance de la clase baja de la población. Eran artículos para los ricos, y el hecho de que procedieran de fuera de la sociedad olmeca refuerza la idea de que el pueblo tenía amplias actividades comerciales dentro de la región. Hay tres fuentes probables que se mencionan como el origen de la obsidiana de alto valor que se encuentra entre las élites olmecas. Por ejemplo, el jade más lujoso encontrado entre las élites olmecas ha sido rastreado y se ha encontrado que se originó en la parte oriental de Guatemala, conocida como el valle del río Montague. Podría haber venido de El Chayal, que está más cerca de la sociedad olmeca en las tierras altas de Guatemala. Otras fuentes probables son Puebla y San Martín Jilotepeque. Estos lugares estaban a solo unos kilómetros de distancia de los olmecas.

Unos pocos sitios arrojan más luz sobre la cultura olmeca debido a algunos artefactos olmecas encontrados allí. Uno de estos sitios es la cultura Mezcala, que se encuentra en el actual Guerrero. Allí se encontraron más artefactos de tipo olmeca que en los sitios de Veracruz y Tabasco. Una ciudad conocida como Teopantecuanitlán en Guerrero es una de esas ciudades relevantes para la cultura olmeca. Otro objeto relevante del sitio Amuco Abelino, una aparente creación olmeca que data del año 1530 a. C., fue encontrado en Guerrero.

Las cabezas colosales y la primera excavación

Las cabezas colosales han resultado ser sinónimo de la civilización olmeca. Moldeaban figuras de cabezas humanas a partir de piedras macizas o grandes trozos de rocas móviles. Son de diferentes alturas, desde 3,8 hasta 11,2 pies. Algunas de estas cabezas se han encontrado que datan del año 900 a. C. Se ha planteado la pregunta de qué representan realmente estas cabezas. Si eran adoradas como dioses o si eran una representación de algunas realezas. Parece más bien esto último debido a los diferentes rasgos de los rostros.

La mayoría de las cabezas eran de adultos maduros con los siguientes rasgos

- Mejillas carnosas.
- Ojos ligeramente cruzados.
- Narices planas.
- Tocados.
- Caras fruncidas o sonrientes.
- La parte posterior de las piedras suele ser plana y sin diseños únicos, ya que no están pensadas para ser vistas tanto como la parte delantera.

Para reforzar este punto, estos rasgos todavía se encuentran entre los lugareños de los actuales Veracruz y Tabasco. Por los restos encontrados en los yacimientos, parece que las tallas tuvieron lugar en las montañas de la Sierra de Los Tuxtlas, en Veracruz, y luego se trasladaron a otros lugares de la civilización.

El enorme tamaño de las cabezas de piedra y el lugar de la talla revelan que los productos finales podrían haber sido transportados a través de una cadena humana o de algún medio de transporte. La distancia recorrida en el traslado de estas piedras llega a veces a los 250 km. Todos estos esfuerzos invertidos en la escultura y los movimientos de las piedras sugieren además su relevancia para el pueblo. Las cabezas representan a algunos líderes poderosos o a algunas élites influyentes en las sociedades.

El esfuerzo realizado en cada cabeza casi las hace diferentes y demuestra que fueron talladas en función de individuos concretos y no de una producción general. Algunas de las cabezas estaban incluso talladas con tocados, lo que sugiere una representación de la realeza o de guerreros. En toda la región destacan las cabezas colosales olmecas, únicas de esa civilización.

José María Melgar Serrano descubrió la primera cabeza colosal de piedra oficialmente en 1862. Sin embargo, debido a una mala recopilación y gestión de datos, el descubrimiento no fue reconocido ni comunicado fuera de las costas de México. Avancemos rápidamente hasta 1938; el mismo sitio fue excavado por Matthew Stirling, lo que condujo al estudio arqueológico de la civilización olmeca.

En la región olmeca de la costa del golfo de México se encontraron 17 cabezas de piedra procedentes de cuatro sitios. Por lo general, la mayoría de las cabezas estaban talladas en rocas o piedras ligeramente redondeadas; sin embargo, en San Lorenzo Tenochtitlán se encontraron dos diseños únicos tallados en tronos de piedra gigantes. Otra estructura se encontró en un yacimiento cercano en Guatemala, concretamente en Takalik Abaj. Era un trono de piedra que parecía tallado en una cabeza colosal. Además, fue la única estructura que se encontró fuera de la sociedad olmeca.

Llegar a una fecha real para cada uno de los monumentos sigue siendo un gran reto para los investigadores y arqueólogos, ya que muchos de ellos fueron manipulados antes de que se iniciaran las investigaciones arqueológicas. Sin embargo, varias de estas cabezas colosales se han fechado en el período Preclásico Temprano de 1500 - 100 a. C., mientras que otras pocas en el Preclásico Medio de 1000 - 400 a. C. La cabeza menos colosal pesa alrededor de 6 toneladas, mientras que las más grandes oscilan entre 40 y 50 toneladas. Es importante señalar que la enorme cabeza colosal encontrada parecía estar sin terminar y abandonada cerca del lugar de origen de la piedra. Las razones siguen sin estar claras.

Teorías marginales de orígenes alternativos

Como se ha mencionado anteriormente, el origen de los olmecas parece seguir generando una gran controversia entre los estudiosos, investigadores y arqueólogos. Algunas sugerencias contradicen los orígenes generalmente conocidos y aceptados de la civilización olmeca y le atribuyen un origen en otras culturas, con África a la cabeza. Quienes impulsan estas teorías afirman que el contacto con otro mundo fuera de la región mesoamericana podría haber conducido al origen de los olmecas.

Aunque estas ideas de otros orígenes han sido famosas, todavía no son aceptadas como la posición oficial de los investigadores de la corriente principal que están bien versados en la historia de la región. Aunque estas teorías se consideran marginales, la historia de la civilización olmeca no estará incompleta sin hablar de ellas.

Orígenes africanos

Varios estudiosos han impulsado la idea de que los olmecas eran originarios o estaban emparentados con pueblos de alguna parte de África. Estos expertos han basado sus teorías en su opinión personal sobre las interpretaciones de algunos de los rasgos de los artefactos olmecas. Además, creían que la forma de hablar, el modo de vida, la genética, el manierismo general y la estructura de los huesos encontrados en los yacimientos se parecían a los de alguna parte de África.

La primera persona que impulsó la idea de la conexión africana de los olmecas fue el erudito que descubrió la primera cabeza colosal en 1862 en Tres Zapotes (antes Hueyapan), José Melgar. En el artículo publicado, comparó la cabeza colosal con la de una «raza negra». La apertura de la publicación fue probada más tarde, a principios del siglo XX, por Leo Wiener y un par de otros estudiosos. Algunos partidarios de esta idea en la época moderna, como Clyde Admad Winters e Ivan Van Sertima, han reducido aún más el origen de los olmecas al pueblo mendé de la parte occidental de África.

Sugerencias de pruebas epigráficas

Estos investigadores y estudiosos mencionados anteriormente, junto con otros defensores actuales de la idea de que el origen de los olmecas procedía de África, afirmaron que los sistemas de escritura encontrados en Mesoamérica, que hemos rastreado hasta la civilización olmeca, se parecen mucho a las escrituras africanas. He aquí cómo algunos impulsaron sus afirmaciones:

- A principios del siglo XIX, el polímata francés Constantine Samuel Rafinesque opinó que el estilo de escritura y las inscripciones populares mayas solo podían proceder del estilo libio-bereber, que tiene sus raíces en África occidental.
- Un lingüista e historiador estadounidense, Leo Wiener (y algunos otros) pensaron que los símbolos epiolmecas y olmecas y la escritura vai comparten estrechas similitudes. La escritura vai procede de Liberia, en África Occidental. Otras similitudes estrechas son:
    - Inscripciones en la Estatuilla de Tuxtla.
    - Bloque de Cascajal.
    - Máscara de Teo.
    - Las celtas en ofrenda en La Venta.

Los estudiosos e investigadores mesoamericanos han desmentido continuamente estas afirmaciones sobre el origen africano o la relación con los olmecas. Se está realizando un gran trabajo para traducir las escrituras mayas encontradas en los sitios, pero no se puede decir lo mismo de los glifos olmecas.

Orígenes chinos

Al igual que las teorías sobre el origen africano, algunos autores creen que los refugiados chinos tuvieron un gran impacto en la civilización olmeca. Vinculan esta influencia a la parte final de la dinastía Chang. He aquí algunas de esas opiniones y cómo llegaron a sus conclusiones:

- Betty Meggers proyectó que el imperio chino Shang desempeñó un papel esencial en el surgimiento de la civilización olmeca alrededor del año 1200 a. C. Ella pertenecía al Instituto Smithsoniano y era una arqueóloga famosa por su trabajo en Sudamérica.

- En colaboración con Chen Hanping, Mike Xu sugirió en su libro, publicado en 1996, que las celtas de La Venta que se creía que llevaban marcas africanas procedían de los chinos.

De nuevo, al igual que las afirmaciones africanas, los investigadores mesoamericanos han echado por tierra las afirmaciones de Betty y Mike. Según ellos, las pruebas de Mike Xu solo podrían haber sido marcas coincidentes y más parecidas a las marcas chinas reales. Además, señalaron que las cerámicas olmecas tenían marcas similares a las inscripciones chinas en hueso de oráculo, pero no están relacionadas. En un artículo de 1997, Claire Liu discutió ampliamente la existencia del jade en ambas culturas y el conocimiento compartido del Norte.

Orígenes jareditas

«En el *Libro de Mormón* (1830), un texto considerado como *escritura* por las iglesias y los miembros del *movimiento de los Santos de los Últimos Días*, los jareditas son descritos en el *Libro del Éter* como un pueblo que abandonó el Viejo Mundo en tiempos antiguos y fundó una civilización en las Américas. Los principales especialistas en historia y literatura americanas sitúan el escenario académico del Libro de Mormón entre los "*constructores de túmulos*" de Norteamérica. Por lo tanto, la obra se clasifica en el género de los "constructores de túmulos" americanos del siglo XIX.

Sin embargo, los estudiosos y autores *mormones* tratan de demostrar que los acontecimientos descritos en el Libro de Mormón tienen un fundamento literal. Un famoso modelo de geografía del *Libro de Mormón* sitúa el escenario de la llegada jaredita y su posterior desarrollo en tierras alrededor del *istmo de Tehuantepec* en Mesoamérica. Sin embargo, la tradición que lleva a este modelo mesoamericano no se origina con el Libro de Mormón, sino con un interés entusiasta en el bestseller de *John Lloyd Stephens* de 1841, Incidentes de viaje en Centroamérica Chiapas y Yucatán. El fundador de los mormones, Joseph Smith, situó la llegada de los jareditas en "el país de los lagos de América" (región del *lago Ontario*), lo que permitió la eventual migración de los pueblos del Libro de Mormón a México y Centroamérica.

»Por lo tanto, algunos eruditos mormones identifican la civilización olmeca con los jareditas, citando similitudes y señalando que el período en que los olmecas florecieron y luego declinaron corresponde aproximadamente con la línea de tiempo de la civilización jaredita». — extraído de Wikipedia.

Orígenes nórdicos

Por su parte, Michael Coe escribió:

> «La presencia del Tío Sam inspiró a Thor Heyerdahl, el explorador noruego y autor de Kon Tiki, entre otros, a reclamar una ascendencia nórdica para al menos algunos de los líderes olmecas... [Sin embargo], es extremadamente engañoso utilizar el testimonio de representaciones artísticas para probar teorías étnicas. Los olmecas eran indios americanos, no negros (como pensaba Melgar) ni superhombres nórdicos».

Michael Coe fue un explorador y un difusor cultural.

La principal conclusión de todas las teorías y contra teorías es que los olmecas eran un conjunto único de personas que posiblemente eran de más de un lugar. Probablemente fueron viajeros que acabaron por asentarse en Mesoamérica porque mostraron una civilización peculiar que se originó en su sociedad y que luego se contagió a toda la región mesoamericana.

Aunque los estudiosos han discutido una y otra vez sobre el origen de los olmecas, no ha habido ninguna forma de discusión sobre la influencia de los olmecas en la región. Todas las civilizaciones conocidas en materia de escritura, tecnología, estructuras, monumentos y deportes, entre otras, de la región se han podido rastrear hasta los olmecas.

Capítulo 6: San Lorenzo Tenochtitlán

Panorama general

San Lorenzo no es simplemente otro sitio arqueológico en Mesoamérica. Se ha confirmado que es la ciudad olmeca más antigua establecida. Con base en las excavaciones realizadas en la ciudad, existe evidencia de que la ciudad había tomado la forma de un sitio olmeca ya en el año 1150 a. C. y que posiblemente fue invadida y destruida alrededor del año 900 a. C.

En una época en la que la mayoría de las ciudades mesoamericanas eran anticuadas y sin forma, San Lorenzo ya era conocida por sus grandes avances y por haber conseguido hazañas increíbles, especialmente en el Período Formativo Temprano. Los expertos han atribuido estos desarrollos y logros excepcionales a la peculiar ubicación de la ciudad y al ecosistema.

La ciudad no solo gozaba de lluvias casi todo el año, sino que también disfrutaba de un rico suelo marino situado a lo largo de su costa. Eso no es todo; contaba con ricos montículos artificiales que retenían el agua en torno a la costa sur del golfo, lo que era estupendo para su agricultura. Esta condición era perfecta para el cultivo del maíz, y dio a los olmecas una importante ventaja sobre el resto de las regiones. Con el tiempo se le conoció como la media luna fértil de la zona.

Sin embargo, a medida que la población se fue expandiendo, se hizo evidente que las tierras de los diques no eran suficientes, lo que llevó a la competencia entre la gente por quién controlaría qué porción. La competencia acabó provocando rivalidades y conflictos. Pronto surgieron clases y posiblemente condujeron a la aparición y el dominio de una poderosa clase agrícola que posiblemente estaba mejor armada que los demás miembros de la sociedad. Este incidente llevaría más tarde a la creación de la clase de élite en San Lorenzo dentro de la civilización olmeca.

Al describir el aspecto físico de la ciudad,

> «En apariencia, el sitio de San Lorenzo es una meseta compacta que se eleva unos 160 pies (unos 49 metros) sobre las llanuras circundantes. En ella se abren profundos barrancos que antes se creían naturales, pero que ahora se sabe que son artificiales, formados por la construcción de largas crestas que sobresalen de la meseta en los lados noroeste, oeste y sur. Las excavaciones han demostrado que al menos los 25 a 35 pies (unos 8 a 11 metros) superiores del yacimiento fueron construidos por el hombre. Hay unos 200 montículos pequeños en la superficie del sitio, cada uno de los cuales soportó en su día una vivienda de palos y paja, lo que indica que fue tanto un centro ceremonial con funciones políticas y religiosas como un pueblo minúsculo».

Descripción extraída de Britannica.com

Los olmecas son conocidos por su avanzada civilización y por las numerosas cabezas de piedra que llenaban su sociedad y sus alrededores, pero ningún otro lugar se compara con San Lorenzo en el tallado, moldeado y construcción de cabezas de piedra. El sitio contaba con monumentos de piedra únicos que se creía que eran imágenes de personajes poderosos dentro de la sociedad. Sin embargo, se observó que varios de estos monumentos de piedra fueron dañados intencionadamente en torno al año 900 a. C. Muchos fueron enterrados en crestas y otros lugares. Hubo intentos de llevarse algunos de estos monumentos, pero el tamaño y el peso podrían haber hecho imposible su traslado, pero los más pequeños se los habrían llevado posiblemente los invasores.

Algunos de estos monumentos estaban hechos principalmente de basalto y pesaban hasta 44 toneladas. La fuente de basalto estaba en las montañas de Tuxtla, en el cerro Cintepec, donde había un flujo volcánico. Un misterio que aún rodea a estas piedras es cómo fueron trasladadas a varios lugares con esta comunidad. Alguna teoría habla de cómo las piedras debieron ser arrastradas o rodadas hasta el arroyo más cercano y luego montadas en balsas por el río Coatzacoalcos.

Otra teoría opina sobre cómo el traslado de estas piedras a su ubicación deseada habría tomado muchos días. Una cosa es evidente en todas estas teorías, el número de humanos que se habría necesitado para mover estos monumentos de piedra habría sido enorme, y las personas responsables de mover las piedras debían pertenecer a una clase baja.

Las cabezas de piedra llaman la atención por el aspecto casi impecable que tienen los rostros humanos naturales. Se pueden interpretar fácilmente las emociones expresadas por cada cabeza de piedra, desde el dolor hasta el poder, el control y las sonrisas. La mayoría de estas cabezas de piedra proceden de San Lorenzo. Más adelante se hablará de las cabezas de piedra...

Además de su avanzada civilización y sus cabezas de piedra, los olmecas también eran conocidos por sus templos y deidades, a menudo combinadas con animales y humanos. Por ejemplo, hay una deidad popular de un jaguar en parte y un infante humano. Algunas de estas deidades estaban esculpidas, enredadas o llorando. Además, los estudiosos han llegado a la conclusión de que el «jaguar» es una parte central del arte olmeca porque a menudo se fusiona con los humanos para formar una deidad. También arroja más luz sobre la naturaleza más reciente de la sociedad olmeca.

Los monumentos y artefactos olmecas eran principalmente esféricos, con una muestra de gran tecnicidad y habilidad. Los sorprendentes parecidos harían suponer que se utilizaron herramientas modernas para estas tallas, pero en realidad, las herramientas de piedra fueron los principales instrumentos utilizados para lograr estas notables hazañas. Los métodos utilizados eran el golpeo y el picoteo. También se observa un diseño único en las figurillas de cerámica y alfarería que, en su mayoría, estaban desnudas y sin sexo y tenían rasgos de jaguar.

La presencia de algunas materias primas exóticas en San Lorenzo demostró la distinción de clases y el gusto por los artículos de lujo y sugirió además que los olmecas estaban involucrados en redes de comercio masivo dentro de la región. La obsidiana, que servía para fabricar escamas, cuchillas y dardos, era la primera en la lista de productos comercializados. Estos se importaban principalmente de

Guatemala y del altiplano de México. Otros artículos de lujo comercializados y encontrados en San Lorenzo son:

- Minerales de hierro, utilizados como espejos y otros fines,
- Serpentina, utilizada por los orfebres,

Sin embargo, el jade estuvo notablemente ausente en la región durante este período y no aparecería hasta después del 900 a. C., durante la caída de la ciudad.

Otras evidencias de comercio con los pueblos de la región se observaron a principios del Período Formativo, cuando los olmecas enviaron un pequeño grupo desde la costa del golfo hacia el altiplano de Mesoamérica, en lo que parece ser una negociación para el paso seguro de mercancías con destino a San Lorenzo. Además, se han descubierto cerámicas del tipo San Lorenzo en forma de figurillas en varios sitios funerarios del valle de México como el de Tlapacoya y Morelos. Los olmecas siguieron participando activamente en la región incluso hasta el Período Formativo Medio, y posiblemente en su apogeo.

Se han encontrado cerámicas y figurillas olmecas de tipo San Lorenzo en entierros de varios sitios del valle de México, como Tlapacoya, y en el estado de Morelos. Hay evidencia de que los olmecas enviaron grupos desde su «corazón» de la costa del golfo hacia las tierras altas de Mesoamérica hacia el final del Formativo Temprano, probablemente para garantizar que los bienes destinados a San Lorenzo llegaran a su destino. La relación de los olmecas con el resto de Mesoamérica continuó en el Formativo Medio y probablemente alcanzó su punto máximo en esa época.

Basta decir que otras ciudades olmecas conocidas salieron a la luz en el Formativo Temprano:

- La laguna de Los Cerro en Veracruz, específicamente la parte sur del cerro Cintepec, parece haber sido otro sitio olmeca debido al gran número de esculturas únicas encontradas en el sitio.
- En la parte oriental de la frontera con Tabasco, La Venta fue otro sitio conocido que parece haber surgido solo después del apogeo y caída de San Lorenzo.

Ahora, entremos en los detalles y en lo específico.

¿Por qué San Lorenzo es relevante para la civilización olmeca?

San Lorenzo es el nombre adoptado por los arqueólogos para describir la ubicación de tres sitios arqueológicos, a saber:

- El sitio de San Lorenzo
- El sitio de Tenochtitlán
- El sitio de Potrero Nuevo

Los tres sitios se encuentran en Veracruz, México. Estos sitios, junto con Tres Zapotes y La Venta, fueron muy importantes y desempeñaron un papel fundamental en el desarrollo cultural y la civilización de los olmecas. Hacia el año 900 a. C., San Lorenzo se había establecido como el centro de los olmecas. Hoy en día, San Lorenzo es conocido sobre todo por las cabezas de piedra olmecas que se encuentran allí, especialmente una que pesa 28 toneladas métricas y mide unos 9,8 pies de altura.

El yacimiento de San Lorenzo Tenochtitlán puede confundirse fácilmente con el yacimiento azteca de México, pero no son lo mismo. La similitud es solo en los nombres, que también se debe a alguna traducción administrativa de las palabras aztecas.

La descripción de San Lorenzo

Los artefactos que datan del año 1600 a. C. encontrados en El Manatí fueron algunos de los primeros indicios de las culturas olmecas. Se cuenta cómo los anteriores pobladores se dedicaron a la agricultura y vivieron en el sitio durante cientos de años antes de que llegara el desarrollo y finalmente se convirtiera en un centro regional para la civilización olmeca.

El surgimiento de un estado complejo se notó por primera vez entre los olmecas antes de que otras partes de la región acabaran copiándolo. San Lorenzo fue la primera ciudad que demostró tal complejidad. El sitio es responsable de dominar las tierras bajas de la costa del golfo e imponer el modo de vida olmeca en otros territorios. Una de las cabezas colosales encontradas en San Lorenzo mide unos 9,3 pies de alto y 6,9 pies de ancho.

Los investigadores y estudiosos de Mesoamérica coinciden en dividir la historia olmeca en cuatro etapas:

- La Formativa - 1700 a 1300 a. e. c.
- La Integración - 1300 a 00 a. e. c.

- La Expansión - 900 a 300 a. e. c.
- La Desintegración - 300 a 200 a. e. c.

Otra frase comúnmente utilizada por los arqueólogos para describir la época olmeca es el «Período Formativo». Este fue el momento crítico en el que las complejidades estatales comenzaron a surgir y a ganar en fruición.

Antes de su caída y el eventual surgimiento de La Venta, para el año 1200 a. C., San Lorenzo ya era la ciudad más grande de Mesoamérica, y tuvo ese estatus hasta el año 900 a. C. Sin embargo, para el 800 a. C., la población humana de San Lorenzo se había reducido casi a cero. Además, hubo intentos de anexión de la meseta del sitio alrededor de 600 a 400 a. C. y de alrededor de 800 a 1000 d. C.

A diferencia de lo que ocurría en La Venta, que estaba situada y rodeada por un entorno pantanoso, San Lorenzo estaba estratégicamente situada en un ecosistema favorable a la agricultura. El lugar gozaba de lluvias durante todo el año, y la tierra era excelente para la agricultura. Además, parece que el lugar era más bien una ciudad ceremonial; aún hoy, la gente de la sociedad olmeca se reúne para celebrar rituales y eventos.

La ciudad no estaba amurallada y sus habitantes eran, en su mayoría, medianos y grandes agricultores. Se ha calculado que las estructuras y centros ceremoniales de San Lorenzo podían albergar a 5.500 personas y que toda el área junto con las zonas del interior podían alcanzar las 13.000 personas. Estas cifras son muy inferiores a la población que existía en la ciudad en su época de esplendor.

Hay pruebas que avalan la conquista y el dominio de los territorios vecinos. Por ejemplo, San Lorenzo controlaba gran parte de los Coatzacoalcos y sus tierras, incluso hacia el este, donde eventualmente surgió y se hizo popular La Venta. Otras áreas como las montañas de Tuxtla tenían sociedades que no estaban bajo el control de San Lorenzo.

> «Construido en unas 700 hectáreas (1,700 acres) de terreno elevado entre afluentes entonces activos, el núcleo de San Lorenzo cubre 55 hectáreas (140 acres) que fueron modificadas aún más a través de un extenso relleno y nivelación; según una estimación se necesitaron de 500,000 a 2,000,000 metros cúbicos (18,000,000 a 71,000,000 pies cúbicos) de relleno de tierra, movidos por la carga de

canastas. Los gobernantes de San Lorenzo jugaron un papel crucial en la integración de una población que cambió el entorno natural en paisajes sagrados y seculares para la glorificación de la política de San Lorenzo.

»Los arqueólogos Michael Coe y Richard Diehl calcularon que la zona de 77 kilómetros cuadrados de San Lorenzo que estudiaron podía producir aproximadamente 500 toneladas métricas (490 toneladas largas; 550 toneladas cortas) de maíz al año, suficiente para alimentar a 5.556 personas, más que la población estimada en la época. Los residentes de San Lorenzo también consumían perro doméstico, róbalo, sábalo, mojarra, bagre y tortugas. Aunque algunos afirman que aquí se cultivaba mandioca, no se han encontrado pruebas de ello». *Extractos de Wikipedia sobre San Lorenzo Tenochtitlán.*

San Lorenzo también era conocido por su extenso y elaborado sistema de drenaje, del que se ha descubierto que servía para otros propósitos más allá de proporcionar agua a la gente. Los estudiosos han vinculado el sistema de suministro de agua como un culto a una deidad sobrenatural del agua.

Los desagües tenían un diseño único y se construían con piedras enterradas para formar tuberías que canalizaban el agua. Sin embargo, mientras que en las tierras elevadas había agua fresca de manantial, no se puede decir lo mismo de las tierras bajas. De nuevo, esto puede deberse a la existencia de clases en la ciudad entre las personas. Por ejemplo, se dispusieron piedras en forma de «U» para controlar el agua hacia los bordes de los terrenos elevados, lo que es una clara señal de que la clase dirigente mostraba su control sobre los recursos destinados a toda la población.

Excavación inicial e historia arqueológica

En el yacimiento de San Lorenzo se han llevado a cabo numerosas investigaciones y trabajos arqueológicos; también es imprescindible añadir que ha habido bastante controversia. Sin embargo, se reconoce a Matthew Stirling como la primera persona que inició las excavaciones en 1938, tras varias visitas. Entre 1940 y 1979 se llevaron a cabo otros cuatro trabajos arqueológicos en el sitio, uno de los cuales fue dirigido por Michael Coe y Richard Diehl, de la Universidad de Yale, entre 1966 y 1968 (antes de tomar un descanso y reanudarlo en 1990). El trabajo de

Coe se centró más en enfatizar la formación de patrones dentro de la comunidad y a nivel regional entre los olmecas.

El nombre «San Lorenzo Tenochtitlán» fue idea de Matthew Stirling, quien nombró la zona basándose en los tres pueblos y asentamientos cercanos. Las tres localidades se encontraban alrededor del oeste de Coatzacoalcos. El nombre original de la zona sigue siendo desconocido. Por otro lado, el sitio arqueológico de Tenochtitlán sigue llevando el mismo nombre y se encuentra dentro de un pueblo con el mismo nombre en el lado norte de la isla, mientras que Potrero Nuevo se encuentra en la parte oriental de la meseta.

Esculturas de piedra de San Lorenzo

El yacimiento arqueológico de San Lorenzo también es peculiar por los tipos, la cantidad y las variaciones de las esculturas que presenta. La pericia con la que se realizaron algunas tallas se aproxima a la que tenemos en la era moderna, pero los escultores se apoyaron principalmente en herramientas de piedra para cobrar esos asombrosos resultados. Algunas tallas eran para humanos pero de clases superiores, mientras que otras representaban a las deidades que el pueblo adoraba. Hasta el último recuento, se han descubierto más de 124 esculturas de piedra, y se cree que todavía hay muchas más enterradas y por descubrir.

Estas imágenes de piedra varían en tamaño, desde las enormes cabezas colosales que pesan unas 28 toneladas (porque se hicieron con basaltos que son biproductos de la erupción volcánica y que se encuentran sobre todo en el cerro Cintepec) hasta imágenes más pequeñas del tamaño de ollas. El nivel de trabajo de estas piedras solo muestra el poder de un personaje poderoso y de una deidad que el pueblo adoraba.

Las ocho fases principales de ocupación

En su ejercicio de excavación de 1960 en el sitio de San Lorenzo, Michael Coe y su colega Richard Diehl enumeraron las ocho fases de ocupación de la siguiente manera:

- La fase Orochi, entre 1750 y 1150 a. C.
- La fase del Bajío, entre 1550 y 1450 a. C. Estas dos fueron las sucesiones preolmecas del Formativo.

- La fase Chicharras, entre 1450 a 1400 a. C. Este fue el período en que aparecieron más artefactos en el sitio. También pertenece al Período Formativo Temprano.
- La fase de San Lorenzo, entre el 1400 y el 1000 a. C. La ciudad alcanzó su punto máximo, pero luego sufrió un declive al entrar en el Período Formativo Medio.
- La fase Namaste, entre el 1000 y el 800 a. C.
- La fase de Palangana, entre el 300 y el 50 a. C. En estas fases se produjo un descenso de la población al entrar en el Período Formativo Tardío.
- La fase Remplas, entre el 300 y el 50 a. C. No hubo registro de ocupación durante este período como el que tuvimos en los períodos Clásico Temprano y Medio.
- La fase Villa Alta, 800 a 1000 a. C. De nuevo, vimos signos de reocupación del sitio.

Arquitectura

Los restos encontrados en el sitio de San Lorenzo sugieren que la ciudad pudo haber sido un centro de tallado de varias esculturas encontradas en la civilización olmeca. Además de las cabezas de piedra colosales de gran tamaño, también se descubrieron tronos gigantes, felinos, figurillas, pájaros e imágenes de seres humanos en miniatura, entre otros. Algunas de estas imágenes eran símbolos de los poderes sobrenaturales de los gobernantes y las deidades, mientras que otras representaban a algunos monstruos. Un porcentaje importante de estas imágenes fueron talladas en basalto traído a San Lorenzo.

Se pueden identificar rápidamente las clases de San Lorenzo en función de sus gustos y del tipo de estructuras que habitaban, incluso en la parte de la ciudad que eligieron para residir. Por ejemplo, las élites construyeron para sí grandes estructuras levantadas sobre plataformas de suelo bajo y mostraron sus poderes y autoridades a través de algunos de los monumentos encontrados en el lugar. Una estructura particular de la élite, denominada «Palacio Rojo», se construyó utilizando tierra comprimida para los suelos y las paredes y luego se enlució con arena mezclada con hematita.

«Unas enormes columnas de 4 metros (13 pies) de altura talladas en basalto sostenían el tejado de la estructura, y se cree que se utilizaron bancos de basalto en forma de L para cubrir los escalones. Se han encontrado bloques de arcilla bentonita y de piedra caliza en los escombros y es posible que se utilizaran en las paredes. Varias estructuras tenían paredes de barro grueso de 40 centímetros (16 pulgadas) de espesor y carecían de postes. Evidentemente se construyeron utilizando una técnica de tierra apisonada». «Otras estructuras empleaban mampostería de bentonita fijada con mortero de barro. Los suelos eran de grava o tierra compactada o estaban pavimentados con bloques de bentonita». *Descripción extraída de Wikipedia.*

La gente de clase baja vivía literariamente en la parte baja de la meseta, que desciende 40 metros por debajo de las tierras más altas. Sus casas estaban construidas con materiales baratos, como paja y barro.

Los olmecas mostraron sus habilidades técnicas en la construcción con la edificación de las terrazas de San Lorenzo. Se nota la cantidad de trabajo que se había invertido en la creación de tales obras maestras. Por ejemplo, una de las terrazas colgaba de un muro de 7 metros de altura. No está claro si esto fue contratado por orden de sus gobernantes o si fue un acto de ingenio de la gente de clase baja.

Carl Wendt, arqueólogo de la Casa Olmeca, realizó más trabajos arqueológicos en algunas zonas de San Lorenzo para determinar cómo vivía la gente y el tipo de estructura que construía. Su estudio se centró más en áreas particulares y no en todo el sitio. Por ejemplo, estudió la parte de El Bajío de Remolino y otras partes centrales de San Lorenzo. Además, prestó especial atención a los desechos y desperdicios dejados para llegar a sus conclusiones.

Parte de los hallazgos de Wendt incluyeron el hecho de que los patrones arquitectónicos y la organización de las tierras bajas de San Lorenzo eran similares a los encontrados en las casas y chozas de las tierras altas mayas. Las estructuras estaban repletas de espacios y construidas para tener diferentes áreas para actividades separadas como descansar, cocinar, almacenar y otras. Además, explicaron que, aunque eran independientes, estaban estructuradas para formar parte de un patio central.

Intercambio de San Lorenzo con el resto de la región

San Lorenzo fue efectivamente el centro de la civilización olmeca mientras existió. Muchos artefactos como figurillas y diseños de cerámica fueron encontrados en toda la región. Un buen ejemplo fue el sitio arqueológico Cantón Corralito, en Chiapas, donde se encontraron más de 5,000 figurillas, trabajos de alfarería y otros objetos originarios de San Lorenzo.

De hecho, en el mismo sitio se encontraron aún más objetos olmecas iniciales (que datan de 1250 a 1150 a. C.) y objetos olmecas tempranos (de 1150 a 1000 a. C.), incluso más que los encontrados en San Lorenzo, de donde son originarios. Durante el período olmeca temprano:

- El 15% de la cerámica tallada se conoce como Calzadas Carved. Se cree que contienen posibles elementos sobrenaturales.
- El 9% de la cerámica incisa, conocida como Limon Incised, se utiliza principalmente para la decoración de casas y templos.

Todas proceden de San Lorenzo. Curiosamente, ningún artículo encontrado y examinado en San Lorenzo se originó en otras partes de la región.

Capítulo 7: Logros culturales y decadencia de San Lorenzo

José María Melgar fue el primer arqueólogo que descubrió la primera cabeza de piedra olmeca en 1862 y escribió lo siguiente sobre sus hallazgos

> «En 1862, estuve en la región de San Andrés Tuxtla, un pueblo del estado de Veracruz, México. Durante mis excursiones, me enteré de que unos años antes se había desenterrado una cabeza colosal de la siguiente manera: A una legua y media de una hacienda cañera, en la vertiente occidental de la Sierra de San Martín, un peón de la hacienda, mientras cortaba el bosque para su campo, descubrió en la superficie del suelo lo que parecía el fondo de una gran caldera de hierro volteada. Avisó al dueño de la hacienda, que ordenó su excavación. Y en el lugar de la caldera se descubrió la mencionada cabeza. Fue dejada en la excavación como no se pensaría en moverla, siendo de granito y midiendo dos yardas de altura con las proporciones correspondientes... Al llegar a la hacienda, le pedí al dueño de la propiedad donde fue descubierta la cabeza, que me llevara a verla. Fuimos, y me quedé sorprendido: como obra de arte, es sin exagerar una magnífica escultura... lo que me asombró fue el tipo etíope representado. Reflexioné que sin duda había habido negros en este país, y que esto había sido en la primera época del mundo».

Desde entonces, se ha confirmado el hallazgo de más de 17 cabezas de piedra colosales dentro de la civilización arqueológica olmeca, y diez de ellas fueron descubiertas en San Lorenzo. En esta parte nos centraremos más en las cabezas de piedra, puesto que ya hemos hablado de cómo se crearon las tallas, los probables medios de movimiento y el magnífico trabajo que hay en ellas.

Las diez cabezas colosales de piedra de San Lorenzo

Fuente de la imagen[172]

Las cabezas colosales encontradas en San Lorenzo parecían estar dispuestas o colocadas una al lado de la otra a lo largo de distancias casi iguales desde el norte hasta la parte sur del sitio. También se encontraron algunas cabezas de piedra en zanjas cercanas a las fuentes, pero enterradas por la erosión. Esto es contrario a algunas sugerencias de que estaban ocultas a la vista del hombre.

Parece que estas cabezas formaban alguna ruta que conducía a la parte central de la ciudad y posiblemente un alarde del poder y la autoridad de los gobernantes tradicionales de la época. Algunas cabezas de piedra han sido claramente reconstruidas, convirtiéndolas de antiguos tronos a otros fines. He aquí una lista de las diez piedras y la información disponible sobre ellas. Las cabezas de piedra colosales se han etiquetado numéricamente para facilitar su identificación.

Monumento de San Lorenzo 1 - Cabeza colosal 1

Fuente de la imagen[178]

- Descubrimiento: Esta cabeza colosal de piedra en particular fue encontrada mirando hacia arriba como si alguien durmiera mirando hacia arriba. La erosión creó un camino a través de la parte superior de la cabeza, lo que la hizo visible para el arqueólogo, que se fijó en los ojos y posteriormente en otras partes de la cabeza. Fue descubierta en 1945 por Stirling y sus colegas.

- Tamaño: pesa unas 25,3 toneladas, mide 2,11m/6,9 pies, de ancho y 2,84m/9,3 pies de alto.

- Materiales: Alrededor de la piedra se encontró gran cantidad de cerámica rota junto con figurillas

- Datación: Algunos de estos materiales se han analizado y se ha comprobado que datan de entre el 800 y el 400 a. C. y otros se remontan a la fase de Villa Alta, entre el 800 y el 1000 d. C.

- Descripción: Esta piedra fue tallada de forma única, mostrando un tocado atado por una diadema a la espalda, probablemente para evitar que el pelo se alborotara por el viento. La parte superior del tocado está diseñada con decoraciones en patrones repetidos para formar una forma de U. La expresión del rostro es la de un personaje arrugado y envejecido, con los labios ligeramente abiertos, pero que cubren los dientes. Sus mejillas están hinchadas, y las orejas están perfectamente diseñadas para reflejar una deformación única en esa parte de la cara del personaje —¡o podría ser un error del escultor!
- Ubicación actual: La Cabeza de Piedra Colosal 1 se encuentra actualmente en el Museo de Antropología de Xalapa.

Monumento de San Lorenzo 2 - Cabeza colosal 2

Fuente de la imagen[174]

- Descubrimiento: Descubierta por Stirling en 1945, al igual que la cabeza de piedra 1, fue encontrada boca arriba mirando al cielo. Sin embargo, esta no era original, ya que estaba claramente sometida a un proceso de recarga, pasando de ser un trono de piedra a una cabeza colosal. Se puede apreciar por los aparentes daños o la naturaleza incompleta de la alteración.

- Tamaño: Esta piedra pesa unas 20 toneladas, mide 2,69 m de altura y 1,83 m de ancho por 1,05 m de profundidad.
- Material/fecha: El material encontrado alrededor de esta cabeza ha sido fechado para los períodos Preclásico Temprano y Clásico Posterior.
- Descripción: Este monumento fue tallado con un complicado tocado con una diadema atada a la parte posterior de la cabeza y tres pájaros en la forma de la frente del personaje. La Cabeza de Piedra 2 estaba muy dañada por los múltiples agujeros que aparecían en la cara y que indicaban un abandono, tal vez porque las reformas no iban bien. Sin embargo, por lo que podemos ver, la imagen parece representar a un personaje masculino de edad avanzada con el ceño fruncido y los labios ligeramente abiertos para dejar ver parte de su dentadura.
- Ubicación actual: La Cabeza de Piedra Colosal 2 se encuentra actualmente en el Museo Nacional de Antropología como parte de las exposiciones que cuentan la historia de los olmecas.

Monumento de San Lorenzo 3 - Cabeza colosal 3

Fuente de la imagen[175]

- Descubrimiento: esta cabeza de piedra fue descubierta en 1946 por Stirling. A diferencia de las cabezas de piedra 1 y 2, la cabeza de piedra 3 se encontró en un barranco, boca abajo, y el suelo húmedo hizo que fuera particularmente difícil de voltear y mover. El origen real de esta cabeza de piedra sigue siendo desconocido, pero se encontró al suroeste de San Lorenzo.
- Tamaño: Esta piedra pesa 9,4 toneladas, mide 1,78 metros/5,8 pies de alto, 1,63 metros/5,3 pies de ancho y 0,95 metros/3,1 pies de profundidad.
- Descripción: Esta cabeza de piedra en particular tiene una ceja fruncida con párpados definidos, labios gruesos y ligeramente separados, con el labio inferior roto.
- Ubicación actual: La cabeza de piedra 3 se encuentra actualmente en el Museo Antropológico de Xalapa.

Monumento de San Lorenzo 4 - Cabeza colosal 4

Fuente de la imagen[176]

- Descubrimiento: De nuevo, esta cabeza de piedra fue descubierta por Matthew Stirling en 1946. La cabeza de piedra 4 parece haber estado bien conservada cuando se excavó, y se encontró tumbada de lado. La cabeza se encontró alrededor del noroeste de la colina central, hacia el borde del barranco.
- Tamaño: La cabeza de piedra 4 pesa solo 6 toneladas, tiene una altura de 1,78 metros/5,8 pies, una anchura de 1,17 metros/3,8 metros y una profundidad de 0,95 metros/3,1 pies.
- Material: El material cerámico encontrado en el lugar de la cabeza de piedra 4 era consistente con el encontrado en el lugar de la cabeza de piedra 5, lo que hace difícil llegar a una fecha precisa.
- Descripción: El rostro está bien estructurado para parecer un hombre de edad avanzada con pómulos bajos, una frente arrugada y una boca ligeramente abierta.
- Ubicación actual: Museo de Antropología de Xalapa.

Monumento de San Lorenzo 5 - Cabeza colosal 5

- Descubrimiento: Otro descubrimiento de Stirling en 1946, encontrado boca abajo en la sección sur del montículo de San Lorenzo. Esta fue otra obra maestra de los escultores y también estaba bien conservada, pero la parte posterior de la cabeza estaba ligeramente dañada. El punto en el que se encontró parece ser el lugar original, según el material cerámico que se encontró allí.
- Tamaño: la piedra pesa 11,6 toneladas, tiene 1,86 metros de altura, 1,47 metros de ancho y 1,15 metros de profundidad.
- Material/fecha: Basándose en los materiales encontrados en el emplazamiento concreto de la lápida 5, se ha fechado en las fases de San Lorenzo y Villa Alta de 1.400 a 1.000 y de 800 a 1.000 d. C.
- Descripción: La cabeza representa el rostro de un adulto mayor con evidentes ojeras debajo de los ojos y una línea de envejecimiento que atraviesa la nariz. La frente muestra un inconfundible ceño fruncido. Los labios separados no dejan ver los dientes.

- Ubicación actual: La cabeza colosal de piedra 5 ha sido trasladada al Museo de Antropología de Xalapa en México para su exhibición junto con otras colecciones olmecas.

Monumento de San Lorenzo 17 - Cabeza colosal 6

Fuente de la imagen[177]

- Descubrimiento: Esta cabeza de piedra es una de las más pequeñas y fue descubierta por un agricultor local antes de que fuera excavada en 1965 por Román Pina Chan y Luis Aveleyra. Se encontró mirando hacia abajo.
- Tamaño: pesa entre 8 y 10 toneladas, tiene 1,67 metros/5,5 pies de altura, 1,41 metros/4,6 pies de ancho y 1,26 metros/4,1 pies de profundidad.

- Descripción: El rostro muestra alguna incongruencia en la forma, que solo pudo deberse a un error del escultor o a daños en el transporte. El personaje es un varón de edad avanzada, con líneas de envejecimiento bajo los ojos y a lo largo de la cara; se puede ver piel extra bajo los ojos, lo que indica vejez.
- Localización actual: primero fue trasladada al Museo Metropolitano de Arte de Nueva York, pero regresó a México en 1970 para estar el Museo Nacional Antropología.

Monumento de San Lorenzo 53 - Cabeza colosal 7

Fuente de la imagen[178]

- Descubrimiento: Fue descubierta por un equipo de arqueólogos de la Universidad de Yale y del Instituto Nacional de Antropología de Histórica. Es evidente que se trata de un trabajo de reelaboración de la forma original de un trono monumental de piedra. La piedra se encontró boca arriba y ligeramente enterrada por la erosión; además, no solo estaba mal conservada, sino que había sufrido daños evidentes y deliberados.

- Tamaño: Pesa 18 toneladas, tiene una altura de 2,7 metros/8,9 pies, una anchura de 1,85 metros/6,1 pies y una profundidad de 1,35 metros/4,4 pies.
- Descripción: Parece que la boca fue tallada para estar abierta, pero los labios están muy destruidos. Todo el rostro está cubierto de arrugas, lo que indica el carácter de un hombre mucho más viejo, con las mejillas caídas y los ojos hundidos.
- Ubicación actual: La cabeza de piedra 7 se encuentra actualmente en el Museo de Antropología de Xalapa, México.

Monumento de San Lorenzo 61 - Cabeza colosal 8

Fuente de la imagen[179]

- Descubrimiento: Esta cabeza de piedra en particular ha sido descrita por muchos como una de las mejores obras de arte de los olmecas. Fue descubierta en la parte sur del trono monumental, acostada de lado. El descubrimiento real se produjo mientras se realizaba un estudio magnetométrico del sitio en 1968, y parece que se volvió a enterrar después del descubrimiento inicial no registrado. Además, es una de las cabezas de piedra bien conservadas que no sufrió ningún daño físico.

- Tamaño: Esta cabeza de piedra pesa 13 toneladas, tiene una altura de 2,2 metros/7,2 pies y mide 1,65 metros/5,4 pies de ancho por 1,6 metros/5,2 pies de profundidad.
- Datación: se ha datado en el Período Preclásico.
- Descripción: De nuevo, al igual que las otras piedras, es el rostro de un personaje adulto maduro, con la frente revelando un inconfundible ceño fruncido, la boca ligeramente abierta para revelar el engaste dental. Mientras que el rostro parece haber sido tallado en material natural, las orejas estaban representadas por una única forma de signo de interrogación.
- Ubicación actual: La cabeza de piedra se trasladó al Museo de Antropología de Xalapa en 1986. Todavía se encuentra en la actualidad, junto con otras cabezas colosales descubiertas de la época olmeca.

Monumento de San Lorenzo 66 - Cabeza colosal 9

- Descubrimiento: La Cabeza Colosal 9 fue uno de los hallazgos más accesibles, ya que parecía haber quedado expuesta por la erosión del barranco que rodea la ubicación de la cabeza, pero la fecha de descubrimiento se situó en 1982. Se encontró inclinada sobre el lado derecho y hacia arriba con signos de erosión en la cara.
- Tamaño: pesa unas 10 toneladas, mide 1,65 metros de alto, 1,36 metros de ancho y 1,17 metros de profundidad.
- Descripción: Esta cabeza de piedra fue tallada, revelando a este personaje como uno que lleva una pieza de joyería en la nariz con la cara arrugada, pero sonriendo, a diferencia de la mayoría de las cabezas anteriores. También tiene los ojos muy abiertos y las mejillas caídas. El único daño apreciable fue en el labio superior. También fue mutilado con nueve abolladuras extrañas en el tocado.
- Ubicación actual: La cabeza de piedra 9 fue dejada en el lugar de su descubrimiento durante un tiempo antes de ser trasladada al Museo de Antropología de Xalapa.

Monumento de San Lorenzo 89 - Cabeza colosal 10

Fuente de la imagen[180]

- Descubrimiento: Esta cabeza de piedra fue descubierta en un cañón en 1994 con la ayuda de un magnetómetro y eventualmente excavada por Ann Cyphers. Por la forma en que fue encontrada parecía estar enterrada boca arriba.
- Tamaño: pesa unas 8 toneladas, tiene 1,8 metros de altura, 1,43 metros/4,7 pies por 0,92 metros/3 pies de profundidad.
- Descripción: Esta cabeza de piedra tiene tres líneas diminutas únicas (como la pata de un pájaro) en la frente, con grandes orejas que se extienden más allá del tocado. El rostro es el de un adulto, con las mejillas caídas, la boca cerrada y algunas líneas bajo los ojos. Parece que se ha prestado especial atención al tallado de los labios, ya que son muy pronunciados.
- Ubicación actual: La Cabeza de Piedra 10 ha sido trasladada al Museo Comunitario se San Lorenzo Tenochtitlán en los alrededores de Texistepec.

El famoso juego de pelota

Fuente de la imagen[181]

Se ha hablado mucho del famoso juego de pelota mesoamericano. Este deporte ha atravesado todas las clases sociales de la región. Este juego de pelota se remonta al año 1400 a. C. y es posiblemente el primer deporte de equipo de la historia. Los olmecas han sido identificados como la primera sociedad que practicó este juego entre el 1200 y el 400 antes de Cristo. A partir de ellos, el juego se extendió al resto de la región mesoamericana. Sin embargo, no está claro si fueron ellos los responsables de crear el juego o lo copiaron de otras culturas de fuera de la región.

También se sabe que los mayas jugaban al famoso juego de pelota en el Clásico Maya, pero llamaron al suyo «pitz». Los aztecas jugarían más tarde al mismo juego de pelota y lo llamaron «ollamaliztli», un nombre tradicional azteca. El hecho de que la pelota sea de goma es una razón más por la que muchos creían que debía ser originaria de los olmecas, a los que se ha etiquetado como el «pueblo del caucho» o «pueblo del nombre del caucho».

Curiosamente, el mismo juego de pelota se sigue practicando hoy en día en muchas partes de México, pero con algunas modificaciones y un nuevo nombre llamado «ulama». Históricamente, este deporte existe desde hace más de 3.400 años, lo que lo convierte en el deporte más antiguo porque ha sobrevivido a muchas generaciones, y todavía continúa. También es importante mencionar que es el primer juego de pelota que utiliza goma en su pelota.

Las reglas del juego y las apuestas

Como hemos notado, diferentes civilizaciones tienen un nombre distinto para la pelota, pero el nombre general en la época mesoamericana era «ulli». Las reglas del juego parecen bastante sencillas, pero lograr el objetivo... ¡eso es lo difícil!

El objetivo de los jugadores es lanzar la pelota de goma a través de un aro vertical (de unas 35" de ancho), estando dicho aro elevado. Aunque la pelota era de goma, pesaba unos 4,1 kilos o 9 libras. El campo donde se desarrollaba la acción deportiva se llamaba «tlachtli», y cubría un área de 100 a 300 pies de largo con paredes erigidas a ambos lados donde colgaban los aros de piedra.

La cancha estándar tenía la forma de una «I» con una larga línea que atraviesa el centro del tlachtli, y a partir de esa larga línea, hay pisos inclinados que se juntan con las paredes.

Fuente de la imagen[182]

Los jugadores eran sancionados por utilizar cualquier parte que no fuera la cabeza, las piernas, los codos o las caderas al pasar el balón, y no se permitía que el balón tocara el suelo. El equipo que conseguía que el balón atravesara los aros de ladrillo ganaba. Debido a la altura del aro, que estaba a unos 6 metros del suelo, el juego resultaba difícil, pero había otras maneras de que los equipos pudieran anotar puntos. Cualquier equipo que golpeara uno de los seis marcadores de los bordes del tlachtli sumaba puntos.

Aunque el dinero aún no había surgido —y al igual que hoy—, los deportes y las apuestas eran difíciles de separar. El juego de azar era un aspecto importante del juego de pelota, y consta que la gente apostaba con todo lo posible para entretenerse. Por ejemplo, algunos antiguos utilizaban objetos preciosos como la obsidiana, las plumas y la cerámica fina, mientras que otros apostaban a sus esposas, a sus hijos o incluso a sus vidas. En pocas palabras, muchos ganadores se hacían cargo del perdedor, de sus bienes y de cualquier otro «activo».

Recompensas por ganar y el perder

El deporte tenía diferentes propósitos en cada sociedad. Para algunas, era un mero entretenimiento o un medio para unificar al pueblo, mientras que para otras, el juego de pelota tenía más relevancia religiosa con graves consecuencias.

Algunas civilizaciones obsequiaban a los ganadores con trofeos tallados en forma de cabeza humana, llamados «hacha». Se especula con la posibilidad de que las hachas anteriores fueran verdaderas cabezas humanas. La palma era probablemente el traje que los jugadores podían llevar o utilizar como atuendo ceremonial. El equipo de juego que se utilizaba solía ser de protección debido al alto riesgo que suponía. Por ejemplo, se sabe que el tamaño y el peso de la pelota podían romper los huesos de los jugadores.

Existen otros tipos de trofeos que se entregaban a los ganadores en forma de yugos de piedra atados a la cintura, en el brazo y en forma de anillos. La mayoría de estos trofeos solían acabar en la tumba con los individuos que los ganaban. Algunos creen que se utilizaban para comprar un pasaje seguro al «otro lado».

Algunos de los aspectos religiosos y rituales del juego implican el sacrificio del líder del equipo o, en algunos casos, de todo el equipo perdedor a alguna forma de deidad. Estos rituales de sacrificio se observaron en las canchas de El Tajin y Chichén Itzá, donde se encontró a los equipos perdedores habiendo perdido sus extremidades. Otro destino del equipo perdedor se evidencia en la presencia de tzompantli (una gran bandeja donde se exhibían los cráneos de los muertos); de esta manera, los jugadores eran conscientes de su posible destino en caso de perder.

La caída de San Lorenzo

Después de lo que parece un comienzo glorioso y de alcanzar el estatus de ser el centro de la civilización olmeca, San Lorenzo acabó cayendo y perdiendo su gloria. La situación era tan mala que nadie puede decir con exactitud cuál fue la causa de la desaparición de la ciudad.

Por ejemplo, Coe y Diehl afirmaron en un principio que la caída de la ciudad podría haber sido resultado de las luchas internas y de una posible invasión por parte de las ciudades vecinas, pero Diehl se ha retractado desde entonces de esa conclusión. Al explicar su nueva postura, Diehl cree que el estado de las cabezas de piedra que se estaban recortando y reutilizando antes de ser arrojadas no pudo ser resultado de una guerra. Otro arqueólogo de renombre y profesor de antropología de la Universidad de Florida, el Dr. David C. Grove, dijo:

> «...no se sabe casi nada de su "desaparición", pero como la olmeca es una cultura arqueológica definida por ciertos artefactos, el "fin" de los olmecas es simplemente la desaparición de ese complejo de artefactos. No hay datos que indiquen si el declive de los principales centros olmecas y la desaparición del complejo de artefactos que los define fue rápido o gradual. Los monumentos del Preclásico Tardío en Tres Zapotecas sugieren fuertemente que, con el tiempo, los olmecas simplemente evolucionaron fuera de los rasgos por los que fueron definidos originalmente. Sea como fuere, su legado se encuentra más claramente en los monumentos de gobierno del Período Clásico maya».

Otras teorías incluyen el drástico cambio climático, que era un hecho común en esa época. Quizá la gente abandonó la ciudad cuando las condiciones se hicieron insoportables. Otros opinan que la probabilidad de una epidemia fue la responsable del declive de San Lorenzo, pero tampoco existen pruebas que lo confirmen.

Las investigaciones continúan. Tal vez sepamos por qué San Lorenzo cayó de rodillas después de haber llegado a tal altura y haber alcanzado el estatus de centro a una de las civilizaciones más avanzadas del mundo de la época.

Capítulo 8: El auge de La Venta

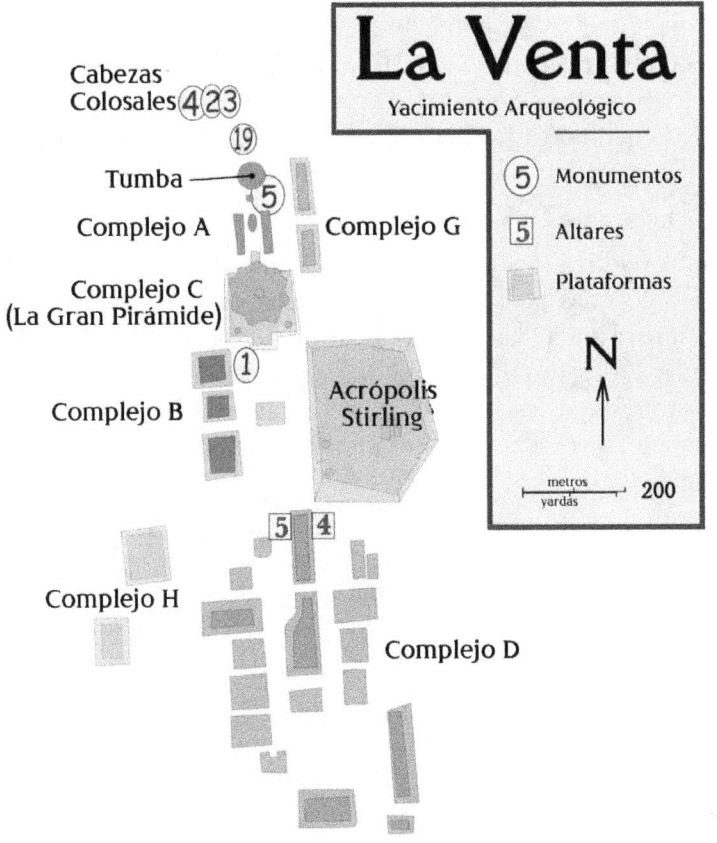

Plano del yacimiento arqueológico de La Venta[183]

La Venta es un importante sitio histórico en Mesoamérica entre el 800 y el 400 a. C., que forma parte del Período Preclásico Medio. Este antiguo asentamiento olmeca vino a sustituir a San Lorenzo tras su caída en el siglo X a. C. El sitio estuvo ocupado durante 500 años antes de su abandono a principios del siglo IV a. C.

La Venta fue descubierta en 1925 por los arqueólogos Frans Blom y Olivier La Farge. Inicialmente se pensó que era un yacimiento maya hasta que las técnicas de radiocarbono avanzaron. El yacimiento arqueológico es ahora conocido por su trazado planificado, sus enormes monumentos de piedra y la gran pirámide. Además, ha proporcionado los hallazgos arqueológicos más importantes de la antigua Mesoamérica.

Ubicación geográfica de La Venta

La Venta se encuentra en el actual Tabasco, México, cerca de la costa del golfo. Fue construida en una isla rodeada por el río Tonalá. Este río divide actualmente los estados mexicanos de Veracruz y Tabasco.

La Venta se extiende unos 16 kilómetros hacia el interior y está a menos de 10 metros sobre el nivel del mar. Tiene poco más de 5,2 kilómetros cuadrados de tierra firme, rodeada de vegetación y masas de agua.

La estructura de La Venta

La mayoría de las estructuras de La Venta se construyeron con tierra y arcilla. Solo unas pocas utilizaron basalto, andesita y piedra caliza en los cimientos. Una de las cosas más bellas del sitio es su disposición bien planificada. Las estructuras principales están orientadas 8º al oeste del norte y se cree que están alineadas con alguna estrella o constelación. Las estructuras situadas en los lados este y oeste están dispuestas de forma similar.

Solo algunas de las estructuras residenciales de La Venta han sobrevivido.

La Gran Pirámide de La Venta

Complejo C, La Gran Pirámide de La Venta[184]

La gran pirámide es la principal estructura de La Venta y se encuentra en el centro del sitio. Tiene forma de cono estriado. También conocida como Complejo C, es una de las pirámides más antiguas conocidas en Mesoamérica. La estructura es un alto montículo de arcilla con una longitud de 110 pies y un estimado de 100.000 metros cúbicos. En su día se pensó que había sido creada siguiendo la forma de un volcán o una montaña. Sin embargo, investigaciones recientes demuestran que antes era una pirámide rectangular, y la forma actual se atribuye a los 2500 años de erosión.

En el lado sur de la pirámide hay una desviación de la forma estándar. Se cree que es una zona de arcilla quemada, un depósito de ofrendas enterradas o una tumba. La fecha de la gran pirámide se determinó mediante datación por radiocarbono entre 364-424 a. C.

Complejo A

Complejo A, La Venta[185]

El Complejo A está situado al norte de la gran pirámide y comprende unas tres hectáreas. Consta de montículos (montones de tierra o roca) y plazas (áreas abiertas), rodeadas de columnas de basalto, lo que probablemente denota un acceso limitado. Los montículos eran estructuras funerarias y ceremoniales.

Bajo los montículos y las plazas del Complejo A hay una gran variedad de ofrendas y objetos enterrados, como adornos de jade y espejos pulidos. También se enterraron cinco enormes ofrendas hechas con bloques de serpentina, una de las cuales consistía en 50 toneladas de bloques de serpentina cubiertos por 4000 toneladas de arcilla.

También se excavaron en el complejo A tres pavimentos rectangulares de mosaico que representan máscaras de jaguar. Cada uno de los pavimentos medía 4 por 5 metros y estaba formado por 485 bloques de serpentina. Tras su finalización, estas estructuras fueron enterradas intencionadamente cubriéndolas con arcilla y tierra.

Al norte de la gran pirámide se encuentra también un recinto ceremonial que contiene varias tumbas donde se enterraba a los gobernantes olmecas fallecidos. El sitio constaba de cinco tumbas formales, cada una con detalles únicos, pero manteniendo la estructura del sitio.

Complejo B

El complejo B se encuentra al sur de la gran pirámide. Su plaza parece haber sido construida especialmente para reuniones públicas. La plaza tiene unos 400 metros de largo y más de 100 metros de ancho y está situada en la parte sur de lo que se conoce como la «gran pirámide», y desde la Acrópolis Stirling, está hacia el oeste; pero desde la Plataforma del Complejo B, está situada hacia el este. La Acrópolis Stirling recibió el nombre como una marca de honor al gran trabajo realizado por Stirling y su equipo como primer arqueólogo en trabajar en La Venta ya en la década de 1940.

Basándose en los detalles de su trazado, los historiadores mesoamericanos creen que las plataformas que rodean la plaza se utilizaban como una especie de escenarios donde se llevaban a cabo actos religiosos y rituales. El Complejo B contenía numerosos monumentos y una gran plaza, y se cree que sirvió como sitio principal donde los gobernantes de La Venta llevaban a cabo actuaciones rituales. Los rituales llevados a cabo estaban posiblemente relacionados con los altares, estelas (losas de piedra esculpidas con figuras o inscripciones) y monumentos encontrados en la zona. Las esculturas se colocaban de forma que pudieran transmitir fácilmente sus mensajes al público.

Complejo E

Aunque actualmente no hay edificios en esta zona, el análisis del suelo reveló la posibilidad de que hubiera sido una zona residencial.

En total, se han encontrado setenta y siete monumentos de piedra tallada en La Venta. Entre ellos se encuentran cuatro cabezas colosales, cuatro ofrendas de piedra verde de varias toneladas, tres pavimentos de mosaico de bloques de serpentina, una tumba de columnas de basalto y numerosas figuras y ornamentos pequeños de jade. La ubicación de La Venta hizo imposible disponer de piedras naturales y basaltos como en San Lorenzo, el anterior centro olmeca. Por lo tanto, hubo una limitación de monumentos de piedra; los encontrados en el sitio provenían en su mayoría de las montañas de Tuxtla en el cerro Cintepec.

Cabezas colosales

Las cabezas colosales, hechas de basalto, son las más populares de los monumentos de La Venta. Se encontraron cuatro cabezas colosales en el sitio y fueron llamadas oficialmente, Monumentos 1 al 4. El monumento 1 estaba situado al sur de la gran pirámide. Y los monumentos 2 a 4 estaban situados al norte del Complejo A. Las cabezas pesaban unas 18 toneladas, con una altura máxima de 9 pies y 4 pulgadas. No se sabe con certeza cómo los olmecas movían piedras tan enormes. Se cree que fueron talladas a partir del año 850 a. C.

Las colosales cabezas fueron esculpidas en rocas de basalto. Los rasgos faciales, como los ojos, la boca, las fosas nasales, las mejillas y los labios —y a veces los hoyuelos— se perforaban en la piedra. Estas cabezas son llamativas porque los olmecas no disponían de herramientas metálicas y utilizaban piedras duras a mano para esculpirlas.

La mayoría de las cabezas colosales son más altas que un ser humano medio y constan únicamente de cabeza y rostro. La parte posterior de las cabezas es plana, lo que denota que las esculturas fueron creadas para ser vistas solo de frente y por los lados. Las esculturas también incluyen un casco similar al del fútbol americano de la década de 1920. Cada escultura es única, con rasgos distintivos que indican que fueron humanos que existieron. La mayoría de los arqueólogos piensan hoy que las cabezas representan a gobernantes olmecas muy estimados y con gran poder.

Algunas teorías sugieren que las cabezas significaban el dominio y se colocaban en sitios específicos para mostrar el dominio político. Las cuatro cabezas de La Venta se colocaron inicialmente mirando hacia fuera, como si estuvieran vigilando los alrededores.

Las cabezas colosales son de gran importancia tanto para los investigadores como para los mexicanos modernos, ya que revelan más sobre la cultura olmeca. También son una atracción intrigante para muchos visitantes y actualmente se encuentran en museos cercanos al sitio de La Venta.

Altares

Altar 4, La Venta[186]

También se denominan tronos y fueron tallados en piedras de basalto. En La Venta se han encontrado siete altares de basalto que representan a los gobernantes durante rituales o ceremonias importantes. Los más comunes son los altares 4 y 5.

El altar 4 muestra una figura sentada en la boca de una cueva y sujetando una cuerda con las manos, una cuerda que se enrolla alrededor de la parte inferior del altar hasta otra figura. Se cree que la escultura sugiere a un gobernante que toma rehenes para sacrificarlos a los dioses. Por otro lado, algunos creen que las figuras sujetas a la cuerda son antepasados que ayudan al gobernante.

El Altar 5 tiene un gran parecido con el Altar 4 en cuanto a diseño y construcción, pero la figura tallada sostiene lo que parece un bebé de hombre-jaguar.

Otros artefactos

Adornos de jade

La ofrenda n.º 4 de La Venta es un grupo de pequeñas figuras de piedra también conocidas como adornos de jade. Las celtas son estructuras delgadas y lisas, talladas en piedra y afiladas en uno o ambos extremos. El grupo constaba de 17 imágenes dispuestas en línea recta hacia arriba justo delante de las celtas de jade. Mientras que una de las figuras era de granito erosionado, otras eran de piedra verde. La piedra verde era muy apreciada entre los olmecas y consistía en rocas de color verde y verde azulado.

La cabeza de las figuras parece alargada. El rostro contiene ojos que parecen hinchados y tienen forma de almendra. Además, las fosas nasales y las orejas están perforadas para su adecuada representación. Las rodillas y los codos están ligeramente doblados, con una mano a cada lado de la figura. Las figuras tienen un aspecto similar, pero son únicas en rasgos como la altura, el color y los rasgos faciales.

Las figuras y las celtas se utilizaban para crear escenas. La mayoría de los estudiosos creen que la Ofrenda n.º 4 representa una escena mitológica o histórica: un ritual para honrar a un dignatario, una reunión para llevar a cabo un sacrificio humano o una ceremonia de matrimonio. También se ha confirmado que las celtas son telones de fondo y representan estelas, lo que demuestra la gran importancia del lugar para el pueblo.

Espejos de mineral de hierro pulido

Estos espejos se fabricaban con mineral de hierro, principalmente hematita, ilmenita y magnetita. Se pulían para obtener una superficie reflectante. Los espejos también tenían agujeros cerca de sus bordes, lo que indica que se usaban como adornos para el pecho. Estos espejos se excavaron principalmente en las ofrendas; se desenterraron siete en el Complejo A de La Venta. Los espejos eran una parte importante de los olmecas y se utilizaban en los rituales y en la vida cotidiana.

Religión

Los patrones específicos de la cultura olmeca eran simbólicos con probable significado ritual. Un símbolo que muestra una «X» en una caja rectangular se ha visto en las piedras de La Venta y se transmitió a las culturas inspiradas en los olmecas.

Asimismo, algunas artes olmecas muestran una relación entre los animales y la espiritualidad, como se evidencia en las élites que llevan tocados con plumas y otras formas de animales. Además, se encontraron dientes de tiburón y restos de raya en los festines de San Andrés.

Los artefactos encontrados en La Venta formaban parte de su religión. Durante las ceremonias se ofrecían a las deidades celtas y adornos de jade. También se utilizaban espejos de mineral de hierro durante los rituales. Además, los olmecas creían en seres sobrenaturales, como se ve en algunos de sus artefactos.

La Venta como centro ceremonial y cívico

La Venta estaba dominada principalmente por el Complejo A, la gran pirámide, y la gran plaza al sur. El diseño único del sitio muestra la relevancia del papel del gobernante como mediador entre el reino del agua y de la tierra.

El yacimiento contaba con diversos recursos agrícolas y marinos, y un gran número de los ocupantes de La Venta eran pescadores y agricultores. Por ello, construyeron sus casas cerca de los arroyos y ríos que rodeaban La Venta. Por lo tanto, según la ubicación de su asentamiento, dependían naturalmente de la vida marina como el pescado, los mariscos y otros, pero más tarde pasaron a cultivar maíz, palma, tipos de algodón, osos y otros productos agrícolas cultivados principalmente en huertos y pequeñas crestas.

La gran pirámide divide La Venta en sectores norte y sur. Se cree que el acceso al sector ceremonial norte del Complejo A estaba limitado a la élite. En cuanto a los plebeyos, habitaban sitios distantes como San Andrés. A diferencia de lo que encontramos en otra parte de la región, donde había lugares dedicados a la inhumación, La Venta tenía tumbas y monumentos estratégicamente dispuestos y ubicados en los montículos y la plataforma, y se encontraron muchas ofrendas enterradas en estas plataformas.

Cabe destacar que La Venta contaba con hábiles artesanos que crearon los singulares monumentos por los que hoy se conoce a La Venta. También se ha encontrado un sello cilíndrico y otras formas de escritura que demuestran que en La Venta existía un sistema de escritura.

Excavaciones y yacimiento actual de La Venta

Los excavadores del yacimiento de La Venta fueron miembros del Instituto Smithsoniano e incluyeron a Matthew Stirling, Philip Drucker, Waldo Wedel y Robert Heizer. Las excavaciones se llevaron a cabo principalmente entre 1942 y 1955, después de lo cual el yacimiento sufrió grandes daños debido al saqueo y al desarrollo cívico. Además, Gillespie y Volk diseñaron un mapa tridimensional del Complejo A que se publicó en 2014.

La mayoría de los yacimientos arqueológicos fueron destruidos debido a la construcción de una refinería de petróleo cercana y a la eliminación de monumentos importantes sin ningún tipo de señalización que indicara su ubicación original. Por ello, las excavaciones son ahora difíciles de realizar. Varios artefactos han sido trasladados desde su ubicación original y otros lugares como el Parque Museo La Venta, también conocido como el Museo de La Venta. La ubicación del museo es en Villa Hermosa (en el actual Tabasco), y el sitio está ahora protegido como parque arqueológico.

Capítulo 9: Costumbres y sociedad

Olmecas, calendario de cuenta larga[187]

La condición de los olmecas como la primera sociedad que se desarrolló en América hace imprescindible que nos sumerjamos en las costumbres y el tipo de sociedad que tenía el pueblo. El avance progresivo de los olmecas se ha dividido en:

1. Formativo Temprano 1800 a 900 a. C.
2. Formativo Medio 900 a 400 a. C.
3. Formativo Tardío/Terminal 400 a. C. a 200 d. C.

Los estudiosos suelen utilizar la frase «cultura madre» para describir a los olmecas porque su cultura y civilización no solo fueron las primeras en destacar, sino que se extendieron por toda la región mesoamericana y su influencia fue evidente en varias sociedades. Esta influencia fue tan profunda que, en algún momento, algunos estudiosos atribuyeron la civilización vista en la región a los mayas y aztecas. Ese error se ha corregido desde entonces.

Al provenir de una sociedad que se sabía que dependía de la agricultura en las tierras bajas del golfo desde el año 1600 a. C., durante los períodos del Formativo Temprano, la cultura tuvo una influencia y un control masivos en el corazón olmeca, que se encontraba en el sur del golfo de México y en las costas de Tabasco y Veracruz. El primer centro olmeca conocido fue San Lorenzo, que se encuentra en la actual Veracruz.

Mientras San Lorenzo reinaba como el principal centro olmeca alrededor del año 1200 a. C., La Venta comenzó a crecer. Si bien la cultura olmeca se practicó notablemente allí, nunca alcanzó ni se acercó al nivel de desarrollo visto en San Lorenzo hasta alrededor del año 900 a. C. Al igual que San Lorenzo, tras 500 años de ocupación, La Venta también fue abandonada a principios del siglo IV.

Desde su ubicación costera en una isla en un pantano con vistas al río Palma, las pruebas encontradas en el sitio revelaron que La Venta no solo influyó en las culturas de las ciudades circundantes, sino que tuvo el control político de una parte de la región entre los ríos Mezcalapa y Coatzacoalcos.

No es de extrañar que los olmecas de La Venta pasaran de depender del marisco a la agricultura. Mucho se ha dicho sobre la ubicación estratégica de la ciudad. Por ejemplo, La Venta se encuentra entre diferentes tipos de ecosistemas como una selva tropical (donde podían despejar tierras para la agricultura), pantanos, ciénagas y el golfo de México. El clima húmedo, con una temperatura anual de 26 grados centígrados y casi 2.000 milímetros de lluvia anual, hacía que el terreno fuera perfecto para la agricultura.

El yacimiento arqueológico de La Venta contaba con numerosos edificios residenciales, lo que solo podía indicar la expansión demográfica que experimentaron las ciudades. Al mismo tiempo, se consideraba el nuevo centro olmeca. Algunos de estos edificios residenciales han sobrevivido a lo largo de muchos siglos y todavía existen en el sitio en la actualidad. Se observó que no había estructuras dedicadas a la producción de alimentos, a la actividad religiosa, económica y militar. El sitio principal de La Venta es un complejo hecho de arcilla y construido que se extiende 20 km de norte a sur, mientras que el sitio está diseñado de oeste a norte.

Como se ha mencionado anteriormente, en La Venta había un suministro limitado de piedras y rocas, por lo que la gente dependía más de la arcilla para sus edificios residenciales y otras estructuras. Esto es muy diferente de lo que se podía obtener en los mayas y entre los aztecas. Las grandes piedras de basalto encontradas en el sitio no se utilizaron para construir apartamentos residenciales, sino que se emplearon estrictamente para tallar monumentos como cabezas colosales, altares, varias estelas y tronos de piedra. Esa es la magnitud de la escasez de piedra y roca en el yacimiento. Lo poco que había disponible se transportaba y se utilizaba sabiamente. Un buen ejemplo fueron las columnas de basalto depositadas en el Complejo A; no procedían del interior de la ciudad, sino que pudieron venir de lugares cercanos como Punta Roca Partida, en San Andrés.

La forma en que se dispusieron los montículos, los edificios residenciales, los complejos y los monumentos de La Venta permite comprender el carácter ceremonial único de la ciudad. En palabras de Rebecca González-Lauck, «uno de los primeros ejemplos de comunicación ideológica a gran escala a través de la interacción de la arquitectura y la escultura». Rebecca es una premiada arqueóloga mexicana.

Estructura social en La Venta

La estructura social de La Venta tenía una concentración de poder; asimismo, la arquitectura de nivel, el tipo de artefactos y los artículos de lujo encontrados en el sitio lo dicen todo. Entre las ciudades que representaban la cultura y civilización de los olmecas, La Venta era la más grande de todas y adoptó un complejo sistema real basado en la jerarquía compuesta por el gobernante, las élites y los gobernados. En medio de todos ellos se encontraba el sacerdote, que se creía que era el portavoz de los dioses y tenía poder sobre la vida y la muerte y, en algunos casos, influencia política. La estructura política real que adoptaron los olmecas aún no está clara, pero nuevos hallazgos y dataciones probablemente arrojen más luz sobre esta esquiva y avanzada civilización.

> «La naturaleza de la organización política y la integración social de los centros olmecas sigue siendo un punto de controversia para los estudiosos. El consenso general defiende la noción de una jefatura teocrática. Este sistema sociopolítico implica el gobierno de cada centro por parte de un único individuo de élite, o jefe, que ejerce su autoridad sobre todas las cosas religiosas y monetarias. Con respecto a lo primero, los símbolos y motivos iconográficos de las representaciones artísticas sugieren que los olmecas practicaban una religión caracterizada por el chamanismo. Los chamanes, o jefes chamánicos, mediaban entre el reino natural y terrenal y el reino sobrenatural de los ancestros y las deidades. Como señaló por primera vez Peter Furst en 1968, la escultura olmeca también representa el poder sobrenatural de los chamanes y su capacidad para transformarse de espíritus humanos a animales. El uso de drogas psicotrópicas puede haber facilitado las transformaciones chamánicas. Aparte de las actividades religiosas, las responsabilidades monetarias del jefe estaban relacionadas con la producción de alimentos y la recaudación de tributos. Una minoría de élite, presumiblemente emparentada con el jefe, también habría ejercido el control económico sobre el tributo alimentario y las redes comerciales. El comercio con grupos mesoamericanos distantes de los olmecas se evidencia en materiales como el jade azul verdoso del valle del Motagua en Guatemala, la arcilla blanca fina de caolín de Chalcatzingo, la magnetita del valle de Oaxaca y la obsidiana del centro de México y las tierras altas mayas. Las interacciones a través del comercio habrían permitido también la comunicación de ideas religiosas, sociales y políticas.

»Gran parte de este diálogo entre los olmecas y sus lejanos vecinos mesoamericanos está respaldado por la aparición de arte olmeca, o expresiones locales con rasgos característicos, en lugares muy dispersos. El arte olmeca posee rasgos estilísticos distintivos que aparecieron por primera vez en el corazón olmeca entre 1250-1150 a. C. El gobierno y el chamanismo son los temas dominantes. Las figuras humanas tridimensionales talladas en piedra son las más notables por su tamaño y por sus fechas tempranas. Entre ellas se encuentran colosales cabezas de piedra de basalto, individuos sentados y arrodillados, altares con forma de trono y estelas. No se puede exagerar el esfuerzo que habría sido necesario para obtener enormes rocas de basalto de su fuente, las montañas de Tuxtlas. Las cabezas colosales de piedra, de las que se reportó por primera vez en 1862 en el yacimiento de Hueyapan, en Veracruz, fueron, de hecho, el primer contacto de los investigadores con la cultura olmeca. Los estudiosos han argumentado de forma convincente que las cabezas talladas representan a líderes olmecas individuales. A menudo, estos monumentos se encontraban desfigurados o rotos intencionadamente, lo que posiblemente significaba el cese del gobierno o de la vida de un líder. El arte de estilo olmeca también se encuentra en una escala considerablemente menor, como lo ejemplifican los artefactos portátiles». *Extraído de Antropología - Olmecas.*

Algunos artefactos y signos encontrados en ellos eran una indicación de las clases que existían. Por ejemplo, los tocados de plumas, el tipo de joyas y la parte específica del cuerpo donde se usaban son buenos indicadores. Llevar un espejo era muy común entre algunas élites, y se notaba que tenía un lugar especial en la cultura del pueblo. Los objetos de lujo y otros de gran valor eran un signo de poder económico, político, real y religioso en el sistema político de La Venta. Los gobernantes y la élite se servían de ellos para ejercer el poder y exigir respeto a la clase baja de la ciudad.

Varios estudiosos y arqueólogos coinciden en que, en el momento álgido de los reinados de La Venta, la población habría alcanzado las 18.000 personas. Además de los misterios de La Venta, la arena del yacimiento no conservaba los restos de las personas enterradas, lo que hacía casi imposible identificar las diferencias de disposición y ubicación de los enterramientos en el yacimiento. Sin embargo, las cabezas colosales encontradas en varios lugares del yacimiento apoyan la evidencia de que la élite tenía un firme control sobre la clase baja. Además, la construcción de una morada residencial para la élite habría implicado un trabajo masivo con mucha gente de la clase baja.

Las excavaciones recientes también han revelado cómo la ciudad debió estar dividida en algunas partes, especialmente la mejor parte de la ciudad, reservada para las élites y la parte menos productiva para la clase baja. Todo ello es un indicio de la existencia de clases sociales; por tanto, la desigualdad social debió estar a la orden del día, y forma parte de la complejidad de los olmecas de La Venta.

Sitios de enterramiento y rituales

Mosaicos o pavimentos enterrados de La Venta, formados por casi 500 bloques de serpentina[188]

Entre los muchos descubrimientos en el yacimiento de La Venta se encuentran los lugares de enterramiento, especialmente en lugares como el túmulo A, pero el entorno hizo imposible el apoyo para conservar cualquier forma de restos porque la materia orgánica no se lleva bien con el tipo de suelo ácido que se encuentra en La Venta. Los únicos indicios de restos que ofrecía el yacimiento se encontraban en una tumba de basalto y estaban contenidos:

- Un casquete quemado
- Un diente de tiburón
- Espinas de raya
- Algunos dientes de leche

En estos lugares de enterramiento había una gran concentración de algunos objetos como celtas de jade, y parecería que eran una forma de requerimiento con fines rituales para una clase particular de personas, pero no se encontraron restos humanos por lo que fue difícil confirmarlo. Otros artefactos incluyen cuentas, placas, joyas, obsidiana, orejeras, lentejuelas y objetos raros. Queda por ver si se desprendieron de los cuerpos de las personas descompuestas enterradas allí o si se colocaron allí como ritos rituales, pero una cosa es segura, fue un hallazgo común en varios sitios de enterramiento.

Estructura A-2 - Túmulo A

La plataforma está hecha de arcilla y se parece mucho a un lugar de enterramiento. Dentro de la plataforma había huesos descompuestos de restos humanos mal conservados, y entre los objetos que se encontraron allí figura el cinabrio, una sustancia roja parecida a la pintura que se utilizaba comúnmente en la región para indicar el estatus. También se encontraron en la plataforma jade, máscaras y figurillas, junto con espejos y obsidiana, que desde hace tiempo se han establecido como objetos de clase entre las élites.

Por ejemplo, el espejo tenía un significado especial, es decir, lo llevaban o utilizaban principalmente la realeza, los sacerdotes y la élite. No era especialmente común entre la clase baja de los olmecas. Las estelas y otras tallas y monumentos relevantes mostraban a varios líderes olmecas llevándolos en el pecho, la frente y los brazos. La naturaleza de los entierros encontrados dentro de la plataforma muestra que los cadáveres podrían haber sido envueltos antes de ser enterrados.

Enterramientos en urna

El enterramiento en urna se descubrió en el Complejo E, que era más bien una zona residencial de la ciudad. También se encontraron trozos de huesos y dientes, todos ellos enterrados en vasijas de cerámica. Según Rust: «El relleno inmediatamente alrededor de esta gran urna era de arena amarilla y limpia, y la urna estaba cubierta por un cuenco invertido de pasta fina y color naranja con paredes acampanadas; el interior del cuenco estaba pintado de rojo y tenía incisiones con el patrón de doble raya en el borde interior».

Como muchas cosas de los olmecas, este sistema de gestión de una sociedad compleja mediante la división en clases se reprodujo en varias civilizaciones de Mesoamérica. Las clases se notaron en toda la región, y los sacerdotes y la realeza eran tratados como semidioses. Ellos, a su vez, gobernaban y controlaban al pueblo utilizando el miedo y la manipulación. Desde los lugares de residencia hasta los lugares de descanso final, la brecha entre las clases se fue ampliando. Todo comenzó con los olmecas y luego se transmitió a otras culturas que le siguieron.

Capítulo 10: Economía y religión

Los olmecas sentaron las bases de la innovación artística en Mesoamérica. Los artefactos que se han descubierto ayudan a entender en qué creían y cómo vivían. Los olmecas construyeron su economía exportando algunos de estos productos e importando los que no tenían.

La economía de La Venta

Las rocas de basalto utilizadas en la creación de monumentos de piedra eran traídas de las montañas de Tuxtla. Se ha sugerido que las rocas fueron comercializadas con otra cultura, pero aún es incierto.

Por los monumentos de piedra bien esculpidos que se ven en La Venta, el sitio utilizó a muchos artesanos altamente calificados. Los olmecas también crearon elegantes vasijas y figuras de cerámica de barro. Existe la posibilidad de que se exportaran más productos de los que se importaban. Y esto podría haber llevado a los olmecas a establecer sus relaciones con otras culturas. Esto dio lugar a que las élites tuvieran un poder importante con bienes de lujo y alimentos de fiesta como el cacao y la cerveza de maíz.

La agricultura en La Venta

La Venta tenía una gran variedad de plantas y animales. Los animales eran principalmente animales marinos, ciervos y otros animales pequeños. La Venta y sus alrededores dependían principalmente de la caza de animales salvajes. Los perros fueron los únicos animales domesticados por los olmecas.

Debido a la riqueza del suelo aluvial situado a lo largo de las orillas del río, La Venta tenía una abundante cosecha cada año. El maíz era la principal planta que cultivaban.

Religión y rituales

Monumento 19, una serpiente emplumada[189]

Se cree que algunos de los motivos que se ven en La Venta tienen un significado ritual. Un ejemplo es el símbolo de la banda cruzada que aparece como una «X» en una caja rectangular. Se han encontrado muchas piedras en La Venta y otros sitios olmecas que poseen este símbolo.

Las actividades religiosas de los olmecas eran realizadas por gobernantes, sacerdotes y chamanes. Los gobernantes parecen ser las figuras religiosas más importantes debido a su conexión con las deidades olmecas. Se cree que los olmecas tenían diferentes seres sobrenaturales, como se evidencia en los artefactos olmecas.

Dragón Olmeca (Monstruo de la Tierra)

Se le representa como un ser parecido a un cocodrilo con cejas llameantes alrededor de la nariz y la lengua partida en dos. El Monstruo de la Tierra también tiene colmillos prominentes (dientes largos y puntiagudos). Su boca, a veces abierta, se ve como una cueva. En la cultura olmeca, es uno de los seres sobrenaturales más comúnmente representados, se cree que representa la agricultura, la fertilidad y el fuego.

Deidad del maíz

El maíz era un cultivo esencial y común para los olmecas, por lo que no es de extrañar que le asignaran un dios. La deidad del maíz se identifica por el maíz que crece de su cabeza hendida. Suele aparecer en las figuras de los gobernantes. Una celta tallada (originalmente encontrada en Veracruz) muestra una representación de la Deidad del Maíz.

Espíritu de la lluvia y Werejaguar

En 1955, Matthew Stirling propuso que el Werejaguar era el resultado de un apareamiento entre un jaguar y una mujer. A partir de ese momento, cualquier figura que mostrara ojos almendrados, boca abatida y cabeza hendida era descrita como un «Werejaguar».

Algunos investigadores creen que el espíritu de la lluvia y el Werejaguar son lo mismo. Otros creen que son dos seres sobrenaturales distintos. Se sugiere que el espíritu de la lluvia olmeca tenía rasgos de Werejaguar y contaba con otros atributos, como una banda en la cabeza, un tocado, barras de orejas plisadas y un icono de «barra cruzada» en el pecho u ombligo.

Dios del Ojo Anillado

El dios de los ojos en banda tiene la cabeza hendida y la boca hacia abajo. Los ojos tienen forma de almendra con una estrecha banda o franja que recorre el lateral de su rostro. El dios de los ojos en banda parece más humano que otros dioses olmecas. Está representado en la famosa estatua olmeca del Monumento 1 de Las Limas.

Serpiente emplumada

La serpiente emplumada, ahora conocida en toda Mesoamérica, apareció por primera vez en la cultura olmeca. Se la ve como una serpiente de cascabel con plumas en la cabeza. Está representada en el Monumento 19 de La Venta. Aunque no es muy común en el arte olmeca, sus equivalentes posteriores, como la deidad azteca Quetzalcóatl y la maya Kukulkán, tuvieron un lugar más importante en la religión mesoamericana.

Monstruo pez o tiburón

El Monumento 58 es uno de los artefactos utilizados para representar al Monstruo Pez. También ha aparecido en tallas de piedra, cerámica y celtas y representa el inframundo. Su diente de tiburón y su cabeza de monstruo identifican al Monstruo Pez. También posee «bandas cruzadas», una aleta dorsal y una cola dividida. Los dientes de tiburón descubiertos en algunos sitios olmecas muestran que el Monstruo Pez era honrado en algunos rituales.

Monstruo de las Aves

El Monstruo de las Aves es representado como un ave temible, a veces con rasgos de reptil. Suele aparecer en las figuras talladas de los gobernantes, especialmente en sus vestidos. La imagen del monstruo de los pájaros también aparece en muchos otros artefactos, incluso en un altar crucial.

Animales y espiritualidad

Los olmecas daban especial importancia a los jaguares, águilas, caimanes, serpientes y tiburones. Numerosos artefactos olmecas muestran características animales combinadas con rasgos humanos, y parece haber una conexión entre los animales y la espiritualidad entre los olmecas. Por ejemplo, las élites olmecas llevaban tocados con plumas y otras formas animales.

Algunas criaturas marinas también eran sagradas para los olmecas. Se han encontrado dientes de tiburón y rayas en los festines de San Andrés, un centro de élite cercano. También está claro que los de La Venta compartían la misma ideología.

Artefactos olmecas

Los diferentes artefactos encontrados en La Venta han sido de gran importancia para entender la religión olmeca. No existe una estrategia ideal para comprender plenamente los artefactos olmecas debido a la falta de documentos escritos; la mayor parte de lo que se conoce es el resultado de patrones repetidos que son simbólicos.

Muchas de las piezas localizadas inicialmente en La Venta han sido trasladadas al Parque de La Venta en Villahermosa, México. El poeta tabasqueño Carlos Pellicer fue el promotor del movimiento, diseñando, organizando y montando el parque en 1957. Pellicer empezó a rescatar muchas piezas arqueológicas de La Venta cuando descubrió que el yacimiento estaba siendo destruido por la refinería de petróleo construida cerca de él. También las colocó en un entorno natural, tal y como se suponía que estaban cuando se encontraron.

En el parque de La Venta hay más de 50 artefactos olmecas. El parque presenta un entorno selvático similar al del yacimiento original de La Venta.

Adornos de jade

La ofrenda nº 4 de La Venta es un grupo de pequeñas figuras de piedra también conocidas como ornamentos de jade. Este grupo estaba formado por diecisiete figuras colocadas en posición vertical y dispuestas delante de seis celtas de jade. Mientras que una de las figuras era de granito erosionado, otras eran de piedra verde. La piedra verde era muy apreciada entre los olmecas y consistía en piedras verdes y verde-azuladas. Las celtas son estructuras finas y lisas talladas en piedra y afiladas en uno o ambos extremos.

La cabeza de las figuras parece alargada. El rostro contiene ojos que parecen hinchados y tienen forma de almendra. Además, las fosas nasales y las orejas están perforadas para su adecuada representación. Las rodillas y los codos están ligeramente doblados, con una mano a cada lado de la figura. Las figuras tienen un aspecto similar, pero son únicas en rasgos como la altura, el color y los rasgos faciales.

Las figuras y las celtas se utilizaban para crear escenas. La mayoría de los estudiosos creen que la Ofrenda nº 4 representa una escena mitológica o histórica: un ritual para honrar a un dignatario, una reunión para llevar a cabo un sacrificio humano o una ceremonia de matrimonio. También se ha confirmado que las celtas son telones de fondo y representan estelas, lo que demuestra que el yacimiento es de gran importancia.

Espejos de mineral de hierro pulido

Estos espejos se fabricaban con mineral de hierro, principalmente hematita, ilmenita y magnetita. Se pulían para obtener una superficie reflectante. Los espejos también tenían agujeros cerca de sus bordes, lo que indica que se usaban como adornos para el pecho. En La Venta se han descubierto abundantes fragmentos de este espejo. En su mayor parte fueron excavados en ofrendas; siete fueron desenterrados del Complejo A de La Venta. Los espejos parecen haber sido muy significativos en la cultura olmeca y se utilizaban en los rituales y en la vida cotidiana.

Celtas o «Pseudohachas»

Están hechos de jade. La mayoría son lisas, pero unas pocas están decoradas con lo que se cree que son símbolos religiosos.

Eran muy comunes tanto en los entierros como en las ofrendas. Junto con las ofrendas de jade, las celtas se ofrecían a las deidades durante las ceremonias de La Venta.

Estelas

Las estelas son monumentos de piedra que tienen elementos esculpidos. En las estelas, los elementos esculpidos están elevados y el fondo aparece más bajo.

La estela 2 muestra la figura de un rey con múltiples figuras (supuestamente guardaespaldas) que lo protegen. Se ve al rey sosteniendo un bastón de poder y llevando un tocado. También hay representaciones de espigas o truenos en la escultura.

La estela 3 muestra dos figuras. Una es un hombre con barba y nariz larga, conocido como la figura del «Tío Sam». Se cree que la escultura representa el encuentro de dos dignatarios: los olmecas y otra cultura. Las dos figuras están de pie sobre una roca sagrada, compartiendo información. Algunas figuras se ven flotando o volando mientras los dos se reúnen.

La estela 19, encontrada en el yacimiento de La Venta, tiene una talla muy inusual. La figura del centro parece sostener algo que parece una bolsa, un mango o una palanca. La figura también se ve sentada dentro del cuerpo de una serpiente emplumada. La cabeza de la serpiente tiene un casco con «barras cruzadas», típico de numerosos monumentos olmecas. La serpiente emplumada continúa alrededor de la estela y termina en una cola de serpiente de cascabel.

Se cree que la estela 19 es una de las primeras representaciones de Quetzalcóatl (deidad azteca), que llegó por primera vez a la costa del golfo de México y dejó el santuario de la Serpiente muchos años después. Se supone que la talla reverencia el lugar donde Quetzalcóatl llegó por primera vez y el lugar donde se fue. Es vital en la historia de Quetzalcóatl; su vínculo con los olmecas acabó por extenderse al mundo azteca y maya.

Columnas de basalto

El complejo A, una zona restringida a las élites, estaba rodeado de columnas de basalto. Las columnas de basalto servían como vallas y se utilizaban principalmente para delimitar los recintos sagrados de los espacios públicos. Tenían unos 7 metros de largo y presentaban extrañas marcas de corte.

Otros monumentos

Monumento 13

Este monumento se encontró cerca del recinto sagrado de La Venta. También se le conoce como «El viajero». La escultura muestra una figura con turbante y sandalias, que lleva algo parecido a una bandera. Se cree que representa un encuentro con una cultura diferente, alguien que llegó al mundo olmeca.

Monumento 20

El monumento 20 parece un gran trozo de tiburón. Está hecho de serpentina y se cree que representa la vida marina.

Monumento 59

El monumento 59 es un hombre-jaguar o un jaguar con apariencia humana. Sus extremidades aparecen estiradas, sosteniendo un objeto esférico o una especie de losa. La escultura también tiene múltiples marcas y tallas.

Monumento 63

El monumento 63 muestra una figura con un estandarte. La figura lleva un tocado y tiene barba. Sobre el individuo hay un gran pez con enormes mandíbulas, aletas dorsales y dientes que sugieren que podría ser un tiburón. La escultura representa al gran dios Quetzalcóatl, o a uno de los muchos viajeros del mundo olmeca. En la parte posterior de la escultura hay varias marcas de corte y hendiduras, que probablemente representan varios sistemas lingüísticos.

Monumento 64

El Monumento 64 parece estar adelantado con una gran hendidura en el centro del cráneo. La hendidura podría ser también una parte del casco. La escultura también tenía ojos largos y delgados y una boca anormal. Se cree que representa a un Werejaguar.

Monumento 77

El monumento 77 también se llama «El gobernador». Fue visto en la entrada del recinto sagrado de La Venta y parecía estar vigilando la pirámide y el área sagrada. Parece una especie de estatua clásica de aspecto egipcio con un manto en la espalda que representa un jaguar. También lleva un tocado similar al de los egipcios.

¿Figuras humanas o Deidades?

Se han encontrado numerosas figuras importantes en muchos monumentos de piedra de La Venta. Los estudiosos aún no están seguros de cuáles son gobernantes humanos o dioses, ya que parece haber una ligera diferencia entre las deidades y los gobernantes olmecas en su ideología.

Sistema de escritura en La Venta

Los olmecas tenían una forma de sistema de escritura que utilizaba símbolos. Y esto se ve en el sello cilíndrico y otras formas de escritura encontradas en San Andreas.

Capítulo 11: La decadencia y los epiolmecas

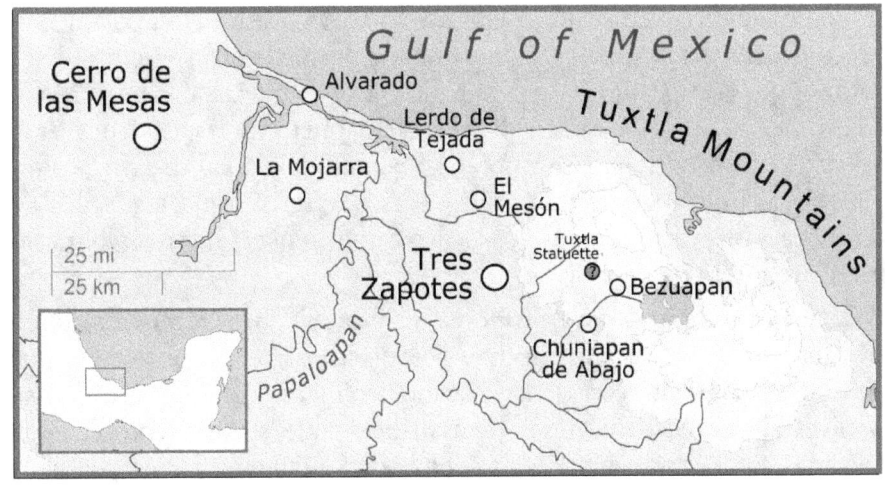

Importantes sitios epiolmecas[190]

Ya hemos establecido que la cultura olmeca fue la primera civilización compleja que luego se extendió por toda la región mesoamericana. Junto con sus formas de vida, este pueblo prosperó a lo largo del golfo de México desde el año 1200 hasta el 400 a. C. aproximadamente. Varios estudiosos los han descrito como los precursores de la civilización moderna y de las sociedades posteriores, como la maya y la azteca. Los sistemas de escritura y los estilos calendáricos que posteriormente vimos en otras sociedades emergentes y que fueron mejorados por otras culturas proceden de los olmecas.

Sin embargo, hacia el 400 a. C., al igual que San Lorenzo, la ciudad olmeca de La Venta decayó tras sustituir a San Lorenzo, que había servido al pueblo durante 2000 años. El declive de la ciudad se llevó consigo la Era Clásica olmeca. La razón de la decadencia de La Venta, al igual que la del anterior centro olmeca, aún no está clara, principalmente porque la ciudad cayó mucho antes de la llegada de los europeos a la región.

Como sabemos ahora, las dos grandes ciudades olmecas de San Lorenzo y La Venta fueron nombradas en base a la ubicación de los hallazgos arqueológicos. Sus nombres originales se han perdido en el tiempo y aún están por descubrir. San Lorenzo disfrutó de una gran racha como centro épico de la cultura olmeca y se ubicó en una isla alrededor del 1200 al 900 a. C.; luego entró en decadencia y fue reemplazada por La Venta.

La Venta entró en decadencia alrededor del 400 a. C. y fue abandonada por completo. La caída de la gran ciudad de La Venta también significó el fin de la cultura olmeca clásica. Todavía quedan restos de La Venta esparcidos por toda la región, pero su cultura hace tiempo que se perdió y se extinguió. Los olmecas construyeron y gestionaron una extensa red de comercio mientras las ciudades eran prósperas, pero todo eso se vino abajo cuando la ciudad decayó. Todos los objetos únicos que se conocían de esta cultura, como los estilos de cerámica, las esculturas y los jades, que tenían motivos olmecas peculiares, dejaron de fabricarse.

Los historiadores, investigadores y arqueólogos especializados en artefactos mesoamericanos no han llegado a un consenso sobre lo que ocurrió exactamente con las civilizaciones olmecas o lo que provocó su declive. Sin embargo, algunos piensan que pudo ser una combinación de varias cosas. Por ejemplo, la sociedad dependía en gran medida de la agricultura y de algunos cultivos como el maíz, la patata y la calabaza para su sustento; esto podría haberles hecho vulnerables al cambio climático. Algunos estudiosos opinan incluso que una erupción volcánica podría haber cubierto toda la zona de ceniza o incluso haber distorsionado el flujo de agua que proviene del río, interrumpiendo así su sistema de riego y provocando finalmente una hambruna.

También se habló de un brote de epidemia que podría haber acabado con la población. Las acciones humanas artificiales no quedaron fuera de las teorías, ya que algunos creían que había una guerra entre La Venta y las sociedades vecinas, y que esto podría haber llevado a la caída de las ciudades, pero no hay pruebas que apoyen estas historias, ni siquiera los indicios de una guerra interna entre las ciudades. La conclusión probable hacia la que se inclinan la mayoría de los estudiosos es la sobreexplotación agrícola, la destrucción de la selva para la agricultura y, finalmente, el cambio climático.

El surgimiento de la Cultura epiolmeca

Cuando cayó La Venta, el último centro olmeca, la cultura olmeca no se extinguió, sino que se transformó en lo que hoy conocemos como Cultura epiolmeca. Esta fue una conexión entre la cultura original de la época clásica mezclada con la cultura de los veracruzanos, y esto se debe a que los remanentes de La Venta huyeron o se trasladaron a las ciudades vecinas, especialmente a Veracruz.

Los remanentes no pudieron establecer el control de la cultura olmeca en sus nuevos hogares, pero coexistieron con el pueblo mientras practicaban una versión más ligera de la que tenían antes. Los olmecas emigrados y la cultura veracruzana prosperaron junto con las tierras olmecas del norte durante otros 500 años.

Así, la Cultura epiolmeca surgió alrededor del Período Formativo y tuvo éxito en la actual Veracruz. Vivieron principalmente a lo largo del río Papaloapan desde alrededor de 300 a. C. hasta 250 d. C. La Cultura epiolmeca nunca alcanzó la altura y los logros de la cultura original, especialmente en los artefactos (como las cabezas colosales y otros monumentos), ni tampoco se acercó en complejidad. Sin embargo, sí que superó a la cultura olmeca original en la mejora de los sistemas de escritura y calendario.

Las ciudades que se beneficiaron de la afluencia de los olmecas originales al caer La Venta son

- Tres Zapotes
- Cerro de las Mesas
- El Tajín
- El Mesón
- Chuniapan de Abajo
- Lerdo de Tejada

Entre estas ciudades, Tres Zapotes y Cerro de las Mesas fueron las dos ciudades con la gloria perdida de San Lorenzo y La Venta, los centros olmecas originales. Sin embargo, solo se trataba de una apariencia; nunca se acercaron a ninguna de las ciudades caídas, pero los importantes artefactos encontrados en el sitio, como un sistema de escritura mejorado, calendarios y astronomía, las hicieron dignas de ser estudiadas.

Tres Zapotes

En enero de 1939, el arqueólogo estadounidense Mathew Stirling y su esposa, Marion Stirling (una autoridad como su marido), y un equipo de otros arqueólogos dirigieron otra expedición a Veracruz, México. Esta fue solo una de las 14 expediciones de Stirling, que ya era un nombre conocido y respetado en distintas partes de América. Esta aventura en particular fue patrocinada por un esfuerzo conjunto de la Sociedad Geográfica Nacional y el Instituto Smithsoniano.

Mientras exploraban varios montículos alrededor del arroyo Hueyapan en Tres Zapotes, justo frente a los montículos más altos en ese momento, el equipo descubrió una roca tallada como un pilar, pero era un monumento junto a un antiguo altar. El monolito tallado, llamado Estela C, resultó ser uno de los mejores descubrimientos del trabajo de Stirling en América. La Estela C tenía un peculiar tallado de un hombre-jaguar esculpido a un lado, que se parecía mucho a algunos de los descubrimientos en los principales centros olmecas.

Además, el centro maya estaba a solo cien millas del lugar de los descubrimientos. Tras un cuidadoso estudio de la Estela C, los arqueólogos concluyeron que debía ser el símbolo de autoridad de un poderoso gobernante que reinaba en la ciudad. En una parte de la talla, Stirling vio lo que parecía una fecha por su experiencia con las inscripciones mayas; tenía barras y puntos. Escribió los números y los llevó a su campamento para mostrárselos a su esposa Marion, experta en estilos de escritura de la América antigua.

Al intentar traducir la escritura, Marion se dio cuenta de que faltaba la mitad superior de la Estela C, que era la parte que indicaba que el período se llamaba baktún. Sin embargo, basándose en su experiencia, adivinó lo que podía significar y llegó a una fecha que decía «3 de septiembre del 32 a. C.». Tres décadas después de su educada conjetura, Marion fue validada cuando se descubrió la mitad superior; su fecha era exacta.

En el momento del hallazgo de Stirling, la Estela C era el calendario de cuenta larga mesoamericano más antiguo que se conocía, pero varias décadas después, la Estela 2, que se encontró en un pequeño sitio llamado Chiapas de Corzo en México, superaría más tarde el hallazgo de Stirling. La Estela 2 fue traducida para tener una fecha confirmada del 6 de diciembre del 36 a. C. Además, cuando Stirling y su equipo descubrieron la Estela C, concluyeron que se trataba de un sistema de datación de calendario de cuenta larga al estilo maya, por lo tanto, una invención de los mayas. Sin embargo, los hallazgos de Veracruz han desmentido la conclusión de Stirling y han hecho retroceder la fecha más allá en el tiempo. En esencia, la historia ha sido reescrita.

La expedición a Tres Zapotes fue un rico hallazgo para Sterling y su equipo. Contaba con una gran cantidad de artefactos arqueológicos, como varias piezas de jade, miles de fragmentos del sistema alfarero y unas cuantas cabezas colosales similares a las que se habían encontrado en San Lorenzo y otros centros olmecas. Los estudiosos creen que la riqueza de los descubrimientos en el sitio de Tres Zapotecas confirma aún más que la ciudad estuvo ocupada durante más de 2000 años y probablemente sea el más antiguo de todos los centros olmecas. Esto nos lleva a preguntarnos: ¿Quiénes eran estas personas y cómo pudieron coexistir durante tanto tiempo?

El sitio arqueológico de Tres Zapotes se encuentra actualmente entre la cuenca del río Papaloapan y las montañas de Tuxtla y tiene acceso a los pantanos de las tierras bajas de Veracruz y a las tierras altas boscosas. Las montañas fueron fuentes primarias de estructuras y esculturas de piedra, y había un suministro bastante regular de agua que corría por el arroyo Hueyapan. El sitio de Tres Zapotes tiene una temperatura diaria de 78 grados que le da una clasificación, «monzón tropical», y la agricultura se llevaba a cabo todo el año. El sitio también era una ubicación perfecta para las redes de comercio, y la evidencia encontrada en el sitio reveló que Tres Zapotes tuvo tratos comerciales con otras sociedades vecinas durante el extenso período en que estuvo ocupado.

La aparición gradual del yacimiento de Tres Zapotes comenzó cuando San Lorenzo (y más tarde, La Venta) estaba experimentando un declive. Basándose en los hallazgos arqueológicos de Tres Zapotes, los estudiosos sitúan la fecha de fundación del sitio en el año 1500 a. C., pero no adquirió el estatus y la autoridad de ser el centro olmeca hasta aproximadamente el año 900 a. C., o lo que se conoce como el Período Formativo Medio. El primer edificio monumental arquitectónico apareció alrededor de la misma época, 500 a. C.

No está claro cómo Tres Zapotes se convirtió en un centro epiolmeca mientras que las grandes ciudades anteriores, como San

Lorenzo y La Venta, cayeron. Algunos estudiosos creen que la ciudad probablemente acogió a los refugiados de las ciudades caídas. O tal vez la gente siguió practicando el estilo de vida olmeca incluso después de la caída de los antiguos centros olmecas. Sea cual sea la posición que se elija, una cosa está clara: Tres Zapotes tenía restos de los olmecas y continuaron con la tradición olmeca mientras otros centros sufrían un declive.

Los artefactos encontrados en el sitio demostraron además que Tres Zapotes alcanzó el estatus de centro olmeca, aunque la complejidad de la sociedad se inclinaba más hacia la de los mayas que hacia la de los aztecas en la forma en que funcionaban las ciudades. En lugar de tener un gobernante central, las ciudades podían funcionar como entidades políticas separadas. Además, las pruebas revelan que la organización política de Tres Zapotes se dividía en familias reales gobernantes y otras facciones más pequeñas. Los expertos en historia mesoamericana creen que esta configuración política en Tres Zapotes se hizo más evidente durante el período epiolmeca en las ciudades.

Hacia el año 400 a. C., la gloria de La Venta terminó por perderse. Al mismo tiempo, Tres Zapotes se convirtió en el centro indiscutible de los olmecas. La ciudad comenzó a experimentar cambios culturales y lo que ahora conocemos como el período epiolmeca. Tres Zapotes y muchas ciudades vecinas experimentaron cambios culturales y el avance de una civilización como nunca antes habían experimentado, y todo se debe a la afluencia e influencia de los olmecas en sus sociedades.

En comparación con el avance observado en los centros olmecas anteriores, los epiolmecas experimentaron un avance mucho más burdo en cuanto a arte y requisitos arquitectónicos. Sin embargo, fue la época en que el sistema calendárico avanzó mucho en la región. Cuando se compara con el desarrollo posterior en el México antiguo, parece poco refinado. Por ejemplo, la zona de Tres Zapotes fue conocida como la base de la escritura llamada *ístmica*. Este tipo de escritura se encontró en varios monumentos y artefactos, y se hizo aún más evidente que era la base del sistema de escritura maya algunos siglos después.

Las excavaciones realizadas en el yacimiento de Tres Zapotes pusieron al descubierto más de 160 montículos y plataformas, que fueron datados en el período epiolmeca, entre el 400 a. C. y el 200 d. C. Estos montículos fueron agrupados y etiquetados en cuatro:

- Grupo 1
- Grupo 2
- Grupo 3
- Grupo Nido

Cada uno de los montículos estaba formado por instalaciones políticas gobernantes, realezas y templos. Por ejemplo, el Grupo 2, que resulta ser el más masivo de los cuatro, está estratégicamente ubicado en el centro del sitio, mientras que los demás estaban a una milla de distancia de los cuatro Grupos.

Los historiadores mesoamericanos han llegado a la conclusión de que el emplazamiento solo puede significar que el período epiolmeca de Tres Zapotes estaba dividido en cuatro arreglos políticos: realezas y familias gobernantes. Estas cuatro familias reales gobernaban sobre las demás partes de las ciudades en un sistema de gobierno descentralizado.

También se observó que en el período epiolmeca hubo un flujo de artefactos escaso o nulo en la ciudad, lo que fue una señal de que las redes de comercio que antes se disfrutaban en San Lorenzo y La Venta se habían derrumbado. Esto fue evidente en la falta de delicadeza que se observó en los monumentos, las artes, la cerámica y otras estructuras arquitectónicas como las que se podían obtener durante los olmecas originales. Otro ejemplo es el tipo de basalto utilizado por los epiolmecas, que era de calidad inferior y debió dificultar la talla. También puede ser que el pueblo careciera de artesanos experimentados como los olmecas, porque muchos artefactos reflejan la falta de detalles.

Los arqueólogos se dieron cuenta de que en los albores de la Era Clásica, los Tres Zapotes aún no estaban totalmente abandonados, pero se había producido un cambio significativo en el modo de vida y la cultura del pueblo. Hacia el año 100-200 d. C., era evidente que la región mesoamericana estaba experimentando otro tipo de cambio. Tres Zapotes, que inicialmente había recibido la influencia de la cultura y la civilización olmeca y que había estado en la parte occidental de la patria que facilitaba la transición epiolmeca, volvió a cambiar de alianza. El otrora centro epiolmeca había pasado a formar parte de una cultura diferente del extremo sur conocida como la *Cultura Clásica Veracruzana*, o lo que algunos llamaron la Cultura Clásica de la costa del golfo. Hubo algunas ciudades que surgieron en esta época, pero Tres Zapotes se mantuvo firme.

Algunos de estos cambios que vinieron con el cambio cultural en Tres Zapotes incluyeron la reanudación del comercio a larga distancia con otros miembros de la región. La economía cerrada por fin se abría de nuevo, como lo había hecho en San Lorenzo y La Venta. También cabe destacar que la Cultura Clásica Veracruzana experimentó una brecha aún más amplia entre las élites y la clase baja. La jerarquía social experimentada durante el período epiolmeca se redujo, y la riqueza estaba ahora más en manos de menos personas que antes. Al igual que ocurrió con los olmecas durante 2000 años, el poder se centralizó mucho más.

También aumentó la demanda de artesanías únicas; la importación de artículos de lujo de socios comerciales lejanos también alcanzó un nuevo nivel. Por último, la religión creció en intensidad, con una estructura más formal que ahora toma forma. La necesidad de las élites de establecer el poder y el control entre el pueblo llevó a que las actividades religiosas y rituales alcanzaran nuevas cotas en Tres Zapotes, y la Veracruz Clásica tuvo varias ceremonias para mostrar este poder y control. Estas incluían sacrificios humanos.

Una vez más, el juego de pelota mesoamericano fue bastante popular durante este período, y sirvió de puente entre las élites y otras categorías de la cultura.

Poco a poco, el arte fue tomando forma y volviéndose más refinado y único en Tres Zapotes. Un buen ejemplo fue el descubrimiento de estatuas y figuras talladas de aspecto extraño con ruedas y caras sonrientes. Los hallazgos revelaron que solo podían haber sido realizados en los primeros años de la era cristiana, en una época conocida como la *civilización totonaca*. Algunos de los patrones singulares observados por los arqueólogos aún están siendo estudiados para poder ser traducidos.

Los mayas clásicos y la ciudad de Teotihuacán, en el altiplano mexicano, fueron las otras civilizaciones que existieron simultáneamente con la cultura clásica veracruzana. Los hallazgos arqueológicos en el yacimiento de Tres Zapotes revelaron el papel de estas culturas cercanas sobre Tres Zapotes, que solo pudo ser a través de redes comerciales.

Curiosamente, algunos siglos después de la caída de Teotihuacán, la civilización maya clásica también experimentó un declive. Como si lo mismo la aquejara, Tres Zapotes siguió su ejemplo perdiendo su brillo y entrando en decadencia. Hacia el año 900 d. C., Tres Zapotes fue abandonado por completo, y solo unos pocos pobladores sobrevivieron a lo largo del siglo. Y así fue como los más de 2.000 años de funcionamiento de Tres Zapotes como centro epiolmeca llegaron a su fin. Ninguna ciudad de la historia antigua de México había estado habitada durante tanto tiempo.

Hasta la fecha, se siguen haciendo descubrimientos sobre la ciudad de Tres Zapotes.

Conclusión

La civilización olmeca no recibe la atención que debería, a pesar de su papel en Mesoamérica y posiblemente en el mundo. Hemos hecho un cuidadoso recorrido desde el primer asentamiento en la región hasta lo que tenemos en la actual América Central.

Comenzamos nuestro viaje remontándonos hasta el año 8000 a. C., un período conocido como el Arcaico, antes de la aparición de la cerámica. Era la época en la que los humanos dependían más de los animales salvajes para su sustento; un período en el que la caza era la principal ocupación de la gente. También era la época en la que la gente estaba siempre en movimiento. No tenían un lugar concreto al que pudieran llamar hogar. Sus desplazamientos dependían de varios factores, como el cambio climático, la disponibilidad de animales salvajes, el estado de sus asentamientos y muchos otros.

Para una mejor comprensión, dividimos el Período Arcaico en las siguientes categorías:

- Preclásico temprano: 2000 a 1000 a. C.
- Preclásico Medio: 1000 a 400 a. C.
- Período Preclásico Posterior/Terminal: 100 a 250 a. C.

Cada uno de estos períodos es único en la región porque se produjeron nuevos desarrollos en la vida y la cultura de los pueblos. Empezamos a notar alguna forma de complejidad en las sociedades a medida que la gente empezó a desplazarse dentro de la región.

Los primeros asentamientos muestran que la gente empezó a pasar de la caza a la agricultura, de viajeros a colonos temporales y, finalmente, a colonos estacionales y permanentes. Este período fue único en Mesoamérica porque la gente empezó a mostrar más interés por la agricultura, y la población empezó a expandirse y a volverse aún más compleja.

Nos dimos cuenta de cómo la gente se refugiaba en diversos abrigos rocosos a lo largo de la región. Un ejemplo de uno de ellos es el abrigo rocoso de El Gigante. Otros asentamientos tomaron forma en torno a los recursos costeros, lo que de nuevo se basa en los recursos disponibles; recordemos que se pasó de la caza a otra forma de alimentar a la población.

El asentamiento más extendido condujo posteriormente a la necesidad de más tierras de cultivo, lo que llevó a despejar el bosque utilizando diversas herramientas y métodos agrícolas rudimentarios. En particular, se inició la domesticación y el maíz se convirtió en el producto agrícola más valorado de la región.

Los artefactos encontrados en varios yacimientos arqueológicos de la región revelaron cómo se las arreglaban los pueblos sin recursos metálicos. Las herramientas de piedra eran el método predominante para lograr la agricultura, la caza y la escultura.

La obsidiana resultó ser otro recurso inestimable para los olmecas, ya que desempeñaba un papel especial en la vida del pueblo al ser utilizada como herramienta, objeto en los rituales religiosos y, posteriormente, en el comercio.

También les llevamos a recorrer algunos sitios arqueológicos importantes de la región mientras hablamos de su singularidad, de los artefactos encontrados en ellos y de lo que los hacía destacar. Hablamos de la religión, de los distintos dioses que adoraban y de la relevancia de algunos de sus rituales.

Luego hablamos de los olmecas, de cómo se les llamaba el «pueblo de la nación del caucho», «la gente del caucho», todo ello por estar situados en una fuente primaria de materia prima de caucho. Nos adentramos en la controversia que rodea el origen de los olmecas, las diferentes opiniones expresadas por varios estudiosos y las razones que motivan su posición. Algunos incluso cambiaron más tarde su posición original por una versión más reciente, ¡gracias a los nuevos descubrimientos arqueológicos!

Sin embargo, una cosa estaba clara y de acuerdo con todos los estudiosos: los olmecas estaban más avanzados en cuanto a civilización y forma de vida en general de lo que se consideraba en un principio. Podemos agradecerles muchos avances y contribuciones a nuestra sociedad moderna, como la escritura y los calendarios de cuenta larga.

Los olmecas eran predominantemente agricultores que dependían de productos agrícolas específicos como el maíz. También desarrollaron un sistema de riego único que suministraba agua a todas las ciudades y hacía posible la agricultura durante todo el año. Al igual que en otras partes de la región, la obsidiana desempeñaba un papel único entre el pueblo junto con otros artículos de lujo de otras partes de la región.

Los olmecas disfrutaban comerciando con otras partes de la región y más allá. Los estudiosos han argumentado que estas redes de comercio y las relaciones con otras partes de la región fueron responsables de su peculiar avance y de la compleja naturaleza de su sociedad.

La historia de los olmecas está incompleta sin hablar de las cabezas colosales. Se trataba de enormes piedras con rostros humanos que tenían sorprendentes parecidos tallados en ellas utilizando únicamente herramientas de piedra. Algunas de estas cabezas de piedra pesan hasta 40 toneladas y son más altas que la mayoría de los seres humanos en posición vertical. Hay que admirar la maestría en el tallado de estos rostros, ya que no era una cara para todos, sino que cada cabeza de piedra tenía rasgos diferentes. Esta maestría también se observó en otros artefactos como la cerámica, los ídolos y otros monumentos arquitectónicos.

Los olmecas fueron los primeros en crear una clase entre el pueblo en cuanto a estilos de vida y arreglos de vivienda. Las élites tenían barrios separados, distintos de los de las clases inferiores. Las élites controlaban a las clases bajas con la religión y creaban miedo entre ellas con sacrificios humanos. Los miembros de la realeza eran tratados como dioses, y sus palabras eran leyes porque se suponía que los dioses hablaban a través de ellos.

También nos dimos cuenta de cómo empezaron varios centros olmecas desde San Lorenzo hasta La Venta y finalmente Tres Zapotes. Estas ciudades alcanzaron gran prominencia con desarrollos únicos antes de que finalmente cayeran, una tras otra. Se han atribuido varias razones a la caída de estos grandes centros, pero todas son meras sugerencias; no se ha llegado a ninguna conclusión concreta. Esto también se debe a que la propia civilización olmeca se basa en hallazgos arqueológicos y no en textos.

La Venta fue el otro centro olmeca que salió a la luz después de la caída de San Lorenzo y estuvo ocupado durante unos 500 años; era una sociedad mucho más compleja, con separación de clases en realeza, élites y clase baja. La desigualdad en cuanto a riqueza y otras posiciones sociales se amplió aún más. Algunos artículos de lujo estaban destinados únicamente a la élite. Los sacerdotes tenían el control sobre la vida y la muerte e incluso ejercían algunos poderes políticos. También observamos cómo la economía de La Venta prosperaba gracias a su ubicación estratégica y a los ecosistemas cercanos. Mientras que San Lorenzo era conocido por sus cabezas colosales y otros monumentos, La Venta lo era por sus complejos, plazas y plataformas.

Los olmecas mantenían buenas relaciones comerciales con civilizaciones vecinas como los mayas y los aztecas; también dominaban algunas ciudades. Esto fue evidente en la epiolmeca Tres Zapotes, donde las ciudades no eran totalmente un centro olmeca. Aun así, algunas versiones de la civilización y la cultura olmeca se practicaron entre el pueblo durante muchos años. Algunos estudiosos han llegado a decir que la presencia de los olmecas en Tres Zapotes (y todo lo que trajeron cuando abandonaron La Venta) fue la razón por la que Tres Zapotes se convirtió en la región en la que las ciudades estuvieron más habitadas, ¡durante más de 2000 años!

Tres Zapotes, como centro epiolmeca, cerró inicialmente sus fronteras y no hizo negocios con otras partes de la región hasta que pasó por otra transición que lo cambió todo, y se reanudaron los negocios con los vecinos y socios lejanos.

No podemos olvidar el papel que jugó el juego de pelota mesoamericano entre los olmecas. Durante el apogeo de San Lorenzo como centro olmeca, vimos cómo el juego de pelota fue utilizado entre diferentes entidades políticas para servir a distintos propósitos. Para algunos, era un mero entretenimiento que fomentaba la unidad, especialmente entre las élites y las clases bajas. Para otros, este deporte tenía consecuencias de largo alcance, como perder las extremidades e incluso ser sacrificado. Este juego de pelota sigue existiendo hoy en día y es el más antiguo del mundo.

El sistema de escritura hallado en los yacimientos olmecas es el más antiguo de la región y posiblemente del mundo; todavía se está traduciendo. El sistema de escritura y los calendarios de cuenta larga de los mayas —que en un principio se consideraban los más antiguos y avanzados— se han rastreado correctamente hasta los olmecas.

Se podría decir que los olmecas son la civilización más antigua de América, y algunos podrían llamarlos la *civilización olvidada*. Sin embargo, la historia no olvidará el papel que los olmecas desempeñaron en la historia de la raza humana en general, y en la de América en particular.

Cuarta Parte:
La Civilización Tolteca

Un Apasionante Resumen de la Historia de los Toltecas, Desde el Período Clásico Maya en Mesoamérica hasta el Auge del Imperio Azteca

Introducción

El imperio tolteca fue una civilización precolombina que floreció en los siglos X y XI d. C. en Mesoamérica. Los toltecas llegaron al México central desde los desiertos del norte y dominaron la región gracias a su artesanía y su pericia bélica. Fueron tan feroces y respetados que los aztecas afirmaban ser sus descendientes; afirmación que, sea o no cierta, sigue siendo discutida por los historiadores. Los aztecas admiraban a los toltecas por su arte, su arquitectura y su cultura, las cuales los aztecas adoptaron en sus propias ciudades. El lenguaje tolteca, el nahuatl, también se introdujo en la sociedad azteca, donde la palabra "tolteca" llegó a significar "artesano".

La mayor parte de lo que sabemos hoy de los toltecas nos ha sido legado por los aztecas. Sus relatos están envueltos en mitología y presentan a los toltecas como un imperio en la cúspide de la cultura, la sofisticación y la civilización. Algunos historiadores creen que los relatos aztecas sobre los toltecas son creíbles según los paralelismos arqueológicos que se han hallado. Por otra parte, otris creen que no se pueden interpretar con literalidad, ya que entorpecen la verdadera investigación sobre el origen y la cultura de la civilización tolteca.

En el siglo VI d. C., la ciudad religiosa de Teotihuacán fue arrasada y la mayoría de sus monumentos ardieron hasta los cimientos. Teotihuacán era la ciudad de mayor tamaño y renombre en la Mesoamérica de la edad clásica. En su apogeo se trataba de una maravilla arquitectónica con una población cercana a los 200.000 habitantes. Los historiadores contemporáneos creen que los mismos toltecas quemaron y destruyeron su preciada ciudad, o al menos tuvieron algo que ver en su destrucción. El hecho de que los toltecas surgieran de las cenizas de Teotihuacán hace que esta posibilidad sea aún más interesante. Hoy no recordamos a los toltecas como los grandes innovadores que fueron sus vecinos, los zapotecas, ni tampoco como prodigios científicos o matemáticos como los mayas. Los recordamos como aguerridos guerreros que combatieron en nombre de su religión, pues establecieron un ejército permanente con varias castas militares. Diestros, disciplinados y muy bien preparados, los guerreros toltecas emplearon fuertes, fortalezas, depósitos de suministro y unidades de reserva. Extendieron su poder a lo largo y ancho de la región, conquistando asentamientos, aldeas, ciudades y reinos.

Los aztecas también adoraban a los toltecas por su capital, la ciudad de Tula. Se trataba de un centro urbano con grandes pirámides y una enorme plaza central. La mayor estructura de la ciudad era la llamada "Pirámide de Quetzalcoatl". También conocido como "la serpiente de plumas preciosas", Quetzaltoatl era una figura mítica a la que los aztecas y otras culturas mesoamericanas reverenciaron. Los historiadores creen que una de las plazas de Tula podía acoger a cerca de 100.000 personas y que probablemente se utilizaba en eventos y festividades. La ciudad contaba asimismo con dos canchas en las que se practicaba un deporte de balón muy popular en toda la región mesoamericana.

América Central[191]

A principios del siglo X, los toltecas empezaron a asentarse en territorio maya. Los mayas tenían grandes ciudades como Tikal o Chichén Itzá, cuyas respectivas poblaciones superaban en número a la de Tula en su apogeo. Kukulcán, el rey semi legendario, conquistó la península de Yucatán, controlada por los mayas. Uno de los templos de la ciudad de Chichén Itzá se construyó en honor a este rey. Además del templo de Kuculcán, "El Castillo", historiadores y arqueólogos han observado las sorprendentes similitudes entre la Pirámide de Quetzalcoatl y el Templo de los Guerreros de Chichén Itzá. Teniendo en cuenta que los mayas estuvieron influenciados por Teotihuacán durante mucho tiempo, parece lógico que los toltecas heredaran dicha posición de Teotihuacán. Con su vasto imperio, los toltecas controlaron uno de los imperios más extensos de la historia durante cerca de un siglo. Entre los años 1.018 y 1.025, una gran hambruna sacudió el territorio y condujo al declive de los toltecas. Durante el siglo posterior, la autoridad de su civlización seguiría disminuyendo entre guerras civiles, disputas religiosas y rebeliones. En 1.122 d. C., Tula fue reducida a cenizas.

Los expertos llevan mucho tiempo debatiendo el papel de los toltecas. Algunos sugieren que los aztecas exageraron el mito de su civilización, mientras que otros aseguran que, pese a algunos adornos, las crónicas de los aztecas cuentan la verdad. Por desgracia, Itzcoatl, el emperador azteca, quemó muchos codices históricos y pinturas; más tarde, los españoles profanarían, saquearían y destruirían reliquias y obras de arte. Hoy, en comparación con las culturas azteca y maya, tenemos un entendimiento más bien reducido de los toltecas.

En este libro vamos a adentrarnos en la historia de los toltecas, incluyendo las civilizaciones que los predecieron. Para comprender la influencia tolteca en la vida mesoamericana, debemos entender qué ocurría antes de su llegada, qué cambios aportaron y cuál fue su legado. Examinaremos la relación entre mayas y toltecas e intentaremos comprender cómo los toltecas moldearon el estilo de vida azteca. También discutiremos las artes, el armamento, la vida social y los principales gobernantes de esta gloriosa civilización. Por ultimo, debatiremos varias teorías en cuanto a su auge a principios del siglo X y su posterior declive en el XI.

SECCIÓN 1:
LA EDAD CLÁSICA MAYA
(250 a. C. – 900 d. C.)

Capítulo 1: Las Grandes Ciudades Mayas

La civilización maya empezó a desarrollarse en el territorio de lo que hoy es Guatemala, Belice, el este de México y el oeste Hondursa y El Salvador alrededor del año 2.000 a. C. Esta época se conoce como el período preclásico de los mayas, y prosigue hasta el año 250 .a C. Los mayas no eran un pueblo común, sino un grupo de asentamientos dispersos con culturas similares que se desarrollaron simultáneamente. La palabra "maya" es un término genérico: estos asentamientos no se consideraban mayas ni se identificaban como una unidad cohesionada.

La primera civilización auténtica que apareció en el período preclásico fue la de los olmecas, que aparecieron en torno al 1.200 a. C. en el terreno tropical del golfo de México. Ciudades como Tikkal, Calakmul y Copán se desarrollarían en el sureste y cargarían con la mayor parte de la influencia cultural de los olmecas. Sabemos de su existencia gracias a las diecisiete esculturas de piedra tallada que se han encontrado, en las que representaron sus cabezas llevando un casco. Cuatro de estas esculturas se encontraron en La Venta, la que fue capital y núcleo cultural de los olmecas. La compleja arquitectura de esta ciudad indica que sirvió también como centro estatal del imperio olmeca. San Lorenzo es, en cualquier caso, el centro olmeca más antiguo que se conoce, y solo cuando llegó su declive pudo La Venta erigirse como capital de su civilización.

En el período preclásico medio (entre los años 1.000 y 400 a. C.) surgieron pequeñas aldeas y se formaron algunas ciudades. En el preclásico tardío, del 400 a. C. al 250 d. C., empezaron a aparecer ciudades de gran tamaño en la Cuenca del Petén, una región del sureste de México y el noreste de Guatemala. La ciudad de El Mirador en Petén está considerada una de las primeras capitales de la civilización maya. Aunque la ciudad existió desde el siglo VI a. C., solo alcanzó su cénit tres siglos después. Otro asentamiento clave en el preclásico medio fue Nakbe, que estaba estrechamente conectada a El Mirador. Los altiplanos del sur de Guatemala acogieron así mismo a otras ciudades como Kaminaljuyu. A través del estudio de sus restos, los arqueólogos conjeturan que los mayas construyeron Kaminaljuyu al final del período preclásico. El desarrollo urbano en áreas cercanas ha impedido a los expertos calcular el tamaño de la ciudad, así como su importancia política y económica.

La civilización maya existió desde el 7.000 a. C. hasta el 1.524 d. C., pero empezó a destapar su verdadero potencial en el siglo III. La gran evolución de los mayas empezó alrededor del año 250 d. C., cuando se marca el inicio del período clásico maya. Fue entonces cuando desarrollaron su predilección por lo artístico y lo intelectual, y cuando empezaron a construir ciudades de gran tamaño. Rebosantes de arquitectura monumental, esculturas y arte, estas ciudades llegaban a albergar 50.000 habitantes. La mayor de todas fue Tikal, también conocida por su nombre antiguo, *"Yax Mutal"*, que se erigió cerca del año 300 a. C., pero llegó a ser lo que fue tras el colapso del período preclásico, en el cual otros enclaves como El Mirador y Kaminaljuyu redujeron su población hasta el práctico abandono.

Tikal[192]

Mientras Tikal asentaba su lugar en el período clásico temprano, otra ciudad llamada Teotihuacán aparecía en el valle de México. Los primeros asentamientos en la zona fechan del siglo VI a. C., pero no se convirtieron en fenómenos urbanos hasta el s. II a. C., cuando los granjeros empezaron a migrar hacia el valle. Finalmente, en el siglo I a. C., Teotihuacán empezó a convertirse en una metrópolis incomparable en toda Mesoamérica, experimentando un período de expansión masiva y progreso durante los siguientes cuatro siglos. La edad de oro de la ciudad perduró entre el 350 y el 650 d. C., cuando Teotihuacán alcanzó los 125.000 habitantes, lo que la convierte en una de las ciudades más pobladas del mundo antiguo. Los historiadores creen que el factor más atrayente de la ciudad fueron los sentimientos religiosos asociados a ella: el poder engendra influencia, y Teotihuacán no fue una excepción. A medida que la ciudad crecía, su influencia se extendió por las regiones colindantes, incluyendo Tikal, y pudo haber llegado hasta la ciudad de Chichén Itzá en el norte.

Las capitalas mayas solían estar rodeadas de ciudades más pequeñas que contribuían a la riqueza y la prosperidad de todo el imperio. Los reyes preferían vivir y trabajar en estas capitales debido a su proximidad con otros enclaves y su importancia estratégica. Tikal, por ejemplo, estaba rodeada de numerosas ciudades y asentamientos mayas con las que guardaba relaciones variables: Uaxactun, Caracol, Naranjo y sobre todo Calakmul, con la que acabarían desarrollando una fiera rivalidad. No obstante, Tikal era lo bastante grande como para tener relaciones con ciudades muy distantes como Teotihuacán. Los hallazgos arqueológicos muestran que Teotihuacán tenía embajadas en Tikal en el s. I d. C., pero no fue hasta el s. IV cuando los intercambios entre ambas ciudades se intensificó.

En el 378 d. C., Tikal entro en contactó con Teotihuacán. No sabemos si sucedió en forma de una invasión directa o a través de gobernantes títere, pero sabemos que, de aquí en adelante, los extranjeros tuvieron un impacto sustancial en el arte, la cultura y otras prácticas sociales en Tikal. Bajo la hegemonía de Teotihuacán, Tikal empezó a expandirse, conquistando Uaxactun y aliándose con Kaminaljuyu en el s. IV d. C. Fue en el año 426 cuando la influencia de Tikal absorbió también a Copán, un puesto agricultural que se había convertido en una ciudad de evidente importancia geográfica. Ese mismo año, la alianza entre Tikal y Copán fundó el asentamiento de Quiriguá cerca de Copán. Tikal apoyó el ascenso dinástico de Copán, y los restos hallados en el lugar muestran características de Teotihuacán.

En torno a esta época, otra ciudad llamada Calakmul estaba en la vanguardia de la gloria maya. Se encontraba al norte de la region de Petén y tenía acceso a redes comerciales con ciudades como El Mirador, Nakbe y El Tintal. La ciudad se remonta al período preclásico, aunque se convirtió en un importante enclave maya en el clásico. Tikal y Calakmul eran superpoderes a su manera; y como suele suceder en estos casos, solo uno de los dos podría vencer. Dio comienzo una inmensa rivalidad entre ambas ciudades-estado. Cada una consiguió sus propios aliados antes de enzarzarse en las guerras entre Tikal y Calakmul.

El año 550 marca el inicio de la era clásica tardía de los mayas. Los investigadores calculan que la población de Calakmul llegó a los 50.000 por esta época, y que su autoridad territorial abarcaba unos 70 kilómetros cuadrados. Del mismo modo que Tikal, Calakmul contaba a su alrededor con ciudades secundarias que contribuyeron a su crecimiento. Las ciudades de Naachtun, Oxpemul, Uxul, Sasilha y La Muñeca tenían una población combinada de unas 200.000 personas. Pese a todo esto, Calakmul era una ciudad inferior a Tikal, que acogía a cerca de medio millón por entonces. La primera guerra se produjo entre el 537 y el 572 d. C. Calakmul conquistó una ciudad importante llamada Yaxchilán y siguió formando alianzas en contra de Tikal. En el año 562, Tikal se apoderó temporalmente de la ciudad-estado de Caracol, aliada de Calakmul. No obstante, Caracol y Calakmul acabarían virando las tornas y derrotando a Tikal. La ciudad atravesó a partir de entonces un largo período de hibernación conocido como "el hiato de Tikal"; un destacable estancamiento en el progreso urbano y comercial.

La influencia de Tikal en la región se desplomó y es posible que las fuerzas enemigas apartaran forzosamente a buena parte de su población. En los años posteriores, Calakmul tomaría la ventaja en la región, pero esto no duraría mucho. La influencia de Tikal se había reducido, pero no debilitado. Durante todo el siglo siguiente, Tikal y Calakmul se vieron envueltos en una guerra fría. A la postre, Tikal derrotaría a sus rivales locales, algunos de los cuales habían ayudado a Calakmul durante la guerra.

En el 629, Tikal fundó un puesto militar, Dos Pilas, para controlar las rutas de comercio a lo largo del río Pasión, ubicado en la altiplanicie norte de Guatemala. En el 648, Dos Pilas se alió con Calakmul, dio comienzo a una guerra indirecta contra Tikal y, por consiguiente, provocó la Segunda Guerra entre las dos superpotencias mayas. Tikal atacó y capturó Dos Pilas en el 672. El líder exiliado de Dos Pilas contraatacó capturando a un señor de Tikal en el 679, otorgando a Calakmul el control temporal de la región. Entre el 692 y el 695, Calakmul dominó el conflicto; sin embargo, un inesperado giro de los acontecimientos hizo que Tikal ganase una batalla crucial contra Calakmul. La guerra prosiguió hasta el 705, cuando Tikal fue derrotada de nuevo y Dos Pilas empezó a adquirir autonomía.

Mientras tanto, la ciudad de Teotihuacán sufrió un declive general. Anteriormente se creía que algunos invasores pudieron saquearla y hacerla arder, pero los historiadores recientes afirman que en aquella época solamente se quemaban las estructuras de las élites. Por tanto, la nueva hipótesis es que pudo haberse producido un conflicto entre clases que derivó en una revuelta violenta en Teotihuacán. Lo cierto es que esta época coincide con el cambio climático extremo del hemisferio norte entre el 535 y el 536 d. C. Otras ciudades mayas experimentarían el mismo destino durante el Colapso Maya en los siglos VIII y IX. El imperio tolteca surgiría de las cenizas de Teotihuacán, pero ya llegaremos a eso.

Tikal siguió desarrollando su impresionante cultura y su arquitectura tras la caída de Teotihuacán, pero las cosas no pintaban bien en otros frentes. Quiriguá, que existía hasta entonces como extensión y vasallo de Copán, declaró su independencia y juró fidelidad a Calakmul en el 738. Esta época marca la Tercera Guerra entre ambas ciudades-estado. Copán quiso contraatacar a su vasallo escindido, pero temía que Calakmul interviniera con su ejército. De un plumazo, Calakmul había debilitado a un aliado de Tikal y ganado un pequeño vasallo mientras tanto. Los términos eran también favorables a Quiriguá, ya que estaba bastante lejos de Calakmul y no tenía por qué temer una completa usurpación. Tikal conquistó dos aliadas notables de Calakmul, El Perú y Naranjo, respectivamente en los años 743 y 744 d. C. La influencia de Calakmul en la región menguó considerablemente, ya que había perdido el control de sus aliados y su extensa red de comercio. Tikal había emergido victoriosa, pero estaba en mala forma.

Hacia la mitad del s. VIII llegamos al Colapso Maya, también conocido como la época clásica terminal de los mayas. La población empezó a reducirse en todo su territorio y ciudades enteras fueron abandonadas. Algunos de los enclaves más importantes, como Copán, Tikal y Calakmul, decayeron tanto económica como políticamente. Los arqueólogos han observado que se construyeron menos estructuras de gran tamaño durante esta época, y que se guardaron menos inscripciones de eventos cruciales. Este colapso repentino es un misterio histórico que aún está por resolver. El último registro de un reino en Copán se remonta al año 763. Se alzaron monumentos en Calakmul a finales del s. VIII y principios del siguiente, pero hay poca actividad registrada más allá de eso. A partir de este punto, los vasallos del estado empezaron a erigir su monumentos, lo que apunta a que la población y la autoridad cambiaron de lugar. Muchas teorías intentan explicar el colapso de la civilización maya, incluyendo epidemias, sequías, invasiones del extranjero, conflictos internos en lo político o lo religioso, revueltas y colapso ecológico. Es importante observar, en todo caso, que los mayas siguieron existiendo e incluso prosperaron tras la época clásica, aunque la gloria de antaño nunca regresó.

Tras leer acerca de una "ciudad perdida" en las escrituras de John Lloyd Stephens y su ilustrador Frederick Catherwood, el gobernador de Petén visitó las ruinas de Tikal a mediados del s. XX. Pronto se convirtió en un centro de interés para los arqueólogos de todo el mundo, si bien no fue ningún descubrimiento para los nativos que llevaban siglos residiendo cerca de la antigua ciudad. Hoy, Tikal consiste en unas 3.000 estructuras en las que se cuentan nueve plazas, grandes templos, palacios, un mercado, diez depósitos de agua y una peculiar cancha deportiva, todas ellas conectadas por calzadas. Fijándonos en Tikal y otras ciudades mayas del mundo antiguo, nos damos cuenta de que sus ciudades se expandían hacia el exterior de forma indiscriminada, sin una estructura reticular. A juzgar por su ubicación, queda claro que las ciudades grandes se erigieron allá donde pudieran ayudar al comercio. Los asentamientos con buena producción alimenticia y rutas mercantiles idóneas se convertían con el tiempo en estados capitales.

Capítulo 2: Vida Social y Economía de los Mayas

Como se ha mencionado antes, los historiadores dividen la crónica de los mayas en tres épocas principales: el período preclásico, el clásico y el posclásico. El período preclásico se prolonga entre el 2.000 a. C. y el 250 d. C.; la época en la que los mayas cambian sus humildes asentamientos por majestuosas ciudades. No está claro por cuánto tiempo habitaron en Mesoamérica, pero sí sabemos que, antes del 2.000 a. C., los mayas eran básicamente cazadores, y que solo introdujeron elementos agrarios en torno a ese año. El maíz fue una de los primeros alimentos que aprendieron a cultivar y pronto se convirtió en una cosecha básica de la región. Después, ya en el período preclásico, cultivaron habas, chiles, tomates, calabacines y cacao. Los descubrimientos indican que el cacao pudo haberse usado como bebida alcohólica a partir del siglo XV a. C. En cualquier caso, la dieta principal de los mayas seguían siendo los comestibles recolectados, el pescado y la carne.

Los olmecas fueron los primeros en desarrollar un sistema de escritura, aunque no fue tan legible o completo como los textos y jeroglíficos que sugirían después en la cronología maya. También construyeron centros urbanos y practicaron rituales diversos como deportes, degustaciones de chocolate y adoración al jaguar. Codiciaban el jade y organizaron varias rutas comerciales para hacerse con él. Estas rutas les permitieron conectar a varias regiones y seguir expandiéndose durante el período preclásico, propagando las características culturales de los olmecas en toda Mesoamérica.

La vida agrícola ganó en complejidad entre los siglos X a. C. y IV d. C. Aparecieron los primeros sistemas de irrigación que requerían coordinación humana. Los olmecas levantaron estatuas y monumentos, construyeron calzadas y adoptaron el maíz como componente crucial de su dieta. Al final del período preclásico surgieron los estados de Kaminaljuyu y El Mirador. El estilo de vida maya empezó a cobrar forma.

En el período preclásico, los mayas establecieron una base agrícola para su economía. En Mesoamérica, la agricultura era y sigue siendo un reto, ya que el suelo tiene una condición poco fértil y no hay mucho terreno arable. En cualquier caso, numerosas civilizaciones han aplicado técnicas novedosas a lo largo de la historia para paliar las dificultades geográficas. Por ejemplo, en el medievo, los granjeros europeos usaban franjas de tierra dispersas para mitigar riesgos y recuperar posibles pérdidas. La mayoría de las civilizaciones mayas alternaban entre distintas franjas de tierra con cada temporada, lo que les permitía adaptarse al suelo bajo en nutrientes. Los mayas, al igual que los olmecas y aztecas, cultivaron maíz, habas y calabacín. El maíz absorbe el nitrógeno del suelo, mientras que las habas ayudaban a reactivarlo. Algunos historiadores apuntan a la erosión del suelo como una de las principales causas del colapso de Teotihuacán. Para evitar catástrofes, los mayas cultivaban muchos de sus productos alimenticios en jardines forestales llamados *pet kot*. Conectaban asimismo sus campos con canales, lo que dio lugar a un sofisticado sistema de irrigación que evitó el agotamiento de los nutrientes. Los mayas comían sobre todo maíz, pescado, miel, habas, pavo, verduras y bebidas de chocolate. También obtenían sus alimentos del forrajeo y la caza.

El maíz fue siempre el cultivo estrella por delante de las habas y el calabacín. La mitología de la creación maya habla de dioses que crearon a los humanos a partir del maíz blanco y amarillo, ideas que coinciden con el panteón de dioses animales de los olmecas. Los centros ceremoniales, templos, pirámides y plazas recalcaban en sentimiento religioso de las comunidades mayas. Otra fuente de atracción en las ciudades fueron las estructuras religiosas de piedra. Teotihuacán empezó como enclave religioso y acabó siendo una de las ciudades más grandes de la historia de Mesoamérica.

La llegada de los centros urbanos trajo a los mayas grandes progresos en las matemáticas y la astronomía. Inventaron el concepto de "cero": la representación de una no-entidad que les ayudó a resolver problemas complejos. Crearon un calendario que favorecía la producción agrícola al paso de múltiples ciclos. También desarrollaron un sistema de escritura mucho más sofisticado y completo que el de los olmecas, aprovechando la corteza de las higueras para elaborar papel y escribir jeroglíficos en códices. Los mayas heredaron su amor por la escritura de los olmecas, y con frecuencia inscribían sus gestas en piedra y relieves. Buena parte de lo que sabemos de ellos procede de sus jeroglíficos, presentes en estructuras, losas de piedra y productos de alfarería. En ellos se detalla que los mayas eran ante todo granjeros, aunque estaban familiarizados con la violencia y el conflicto. Las revueltas eran habituales y las ciudades-estado solían enzarzarse en batallas por el control de la región.

En la época preclásica, la sociedad maya mostraba una división radical entre las élites y el pueblo llano. Con el tiempo, su sociedad se hizo más compleja gracias a la especialización y la división de trabajo, distinciones que también modernizaron su hegemonía social y política. Según las comunidades rurales se convertían en pequeñas ciudades, y estas a su vez en paradigmas culturales y arquitectónicas, las clases de prestigio se centralizaron en un nexo único. Las facciones ricas se convirtieorn en clanes y dinastías nobles. La aristocracia residía en el centro cultural, donde se encontraban las demostraciones artísticas más sorprendentes: edificios deslumbrantes, inscripciones divinas, bellas esculturas...

La máxima autoridad pertenecía al rey y a la corte. El rey actuaba como líder supremo; una figura casi divina y envuelta en tradición mitológica, además del punto de unión entre el reino mortal y el de los dioses. El pueblo solía identificarlo como el dios del maíz, del mismo modo en que el emperador Kukulcán se convirtió en una serpiente emplumada según la religión yucateca. Kuculcán está a vez asociado al dios azteca Quetzalcoatl, y algunos historiadores sostienen que son en realidad la misma divinidad.

La civilización maya era patrilineal, lo que significa que el poder se transmitía de rey a hijo; normalmente al primogénito, aunque no siempre era así. El sucesor tenía que cumplir ciertos criterios para ascender al trono. Por ejemplo, debía poseer grandes habilidades tácticas y militares, ya que los reyes debían a menudo ir a la guerra en el inestable territorio maya. La coronación del solía implicar una ceremonia sofisticada en la que el rey se sentaba en un cojín de piel de jaguar, sostenía un cetro y se ponía una diadema de jade y un tocado hecho con plumas de quetzal. Si la santidad de la nación estaba en peligro, los reyes podían delegar el trono a la reina en lugar de a su hijo. Al igual que ocurre en nuestra época, la transición de poder debía ser pacífica, de modo que el rey y la nobleza deliberaban antes de tomar una decisión.

La estructura política maya era puramente jerárquica y no se basaba en un modelo burocrático o democrático. Cada corte real atendía a sus propias necesidades, y los títulos de la nobleza solo podían entregarse a cortesanos o aristócratas. Estos últimos solían apoyar a los representantes de la corte y, si bien estos nobles ejercían cierta influencia en cuestiones estatales, la autoridad más importante era la del "señor divino". Sea como fuere, el impacto político y sociológico de la aristocracia creció a la par que lo hacía la población maya durante el período clásico. Gracias a esta expansion y diversificación, otras facciones como el clero o la clase guerrera también cobraron importancia. Las diferencias entre clases dieron lugar a frecuentes conflictos. Se formaban entonces instituciones políticas dinámicas para remediar la situación, y las disputas se resolvían en los mismos entornos públicos en que se realizaban rituales de danza y sacrificios humanos.

El título de señor divino perdió algo de prestigio hacia el final de la era clásica. Los mayas se referían a los miembros de la clase dirigente como *ajaw* y al señor divino como el *k'uhul ajaw*. Las inscripciones jeroglíficas asocian a los ajaw y otros possedores de títulos con ciertas estructuras de la ciudad. Otro título de la estirpe real era *kalomte,* reservado para los emperadores más formidables. El kalomte comandaba a los ajaw, quienes a su vez daban órdenes a los *sajal,* delegados a cargo de pequeños puestos militares. Los sajal podían ejercer de gobernadores regionales o capitanes de guerra a cargo de los prisioneros.

Como en cualquier sociedad, el mayor sector de la población eran los plebeyos, en torno al noventa por ciento de la civilización maya y pilar esencial de su economía. Cultivaban diversos alimentos, participaban en el comercio entre ciudades, interactuaban entre sí en los grandes mercados y elaboraban algunos de los más preciados artículos de joyería y lujo. Aun así, poco se sabe de ellos. No quedan restos de hogares civiles: el tiempo y la naturaleza se los han llevado. El rey, la nobleza y la aristocracia financiaban a artistas y otros individuos de relevancia cultural. Todo aquel que no fuera de sangre noble era considerado un plebeyo, así que no es sorprendente que no aparezcan en inscripciones, jeroglíficos ni esculturas.

Las mayores fuentes de la economía maya eran la agricultura, las materias primas y el comercio. Se extraían materiales como jade, madera, oro y cobre del terreno, y se usaban en combinación con otras materias para manufacturar ropa, armas, papel, muebles, códices y artículos de lujo. Obreros y artesanos constituyeron una robusta clase media que producía bienes exóticos. Las mercancías más apreciadas eran la sal (ya que ayudaba enormemente a preservar la comida), el cacao (ya que a los mayas les encantaba beberlo) y metales como el jade y la obsidiana por su evidente valor económico. Los matemáticos, artistas y artesanos más habilidosos lograban sortear la cadena de mando y vender sus servicios por separado. Se confiaba en el conocimiento de los expertos en astronomía, arquitectura, escritura, escultura, arte, matemáticas y agricultura. Existía incluso un sector de servicios en el que los expertos de distintos campos vendían sus servicios.

Un mercader gobernante dirigía el comercio regional gestionando la producción y el suministro de bienes. En lo más alto de la clase media yacían los consejeros, cuyo conocimiento y habilidad varía ampliamente. La junta consejera era la responsable de mantener el comercio y, por consiguiente, las relaciones entre los distintos estados. Con una estricta supervisión de todos los estratos entre clases sociales, los mayas desarrollaron una sociedad altamente urbanizada con diversos modos de integración.

Las aldeas permanecían aisladas y se centraban casi siempre en el comercio local a corta distancia. Incluso los hogares más eficientes dependían del comercio cercano para conseguir artículos esenciales. Con el tiempo, los asentamientos pequeños empezaron a especializarse en bienes y servicios concretos. Durante el período clásico, las ciudades crecieron exponencialmente y el comercio entre ciudades y reinos se volvió habitual, lo que impulsó el crecimiento de aldeas y ciudades. Los pueblos más pequeños se incorporaron entonces a las rutas de comercio, ya que los mercaderes necesitaban lugares donde descansar tras el arduo camino. Esto contribuyó al desarrollo económico en pequeñas ciudades. Pronto, la sociedad maya se convirtió en un imperio de comercio altamente integrado.

Los mayas utilizaban un sistema básico de trueque. Durante la época posclásica, los granos de cacao se empleaban en negocios del día a día. El jade, el oro y el cobre se reservaban para compras mayores, ya que las civilizaciones mesoamericanas valoraban mucho esos materiales. A medida que el intercambio local y foráneo ganaba tracción, la red comercial de los mayas traspasó su propio territorio y se propagó por toda Mesoamérica.

Capítulo 3: Grandes Monumentos de los Mayas

Basta con fijarse en Tikal para recordar lo avanzados que estaban los mayas en el sentido arquitectónico. Tras derrotar al estado vecino de Calakmul, el pueblo de Tukal entró en un período en el que se construyeron estructuras gigantescas y asombrosos monumentos. A lo largo de esta época se erigieron los templos I y II en la ciudad. Como en muchas otras ciudades mayas, los habitantes de Tikal abandonaron sus pirámides ascendentes y sus esculturas tras el declive. Con el paso del tiempo, la selva ocultó los cimientos de estas estructuras, alejándolos de ojos curiosos. En 1.839, John Lloyd Stephens y Frederick Catherwood llegaron a Centroamérica y, tras un duro viaje debido a la inestabilidad política de la guerra civil, encontraron una losa de piedra magníficamente tallada. Continuaron con su expedición, descubriendo más escaleras, terrazas de agricultura y muros de piedra. Esto despertó el interés de muchos estudiosos, y cada vez más investigadores y turistas empezaron a viajar a América Central.

Las ruinas de Tikal comprenden más de 3.000 estructuras, contando enormes palacios y templos conectados por calzadas. Estas estructuras se construyeron con un uso abundante de piedra caliza, y su diseño ilustra la influencia de Teotihuacán. La ciudad también albergó una cancha deportiva para jugar al deporte mesoamericano con balón, pirámides pequeñas, plataformas, monumentos de piedra, edificios administrativos, un complejo mercantil, depósitos de agua y residencias. Las estructuras más grandes contienen los rasgos definitorios de la arquitectura y el arte maya: pirámides escalonadas, plataformas elevadas y largas escaleras acompañadas de cámaras abovedadas e imágenes de dioses. La Gran Plaza yace en el centro de la ciudad, escudada por sendos templos a este y oeste. La acrópolis central y la del norte se encontraban a los otros dos lados de la plaza. Construida aproximadamente en el siglo IV d. C., la Gran Plaza y el Acrópolis del Norte han cautivado a los expertos durante mucho tiempo, sobre todo por lo complejo que es guiarse por las dos estructuras. Tanto la plaza como el acropolis se construyeron siguiendo un eje norte-sur, una prueba más de lo bien que los mayas comprendían la astronomía. De manera contraria, los templos I y II, construidos en la época clásica tardía, siguen un eje este-oeste y tienen la impresionante altura de 47 y 38 metros respectivamente.

Los templos I y II forman parte de un grupo de seis pirámides prominentes. Las pirámides, tituladas Templos I -VI, constan de una larga escalinata y un templo en sus respectivas cumbres. Estos seis templos se construyeron en los siglos VIII y IX d. C. El tejado del Templo I estaba adornado con una escultura gigante de un monarca maya y contenía una gran colección de objetos inscritos, como tubos de hueso y cintas, en las que tanto los humanos como las deidades mayas aparecían representados. También había ornamentos de jade y envases de cerámica en el lugar. Los portones de los Templos I y II tienen dinteles de madera parcialmente tallados. El III, conocido como el Templo del Sacerdote Jaguar, tiene una altura de 55 metros y muestra asombrosas ilustraciones de rituales y deidades. Con una nada desdeñable altura de 70 metros, el Templo IV es la estructura más alta de su familia. Otras dos edificaciones podrían haber sido incluso más altas en su día, pero esta sigue siendo la construcción maya más grande del mundo, y la segunda más grande de todo el mundo precolombino. Ell Templo V, de cincuenta y siete metros de alto, es la segunda estructura de mayor tamaño en Tikal. Finalmente, el Templo VI llama la atención por sus modestos 12 metros de altura y recibe el nombre de "Templo de las Inscripciones" por los largos jeroglíficos presentes en su tejado. Estas inscripciones Narran la historia de Tikal desde la época preclásica en el 1.139 a. C.

Todos los grandes gobernantes mayas moraban en el palacio real de cinco plantas en la Gran Plaza. El palacio contaba con varios patios para sacrificios y ceremonias sangrientas, así como con espaciosas galerías. La acrópolis del norte contenía templos erigidos encima de dos superficies llanas, y servía como complejo funerario y lugar de enterramiento para la nobleza. Esta estructura se extendió verticalmente, añadiéndose nuevos templos y plantas para cada enterramiento real subsiguiente. Hay otra acrópolis al suroeste de la Gran Plaza; a la izquierda de dicha acrópolis se encuentra el grupo arquitectónico del "Mundo Perdido", contiguo a la plaza de los Siete Templos. El Mundo Perdido es el complejo ceremonial más grande de toda la ciudad. Adornada con máscaras de estuco del dios Sol, la pirámide del Mundo Perdido se construyó probablemente en la época preclásica tardía. El complejo en sí mismo se remonta a la edad preclásica y ha sido reconstruido muchas veces.

Por mucho que las gloriosas estructuras de los mayas nos seduzcan a día de hoy, la historia de los antiguos mayas era mucho más fascinante antes de que John Lloyd Stephens se topara con aquellas viejas ruinas en el siglo XIX. La leyenda de los mayas ha cautivado a científicos, arqueólogos e historiadores durante siglos. Quienes se han atrevido a adentrarse en Centroamérica en busca de reliquias y ciudades perdidas ha tenido que confiar, más que nada, en la suerte. Era difícil entrar en la zona sin preparación y conocimiento adecuados, y es que el mundo occidental no había oído más que cuentos y mitos. Aunque la civilización maya era apenas una curiosidad para los europeos y norteamericanos, para las poblaciones locales de América Central y América del Sur era una realidad palpable. Algunas poblaciónes de Guatemala, Belice, Perú y México ya habían vivido en esas ruinas durante siglos, y no consideraban que sus estructuras fueran restos de una civilización perdida, sino la marca y herencia de sus ancestros. El encantador trasfondo del imperio maya implica que eran una civilización perdida, pero los mayas siguen viviendo en la actualidad. Hay casi seis millones de mayas en México, Perú y otras partes del continente.

Después de esa expedición decisiva, los exploradores recurrieron durante décadas a los métodos de antaño para descubrir estructuras en la península de Yucatán y en el sur. Viajaron a pie, buscando ruinas en las inmediaciones y confiando en que la suerte les sonriera. Recientemente, este método ha quedado obsoleto con la llegada de la tecnología LIDAR o de detección por luz y distancia (Light and Distance Ranging). Esta tecnología permite hacer mapeados a distintos niveles del terreno: un avión equipado con LIDAR sobrevuela la jungla y cartografía la zona, revelando secretos ocultos entre los árboles.

Gracias a ella se han hallado las ruinas preclásicas mayas de Tabasco, conocidas como Aguada Fénix. Se trata del centro ceremonial maya más antiguo que conocemos.

Otro ejemplo es la aldea maya de Kiuic, situada en la región de Yucatán. Kiuic contiene un gran palacio real construido sobre los restos de una pirámide más pequeña. Los expertos opinan que construir el palacio sobre una estructura ya existente fue una forma de legitimizar el poder. Cerca de Kiuic, los arqueólogos han encontrado numerosas estructuras que sugieren que una población mayor inmigró en la región durante la era preclásica. No hay fuentes de agua natural en la región, por lo que los mayas construyeron depósitos subterráneos llamados chultuns con los que colectaban y almacenaban agua de lluvia durante largos períodos. También formaron cámaras subterráneas y las cubrieron con estuco. Curiosamente, los tejados de plazas y grandes pirámides también se utilizaban para recabar agua. Estas pirámides estaban hechas principalmente de piedra y reflejan la hegemonía religiosa de los mayas. Algunos historiadores han asociado su diseño, que empieza con una base sencilla y se vuelve cada vez más ostentoso conforme sube, a una influencia subconsciente de la división religiosa, política y económica. Los arqueólogos concuerdan en que la estructura piramidal imitaba las cuevas sagradas en que los mayas realizaban ceremonias religiosas. Si se observa el Templo de las Inscripciones de Palenque –que no debe confundirse con el Templo VI de Tikal que lleva su mismo nombre–, se descubre que su escalinata está construida sobre una plataforma de nueve cámaras. Estas representan los nueve niveles de Xibalba, el submundo maya. Es evidente, en cualquier caso, que los mayas sabían adaptar sus diseños urbanos a sus necesidades religiosas y prácticas.

Los expertos describen algunas construcciones mayas como "grupos-e"; estructuras piramidales sobre plataformas orientadas al oeste, con una larga escalinata normalmente situada en la cara este. Estas escaleras estaban decoradas con estuco y grandes paneles artísticos. Tanto las estructuras como las plataformas solían erigirse con una precisión de proporciones astronómicas, por lo que se cree que los astrónomos las empleaban como observatorios. Los grupos-e dieron lugar a otro grupo arquitectónico importante: las pirámides triádicas, construidas sobre una plataforma elevada y junto a otras dos estructuras a ambos lados de la superficie. Estos complejos solían estar orientados al oeste, aunque en ocasiones excepcionales usaron el eje norte-sur. Las pirámides triádicas abundan en la region de Petén, sobre todo en Nakbe, donde hay más de una docena.

Junto a Kiuic encontramos la destacada ciudad de Uxmal, uno de los mayores prodigios arquitectónicos de Yucatán. Aquí, las cuatro extrañas estructuras del Cuadrángulo de las Monjas, entre patios y pequeños muros, ilustran varios eventos y entidades religiosas como Quetzalcoatl, la serpiente emplumada. El cuadrángulo se construyó como templo, con trece portones en el edificio norte y nueve en el sur. Los trece portones del norte representan los niveles del cielo maya, mientras que los nueve del sur simbolizan los nueve niveles del submundo maya. Estos cuatro edificios son una representación perfecta del estilo arquitectónico Puuc, que surgió en la era clásica tardía pero no alcanzó su cúspide hasta la clásica terminal. Uxmal también cuenta con la Casa de las Palomas para propósitos rituales y ceremoniales, así como un Palacio del Gobernador que se construyó en el siglo X y cuenta con 24 salas.

Otra ciudad importante de la región de Yucatán fue Chichén Itzá, donde los arqueólogos han encontrado lo que se cree pudo ser un observatorio astronómico. Como hemos mencionado antes, los mayas desarrollaron su calendario, y en Chichén Itzá se encuentra un buen ejemplo de cómo incorporaron sus descubrimientos al diseño estructural: la pirámide de 25 metros de la ciudad, bautizada como "El Castillo" por los españoles, tiene exactamente 365 pasos. Otra muestra de su pericia matemática y astronómica es que la sombra cae sobre los peldaños de El Castillo durante los equinoccios de primavera y otoño.

Los mayas sabían cómo hacer que las ciudades desarrollaran sus comunidades, y diferenciaban distritos para mantener el status quo. Integraron la topografía del terreno en sus planes de construcción, erigiendo algunas ciudades sobre llanuras calizas para que se expandieran hacia el horizonte y fundando otras sobre colinas para construir templos y palacios con más facilidad. Según crecían las ciudades, los astrónomos decidirían su eje según la topografía de la región. A continuación construían plazas y palacios según el alineamiento predeterminado. Estas estructuras religiosas y gubernamentales constituían el corazón de las antiguas ciudades mayas. Grandes aceras conectaban los monumentos de la ciudad y, junto a las estructuras de mayor tamaño, varias plataformas albergaban edificios secundarios. Había rebosantes centros culturales y pequeños templos y santuarios. Sin embargo, como cualquier civilización, tenían sus defectos: los expertos no han encontrado señales de planificación urbanística avanzada en Yucatán. La expansión de las ciudades no sigue estructura o plan alguno, en contraste con otros asentamientos mesoamericanos como Teotihuacán.

Capítulo 4: Ciencia, Religión y Lenguaje de los Mayas

El aspecto más fascinante de las civilizaciones precolombinas es que evolucionaron paralelamente a las del Viejo Mundo sin ningún contacto con ellas. Su línea temporal alternativa presenta un reto interesante a la hora de entender cómo han progresado las culturas humanas a lo largo de los siglos. Al igual que hay ciertos parecidos entre las antiguas culturas europeas y las precolombinas, también existen enormes diferencias. Por ejemplo, la invención de la rueda se consideró durante mucho tiempo un hito en la evolución histórica del ser humano. Sin embargo, los mayas se mantuvieron totalmente ignorantes en cuanto al uso de la rueda. Entendían el concepto, tal como muestran algunos artefactos, pero no le dieron un verdadero uso. Más allá de juguetes y otros mecanismos desenterrados, no hay pruebas de que usaran la rueda en su vida diaria. El metal fue otro recurso que los mayas jamás aprovecharon, aunque alcanzaron gestas tecnológicas y arquitectónicas sin él. Por otra parte, muchas invenciones que eran habituales en el día a día de las culturas mesoamericanas jamás existieron en Europa, África ni Asia.

Los mayas usaban mica para crear sus relucientes pinturas y elaboraron tejidos muy sofisticados. Se sabe que los mayas también fabricaban productos de caucho vulcanizado. Comparar la progresión del Nuevo Mundo con la del viejo podría resultar igual que comparar naranjas con manzanas, pero un observador agudo encontrará muchas similitudes entre ambas. La propagación de ideas religiosas siguió trayectorias paralelas. En uno y otro lado del Pacífico, la religión ha servido como instrumento sociológico eficaz; una ideología que une comunidades y da un propósito común a las masas. En ambos mundos, la superstición y la tradición prevaleció por encima de la lógica y la razón. Para contrarrestar esta deficiencia y mejorar la comunicación, se desarrollaron lenguajes y escrituras.

¿Cuánto conocimiento matemático y científico poseían los mayas? ¿Cómo interpretaban elm undo dentro de un marco religioso y espiritual? ¿Qué idiomas hablaban? ¿Se los puede comparar con otras culturas?

Su comprensión de la ciencia y las matemáticas estuvo muy ligada a la astronomía, ya que creían que el cosmos tenía un impacto directo en su vida cotidiana. Contemplar las estrellas era una actividad tan significativa que acabó introduciéndose en la religión. Los calendarios mayas son otro ejemplo del dominio que poseían sobre la astronomía, además de su precisión para calcular equinoccios y solsticios e incorporar esa información a sus monumentos. Aprovecharon, asimismo, los ciclos astronómicos para mantener sus cosechas, un logro aún más impresionante si nos damos cuenta de que lo hicieron sin usar telescopios u otros artilugios modernos. Les bastaba con sentarse en sus observatorios y observar el cielo.

Los mayas usaban dos calendarios solapados entre sí, denominados colectivamente "Rueda Calendárica". Muchas comunidades del altiplano guatemalteco la usaron en siglos subsiguientes. El primer calendario, el Tzolk'in (que se traduce como "división de días), consistía en un ciclo sagrado de 260 días que dictaba las ceremonias y los rituales religiosos. Hoy, las tribus utilizan otros nombres para el calendario, como "el sentido del día" y "la organización del tiempo", pero nadie conoce el nombre antiguo. El segundo calendario, el Haab', era un calendario secular de 365 días que representaban el año solar. Los cálculos mayas eran más precisos que los de los españoles cuando llegaron al Nuevo Mundo. La rueda calendárica completa una iteración tras 52 ciclos de Haab'.

El calendario tzolk'in adquirió una fuerte presencia en Mesoamérica y se puede remontar hasta los olmecas y los zapotecas. Se ha intentado explicar el origen del calendario con varias teorías. Una de ellas se centra en el sistema numérico maya, que tiene una base de 20, y el cielo o mundo divino de los mayas, que contiene 13 niveles. Otra teoría postula que el sistema está relacionado con el mundo mediano o la

Tierra y que avanza en harmonía con el período de gestación humano, por lo que el calendario se usaría para que las comadronas siguieran los ciclos natales. Otros sostienen que el calendario está conectado al clima guatemalteco y que se creó para seguir los ciclos agrícolas.

El tzolk'in contiene dos ciclos: el nombre del día y un número. Hay veinte días individuales y cada repetición del día se numera del uno al trece. Cada día tiene una asociación con ciertos eventos y augurios: un día simboliza la muerte, otro está relacionado con el maíz y representa la abundancia, etcétera. El tzolk'in fue una parte crucial de la rutina diaria de los mayas, por lo que aparece con frecuencia en códices e inscripciones. También se empleó el tzolk'in para cultivar maíz, elegir fechas de matrimonio y asociar según qué rasgos de personalidad a la fecha de nacimiento.

Por otra parte, el haab' consiste en dieciocho meses de veinte días, con una recta final de cinco días. Cada fecha del calendario tiene su respectivo número más el nombre del mes. Los últimos cinco días del calendario, los Wayeb', marcan un tiempo peligroso y desafortunado para los mayas: los portales entre el submundo y la Tierra se abren, liberando un sinfín de energías y espíritus malignos. Para combatirlos, los mayas practicaban rituales especiales y solían permanecer en casa y lavarse el cabello hasta que terminara el año.

Para conocer una fecha en la rueda calendárica necesitamos cuatro datos: el día y número en tzolk'in y el número y mes en haab'. La rueda calendárica mide el tiempo en un ciclo que se repite cada 52 años. Cada fecha volvía a producirse cada 52 años, lo que hacía imposible crear una cronología completa de los acontecimientos. Para solucionar este problema, un sacerdote maya improvisó un sistema llamado la "cuenta larga" en el siglo III a. C. La cuenta larga identificaba cada día separándolo de una fecha fija en el pasado. Los investigadores creen que la fecha base es el 11 de agosto del año 3.114 a. C., día que marca un tremendo valor religioso para los mayas por ser el supuesto día de la creación. La larga cuenta agrupa varios conjuntos de fechas: *baktun* significa 144.000 días, *k'atun* son 7.200 días, *tun* son 360, *winal* 20 y *kin* representa un solo día. Siempre que los mayas necesitaban referirse a un evento de otro ciclo en la rueda calendárica, lo hacían consultando la cuenta larga. Además de incluir fechas anteriores, era un sistema más legible y conciso, por lo que se convirtió en el formato estándar para los monumentos. Había también una forma abreviada llamada la "cuenta corta". La cuenta larga funcionaba de forma similar a la rueda calendárica, pero su mayor intervalo, el "gran ciclo", era mucho más largo: 13 *baktuns* o 5.139 años solares, para ser precisos.

Los mayas eran aficionados a los cuentos y la tradición oral, hecho subrayado por la jerarquía religiosa y la disciplinada conducta social basada en sus calendarios. Si bien la religión maya es un sistema de creencias, es también parte del extenso legado y las costumbres mayas. Estas tradiciones se transmitieron durante siglos y el sistema de creencias se adaptó a ellas. Una práctica, por ejemplo, era la de asociar edificios importantes a sentimientos religiosos. Algunas comunidades dedicaban días específicos a ciertos altares y montañas, indicando el mejor momento para reverenciarlas. La mayoría de estos rituales tenían lugar en los propios lugares sagrados. La cosmología, la geografía y el calendario se utilizaban para determinar la importancia espiritual de cada lugar.

La transmisión oral de rituales entre generaciones dependía de la propagación de cuentos y hazañas, para lo cual se necesitaban narradores. Se estableció una doctrina al respecto: tras pasar por una rigurosa formación, se podía acceder al sacerdocio o ingresar en una orden religiosa. En el templo de Uxmal, una imagen muestra a la serpiente emplumada engullendo a un individuo para luego escupirlo en una imagen contigua. Los estudiosos creen que esto representaba el ritual de iniciación de Uxmal, donde los aspirantes soportaban las pruebas más meticulosas y humillantes. Los sacerdotes aislaban al candidato y lo obligaban a degradarse, castigarse físicamente y sangrar. Hay ilustraciones artísticas que muestran a individuos perforándose sus genitales y otras partes del cuerpo. Salvo en Uxmal, los mayas practicaban sus iniciaciones en cuevas u otros lugares.

Las ofrendas y otros rituales seguían normas estrictas, pues se creía que eran una conexión a otros mundos. A las deidades se les ofrecía maíz, bebidas de cacao, licor de miel, cerámica, joyas, animales e incluso humanos sacrificados. También se enterraban los artefactos sacrificiales bajo suelos y altares, si bien estas no eran "ofrendas" en el sentido teológico de la palabra. Algunos mayas enterraban los huesos de sus acentros bajo sus hogares para mostrar su gratitud y alejar a los espíritus malignos. Los sacrificios marcaban una ofrenda annual o bien servían como oración específica: los mayas solían rezar para que lloviera, o para que una sequía llegara a su fin.

Los funcionarios religiosos tenían el deber de rezar y llevar a cabo los sacrificios en nombre de la nobleza, los linajes puros y la comunidad en su conjunto. Los mayas consideraban que sus cuevas eran los más iluminadores y sagrados de sus lugares. El estudio de estas cuevas ha revelado el arte temprano de los mayas, lo que ofrece nuevos datos sobre sus hábitos religiosos. Se han encontrado indicios de chamanismo en estas cuevas, por lo que los sacerdotes podrían haber empleado sustancias alucinógenas para entrar en contacto con otros mundos en sus rituales.

La mayor parte de lo que sabemos de los sacerdotes mayas procede de los registros de misioneros españoles y los códices que sobrevivieron a la invasión. Junto con un gran número de inscripciones, estos códices han permitido discernir mucha información sobre los lenguajes y la escritura de los antiguos mayas. El sistema de escritura maya fue un hito en la Mesoamérica precolombina, donde ya habían aparecido varios sistemas similares, pero ninguno tan eficaz y completo como el maya. Los olmecas y los zapotecas fueron las primeras civilizaciones en desarrollar su escritura, adelantándose a las demás por unos cuantos siglos.

La escritura maya vino probablemente precedida por una combinación proto-maya de diversos lenguajes locales, incluyendo el idioma olmeca. Los primeros indicios del sistema de escritura maya y sus variantes se remontan al siglo III a. C. Durante el período preclásico, la lengua maya se ramificó en dos variantes o dialectos según la zona: la península de Yucatán en el norte y la Cuenca del Petén al sur. En el siglo III, la escritura maya empezó a adquirir una estructura formal y consistente. Pese a las variaciones regionales, ambos dialectos son conocidos como el "lenguaje maya clásico", pues la mayoría de las inscripciones, tanto en el sur como al norte, se escribieron en esta época y comparten varias similitudes.

La escritura maya siguió empleándose hasta la llegada de los europeos. Los mayas solían escribir en monumentos de piedra, dinteles, objetos de cerámica y sobre todo en papel hecho con corteza de árbol, el cual luego se usaba para compilar códices. Se conservan tres códices mayas en su forma original: el códice de Dresden, el de Madrid y el de París. Los demás se han dañado parcialmente o perdido, y un cuarto códice, el de Grolier, pertenece en todo caso a una mezcla cultural tolteca y maya. Contando monumentos inscritos, artículos de alfarería y códices, los arqueólogos han recuperado más de 10.000 textos hasta hoy.

La escritura maya tenía un sistema logosilábico, compuesto por varios glifos que se unían para formar un bloque. Los bloques de glifos contenían normalmente los signos principales y sus correspondientes afijos. Los signos principales podían ser abstractos o materiales, describiendo tanto la imagen de un sustantivo como un concepto más complejo. Por otra parte, los afijos establecen los elementos del habla. Los mayas de clase baja eran en su mayoría analfabetos, y eran los escribas quienes se encargaban de escribir en las ciudades, cobrando importante sumas por sus servicios y procediendo habitualmente de familias ricas. Las excavaciones han revelado algunos hechos adicionales: una escultura en Copán, por ejemplo, muestra a escribas con tinteros. Otras imágenes implican que las mujeres participaban en labores artísticas y caligráficas.

Lo confuso del término "maya" es que no se corresponde con una única cultura, sino que combina varias culturas mesoamericanas con similitudes entre ellas. Los mayas del norte evolucionaron de forma distinta a los del sur, como evidencia la división en su lenguaje. Es difícil saber hasta qué punto variaban ambos dialectos, pero, en lo que se refiere al lenguaje escrito, los mayas tenían un estilo relativamente consistente, con pequeñas variaciones a lo largo y ancho de la región.

SECCIÓN 2: LOS TOLTECAS (674 – 1.122 d. C.)

Capítulo 5: Chichén Itzá y la Conexión Tolteca

Los mayas del sur siguieron una ruta distinta que la de sus contemporáneos del norte. A finales del período clásico, Chichén Itzá se había convertido en el principal enclave septentrional de los mayas. Situado en el este de la península de Yucatán, el lugar acoge una de las siete maravillas del mundo: El Castillo. Este es un testamento del dominio cosmológico de los mayas, si bien su importancia histórica es quizá aún más relevante. Chichén Itzá se traduce como "en la boca del pozo de Itzá", siendo los Itzá un grupo étnico nativo de la Cuenca del Petén en el norte de Guatemala y algunas partes de Belice. Los Itzá surgieran posiblemente del lago Petén Itzá en Guatemala en el período clásico, concretamente en la ciudad de Motul de San José. Al término del período clásico medio establecieron Chichén Itzá. No obstante, la palabra "Itzá" también podría significar "encantamiento del agua" en lugar de ser una referencia demográfica.

El auge de Chichén Itzá no fue un fenómeno aislado. La ciudad adquirió cierta importancia en el siglo VII d. C., pero alcanzó su máximo apogeo en los tres siglos siguientes, lo que coincide con la caída de dos ciudades vecinas: Coba al este y Yaxuna al sur. Es posible que Chichén Itzá contribuyera a su declive, o que la caída de estas dos ciudades aportara más población a Chichén Itzá; los detalles conocidos son escasos. Los toltecas también ascendieron al poder en esta época, de modo que los historiadores han extraído paralelismos en cuanto al crecimiento de ambas culturas. Algunos registros apuntan a una migración desde Tula, la capital tolteca. Por entonces, Chichén Itzá ejercía una influencia sin igual en el comercio y la política de la región, llevando además la batuta en cuestiones de ideología religiosa. La ciudad podía obtener bienes exóticos enviando comerciantes a rutas lejanas, y así adquirieron oro de Sudamérica y obsidiana del México Central.

Chichén Itzá se hizo famosa entre arqueólogos y turistas de todo el mundo cuando John Lloyd Stephens publicó su libro, "Incidentes de Viaje en Yucatán" en 1.843. Cincuenta y un años más tardes, Edward Herbert Thompson, cónsul estadounidense en Yucatán, realizó una investigación detallada de la ciudad y se llevó los artefactos excavados a casa. En 1.926, el gobierno mexicano requisó la plantación de Thompson, acusándolo de robar artefactos arqueológicos. En 1.944, el Tribunal Supremo de México decidió a favor de Thompson, quien ya no seguía con vida. La propiedad recayó en sus herederos, quienes la vendieron a Fernando Barbachano Peón, un pionero del turismo. El terreno siguió siendo propiedad privada hasta el 2.010, cuando el estado de Yucatán lo adquirió y posteriormente cedió al Instituto Nacional de Antropología e Historia de México.

Los restos vigentes de Chichén Itzá apenas muestran el antiguo esplendor de esta metrópolis. La ciudad llegó a cubrir al menos 5 kilómetros cuadrados y a tener cerca de 50.000 habitantes, un número enorme para cualquier ciudad de la época. Dividida en varios distritos por sus muros, contenía unas cien calzadas que conectaban diversos lugares de la ciudad. El terreno aparente ser llano, pero los arqueólogos creen que esto es engañoso: en una región montañosa como Yucatán es difícil encontrar un terreno tan liso, de modo que la teoría es que los propios mayas allanaron la zona para así poder desarrollar la ciudad. Teniendo en cuenta la tecnología de la época, es de suponer que ese proceso llevó muchísimo tiempo.

Chichén Itzá[198]

Empecemos por lo más obvio: El Castillo, también llamado "Templo de Kukulkán" y uno de los lugares más visitados del planeta. Cuando el sol se pone en los equinoccios, la sombra de una serpiente desciende las escaleras y se conecta con la cabeza esculpida en la base. Descansando en la plataforma norte, El Castillo se construyó sobre una pirámide más pequeña que ya no es visible desde el exterior, pero sigue ahí. La estructura alcanza una altura de 30 metros, mientras que el pequeño templo en la cima mide 6 metros de alto. Con sus nueve terrazas de tamaño progresivamente reducido, el templo de Kukulkán tiene unas proporciones asombrosamente equilibradas. Los estudios revelan que El Castillo descansa en lo alto de un cenote; un gran cuerpo de agua usado tanto para beber como en sacrificios rituales que también puede encontrarse en Chichén Itzá. Hasta ahora se han encontrado cuatro cenotes u hoyos naturales cerca de Chichén Itzá y se cree que podría haber más. En expediciones se ha encontrado jade, cerámica, oro y restos humanos en el fondo de algunos cenotes. El más sagrado de ellos se encuentra en el norte de la ciudad capital y tal vez se empleaba en ofrendas a Chaac, el dios de la lluvia: cosechas, artilugios de uso cotidiano o incluso sacrificios humanos. Los mayas quizá creían que los cenotes eran portales al submundo, así que la ubicación de El Castillo plantea una pregunta clave: ¿consideraban los mayas que el cenote bajo el templo era el más sagrado de todos? Los nueve niveles de la estructura también imitan los niveles del submundo, y es poco probable que se trate de una coincidencia.

La plataforma norte también contiene la cancha deportiva más grande de Mesoamérica. Consta de muros paralelos con aros de anotación en lo alto. Los jugadores tenían que encestar una bola de goma en dichos aros para ganar el juego. Es posible que Chichén Itzá tuviera hasta trece pistas. Las esculturas en los muros de estas canchas ilustran las reglas y tradiciones del deporte. La Plataforma de las Águilas y los Jaguares, adyacente a la pista deportiva, muestra cierta influencia tolteca. Caminando hacia el sur desde la plataforma norte nos encontramos con el Grupo Osario, que albergó muchos edificios importantes como el Templo Osario y el covento de Las Monjas. La parte más antigua de la ciudad es Chichén Viejo.

Hay varios distritos con estilos arquitectónicos diferentes. Esto muestra la progresión natural de la ciudad, ya que los mayas no eran grandes planificadores urbanos, o bien indica que existía una cultura heterogénea y cosmopolita. La mezcla de grupos migratorios pudo contribuir al pluralism en su sociedad. Las excavaciones y estudios subsiguientes de la ciudad han revelado que Chichén Itzá combina rasgos toltecas con mayas. No hay que olvidar el Templo de los Guerreros, un enorme complejo en el que se encuentran una pirámide y un sinfín de artefactos culturales. El Templo B de Tula es inquietantemente parecido a este, salvo en su tamaño. Los expertos consideran que la conexión entre toltecas y mayas fue un episodio único y sin precedentes en Mesoamérica.

Las similitudes arquitectónicas entre Chichén Itzá y Tula, la capital de los toltecas, han sido objeto de discusión durante muchos años. Ya hace tiempo se observó que Tula tiene una pirámide parecida a la de El Castillo, de modo que los arqueólogos teorizaron que los toltecas conquistaron Chichén Itzá entre los siglos XI y X d. C., lo que explicaría el cambio arquitectónico radical en el período clásico terminal. Algunos especulan que los habitantes originales de Chichén Itzá abandonaron el lugar y los toltecas simplemente lo tomaron a merced. Otros creen que el rey Kukulkán y sus sucesores invadieron la ciudad en varias ocasiones.

Algunas de estas creencias han sido refutadas, mientras que otras siguen bajo escrutinio. Hoy, los expertos suelen creer que los registros de la época indican una migración de Tula a Chichén Itzá, si bien el tamaño de esta migración no está claro. Un registro de Tula en concreto implica que un rey de Tula viajó a Chichén Itzá, donde también se han hallado registros que narran la llegada de cierto rey del oeste. Las investigaciones recientes han demostrado que muchas de las estructuras de ambos estilos se construyeron antes de la presunta invasión o llegada de los toltecas. Las pruebas de datación por radiocarbono revelan que todas las estructuras se construyeron de hecho en la misma época, y que las estructuras toltecas/mayas de Chichén Itzá son más antiguas que las de Tula. Por tanto, las teorías antiguas no consiguen explicar adecuadamente lo sucedido.

Pese a estas nuevas revelaciones, los científicos siguen sin saber cómo se introdujeron esas influencias culturales. Algunos historiadores modernos sugieren que el comercio entre ambas ciudades podría ser el eslabón perdido en esa historia. En Chichén Itzá se utilizaban utensilios que pueden encontrarse en Nuevo México y Arizona, razón por la cual los expertos concluyen que hubo comercio a larga distancia esas zonas. Sabemos que los mayas establecieron muchas rutas comerciales en la región, así que es muy posible que negociaran también con los toltecas.

Y es posible que los habitantes de Chichén Itzá, impresionados por la cultura tolteca, decidieran integrar sus valores en su propia cultura. Otra teoría sostiene que el misterio se encuentra tras los orígenes de la ciudad. Chichén Itzá era una zona cosmopolita en todos los sentidos de la palabra. La destrucción de Coba y Yaxuna sumarían números a su población. Que varias culturas convivieran debió sin duda contribuir a la diversidad de su estilo arquitectónico. Y dado que el estilo mayoritario es el tolteca-maya, es probable que hubiera dos etnias en Chichén Itzá: la tolteca y la maya.

A día de hoy sigue sin haber pruebas concluyentes de que los toltecas controlaran Chichén Itzá. Como la datación por radiocarbono ha confirmado que sus estructuras son más antiguas que las toltecas del mismo estilo, algunos historiadores creen que tenemos que revertir nuestra perspectiva: en vez de asumir que los toltecas influenciaron a los mayas, deberíamos preguntarnos si Chichén Itzá influenció a Tula. Esta es una teoría discutida, pues otros estudiosos señalan que ya había edificios de estilo tolteca en Chichén Itzá. Por lo tanto, aunque influenciara a la cultura de Tula, las estructuras toltecas en esta ciudad maya siguen siendo un interrogante.

Está generalmente aceptado que hubo alguna conexión entre ambos pueblos, pero la falta de información pone en cuestión parte de los registros históricos. Aunque se han elaborado numerosas teorías, el conocimiento que se tiene del asunto sigue siendo impreciso. Esto se debe principalmente a la falta de pruebas, ya que muy pocos textos sobrevivieron a la conquista española; las especulaciones de los expertos se basan íntegramente en el arte y la arquitectura de las ciudades. Hay que observar que los mayas realizaban esculturas e inscripciones muy coloridas, en contraste con la monotonía cromática de muchos objetos de hoy en día. El tiempo y el clima han borrado el aspecto vibrante de sus monumentos, pero se cree que los mayas apreciaban mucho el colorido.

La ciudad maya siguió prosperando hasta el siglo XIII, cuando la ciudad vecina de Mayapán asumió el control. Algunas fuentes de los mayas explican cómo sucedió esto. Como se ha discutido antes, los mayas consideraban que los cenotes eran lugares sagrados. Los registros afirman que el gobernador de Mayapán saltó al cenote, salió con vida y profetizó su ascenso al poder. Las investigaciones muestran que Chichén Itzá fue saqueada al menos una vez, con lo que Mayapán pudo o no tener algo que ver. Hacia finales del s. XI, la ciudad experimentaba una clara decadencia, y su influencia en Yucatán se vio sustituida por la de Mayapán dos siglos después. En los siglos XV y XVI, Mayapán fue respectivamente destruida y abandonada. Cuando los españoles llegaron décadas después, encontraron a gente residiendo en Chichén Itzá. Sigue sin saberse si procedían de otros asentamientos o si formaban parte de la población original de la ciudad.

Capítulo 6: La Incógnita de los Toltecas

Los aztecas, una conjunción étnica de varios grupos del México Central, dominó la región a partir del siglo XIV. El término "azteca", al igual que "maya", es genérico: no se refiere a un pueblo en concreto, sino a muchas tribus y culturas con ciertos parecidos entre sí. El imperio azteca se basó en la alianza de tres ciudades-estado, incluyendo la ilustre Teotihuacán. Examinando la cronología del colapso maya y el ascenso azteca, nos damos cuenta de que hay un vacío importante en la comprensión que hoy tenemos de la historia mesoamericana. Después de todo, el colapso maya se produjo durante los siglos VIII y IX d. C., y los aztecas no se hicieron con el poder hasta cinco siglos después. El hueco entre esas dos épocas requiere un análisis profundo, y por ello los toltecas suscitan un tremendo interés en la arqueología moderna.

Los toltecas aparecen en muchos textos aztecas, habitualmente descritos de forma idealista: un paradigma del desarrollo cultural, económico y político. Los aztecas creían que los monarcas eran una extensión de los dioses, razón por la que afirmaban descender de los toltecas, ya que ese linaje divino les daba derecho a reinar. La tradición oral de los aztecas hablaba de un gran pueblo que surgió de las cenizas de los mayas y dio inicio a una nueva era en Mesoamérica. Los toltecas surgieron probablemente en el este y el centro de México, donde fundaron la ciudad de Tula o *Tōllān* en idioma nahuatl. En esta ciudad se vivía en edificios de jade y oro. Los aztecas atribuyeron casi todas las contribuciones científicas y artísticas de Mesoamérica a los toltecas, cuyo origen sigue envuelto en misterio.

Los aztecas describen al imperio tolteca como una sociedad guerrera que adoraba a un dios de la tormenta, ya fuera la deidad azteca Tlaloc o la maya Chaac. Un sabio rey llamado Quetzalcoatl dirigía el enorme imperio. Los registros aztecas hablan de Cē Ācatl Topiltzin Quetzalcoatl como un rey valiente y humilde que priorizó la educación entre sus vasallos, enseñándoles a leer, escribir y medir el tiempo. Les instruyó en el manejo de materiales lujosos como el oro, el jade y las plumas, y curtió sus habilidades para la agricultura, explicándoles como plantar maíz, cacao y algodón con el que luego se crearían objetos de valor artístico y práctico. Las inscripciones afirman que Quetzalcoatl nació en el 843 y murió en el 895 d. C. Puede que usted ya haya notado ciertas discrepancias y exageraciones, pues sabemos que los mayas ya cultivaban maíz y cacao mucho antes del siglo IX.

También atribuyen a Quetzalcoatl la construcción de cuatro casas de culto y un templo para promover la iluminación espiritual. El templo contaba con majestuosas columnas y detalladas inscripciones con forma de serpiente. Cuando unos hechiceros de la ciudad lo engañaron, Quetzalcoatl huyó al este, avergonzado, donde alcanzó la costa. Allí se incineró y ascendió al cielo, transformándose en un lucero del alba. En Uxmal hay indicios de que existió un culto a Quetzalcoatl. Pese a la conexión, no sabemos si alguien tuvo algo que ver en ello o si la leyenda del rey azteca llegó a la zona. Los registros aztecas dicen que Quetzalcoatl marchó hacia el este, pero cierto texto atípico asegura que, tras enterrar artefactos importantes, Quetzalcoatl incineró a Tollan hasta reducirla a cenizas. Nuestro entendimiento del dios de la serpiente emplumada y los aztecas sigue siendo bastante impreciso: al fin y al cabo, solo sabemos lo que nos aztecas nos han legado. Las opiniones difieren respecto a la veracidad de los registros. Algunos cuestionan la precisión histórica de los registros aztecas, mientras que otros aforman que son narraciones semi-mitológicas

Así pues, ¿existió el imperio tolteca o no es más que una fábula contada por los aztecas?

Si tuviéramos que trazar un paralelismo con otra civilización antigua, es fácil darse cuenta de las semejanzas entre las narraciones aztecas de los toltecas y las historias del Antiguo Testamento. Los estudios han verificado la narrativa de los textos sagrados judíos hasta cierto punto, aunque los historiadores siguen divididos en cuanto a la validez de sus elementos fantásticos. Nuestra comprensión de los textos antiguos depende mucho de premisas elementales como el método socrático. No es posible obtener pruebas fehacientes de cada pequeño detalle, así que la deducción y las conjeturas inteligentes son técnicas habituales en la arqueología. Debido a la falta de pruebas, la comunidad científica suele mostrar desacuerdos en cuanto al estudio de las culturas mesoamericanas. Las opiniones de los intelectuales modernos en cuanto al imperio tolteca se dividen entre perspectivas históricas y las no históricas.

Los historiadores están de acuerdo en que buena parte de la narrativa azteca es mitológica y no debería interpretarse con literalidad. Sin embargo, creen que es necesario hacer un análisis comparativo y prestar atención a los detalles para extraer alguna conclusión histórica sólida. Por tanto, los registros aztecas no deberían desdeñarse como fuentes no fiables. A finales de la década de 1.850, el francés Désiré Charnay llegó a Yucatán. Inspirado por los libros de John Lloyd Stephens, empezó a explorar ruinas mesoamericanas y a fotografiar sus edificios, inscripciones y artefactos. Siguió realizando expediciendos durante la mitad del s. XIX y recaudó suficiente dinero como para seguir la travesía de Quetzacoatl desde Tula hasta la península de Yucatán, convirtiéndose en el primer arqueólogo en hacerlo. Cuando llegó a Chichén Itzá, la pista deportiva y las columnas con forma de serpiente despertaron su atención de inmediato. Observando las similitudes entre Tula y Chichén Itzá, concluyó que Tula fue la capital de los toltecas. Su perspectiva histórica propone que los toltecas conquistaron Chichén Itzá con violencia, aunque no hay pruebas directas que sostengan esta teoría. Si acaso, los estudios recientes han demostrado que esta perspectiva es problemática e indeseable.

Tras esa excursión inicial, muchos estudiosos reflexionaron en torno a esta cuestión. En los años siguientes, el término "tolteca" empezó a percibirse de forma diferente, asociándose a ciertos rasgos culturales que surgieron en el altiplano de Guatemala, Chichén Itzá y el Mayapán durante el período posclásico. Estos rasgos se conocen como las influencias "mexicanas" de los mayas. Durante buena parte del siglo XX, la perspectiva histórica era la escuela de pensamiento prevalente. Algunos historiadores y estudiosos creían que los toltecas eran una etnia distintiva que gobernó en Tula o al menos se asentó allí con el tiempo. Teorizaron, asimismo, que el imperio tolteca dominó e influyó en el territorio del centro de México entre los siglos X y XII d. C., y que el mito azteca de Tollan era simplemente una referencia a Tula. Los aztecas empleaban el término "Tollan" con frecuencia, normalmente para referise a las ciudades-estado mexicanas. Algunos historiadores, como Enrique Florescano, argumentan que pudo haber sido una referencia a la poderosa ciudad de Teotihuacán y que, con el paso del tiempo, los textos mayas empezaron a referirse a Chichén Itzá como Tollan. H.B. Nicholson y Nigel Davies han sido un tanto más escépticos con los argumentos historicistas, y consideran que deben aplicarse métodos críticos para separar los elementos mitológicos de los hechos verdaderos.

Durante el siglo XIX, Daniel Garrison Brinton, un historiador y etnólogo estadounidense, se opuso a la creencia de que existió un imperio asentado en Tula. Otros anti historicistas también consideran que los textos e inscripciones aztecas son narrativa religiosa con poco valor históricos, y algunos rechazan por completo los cuentos aztecas, pues consideran que el imperio tolteca es tan solo la cuarta de las cinco edades de la mitología religiosa azteca. La mayoría de los anti historicistas afirman que, salvo en el caso de unos pocos emperadores y sus batallas, cualquier validez que se atribuya a los textos aztecas es un intento de encontrar respuestas donde no las hay. Señalan también a las estatuas de Teotihuacán y Tenochtitlán como la más importante contribución a la cultura de Mesoamérica. Relativamente, la influencia tolteca se queda más bien corta.

Algunos estudios recientes parecen dar fuerza a las perspectivas anti historicistas. La investigación moderna favorece a menudo la perspectiva comparada o el "análisis comparativo", un método con el que se intentan extraer conclusiones a través de la comparación de dos documentos, procesos, objetos o cualquier otra cosa. En la investigación comparativa histórica se examinan los hechos más relevantes con construcción teórica, relacionándolos con la época actual y comparándolos con otros acontecimientos históricos. Este enfoque ayuda a entender rasgos sociológicos generales y la forma en que se manifiestan. El estudio de los toltecas plantea los mismos problemas que suelen hallarse en el análisis comparativo histórico: la información histórica es incompleta, la magnitud y complejidad de los sistemas sociales nos es desconocida y los documentos personales que se conservan, como cartas, diarios o memorias, reflejan probablemente opiniones sesgadas.

En la actualidad, los investigadores han empezado a favorecer el enfoque original de Brinton: el análisis crítico de los registros. Los estudios modernos enmarcan la palabra "tolteca" de forma muy distinta.

Según ellos, los aztecas rememoraron la sofisticación, el vigor y la ferocidad de las civilizaciones mesoamericanas antiguas elevándolas a la categoría de leyenda. Teniendo en cuenta que los reyes aztecas eran vistos como figuras casi divinas, esta propuesta parece tener sentido.

Algunos historiadores contemporáneos sostienen que es imposible entender a los toltecas con la información de que disponemos. Los registros aztecas son increíblemente difíciles de descifrar debido a su ambigüedad. Sabemos que los aztecas entendían el tiempo de forma cíclica, lo que dificulta aún más nuestra búsqueda de respuestas. Quetzalcoatl es el mejor ejemplo de esta dificultad, porque es un nombre atribuido a dos personajes distintos. El primero es el fundador de los toltecas, un gobernante que demostró su valor y dominó a sus enemigos. El segundo fue el último líder de los toltecas, quien vaticinó el declive de su pueblo en Mesoamérica. Los sacerdotes toltecas castigaron a Quetzacoatl con una vida de vergüenza y humillación, obligándolo a abandonar su tierra. Esta confusión hace que sea imposible distinguir entre Quetzalcoatl, la deidad, y Topiltzin Cē Ācatl, el personaje histórico.

Los aztecas pertenecían a la etnia nahua. En nahuatl, "tolteca" significa artista, artesano o sabio, lo que contrasta con la palabra "Chichimecayotl" que describía a los chichimecas. Algunos los consideraban bárbaros; gente que aún estaba por civilizar y urbanizar. Si aplicamos este modelo a los períodos posclásico o clásico terminal, los aztecas podrían haber empleado la palabra "Tollan" para referirse a cualquier centro urbano respetable y "toltecas" para describir a sus habitantes. Los títulos de varios lugares en Mesoamérica referencian a Tollan. También es posible que algunas personas se declararan descendientes de los toltecas porque los pueblos mesoamericanos admiraban la pureza de sangre. Esta interpretación parece aún más posible al observar que varios asentamientos de los mayas, los aztecas y los k'iche fueron supuestamente fundados por Quetzalcoatl.

Durante el período posclásico surgieron cada vez más rasgos "mexicanos" en gran parte de Mesoamérica. Los indicios habituales de los toltecas incluyen las esculturas chac mool halladas en Tula y Chichén Itzá (las esculturas con relieves de la serpiente emplumada) y enormes galerías con columnas engalanadas. Cuando las características toltecas empezaron a aparecer en la región, su inclusión en otras culturas fue selectiva. En lugar de verla como una amenaza externa, muchas culturas adoptaron de buen grado la influencia tolteca en su estilo de vida. Los escépticos no niegan esto, pero atribuyen ese hecho a distintos eventos. Teotihuacán pudo haber sido destruida en la era clásica, pero sus habitantes no sufrieron el mismo destino: perdieron sus hogares, se vieron obligados a emigrar y probablemente se llevaron su cultura a otras partes de la región. Los rasgos mexicanos pudieron ser sencillamente una evolución de dichas ideas culturales, mezcladas con las de varias civilizaciones mesoamericanas. En años recientes, los estudiosos han dejado de referirse a Tula como la cuna de un gran imperio, y usan la palabra "toltecas" para referirse a los habitantes de esa ciudad.

Hay varias interpretaciones que sirven a diferentes versiones de la verdad. La realidad objetiva de los toltecas sigue eludiéndonos. Algunas interpretaciones han resistido mejor el paso del tiempo, pero eso no demuestra nada sobre su validez. Sin pruebas sustanciales, no podemos afirmar quiénes eran los toltecas, dónde existió su imperio... Y la parte más intrigante del misterio: qué era exactamente Tula.

Capítulo 7: Tula, la Ciudad de los Toltecas

Tula es un enclave arqueológico situado en el estado mexicano de Hidalgo. Muchos historiadores y arqueólogos lo consideran el centro regional del imperio tolteca. Yace 75 kilómetros al norte de Ciudad de México, en la ciudad moderna de Tula de Allende. Al igual que Chichén Itzá, está a unas dos horas de Ciudad de México en coche, solo que en dirección opuesta. Situadas entre suelos aluviales y los ríos de Rosas y Tula, las ruinas de la antigua ciudad ocupan dos lados de un pequeño cedro. Tudra es una palabra nahuatl que se traduce más o menos como "cerca de las espadañas".

La ciudad alcanzó su cénit en torno al año 850 d. C. y entró en decadencia tres siglos después. Fue la metrópolis por excelencia de su período, cubriendo el hueco entre la caída de Teotihuacán y el auge de Tecnochtitlán, la capital azteca. Al igual que ocurre con los toltecas, los estudios contemporáneos de Tula proporcionan interpretaciones variadas y puntos de vista conflictivos.

Debemos preguntarnos: *Cuando los aztecas mencionaron a "Tollan", ¿se referían al sitio de Tula en Hidalgo?*

Tula[194]

Las extensas investigaciones y estudios arqueológicos realizados concluyen que Tula fue probablemente la capital de los toltecas, opinión que muchos historiadores han respaldado. En todo caso, antes de establecer el significado de Tula, deberíamos demostrar que Tula fue realmente Tollan. Si intentamos restringir Tollan a un grupo de ruinas arqueológicas, nos topamos con varios problemas. Tula era considerablemente grande, pero no podría haber tenido demasiada influencia en toda la región. Participó en comercio, pero no ejerció mucho control más allá de sus estados contiguos. Es poco probable, por tanto, que produjera todo un imperio de poderosos guerreros y ciudadanos sabios. Esto indica que los aztecas pudieron haber empleado la palabra en varios contextos diferentes, y que es muy posible que Tula fuera la Tollan original.

Por otra parte, fijándonos en Teotihuacán, no es posible ignorar el hecho de que se hundió siglos antes de la aparición de los toltecas, de modo que es improbable que Teotihuacán fuera la Tollan original. Algunos intelectuales, sin embargo, opinan que los toltecas pudieron haber invadido y saqueado esa ciudad.

Si Tollan era un lugar único y concreto, probablemente se tratara de Tula en Hidalgo, donde varias esculturas ilustran la cosmología y la mitología de Quetzalcoatl. También se ha descubierto un glifo que muestra la fecha y el nombre de nacimiento de Topiltzin Cē Ācatl, el gran líder tolteca. Este hallazgo solidifica la posición de Tula como posible centro tolteca.

Los primeros asentamientos conocidos en Tula se remontan al año 400 a. C., cuando varias tribus indígenas habitaban la zona. Durante la segunda mitad del período clásico, el lugar cayó probablemente bajo control de Teotihuacán, tal como muestran los productos de alfarería encontrados. Poco después, el territorio maya empezó a debilitarse y su población se redujo seriamente. Durante los siglos X, XI y XII d. C., la diáspora de Teotihuacán y los mayas del sur se disolvió en la región, lo que condujo a nuevos asentamientos, alianzas políticas y el desarrollo de las rutas comerciales. El vacío de poder dio más influencia a los estados pequeños. En esta fase se observan nuevas rutas de comercio y estilos artísticos innovadores en Xochicalco, Cholula, Cacaxtla y, sobre todo, Chichén Itzá. La cerámica de Tula revela que hubo cambios significativos en esa época, y que nuevos pueblos empezaron a asentarse sobre colinas. La arquitectura posterior muestra señales claras de pluralismo e implica que esas nuevas sociedades fueron probablemente multiétnicas. Es bastante posible que un grupo étnico, como los toltecas, absorbiera a las masas desplazadas y expandiera su ciudad.

Tula se estableció como pequeña ciudad cerca del año 750. Si visita Tula en la actualidad, verá dos grupos de estructuras en el lugar. Uno recibe el nombre de Tula Chico, mientras que el otro se llama Tula Grande. Durante el período clásico temprano, la población de la ciudad se concentraba en Tula Chico, cuyas estructuras son visiblemente más pequeñas que las de otros asentamientos de la época. Puede que Tula contribuyera al comercio y la política regional de manera más bien tímida. A principios del clásico tardío, Tula Chico se expandió hasta convertirse en un centro urbano de 1,5 kilómetros cuadrados aproximadamente. En su cénit, se cree que Tula Chico pudo llegar a cubrir cinco o seis kilómetros cuadrados con una población de entre 19.000 y 27.000 habitantes. En la segunda mitad del siglo, Tula Chico fue abandonado y Tula Grande empezó a formarse. Algunas partes originales de Tula Chico podrían seguir enterradas actualmente en Tula Grande. En la era clásica terminal, Tula Grande siguió expandiéndose hasta cubrir cerca de 14 kilómetros cuadrados y albergar a unos 60.000

habitantes. Otras veinte o veinticinco mil personas habitaban en la periferia de la ciudad.

Igual que los arquitectos de Teotihuacán, los toltecas alinearon la mayoría de las estructuras de la ciudad unos 17 grados al este del norte real. La primera aldea, no obstante, estaba orientada hacia el norte. La estructura ceremonial de Tula se construyó sobre una base de piedra caliza, rodeada en tres direcciones por riberas empinadas. El distrito cívico en el corazón de la antigua ciudad se conoce como Precinto Sagrado, y es una gran plaza cuadrangular rodeada por tres estructuras en forma de ele: la Pirámide A, la Pirámide B y el Palacio Quemado. La ciudad tiene también dos pistas deportivas y otros edificios de gran tamaño. En toda la zona hay indicios de innovaciones arquitectónicas y cambios drásticos en la vida social de la ciudad. Hay un considerable espacio dedicado a rituales y ceremonias, con mucho énfasis en la guía espiritual de la ciudadanía. Los toltecas empezaban por entonces a practicar sus rituales de forma pública. Con tres estrechas salas de reuniones, la plaza central podía acoger a 100.000 personas a la vez. Las columnas de las salas de reuniones están orientadas a la plaza, la cual cuenta con casi 1.000 metros de bancos decorados con motivos de ceremonias.

La estructura más exótica, fantástica y llamativa del lugar es, sin duda, la Pirámide B. Conocida como "Pirámide de Quetzalcoatl" o "Pirámide del Lucero del Alba", se trata de una estructura de cinco niveles que imita el diseño del Templo de los Guerreros de Chichén Itzá. El lucero del alba es una referencia al planeta Venus, que tiene una gran importancia astrológica para las civilizaciones mesoamericanas: desaparece de noche y reaparece a la mañana. La estrella representa el paso de Quetzalcoatl por la tierra como entidad humana. Los toltecas creían que, igual que el lucero del alba, volvería a aparecer. A veces al templo se le conoce como "Templo de Tlahuizcalpantecuhtli," que se traduce aproximadamente como Templo del Señor del Amanecer.

En lo más alto de la pirámide encontramos las colosales y majestuosas estatuas de cuatro guerreros: los "guerreros atlantes", de 4,6 metros de altura. Al principio, estas figuras hacían las veces de columnas para sostener el techo del templo. La connotación "atlante" fue asignada por expertos norteamericanos y europeos en el siglo XIX: en realidad, ninguna característica de las figuras guarda relación con la civilización de la Atlántida. Los métodos de fechado indicant que las estatuas se erigieron en el año 750 d. C. o poco después.

Los toltecas construyeron las estatuas con piedra de basalto, material que ya no está disponible en la zona. Cada estatua se divide en cuatro secciones apiladas una encima de la otra, y algunas habían caído en el momento de ser halladas por los arqueólogos. Las estatuas están hechas quizá a semejanza de cuatro guerreros toltecas. Con su imponente altura, desprenden un aura inquietante y amenazadora. Su mirada decidida refleja una calma estoica y un sentido del deber hacia sus semejantes. Cada figura lleva una coraza con forma de mariposa y tocados hechos con plumas y escamas de serpiente. Portan escudos en la espalda y lanzas en las manos. Su presencia en el centro de Tula pudo haber sido una demostración de poder. Estas estatuas refuerzan la imagen de los toltecas como diestros artistas y poderosos guerreros.

El Templo de Quetzalcoatl representa la escuela artística y arquitectónica de Tula. Comparada con estructuras parecidas en Teotihuacán y Tenochtitlán, sus edificios son más pequeños. Esta disminución de tamaño imita a otro fenómeno, y es que la ciudad de Tula era también más pequeña que ambas metrópolis. Los toltecas pudieron optar por reducir el tamaño a cambio de decorar sus estructuras con más meticulosidad. Las cinco plantas del templo principal ilustran a entidades naturales y supernaturales como felinos, aves alimentándose de corazones humanos y cuerpos saliendo de la boca de la serpiente emplumada. La representación de la serpiente emplumada devorando y regurgitando humanos también aparece en Uxmal.

El otro templo de la ciudad, también llamado "Templo del Sol" o Mayor, ya no está intacto. Era el templo principal de la ciudad y, en su forma original, sería también el más grande. Además del templo principal nos encontramos, pasado un callejón estrecho, con los restos calcinados del Palacio Quemado, donde probablemente residía el dirigente de Tula. Frente al Palacio nos topamos con unas cuantas estatuas chac mool sin cabeza. De las siete, solo una perdura en su forma completa. Los frisos de la zona Narran la historia de Mixcoatl y Tlahuizcalpantecuhtli con coloridas representaciones de águilas, jaguares, coyotes, hombres pájaro y otras criaturas. Se cree que Mixcoatl era el padre de Quetzalcoatl, mientras que Tlahuizcalpantecuhtli es la forma de la serpiente emplumada en el momento de su inevitable regreso.

El trabajo artístico más impresionante es Coatepantli, el Muro de las Serpientes, situado en una zona opuesta a estos frisos. Las obras de arte más conocidas de Tula se hicieron con piedra sedimentaria local y contienen relieves muy coloridos. Ilustran también serpientes que devoran a seres humanos, reflejando el mito de Quetzalcoatl y los sacrificios humanos. También es destacable el friso de los Caciques, que se encuentra en una sala que conecta la pirámide principal con la plaza central. Se cree que los diecinueve hombres del friso pudieron ser jefes locales o mercaderes. Hoy, Tula cuenta con un museo y un centro de orientación con esculturas de piedra y otros hallazgos arqueológicos. En general, los motivos artísticos toltecas son muy parecidos a los de Teotihuacán y subrayan las mismas creencias religiosas.

Muchos expertos creen que la aparición de rutas comerciales entre regiones incluían mucho tráfico procedente de Teotihuacán. Las redes mercantiles servían principalmente para intercambiar sal y obsidiana en el siglo IV a. C. El constante flujo de comercio creció de forma exponencial tras la caída de Teotihuacán. En el siglo VIII, los mercados de Tula alcanzaron su máximo potencial. Los aristócratas, artesanos y mercaderes ricos formaban la élite de la ciudad, mientras que los granjeros vivían en la periferia. Es posible que lloviera más en la zona durante la era clásica, lo que explicaría la falta de irrigación natural. Las excavaciones han encontrado pruebas de que se cultivó chile, maíz, habas, calabacín, amaranto y maguey. Al igual que para los mayas y muchas otras civilizaciones mesoamericanas, el maíz fue una fuerte importante de comida. La obsidiana también fue un element importante de las rutas comerciales por su abundancia en la zona de Tula. La ciudad contaba con una base agrícola, si bien muchos habitantes trabajaban en la minería y en el tallado de obsidiana.

Tula sufrió un repentino declive durante los siglos XI y XII, momento en el que gran parte de la población abandonó su hogar y emigró a otros territorios. No se sabe mucho del colapso de los toltecas. Según algunas opiniones, los desastres naturales hicieron que la vida ya no fuera práctica en la región; otros argumentan que las disputas internas pudieron terminar por arruinar la ciudad. Esta teoría coincide con el mito de Quetzalcoatl, quien fuera traicionado por los jefes locales. Pese a su caída, Tula siguió existiendo hasta la invasión española de las Américas.

Tula ha pasado desapercibida en comparación con otras grandes ciudades de Mesoamérica como Teotihuacán, Monte Albán y Tenochtitlán. No se han producido estudios arqueológicos masivos en Tula, y la falta de investigación y pruebas es tan solo una minúscula parte de los problemas que se presentan a la hora de resolver su misterio. Sea cual sea la teoría propuesta, el hecho es que el impacto de los toltecas en la región es evidente. Se ha propuesto que Tula pudo ser un asentamiento pequeño, con poco efecto en el enorme territorio de Mesoamérica. Sin embargo, en excavaciones recientes se han encontrado complejos residenciales cerca del centro ceremonial, lo que negaría esta teoría. El impacto del arte tolteca se extendió y, cuando los españoles llegaron al Nuevo Mundo, Quetzalcoatl ya era una figura de culto en toda Centroamérica, incluso en la ideología azteca.

Capítulo 8: Cē Ācatl Topiltzin, el Mítico Rey Tolteca

En 1.504, el español Hernán Cortés llegó al Nuevo Mundo cuando aún era un adolescente. Tras ayudar a Diego Velázquez en la conquista de Cuba, fue ascendido y posteriormente enviado al interior de México. Sin embargo, sus superiores cambiaron de idea y le ordenaron que se quedara. En 1.519, el conquistador español ignoró esas órdenes y partió a México con el objetivo de conquistarlo, lo que suponía un acto de traición. Pasó brevemente por Trinidad para aprovisionarse y reclutar hombres, tras lo cual llegó a la península de Yucatán. En nombre de la corona de España, derrotó a todos sus enemigos mientras se aprovechaba cuanto podía de las disposiciones tribales de los indígenas. Volviendo a las tribus en su contra, se aliaba con unas y traicionaba a otras. Cuando los españoles llegaron a la capital azteca de Tenochtitlán, contaban con un ejército colosal. El rey azteca, Moctezuma, permitió que Cortés y su ejército entraran en la ciudad, cubriendo de oro, jade, obsidiana y otras ofrendas a los oficiales españoles. En una carta al rey Carlos, Cortés afirman que los aztecas lo tomaban por Quetzalcoatl o uno de sus emisarios. La creencia en Quetzalcoatl estaba tan extendida en Centroamérica que incluso los reyes eran vulnerables frente a invasores.

Hernán Cortés capturó a Moctezuma y saqueó la gran ciudad de Tenochtitlán, lo que marcó el fin del esplendor azteca. Aunque los aztecas explicaron la inacción de Moctezuma con la creencia de que Quetzalcoatl había regresado, debemos observar que esa historia surgió después de que los españoles tomaran la ciudad, lo que hace que algunos historiadores se pregunten si los aztecas solo intentaban salvar su honor con esa explicación. Mientras Moctezuma cubría a los españoles de alhajas, su ejército ya había empezado una guerra contra los españoles fuera de la ciudad. Puede que Moctezuma considerara a los españoles como posibles aliados con los que agrandar su reino. Sea cierta o no la historia de que Moctezuma creyera en el regreso de la serpiente emplumada, funciona como una estupenda distracción para racionalizar la derrota. Esa distracción solo funcionó por la fe que existía en la serpiente emplumada de Tollan. Algunos estudiosos contemporáneos cuestionan la frase "el culto de Quetzalcoatl", porque no era tanto un culto como una ideología política y fervientemente religiosa que engulló a toda la región.

¿Quién fue Quetzalcoatl? ¿Un emperador tolteca de profunda sabiduría y vigor sin igual? ¿O era más bien una idea que englobaba mucho más que un solo individuo?

Quetzalcoatl se traduce literalmente como "serpiente de plumas hermosas" y aproximadamente como "la serpiente con plumsa de quetzal". Un quetzal es un ave que puede encontrarse en varias regiones de México. La bandera de Guatemala lo incluye en su bandera como símbolo nacional. Quetzalcoatl está elevado a la categoría de los dioses aztecas, junto con Tlaloc, Huitzilopochtli y Tezcatlipoca. Muchos lo consideraban el dios del sol, el viento y el aprendizaje. Había diversas inerpretaciones de Quetzalcoatl según la región, y buscar consistencias entre esas narrativas sería ingenuo. En según qué épocas fue adorado como dios de la vegetación, mientras que otros pueblos lo asociaban con el planeta Venus, la artesanía y el conocimiento. Por ejemplo, los huastec del centro de México lo relacionaban con Ehécatl, el dios del viento, cuyo atuendo era muy parecido. El templo de Quetzalcoatl en Tenochtitlán es circular porque se creía que dicha forma simbolizaba al viento: los bordes afilados son obstáculos para el viento, mientras que las formas circulares parecen contribuir a su dinamismo. Lo mismo puede observarse en los estados de Veracruz y San Luis Potosí en el centro-este de México, donde habitaban los huastec.

Las ilustraciones muestran a Quetzalcoatl vestido con plumas de quetzal y un talismán colgado de su cuello. Estas piedras y joyas representaban a diversas fuerzas elementales del cosmos. El culto a la serpiente emplumada se remonta a la época entre el siglo I a. C. y el I d. C., si bien las primera representación iconográfica de la deidad procede del siglo IX a. C. en un asentamiento olmeca, donde puede verse a una serpiente ascendiendo tras una persona en una especie de ritual. Esta representación podría demostrar que ya había una serpiente emplumada en el panteón religioso de Mesoamérica, aunque los historiadores favorecen la teoría de que Quetzalcoatl no apareció como tal hasta la era preclásica. Hay también algunas representaciones de serpientes emplumadas en Teotihuacán que pertenecen al preclásico, pero en ellas la serpiente emplumada está dibujada como entidad primaria, sin rasgos humanos. Esos rasgos humanos no aparecieron hasta el período clásico, hecho que los historiadores atribuyen a la iconografía y las inscripciones halladas en varios lugares del centro de México, como Cholula y Cacaxtla. En particular, Cholula pudo haber sido el principal centro de culto a Quetzalcoatl durante los años siguientes.

Quetzalcoatl suele confundirse con el rey tolteca Cē Ācatl Topiltzin, quien lideró un imperio agresivo y sofisticado durante el siglo X. Su título, Cē Ācatl Topiltzin Quetzalcoatl, podría traducirse como "Nuestro Príncipe Serpiente Emplumada de Una Caña". Hay varias historias que narran la vida y genio del emperador tolteca. Nació en Tepozltán en "1 Acatl", lo que se corresponde con el 13 de mayo de 895. Los registros varían en lo que se refiere a sus padres.

Hay muchas historias diferentes que explican cómo Quetzacoatl llegó a ser quien era. Una de ellas afirma que fue hijo de la deidad azteca Chimalman, que significa "escudo de mano" y que era virgen. Otra historia dice que Chimalman se tragó una esmeralda y así concibió a Quetzalcoatl. La creencia más popular es que su padre fue Mixcoatl, otra divinidad tolteca y presumiblemente también un rey. La historia dice que Mixcoatl le mostró una flecha a Chimalman, quien se quedó encinta y dio a luz nueve meses después. Mixcoatl, que significa "serpiente de la nube", era el dios de la guerra, el fuego y la caza. En ilustraciones y esculturas se le puede ver con ropajes a rayas rojas y una máscara negra sobre los ojos. Tlahuizcalpantecuhtli, el dios del lucero del alba y segunda rendición de Quetzalcoatl, comparte esas mismas características. Además, Mixcoatl lleva equipo de caza, un arco y flechas, como las que se pueden ver en las estatuas atlantes de Tula. Los aztecas adoraban a Mixcoatl, pero no tanto como a otras deidades. Muchos grupos indígenas como los otomi y los chicimecs lo tenían en lo más alto de su panteón. En lugares como Tlaxcala o Huejotzingo se le adoraba como divinidad central.

Ya en su infancia, Topiltzin demostró ser un feroz guerrero. Se dice que lideró a su gente hasta la ciudad de Tollan, donde ejerció de sacerdote. La mayoría de las culturas mesoamericanas, incluyendo a mayas, toltecas y aztecas, enfatizaban el conflicto tribal, la guerra y el sacrificio humano. Algunos invasores europeos notaron que los indígenas pertenecían a una estricta cultura tribal y que a menudo iban a la guerra por disputas simples. Los invasores explotaron esa debilidad tanto como pudieron por método de dividir y conquistar. Todo esto resalza la importancia de la estatua de Topiltzin entre las civilizaciones mesoamericanas y su reputación humanista entre sus vasallos. Los toltecas lo consideraban su líder más eminente en materias espirituales y sociológicas. Su preferencia por la paz y la contención le llevaron a predicar ideas sofisticadas y a abolir los sacrificios humanos. Los mitos describen que Quetzalcoatl evitó usar a las personas como ofrendas sacrificiales, y que en su lugar optaba por aves, serpientes, mariposas y otros animales. También obligó a los sacerdotes a mantenerse célibes y a no usar sustancias embriagadoras. Sabemos que los mayas usaban alucinógenos en sus rituales en cuevas.

Según las narraciones, Topiltzin viajó para conquistar otros asentamientos y predicar sus valores, estableciendo incluso nuevas sociedades y comunidades. A partir de aquí, los registros difieren en cuanto a qué fue de Topiltzin. Algunos creen que, tras predicar su palabra, viajó al este para encontrar un lugar sagrado de descanso. Otros creen que viajó a Tlapallan, una región del golfo de México, donde construyó una pira en la que poder hacer el sacrificio definitivo: calcinando su propia piel, se transformaría en el lucero del alba. Otra versión sostiene que embarcó en una balsa de serpientes y desapareció tras poner rumbo al este.

Cholula es, después de Tollan, la ciudad más importante en lo que se refiere a Quetzalcoatl. En su apogeo, Cholula era la segunda ciudad más poblada de todo México con unos 100.000 habitantes. Su población empezó a reducirse en el siglo VIII, pero siguió siendo un centro de actividades religiosas durante varios siglos más. Hoy es una atracción turística gracias a su gran pirámide, la mayor zona arqueológica con una pirámide en todo el Nuevo Mundo. Se trata del monumento más grande construido en cualquier momento de la historia, y se erigió en honor de la serpiente emplumada. La mitología dice que un gigante llamado Xelhua escapó de una inundación y construyó la pirámide. Lo más probable es que fuera realmente construida en cuatro agotadoras fases, desde el siglo III a. C. hasta el IX d. C. Cuando la construcción terminó, la pirámide era seis veces más grande que sus proporciones originales. Una escuela de pensamiento mesoamericana creía que Topiltzin regresaría para reclamar Cholula.

La cronología ha sido un problema persistente con Quetzalcoatl. El cénit de Cholula ya había quedado atrás en el siglo VIII d. C., y Topiltzin llegó al poder en el X. Hay un vacío enorme entre ambos eventos. Dado que las culturas mesoamericanas veían a sus reyes como figuras casi divinas y entendían el tiempo de forma cíclica, Topiltzin continuó probablemente las conquistas de sus predecesores. Según Fernando de Alva Cortés Ixtlilxóchitl, un historiador que desciende en parte de orígenes aztecas, Topiltzin gobernó durante el siglo X, aunque según un manuscrito conocido como el Códice Ramírez lo hizo en el XII.

Los líderes aztecas aprovecharon la religión para hacerse con el poder, empoderando el mito del emperador tolteca cuando les fuera conveniente. Como herederos del linaje de Quetzalcoatl, ya fuera realidad o ficción, se declararon legítimos herederos del trono. Difundir sus sentimientos religiosos les permitió hacerse con la corona y mantenerla. Siempre que necesitaran una excusa, podían aludir a la voluntad de la serpiente emplumada. Su ideología les permitió adentrarse en el subconsciente colectivo de sus vasallos y convencer a la gente de ideas y rituales que contradecían totalmente las enseñanzas de Topiltzin. Por ejemplo, realizaron sacrificios humanos masivos que el rey tolteca ya había abolido en su época. Los aztecas continuaron con ese ciclo de mentiras y engaños hasta la época colonial.

Más allá de algunas pruebas menores, todas estas historias nos han llegado gracias a cinco fuentes principales. La primera, *Historia de los Mexicanos por sus pinturas,* fue escrito por un español anónimo en un intento de narrar la historia de los toltecas. Su versión es bastante breve y posiblemente imprecisa, tal vez debido a una falta de entendimiento entre lenguas indígenas. El autor sostiene que la madre de Topiltzin murió tras el parto; al crecer, Topiltzin pasó siete años en la tranquilidad de las montañas, donde empezó a practicar sus rituales sangrientos y sus fervorosos rezos. Los dioses le concedieron su deseo de convertirse en un gran guerrero: empezó a liderar en guerras y a hacerse popular entre el pueblo, llegando a ser emperador. Durante 42 años mantuvo la paz en su reino, pero al final le pidieron que abandonara la ciudad de

Tollan. Viajó por pueblos y ciudades hasta llegar a Tlapallan, solo para morir al día siguiente.

En una traducción de frailes católicos titulada *Libro de oro y tesoro índico*, Topiltzin es recordado por ser el hijo de un líder de Teotihuacán. Erigió un monumento en memoria de su padre asesinado, se vengó de su asesino y partió a Tollan. La traducción del francés André Thevet lo coloca como hijo de Mixcoatl y Chimalman. La madre murió tras el parte y el padre fue asesinado por los hermanos de Topiltzin. Tras vengarse de sus hermanos, emigró a la ciudad de Tollan. En esta versión, sirvió como emperador durante 160 años y, finalmente, volvió a huir a Tlapallan. Hay una cuarta traducción escrita por un nativo, la *Leyenda de los Soles,* que discurre un poco más sobre los padres de Quetzalcoatl. La quinta fuente, el Códice Florentino, es una colección de textos compilados por nativos.

En todas estas versiones, Tezcatlipoca, cuyo nombre se traduce como "espejo humeante", es el dios responsable de expulsar a Topiltzin de Tollan. Quetzalcoatl transformó entonces a Tezcatlipoca en un jaguar, pero este contraatacó y derribó a Quetzalcoatl. Suele ser descrito como el archienemigo de la serpiente emplumada.

Capítulo 9: El Colapso de Tula y la Diáspora Tolteca

Todo lo que sube debe bajar.
Esta afirmación ha sido válida desde antes que una manzara le cayera a Isaac Newton en la cabeza. Sus implicaciones científicas son tal vez modernas, pero la historia está llena de precedentes que podrían servir como guía orientativa. Es una idea que se repite a lo largo de la historia. Mesopotamia fue el hogar de imperios gloriosos e impenetrables que, sin embargo, cayeron tiempo después. Incluso el Imperio romano de Occidente, la gran superpotencia de su época, no fue capaz de esquivar este inevitable destino. Y con la caída de Constantinopla, el Imperio romano de Oriente cayó también. Entre las caídas de uno y otro imperio transcurrieron diez siglos. En ocasiones, un imperio tarda cientos de años en caer, mientras que para otros el declive llega rápida y cruelmente, como un relámpago que arrasa todo a su paso. Incluso en personajes históricos o en el arte y la literatura, esta regla tiene un valor inconmensurable. El aspecto más fascinante del mito de Adán es la caída. En la música, un crescendo no es nada sin los retumbos que lo preceden.

En el caso de los toltecas, la caída fue veloz e inmisericorde. Todo empezó con la muerte de Cē Ācatl Topiltzin o Quetzalcoatl. Entender el declive de los toltecas requiere una pequeña digresión, pues, para apreciar los eventos en detalle, debemos entender cómo llegaron los toltecas a la cumbre.

El Códice Chimalpopoca, un manuscrito azteca, revela las historias de Quetzalcoatl en tres fases. Según la primera parte del códice, llamada *Anales de Cuauhtitlán*, los toltecas llegaron a Manenhi y renombraron el lugar como Tollan. Allí establecieron un sistema teocrático que rápidamente abandonaron para pasar a la monarquía. Algunos inmigrantes se establecieron en la ciudad, mientras que otros siguieron rumbo oeste en busca de nuevos territorios y aldeas. Hay quien interpreta los datos de este documento de otra forma: algunos historiadores creen que la llegada de los toltecas a Tollan sucedió en el siglo VII d. C., mientras que otros opinan que fue en el VIII. La segunda parte del códice habla de religiones y deidades, y la tercera contiene la leyenda de los soles. Según algunas fuentes, cuando llegaron a Tollan, el líder de los toltecas era un hombre llamado Huemac. Varios intelectuales creen que los toltecas emigraron desde desiertos en el noroeste, llegaron a Culhuacán primero y continuaron hasta Tollan después. Otros dicen que el líder era Chalchiutlanetzin, y algunos sostienen que era Cē Ācatl Topiltzin Quetzalcoatl. También hay investigadores que opinan que "Quetzalcoatl" era tan solo un rango que los toltecas asociaban a todos sus líderes, no solo a Topiltzin.

La población tolteca pertenecía a varias tribus entre las que se incluían los nonoalcas y los chichimecas. Según el Códice Florentino, los nonoalcas fueron un grupo étnico importante en Tollan. Por otra parte, los chichimecas eran los habitantes de Chichimán, palabra que significa "área de leche". Pertenecían a una tribu nómada que siempre estaba en movimiento. Durante el clásico tardío y el posclásico, vistieron ropajes rudimentarios que tan solo tapaban sus genitales, y eran cazadores-recolectores, correspondiéndose con su estilo de vida minimalista. No podían permitirse lujos ni tenían tiempo para innovar, así que en lugar de cubrirse el cuerpo con ropa, preferían pintárselo. Los toltecas, debido a sus raíces pluralistas, pudieron establecer contacto y comerciar con otras tribus.

Hidalgo hace frontera con San Luis Potosí en el norte, con Puebla en el este, Tlaxcala en el sureste, Querétaro en el oeste y Veracruz en el noreste. A medida que la influencia tolteca crecía en la región, llegó por el norte a La Huasteca, que comprende partes de Veracruz, Hidalgo, Querétaro, Puebla, San Luis Potosí y otras ciudades modernas. Aquí encontró dos tribus importantes: los otomíes y los huastecos. En esta región ya habitaban seres humanos en el siglo X a. C., lo que convierte a estas tribus en una de las primeras civilizaciones de Mesoamérica. Los otomíes fueron probablemente los habitantes originales del lugar, precediendo a los hablantes del nahuatl por varios siglos. Toda esta información está conectada con la caída de los toltecas.

Algunas fábulas cuentan que Tezcatlipoca apareció ante el rey Quetzalcoatl en forma de anciano y le ofreció un elixir que lo haría más joven. Se trataba de un engaño, pues el brebaje no era más que una bebida alcohólica. Topiltzin llamó a su hermana, la princesa, y ambos se entregaron al borroso gozo del alcohol. Ebrios y confundidos, empezaron a comportarse de forma escandalosa, lo que humilló y avergonzó sobremanera a Topiltzin. Puede que el lector recuerde que ya había otra fábula en la que los sacerdotes traicionaban a Topiltzin, pero en este caso es Tezcatlipoca en forma de anciano. Hay similitudes entre ambas narraciones, ya que los sacerdotes de la ciudad pudieron ser en su mayoría varones.

Desdichado y humillado, Quetzalcoatl se fue de Tollan y se dirigió hacia Tlillan-Tlapallan. La muerte o el exilio de Quetzalcoatl dejó un hueco en una región antaño próspera. El suceso plantó la semilla del descontento y el conflicto interno en la comunidad, lo que derivó en una gran inestabilidad política. Estalló en Tollan una guerra civil entre los fieles a Tezcatlipoca y los defensores de Quetzalcoatl. La mayoría de los nonoalcas se adscribían a Quetzalcoatl y sus ideales humanistas, como el desprecio por los sacrificios humanos. Por otro lado, los seguidores de Tezcatlipoca, descendientes de los chichimecas en su mayoría, creían en el poder supremo de las procesiones en masa y los sacrificios públicos. Esto también puede apreciarse en el diseño y la arquitectura de Tula, donde las estructuras ceremoniales ganan en tamaño a medida que se alejan de Tula Chico y se acercan al nuevo distrito.

Alrededor del año 1.000, Tula empezó a sufrir problemas en su agricultura. El clima empezó a secarse y llegó un largo período de sequía. El sector agrícola no producía suficiente maíz, la base de su dieta, para alimentar a toda la ciudad. La hambruna intensificó la discordia entre las etnias de los nonalcas y los chichimecas. Con el tiempo, los adoradores de Tezcatlipoca demostraron ser superiores al culto de Quetzalcoatl. Los devotos de la serpiente emplumada fueron derrotados por sus adversarios.

Algunos autores mencionan que, tras la muerte de Topiltzin, los toltecas comenzaron a emigrar de Tollan a otras ciudades a un ritmo sin precedentes. La guerra civil en Tollan y la posterior derrota pudo haber impulsado esta migración. Muchos se fueron a la peninsula de Yucatán, donde finalmente llegaron a Uxmal, el enclave más poderoso del oeste de la región, que había sido conquistada por los toltecas en torno al año 1.000 d. C. Un siglo después, la construcción en la ciudad se ralentizó dramáticamente; hacia el año 1.200 parece que se detuvo por completo. Es posible que Quetzalcoatl fuera introducido en la region de Itzá a finales del siglo X. Los Itzá descendían de los mayas putún, famosos por su arquitectura de estilo Puuc, y los mayas toltecas. Es posible que los habitantes de Itzá, de ascendencia en parte tolteca, acogieran de buen grado a los inmigrantes toltecas en Yucatán. Se incrementó la presencia de rasgos mexicanos en la región durante este período. Es importante observar que las pirámides de Chichén Itzá son más antiguas que otras construcciones parecidas en Tula, así que las migraciones pudieron producirse durante mucho tiempo.

La situación empeoró e incluso los chichimecas locales empezaron a abandonar la ciudad, lo que produjo aún más desorden civil. Los desastres naturales como el cambio climático y la pérdida de nutrientes del suelo añadieron más gasolina al fuego. Cerca del año 1.150, muchos de los residents de Tula abandonaron sus hogares y, al igual que en Teotihuacán, la mayoría de los edificios fueron quemados y destruidos. El centro ceremonial en el corazón de la ciudad ardió durante el siglo XII.

Muchos grupos exiliados acabaron yendo al territorio moderno de Puebla, concretamente a la ciudad de Cholula, que se fundó en el s. II a. C. y fue un importante puesto de comercio en la zona durante la era posclásica. En las proximidades de Tula no había cuerpos de agua natural para irrigar la ciudad o dar de beber a la población. No era ese el caso de Cholula, donde llovía con abundancia en verano y la ciudad estaba rodeada de montañas nevadas, cuya nieve se derretía y fluía con la llegada del calor. Estas condiciones favorables pudieron seducir a los exiliados. Además, la ciudad estaba acostumbrada a recibir extranjeros. Durante los períodos clásico y posclásico, los olmecas xicallanca, un grupo del golfo de México, se apoderaron de la ciudad y la hicieron su capital. En el año 1.200 d. C. aproximadamente, los toltecas, en su mayoría de origen chichimeca, conquistaron Tula.

Brevemente, tras la Conquista española de los aztecas, un fraile dominicano llamado Diego Durán escribió varios textos sobre la cultura azteca. En su obra *Historia de las Indias de Nueva España,* también llamada "Código Durán", construye la historia de la creación azteca y también la de la región hasta la llegada de los españoles. Según Durán, en torno al año 1.115, varias tribus del norte como los chichimecas, los otomíes y los huastecos atacaron repetidamente a varias regiones de Tollan. Tras muchas cruentas batallas, los toltecas estaban contra las cuerdas, aunque ambos bandos sufrieron grandes pérdidas. La guerra hace que la gente pida ayuda a sus dioses, y así pues, el sacrificio humano siguió siendo el método habitual de oración. Durán afirma que Huemac, a quien algunos textos describen como el primer gobernador de Tollan, emigró a la ciudad otomí de Xaltocán. Huemac había perdido la confianza de sus seguidores, quienes se habían dividido en varios grupos y lo habían dejado de lado. En 1.122, Huemac, degradado y humillado, se ahorcó en la ciudad de Chapultepec, que estuvo en manos de Teotihuacán durante el período clásico. Los toltecas se referían a Chapultepec como "la colina del saltamontes". Los arqueólogos han encontrado restos de un altar tolteca en la cima de la colina.

Tras el abandono de Tollan, los toltecas se extendieron no solo por el valle de México, sino por toda Mesoamérica. Una pequeña cantidad de habitantes permanecieron en las ruinas de Tollan. Tula cayó bajo el reinado de Culhuacán, una ciudad-estado cercana que acogía a numerosos aristócratas de la capital tolteca. Culhuacán estuvo bajo control de Teotihuacán durante la mayor parte del clásico medio. Las historias tradicionales dictan que fue la primera ciudad tolteca y que la fundó Mixcoatl, el padre de Quetzalcoatl, en algún momento del s. VIII d. C. Culhuacán, que sobrevivió hasta el siglo XIV, era principalmente una ciudad tolteca con influencias chichimecas.

Las ciudades-estado como Culhuacán se conocían como "altépetl", que traducido significa "el agua, la montaña" en nahuatl. Los toltecas se dispersaron de la región, y varias ciudades-estado o altépetl se apoderaron de sus dominios. Los toltecas empezaron a emplear el término *Quetzalcoatl* para alinearse más o menos con el linaje real, lo que les permitió hacerse con importantes designaciones en varias ciudades de la región. Este uso del término *Quetzalcoatl* es una de las principales razones por las que a los investigadores les cuesta tanto distinguir los distintos líderes de los toltecas.

Finalmente, los toltecas se desintegraron en varias fracciones. Su caída dejó un vacío de poder en Mesoamérica, donde el conflicto entre civilizaciones era una realidad permanente. Varias tribus empezaron a guerrear incesantemente entre sí en un intento por dominar el territorio.

De las cenizas de los toltecas surgiría la cultura que acabaría siendo el mayor referente de las civilizaciones mesoamericanas: los aztecas. Dado que el patrimonio tolteca es un estándar de nobleza en la Mesoamérica de hoy, no es sorprendente que los aztecas se subieran al carro con la posibilidad de ser sus descendientes.

Capítulo 10: El Auge de los Aztecas

El azteca fue el mayor imperio de toda Mesoamérica. En su apogeo, controlaban la mayor parte del norte de Mesoamérica e imponían a voluntad sus ideas en tribus vecinas. Cuando empleamos la palabra "azteca" en terminología moderna, solemos referirnos a la alianza de tres ciudades-estado del centro de México en las que se hablaba nahuatl. En términos generales, eran nahuas que habían prosperado en el México central tras llegar desde el norte. Ciertamente, su desarrollo no fue un fenómeno aislado, y se produjo como resultado de la dispersión tolteca. Tal como los toltecas se beneficiaron del colapso maya en los siglos VIII y IX, los aztecas se aprovecharon de la caída del dominio tolteca.

Sabemos que los aztecas ganaron importancia en el período posclásico de la cronología de Mesoamérica, pero, ¿de dónde venían?

Como ocurre también con los mayas y los toltecas, los registros de los aztecas son en buena proporción mitológicos. Describen a seres e individuos sobernaturales, lugares místicos y fenómenos extraños que se manifiestan en la Tierra. Los etnohistoriadores han extraído mucha información de esas narraciones, junto con otros hallazgos arqueológicos. El linaje de los pueblos nahuatl o nahuas se remontan a los chichimecas, quienes eran, como hemos mencionado antes, nómadas procedentes del norte del valle de México. Allí vivían en San Luis Potosí, Zacatecas y Guanajuato. San Luis Potosí acogía a los otomíes y los chichimecas. Zacatecas, que se traduce más o menos como "donde abunda la hierba", era el hogar de varios grupos étnicos que solían estar en mutuamente en guerra. Guanajuato estuvo habitada desde el s. VIII a. C. aproximadamente. Su influencia se esparció por la región hasta llegar a Zacatecas, Hidalgo, Querétaro y otras regiones. Se los suele asociar a los toltecas porque su declive se produjo al mismo tiempo.

Las leyendas de los nahuas hablan de siete tribus que vivieron en siete cuevas. Cada cueva estaba asociada a una de las tribus nahua: Xochimilca, Tlahuica, Acolhua, Tlaxcalteca, Tepaneca, Chalca, o Mexica. La mayoría de estas tribus pasaron por una migración similar. Afirman que su lugar de origen es Aztlán, "lugar de las garzas". La propia palabra "azteca" deriva de "Aztlán" y se traduce como "gente de Aztlán". Sigue debatiéndose si Aztlán es un lugar mítico o uno histórico. Quienes creen lo segundo lo sitúan en el noroeste de México o el suroeste de EE. UU. Diego Durán detalla una serie de eventos en los que el emperador azteca, Moctezuma I, envió una expedición en busca de la verdadera ubicación de Aztlán. El continente no estaba debidamente mapeado por entonces, así que es difícil precisar una localización. En la segunda mitad del siglo XX, los expertos mexicanos empezaron a especular con que una isla llamada Mexcaltitán de Uribe pudo ser el lugar de origen de los aztecas. Nadie sabe si esta propuesta es verídica, pero el lugar ha generado cierta atención reciente entre los turistas.

Según los registros, una grave sequía asoló las tierras del norte de México y el suroeste de Estados Unidos, obligando a los chichimecas a emigrar al centro de México. Una vez las primeras tribus llegaron al valle, empezaron a asentarse y crear pequeñas ciudades-estado o altépetl. El gobernador de cada estado, denominado Tlatoani, recibía tributos de todo el territorio y supervisaba el comercio, la religión, los litigios y el ejército. Al principio, las ciudades-estado se vieron envueltas en constantes disputas, y con ese conflicto rutinario, ninguno de los estados ganó mucho poder.

Después de dos siglos de migraciones, los méxicas se convirtieron la última tribu en llegar al valle de México tras la caída de los toltecas. En los códices aztecas, los méxicas pueden verse portando ídolos de su principal deidad, Huitzilopochtli. La leyenda dice que los méxicas buscan una señal enviada por Huitzilopochtli; concretamente, buscaban "un águila con una serpiente en el pico, sentada sobre una chumbera".

Los méxicas llegaron al valle en torno al año 1.250, pero no encontraron buenas tierras cultivables. Se convirtieron en vasallos de Culhuacán, la ciudad-estado predilecta de los aristócratas de Tollan. La ciudad les entregó Chapultepec, el lugar al que los toltecas llamaban "colina del saltamones". Chapultepec era una tierra relativamente infértil, así que los méxicas no pudieron cultivar allí. Al final, acabaron sirviendo como mercenarios para el estado de Culhuacán. En cierto momento, Culhuacán requirió sus servicios en combate. Como recompensa, el emperador envió a una de sus hijas para que gobernara a los méxicas. Siguiendo las órdenes de uno de sus dioses, la tribu mató a la hija desollándola viva. Furioso, el emperador ordenó una ofensiva contra los méxicas, quienes fueron expulsados de la región.

Los nómagas vagaron sin rumbo hasta llegar al lago Texcoco, donde encontraron indicios de Huitzilopochtli. El terreno estaba justo en medio de un pantano, sin suelo sólido en el que asentarse. Aun así, establecieron Tenochtitlán en 1.325, y la ubicación inhóspita terminó siendo una ventaja inesperada. Al no haber acceso a la ciudad más que con botes, la ciudad era fácilmente defendible y el inusual terreno ayudaba a repeler a los atacantes. Gracias a esta impenetrable defensa, el comercio prosperó y la ciudad creció significativamente. Los méxicas empezaron a construir complejos residenciales y se establecieron aqueductos para proveer a la ciudad de agua fresca. En el centro de la ciudad se design un distrito sagrado donde se construyeron pistas deportivas, escuelas y residencias para los sacerdotes. Los méxicas estaban asombrados con la magnificencia y la grandeza de Teotihuacán y Tula, y aspiraban a alcanzar el prestigio y nivel de sofisticación de las metropolis toltecas. Creían que Teotihuacán era un lugar sagrado y trajeron ornamentos de esa ciudad para decorar Tenochtitlán. Empezaron a erigir palacios y construyeron el asombroso Templo Mayor, también conocido como Huey Teocalli. Estaba dedicado a Huitzilopochtli y Ehecatl.

Huitzilopochtli era el dios definitive de la guerra, y los aztecas lo ofrecieron sacrificios para lograr su bendición. La mitología de la creación azteca dice que Huitzilopochtli era el más joven de cuatro hijos, y que uno de sus hermanos era Quetzalcoatl. Sus padres, ambos dioses y creadores del universo, les ordenaron que trajeran paz, armonía y orden al mundo. Así pues, crearon las formas masculina y femenina, además del Sol y la Tierra. Puede que Huitzilopochtli no fuera inicialmente la deidad principal de los méxicas, sino que con el tiempo fuera elevado a la altura de Quetzalcoatl, Tezcatlipoca y otros dioses.

Los méxicas habían demostrado repetidamente su valor y fortaleza. Rápidamente, desarrollaron su reputación como guerreros. Esto era especialmente importante en el período posclásico, porque la guerra era habitual entre tribus. Cuando los méxicas se convirtieron en una fuerza a tener en cuenta, se ganaron el respeto de las tribus vecinas. Los méxicas se aliaron con el estado de Azcopotzalco, la capital de los tepanecas gobernada por Tezozomoc, y les pagaron tributo. Los tepanecas hablaban nahuatl y compartían panteón religioso con los aztecas. Los méxicas contribuyeron al crecimiento de Azcopotzalco y empezaron a expandirse como imperio tributario. El único problema al que se enfrentaban los méxicas era la falta de legitimidad, pues su emperador no estaba considerado un verdadero rey. Para paliar esto, enviaron una propuesta al dirigente de Culhuacán solicitando la mano de su hija. La petición fue concedida y, en 1.372, Acamapichtli se convirtió en el primer emperador o *tlatoani* de Tenochtitlán.

Texcoco, la ciudad de los acolhuas, crecía en el este de la cuenca. Había sido fundada originalmente por los chichimecas, pero los alcohuas los expulsaron de la ciudad. Entre acolhuas y tepanecas había muchas tensiones; la situación empeoró hasta que ambas tribus se declararon la guerra. Los méxicas ayudaron a sus aliados, los tepanecas, y derrotaron a los acolhuas. Como resultado, Azcapotzalco se quedó con Texcoco como ciudad tributaria. A principios del siglo XV, el rey tepaneca murió y la ciudad entró en guerra civil. Los méxicas apoyaron a Tayahauh, quien había recibido el trono de forma legítima, pero su hijo, Maxtla, trató de usurparle el poder. Maxtla estaba furioso con los méxicas por no haberlo apoyado, así que les declaró la guerra además de a los acolhuas. El rey de Texcoco huyó y la ciudad buscó refuerzos. Los encontró en las ciudades de Huexotzinco en Puebla y Tlacopán en la orilla oeste del lago Texcoco. Tenochtitlán unió sus fuerzas a las de Texcoco, Tlacopán y Huexotzinco en un esfuerzo por derrotar a Azcapotzalco. La guerra en México adoptó un enfoque algo excéntrico, pues hubo mucha insistencia en capturar vivos a los enemigos para su posterior sacrificio ritual. En 1.428, la unión entre las cuatro ciudades se alzó victoriosa.

Tras la guerra, Tenochtitlán, Texcoco y Tlacopán establecieron una alianza que conmemoraría el principio del imperio azteca. Hoy la conocemos como la Triple Alianza. El botín de guerra se distribuyó entre las tres ciudades, con dos quintas partes del territorio pasando a manos de Tenochtilán, otras dos quintas partes a Texcoco, y una quinta parte para Tlacopán. El hijo de Tezozomoc asumió el cargo de gobernador de Tlacopán, que fue siempre un representante menor en la alianza. Por otra parte, Texcoco era una ciudad deslumbrante que se aprovechó enormemente de los tributos recolectados. En su época, era famosa por sus enormes bibliotecas rebosantes de textos de culturas antiguas. Pudo haber alcanzado una población superior a los 24.000 habitantes. Hoy se encuentra dentro del gran área metropolitana de Ciudad de México, donde por un breve espacio de tiempo, en la década de 1.820, fue la capital de México.

Tenochtitlán se convirtió en la capital del imperio azteca. Tras aliarse, las tres ciudades que constituían el imperio azteca se convirtieron en la superpotencia colectiva del México central. Mantuvieron su poder e influencia en Mesoamérica hasta la llegada de los españoles, siendo las enfermedades la razón más importante de su derrota frente a los europeos. Los mesoamericanos sucumbieron a las nuevas plagas debido a que sus sistemas inmunes habían evolucionado de forma diferente a la de los invasores.

Y así, sin más, el imperio azteca dejó de existir.

Mucha gente suele confundir unas civilizaciones mesoamericanas con otras. Al fin y al cabo, comparten muchas características, así que es fácil mezclarlas. En su mayoría fueron culturas tribales con creencias politeístas. Solían ser nómadas y no les importaba recoger sus bártulos y marchar a otro sitio cuando fuera necesario. A menudo estaban en guerra, practicaban rituales sangrientos con sacrificios humanos y con frecuencia celebraban procesiones y ceremonias en público. Casi todas las civilizaciones de Mesoamérica se interesaron por la cosmología y el movimiento de los cuerpos celestes, usando un calendario para seguir sus movimientos. Casi todas tenían un sistema de escritura, fuera avanzado o rudimentario. Para no confundir estas culturas, debemos preguntarnos: aparte de sus cronologías, ¿cuál es la diferencia entre mayas, aztecas y otras culturas mesoamericanas?

Los mayas fueron una agrupación de tribus establecidas en el sur de México y el norte de Centroamérica. Hablaban varios idiomas que, colectivamente, se conocen como lenguas mayas. Por su parte, los aztecas vivían en el centro de México y hablaban principalmente nahuatl. Entre ambas civilizaciones se encuentran los misteriosos toltecas; un párrafo conector en los anales de la historia.

SECCIÓN 3:
EL LEGADO TOLTECA: ARTE, SOCIEDAD Y CULTURA

Capítulo 11: Estructura Social

Cuando se produjo la conquista española, los grupos hablantes de nahuatl estaban dispersados por toda Mesoamérica. Habían llegado desde el norte para establecerse en el valle de México, y eran en su mayoría únicos y diversos, con variantes idiomáticas entre sí. Pese a estas pequeñas diferencias lingüísticas, las tribus compartían una base cultural. Es fácil ver las similitudes a lo largo de la historia entre muchas civilizaciones mesoamericanas, sobre todo durante los períodos clásico tardío y posclásico, cuando los nahuas empezaron a llegar al centro de México. A medida que se empezaba a colaborar y formar comunidades urbanas, empezó a aparecer un estilo de vida que perduraría hasta el período colonial y, hasta cierto punto, la actualidad.

Algunos historiadores creen que los toltecas llegaron al centro de México como un grupo étnico distinto de los desiertos del noroeste, se detuvieron en Culhuacán (su primera gran ciudad) y después se establecieron en Tollan. Otros creen que eran simplemente un pueblo urbanizado, en contraste con los bárbaros, es decir, los chichimecas. El desarrollo de la vida urbana, primero en Teotihuacán y luego en Tula, transformó el paisaje en toda la región. Empezaron a levantarse grandes comunidades que se ayudaron mutuamente a crecer, aunque esta tendencia también planteó nuevos problemas. Al tener experiencia previa, muchas otras civilizaciones sufrieron también estos contratiempos, incluyendo a los toltecas.

El principal problema fue que se estableció una estructura de clases en la que solo unos pocos gozaban de los lujos y las comodidades negadas a todos los demás. Esa discrepancia en la disponibilidad de recursos es evidente en el imperio tolteca, que se basaba ampliamente en una aristocracia militar. El ejército tolteca era una fuerza respetada y contaba con guerreros de fortaleza sin igual. Sus soldados eran responsables de mantener la paz y defender la ley y el orden. Los escalafones más altos de la sociedad los ocupaban líderes militares, sacerdotes y en ocasiones mercaderes y artesanos.

En sus primeros días como nómadas, los toltecas continuaron vagando por toda la región y encontrando asentamientos a los que pedirían tributos tras conquistarlos. Convertían a la población de la aldea o la ciudad en sus leales tributarios y partían en busca del próximo asentamiento. Pese a las constantes disputas entre distintos grupos, este enfoque agresivo de expansión fue una novedad en su tiempo. Sus refriegas habían forjado su imagen como guerreros, pero había un problema considerable: Teotihuacán. El poder y la influencia de esa ciudad en Mesoamérica no tenía parangón por entonces, y a menudo esto desbarataba los planes de los toltecas. Mientras la ciudad capital estuviera ahí, sería difícil dominar a sus aliados. En cuanto Teotihuacán cayó, los toltecas tomaron las aldeas cercanas una a una. Algunos incluso creen que fueron los toltecas quienes quemaron la ciudad. Algunas fuentes citan que Mixcoatl lideró buena parte de las campañas militares que se produjeron en el valle de México.

Cuando descubrieron Tula, la población ya estaba atestada de guerreros, y buena parte de su ejército se empleaba para dominar pequeñas pueblos, estados y dominios en el México central. Era necesario para continuar con su hábito de obtener tributos de otros estados. Los tributos que llegaban de otros grupos acababan a menudo en la tesorería o los bolsillos de la aristocracia, pero, a veces, los aristrócratas distribuían su riqueza entre las clases bajas de su grupo. La Triple Alianza azteca adoptó el mismo modelo.

Las tribus mesoamericanas eran exclusivamente devotas en sus creencias religiosas, y los toltecas no eran ninguna excepción: la religión jugaba un papel clave en el funcionamiento de su sociedad. Se había convertido en algo más que una fe, mezclándose con el tejido social y extendiéndose tanto entre las tribus de México que casi se convirtió en una ley universal. Las decisiones políticas y militares se tomaban en base a ideologías religiosas, y los sacrificios rituales servían como método de contentar a los dioses y recibir sus bendiciones. Esta firme creencia en sus dioses permitió a los toltecas perseverar a lo largo de los siglos. Incluso en sus primeros días, fueron extremadamente cautos con la supuesta voluntad de sus dioses y procuraban no enfurecerlos. La religión tolteca era chamánica y con frecuencia se llevaban a cabo rituales sagrados ya fuera de templos y santuarios. Era una ideología politeísta y creían que las fuerzas naturales del mundo eran manifestaciones de una fuerza superior. Adoraban al agua, la tierra y el sol, con lo que el lugar de culto no era lo más importante. Con la llegada de la urbanización, las procesiones y sociales rituales se volvieron aún más habituales. El juego de la pelota mesoamericano es el mayor ejemplo de sus creencias religiosas. Algunos historiadores creen que los ganadores eran sacrificados como forma de reivindicación y exaltación espiritual. Otros opinan que los sacrificados eran los perdedores, y que ofreciéndolos a los dioses se mataban dos pájaros de un tiro.

Con el tiempo se coronó el primer rey, quien pudo ser, como se ha explicado antes, una entre varias figuras posibles. El rey era el líder del reino físico y también del espiritual. A menudo se mantenía cerca de la clase militar, ya que el comercio del imperio dependía de ello. Los sacerdotes eran importantes para llevar a cabo las ceremonios religiosas y aconsejar al público en materias sociales y espirituales. Los nobles y líderes religiosos vestían ropas ostentosas con abundantes joyas. Algunos creen que la nobleza tolteca pudo tener también esclavos, pero las pruebas de ello son más bien circunstanciales. Los defensores de esta teoría afirman que, en algunas ilustraciones, pueden verse a figuras huastecas sollozando mientras los toltecas los arrastran. No obstante, esas ilustraciones bien podían mostrar una ceremonia de sacrificios.

Bajo una clase alta compuesta por militares y sacerdotes, hubo tal vez una clase media de artistas, mercaderes, astrónomos, escultores y otros trabajadores expertos. Este grupo demográfico no gozó de las libertades de la élite, pero eran en su mayoría individuos sofisticados que llevaban una vida saludable y obtenían beneficios sociales. La plebe la formaban los constructores y los granjeros, que vivían en las afueras de las ciudades y no poseían el honor ni el estatus de los nobles. En contraste con la vestimenta radiante de los aristócratafas, la clase baja solía vestir con una pieza sencilla de tela y una Tilma, conocida en nahuatl como "tilmàtli". La plebe no pertenecía al linaje tolteca (en muchos casos inventado), y probablemente procedían de otros grupos étnicos o de estados vasallo. Las élites ocupaban casi todos los cargos importantes en el gobierno y apoyaban ciertas restricciones para que la clase baja nunca llegara a altos puestos en el ejército o el clero. Los plebeyos que mostraran dotes excepcionales eran bienvenidos en el gobierno, aunque solo en funciones menores.

La agricultura pudo haber sido el pilar de la economía tolteca, pero surgen grandes problemas a la hora de determinar si su producción agrícola era local o se importaba de otros lugares como tributo. Si lo segundo es cierto, la probabilidad de que hubiera esclavitud en la era posclásica se incrementa. Según varias estimaciones, el maíz, las habas y el chile se cultivaba cerca de Tula, mientras que el cacao y las setas se importaban. Muchos campos seguían la técnica de cultivo en terraza. Aunque sus sistemas de irrigación no eran muy avanzados, eran superiores a los de muchas otras civilizaciones de Mesoamérica. Los toltecas extrajeron varias partes del maíz para usarlas con fines medicinales u ornamentales. También usaron algodón para tejer vestidos y la planta maguey para fermentar bebidas alcohólicas. La tierra de Tula pudo ser fértil en el período posclásico; pero en ciertas ocasiones, como al sufrir una sequía, los toltecas debieron empezar a cultivar y consumir amaranto. En lo que al comercio de jade se refiere, sabemos que se exportaban materiales textiles y de cerámica de Tula, y que a la ciudad llegaron el jade, la turquesa, la obsidiana, las aves exóticas y las pieles de animales. Los toltecas eran hábiles a la hora de establecer monopolios y prohibieron el intercambio de materiales infrecuentes a otras culturas. También sabían cuándo subir y bajar los precios según la oferta y la demanda de un artículo.

Los mayas comerciaron frecuentemente en la región y, con la aparición de Teotihuacán, surgieron muchas más rutas. Esta amplia red ayudó a los toltecas a impulsar su propio comercio. Los arqueólogos han encontrado restos de alfarería en Nicaragua, Costa Rica y Guatemala, lo que demuestra que los toltecas comerciaban con lugares lejanos. Algunos materiales de cerámica de Veracruz se han hallado también en Tula, ciudad muy implicada en la producción de alfarería y artículos hechos con obsidiana. No sabemos si Tula estuvo directamente envuelta en dicha producción o si un área cercana la producía bajo las instrucciones de Tula.

La expansión comercial y territorial mediante una ideología religiosa agresiva pudo costarles cara a los toltecas a largo plazo. Algunos expertos atribuyen su preferencia por la guerra y la conquista a su propia decadencia. Los toltecas se expandieron muy rápido con el uso de la violencia, por lo que los historiadores se preguntan si eran lo bastante astutos como para aprovechar al máximo sus circunstancias políticas y económicas. Algunos afirman que el verdadero eje del comercio en Mesoamérica pudo ser la costa del golfo de México y no Tollan.

Esa misma expansión no permitió que las múltiples etnias del imperio se integraran pacíficamente. Cuando un imperio cuenta con muchos vasallos de culturas diferentes, es fácil cometer un error. Esos problemas pudieron ser cruciales en las guerras civiles que estallaron entre los cultos de Quetzalcoatl y Tezcatlipoca. Las batallas entre los otomíes y los hastecas pudieron ser consecuencia de una expansión rápida sin cohesión entre las distintas facciones sociales.

Muchos libros estudian la posibilidad de que los toltecas no fueran un imperio, sino más bien una agrupación de tribus que hablaban nahuatl. Quienes apoyan esta teoría afirman que estos grupos poseen similitudes importantes, y que formaron híbridos culturales con otros grupos. Por lo tanto, los toltecas de Tula son un tanto diferentes a los de Chichén Itzá, quienes a su vez eran muy distintos de los mayas. Observan, además, que los términos "tolteca" y "Tollan" pudieron referirse a más de cuatro grupos y ciudades concretos. Las variantes toltecas incluyen el grupo de Tula de Allende, los mayas-toltecas que moraron en Chichén Itzá, los habitantes de Teotihuacán y sus alrededores y, finalmente, los chichimecas. Estos grupos tenían diferencias en cuanto a su conducta social, pero a grandes rasgos es difícil observar grandes divergencias. Debido a sus similitudes sociales, religiosas y étnicas, la evolución de estos grupos siguió trayectoras muy parecidas cuando dejaron de ser comunidades agrarias para convertirse en estados urbanizados.

Normalmente, asociamos la vida rural con una estilo de vida libre y desinhibido, con poco o ningún contacto social. Esta apreciación depende de nuestra sensibilidad hacia la naturaleza. Sin embargo, en el caso de estas antiguas civilizaciones, este no era el caso a menudo. Los estilos de vida agrícola reforzaban el tribalismo y daban pie a falsas ideas de superioridad tribal y dominación étnica. La lealtad a la tribu derivaba a menudo en egocentrismo, engendrando con el tiempo avaricia y hambre de poder. La mayoría de las tribus mesoamericanas eran nómadas, por lo que tenían que estar en constante movimiento. Apenas tenían tiempo para detenerse y progresar como civilización. Sus actividades estaban destinadas a la supervivencia inmediata. Esta es una actitud muy común en el reino animal, pero por suerte, el ser humano aprende a socializar. Gradualmente, empieza a entender que la comunicación y las relaciones con otros individuos no siempre es un juego de todo o nada. Muchas situaciones dependen de la comunicación, y aprovechar bien esas oportunidades suele resultar en el beneficio de todas las partes implicadas. El tribalismo prevaleció siempre en Mesoamérica, razón por la cual el desarrollo de Teotihuacán y el imperio tolteca cambiaron drásticamente la vida de los locales.

Capítulo 12: Arte, Escultura y Arquitectura

Los toltecas eran maestros artesanos, escultores y arquitectos. Su destreza era admirada en toda la region por su dominio de la alfarería, los productos ornamentales, la construcción en piedra y la arquitectura. No es de extrañar que la palabra tolteca se convirtiera en un sinónimo de "artista" en tierras mesoamericanas. Esa admiración estaba sin duda justificada, como puede apreciarse en las ruinas de Tula. Conviene recorder que Tula fue destruida e incendiada, así que lo que vemos hoy en día pudo ser una pequeñísima parte de lo que la ciudad llegó a ocupar originalmente.

Tula y otros territorios toltecas fueron saqueados y arrasados tras la caída de su imperio. Los aztecas, quienes los admiraban sobremanera, se llevaron muchas reliquias, inscripciones y otros objetos de valor a medida que llegaban a las tierras de sus predecesores. Los hallazgos arqueológicos nos dicen que los aztecas se llevaron también reliquias de Teotihuacán, y que los invasores españoles hicieron el resto. Por lo que sabemos, los españoles quemaron todos los códices toltecas sin excepción, a no ser que alguno esté por descubrir. Lo mismo hicieron con los códices aztecas y mayas, aunque en esos casos han sobrevivido unos pocos documentos. Los códices posteriores a la conquista también se compilaron para transcribir la historia de los aztecas y los mayas. En la colonial, muchas obras de arte valiosas se vendieron en el mercado negro. Por desgracia, una buena parte del arte tolteca se ha perdido en los anales de la historia, mientras que numerosos artefactos mayas y aztecas han llegado hasta nuestros tiempos. Incluso las esculturas de los ancestrales olmecas han sobrevivido al paso de los siglos. En el caso de los toltecas, las obras más importantes de su legado se concentran en los lugares arqueológicos de Tula Chico y Tula Grande, además de algunas estatuas de obsidiana cerca de Tula. Sin embargo, ha sobrevivido lo suficiente como para demostrar su magnífica pericia y sensibilidad para las artes. Su emergencia tuvo tal impacto en las áreas del norte y el centro de México que las civilizaciones de esas zonas experimentaron un rejuvenecimiento espiritual. Los huastecas en el norte y los tarascos en el oeste fueron testigos de este fervor aventurero. De este período en adelante, estas culturas empezaron a dejar muestras arquitectónicas duraderas.

El período clásico en Mesoamérica supuso la cumbre del arte maya. Algunos creen que fue tan relevante en la región como lo fue el Renacimiento en Europa. La mayoría de estas obras mayas muestran rasgos mexicanos, lo que indica una cierta cooperación entre toltecas y mayas. Sabemos que esos rasgos se infiltraron no solo en el centro de México, sino también en el sur del país y en otras regiones de Centroamérica. En Chichén Itzá, observamos características toltecas junto con las de Tula: hay águilas y jaguares que devoran corazones humanos y unas calaveras colocadas en altares llamdos "tzompantli". Los tzompantli estaban construidos sobre un andamiaje con postes y eran comunes en varias civilizaciones mesoamericanas, como los mayas y los aztecas. Las calaveras normalmente procedían de sacrificios y prisioneros de guerra. Los tzompantli de Tula tienen grabados de piedra en ambos lados de una plataforma con la imagen de una víctima sacrificial. En esas plataformas se colocaban las verdaderas calaveras de las víctimas. En Chichén Itzá, el tzompantli aparece en los muros de la pista deportiva. Otras ciudades mayas como Uxmal también muestran ejemplos de esta antigua construcción que probablemente surgiera poco antes de la caída de Tula. Los aztecas continuaron su tradición y aún existe un tzompantli en Tenochtitlán. Cuando los españoles llegaron, había al menos cinco tzompantli más en la capital azteca. En algunos códices podemos verlos en ilustraciones de los juegos aztecas de pelota.

Fijándonos en el arte tolteca, llegamos de inmediato a la misma conclusión que puede extraerse del Renacimiento europeo: fue un fenómeno cultural que llegó a muchas ciudades; un modo de conversación tanto entre mentes diferentes como entre distintos estilos de vida y valores sociales. Lo único que une a casi todo el arte tolteca es el uso consistente de imágenes religiosas, y es que su fe se permeó en todos los aspectos de sus vidas.

Estos pueblos nunca pasaron por la revolución griega de la razón y la lógica, así que se cubrieron de mitos y fábulas que se filtraron en el pensamiento sociológico. Muchas de sus imágenes muestran a sacerdotes ejerciendo sus labores y a dioses haciendo su trabajo divino. Los eventos se exageran, las figuras son elevadas a la categoría de héroes. Estas obras de arte son, ante todo, obras dramáticas. El relieve del edificio 4 de Tula, por ejemplo, muestra una procesión que camina hacia un hombre vestido como una serpiente emplumada. Algunos creen que las estatuas de los atlantes en el centro de la ciudad no muestran a guerreros toltecas, sino que representan a Tlahuizcalpantecuhtli, el dios del lucero del alba que además era una de las muchas formas de Quetzalcoatl, o a sus seguidores.

Las esculturas atlantes son uno de los mejores ejemplos del arte tolteca. Con sus armas curvas, sus dardos y cuchillos, estas estatuas destacan por su devoción solemne y su gran tamaño. Su sentimiento se representa también en piezas de cerámica y otras estatuas más pequeñas, así como en frisos y relieves. Mucho de lo que sabemos del arte tolteca viene de estas estatuas, ya que la piedra de Tula ha resistido el paso del tiempo y la fuerza del clima. Las esculturas por excelencia de la civilización tolteca son las llamadas Chac Mool, en las que se muestra a un Guerrero girando el cuello 90 grados desde el frente, apoyándose sobre sus codos y rodillas y sosteniendo un codo o un disco sobre su regazo. Por lo general, los Chac Mool representaban a soldados fallecidos llevando ofrendas para los dioses. El receptáculo en el centro de la escultura contenía brebajes alcohólicos, tamale, pavo, plumas, tabaco o incieso. Los doce Chac Mool de Tula tienen rasgos similares más allá de pequeños detalles, y es muy posible que representen a prisioneros de guerra. A medida que la influencia de los toltecas crecía, los Chac Mool empezaron a aparecer en toda Mesoamérica, incluyendo Yucatán e incluso en Costa Rica. Los de Chichén Itzá no guardan mucho parecido y son más diversos en sus rasgos. Los Chac Mool aztecas tienen una asociación con el agua y el dios de la Lluvia.

El arte tolteca también se distingue por la aportación del plumbate, un tipo de cerámica en la que se usan metales como cobre, oro y plata. Normalmente asociado al uso de un tipo especial de arcilla, fueron uno de los aspectos más únicos del arte de su época y evolucionaron gracias al ingenio de los toltecas. Los toltecas eran conocidos por sus vasijas de colores anaranjados y oscuros, con un vistoso y decorado exterior en el que se distinguen varios estilos. Los toltecas también perfeccionaron las incrustacions de turquesa y otros materiales. Los arqueólogos han observado que por esta época empezaron a aparecer metales en toda Mesoamérica. Algunos, como el oro y la plata, empezaron a usarse con fines creativos y se popularizaron tal vez mediante su uso en el plumbate.

Las imágenes de las esculturas aparecen también en varias construcciones de la ciudad. La arquitectura de los toltecas es ejemplar para su época: absorbieron muchas influencias de Teotihuacán, pero añadieron matices, frescura y un toque de personalidad. La plaza central de Tula recuerda mucho a la de Teotihuacán en su diseño. La pirámide C de Tula tiene la misma orientación astronómica que la ciudad azteca. Pese a esta influencia, el arte tolteca se apartó mucho de su premisa inicial. Por entonces no había ninguna civilización que diseñara ciudades basadas en la planificación de red (Teotihuacán fue la primera en usar la idea), así que Tula destaca en ese sentido. En su esplendor, contó con una población de unos 85.000 habitantes a lo largo de los distritos centrales y periferiales de la ciudad. Al menos 60.000 personas vivían en la ciudad y unas 25.000 en las inmediaciones. Sin duda, la población máxima de Tula fue menor que la de otras metrópolis mesoamericanas, pero en su época fue la más grande. Sus estructuras se hicieron con piedra, añadiéndose después un retoque de adobe. Los palacios, pirámides y otros edificios reales tenían esculturas en relieve y frisos en los márgenes. En Tula había muchas esculturas y frisos como el Muro de Serpientes, con sus complejos diseños geométricos y su serpiente devorando a seres humanos. El muro separa el distrito sagrado del resto de la ciudad.

En la ciudad se vivía en grandes complejos de residencias. La mayoría de los habitantes eran aristócratas o pertenecían a la clase media. Había también palacios, y la ciudad se dividía en varios distritos, separando asimismo a personas de distinta clase social y trasfondo económico. Las clases más bajas vivían en las afueras, probablemente en casas hechas con materiales más pobres y susceptibles al daño medioambiental. Lo más seguro es que todas estas casas desaparecieran con el paso del tiempo.

Muchas casas han deaparecido y numerosos monumentos han sido reducidos a cenizas, pero, por suerte, los arqueólogos han encontrado miles de objetos de cerámica en Tula. Algunos se produjeron localmente, mientras que otros podrían proceder de tierras muy lejanas. Unos cuantos están en muy buen estado; otros tienen daños parciales. Los expertos creen que el plumbate de Tula era único y original. Los aztecas estaban convencidos de que los toltecas habían perfeccionado el arte de la arcilla. Las excavaciones revelan que los toltecas hicieron objetos de cerámica e incorporaron otros estilos de tierras lejanas, además de llevarse sus tributos. Los alfareros de la región eran expertos a la hora de hacer piezas de cerámica con rostros. Además, los toltecas también elaboraban anillos para la nariz y las orejas, además de otros diseños de joyería con jade, turquesa y oro.

Cerca del final del siglo X d. C., la región occidental de México atravesó un auge de pasión creativa. Hasta entonces solo existían pequeñas influencias de los olmecas y los artesanos de Teotihuacán. Añadiendo la influencia tolteca, empezaron a elaborar objetos exquisitos de oro y plata, además de recipientes policromados. Este renacimiento no afectó solo al arte a pequeña escala, sino que se extendió a la arquitectura también. Durante este período, la región de Tarascan empezó a erigir edificios de piedra. Tzintzuntzan, que significa "lugar de colibríes", es el centro ceremonial de Tarascan y el mejor ejemplo de esto. Aquí encontramos las Yacatas, cinco pirámides circulares que descansan en una gran plataforma y en cuya cima encontramos templos de piedra donde se realizaban ritos sagrados. Al igual que en las zonas occidentales de México, las influencias artísticas del centro de México llegaron también al norte, como se aprecia en el caso de La Quemada. Las tribus que constituían el imperio azteca procedían del norte, y esa región acogía a muchos pueblos nómadas. Esos pueblos empezaron a interesarse cada vez más por el arte a pequeña escala, como la escultura y la alfarería. En Casas Grandes, por ejemplo, se produjeron complejos diseños de cerámica basados en patrones geométricos.

Los toltecas se labraron su reputación gracias a su poderío militar, pero eran igualmente talentosos en el aspecto artístico. Las grandes experiencias producen la necesidad de expresarse, y lo que vemos en la evolución artística de los toltecas no es inusual: es una respuesta perfectamente lógica a las vicisitudes del tiempo. El mundo antiguo no tenía una perspectiva global como ocurre en el moderno. No tenían el lujo de poder viajar largas distancias como turistas e interactuar con otras culturas. Los toltecas eran nómadas, así que a menudo encontraban otros grupos y adoptaban un enfoque militarista a su política, lo que los mantuvo en contacto frecuente. En cuanto al mundo mesoamericano antiguo, esta clase de exposición era de lo más emocionante. Mientras llegaban constantes tributos a Tula y se abrían nuevas rutas comerciales, empezó a llegar gente con nuevas ideas y distintas perspectivas. El mejor ejemplo de esto es la misteriosa conexión entre Tula y Chichén Itzá.

La influencia artística tolteca se apoderó de todo el territorio mesoamericano, y ni siquiera su caída en desgracia pudo frenar el avance de esta expansión. En épocas como estas, el arte se transforma en una especie de conversación entre artistas que viven en la misma tierra y comparten ciertas condiciones. El genio artístico de los toltecas y su impacto en Mesoamérica es innegable. Con su llegada al poder en el clásico tardío y su conquista del subconsciente colectivo en el posclásico, los toltecas han dejado una huella imborrable en la historia precolombina del Nuevo Mundo. Puede que no sepamos demasiado de ellos, pero sabemos cómo se sentían.

Capítulo 13: Guerra y Armamento

Finalmente, llegamos al pilar central de la vida tolteca; el mandamiento que les permitió construir su imperio y prosperar como pueblo: la guerra.

En las culturas mesoamericanas, los sacerdotes poseían la más alta autoridad. Los toltecas fueron la primera sociedad mesoamericana en la que el ejército ostentaba el mismo prestigio que los sacerdotes. Idealizaron la guerra, justificando refriegas y disputas innecesarias con odio y la necesidad de inspirar temor, y la convirtieron en una fuente viable de ingresos. Cuando abandonaron los desiertos del noroeste y llegaron al centro de México, amenazaron y desgastaron a otros grupos hasta someterlos, cimentando rápidamente su reputación en el territorio. Opuestos a los derramamientos de sangre y las muertes innecesarias, solían tomar prisioneros de guerra para servir a sus necesidades, las cuales fluctuaban entre lo económico y lo espiritual. A menudo necesitaban a otros grupos para exigirles tributo y, cuando tomaban prisioneros, los ponían a trabajar en el campo o los ofrecían a sus dioses.

La información histórica respecto a sus estados vasallo es escasa, pero sabemos que los toltecas dominaron algunos estados del centro de México y les exigieron tributo en forma de comida, mercancía, armamento y soldados. Los historiadores se dividen en cuanto hasta qué punto lo hicieron; algunos creen que extendieron su práctica hasta la costa del golfo de México. Desconocemos si se trataba de un tributo o de un intercambio comercial en ocasiones. En lo que se refiere a pruebas sólidas y concluyentes, pocas veces las hallamos cuando hablamos de los toltecas. No hay pruebas definitivas de que los toltecas barrieran todo estado a más de 1.000 kilómetros de Tula. Observamos su influencia sociopolítica en toda la región, pero eso no indica claramente cuál fue la extensión de su imperio. El consenso entre los expertos es que, si bien los toltecas pudieron ejercer una gran influencia militar en las zonas vecinas, su influencia en zonas lejanas se atribuye al comercio o a las migraciones.

Los toltecas desarrollaban una mentalidad militar parecida desde muy jóvenes. Quienes querían dominar el conocimiento tolteca solían estudiar en telphochcalli y después en calmécaca: estos eran centros de educación en los que adquirirían una comprensión básica de la guerra espiritual. Esa intensa perspectiva del mundo les ayudó a entender la naturaleza transitoria y efímera de la vida, un entendimiento crucial para eliminar la cobardía y el miedo de las mentes de los discípulos. Los hombres y mujeres que participaban en las actividades de estas instituciones eran conocidos como guerreros. Aprendían a engañar a su propio ego, controlar sus impulsos y permitir que la paz y la armonía entraran en su santuario interno. En algunos sentidos, el entendimiento tolteca del mundo se parece a las enseñanzas del budismo, aunque dejaremos esa discusión para otro momento.

Los guerreros aprendían a concentrarse en un único y verdadero objetivo: su propósito en la vida. El entrenamiento tenía como meta revelar a los pupilos su propia personalidad. El resto no tenía importancia: su determinación y su voluntad de hierro se encargarían de que la misión se cumpliese. Las posibilidades del espíritu eran infinitas y, así, ningún logro mundano quedaba lejos del reino de la posibilidad. La idea era que las fuerzas básicas que controlan el mundo se manifiestan en diferentes formas físicas, de modo que si alguien pudiera utilizar su fuerza espiritual al máximo, cumpliría con su propósito en la vasta cosmología de los eventos.

Para impulsar esta ideología, los toltecas tenían varias órdenes militares entre las que se incluían el águila, el coyote y el jaguar. Algunas personas se refieren a estas órdenes de guerreros religiosos como cultos. En una excavación se encontró la pequeña estatua de un guerrero Tlaloc en una pista deportiva en Tula. Estatuas similares se han hallado en Teotihuacán. Como ya mencionamos en un capítulo anterior, algunos creen que las estatuas atlantes podrían haber sido figuras divinas o semi divinas. Están adornadas con símbolos de Quetzalcoatl, representados como sirvientes de ese dios. Esto podría deberse en parte a que los guerreros toltecas pertenecían a un culto guerrero en particular. Recordemos los cultos de Tezcatlipoca y Quetzalcoatl, quienes lucharon entre sí en una batalla por la supremacía. Cuando Topiltzin se marchó de Tollan, los toltecas eligieron a Huitzilopochtli como su jefe. Huitzilopochtli, recordemos, era el dios nahua de la guerra, adorado por los méxicas y la principal deidad de Tenochtitlán.

El lenguaje de la antigua Mesoamérica era a menudo bastante poético, y las cosas no se describían con descripciones simples. Conceptos como el espíritu se transmitían con el poder de la abstracción y se usan metáforas para conectar con el lector a nivel intuitivo. Los grandes filósofos no eran maestros de la razón, sino del lenguaje. Para explicar el concepto del guerrero, su lenguaje metafórico utiliza las palabras "flor" y "canción". Los toltecas creían que la sabiduría estaba llena de belleza inherente, y que la encarnación de esta belleza solo se podía conseguir mediante la expresión del espíritu. Así pues, la belleza era el lugar proverbial en el que las canciones, flores de la sabiduría en sí, crecían. Ya hemos mencionado que los estudiantes de alta educación eran denominados guerreros, y que la mayoría servían en las fuerzas armadas. Con su hermoso uso del lenguaje, los toltecas enfatizaban que un gran guerrero era sensible con el orden de las cosas, responsable con su propósito y disciplinado en su ejecución.

La sensibilidad del guerrero lo disuadía de matar por el mero hecho de hacerlo, y se apartaba del conflicto a no ser que fuera necesario. Adquiriendo conciencia del mundo y sus habitantes, se daría cuenta de que estos son conscientes también de sí mismos. Algunos se adentrarían en las abstracciones mundanas más que otros, pero todos mostraban señales de sensibilidad para con otros seres y el mundo que los rodea. Aprovecharse de ellos solo para satisfacer el ego sería un pecado horrible que conlleva perder el alma. La responsabilidad, de nuevo, apela a respetar el orden de las cosas. El mundo no está habitado por un solo ser humano. La gente vive, muere, otros ocupan su lugar; todos estamos indefensos ante la naturaleza. Por tanto, el guerrero debe tomar constancia de su propia responsabilidad, no solo consigo mismo, sino también la que tiene con el mundo natural. No puede ceder ante el orgullo, la avaricia o las trampas del mundo, y solo debería ser leal a su meta final en el mundo: la ambición de su espíritu. Este sentido de la responsabilidad distinguía al guerrero de un viandante normal. El guerrero tenía el deber de manifestar su sabiduría y conocimiento mediante el poder de la acción. La disciplina, el tercer mandamiento, era el poder que permitía ejecutar dicha acción. Los toltecas entendían el concepto de disciplina de una forma totalmente distinta a la nuestra. Para ellos, la disciplina era un régimen personal, no algo que pertenecía a un grupo o una causa política. Aunque solo podía pertenecer al guerrero, debía ser cultivada. Su fuerza de voluntad se veía puesta a prueba entonces. Si su espíritu era puro, conseguiría que su cuerpo cumpliese su responsabilidad espiritual. Para alcanzar la disciplina máxima, debía ser sensible con el interior y el exterior del mundo, y ser responsable con ambos aspectos. Solo entonces, se creía, conseguiría perfeccionar el arte de la disciplina. Esta era una lección de humildad para el guerrero. El objetivo era convertir a los guerreros en seres solemnes, igual que los sacerdotes que gobernaban en la alta sociedad.

Quetzalcoatl era la expresión definitiva de este ideal. La serpiente emplumada se deslizaba por la tierra, palpándola y aprendiendo sus secretos. Cuando fuera el momento, el quetzal (el ave sagrada) batiría sus alas y abandonaría la tierra en busca de una nueva senda entre las nubes. Quetzalcoatl simbolizaba la importancia de otros planos de existencia, restándola al mundo físico que los guerreros veían, oían y sentían. Todas estas ideas pueden encontrarse en los Cantares Mexicanos, un manuscrito nahuatl del siglo XVI que contiene poemas y canciones. Los datos históricos indican que estos ideales no siempre se realizaban. A veces las cosas se salían fuera de control y un culto guerrero se enfrentaba a otro, abocando a la ciudad de Tula al caos y el desorden. Esto quedó patente con la historia de los cultos de Quetzalcoatl y Tezcatlipoca.

Diestros, aterradores y muy bien entrenados, los toltecas contaban con ejércitos en sus ciudades y fortalezas. El ejército los defendería de sus enemigos, mientras que las legiones extranjeras mantenían a los vasallos a raya y los protegían de interferencias exteriores. También tenían unidades de reserva en las ciudades y las llamaban en tiempo de necesidad. Los estados colindantes no respetaban a los toltecas por su habilidad en el campo de betalla, sino por haber construido un sistema que incorporaba los valores militares en la vida diaria de un entorno urbano. Por ejemplo, Tula no contaba con defensas de ningún tipo en su diseño urbano. Hay que tener en cuenta que Tula se construyó con planificación anticipada, así que tuvieron tiempo para estimar las necesidades de la ciudad. Los toltecas confiaban en su habilidad para proteger la ciudad de cualquier tipo de amenaza externa.

Los guerreros toltecas pueden verse en diversas estatuas, frisos y otras obras artísticas halladas en Tula y más lugares. Se protegían con corazas y armaduras de algodón diseñadas para repeler flechas y lanzas. La coraza del pecho solía mostrar la imagen de un jaguar, un coyote o un águila según el culto al que perteneciera el guerrero. Llevaban también una falta corta para proteger la mitad inferor del cuerpo. Sus cascos estaban adornados con plumas, y usaban sandalias y cinturones para cubrirse piernas y rodillas, aunque no deberían ofrecer una gran protección. Preferían los escudos pequeños y redondos, pues así cubrían un brazo desde el hombro hasta abajo. Un túnica acorazada fue descubierta en el Palacio Quemado de Tula: se trata de una armadura hecha con conchas de mar, y probablemente perteneció a un oficial de alto rango o un miembro de la nobleza. Su elección de armamento era también interesante. Les gustaba usar espadas, mazas, cuchillos y bastones curvados con cuchillas para el combate a corta distancia. Por otra parte, empleaban alalats para el combate a larga distancia, con el que lanzaban lanzas o jabalinas. También disparaban dardos con formidable precisión.

El verdadero genio de los toltecas no yace en adiestrar a sus guerreros en el manejo de la espada, sino en la forma en que integraron aspectos psicológicos y sociológicos en el servicio militar. Su inquebrantable confianza en sus habilidades y en su conocimiento estratégico bastaban para despertar terror en los corazones de los enemigos. Formando a estudiantes de alto nivel, pudieron sacarle el máximo partido a su ejército, aunque esta práctica acabó supusiendo su desgracia. Por educadas y disciplinadas que fueran sus tropas, siempre se acaba sucumbiendo a la avaricia, la lujuria y los intereses de poder. Es parte de nuestra naturaleza: enzarzarse en batallas, salir adelante en situaciones difíciles y salir victorioso en competiciones son gestos que disparan nuestra adrenalina. Es fácil sucumbir a esos sentimientos, razón por la cual los regímenes militares a lo largo de la historia han tenido problemas para mantener las necesidades del estado.

Es posible que los desastres naturales, y no su estructura social atípica, borraran al imperio tolteca de la faz de la tierra. Tal y como ellos creían, todo es efímero y el cambio es constante. Las civilizaciones prosperan y desaparecen. A veces lleva años; otras veces, siglos. Pero la caída es inevitable. Después de todo, lo que sube debe bajar. Y por desgracia, el declive llegó como un relámpago para los toltecas.

Conclusión

En el período clásico de la civilización mesoamericana, los mayas entraron en su edad de oro. Durante esta época, erigieron monumentos basándose en los cálculos del calendario de la cuenta larga. Al decantarse por la construcción a gran escala, introdujeron una nueva era en la historia de la región. La ambición y capacidad innovadora de los mayas inspiró a sus vecinos. Los mayas escribieron inscripciones, integraron calendarios en sus vidas diarias y enfatizaron el arte y el desarrollo intelectual, a lo que siguió una ola de urbanismo. Los historiadores del arte han comparado la influencia maya en el período clásico con el Renacimiento en Europa. A medida que los mayas pasaban de ser una cultura agraria a ser una urbana, empezaron a formar pequeñas ciudades-estado que rápidamente interactuaron entre sí, formando alianzas y rutas comerciales en un entorno competitivo.

Al mismo tiempo, apareció un centro religioso en el altiplano de México: Teotihuacán. Lo que empezó como lugar ceremonial pronto atrajo a inmigrantes de toda la región. La ciudad recibió un gran número de zapotecas, mixtecas y mayas, convirtiéndose en una ciudad multiétnica. En poco tiempo, Teotihuacán forjó su reputación como la ciudad más extravagante de Mesoamérica y empezó a ejercer su influencia en tribus vecinas, incluyendo a los mayas. En el período clásico tardío, la hambruna y las sequías asolaron el territorio, y el intempestivo clima hizo que fuera difícil sobrevivir en la ciudad. Teotihuacán fue eventualmente quemada y saqueada, probablemente debido a conflictos internos, y la mayoría de la población se marchó para vivir en zonas cercanas. Tras la caída de Teotihuacán, los mayas empezaron a sufrir ciertas disputas internas también. Los estados de Tikal y Calakmul fueron a la guerra y, tras una larga contienda, los mayas quedaron debilitados. Teotihuacán, no obstante, demostró que una ciudad de grandes proporciones podía establecerse en la región.

En la segunda mitad del período clásico, algunos grupos nómadas empezaron a llegar al centro de México desde el norte. Algunas de estas tribus se asentaron en Tula, dando a luz al imperio tolteca. Algunas personas creen que los toltecas ya llevaban varios siglos viviendo allí y que incluso tuvieron algo que ver con la destrucción de Teotihuacán. Otros creen que llegaron poco después de ese acontecimiento y que se protegieron con un aura de sabiduría y miedo.

Entonces, ¿quiénes fueron los toltecas? ¿De dónde venían? ¿Adónde se fueron?

Nadie lo sabe. El arte la especulación es lo único que tenemos. Presumiblemente, emigraron desde el norte, se establecieron en Culhuacán y finalmente llegaron a Tula, donde fueron gobernados por el fabuloso Cē Ācatl Topiltzin, también conocido como Quetzalcoatl. La serpiente emplumada los instruyó, enseñándoles a cultivar alimentos, leer calendarios y entrar en contacto con su esencia espiritual. Al igual que muchas culturas mesoamericanas, los toltecas fueron un pueblo religioso en el que se practicaban rituales sangrientos y sacrificios humanos.

Los toltecas eran una sociedad militarizada en la que los guerreros aprendían su oficio desde jóvenes. Fueron la primera civilización mesoamericana en convertir sus habilidades de combate en una fuente viable de ingresos, y sus bases religiosas apoyaban sus conquistas. Se apoderaron de las ciudades-estado de la región y les exigieron tributos. Enviaron unidades a sus estados vasallos para mantener la paz y recaudar impuestos. Los toltecas sentían preferencia por los cultos de guerreros, y las excavaciones revelan que existían órdenes del jaguar, del coyote y del águila. Estos cultos tenían ideas religiosas específicas y fueron los responsables de la mayor división en la sociedad tolteca. Algunos apoyaban al culto de Quetzalcoatl, mientras que otros defendían al de Tezcatlipoca. En algunos sentidos, las ambiciones religiosas de ambos grupos eran opuestas entre sí.

Cē Ācatl Topiltzin Quetzalcoatl era muy respetado por sus ideales humanistas. Abolió la tradición mesoamericana de hacer sacrificios humanos y ofreció tan solo alimentos y animales a los dioses. La inteligencia de Topiltzin ayudó a Tula a crecer y prosperar durante años. Un día, Tezcatlipoca apareció ante él con forma de anciano y le engañó. Sintiéndose humillado, Quetzalcoatl abandonó la ciudad y se dirigió hacia el este. Cuando llegó a la costa, se quemó en una pira y se convirtió en una estrella para regresar en el futuro. Todo esto, por supuesto, es la versión mitológica de la historia según los aztecas. Tras el exilio voluntario de Topiltzin, Tula fue saqueada y ardió hasta los cimientos. Muchos creen que los cultos guerreros se declararon la guerra y que Tezcatlipoca surgió victorioso. Algunos rechazan esa posibilidad y afirman que los desastres naturales condujeron a la hambruna y las enfermedades, lo que obligó a la población a huir. Existen muchas especulaciones, pero lo cierto es que *nadie sabe qué sucedió*.

En cualquier caso, el culto de Quetzalcoatl se propagó realmente por la región. Por ejemplo, sabemos que hubo una conexión misteriosa entre Tula y Chichén Itzá, la ciudad maya. El templo de Quetzalcoatl en Chichén Itzá, conocido como El Castillo, muestra la sombra de una serpientesobre los equinoccios. En Uxmal también se pueden encontrar muchas inscripciones y representaciones de la serpiente emplumada, cuya imagen existía incluso en la edad preclásica, aunque Quetzalcoatl no apareció hasta el clásico tardío.

El culto de Quetzalcoatl penetró en el territorio central de México. Los aztecas lo incorporaron a su panteón divino y lo reverenciaron con pasión, así como adoraban a los toltecas, de quienes decían descender. Afirmar que se descendía de los toltecas era un método habitual para ser reconocido como noble, lo que hace que los historiadores lo tengan muy difícil para separar a Topiltzin, el personaje histórico, del dios Quetzalcoatl. El culto de Quetzalcoatl se convirtió en una creencia muy extendida entre los aztecas. Se dice que cuando Hernán Cortés invadió el territorio, Moctezuma, el rey azteca, lo confundió con la reencarnación de Quetzalcoatl.

Además de ser grandes guerreros, los toltecas eran también magníficos artistas, y los aztecas sabían de sus logros científicos y artísticos. Los toltecas desarrollaron su estilo de alfarería propio, al que llamaron plumbate. Fueron los responsables de la popularización de la metalistería en Mesoamérica. Usaron jade, plata, obsidiana, oro y cobre para crear joyas, vasijas y otros objetos. También contribuyeron enormemente a los campos de la escultura y la arquitectura. Las estatuas atlantes de Tula son un ejemplo soberbio de su talento y destreza.

Además, fueron los toltecas quienes introdujeron el sistema de cultivo en terrazas y la cerámica de alta calidad.

Los toltecas también aportaron un nuevo sistema político en Mesoamérica: el militarismo. Se convirtió en la norma de varios imperios del período posclásico, como los aztecas. El imperio azteca, una alianza de tres estados, se mantenía gracias a los tributos de sus vasallos. Los toltecas son la parte que falta de la historia, el enlace invisible que une a los mayas y a Teotihuacán con el imperio azteca. Puede que no sepamos quiénes eran, de dónde venían o cómo desaparecieron, pero sus contribuciones al patrimonio mundial siguen siendo una prueba de su genio innegable.

Quinta Parte: Teotihuacán

Un apasionante repaso a la primera gran ciudad de Mesoamérica y su influencia en civilizaciones mesoamericanas como la maya y la azteca

Introducción

Los mexica-aztecas se adentraron en las antiguas ruinas, mirando a su alrededor con asombro. Hacía más de un siglo que habían abandonado su hogar de Aztlán, vagando como nómadas por el duro terreno del noroeste de México. Ahora, a finales del siglo XIII d. C., los mexica-aztecas habían llegado a una extraordinaria ciudad que, en su mayor parte, había sido abandonada cinco siglos antes. Contemplaron asombrados las pirámides, la más alta de las cuales se alzaba 216 pies sobre el centro de la ciudad. Inspeccionaron los vívidos murales y las fascinantes esculturas.

Invadidos por la reverencia y la emoción, los aztecas susurraron: "¡Aquí deben haber nacido los dioses!".

Y así, la llamaron Teotihuacán, que en su lengua náhuatl significaba "el lugar donde surgieron los dioses". Su nombre original sigue siendo un misterio. Las antiguas ruinas se encontraban en una fértil cuenca con ríos y un clima templado. Sin embargo, curiosamente, los aztecas dejaron atrás la ciudad y sus fantasmas, y siguieron hacia el suroeste otros ochenta kilómetros, rodeando las orillas del lago de Texcoco. Siguiendo a su dios colibrí, Huitzilopochtli, fundaron la ciudad de Tenochtitlán en una isla de un pantano. Sin embargo, esa famosa ciudad nunca llegó a acercarse a la escala y grandeza de Teotihuacán. Todo el complejo de templos de los aztecas en Tenochtitlán era sólo una sexta parte del tamaño de la Avenida de los Muertos de Teotihuacán, con sus monumentales pirámides e impresionantes templos.

Mesoamérica es una región que se extiende desde México hasta Costa Rica y que presenta rasgos culturales similares. Teotihuacán, una de las primeras cunas de la civilización urbana mesoamericana, rivalizaba en sofisticación con las ciudades mayas. En su apogeo, fue la ciudad más grande de América y una de las seis mayores del mundo. En lugar de ser monocultural, Teotihuacán era una ciudad cosmopolita que acogía a inmigrantes de culturas situadas a cientos de kilómetros de distancia.

Asentada hacia el año 200 a. C., quizá ya en el 400 a. C., sus habitantes construyeron las estructuras más destacadas de la ciudad aproximadamente entre los años 100 y 350 d. C. Desde entonces hasta el 650 d. C., la ciudad vivió su época dorada, con una población estimada de entre 125.000 y 200.000 habitantes que vivían en complejos de apartamentos en el núcleo urbano. Las estructuras monumentales de la ciudad se alineaban en un eje norte-sur, con la Pirámide del Sol en el centro y la Pirámide de la Luna en el extremo norte. Al sur, quince pirámides más pequeñas rodeaban una plaza hundida con el Templo de la Serpiente Emplumada. Unos canales de piedra desviaban el río San Juan para cruzar la Avenida de los Muertos, que unía las pirámides. Todo esto lo construyeron sin rueda ni bestias de carga.

Pirámide de la Luna [195]

Teotihuacán fue un próspero centro comercial. Uno de sus principales productos de exportación era el afilado vidrio de obsidiana volcánica utilizado como puntas de flecha, puntas de lanza y hojas de cuchillo. Los artesanos de numerosos talleres situados al oeste de la Pirámide de la Luna trabajaban el vidrio, que se formaba a partir de magma fundido y se extraía de la cercana Sierra de las Navajas y de las montañas de Otumba. Se han encontrado objetos de obsidiana verde fabricados en Teotihuacán en la ciudadela maya de Tikal, en Guatemala, a casi ochocientos kilómetros de distancia.

Los orígenes, la cultura y la historia de Teotihuacán siguen desconcertando a los arqueólogos. ¿Quién construyó esta increíble ciudad? ¿Los antiguos toltecas? Pero su cultura surgió hacia el final del colapso de Teotihuacán. ¿Quizás los totonacas del este? Tenían una población que vivía dentro de la ciudad; sin embargo, su cultura no surgió hasta alrededor del año 300 de nuestra era. Probablemente contribuyeron a la cúspide de Teotihuacán, pero no a sus orígenes. ¿Un enorme volcán empujó a los zapotecas, mixtecos y mayas hacia el valle? Dado que se desconoce quiénes fueron sus pobladores originales, este libro sigue el ejemplo del antropólogo George L. Cowgill de referirse a los habitantes de la ciudad como "teotihuacanos"[1].

El colapso de Teotihuacán comenzó alrededor del año 550 d. C. con una serie de incendios y destrucciones intencionadas. ¿Qué ocurrió? ¿Fue la ciudad sacudida por revueltas internas o por una invasión exterior? Teotihuacán no tenía murallas ni fortificaciones militares, lo que sugiere que no temía las amenazas externas. En el año 750 d. C., la ciudad estaba casi vacía. ¿Desencadenó una erupción volcánica masiva el cambio climático que condujo a la hambruna?

Esta visión general de Teotihuacán explorará estas cuestiones y otros cautivadores misterios de esta vasta ciudad y su intrigante población. Desentrañaremos los posibles orígenes de los constructores de la ciudad y las teorías que rodean su desarrollo hasta convertirse en un importante centro mesoamericano. Descubriremos cómo se organizó la ciudad y repasaremos la notable cerámica, pinturas y murales producidos por sus ciudadanos. Teotihuacán fue un epicentro religioso, por lo que investigaremos las principales creencias y filosofías de sus habitantes, así como las deidades a quienes rendían culto. También exploraremos los últimos descubrimientos sobre las grandes pirámides y lo que nos dicen sobre la cultura de la ciudad.

Teotihuacán no era una isla en sí misma. Parte de su supremacía fue su condición de centro comercial mesoamericano de primer orden. Este libro examinará sus relaciones con los mayas y los zapotecas y cómo estas civilizaciones intercambiaron ideas y tecnologías. La ciudad estaba casi abandonada cuando los aztecas entraron en escena, pero influyó notablemente en las tribus de habla náhuatl. Descubre cómo los aztecas realizaban peregrinaciones religiosas a las pirámides de Teotihuacán y colonizaron la región.

Los eruditos escriben muchas historias para otros eruditos en un lenguaje académico que la mayoría de la gente encuentra difícil de seguir. Este libro ofrece una panorámica completa y cuidadosamente investigada de Teotihuacán a través de una narración atractiva. A pesar de encontrarse a sólo unos kilómetros al norte de Ciudad de México, los estudios arqueológicos de Teotihuacán son todavía rudimentarios y están en curso. Actualmente, los investigadores están catalogando y analizando los descubrimientos, y este libro explora los estudios publicados más recientemente.

Conocer la historia tiene múltiples beneficios. La historia de Teotihuacán nos ayuda a comprender cómo las migraciones, los fenómenos meteorológicos, la mezcla cultural, los avances innovadores y otras circunstancias pueden dar forma a los acontecimientos locales y mundiales. Teotihuacán es un fascinante ejemplo de cómo una megalópolis puede mezclar con éxito migrantes de múltiples etnias y ofrecer viviendas confortables a toda su población. Al sumergirnos en la historia, adquirimos perspectivas esenciales del pasado y de cómo repercute en nuestros retos actuales. Retrocedamos en el tiempo hasta veinticuatro siglos atrás para explorar el surgimiento de la impresionante ciudad de Teotihuacán y descubrir los catalizadores de su transformación.

PRIMERA SECCIÓN:
HISTORIA DE TEOTIHUACÁN
(300 a. C.- 650 d. C.)

Capítulo 1: Posibles orígenes y primeros asentamientos

¿Sabías que camellos y mamuts vagaban por el valle donde se construiría Teotihuacán? Los camellos de finales del Pleistoceno eran del tamaño de los camellos actuales, pero se parecían un poco a las llamas de hoy en día. En 2019, unos trabajadores que excavaban un nuevo vertedero descubrieron trampas para mamuts en Tultepec, a unos treinta kilómetros al oeste de Teotihuacán. Los arqueólogos se trasladaron rápidamente a la zona y, tras diez meses de excavación, encontraron catorce esqueletos de mamut y algunas vértebras de camello. El nivel de tecnología utilizado por los primeros humanos asombró a los investigadores[1].

Miles de años después, Teotihuacán se convirtió en una ciudad en la cuenca noreste de México. La cuenca (o valle) de México, de 3.700 millas cuadradas, incluye la actual Ciudad de México (a unas veinticinco millas al suroeste de Teotihuacán) y se extiende hacia el este hasta el golfo de México. Aunque se la denomina "valle", se trata de una meseta altiplánica de al menos 2.000 metros sobre el nivel del mar; la altitud de Teotihuacán es de 2.500 metros. La cuenca de México está rodeada de altas montañas, muchas de ellas volcánicas, y la región es propensa a los terremotos.

¿Qué asentamientos había en el valle de México en el periodo Preclásico o Formativo (1500 a. C.-300 d. C.) antes de la llegada de los teotihuacanos? Uno de los primeros centros cacicales fue Tlatilco, a unos veinticinco kilómetros al oeste de donde se construiría Teotihuacán. Tlatilco surgió como centro poblacional hacia 1450 a. C., cubriendo un área de unos 160 acres. Su cultura se extinguió alrededor del año 800 a. C., al menos cuatrocientos años antes de que surgiera Teotihuacán.

Los habitantes de Tlatilco crearon estatuillas de terracota bastante extrañas, que suelen representar a mujeres con grandes caderas y muslos, ojos rasgados y elaborados peinados. La mayoría de las estatuillas miden sólo unos quince centímetros; algunas están embarazadas o tienen niños en brazos. Una de ellas abraza a un perro pequeño, lo que indica que los perros eran mascotas y no sólo comida o guardianes. Una mujer es toda una contorsionista, sentada en una postura de yoga o acrobática con los pies apoyados en la nuca. Algunas figuras tienen dos caras o dos cabezas. Algunas de las cerámicas de Tlatilco reflejaban influencias olmecas, pero otras eran exclusivas de Tlatilco.

La Acróbata de Tlatilco, circa 1300 a 800 a. C.[196]

La cultura olmeca, la primera gran civilización de Mesoamérica, surgió alrededor del año 1600 a. C. Se encontraban al sureste del valle de México, pero influyeron en culturas del Preclásico como la de Tlatilco, en el centro de México. Sus tres ciudades principales se encontraban en las regiones costeras a lo largo del golfo de México, a unos 350 kilómetros al sureste de Teotihuacán. Los olmecas desarrollaron un acueducto de basalto con cisternas de almacenamiento de agua, que llevaba agua dulce a sus ciudades. Su vasto sistema comercial se extendía desde el valle de México hasta Guatemala.

Los olmecas recolectaban savia de los árboles del caucho y fabricaron las primeras pelotas de goma del mundo, que utilizaban en los juegos de pelota; de ahí que los aztecas los llamaran "olmecas" o "gente del caucho". La pirámide olmeca de La Venta, construida poco antes del colapso olmeca, hacia el 400 a. C., podría ser la primera pirámide de Mesoamérica. Y no nos olvidemos del chocolate. Los olmecas descubrieron cómo elaborar una bebida de chocolate a partir de las habas de cacao. También desarrollaron un primitivo sistema de escritura con glifos o símbolos elementales.

La civilización olmeca colapsó más o menos al mismo tiempo que la de Tlatilco, probablemente debido a erupciones volcánicas, terremotos e interrupciones en el sistema fluvial. La cultura olmeca no habría afectado directamente a los teotihuacanos a menos que los vestigios de la población emigraran al valle de México, lo cual es una clara posibilidad. Sin embargo, los arqueólogos creen que los olmecas desarrollaron rasgos arquetípicos que sentaron las bases de las culturas mesoamericanas posteriores. Citan ejemplos como pirámides, campos de pelota y centros ceremoniales, todos ellos hallados en Teotihuacán.[i]

La cultura olmeca despareció antes de la construcción de Teotihuacán. Sin embargo, las ciudades "epiolmecas" de Tres Zapotes y Cerro de la Mesas surgieron en los límites occidentales del antiguo territorio olmeca en torno al año 300 a. C. y perduraron hasta el 250 d. C. Estas ciudades coexistieron con Teotihuacán y parecían vástagos de la cultura olmeca. Estaban menos organizadas y carecían de un arte refinado, aunque poseían un sofisticado sistema de escritura jeroglífica.

---

[i] Ronald A. Grennes-Ravitz and G. H. Coleman, "The Quintessential Role of Olmec in the Central Highlands of Mexico: A Refutation", *American Antiquity* 41, no. 2 (1976): 196. https://doi.org/10.2307/279172.

La cultura de Cuicuilco surgió alrededor del año 1200 a. C. y floreció con varias ciudades desde el 800 a. C. hasta el 150 d. C. Se encontraba en la orilla sur del lago de Texcoco, a unos 65 km al sur de Teotihuacán, en la actual periferia suroccidental de Ciudad de México. Precedió a Teotihuacán y coexistió como rival hostil durante su periodo Preclásico. Cuicuilco fue probablemente la primera ciudad-estado jerárquica organizada y centro religioso de la cuenca de México.

Al igual que la civilización olmeca, Cuicuilco contaba con un sistema hidráulico que traía agua a la ciudad. Pasó de ser un centro agrícola a convertirse en una ciudad de veinte mil habitantes. La ciudad albergaba pirámides, canales de irrigación y un sistema social estratificado. Comenzó a decaer en el siglo I a. C., posiblemente debido a una actividad volcánica menor. Entre el año 245 y el 315 d. C., el cercano volcán Xitle entró en erupción, cubriendo Cuicuilco de lava y ceniza y matando a la mayoría de sus habitantes.

La civilización maya no se extendió al valle de México, pero tuvo un significativo impacto en la cultura del centro de México. Los mayas destacan por la ocupación continua de la península de Yucatán, el sur de México, Guatemala, Belice, El Salvador y Honduras. Una aldea excavada en Belice data del año 2600 a. C. Algunas de sus aldeas agrícolas acabaron convirtiéndose en ciudades con el paso de los siglos, y los mayas empezaron a construir grandes estructuras ceremoniales hacia el 750 a. C.

En la época en que la ciudad de Teotihuacán fue construida en el centro de México, los mayas ya contaban con un sofisticado sistema de escritura y varias grandes ciudades, como El Mirador en Guatemala, que alcanzó una población de 100.000 habitantes en su apogeo. Una vez que los teotihuacanos ascendieron al poder, interactuaron activamente con los mayas, a pesar de la distancia entre ambas civilizaciones. Mantenían estrechas relaciones comerciales, pero en su momento de mayor esplendor, los teotihuacanos se inmiscuyeron en la política maya. Incluso derrocaron a gobernantes mayas en Guatemala y Honduras, entronizando en su lugar a príncipes de Teotihuacán.[i]

Un fraile franciscano llamado Sahagún recopiló en el siglo XVI una investigación etnográfica basada en entrevistas con los aztecas y otras tribus de habla náhuatl. En su *Códice Florentino*, escrito en náhuatl y

---

[i] Arthur Demarest, *Ancient Maya: The Rise and Fall of a Forest Civilization* (Cambridge: Cambridge University Press, 2004), 218. ISBN 978-0-521-53390-4. OCLC 51438896.

español, redactó el relato de la creación azteca. Una vez que los dioses fracasaron en sus cuatro primeros intentos de creación, se reunieron en torno a una hoguera en Teotihuacán, gimiendo: "Oh dioses, ¿quién tendrá la carga de iluminar el mundo?".

Uno de los dioses tendría que sacrificarse para crear un nuevo sol, y el apuesto dios Tecuciztecatl se ofreció como voluntario. Sin embargo, no tuvo valor para arrojarse al fuego. Entonces, el dios más pequeño y humilde, Nanahuatl, saltó al fuego. Avergonzado por su cobardía, Tecuciztecatl se lanzó tras Nanahuatl. Los dioses miraron hacia arriba y vieron dos soles brillando en el cielo. ¡Qué inapropiado! Asqueado, un dios arrojó un conejo a la cara de Tecuciztecatl, atenuando su luz. Éste se convirtió en la Luna. El mito explica la forma del conejo en la cara de la luna, pero también indica el concepto azteca de que Teotihuacán existía antes de la quinta y última creación del mundo.

Los aztecas creían que Teotihuacán era la ciudad de los dioses, pero ¿quiénes eran los teotihuacanos humanos que poblaron inicialmente la región? ¿Cuáles eran sus orígenes? Una teoría sostiene que los totonacas, que actualmente habitan las zonas de Veracruz y Puebla, al sur, construyeron Teotihuacán. Según su tradición oral, vivían en el noreste del valle de México y construyeron Teotihuacán. Tras la caída de la ciudad, los totonacas dicen que emigraron a las regiones que ocupan en la actualidad, especialmente El Tajín.

La evidencia arqueológica en Teotihuacán y El Tajín muestra una fuerte conexión entre las ciudades. Por ejemplo, en Teotihuacán aparecen volutas decorativas del estilo de El Tajín, y la ciudad importó cerámica totonaca de la costa del Golfo. Teotihuacán estableció una base de obsidiana en las montañas de Tuxtla, al sur de Veracruz, en el siglo IV de nuestra era. Sin embargo, no se ha demostrado si la conexión entre las ciudades se debía principalmente al comercio o si los teotihuacanos eran en realidad totonacas.

Estatuilla de jefe totonaca, circa 300-600 d. C. [197]

Los antropólogos George Cowgill y Tatsuya Murakami especularon con la posibilidad de que los teotihuacanos no fueran una sola tribu, sino que abrazaran el sinoecismo: la unión de varias sociedades. Creían que este grupo de pueblos múltiples compartía la igualdad administrativa. ¿Qué sentido tendría fusionarse? Cowgill sugirió que pudo haber sido para defenderse mutuamente de los cuicuilco, la civilización más poderosa del valle de México en los inicios de Teotihuacán.[i]

---

[i] Matthew Robb, ed, *Teotihuacan: City of Water, City of Fire* (Berkeley: University of California Press, 2017), 21.

¿Quiénes eran las tribus originales en la teórica fusión? Los hallazgos arqueológicos indican que, antes de la fundación de Teotihuacán, existían al menos cien pequeños asentamientos en el valle y que la población de las ciudades más grandes alcanzaba los cuatro mil habitantes. Pero aparte de Cuicuilco, estos asentamientos no parecían tener un centro claro; todos parecían ser independientes entre sí. Es posible que restos de las civilizaciones olmeca o epiolmeca llegaran al noreste del valle de México y se fusionaran con otras culturas. La cerámica de Teotihuacán incluye motivos olmecas y su arte refleja conceptos cosmológicos similares. Bajo la Pirámide del Sol hay canales de piedra de estilo olmeca, aparentemente utilizados para canalizar el agua.

Cowgill, que cartografió sistemáticamente Teotihuacán, cree que del 150 al 1 a. C., el asentamiento teotihuacano llegó a tener una población de hasta cuarenta mil personas y cubría tres millas cuadradas.[i] Los antropólogos llaman a este periodo la Fase Formativa Temprana de Teotihuacán o Fase Patlachique, basándose en el tipo de cerámica de este periodo. La mayoría de sus monumentales pirámides y otras grandes estructuras aún no habían sido construidas, a excepción de varios complejos con un grupo de tres pequeñas pirámides y quizá la primera etapa de la Pirámide de la Luna. Sin embargo, se trataba de un tamaño extraordinario para una ciudad mesoamericana de la época. Fue sin duda la más grande del valle de México en aquella época. Cuicuilco era la única otra ciudad de tamaño considerable en el centro de México durante esa época, tenía veinte mil residentes en su época de mayor esplendor y ya estaba en decadencia debido a la actividad volcánica.

Los antropólogos Claudia García-Des Lauriers y Tatsuya Murakami creen que en aquella época Teotihuacán era probablemente un conjunto de comunidades independientes. Coinciden con Cowgill en que varias culturas pudieron unirse en beneficio mutuo sin un gobierno central o un gobernante que dominara toda la ciudad. Sin embargo, colaboraron en proyectos, como la construcción de canales desde el río San Juan.[ii]

---

[i] George L. Cowgill, "State and Society at Teotihuacan, Mexico", *Annual Review of Anthropology* 26 (1997): 133. http://www.jstor.org/stable/2952518.

[ii] Claudia García-Des Lauriers, ed. and Tatsuya Murakami, ed, *Teotihuacan and Early Classic Mesoamerica: Multiscalar Perspectives on Power, Identity, and Interregional Relations* (Louisville: University Press of Colorado, 2021).

La Fase Formativa Tardía de Teotihuacán, o Fase Cerámica de Tzacualli, se extendió desde el año 1 hasta el 150 de nuestra era. Hacia el año 100 d. C., Teotihuacán había duplicado su población, con unas ochenta mil personas viviendo en la ciudad, y comenzó la construcción de algunas de las estructuras monumentales de la ciudad. Los teotihuacanos construyeron la Pirámide de la Luna original en torno al año 100 d. C. y continuaron ampliándola hasta alrededor del 400-450 d. C.

Escultura de una serpiente emplumada del Templo de la Serpiente Emplumada de Teotihuacán[198]

Cowgill especuló que un dictador poderoso y carismático gobernó la ciudad a finales del siglo II, impulsando sus ambiciosos proyectos en el Clásico Temprano o Fase Miccaotli, de 150 a 200 d. C.[i] Los teotihuacanos pusieron en marcha un enérgico programa de construcción en el centro de la ciudad, que incluyó la edificación del Templo de la Serpiente Emplumada en el extremo sur de la Avenida de los Muertos, de cinco kilómetros de longitud.

---

[i] Robb, *Teotihuacan: City of Water*, 22.

También construyeron la Ciudadela, el extenso patio hundido de treinta y ocho acres que la rodea. El descubrimiento de más de doscientos esqueletos de personas sacrificadas en el Templo de la Serpiente Emplumada sugiere una posible transición en el gobierno. El sacrificio humano había sido un rito religioso en Mesoamérica durante más de un milenio, pero no a esta escala. El sacrificio de tanta gente apunta a un gobierno duro y despótico en este momento. La construcción de la Pirámide del Sol pudo haber comenzado alrededor del año 200 d. C. o quizás más tarde; la pirámide sirvió como epicentro de la ciudad. Un edificio conectado a la pirámide pudo haber sido el palacio del gobernante.

Teotihuacán, con unos ochenta mil habitantes hacia el año 100 d. C., creció rápidamente durante casi un siglo. La población de la ciudad se estabilizó en torno al año 200 d. C. Las estimaciones sobre su tamaño final varían entre 125.000 y 200.000 habitantes, pero la zona no podía soportar agrícolamente una población mayor de 200.000 habitantes. No sólo creció la ciudad, sino que la región inmediata, en un radio de veinte millas alrededor de la ciudad, también triplicó con creces su población. Mientras tanto, el número de habitantes del resto del valle de México disminuyó.

Según el antropólogo Cowgill, la mayor parte de la población de la cuenca de México se trasladó a Teotihuacán entre los años 100 y 200 d. C.[i] ¿Qué causó esta migración masiva y este explosivo crecimiento? ¿Quién más vivía en el valle de México o en sus cercanías en este periodo? Los estudiosos especulan con que las erupciones volcánicas de Cuicuilco, el valle de Puebla-Tlaxcala y otros lugares del sur propiciaron la llegada de refugiados a la ciudad. Otros emigrantes probablemente llegaron a Teotihuacán con la esperanza de asegurarse un mejor nivel de vida. Se sintieron atraídos por Teotihuacán como destino sagrado, centro económico y robusta capital regional.

Los hablantes de nahua (o náhuatl) (los toltecas, los aztecas y los chichimecas) aún no habían llegado a la cuenca de México, al menos no lo suficiente como para ser influyentes.[ii] Algunos arqueólogos creyeron inicialmente que los toltecas u otros hablantes de náhuatl construyeron Teotihuacán o emigraron a la ciudad, influyendo en sus periodos posteriores. Señalan similitudes en la arquitectura y las imágenes. Sin

---

[i] Cowgill, "State and Society", 129.

[ii] Cowgill, "State and Society", 131.

embargo, es más probable que los toltecas, aztecas y otros grupos tomaran prestado de los teotihuacanos y no al revés. Por un lado, muchas de las imágenes de Teotihuacán eran únicas y no tenían equivalentes en culturas náhuatl posteriores[i] y, por otro, había una cuestión temporal. Los hablantes de náhuatl empezaron a emigrar a la zona a medida que la gran ciudad declinaba.

Dado que los hablantes de náhuatl aún no estaban presentes, lo más probable es que los emigrantes a Teotihuacán procedieran del sur. Los refugiados procedían casi con toda seguridad de Cuicuilco, donde la población disminuyó notablemente en el mismo periodo, incluso antes de que la devastadora erupción volcánica final cubriera la ciudad de lava. Los emigrantes mayas probablemente llegaron a Teotihuacán, ya que por razones desconocidas su civilización experimentó un colapso temporal en esta época. Las pequeñas pirámides de Teotihuacán son muy similares a algunas pirámides mayas.

Otros emigrantes fueron las tribus mixteca y zapoteca de la región de Oaxaca, en el suroeste de México, que formaron subsociedades de clase media en Teotihuacán. Los zapotecas habían sido una fuerza dominante en el suroeste de México desde el año 500 a. C. Los mixtecos alternaban entre ser rivales y aliados de los zapotecas. A medida que sus poblaciones crecían, los zapotecas y mixtecos empezaron a emigrar a Teotihuacán en una fecha cercana al 200 a. C.

A partir del año 100 d. C. formaron en Teotihuacán *barrios* diferenciados, con templos y complejos de viviendas. Los barrios étnicos de Teotihuacán solían estar especializados en la producción artesanal. La ciudad contaba con más de seiscientos talleres artesanales que producían cerámica, figuras de cerámica, armas de obsidiana, objetos de jade, cestería, marroquinería y plumaje. Aunque se integraron en la cultura de Teotihuacán, las tribus oaxaqueñas mantuvieron algunas costumbres étnicas, como los enterramientos en urnas funerarias. Las urnas decorativas eran colocadas en grupos de cinco sobre la tumba, encima del dintel de la puerta, o en algún lugar cercano, pero no dentro de la tumba. Lo que contenían las urnas es un misterio, ya que no queda nada en ellas.

---

[i] Cowgill, "State and Society", 133.

Una urna funeraria zapoteca [199]

La afluencia de emigrantes a Teotihuacán en los dos primeros siglos de la Era Común cambió notablemente la demografía de la ciudad y la convirtió en una población cosmopolita. La arquitectura y el arte empezaron a reflejar diversas culturas y religiones. Sin embargo, el arte de Teotihuacán siguió diferenciándose del típico arte mesoamericano; por ejemplo, rara vez representaba a individuos, como las estatuillas de Tlatilco o las colosales cabezas olmecas. Su estilo arquitectónico general reflejaba las civilizaciones precursoras del valle de México y el valle de Puebla-Tlaxcala, pero con un nuevo giro. Entre los ejemplos que diferencian a Teotihuacán de sus culturas vecinas se encuentran los complejos de apartamentos y la ubicación de sus pirámides en un eje norte-sur a lo largo de un camino procesional.[i]

La migración a Teotihuacán también cambió su tríada de funciones como centro espiritual, comercial y manufacturero. Antes servía como centro religioso ceremonial, pero se convirtió en un núcleo de culto para

---

[i] Robb, *Teotihuacan: City of Water*, 15.

las múltiples religiones de sus diversas etnias. Teotihuacán no parecía elevar a una deidad en particular por encima de las demás. Su arte religioso y sus artefactos muestran los objetivos compartidos por todos sus habitantes: la lluvia, las cosechas productivas, la prosperidad económica, la fertilidad, un ejército eficaz y el mantenimiento del equilibrio celestial.

Al absorber a la mayor parte de la población del valle de México, Teotihuacán se convirtió en la capital de facto de los asentamientos restantes del valle. Siempre había sido un centro manufacturero y un nudo comercial sin rival, y así continuó, con rutas comerciales que se extendían por toda Mesoamérica. Las diversas etnias aportaron nuevas tecnologías que se mezclaron con la experiencia de los teotihuacanos en la producción de armas de obsidiana, cerámica y otras artesanías.

Capítulo 2: Los días gloriosos de Teotihuacán

"¿Teotihuacán? ¿Estás seguro? ¡Eso está a novecientas millas al noroeste!".

"¡Sí! Mira la empinada pendiente de esta pirámide y este panel en ángulo recto. Es como una mesa. Eso es talud-tablero. ¡Eso es clásico de Teotihuacán!".

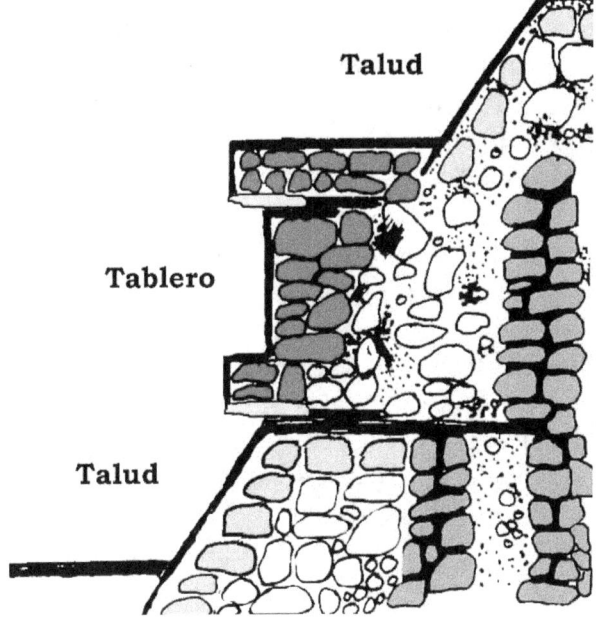

Ejemplo de la arquitectura talud-tablero de Teotihuacán [200]

La arquitectura teotihuacana y otros hallazgos en los suburbios occidentales de Ciudad de Guatemala mostraron el largo brazo de la influencia de Teotihuacán. Teotihuacán vivió su época de esplendor entre los años 350 y 600 de nuestra era. Durante el periodo clásico (150-600 d. C.), se convirtió en una superciudad-estado y se erigió en la principal potencia de una amplia franja de Mesoamérica. Los arqueólogos han encontrado obsidiana, cerámica y otros objetos de Teotihuacán en yacimientos del centro de México y del sur de la región maya de Guatemala, Belice y Honduras.

En su apogeo, Teotihuacán controló la mayor parte del valle de México. Fuera del valle de México, regulaba asentamientos periféricos que eran importantes destinos comerciales y controlaba las rutas entre ellos y Teotihuacán. La ciudad mantuvo complejas relaciones con civilizaciones de toda Mesoamérica. Algunas de estas interacciones se produjeron entre las poblaciones migrantes que vivían en Teotihuacán y sus parientes en territorios mayas y zapotecas.

En sus días de gloria, los teotihuacanos tenían varios centros secundarios en el centro de México. Tenían un asentamiento llamado Chingdu, cerca de lo que se convirtió en la ciudad tolteca de Tollan (Tula), a unos sesenta kilómetros al noroeste de Teotihuacán. Esta ciudad más pequeña modeló el trazado y la arquitectura de Teotihuacán. Era una fuente clave de cal, que se necesitaba en los proyectos de construcción, y los artefactos mostraron que tenía una población mixta de teotihuacanos y zapotecas. Holt Mehta era una ciudad al sur de Chingdu que también dejó una mezcla de artefactos teotihuacanos y zapotecas. Ochenta millas al noroeste de Tollan se encontraba El Rosario, en Querétaro, una lejana colonia de Teotihuacán.[i]

A unos veintiún kilómetros al noreste, los teotihuacanos construyeron Tepeapulco, cerca de donde extraían obsidiana. Es posible que sirviera como centro artesanal para la fabricación de cuchillos, puntas de flecha y otras armas de obsidiana. Calpulalpan se encontraba al este, como puerta de entrada para el comercio con el corredor de Teotihuacán hacia Veracruz, Oaxaca y la región de Puebla. En las orillas del lago de Texcoco había dos centros más pequeños: Azcapotzalco, en la orilla occidental, y Cerro Portezuelo, en la orilla sureste del lago.

---

[i] Cowgill, "State and Society", 134.

En las fases Clásico Temprano y Clásico Medio de Teotihuacán, que condujeron a su apogeo, la ciudad experimentó cambios de liderazgo que desencadenaron una oleada de construcciones durante varios siglos. Los arqueólogos creen que la clase dirigente de Teotihuacán ejerció una intensa toma de poder en su Fase Clásica Temprana, entre los años 150 y 200 d. C. aproximadamente. Lo que antes podía haber sido una coalición de comunidades semiindependientes pasó a depender de un gobierno central con un liderazgo firme.

La ciudad se embarcó en un asombroso proyecto de renovación urbana en la Fase Clásica Media de Teotihuacán, o Fase Cerámica Tlamimilolpa, que se extendió desde el año 200 al 350 de nuestra era. La metrópoli erigió unos 2.300 complejos de viviendas para la creciente población. Cada complejo albergaba entre sesenta y cien personas en casas de una sola planta rodeadas de patios compartidos. Entre los años 250 y 350 d. C., algunos estudiosos creen que el gobierno de Teotihuacán pasó de una fuerte monarquía centralizada a una administración descentralizada, quizá dirigida por un consejo.

Los teotihuacanos mejoraron la Pirámide de la Luna tres veces entre 250 y 350 d. C., ampliándola significativamente con cada renovación. Aunque los arqueólogos no encontraron sacrificios humanos en sus tres primeros niveles, todos los niveles construidos entre 250 y 350 contenían sacrificios humanos. Se pensaba que la Pirámide del Sol había sido construida cerca del año 200 d. C., pero una reciente datación por radiocarbono la sitúa más cerca de mediados del siglo XX. Los teotihuacanos sacrificaron a varios bebés y niños cuando construyeron esta pirámide. Los restos óseos de los niños se han encontrado bajo la pirámide y en las cuatro esquinas de cada capa de la pirámide. Esto ha llevado a algunos estudiosos a teorizar que la pirámide estaba dedicada al dios de las tormentas, conocido como Tláloc por los aztecas, ya que se lo asociaba con el sacrificio de niños.

Esta máscara de piedra de la época de Xolalpan en Teotihuacán era una ofrenda funeraria.[201]

Las fases del Clásico Tardío de la ciudad fueron la era de la cerámica de Xolalpan, de 350 a 550 d. C., y la era de la cerámica de Metepec, de 550 a 600 d. C. La época de Xolalpan fue el apogeo del poder de Teotihuacán, con las grandes pirámides de la ciudad, los templos y los proyectos de vivienda casi terminados. Teotihuacán se centró ahora en el exterior, expandiendo su vasto imperio comercial e incluso conquistando ciudades mayas a unas ochocientas millas al sureste, en Guatemala y Honduras.

Los residentes mayas de la ciudad sufrieron violentos disturbios en torno al año 350 de nuestra era. Los estudiosos creen que los mayas de élite, que actuaban como diplomáticos y facilitadores del comercio, vivían cerca del lado oeste de la Avenida de los Muertos, entre las pirámides del Sol y de la Luna. Recientes excavaciones en la Plaza de las

Columnas, en esa parte de la ciudad, han sacado a la luz murales, cerámicas y otros artefactos mayas. Sin embargo, los murales parecen haber sido destruidos y enterrados. Una fosa de huesos calcinados, que se cree que son mayas, apunta a una masacre en torno al año 350 d. C.[i] Tres ancianos mayas, ataviados con ropajes nobiliarios, fueron sacrificados en la cima de la Pirámide de la Luna en esa época.[ii]

Aunque en el Clásico Medio se produjeron otras dos fases de reconstrucción, éstas sustituyeron a estructuras más antiguas en lugar de ampliar la ciudad. La población parece haberse estabilizado en el periodo Clásico Temprano. Es posible que la ciudad cambiara de ideología religiosa en la época de Xolalpan, hacia el 350 d. C. Fue entonces cuando se erigió la plataforma Adosada directamente frente al Templo de la Serpiente Emplumada, bloqueando parcialmente su visión.[iii] Esta transición se habría producido cerca de la época en que el rey Búho Lanzavirotes subió al trono de Teotihuacán, gobernando entre los años 374 y 439 d. C., según las inscripciones mayas.

Los estudiosos debaten sobre la naturaleza del control de Teotihuacán sobre el resto del valle de México e incluso sobre el resto de Mesoamérica durante sus días de gloria. ¿Ejercía un poder soberano? ¿Eran las ciudades periféricas colonias que pagaban tributo y respondían a los mandatos de Teotihuacán? ¿Fue Teotihuacán en última instancia el centro de un imperio? Los primeros arqueólogos y antropólogos creían que Teotihuacán ejercía una hegemonía o influencia superior sobre otras ciudades y civilizaciones. Señalaban el descomunal tamaño de Teotihuacán y su planificación urbanística, la increíble escala de sus talleres de producción y su población internacional.

Algunos estudiosos sostienen que Teotihuacán dirigía un imperio similar al azteca, que apareció mil años después, en el que las ciudades-estado bajo su control pagaban tributo, normalmente en forma de bienes. De ser así, el tributo podía consistir en grano, pescado seco u

---

[i] Lizzie Wade, "The Arrival of Strangers: New Evidence Points to a Clash Between Two Ancient Mesoamerican Cultures, Teotihuacan and the Maya", *Science* (February 27, 2020).
https://www.science.org/content/article/astounding-new-finds-suggest-ancient-empire-may-be-hiding-plain-sight

[ii] Arizona State University, "Ceremonial Burial At Moon Pyramid Shows Teotihuacan Rulers Had Mayan Connection", *Science Daily*, October 29, 2002.

[iii] Lauriers and Murakami, *Teotihuacan and Early Classic Mesoamerica*.

otros alimentos para la enorme población de Teotihuacán. El tributo podía consistir en piedras preciosas, metales preciosos o piedra caliza, que era utilizada para fabricar mortero para la construcción. También podían ser textiles. Los mesoamericanos ya habían desarrollado la tecnología del tejido mucho antes del periodo Clásico. Por ejemplo, algunas estatuillas femeninas de Tlatilco llevaban faldas cortas tipo bailarina. Curiosamente, los utensilios para tejer se encontraban con más frecuencia en las tumbas de los hombres. Las figurillas y murales de Teotihuacán muestran a hombres con taparrabos, faldas cortas y, a veces, ponchos. Las telas de algodón empezaron a aparecer en Mesoamérica hacia el año 900 a. C.

A unos cien kilómetros al sur de Teotihuacán se encuentra el actual estado de Morelos, que era la fuente de algodón más cercana. A medida que Teotihuacán crecía en población y poder, influía notablemente en la arquitectura, la organización urbana y los estilos artísticos de Morelos. Los artefactos de Teotihuacán muestran escasos indicios de huso de algodón, por lo que lo más probable es que Morelos exportara a Teotihuacán tejidos de algodón en lugar de algodón en bruto.

Otros estudiosos rechazan la idea de que Teotihuacán fuera la capital de un imperio político. En su lugar, teorizan que Teotihuacán era un imperio comercial. Los teotihuacanos tenían casi el monopolio de la obsidiana verde, que podían intercambiar por otros bienes como alimentos o textiles. Los hallazgos de Kaminaljuyu llevaron a algunos a creer que podría haber sido un enclave de Teotihuacán que controlaba recursos locales como el grano de cacao y desarrolló la complejidad social de la civilización maya. Desde su núcleo en el centro de México, las relaciones comerciales de Teotihuacán influyeron en otras culturas de su periferia.

Curiosamente, nuestra información sobre la realeza de Teotihuacán, como los únicos nombres que tenemos, procede de los mayas, no de los teotihuacanos. Los mayas erigieron pilares de piedra (estelas) con inscripciones que documentaban sus logros y acontecimientos, y los reyes mayas alabaron sus logros por escrito y mediante el arte. Aunque los teotihuacanos tenían un limitado sistema de escritura de glifos, aún sin descifrar, parece que se utilizaban para etiquetas más que para textos extensos.

Los reyes de Teotihuacán también parecían más modestos. Uno de los pocos casos de retrato de un rey teotihuacano fue el de Primer Cocodrilo, que gobernó la ciudad maya de Tikal. La única razón por la que tenemos su retrato es porque los mayas tallaron sus imágenes en la roca, algo que los teotihuacanos no hacían. Annabeth Headrick, profesora de Historia del Arte de la América Antigua en la Universidad de Denver, califica a la realeza de Teotihuacán de "reyes invisibles". "Los gobernantes de Teotihuacán simplemente no anuncian su presencia con la franqueza que los estudiosos mesoamericanos han llegado a esperar".[i]

Con múltiples etnias, Teotihuacán era una ciudad cosmopolita con diversidad social y cultural. Las evidencias arqueológicas demuestran que los inmigrantes oaxaqueños, mayas y de la costa del golfo a Teotihuacán mantuvieron su identidad cultural y los vínculos con su tierra natal. Estas conexiones dieron lugar a complejos intercambios interregionales y a intrincados sistemas políticos y sociales. Los habitantes de Tlailotlacán, el barrio oaxaqueño de Teotihuacán, mantuvieron una estrecha relación con su tierra natal. Teotihuacán pudo haber sido el señor de Monte Albán, la capital oaxaqueña. Las excavaciones arqueológicas realizadas en el territorio oaxaqueño del valle del Río Verde, en la costa del Pacífico, muestran indicios de la alteración de las ciudades y la organización social de Oaxaca, lo que sugiere una invasión teotihuacana.

¿Cómo estaba gobernada la ciudad de Teotihuacán? ¿Tenía un rey? ¿O un consejo gobernante? Los estudiosos debaten acaloradamente sobre la naturaleza de la administración de Teotihuacán. Lo más probable es que su política cambiara a lo largo de los años a medida que la ciudad crecía, se enfrentaba a nuevos retos y se volvía cada vez más multiétnica. El antropólogo René Millon, que colaboró con George Cowgill en la cartografía de Teotihuacán, propuso que la ciudad era una república oligárquica. Una oligarquía es un pequeño grupo de personas que gobiernan una ciudad-estado. Suelen pertenecer a la élite y, en ocasiones, a una misma familia. Millon sugirió que Teotihuacán pudo haber tenido un pequeño grupo de personas elegidas para dirigir el gobierno al menos durante la última parte de su historia.

Algunos estudiosos creen que Teotihuacán podría haber seguido el modelo de la cultura epiolmeca, que tenía algo parecido a una república u oligarquía (o quizá ambas cosas) en lugar de un rey. La cultura epiolmeca fue una continuación de la olmeca, aunque a menor escala. Aunque las ciudades olmecas tenían palacios y cabezas colosales que

---

[i] Annabeth Headrick, *The Teotihuacan Trinity: The Sociopolitical Structure of an Ancient Mesoamerican City* (Austin: University of Texas Press, 2017).

probablemente representaban a reyes, algunas ciudades epiolmecas no muestran indicios de palacio o gran plaza central. La ciudad olmeca de Tres Zapotes tuvo cabezas colosales en sus inicios, pero su historia posterior revela cuatro plazas casi idénticas situadas a unos 800 metros de distancia. La datación por radiocarbono demostró que todas estuvieron ocupadas entre el 400 a. C. y el 1 d. C., lo que indica que la ciudad tenía un gobierno descentralizado. Tres Zapotes tampoco mostraba una clara distinción de riqueza entre sus familias en la época epiolmeca.

¿Qué nos dicen los restos de Teotihuacán sobre su gobierno? Curiosamente, su arte muestra al pueblo rindiendo honores y deferencias a sus deidades, pero no a otras personas.[i] ¿Podrían haber sido igualitarios su gobierno y su sistema social? El proyecto de cartografía reveló otras pistas. René Millon utilizó la topografía aérea a baja altitud para elaborar un mapa base de la ciudad. A continuación, los arqueólogos tomaron secciones de la ciudad y registraron elementos como los montículos de los templos y los artefactos descubiertos en cada sección. Una vez finalizados los trabajos de cartografía y registro, que duraron años, los arqueólogos empezaron a interpretar sus hallazgos.

El proyecto de cartografía descubrió que, en torno al año 200 d. C., Teotihuacán pasó de tener casas pequeñas (normalmente de una sola habitación) a dos mil conjuntos de edificios de apartamentos de una planta. Los conjuntos representaban el parentesco, la etnia y la ocupación. Algo brillaba por su ausencia: los investigadores no encontraron imágenes, estatuas o estelas que pudieran representar claramente a un rey. Tampoco hallaron sepulturas opulentas, aunque algunos creían que los teotihuacanos podrían haber enterrado a reyes importantes bajo las pirámides, que posteriormente fueron saqueadas. La arqueóloga e historiadora del arte Esther Pasztory sugirió que Teotihuacán podría haber sido una sociedad colectiva y corporativa.

Cowgill consideraba improbable que Teotihuacán hubiera tenido alguna vez reyes hereditarios, aunque sí creía que en sus primeros días de gloria, gobernantes en solitario podrían haber administrado la ciudad. Cowgill estaba razonablemente seguro de que el aumento inicial de población y la construcción de monumentos en Teotihuacán se produjeron durante el gobierno de monarcas fuertes que gobernaban en

---

[i] Cowgill, "State and Society", 136.

solitario. No creía posible que un comité hubiera podido llevar a cabo las audaces hazañas que tuvieron lugar en aquella época. Pero más tarde, una vez terminadas las pirámides, pensó que era posible una oligarquía en lugar de un único gobernante autocrático.

Cowgill también admitió la posibilidad de una sociedad colectiva entre el año 250 y el 650 d. C. que antepusiera las necesidades del conjunto a las del individuo. Señaló que en la década del 200 tuvo lugar el proyecto de construcción masiva de edificios de apartamentos para casi toda la población. Dijo que podrían haber estado construyendo más pirámides, pero en lugar de ello prestaron atención a las necesidades de la población, con un plan único que abarcaba todos los segmentos de la sociedad.

Cowgill señaló las pruebas de que este cambio de paradigma tuvo un comienzo violento. Los teotihuacanos construyeron el Templo de la Serpiente Emplumada hacia el año 200 de nuestra era y enterraron bajo él a más de doscientos humanos sacrificados. Aproximadamente un siglo después, el Templo de la Serpiente Emplumada ardió en lo que aparentemente fueron disturbios civiles. Los constructores utilizaron fragmentos de arcilla del templo para erigir la plataforma adosada frente al templo. En lugar de construir un nuevo templo sobre el Templo de la Serpiente Emplumada quemado, simplemente dejaron sus ruinas quemadas allí, bloqueadas de la vista por la plataforma Adosada.

Cowgill pensó que tal vez la violenta quema del templo representaba la revuelta del pueblo contra un régimen brutal. Aunque hubo un lapso de tiempo entre la construcción del templo y el levantamiento, Cowgill especuló que un gobernante más débil sustituyó a una sucesión de reyes fuertes. Durante el gobierno de este rey más ineficaz, la población descontenta finalmente aprovechó la oportunidad para organizar una revolución, tal vez en protesta por el brutal ritual de sacrificios humanos masivos. Teorizó que Teotihuacán podría haber sido un gobierno colectivo en sus primeros días, interrumpido por varios poderosos reyes autocráticos. Tras la revuelta, la ciudad volvió a su gobierno colectivo original.[i]

Las fechas de los sacrificios humanos en las tres pirámides y en la Plaza de las Columnas pueden apoyar la teoría de Cowgill de una revuelta contra el ritual gubernamental del sacrificio humano. El primer caso conocido de sacrificio humano como ritual estatal se produjo en la

---

[i] Cowgill, *State and Society*, 154-6.

Pirámide de la Serpiente Emplumada entre los años 150 y 200 de nuestra era. Los teotihuacanos sacrificaron humanos durante las renovaciones de la Pirámide de la Luna, entre los años 250 y 350, y durante la construcción de la Pirámide del Sol, aproximadamente en la misma época.

En la Plaza de las Columnas se produjo una masacre, posiblemente un sacrificio humano, hacia el año 350 de nuestra era. Los arqueólogos no han encontrado pruebas de sacrificios humanos después del 350 d. C. en los monumentos centrales de la Avenida de los Muertos. Los sacrificios humanos pueden haber continuado a nivel local alrededor de la ciudad, pero no parecen haber sido un ritual estatal durante los días de gloria de Teotihuacán.

En la época dorada de Teotihuacán, su gran población estaba en su apogeo. La ciudad se enriqueció gracias a su vasta red comercial y dominó algunos centros urbanos mayas. Las pirámides y las viviendas urbanas estaban terminadas, salvo renovaciones periódicas. El apogeo de Teotihuacán, que duró tres siglos, influyó notablemente en el resto de Mesoamérica. Fue probablemente la primera ciudad multiétnica de América y, sin duda, la más grande de su época.

Capítulo 3: Decadencia y ruina

¿Qué ocurrió con la resplandeciente ciudad de Teotihuacán? ¿Cuál fue la causa de su misterioso declive? ¿Cómo acabó en ruinas hacia el año 650 de nuestra era? ¿Y por qué se abandonó esta próspera metrópoli?

Muchas de las principales ciudades mesoamericanas cayeron ante fuerzas invasoras, como la azteca Tenochtitlan ante los españoles y sus aliados tribales. Otras cayeron ante las fuerzas de la naturaleza; en ocasiones, las erupciones volcánicas, los terremotos o los cambios en los sistemas fluviales fueron devastadores. Pero ninguno de ellos pareció ocurrir en Teotihuacán. ¿Qué ocurrió? ¿Por qué la ciudad más grande de América se convirtió en una ciudad fantasma?

Cowgill señaló que la organización política de Teotihuacán empezó a decaer gradualmente entre los años 450 y 500 d. C., décadas antes de que se produjera un estallido abrupto y violento contra su centro religioso y administrativo. Señaló la ralentización de la importación de bienes de lujo. El tamaño de la ciudad empezó a reducirse a la mitad de la población que tenía en su apogeo. La clase media alta, que servía de intermediaria entre la clase dirigente y los trabajadores de la ciudad, se hizo más rica. Puede que su creciente poder amenazara a las élites más altas.

En Teotihuacán se produjo un colapso de los servicios municipales, como la recolección de basuras. Los arqueólogos encontraron basura apilada a dos metros de altura en algunas calles residenciales. También hallaron indicios de la rápida evacuación de algunos barrios. Los artesanos dejaron sus herramientas y las artesanías en las que habían estado trabajando en medio del suelo de sus talleres, lo que apunta a un acontecimiento abrupto y destructivo[i]

¿Las luchas internas provocaron el colapso final de Teotihuacán? Linda Manzanilla, profesora del Instituto de Investigaciones Antropológicas de la Universidad Nacional Autónoma de México, cree que sí. Señala que parte de lo que hizo grande a Teotihuacán fue su mezcla de etnias, que habían sido desplazadas de otras partes de México por las erupciones volcánicas. Estos inmigrantes llegaron en dos grandes oleadas en los siglos I y IV d. C. y emplearon sus conocimientos en la artesanía y otros oficios, construyendo la economía de la ciudad.[ii]

Gases volcánicos fluyen desde el cráter del Popocatépetl [202]

La primera oleada fue de fugitivos de la erupción volcánica del Popocatépetl del siglo I de nuestra era. El Popocatépetl se encuentra a unos sesenta kilómetros al sur de Teotihuacán y a cuarenta y tres kilómetros al sureste de la actual Ciudad de México, en la región de Pueblo. Aunque sigue siendo un volcán activo, también tuvo glaciares hasta 2001, cuando se derritieron debido a la actividad volcánica. A finales del siglo I d. C., el Popocatépetl explotó con una erupción VEI-6. Fue tan potente como la erupción del Krakatoa de 1883 en Indonesia, y lanzó ceniza y piedra pómez a diecisiete millas de altura.

---

[i] Robb, *Teotihuacan: City of Water*, 25.

[ii] Linda R. Manzanilla, "Cooperation and Tensions in Multiethnic Corporate Societies Using Teotihuacan, Central Mexico, as a Case Study", *Proceedings of the National Academy of Sciences*. 112, no. 30 (March 2015): 9210-11. https://doi.org/10.1073/pnas.141988111.

Algunos de los supervivientes de la erupción del Popocatépetl probablemente encontraron un hogar en Teotihuacán, que en aquel momento ya era una bulliciosa ciudad de más de cuarenta mil habitantes. A finales del siglo I, el número de habitantes había crecido hasta alcanzar los ochenta mil, en parte debido a la llegada de refugiados de Pueblo desplazados por el volcán. Entre los años 245 y 315 d. C., el volcán Xitle, en el suroeste de la actual Ciudad de México, entró en erupción, poniendo en fuga a la población de Cuicuilco y trayendo más refugiados a Teotihuacán.

Estas dos inmigraciones masivas cambiaron significativamente la demografía de Teotihuacán. El grupo Pueblo que huía del Popocatépetl llegó antes de que Teotihuacán construyera sus complejos de apartamentos y pudo haber dado origen a ese proyecto. La afluencia de refugiados de Cuicuilco pudo haber precipitado el aparente cambio de liderazgo o religión a mediados del siglo IV, cuando ardió el Templo de la Serpiente Emplumada. Esta afluencia migratoria pudo haber engendrado una dinastía extranjera de reyes, como el Búho Lanzavirotes, que invadió las ciudades mayas del sur.

En un principio, los inmigrantes que llegaron a Teotihuacán debieron de encontrar en ella un refugio agradable, ya que se asentaron en los suburbios de la ciudad. Quizá incluso fueron invitados por los dirigentes de la ciudad, que necesitaban trabajadores especializados en campos concretos. Los recién llegados podían poner sus habilidades al servicio de la construcción, la confección de ropa, el tallado de piedras preciosas o el servicio militar. Manzanilla cree que la competencia entre los barrios étnicos era feroz. ¿Quién podía producir los artículos de lujo más codiciados, las mejores obras de arte o los músicos más consumados? Los barrios presentaban especialidades distintas basadas en las habilidades adquiridas en sus tierras de origen. Por ejemplo, muchos de los habitantes de Teopancazco, barrio excavado por Manzanilla, procedían de la costa del Golfo. Sabían tejer algodón y coser prendas de vestir.

La Dra. Manzanilla cree que la élite gobernante de Teotihuacán controlaba las materias primas importadas, lo que probablemente provocó tensiones entre el gobierno y los barrios. Los nativos teotihuacanos no eran necesariamente la élite. El análisis isotópico de restos óseos y artefactos muestra a los teotihuacanos en recintos de estatus inferior en las afueras de la ciudad. Sus artesanos de clase media-alta y jefes de barrio procedían a menudo de distintas regiones. Pero los extranjeros también eran víctimas de sacrificios en la Pirámide de la Luna y la Pirámide de la Serpiente Emplumada. Es probable que la ciudad experimentara cambios de liderazgo a lo largo de su historia, y que los inmigrantes se rebelaran y tomaran el control.

La Dra. Manzanilla pasó ocho años excavando y analizando un barrio multiétnico, Teopancazco, en el sur de la ciudad. Su equipo examinó los restos humanos en busca de enfermedades, lesiones y estado nutricional. Los análisis de ADN revelaron que en el barrio había una mezcla de teotihuacanos nativos que convivían con emigrantes de Chiapas, Hidalgo, Oaxaca, Puebla, Tlaxcala y la costa del Golfo. Muchos de los inmigrantes habían padecido una nutrición insuficiente en su infancia, y Teotihuacán pudo parecer la tierra de la abundancia. Manzanilla incluso sugiere que la ciudad pudo haber tenido un programa de distribución de alimentos.[i]

Pero la ciudad también fue tierra de horror para los migrantes. Casi un tercio de los esqueletos enterrados en el barrio de Teopancazc, principalmente jóvenes emigrantes, mostraban signos de muerte violenta, con la cabeza cortada. Veintinueve víctimas fueron decapitadas al mismo tiempo en un acto ceremonial en torno al año 350 de la era cristiana. Las cabezas cortadas fueron colocadas en un cráter con un plato o cuenco sobre cada una de ellas. Este sacrificio humano tuvo lugar poco después de que probablemente llegaran refugiados de la erupción volcánica del Xitle. También fue aproximadamente cuando el Templo de la Serpiente Emplumada fue quemado y poco antes o durante el reinado del Rey Búho Lanzavirotes.

Sólo el 15 por ciento de todos los enterramientos de adultos en el barrio de Teopancazco eran mujeres, aunque en otros barrios de la ciudad había un número casi igual de hombres y mujeres enterrados. ¿Por qué había menos mujeres? ¿Estaban enterradas en otros lugares? Hasta ahora, estas preguntas siguen sin respuesta. Los cadáveres de muchos recién nacidos, con igual número de niños y niñas, fueron enterrados en una zona de la sección noreste del barrio. ¿Fueron estos recién nacidos víctimas de sacrificios?

---

[i] Linda R. Manzanilla, "Cooperation and Tensions", 9212-15.

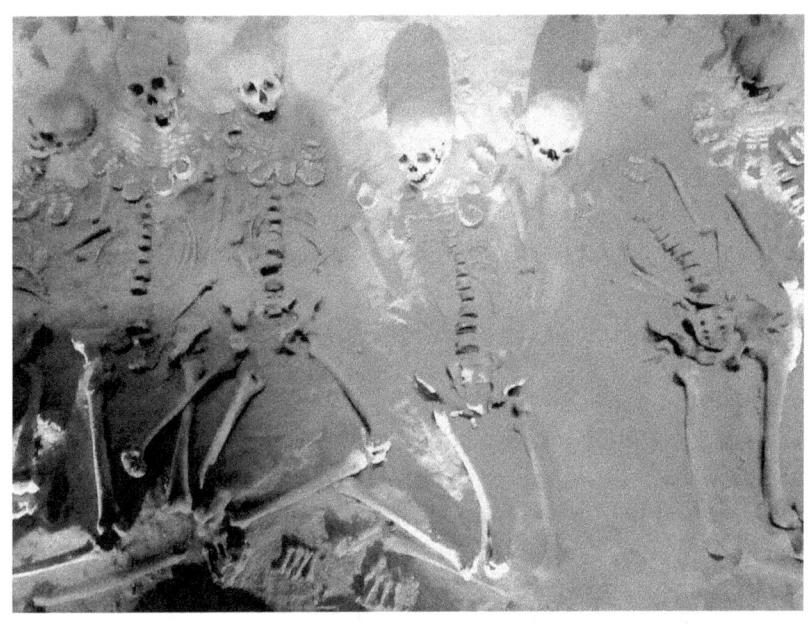

Esqueletos hallados en Teotihuacán [203]

Los restos de tres personas, entre ellas una niña, mostraban exostosis auditiva: crecimiento óseo en el conducto auditivo causado por nadar con frecuencia en aguas frías. Probablemente eran buceadores en busca de conchas y otros objetos. Más del 15% de los esqueletos, entre ellos los de cinco niños, presentaban un crecimiento excesivo del espacio esponjoso de la médula del cráneo, probablemente causado por parásitos o anemia. El 29% de los restos humanos adultos mostraban signos de desnutrición en la infancia. Sin embargo, lo superaron, quizá emigrando a Teotihuacán y disfrutando de un nivel de vida más elevado. La dieta de algunos de los habitantes del barrio incluía marisco. Aunque Teotihuacán estaba a unos 240 km del Golfo, los comerciantes de Veracruz importaban pescado seco. El maíz era su alimento básico; su principal proteína eran los perros y los pavos domésticos alimentados con maíz.

Las marcas en los cuerpos de los trabajadores y los artefactos dejados atrás indican que el empleo del barrio se centraba en la fabricación de redes de pesca. También fabricaban tocados y ropa para la clase media alta y pintaban cerámica y murales. Una especialidad de confección intrínseca al barrio eran las conchas marinas cosidas en tela de algodón. El barrio parecía algo acomodado, con muchos artículos de lujo importados, como piedras semipreciosas y delicada cerámica de Puebla y Tlaxcala.

Los emigrantes trajeron consigo su experiencia artesanal y probablemente entablaron una feroz competencia con otros barrios de la ciudad por el poder económico y el estatus. Manzanilla cree que los barrios tenían organización y liderazgo locales, con élites intermedias que negociaban el acceso a los recursos naturales bajo el control de las élites gobernantes. Estas élites locales también organizaban la venta y exportación de productos manufacturados. Las tensiones entre los distintos niveles de la sociedad prepararon el terreno para el colapso.

Manzanilla teoriza que los enfrentamientos entre los grupos étnicos, los ricos empresarios y el gobierno condujeron a una escena caótica. Al desbordarse las tensiones, el pueblo se rebeló contra la élite y asaltó los lugares que representaban al gobierno. Manzanilla data esta revuelta en torno al año 550 de la era cristiana, aunque Cowgill cree que fue más bien en torno al 650 de la era cristiana. Los alborotadores quemaron los templos y edificios administrativos que bordeaban la Avenida de los Muertos y destrozaron esculturas. Manzanilla cree que se trató de una revuelta interna contra los poderes dirigentes, no de una invasión extranjera.[i] No se produjeron daños graves en los barrios que rodeaban el centro administrativo. La ciudad sobrevivió con una población muy reducida durante otro siglo, aparentemente bajo la misma organización administrativa. Pero ya no sería la estrella más brillante de Mesoamérica.

El antropólogo Ross Hassig teorizó que el declive económico provocó la caída de Teotihuacán. Alrededor de un tercio de la población de la ciudad trabajaba como artesano, produciendo prendas de vestir, elaborados tocados de plumas, exquisita cerámica, objetos de obsidiana y mucho más. Teotihuacán era como una gigantesca planta de fabricación, que producía bienes que circulaban por toda Mesoamérica. Sin embargo, Teotihuacán dependía de un comercio fiable para obtener las materias primas para su producción de bienes. También necesitaba canalizar los productos acabados a mercados situados a cientos de kilómetros de distancia.

Por ello, Teotihuacán estableció centros comerciales en zonas adecuadas y entabló negociaciones con ciudades mayas y otras culturas para el intercambio de mercancías a través de sus territorios. Teotihuacán incluso conquistó varias ciudades mayas en el sur de México, Guatemala y Honduras que se convirtieron en importantes puestos avanzados en los canales comerciales hacia Centroamérica. Pero

---

[i] Linda R. Manzanilla, "Cooperation and Tensions", 9214-15.

los centros comerciales estaban tan alejados que a Teotihuacán le resultaba difícil mantener el control de su vasta red comercial.

Hassig describió un escenario en el que algunos de los aliados de Teotihuacán empezaron a desviar su comercio hacia otras civilizaciones que estaban aumentando su poder. Las ciudades mayas conquistadas se liberaron del dominio de Teotihuacán y se hicieron autónomas. Las ciudades rivales obstaculizaban los viajes de los teotihuacanos por sus territorios. Al romperse el comercio, Teotihuacán no podía obtener las materias primas que necesitaba para sus artesanos, ni podía vender sus productos a un mercado tan grande. Hassig cree que esta ruptura del comercio provocó un declive económico y malestar entre su población.[i]

Otra teoría del colapso de Teotihuacán es la hambruna causada por las prolongadas sequías debidas al peor periodo de enfriamiento global de los últimos dos milenios. El cambio climático en el hemisferio norte comenzó en el año 536 d. C., y su fase crítica duró dos o tres años. Sin embargo, las prolongadas temperaturas más frías envolvieron el globo durante un siglo o más. Curiosamente, esto ocurrió poco antes de que estallaran los disturbios en Teotihuacán. ¿Estaban ambos fenómenos interrelacionados?

En un principio, los científicos pensaron que la erupción volcánica de Ilopango, en El Salvador, fue la causante del cambio climático global. La explosión fue cincuenta veces más fuerte que la del Monte St. Helens en 1980 y dejó depósitos de ceniza que cubrían setenta y siete mil millas cuadradas. Habría acabado con toda la vida en la región circundante. Sin embargo, un análisis reciente de los anillos de los árboles de la zona y de los núcleos de hielo de Groenlandia ha retrasado la fecha de la erupción de Ilopango hasta el año 431 de nuestra era. Los científicos siguen creyendo que una erupción volcánica *en algún lugar* causó el enfriamiento global, aunque los meteoritos o fragmentos de cometas podrían haber sido los responsables.

Mesoamérica no sufrió las pandemias que diezmaron las poblaciones europeas y asiáticas en esta época. Sin embargo, las evidencias arqueológicas indican un alto índice de nacimientos de niños muertos, muertes de recién nacidos y mortalidad infantil en las clases bajas de Teotihuacán entre los años 500 y 650 d. C. De los 166 esqueletos exhumados de las tumbas de un complejo de apartamentos en un barrio

---

[i] Ross Hassig, *War and Society in Ancient Mesoamerica* (Berkeley: University of California Press, 1992), 82-89.

pobre de artesanos, 52 eran bebés que nacieron muertos o murieron inmediatamente después de nacer. Los análisis mostraron que los fetos dejaron de crecer en el último mes de embarazo. Probablemente, las madres no comían lo suficiente para mantener un embarazo sano en las últimas etapas.[i] Sólo el 38% de los niños nacidos en esta época sobrevivían hasta la adolescencia, y pocos adultos pasaban de los cuarenta y cinco años.[ii]

El enfriamiento global afectó a la cosecha, que podría haber sumido a Teotihuacán en la hambruna. La región es semiárida, y alimentar a una ciudad con una población de entre 125.000 y 200.000 habitantes era una empresa colosal. Incluso una minúscula reducción de las precipitaciones habría mermado la producción agrícola, reduciendo drásticamente los alimentos disponibles. Una sequía real y la consiguiente pérdida de cosechas habrían llevado a la ciudad a la inanición.

Los geocientíficos Michael Lachniet y Juan Pablo Bernal-Uruchurtu analizaron las precipitaciones en la cuenca de México desde hace dos milenios, utilizando una estalagmita del suroeste de México. Las variaciones en los isótopos de oxígeno guardan una estrecha relación con las precipitaciones, y los investigadores descubrieron variaciones significativas en la fuerza de los monzones en Mesoamérica. Compararon su reconstrucción de las precipitaciones con los cambios sociales en Teotihuacán. Los investigadores descubrieron graves sequías debidas al debilitamiento de los monzones en Mesoamérica en torno al año 750 de nuestra era. Sin embargo, hasta ese momento se había producido una tendencia a la sequía que duró siglos.[iii]

Teotihuacán se encuentra a 2.500 metros sobre el nivel del mar, en las frías y semiáridas tierras altas de la cuenca de México. El río San Juan pasaba directamente por la ciudad (a través de canales construidos

---

[i] Rebecca Storey, "Perinatal Mortality at Pre-Columbian Teotihuacan", *American Journal of Biological Anthropology*. 69, no. 4 (April 1986): 541-548.

[ii] Rebecca Storey, "An Estimate of Mortality in a Pre-Columbian Urban Population", *American Anthropologist* 87, no. 3 (1985): 519-35. http://www.jstor.org/stable/678874.

[iii] Matthew S. Lachniet and Juan Pablo Bernal-Uruchurtu, "AD 550-600 Collapse at Teotihuacan: Testing Climatic Forcing from a 2400-Year Mesoamerican Rainfall Reconstruction", in Harvey Weiss (ed.), *Megadrought and Collapse: From Early Agriculture to Angkor* (New York, Oxford Academic, 2017), 183.
https://doi.org/10.1093/oso/9780199329199.003.0006, accessed 17 Nov. 2022.

por los teotihuacanos) y el río San Lorenzo estaba cerca. Ambos ríos fluían hacia el sur y desembocaban en el lago Texcoco. La ciudad dependía en gran medida de la recolección de las lluvias y del sistema fluvial, que alimentaba sus canales de riego, suministrando agua potable e irrigando sus campos de maíz. Si las precipitaciones eran escasas, el acuífero que sustentaba los ríos no se reponía.

Una oscilación meridional de El Niño, influida por el calentamiento de las temperaturas oceánicas en el hemisferio sur, provocó este periodo de disminución de las precipitaciones. Teotihuacán no tenía ningún lago cercano como fuente de agua; dependía totalmente de los ríos alimentados por manantiales y de la lluvia. Si los agricultores no podían cultivar suficiente maíz, la población pasaría hambre. La escasez de alimentos debida a décadas de disminución de las precipitaciones podría haber precipitado la revuelta interna en torno al año 550 de la era cristiana.

La desestabilización del gobierno habría afectado al mantenimiento de los canales y a la distribución de víveres, magnificando el problema de la escasez de alimentos. Como una hilera de fichas de dominó que se derriban unas a otras, la ciudad habría ido rápidamente cuesta abajo a medida que un factor influía en otro. La falta de una alimentación adecuada habría provocado más mortinatos y una elevada mortalidad infantil. La población habría sido incapaz de mantener su número. Sin duda, muchos de los teotihuacanos abandonaron la ciudad, emigrando a regiones más prometedoras, como el sur del lago de Texcoco, donde estaban surgiendo nuevos asentamientos.

Teotihuacán atravesó a duras penas su último siglo de existencia, con una población menguante y un gobierno en ruinas. A medida que se debilitaba, otras ciudades del sur se alzaban con el poder: Cholula y Cacaxtla, en la región de Pueblo, y Xochicalco, en la zona de Morelos. Es posible que estas ciudades se aliaran para hacerse con el monopolio del comercio mesoamericano, debilitando aún más a Teotihuacán. Al noreste de Teotihuacán, la pequeña ciudad de Tollan (Tula), una colonia teotihuacana, comenzó a crecer, quizá debido a los emigrantes procedentes de Teotihuacán. Los toltecas entraron en la región poco después, convirtiendo Tollan en su capital.

Lo más probable es que una combinación de factores interconectados provocara el descarrilamiento de la sociedad y el sistema administrativo de Teotihuacán, allanando el camino para su colapso final. Es improbable que un único fenómeno empujara a la poderosa metrópoli hacia el olvido. La sequía, la escasez de alimentos, la creciente competencia de otras ciudades y las tensiones económicas y sociales que desembocaron en una revuelta de clases probablemente desempeñaron papeles interrelacionados en la desaparición de la ciudad.

SEGUNDA SECCIÓN: VIDA SOCIAL Y POBLACIÓN

Capítulo 4: Estructura de la ciudad

Kunhejw permaneció de pie en la cresta de la montaña con su hermano, Bllinh Yixe, con la boca abierta de asombro mientras contemplaba la enorme ciudad de Teotihuacán. Una pirámide asombrosamente alta se alzaba en el centro de la ciudad, con dos pirámides más pequeñas en los extremos norte y sur de un amplio bulevar. Varios años antes, Bllinh Yixe había abandonado la ciudad zapoteca de Dani Baán. Viajó hacia el norte, a Teotihuacán, en busca de empleo por su experiencia en la fabricación de cerámica de loza gris. Recientemente había regresado a Oaxaca y reclutado a su hermano para que se uniera a él.

"¡Allí, al oeste! Ese es el Barrio de Oaxaca. Ahí es donde viviremos. Pero antes, déjame enseñarte la avenida principal".

Los hombres descendieron a las afueras de la ciudad desde el sur, acercándose a la avenida principal de tres millas que corría hacia el norte, dividiendo la ciudad. Abrumado por la majestuosidad de sus enormes monumentos, Kunhejw sintió que la ancha calle lo empujaba hacia adelante para explorar nuevas maravillas. La avenida atrajo su mirada hacia el imponente volcán extinguido hace mucho tiempo, al norte. Se volvió hacia los exquisitos templos a cada lado del bulevar, sintiéndose como un conejo ridículamente pequeño a su sombra.

"Esta avenida principal es el núcleo de la ciudad, donde tiene lugar la mayor parte del comercio con otras ciudades". Bllinh Yixe señaló los templos y sus altares, de los que salía humo. "También es donde se encuentran la mayoría de los grandes templos. Los teotihuacanos veneran a algunos de los mismos dioses que nosotros, aunque utilizan nombres diferentes. También tienen algunos propios. ¿Ves todos esos palacios? Ahí es donde tienen lugar los negocios y el gobierno".

Kunhejw y Bllinh Yixe subieron por la avenida junto a un grupo de comerciantes que entraban en la ciudad con enormes mochilas a la espalda. A su derecha se acercaban a las formidables murallas del complejo de Ciudadela, rodeadas de templos. Bllinh Yixe guió a Kunhejw fuera del bulevar principal hasta una gran escalinata que conducía a la Ciudadela. En lo alto de la muralla, contemplaron una enorme plaza.

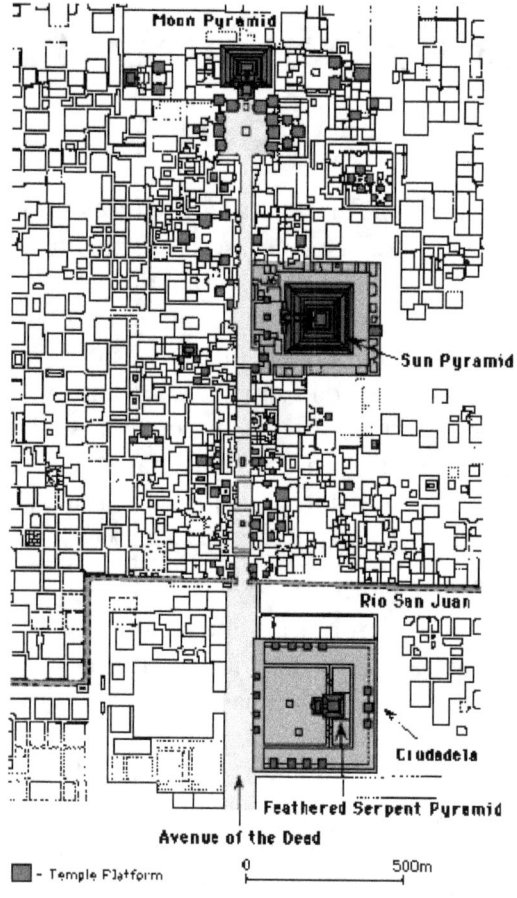

Teotihuacan: Reconstruction of Cetral Zone

Drawing by Mike Ritchie and Kumiko Sugiyama
after Millon 1973, Millon, Drewitt, and Cowgill 1973

Diseño de Teotihucán[204]

"¡Dicen que toda la ciudad puede caber en esta plaza!" exclamó Bllinh Yixe. Señaló una impresionante pirámide con elaboradas esculturas de piedra de cabezas de serpiente que adornaban cada nivel. "¡Mira! Es la Pirámide de la Serpiente Emplumada. Los principales templos están a lo largo de esta avenida principal, pero los barrios también tienen templos".

Luego de contemplar la impresionante vista, los hombres se dispusieron a bajar los escalones de vuelta a la avenida. En el lado opuesto de la calle había otro recinto cerrado donde los vendedores exhibían sus mercancías. Desde su privilegiada posición en lo alto de la escalinata, podían ver una prominente avenida que se extendía hacia el oeste desde el recinto.

"Es la avenida Oeste. La tomaremos más tarde para llegar a Tlailotlacan, el Barrio de Oaxaca, donde vivimos. La Avenida Oriente está detrás de nosotros, al otro lado de este templo".

Los hombres bajaron los escalones y continuaron su camino hacia el norte por el bulevar, cruzando un puente sobre un gran canal de piedra.

"Ése es el río. Lo desviaron con canales que atraviesan la ciudad".

Siguieron caminando hacia el norte, hacia la pirámide más alta que se alzaba sobre la avenida a su derecha. De vez en cuando, unas estructuras arquitectónicas empotradas en la calle interrumpían su camino. Subieron unas escaleras hasta una amplia plataforma y descendieron a un gran patio. En algunos de estos patios había un templo u otra estructura. La avenida del extremo norte de cada patio era más alta que la del extremo sur, por lo que los hombres ascendían gradualmente.[i]

Los hombres continuaron por la avenida, rodeada de altos muros a ambos lados. De vez en cuando, unas escaleras subían por los muros de ambos lados y conducían a palacios y templos. Finalmente llegaron ante la gran Pirámide del Sol, cercada por muros con otra gran escalinata. "¡La gente viaja durante semanas sólo para ver esta pirámide!". se jactó Bllinh Yixe. "Adoran al dios de la tormenta, algo así como nuestro Cocijo".

Su última parada fue el punto focal en el extremo norte de la avenida, donde la Pirámide de la Luna se erguía frente al imponente volcán, al que reflejaba. A medida que se acercaban, pudieron ver los numerosos templos que la rodeaban y las empinadas escaleras que

---

[i] Headrick, *The Teotihuacan Trinity*.

ascendían por la ladera de la pirámide. De un enorme altar frente a la pirámide salía humo.

Esta maqueta de la Avenida de los Muertos muestra la Pirámide del Sol a la derecha y la Pirámide de la Luna al final del bulevar (parte superior de la foto)[305]

"Aquí veneran a la diosa. Este es su templo".

"¿Qué diosa?" preguntó Kunhejw.

"La Gran Diosa", respondió su hermano. "La diosa de la creación, la tierra, la fertilidad y el agua".

"¿Qué sacrificios le ofrecen?"» preguntó Kunhejw.

"Oh, incienso, estatuillas de obsidiana, jaguares, serpientes, pájaros, ese tipo de cosas".

"¿Gente? ¿Sacrifican personas?" preguntó Kunhejw con preocupación.

"Bueno, sí, ¿no lo hace todo el mundo? Pero eso no es nada de lo que debas preocuparte".

"¿Y por qué no? Supongo que los emigrantes como nosotros seríamos víctimas propicias para el sacrificio".

"Bueno, con nuestra fina artesanía, ¡somos demasiado valiosos para sacrificarnos! Basta de hablar de eso. ¡Vamos a explorar los barrios! Te enseñaré dónde vivimos. Tenemos que volver al extremo sur de la avenida".

Un mural en el barrio de Tetitla que se cree que es la Gran Diosa[306]

Tras volver sobre sus pasos, Bllinh Yixe condujo a Kunhejw fuera de la avenida principal hacia la Avenida Oeste, pasando junto a los grandes palacios y templos. Al cabo de un kilómetro y medio, la calle se dividía en dos carriles más pequeños que serpenteaban por los barrios. Bllinh Yixe guió a Kunhejw hacia la izquierda.

"Este es el barrio de Teopancazco. Aquí vive mucha gente del mar oriental. Fabrican redes y ropa y tienen mucho comercio con la costa. Aquí siempre se puede encontrar marisco. Nuestro barrio de Oaxaca está justo al oeste de éste. Estamos en las afueras de la ciudad".

Kunhejw inspeccionó los edificios por los que pasaban. Los muros estaban construidos con escombros y hormigón y enlucidos con cal.[i] Cada uno de los muros que bordeaban la calle parecía tener unos 60 metros de largo. "¡Parecen palacios!"

Bllinh Yixe se echó a reír. "Tenemos palacios para la nobleza, pero esos están cerca de la avenida principal. En el resto de la ciudad, estos grandes edificios albergan a varias familias. En cada complejo de apartamentos viven al menos veinte personas, normalmente sesenta o

---

[i] Cowgill, *State and Society*, 137.

más. En los más grandes viven unas cien personas. El nuestro tiene diez familias. Sesenta personas en total. Bueno, sesenta y una, ahora que estás aquí. Todos somos zapotecas. Me casé con una chica de mi propia comunidad".

"¡Estoy deseando conocerla! ¿Cuántos de estos complejos de apartamentos hay?".

"¡Dos mil! ¿Te lo imaginas? Los construyeron después de las pirámides. Tenemos quince complejos zapotecas.[i] Y aquí estamos, en Tlailotlacan, el Barrio de Oaxaca".

Bllinh Yixe señaló una calle en dirección oeste. "Esos son los talleres de nuestro distrito, ahí abajo, en las afueras de la ciudad. Producimos principalmente cerámica, sobre todo loza gris. Además, algunos artesanos tallan estatuas, urnas funerarias e imágenes de culto de los dioses. Los talleres están en las afueras de la ciudad, por lo que el humo de la cocción de la cerámica queda lejos de la zona residencial".

Siguieron paseando por un entramado de calles estrechas, serpenteando entre complejos de apartamentos de una sola planta rodeados de altos muros. Los vendedores exhibían verduras, fruta, pasteles de maíz, pescado fresco de río y gambas secas sobre mantas. El penetrante olor del marisco seco se mezclaba con el incienso que salía de los altares y los olores de la cocina en el interior de los complejos.

"¿Cómo haces para no perderte en esta ciudad?", preguntó Kunhejw. "Todos estos edificios parecen iguales".

"Te darás cuenta al cabo de un rato. En el centro, las calles van de norte a sur, de este a oeste. Aquí fuera, se curvan un poco".

Finalmente, llegaron a una puerta de madera que Bllinh Yixe abrió. "Este es nuestro recinto. Entremos".

Saliendo del laberinto de muros de mampostería al patio central, Kunhejw miró a su alrededor con deleite. Tres casas con porches delanteros que daban al gran patio eran un derroche de color. Estaban construidas con adoquines, pero las partes inferiores estaban cubiertas de murales pintados con colores brillantes. El patio estaba abierto al cielo y había una gran pila para recoger el agua de lluvia.

---

[i] Maria Teresa Palomares Rodriguez, *The Oaxaca Barrio in Teotihuacan: Mortuary Customs and Ethnicity in Mesoamerica's Greatest Metropolis* (Carbondale: Southern Illinois University, 2013), 24.

Esta casa restaurada del barrio de Teotihuacán presenta un muro de mampostería de piedra con brillantes murales rojos, verdes y dorados en la mitad inferior enlucida [207]

Bllinh Yixe señaló la alcantarilla. "Esta alcantarilla tiene tuberías subterráneas que van a parar a un sistema de alcantarillado que discurre por la calle. Vaciamos los orinales en el alcantarillado, y la lluvia que entra por las tuberías lo desecha. Funciona muy bien siempre que llueve. Durante la estación seca, huele mal".

Macetas de tomates, calabazas y flores brillantes recibían los rayos del sol. Los niños correteaban alegremente mientras varias mujeres chismorreaban aporreando maíz. En medio del patio había un altar. Kunhejw se acercó para inspeccionar la deidad.

"¿Es Cocijo?", preguntó.

"Sí, nuestro dios zapoteca de la lluvia y el rayo".

Kunhejw se fijó en una plataforma de piedra detrás del altar, que se elevaba unos 60 centímetros por encima de los adoquines del patio. "¿Qué es eso?".

"Es una tumba. Aquí hay otras, pero están bajo tierra, debajo de los adoquines. Esta tiene un honor especial; era la esposa del líder de nuestro recinto. Era la madre de cinco hijos, pero también la madre de todos nosotros. La mayoría de nosotros hemos dejado atrás a nuestras familias".

Bllinh Yixe rodeó los hombros de su hermano con el brazo. "¡Me alegro mucho de que estés aquí! Es bueno tener a la familia cerca".

Señaló la tumba. "Cuando su marido o sus hijos mueran, los enterrarán con ella. Sacarán su esqueleto, pintarán los huesos con ocre rojo y los enterrarán con su familiar".[1]

"¡Como hacemos en casa!", comentó Kunhejw mientras su hermano asentía.

Dos casas más pequeñas y una grande bordeaban el patio central. "Hay tres casas más detrás de éstas y varios patios más pequeños", explicó Bllinh Yixe. "Una de las casas tiene varias habitaciones; es para una familia más grande. La mayoría de las casas tienen dos o tres habitaciones. Luego hay varios edificios de una habitación alrededor del recinto; son para los solteros o el almacén".

Bllinh Yixe guió a su hermano hacia el lado derecho del patio y bajó por un sendero que bordeaba el muro exterior del recinto. Salieron a un patio más pequeño. Las paredes de estas casas estaban pintadas de rojo vivo. Se acercaron a una casa más pequeña en la esquina, con macetas de chiles y tomates delante. Una joven estaba en cuclillas en el porche, cortando pimientos mientras su bebé se balanceaba en una hamaca a su lado. Al ver a los hombres, se levanta con una sonrisa.

"Esta es mi mujer, mi pajarito, Pxise". Bllinh Yixe acunó el rostro de su esposa con las manos. "¡Y aquí está mi águila!". Metió la mano en la hamaca y balanceó a su hijo en el aire mientras el bebé chillaba de alegría. "¡Este es Bsia!".

"¡Qué niño más guapo!", exclamó Kunhejw riendo.

Se volvió hacia su cuñada y se saludaron con una reverencia. Pxise sirvió rápidamente agua de una gran urna en tazas de cerámica y se las dio a los hombres, que bebieron agradecidos.

"¡Descansen! Deben de estar hambrientos. Pronto tendré la comida lista".

Pxise bullía en torno al fuego de un brasero, removiendo una cazuela de barro con alubias y los pimientos que acababa de picar. Rápidamente dio palmaditas a la masa de maíz para hacer tortillas y las volteó en una plancha. En unos minutos, guió a los hombres al interior. Kunhejw miró la gran habitación que daba a otra más pequeña. No había ventanas; el sol que entraba por la puerta iluminaba la habitación.

---

[1] Rodriguez, *The Oaxaca Barrio*, 47.

Kunhejw miró el suelo de losas de piedra cubiertas de yeso. Una gran estera yacía en medio de la habitación. "¡Un suelo de yeso! En casa sólo tenemos tierra machacada. Esto es mucho más bonito".

Pxise colocó una olla de alubias y chiles junto a un plato de tortillas en el centro del felpudo. Todos se sentaron con las piernas cruzadas alrededor de la comida, paladeando hambrientos las alubias con sus tortillas.

Mientras Kunhejw, Pxise y Bllinh Yixe consumían su modesta comida en un típico complejo de apartamentos, otros residentes de Teotihuacán se sentaban a degustar platos más elaborados. La vida era diferente en los múltiples palacios donde vivían las élites y en los templos situados a lo largo de la avenida principal. Los aztecas llamaban a este bulevar principal la Avenida de los Muertos, suponiendo que las pirámides eran tumbas de grandes reyes. Puede que lo fueran, aunque no se han encontrado pruebas de grandes tumbas reales. Pero los recintos de los templos eran hogares para los vivos, con viviendas para los que cuidaban los santuarios y desempeñaban tareas sacerdotales.

La ciudad también contaba con palacios con funciones cívicas y viviendas para los dirigentes de élite. El complejo de Xalla era la sede del poder, situado al oeste de la Avenida de los Muertos, entre la Pirámide del Sol y la Pirámide de la Luna. Con una superficie de unos 600.000 metros cuadrados, sus muros dobles de tres metros de ancho rodeaban los veintinueve edificios del palacio. Además de las viviendas de la realeza, el palacio contaba con zonas administrativas, santuarios religiosos, un tesoro, un sector de artesanos y viviendas para el personal doméstico.

El recinto de Xalla tenía una plaza religiosa central dividida en cuatro secciones, cada una con una pequeña pirámide que rodeaba el templo principal de la plaza. Manzanilla especuló con la posibilidad de que las cuatro secciones representaran a cuatro co-gobernantes, cada uno de los cuales gobernaba uno de los cuatro barrios de Teotihuacán, que estarían divididos por la Avenida de los Muertos y las Avenidas Este y Oeste. Muchos de los muros y escaleras estaban pintados de rojo o tenían bordes rojos. El templo situado en el centro de la plaza religiosa central era como las capas de una cebolla, con cinco fases de reconstrucción, cada una de las cuales abarcaba la estructura original. Pintura negra, azul, verde, naranja y roja adornaban el interior.

La pirámide norte estaba dedicada al dios del fuego, la este al dios de la tormenta, la sur al dios de la montaña y la este a la diosa del agua. La pirámide oriental presentaba una arquitectura talud-tablero pintada de rojo y un mosaico de piedra con jaguares, flores y enredaderas. Una serie de patios, pórticos y habitaciones se extendían desde la plataforma oriental con una arquitectura distinta, lo que sugiere que el sacerdocio o la realeza relacionados con el dios de la tormenta podían pertenecer a una etnia distinta a la de los teotihuacanos dominantes.

El complejo de Xalla corrió la misma suerte que otros edificios administrativos y religiosos de la Avenida de los Muertos durante una revuelta del pueblo contra sus gobernantes. Según la datación por radiocarbono y arqueomagnética, Manzanilla informa de que un gran incendio destruyó los edificios en torno al año 550 de nuestra era. Su equipo encontró fragmentos de una imagen destrozada del culto al dios del fuego, lo que sugiere no sólo una revuelta política, sino también religiosa.[i]

El Palacio de Quetzalpapálotl, parcialmente restaurado [208]

El recinto de Ciudadela, que albergaba el Templo de la Serpiente Emplumada, tenía viviendas templo al norte y al sur de la pirámide. Estos recintos amurallados también aparecían en el Palacio de los

---

[i] Robb, *Teotihuacan: City of Water*, 118.

Jaguares de la Pirámide de la Luna, el Palacio de Quetzalpapálotl y la Pirámide del Sol. Filas de habitaciones individuales con deslumbrantes murales se abrían a un patio central. Los pórticos conectaban los espacios residenciales con la plaza principal.

El Palacio de Quetzalpapálotl, al sur de la Pirámide de la Luna, también recibe el nombre de "palacio de las mariposas" porque tiene numerosos relieves en sus paredes con forma de alas de mariposa. Los murales de las paredes muestran jaguares que soplan caracolas y agua que gotea del pico de pájaros verdes. En realidad, hay dos palacios; el primero fue construido hacia el año 250 d. C. y luego fue cubierto por un nuevo palacio construido hacia el 450 d. C.

Teotihuacán abarcaba ocho millas cuadradas en una cuadrícula exacta orientada 15,5 grados al este del norte verdadero. Se adelantó siglos a su tiempo con su precisa planificación urbana y sus complejos de viviendas relativamente igualitarios, en los que vivía aproximadamente el 90% de la población. En 2021, Nawa Sugiyama y su equipo utilizaron la tecnología de cartografía láser lidar para analizar las partes de la gran ciudad que aún yacen bajo tierra.

Quedaron asombrados al descubrir que los constructores de Teotihuacán excavaban hasta el lecho rocoso y a veces incluso más allá, utilizando la roca madre para nivelar zonas y para materiales de construcción. Muchos edificios modernos y campos de cultivo siguen los mismos patrones que la antigua ciudad sobre la que se asientan.[i] Los restos de los monumentos centrales de Teotihuacán son sobrecogedores, pero aún lo son más cuando uno se da cuenta de que los rodeaban complejos de apartamentos para al menos 125.000 personas. La calidad de vida relativamente alta de la ciudad, demostrada por las viviendas y los artículos de lujo importados, no tenía parangón en Mesoamérica.

---

[i] University of California - Riverside, "Modern Activities Follow the Contours of Ancient Teotihuacan: Lidar Mapping Study Reveals Vast Landscape Modifications That Still Influence Construction and Farming", *ScienceDaily*, September 20, 2021.
www.sciencedaily.com/releases/2021/09/210920173156.htm.

Capítulo 5: Arte y artesanías

En general, las obras de arte provocan una respuesta emocional en el espectador. Puede provocar sentimientos como miedo, asombro, ternura, tristeza, humor, ira o serenidad. Las obras de arte también nos permiten conocer mejor a los artistas: su personalidad, su estado de ánimo y su visión de la vida. Lo curioso del arte de Teotihuacán es que la mayor parte de él ni provoca emociones ni nos dice mucho sobre los artistas.

La historiadora del arte Esther Pasztory describió el arte de la ciudad como "remoto e impersonal" y señaló que en sus obras no se glorificaba a individuos concretos, como los reyes. Especuló que uno de los valores fundamentales de Teotihuacán era una comunidad integrada e igualitaria, por lo que su arte representaba a la naturaleza y a deidades, como la Gran Diosa, y no a personas concretas.[i] El arqueólogo George Cowgill coincidió en que el arte de Teotihuacán revelaba aspectos de su sociedad:

"Los seres humanos sólo se muestran subordinados a las deidades, no a otros seres humanos. Esto tiene implicaciones sobre el sistema político, o sobre cómo se representaba el sistema, pero también sugiere algo sobre la socialización de los niños y sobre los rasgos de carácter preferidos".[ii]

---

[i] Esther Pasztory, *Teotihuacan: An Experiment in Living* (Norman: University of Oklahoma Press, 1997), xv-xvi.

[ii] Cowgill, "State and Society", 136.

Los artistas de Teotihuacán representaban a los humanos como seres intrascendentes. Sus acciones y su participación en las ceremonias eran más significativas. Las obras de arte de Teotihuacán utilizaban imágenes de la misma persona, animal o escenas una y otra vez, como diseños sobre papel pintado. Por ejemplo, la escultura repetida de una cabeza de serpiente rodeada de plumas aparece en hileras en cada nivel ascendente de la Pirámide de la Serpiente Emplumada. Aunque son repetitivas, las feroces cabezas de serpiente son raros ejemplos del arte de Teotihuacán que evocan las sensaciones de dominio y peligro desenfrenados. Pasztory señaló que, dada la naturaleza repetitiva del arte de Teotihuacán impregnaba los barrios, es posible que se exigiera a la gente que siguiera un patrón concreto para reflejar su identidad compartida.[i]

Los guerreros coyotes de este mural del Palacio de Atetelco parecen todos idénticos. Los símbolos en forma de gancho cerca de sus bocas son pergaminos para hablar [209]

En la mayor parte del arte de Teotihuacán, la gente parece rígida y sin emociones, con los rostros y los cuerpos oscurecidos por máscaras, trajes elaborados y ricos ornamentos. Los mayas, los olmecas y otros

---

[i] Pasztory, *Teotihuacan: An Experiment in Living*, xv.

mesoamericanos solían retratar a los seres humanos con realismo. Pero muchas imágenes de Teotihuacán eran peculiares, pues representaban a los humanos de forma caricaturesca, todo cabeza y torso fornido, sostenidos por piernas cortas y sin rodillas, casi como patos.

Este mural de Teotihuacán representa a un sacerdote con una elaborada máscara de cabeza de cocodrilo y un tocado de plumas. Los dos diseños en forma de paisaje que salen de su mano son volutas de habla. Las conchas y otros diseños de los rollos pueden representar sonidos, palabras o el tipo de sonido, como soplar una caracola. Sostiene un incensario en la mano derecha y de la izquierda mana una ofrenda de pétalos de flores[210]

Puede que los aztecas pensaran que la creación empezó en Teotihuacán porque la ciudad parecía no tener historia; nunca registró su historia en sus monumentos, obras de arte o escritos. Pasztory señaló que su arquitectura y su arte se centraban en los mitos primordiales de la creación. Los recintos vecinales, la planificación urbana, los murales y las esculturas indican una organización impersonal. Teotihuacán es única con respecto a otras civilizaciones mesoamericanas en el sentido de que su arte celebraba la identidad compartida del pueblo, aunque fuera étnicamente diverso. Se centraba en la población colectiva más que en reyes o etnias individuales.

La cerámica de Teotihuacán era a la vez práctica y ornamental. Los alfareros fabricaban ollas de barro, recipientes para el agua y vajillas de uso cotidiano, pero también elaboraban exquisitas cerámicas para los templos y las tumbas y para decorar los palacios. Los alfareros fabricaban vasijas enrollando la arcilla y utilizando moldes. Enrollaban la arcilla en tiras largas y luego presionaban los extremos para formar un círculo. Colocaban una encima de otra para construir una vasija. Los alfareros de Teotihuacán solían utilizar moldes con más frecuencia que rodillos de barro, con lo que producían varias piezas idénticas. La arcilla podía prensarse dentro o encima de un molde. A veces, varios moldes formaban partes de un todo que los alfareros prensaban.

Curiosamente, los teotihuacanos nunca desarrollaron un torno de alfarero ni ninguna rueda utilitaria, como los carros con ruedas. Pero sí ¡tenían juguetes de cerámica con ruedas! Aunque los arqueólogos no han encontrado pruebas de la existencia de carros con ruedas para transportar toda la piedra necesaria para construir las gigantescas pirámides, sí han descubierto dos figuritas en miniatura con ruedas. Los artesanos pasaron un eje a través de los agujeros o lazos de las patas delanteras y traseras del animal de cerámica y fijaron ruedas a cada eje. Tanto si eran juguetes para niños como si tenían algún uso ceremonial, cabe preguntarse por qué no aplicaron la misma tecnología para aliviar su agotador trabajo.

Los arqueólogos encontraron estatuillas de cerámica con ruedas como ésta en Teotihuacán [iii]

A medida que los arqueólogos trabajaban a través de las capas de más de un milenio de asentamientos humanos, descubrieron cambios en la cerámica de Teotihuacán. La forma, las técnicas de fabricación, las materias primas y los estilos de la cerámica se fueron transformando con el paso del tiempo, en parte debido a la llegada de nuevos grupos étnicos a la ciudad. Así, los antropólogos se refieren a las distintas fases de la historia de Teotihuacán por el tipo de cerámica predominante en cada época.

El Barrio de Oaxaca fabricaba cerámica gris utilizando arena de cuarzo. La cerámica era gris y tenía una superficie sin pulir, generalmente sin pintar, pero a veces con un lavado rojizo o rosado. Estos cuencos, jarras, cántaros y cazos eran sobre todo de uso cotidiano. Otro tipo de cerámica era la loza naranja fina, delicada, ligera y de colores brillantes. Se producía en serie en Pueblo, al sur, y luego se importaba al distrito de Tlajinga, en Teotihuacán, donde artistas altamente especializados la pintaban. La Loza Naranja Fina era una loza fina reservada a menudo para los entierros. A pesar de la dificultad inherente al transporte de cerámica delicada sin bestias de carga, los teotihuacanos comerciaban con la loza naranja fina pintada por toda Mesoamérica.

El distrito meridional de Tlajinga también era famoso por la loza naranja de San Martín, que en su mayoría eran grandes vasijas de uso cotidiano para cocinar y almacenar. Otra cerámica característica eran los incensarios ornamentados en forma de reloj de arena fabricados con moldes y producidos en serie para uso de la ciudad y para el comercio exterior. Llevaban imágenes de deidades y se utilizaban en ceremonias y entierros. A veces, se rompían y los fragmentos se esparcían alrededor del cuerpo en una tumba.

Otro tipo de cerámica muy conocida en Teotihuacán era la vasija trípode. Los artesanos formaban estas vasijas con arcilla enrollada. Aunque estas vasijas se encuentran en otros lugares de México y Guatemala, este llamativo estilo es originario de Teotihuacán. Llegaron a otros lugares a través del comercio o quizá eran imitaciones de alfareros de otras regiones. Las vasijas trípodes se presentaban en diversos tamaños y colores y se encuentran principalmente en las tumbas de personajes aristocráticos.

Esta vasija trípode presenta un fresco del Dios de la Tormenta de ojos saltones [212]

En Teotihuacán abundan los murales pintados con gran brillantez. Pasztory describió las fascinantes pinturas murales que observó en su primera visita a la mastodóntica ciudad:

"Allá donde fui en aquella primera visita, vi restos de muros pintados... formados por rostros enigmáticos, manos que esparcían adornos de jade, animales como pájaros y tortugas, flores, plantas, gotas de agua y signos misteriosos. Los colores eran una resonante combinación de rojos, verdes, azules y amarillos. Las superficies eran duras, como un esmalte, debido quizá al pulido, y brillaban con diminutos trozos de mica incrustados en hematites especular de color rojo pintura. Que yo supiera, nadie sabía gran cosa de ellas".[i]

En la década de 1960, un arquitecto y coleccionista de arte llamado Harold Wagner quedó cautivado por las obras de arte de Teotihuacán; incluso compró una casa en México. Por medios dudosos, consiguió más de setenta murales de la antigua ciudad, que a su muerte legó al Museo de Young de San Francisco. La mayoría de los murales,

---

[i] Pasztory, *Teotihuacan: An Experiment in Living*, 8.

fechados entre los años 400 y 700 d. C., procedían de un gran complejo o palacio llamado Techinantitla, situado a pocos metros de la Pirámide de la Luna. Con unos 27.000 metros cuadrados, Techinantitla era uno de los recintos más grandes de la ciudad; su gran templo sugiere que pudo haber sido un centro de barrio. El resto de las piezas murales proceden de un recinto situado al sur de Techinantitla llamado Tlacuilapaxco.

Las piezas murales tenían hasta cinco pulgadas de grosor, con una base de ceniza volcánica mezclada con arcilla y cerámica triturada. Una fina capa de cal cubría la base y luego se pintaban frescos de deidades, serpientes emplumadas, pájaros, animales y árboles. Los murales han conservado sorprendentemente bien sus colores rojo, verde y dorado durante casi dos milenios y muestran detalles precisos. Algunos murales representan derramamientos de sangre y espantosos sacrificios de corazón, y la serpiente emplumada verde es una figura prominente.

Los murales tienden a ser bidimensionales, sin ilusión de profundidad. Las personas, los animales y el follaje parecen flotar en el espacio, como objetos recortados de un cuadro y pegados en una pared. Los teotihuacanos parecían desinteresados en lograr realismo en sus obras de arte, y la naturaleza abstracta de sus pinturas parecía intencionada. Pasztory creía que los teotihuacanos tenían la capacidad de representar imágenes realistas, y ocasionalmente lo hacían, como con el mural de la Montaña de la Abundancia. Pero preferían utilizar un arte más abstracto, probablemente para proyectar un mensaje.

Pasztory teorizó que las imágenes repetitivas y despersonalizadas podrían haber elevado visualmente un todo cohesionado por encima del individualismo distintivo. Teotihuacán era una ciudad cosmopolita, con numerosas etnias representadas en su población. En lugar de centrarse en sus diferencias, las obras de arte de la ciudad representaban una ideología colectiva mediante imágenes casi idénticas.[i]

Glorificar el todo colectivo por encima del individualismo recuerda a la China de la era Mao, cuando todo el mundo vestía la misma chaqueta y los mismos pantalones grises o azul apagado de Mao. Pasztory, cuya propia familia huyó de Hungría tras las revoluciones anticomunistas, opinaba que Teotihuacán era un experimento social en el que formar

---

[i] Esther Pasztory, "Still Invisible: The Problem of the Aesthetics of Abstraction for Pre-Columbian Art and Its Implications for Other Cultures", *Anthropology and Aesthetics* 104 (1990-1991): 19-20. https://doi.org/10.1086/RESvn1ms20166829

parte del grupo reportaba beneficios compartidos. Los campesinos tenían el mismo estatus que los guerreros y los gobernantes. Todos vivían en viviendas similares con vistas a la Pirámide del Sol, trabajaban para el Estado y prosperaban a medida que éste prosperaba. Las obras de arte reflejaban los ideales sociopolíticos de la ciudad.

El extraordinario mural del Arroyo de la Montaña, en el barrio de Tepantitla, se aparta de la habitual representación abstracta, repetitiva e impersonal de los seres humanos. En este brillante mural carmesí, también conocido como la Montaña de la Abundancia, los humanos se distinguen unos de otros y son realistas en su forma (aunque no en el color de la piel). Las personas están pintadas con tres colores de piel: amarillo, azul y rojo. Tal vez esta variación de color signifique rango social o etnia, pero se ven como si fueran relativamente iguales. Una persona tiene el cuerpo rojo y la cara azul. Llevan taparrabos o faldas y parecen participar activamente en juegos y actividades cotidianas. Un hombre amarillo lleva a caballito a una persona azul más pequeña, mientras cuatro individuos forman una cadena. Mientras los niños retozan, otras personas hablan, se señalan y recogen flores junto a un arroyo.

El intrincado mural de la Montaña de la Abundancia [213]

Los eruditos están en desacuerdo con lo que representa la escena de la montaña, especialmente con lo que ocurre en su interior. La montaña fluye con agua y peces, que desembocan en un río. Pero en la cima, un ser humano parece caer en las entrañas de la montaña. Algunos historiadores interpretan esto como que la montaña se está comiendo a los humanos, cuya sangre alimenta el arroyo que brota abajo. Creen que representa un tema mesoamericano común: el sacrificio humano trae vida y abundancia. Quizá los cuatro individuos unidos no sean niños juguetones, sino prisioneros encadenados camino de convertirse en víctimas de sacrificio.

Como el mural de la Montaña de la Abundancia se encuentra justo debajo de otro mural y ambos tienen un fondo carmesí, muchos estudiosos suponen que están relacionados. El mural superior representa a un gobernante o a una deidad, probablemente un dios, ya que tiene casi el doble de tamaño que las otras dos figuras. Se cree que el rostro de la figura central (o lo que algunos consideran parte de su tocado) es el pájaro quetzal, que no vivía en Teotihuacán, sino en las selvas tropicales del sur. La figura central podría ser el primer antepasado humano, pero la mayoría cree que es el dios de la tormenta o la Gran Diosa (Mujer Araña).

Este mural se encuentra justo encima del de la Montaña de la Abundancia. Algunos estudiosos creen que la deidad del centro es la Gran Diosa (Mujer Araña)[314]

A cada lado, frente a la deidad central, se encuentra un asistente, probablemente un sacerdote. Cada uno lleva un elaborado tocado casi tan alto como su cuerpo. Las tres figuras están ataviadas con joyas y plumas. Sobre la cabeza de la deidad crece un árbol del que cuelga una araña directamente sobre el tocado de la deidad. Bajo la divinidad hay una abertura en forma de cueva llena de semillas y maíz, y a derecha e izquierda de la cueva hay olas, con estrellas de mar y conchas que se arremolinan en el fondo del mural. De las manos de la diosa gotea agua sobre las olas.

Los antropólogos creían que Teotihuacán no tenía sistema de escritura, lo que parece extraño, dada la complejidad de los vastos complejos vecinales y los elaborados monumentos de la ciudad. ¿Cómo determinaron los constructores la geometría de la precisa alineación astronómica de la ciudad? ¿Cómo calcularon las dimensiones de las pirámides y se lo comunicaron a los constructores? ¿Cómo dirigieron una metrópolis con al menos 125.000 personas sin comunicación escrita?

En las últimas décadas, los investigadores se han dado cuenta de que las imágenes recurrentes de la cerámica y los murales eran en realidad jeroglíficos: imágenes que representan palabras, símbolos o sonidos. A diferencia de los jeroglíficos mayas, que pueden leerse en frases y ofrecen abundante información, los jeroglíficos de Teotihuacán suelen aparecer como símbolos individuales. Estos jeroglíficos aún no han sido descifrados, pero parecen representar sustantivos sueltos, quizá nombres de personas o fechas. Los mayas tallaban jeroglíficos en estelas de piedra (pilares) y los pintaban en cerámica. Registraron detalles sobre sus reyes, como las fechas de sus nacimientos y muertes y lo que consiguieron en sus reinados. Pero al parecer, los teotihuacanos sólo dejaron palabras sueltas.

Sin embargo, en el arte de Teotihuacán, las volutas del habla que emergen de la boca de las personas o de objetos que sostienen (como caracolas) pueden apuntar a una escritura más sofisticada. En Mesoamérica, las volutas del habla con forma de paisaje representaban los sonidos que emitía una persona, como el habla o el canto. También pueden representar el sonido de una caracola al soplar. A veces, los pergaminos describen el tipo de palabras pronunciadas; los cuchillos pueden expresar comentarios airados o insultantes, y las plumas, palabras suaves. En raras ocasiones, sobre todo en el caso de los aztecas, aparecen símbolos en otras partes de la obra de arte para indicar el contenido del discurso.

Todas las personas de esta sección del mural de Tepantitla tienen pergaminos para hablar. Los símbolos cercanos a las volutas, ¿representan palabras de un sistema de escritura más sofisticado de lo que se pensaba? [215]

El mural de la Montaña de la Abundancia, en el recinto de Tepantitla, tiene más de veinte pergaminos de discurso. En la sección más pequeña del mural, se pueden ver varios símbolos cerca de los rollos de discurso: mariposas, un símbolo parecido a una serpiente y un objeto que parece una concha de la que salen dos gusanos. Estos símbolos podrían representar palabras o conceptos.

Los temas repetitivos del agua, las montañas, los árboles en flor y las mariposas en el arte de Teotihuacán reflejan la visión del mundo de sus gentes. Algunos de estos temas se repiten en el arte de culturas mesoamericanas posteriores y otros siguen siendo distintivos de Teotihuacán. El arte de Teotihuacán se muestra en sus grandes y vívidos murales, cerámicas y diminutas figurillas. El arte de la ciudad parecía ser una forma de integrar a una población diversa y retratar temas religiosos y sociopolíticos comunes.

Capítulo 6: Vida comercial

Si visitas Teotihuacán hoy, la Avenida de los Muertos y las tres pirámides principales siguen siendo las protagonistas. Miles de turistas recorren tenazmente las ruinas, suben a la Pirámide del Sol y posan para hacerse selfies en la cima. Lo que quizá no sepan es que el pueblo adyacente y el paisaje rural que se extiende a su alrededor cubren los suburbios de la antigua ciudad. Bajo los montículos de hormigas de fuego y los nopales se encuentran los complejos residenciales y los talleres que en su momento impulsaron la lucrativa vida comercial de Teotihuacán.

Teotihuacán recibía un continuo flujo de emigrantes que venían a aprovecharse de su sólido sistema económico y del acceso a diversos recursos de toda Mesoamérica. Incluso los estratos más bajos de la sociedad disfrutaban de una vida relativamente buena, con viviendas estandarizadas y confortables, dotadas de patios y desagües. La innovación se disparó a medida que varios grupos étnicos se unían, compartiendo ideas, desarrollando nuevas técnicas artesanales y estimulando una economía bulliciosa.

El sistema económico de Teotihuacán se centraba en cinco actividades esenciales: los talleres de artesanos especializados, las importaciones y exportaciones comerciales, la extracción de minerales, la agricultura y los impuestos. Los artesanos necesitaban materias primas para su trabajo, por lo que extraían obsidiana e importaban otros artículos como gemas, conchas, telas y plumas. Los productos acabados de los talleres eran vendidos en la ciudad y exportados a regiones lejanas. Una población de 125.000 habitantes o más necesitaba comer, por lo que la agricultura de la zona rural que rodeaba Teotihuacán suministraba la mayor parte del maíz, las verduras y la carne que consumían los ciudadanos. El gobierno recaudaba impuestos, a veces en forma de trabajo o bienes, para mantener la infraestructura de la ciudad y a la clase dirigente.

Gran parte de la vida comercial de Teotihuacán giraba en torno a sus talleres, que producían obsidiana, cerámica, ropa, joyas y otros artículos. Algunos antropólogos estiman que la ciudad llegó a tener hasta cuatrocientos talleres sólo de obsidiana. Los antiguos mesoamericanos utilizaban hojas de cuchillo, puntas de lanza, abalorios y otros objetos elaborados con vidrio de obsidiana. Los habitantes del centro de México del periodo Clásico no utilizaban metales, por lo que la obsidiana volcánica era un valioso recurso para fabricar utensilios afilados.

La fuente de la mayor parte de la obsidiana utilizada en Teotihuacán para fabricar puntas de lanza, cuchillos y otros utensilios era la sierra de Otumba, a unos quince kilómetros al noreste. Sin embargo, las herramientas y armas fabricadas con obsidiana de Otumba estaban destinadas principalmente al uso local, no al comercio. Una obsidiana de mayor calidad procedía de Pachuca, a unos treinta kilómetros al norte. Allí se extraía la obsidiana verde, sello distintivo de la artesanía de Teotihuacán.

Esta punta de lanza u hoja de cuchillo de obsidiana fue fabricada en un taller de Teotihuacán[116]

La ciudad utilizaba grandes cantidades de utensilios de obsidiana verde de Pachuca, pero también comerciaba con este codiciado recurso por toda Mesoamérica. Aunque Teotihuacán era la principal fuente de obsidiana del centro de México, no era el único actor en la industria manufacturera y comercial de la obsidiana. Las pruebas arqueológicas demuestran que la ciudad tenía rivales en el negocio de la obsidiana que siguieron comerciando con este valioso recurso tras la caída de Teotihuacán. Los artesanos de la obsidiana de Tlajinga y otras partes de la ciudad trabajaban con un trozo de vidrio de obsidiana. Mediante un proceso de "tallado", desprendían capas para formar hojas afiladas como cuchillas. Los arqueólogos actuales analizan estos restos de obsidiana para conocer la economía de Teotihuacán a nivel local.

El Proyecto de Cartografía de 1960 recogió 230.000 piezas de vidrio de obsidiana volcánica en Teotihuacán. El arqueólogo de la Universidad de Boston David Carballo y sus colegas han desenterrado sistemáticamente varios complejos de apartamentos en Tlajinga, un distrito que abarca aproximadamente un kilómetro cuadrado. Mientras clasificaban y analizaban miles de fragmentos de cerámica y restos óseos, recogieron cerca de un millón de piezas de obsidiana, con un total de más de 900 libras.

Cuando Carballo y sus colaboradores analizaron la producción de obsidiana en el distrito de Tlajinga, se dieron cuenta de que no todos los talleres eran instituciones a gran escala gestionadas por el gobierno. Encontraron pruebas de la existencia de múltiples talleres a pequeña escala en hogares independientes. Los distintos niveles de calificación apuntaban a la formación de aprendices para la siguiente generación de jóvenes en los recintos. Los barrios, fuertemente comercializados, gozaban de amplias oportunidades para el intercambio comercial.[i]

El arqueólogo David Walton señaló: "Cuanto más excavamos en los hogares de Mesoamérica, más nos damos cuenta de que las economías domésticas son el motor que impulsa todo el sistema económico. Viene de abajo arriba".[ii]

Este sistema económico "de abajo arriba" se centraba en los complejos de apartamentos, donde sesenta o más personas, emparentadas por parentesco o al menos por etnia, vivían en un entorno comunal. En estas economías a pequeña escala, los habitantes de los complejos probablemente se repartían las tareas entre ellos en aras de la

---

[i] David M. Carballo, "The Social Organization of Craft Production and Interregional Exchange at Teotihuacan", in *Merchants, Markets, and Exchange in the Pre-Columbian World*, ed. Kenneth D. Hirth, 113 (Dumbarton Oaks Pre-Columbian Symposia and Colloquia, 2013). https://sites.bu.edu/patt-es/files/2014/10/Carballo2013_Merchants.pdf

[ii] Barbara Moran, "Lessons from Teo", *The Brink*, Boston University, 2015. https://www.bu.edu/articles/2015/archaeology-teotihuacan-mexico/.

eficiencia, lo que requería confianza y cooperación. Los dirigentes de la ciudad también promovían la idea de lo común más que la individualidad, creando un sentimiento de cohesión entre los diversos grupos étnicos que producían una gran variedad de bienes.[i]

Teotihuacán era un importante centro comercial para importaciones como el algodón y las plumas, al mismo tiempo que exportaba productos como objetos de obsidiana y cerámica a todo México y Centroamérica. David Carballo ha identificado cuatro productos comerciales principales que circulaban por Mesoamérica: cerámica, algodón, cal (el mineral) y obsidiana. Ha evaluado las posibles rutas comerciales y las actividades mercantiles de estas mercancías en su relación con Teotihuacán. Sin caballos ni mulas, los comerciantes transportaban sus mercancías a lomos. A sólo unas diez millas del lago Xaltocan, en el sistema lacustre de Texcoco, podían aprovechar los viajes en canoa alrededor de los lagos que lo conectaban.

Teotihuacán (a la derecha) estaba lo suficientemente cerca como para aprovechar el sistema lacustre para el comercio, aunque varias ciudades de este mapa aún no existían[217]

---

[i] Carballo, "Craft Production and Interregional Exchange", 116.

Podrían salir del valle de México por un paso de montaña que conduce al sureste, a la región de Puebla-Tlaxcala. Carballo llama a esta ruta el Corredor de Tlaxcala. Desde allí, los mercaderes tenían acceso a las costas veracruzanas del Golfo, la península de Yucatán, Guatemala, Belice y Honduras. Carballo también señala que el este del valle de México tenía fácil acceso a los recursos del norte de México.[i]

En el barrio de Tlajinga se fabricaba la loza naranja de San Martín, que era utilizada localmente y se convirtió en un popular producto de exportación. En otras zonas de la ciudad se fabricaban ollas de cerámica: jarras de barro con base gorda y cuello corto. Las mujeres las utilizaban para cocinar y almacenar agua, grano y alimentos secos. También utilizaban ollas sin vidriar para enfriar el agua. El agua se filtraba en la cerámica sin vidriar; al evaporarse en el exterior de la olla, enfriaba el agua del interior. Las ollas que los teotihuacanos vendían para el comercio solían estar bruñidas hasta alcanzar un brillo intenso, lo que ayudaba a impermeabilizarlas sin esmalte. Bruñían la cerámica frotándola con un objeto liso, como una piedra pulida.

Otra cerámica favorita utilizada localmente y también comercializada eran los platos de cazuela. Se trataba de ollas poco profundas, sin vidriar, fabricadas en grandes talleres y pequeñas tiendas repartidas por toda la ciudad. Las primeras formas de cazuelas eran en su mayoría bruñidas y se fabricaban localmente en talleres descentralizados. Más tarde, la loza naranja de San Martín, que a menudo se fabricaba en grandes talleres agrupados, dominó el comercio de cazuelas de Teotihuacán. La loza naranja de San Martín se fabricaba generalmente con moldes y se cocía a altas temperaturas.

Los trabajadores de la construcción utilizaban la piedra caliza para fabricar mortero para los proyectos de edificación. Los artistas de murales enlucían los laterales de los edificios con cal antes de pintar los murales. La cal también se utilizaba en el proceso de "nixtamalización", que consistía en preparar el maíz sumergiéndolo en agua de cal. Esto facilitaba el descascarillado y molido de los granos y permitía la formación de la masa. Los teotihuacanos utilizaban mucha cal, pero no era fácil conseguirla. Había que importar piedra caliza de la región del lago de Zumpango e Hidalgo, en el norte, o de Pueblo y Morelos, en el sur.

---

[i] Carballo, "Craft Production and Interregional Exchange", 115.

Se necesitaban miles de toneladas de cal para estucar las pirámides, templos, palacios y viviendas. La piedra caliza se reducía a cal viva en polvo quemándola en hornos, probablemente en la cantera de donde se extraía. Los ingenieros Luis Alberto Barba Pingarrón y José Luis Córdova Frunz calcularon que para transportar la cantidad de cal necesaria se necesitaban 140 porteadores que acarreaban la cal a la ciudad a diario, especialmente en el momento álgido de los proyectos de construcción. El análisis de la cal utilizada en Teotihuacán apunta a la región de Chingú, en el sur de Hidalgo, como la principal fuente de piedra caliza.[i]

El algodón se cultivaba y tejía en otras regiones de México, y después se transportaba a Teotihuacán para confeccionar prendas de vestir, sobre todo las de la élite, decoradas con gran esmero. En Teotihuacán no se cultivaba algodón, ya que esta planta requiere un entorno más húmedo; además, el espacio agrícola disponible en Teotihuacán se destinaba a la producción de alimentos. Morelos, al sur, proporcionaba las principales importaciones de algodón de Teotihuacán. Morelos también era una fuente esencial de aguacate y otras frutas que requerían un entorno más cálido.

Los trabajadores de la zona de Veracruz, en la costa del Golfo, poblaban el Barrio de los Mercaderes de Teotihuacán y confeccionaban la ropa de diario para la población con telas de algodón importadas. Probablemente, las mujeres cosían la ropa mientras los hombres se dedicaban al comercio a larga distancia entre Teotihuacán y Veracruz, que duraba unos diez días. El barrio de Teopancazco producía las prendas más elaboradas que vestían los sacerdotes y la élite.

Los talleres lapidarios que tallaban y pulían gemas producían impresionantes obras de arte que adornaban templos y tumbas y también se abrían paso a través de las rutas comerciales mesoamericanas. Al igual que otros talleres, los talladores de gemas recibían la mayoría de sus gemas sin tallar de otros lugares. Los arqueólogos han encontrado un barrio de lapidarios en la periferia oriental de Teotihuacán y numerosos pequeños talleres domésticos. Además de trabajar con piedras preciosas, también tallaban conchas marinas. Cowgill cree que el Estado o los templos patrocinaban la mayor parte del trabajo lapidario.

---

[i] Carballo, "Craft Production and Interregional Exchange", 125-6.

En la década de 2010, el arqueólogo Sergio Gómez comenzó a excavar un túnel recientemente descubierto bajo la Pirámide de la Serpiente Emplumada. Uno de sus interesantes hallazgos fue una esfera de ámbar del tamaño de una pelota de tenis, que podría haber contenido tabaco.[i] La principal fuente de ámbar de México es la región de Simojovel, en Chiapas, al sur de México, a unos ochocientos kilómetros de Teotihuacán. Los talleres lapidarios de Teotihuacán no trabajaban el ámbar, por lo que el comercio debió traer este tesoro a la ciudad. Las paredes del túnel bajo el Templo de la Serpiente Emplumada brillaban con pirita de hierro u oro de los tontos. Gómez y su equipo han desenterrado miles de cuentas, discos y otras piezas de pirita de hierro, que cree que los comerciantes pudieron importar de Honduras.

Esta pequeña estatuilla de Teotihuacán es de jadeíta, una forma rara y dura de jade[218]

---

[i] Reuters, "Riches of Artifacts under Pyramid Reveals Ancient Mexican Culture", *Daily Sabah*

El Proyecto de Cartografía de Teotihuacán, dirigido por René Millon, de la Universidad de Rochester, recogió más de ocho mil piezas de piedras preciosas, entre ellas serpentina y jadeíta. Los artesanos cosían prendas de vestir y objetos decorativos con especímenes de conchas procedentes del océano Pacífico y del golfo de México. Estas conchas y piedras finas formaban cuentas, figurillas, colgantes y otros adornos. Los investigadores concluyeron que gran parte del trabajo lapidario se producía para la clase media teotihuacana. Otros talleres colindaban con los templos y las pirámides, lo que sugiere que estaban bajo el control de templos o palacios.

Todas las conchas y piedras preciosas se importaban de otros lugares. Los comerciantes traían las conchas de la región del Golfo de Veracruz, a unas doscientas millas de distancia, y del Pacífico, a unas cuatrocientas millas. Una fascinante máscara de serpentina verde hallada bajo la Pirámide del Sol podría haber sido tallada en Teotihuacán con piedras preciosas importadas del noreste de México. Los artículos de jadeíta hallados en Teotihuacán probablemente procedían del este de Guatemala, novecientos kilómetros al sur.

Para alimentar a su enorme población, una de las principales actividades económicas de Teotihuacán era la agricultura. Teotihuacán se asentaba sobre una meseta regada por dos pequeños ríos que desembocaban en el sistema lacustre de Texcoco. Aunque no recibía abundantes precipitaciones, los manantiales del valle arrojaban hasta 1.500 litros de agua por segundo, lo que permitía regar unas 7.500 hectáreas de tierras de cultivo. Los dirigentes de Teotihuacán habrían organizado una mano de obra coordinada para excavar canales y mantenerlos.[i]

Decenas de miles de agricultores cultivaban la tierra para alimentar a 125.000 personas o más. Los principales cereales eran el maíz y el amaranto. También cultivaban verduras y frutas, como chiles, nopales, calabazas y tomates. Las judías pintas y otras alubias constituían una fuente vital de proteínas, y algunos barrios consumían una notable cantidad de marisco. El marisco incluía pescado, mejillones y langostas recogidos en los ríos, por lo que los pescadores formaban parte de la mano de obra de Teotihuacán. El marisco seco de la región de Veracruz era una importante importación.

---

[i] Carballo, "Craft Production and Interregional Exchange", 115.

Cuando el equipo arqueológico de Carballo analizó los huesos de animales del distrito de Tlajinga, se sorprendió de que incluso los sectores no elitistas de la sociedad consumieran una notable cantidad de carne. Esto incluía pavos y perros criados para la alimentación, probablemente dentro de los recintos residenciales. Sin embargo, la cría de animales a gran escala era lucrativa en algunas partes de la ciudad.

El arqueólogo Andrew Somerville y su equipo utilizaron el análisis de isótopos para estudiar si los teotihuacanos criaban y reproducían conejos para su alimentación. Descubrieron que el complejo residencial de Oztoyahualco criaba conejos de cola de algodón y liebres que eran alimentados con maíz. Se encontraron huesos de conejo por toda la ciudad, y los análisis indican que algunos eran conejos silvestres que habrían sido cazados o atrapados. Sin embargo, los conejos domésticos alimentados con grano de Oztoyahualco y otros lugares habrían constituido una fuente constante de carne para la ciudad.[i]

Teotihuacán, la mayor ciudad de América en su época y una de las mayores del mundo, albergaba a su población en complejos de apartamentos meticulosamente planificados. El trazado cuadriculado de la ciudad y la cuidadosa planificación de los monumentos a lo largo de la Avenida de los Muertos hablan de la diligente organización y cartografía de toda la ciudad. La construcción de todas estas estructuras requirió grandes recursos en términos de materiales de construcción y la mano de obra calificada necesaria para erigirlas y decorarlas. ¿De dónde salió el dinero para hacer todo esto?

El "dinero" no procedía de ninguna parte, ya que los mesoamericanos no tenían monedas ni otro tipo de dinero en esa época. A veces utilizaban como moneda las habas de cacao, que servían para hacer chocolate. Pero los árboles de habas de cacao no crecían en la Meseta Mexicana. Estos árboles crecían en las selvas tropicales del sur, por lo que la mayor parte de la población de Teotihuacán no habría tenido acceso al cacao. Los teotihuacanos utilizaban un sistema de trueque, intercambiando los productos que fabricaban en sus barrios por alimentos y otros artículos de primera necesidad.

---

[i] Somerville, A. D., et al, "Animal Management at the Ancient Metropolis of Teotihuacan, Mexico: Stable Isotope Analysis of Leporid (Cottontail and Jackrabbit) Bone Mineral", *PLoS One*. (2016 Aug 17);11(8):e0159982. doi: 10.1371/journal.pone.0159982. PMID: 27532515; PMCID: PMC4988673.

Un sistema de trueque satisfaría la necesidad económica en su nivel más bajo. Pero, ¿cómo mantenía la ciudad sus infraestructuras, como calles, canales y desagües? ¿Cómo se organizaba la recolección de basura? ¿Cómo compraba la ciudad los materiales de construcción para edificar pirámides y apartamentos? ¿Quién pagaba el mantenimiento de los sacerdotes y administradores y los sacrificios necesarios para mantener contentos a los dioses?

Carballo teoriza que la ciudad tenía un impuesto sobre el trabajo. Todos los residentes trabajaban un determinado número de días para su barrio, la ciudad en su conjunto y el mantenimiento de los templos y palacios. Los individuos y los barrios probablemente también pagaban impuestos en forma de los bienes que producían. Es posible que el gobierno y los templos fueran los propietarios de los talleres más grandes, especialmente los cercanos al centro de la ciudad. Muchos templos y complejos palaciegos contaban con talleres en su interior, en los que se producían artículos especiales para rituales religiosos.

Teotihuacán era una bulliciosa metrópoli comercial con una red que abarcaba miles de kilómetros de territorio en Mesoamérica. Creció hasta convertirse en una megalópolis gracias a su amplia, dinámica e intrincada economía, que probablemente funcionaba tanto a nivel privado e individual como a nivel colectivo en toda la ciudad.

Capítulo 7: Religión y rituales

Gran parte de Teotihuacán es una incógnita. Ni siquiera conocemos el nombre real de la ciudad, sólo el que le dieron los aztecas mil años después, que significa "el lugar donde surgieron los dioses". Los aztecas no entendían cómo los humanos podían construir la enorme Pirámide del Sol y las otras impresionantes pirámides y palacios. Debieron de ser dioses o gigantes quienes construyeron la ciudad, o quizá surgió de la niebla primordial, como simbolizan las obras de arte y el simbolismo arquitectónico de la ciudad.

Los aztecas que entraron por primera vez en las desmoronadas ruinas de Teotihuacán quizá no supieran mucho más de la religión de la ciudad que nosotros. Procedían del noroeste de México, donde los chichimecas (antepasados de los aztecas) no construían templos ni veneraban imágenes de sus dioses. Pero los aztecas habían residido durante veinte años en las ruinas de la ciudad tolteca de Tollan. Tollan había sido una colonia teotihuacana y los restos de los teotihuacanos que aún vivían en la región influyeron en los toltecas.

Del mismo modo, los aztecas absorbieron la cultura de los pocos toltecas que quedaban en Tollan. Así pues, es posible que los aztecas reconocieran a algunos dioses o comprendieran lo que representaban los murales semiabstractos. Ni siquiera conocemos los nombres de los dioses teotihuacanos. Si se parecen a otros dioses mesoamericanos o parecen tener funciones comparables, se los suele llamar con los nombres de los dioses aztecas y de deidades de otras culturas.

La mayor parte de lo que sabemos sobre la religión de Teotihuacán es lo que dejaron sus gentes: las pirámides, los otros templos, los brillantes murales, las esculturas y los sacrificios. Pero cinco antropólogos pueden ver el mismo mural y presentar cinco interpretaciones diferentes. Pueden hacer conjeturas si observan temas similares en otras culturas mesoamericanas. Dado que los teotihuacanos interactuaban tan libremente con los mayas, los zapotecas y otras culturas mesoamericanas, es razonable suponer que compartían creencias religiosas. Pero parte del arte de Teotihuacán es tan abstracto y único que no tiene parangón.

Sí sabemos que Teotihuacán fue un epicentro religioso para la cuenca de México y quizá incluso para toda Mesoamérica. Tenía más templos que cualquier otra ciudad de México. Los teotihuacanos diseñaron meticulosamente su ciudad, con su avenida ceremonial alineada con precisión 15,5 grados al este del norte, orientada al movimiento del sol. La Avenida de los Muertos ascendía gradualmente hasta su culminación en la Pirámide de la Luna, enmarcada por el sagrado volcán Cerro Gordo en la distancia.

Los mitos de la creación de los antiguos mesoamericanos suelen comenzar con un mundo en completa oscuridad cubierto de agua. Una escritura maya habla de que sólo existen el agua y el cielo y ninguna otra cosa creada. Sólo la Serpiente Emplumada verde se agitaba a través de las aguas como el Creador. Cuando la Serpiente Emplumada dijo: "Que así sea", la tierra surgió del agua y así se formó nuestro planeta.[i]

Algunos arqueólogos, como el difunto Michael Coe de Yale, creían que toda la ciudad de Teotihuacán era una metáfora de la vida surgiendo de un vasto mar. Coe observó que conchas, olas y otros motivos marinos cubrían el Templo de la Serpiente Emplumada, lo que en su opinión apuntaba a la creación del universo a partir de un vacío acuoso. Otro concepto mesoamericano era el de los humanos emergiendo de una cueva oscura, a menudo dentro de una montaña. El arte de Teotihuacán parece reflejar este elemento temático.[ii]

---

[i] Clemency Chase Coggins, "Creation Religion and the Numbers at Teotihuacan and Izapa", *RES: Anthropology and Aesthetics*, no. 29/30 (1996): 19. http://www.jstor.org/stable/20166942.

[ii] Matthew Shaer, "A Secret Tunnel Found in Mexico May Finally Solve the Mysteries of Teotihuacán", *Smithsonian Magazine* (June 2016).
https://www.smithsonianmag.com/history/discovery-secret-tunnel-mexico-solve-mysteries-teotihuacan-180959070/.

Un concepto sobre la creación que impregnó Mesoamérica fue que los dioses crearon la tierra en cuatro direcciones divisorias, como se relata en una escritura quiché:

"El Hacedor, Modelador, Madre-Padre de la vida procedió a completar el surgimiento de todo el cielo-tierra: el cuádruple apartar, el cuádruple arrinconar, el medir, el cuádruple estacar, el partir por la mitad el cordón, el estirar el cordón, en el cielo, en la tierra, los cuatro lados, las cuatro esquinas".[i]

Teotihuacán fue un modelo de este concepto de las cuatro esquinas. La Avenida de los Muertos discurría de norte a sur por el centro de la ciudad y estaba dividida por la Avenida Este-Oeste, creando cuatro cuadrantes de la ciudad. En esa intersección se encontraban el Gran Recinto, al oeste, y la Ciudadela, al este. El Gran Recinto era probablemente el mercado central de la ciudad, y la Ciudadela albergaba el Templo de la Serpiente Emplumada.

Las evidencias arqueológicas apuntan a que Teotihuacán tenía un sistema religioso parecido al de las ciudades mayas de Tikal y El Mirador, en Guatemala. Los mayas rendían culto a los cuerpos celestes del sol, la luna y la tierra, a la Serpiente Emplumada y a una deidad jaguar que protegía a los hombres. Tikal y El Mirador precedieron a Teotihuacán y también fueron contemporáneos y socios comerciales. Teotihuacán gobernó Tikal durante aproximadamente un siglo, a partir del año 378 de nuestra era.

Esther Pasztory creía que los emigrantes que inundaron Teotihuacán trajeron consigo sus rituales "a nivel de aldea". Estos rituales domésticos estaban separados de la religión estatal y sus prácticas. Se referían a asuntos familiares y domésticos que no estaban relacionados con la ciudad en su conjunto. No se trataba de resistirse a la religión estatal, sino de mantener un sistema de creencias personal basado en las costumbres ancestrales y las necesidades individuales.

Algunos rituales domésticos parecían universales, impregnaban la ciudad, pero no estaban relacionados con la religión o la política del estado. Un ejemplo es Huehueteotl, palabra azteca que significa "Dios Viejo". Estas estatuillas de cerámica representaban a un anciano arrugado sentado con las piernas cruzadas y equilibrando un brasero sobre la cabeza. George Cowgill pensó que podían representar un culto

---

[i] Coggins, "Creation Religion", 20.

al hogar. Los aztecas copiaron posteriormente esta imagen y la veneraron como deidad del fuego, pero es dudoso que tuviera el mismo significado en Teotihuacán.[i]

El Viejo, posiblemente un dios del fuego o de los terremotos y la lluvia[219]

La península de Yucatán, Veracruz y el altiplano guatemalteco tienen imágenes similares. El Viejo puede haber sido una importación maya de la deidad que ellos llamaban "Mam" ("Abuelo"), un espíritu de la montaña que traía terremotos y aguaceros. O puede que fuera al revés, y que Teotihuacán exportara el Viejo a los mayas de la costa del Golfo.

El arqueólogo Hasso von Winning propuso una teoría diferente. La ciudad de Cuicuilco, cuarenta y cinco millas al sur, precedió a Teotihuacán en siglos y coexistió hasta que una colada de lava volcánica la cubrió en el siglo III de nuestra era. Con toda probabilidad, los supervivientes empezaron a emigrar a Teotihuacán hacia el año 150 d. C., cuando comenzó el declive de la ciudad, provocado por erupciones volcánicas anteriores. Según von Winning, Cuicuilco poseía las imágenes más antiguas de la deidad del Viejo de la cuenca de México; las de Teotihuacán eran prácticamente idénticas a las de Cuicuilco.

---

[i] Cowgill, "State and Society", 141.

La deidad del Viejo de Cuicuilco estaba asociada con el volcán Xitle, que finalmente destruyó la ciudad. Pero en Teotihuacán no había ningún volcán rugiente que se cerniera sobre la ciudad. El Viejo puede haber pasado de ser un terrorífico dios del fuego a un dios abuelo del hogar y padre del resto de los dioses y de los humanos. En los rituales domésticos se utilizaban pequeños incensarios de doble cámara que podían representar las grandes tallas de piedra del Viejo con el brasero en la cabeza. El uso de estos incensarios de doble cámara terminó cuando Teotihuacán colapsó.[i]

Otro posible ritual relacionado con la religión doméstica es el entierro de bebés y niños nacidos muertos cerca o debajo de los altares de los patios de los complejos de apartamentos. ¿Eran estos bebés ofrendas de sacrificio? Sabemos que los teotihuacanos sacrificaban bebés y niños en la Pirámide del Sol. Pero Teotihuacán también tuvo una alta tasa de mortalidad infantil, especialmente en los dos últimos siglos antes de su desaparición. Casi un tercio de los entierros en el patio de un recinto eran recién nacidos. Las investigaciones de la antropóloga Rebecca Storey indicaron que en el último siglo antes del colapso final de Teotihuacán, muchos fetos dejaron de crecer en el tercer trimestre. Lamentablemente, las madres no comían lo suficiente. Entonces, ¿por qué enterraban a estos bebés cerca del altar? Los mesoamericanos consideraban que los bebés tenían una conexión más estrecha con los dioses porque los infantes no habían vivido mucho tiempo en el mundo físico.[ii]

Un ritual que parece pertenecer más al ámbito personal que a la religión estatal era la costumbre de tallar diseños geométricos como rectángulos, círculos y cruces. Un tema común era un círculo dentro de un círculo dividido por una cruz, un símbolo que también se encuentra en las regiones zapoteca y maya. Al principio, los estudiosos pensaron que los símbolos tenían un significado astronómico o que se utilizaban en la planificación urbana, lo cual podría ser cierto. Sin embargo, se han encontrado muchos en barrios, a veces incluso en el suelo de una casa normal. Podrían representar un calendario sagrado, la adivinación o incluso un juego.

---

[i] Hasso von Winning, "The Old Fire God and His Symbolism at Teotihuacan", *Indiana*, Vol. 4 (1977). https://doi.org/10.18441/ind.v4i0. 10-11.

[ii] Cowgill, "State and Society", 142.

Aunque los grandes templos, especialmente las majestuosas pirámides, se alineaban en la avenida principal de la ciudad, los complejos de apartamentos individuales solían tener sus propios pequeños santuarios. El patio central solía tener tres plataformas al norte, al este y al sur, con el altar en el centro. Las plataformas solían tener una sala con porche en la parte superior. Estos mini-templos implican que los residentes de cada complejo de apartamentos realizaban cultos y sacrificios conjuntos.

La religión estatal sólo incluía un puñado de dioses. Una deidad prominente era la Serpiente Emplumada, que los toltecas y aztecas adoraron más tarde como Quetzalcóatl, uno de sus dioses principales. Los olmecas fueron los primeros en adorar a este dios, que se representaba como una serpiente de cascabel con cresta, plumas y, a veces, patas. Los mayas lo llamaban Waxaklahun Ubah Kan, la Serpiente de la Guerra. En Teotihuacán, representaba la autoridad del Estado y estaba asociado al ejército. Los toltecas, que entraron en el centro de México cerca de la época del colapso de Teotihuacán, consideraban a la serpiente como el Señor de la Creación de Teotihuacán.

La serpiente emplumada verde se cierne sobre cuatro corazones humanos sacrificados en esta vasija trípode de cerámica [220]

El arte de Teotihuacán muestra a la serpiente con el sacrificio de corazones humanos. Cuando los teotihuacanos construyeron el Templo de la Serpiente Emplumada, sacrificaron a más de doscientas personas, que fueron enterradas alrededor de la pirámide. La mayoría de las víctimas de los sacrificios eran guerreros vestidos con atuendos militares y enterrados con puntas de lanza y dardos. En la dedicación del templo también se sacrificaron mujeres jóvenes de estatus desconocido y varones de alto estatus.

Otra deidad, a veces llamada Tlaloc por el dios azteca de la lluvia, era el dios de la tormenta y la guerra de Teotihuacán. Este dios tiene ojos saltones, colmillos y una mandíbula inferior diminuta o ausente. A veces se lo representa con un rayo o con algas en la boca. Otras veces se lo muestra con armas, lo que sugiere una relación con el ejército. Este dios tenía una doble naturaleza, como proveedor de fertilidad y lluvia, pero también como dios letal del rayo y el granizo.

Algunos estudiosos se preguntan si los murales que supuestamente representan al dios masculino de las tormentas podrían representar en realidad a la Gran Diosa o a la Mujer Araña. El antropólogo Peter Furst y la historiadora del arte Esther Pasztory señalaron elementos "femeninos" en al menos dos murales, como un pájaros verde y una araña en el tocado de la deidad. Creían que la deidad era una diosa maternal de la fertilidad y la agricultura. El arqueólogo Karl Taube la bautizó con el nombre de Mujer Araña por los colgantes con colmillos de su nariz y las arañas encontradas en sus murales. Pasztory teorizó que la Gran Diosa era la deidad principal de Teotihuacán, especialmente después del año 200 d. C., cuando aparecieron murales que la representaban.

En la Pirámide del Sol y sus alrededores hay grabados de calaveras y jaguares. Pueden representar la muerte y el inframundo. La gran pirámide puede haber representado el día y la noche, la vida y la muerte. Justo al oeste de la Pirámide de la Luna se encuentra el Palacio de los Jaguares, llamado así por un deslumbrante mural de un jaguar soplando una caracola de la que gotea sangre. Podría tratarse de un dios de la guerra, y la sangre podría representar el corazón de una víctima conquistada. Este mural y otro de Tetitla muestran al jaguar con un tocado de plumas, lo que quizá lo relacione con la Serpiente Emplumada.

El jaguar está soplando una caracola que gotea sangre [221]

Los rituales religiosos típicamente mesoamericanos no eran asuntos tranquilos. Los rituales sangrientos eran comunes e implicaban la práctica de sangrías voluntarias, sacrificios de animales y sacrificios humanos. En la sangría, una persona se cortaba o perforaba lo suficiente para que fluyera la sangre utilizando una hoja de obsidiana, una espina de raya o dientes de tiburón. El sangrador suele cortarse la lengua, pero puede cortarse otras partes del cuerpo, como la mejilla o los labios. Incluso podía cortarse los genitales, sobre todo si rezaba por la fertilidad. Los ciudadanos de a pie sólo solían observar esta sangrienta práctica; los que se perforaban a sí mismos eran gobernantes o sacerdotes que se colocaban en un patio central o en una pirámide para que todos los vieran. Los sangradores solían ser hombres, aunque un grabado muestra a una reina maya atravesándose la lengua con una cuerda.

Este mural de Teotihuacán parece mostrar un ritual de derramamiento de sangre [222]

Un fragmento de mural de Teotihuacán parece representar un derramamiento de sangre. Aunque la mayoría de los murales de Teotihuacán presentan un color carmesí junto con verde y dorado, el color dominante de este mural es el rojo sangre. Muestra a un sacerdote que parece estar rezando para que llueva y haya una buena cosecha, a juzgar por el rollo de palabras que representa plantas y conchas. Delante de él hay un haz de cañas, que en Mesoamérica representaban los años. Cuatro espinas de maguey atraviesan las cañas, y otro manojo detrás de él muestra otras dos espinas de cactus. Es probable que el sacerdote se haya empalado con las espinas para hacer una ofrenda de sangre a la deidad. En una de sus manos fluye una ofrenda de flores y gotas rojas de sangre.

Los teotihuacanos también ofrecían sacrificios de animales. En 2004, los antropólogos Saburo Sugiyama y Rubén Cabrera estaban explorando la Pirámide de la Luna cuando descubrieron una bóveda en el núcleo de la pirámide. Databa de su tercera reconstrucción y contenía un increíble alijo de sacrificios:

"Esta cámara dedicatoria incluía los restos de más de cincuenta animales, la mayoría representantes de los carnívoros más peligrosos del paisaje, como águilas, felinos (jaguares y pumas), cánidos (lobos, coyotes e híbridos entre lobos y perros) y serpientes de cascabel. Ante este extraordinario conjunto faunístico, investigamos los dinámicos procesos rituales que tuvieron lugar durante la ceremonia de dedicación".[i]

Los arqueólogos encontraron al menos 194 esqueletos de animales salvajes dentro y debajo de las Pirámides del Sol y de la Luna. El análisis de los restos de los animales depredadores indica que muchos probablemente fueron mantenidos en cautiverio durante algún tiempo antes de su sacrificio. Los depredadores se alimentaban de animales cuya dieta principal era el maíz. Algunos especulan con la posibilidad de que los gatos salvajes y los lobos se comieran a los humanos o los mataran como parte del ritual de sacrificio antes de ser sacrificados ellos mismos. Las pinturas de Teotihuacán muestran a estos carnívoros comiendo corazones humanos y en procesión portando grandes cuchillos.

---

[i] Sugiyama, Nawa, et al, "Animal Management, Preparation and Sacrifice: Reconstructing Burial 6 at the Moon Pyramid, Teotihuacan, México", *Anthropozoologica*, 48(2), 467-485, (1 December 2013).

Los animales salvajes no fueron los únicos sacrificios que los antropólogos encontraron bajo las pirámides. Al explorar las entrañas de la Pirámide de la Luna, Sugiyama y Cabrera encontraron los esqueletos de doce humanos, diez de ellos sin cabeza. Los antropólogos pensaban que la ciudad no practicaba los sanguinarios sacrificios humanos que caracterizaban a la mayoría de las culturas mesoamericanas. Los espeluznantes huesos acabaron rápidamente con esa idea. Cuanto más exploraban los arqueólogos las tres pirámides, más pruebas de sacrificios humanos, algunos a gran escala, encontraban.

Cuando los teotihuacanos dedicaban sus pirámides, sacrificaban ritualmente a víctimas humanas y las enterraban debajo o dentro de los templos o alrededor de su perímetro. En el caso de la Pirámide de la Serpiente Emplumada, los arqueólogos han desenterrado más de doscientos restos humanos. También hallaron piel humana en un túnel que conduce bajo la Pirámide de la Serpiente Emplumada, lo que sugiere el desollamiento de las víctimas del sacrificio. Los teotihuacanos decapitaron a muchas de las víctimas y a algunas les extrajeron el corazón como ofrenda aparte. Algunos murieron por traumatismo craneal, y algunos humanos y animales fueron enterrados vivos.

Los sacrificios humanos no sólo ocurrían en las pirámides, sino en toda la ciudad. Cuando los arqueólogos excavaron el Barrio de Teopancazco, poblado principalmente por gente de la costa del Golfo, descubrieron que casi un tercio de los esqueletos habían sido decapitados. El análisis de los huesos demostró que se trataba de hombres jóvenes de fuera de Teotihuacán, posiblemente emigrantes o cautivos de guerra. En un ritual celebrado hacia el año 350 d. C., se cortaron las cabezas de veintinueve víctimas.[i]

Los análisis mostraron que estos esqueletos decapitados eran principalmente hombres jóvenes del corredor entre la costa del Golfo y Teotihuacán. Quizá pertenecían a tribus rivales que interferían en el bullicioso comercio entre Teopancazco y la costa. Pero, ¿por qué darles un entierro ceremonial con las cabezas colocadas en un cráter con un cuenco sobre cada cabeza? ¿Creían que esto les daba poder sobre los espíritus de sus enemigos?

Cuando emigrantes de múltiples culturas llegaron a Teotihuacán, ¿conservaron sus antiguas costumbres religiosas? María Rodríguez exploró esta cuestión en su estudio de las tradiciones funerarias del

---

[i] Manzanilla, "Cooperation and Tensions", 9212-15.

barrio oaxaqueño de Teotihuacán. Descubrió que los emigrantes zapotecas conservaron algunos aspectos de la cultura de su tierra natal, pero acabaron formando una nueva identidad cultural. Rodríguez descubrió que las tumbas convencionales medían casi dos metros de largo, unos dos metros y medio de ancho y unos treinta centímetros de profundidad. Los zapotecas de Teotihuacán enterraban con sus seres queridos ofrendas funerarias, como platos de cerámica en miniatura, perros, figuritas, cuentas y objetos de obsidiana. Normalmente enterraban a sus muertos bajo el suelo de sus casas o en el patio de su complejo de apartamentos. Esto difería de lo que ocurría en su tierra natal, donde las tumbas solían estar en lugares públicos, como debajo de un templo.

Una costumbre peculiar consistía en conservar ocasionalmente el cráneo de un individuo, con sus tres primeras vértebras unidas, en el patio junto a una escalera. Se desconoce si estas personas murieron de muerte natural o fueron víctimas de sacrificios. Una costumbre mortuoria que los zapotecas trajeron consigo de su tierra natal era la reutilización de una tumba, presumiblemente la de un pariente fallecido. La primera persona solía ser enterrada en posición extendida, pero cuando moría la segunda, los huesos de la primera se trasladaban a un rincón de la tumba y a menudo se cubrían con ocre rojo. Esto permitía enterrar al nuevo cadáver de cuerpo entero. Rodríguez creía que el ocre rojo era una señal de respeto y reverencia a los antepasados.

Otra costumbre que los zapotecas trajeron consigo a Teotihuacán era enterrar a los perros con las personas. A veces también se enterraban pájaros con personas de alto estatus. Una tercera ofrenda funeraria zapoteca eran las urnas talladas para representar a Cocijo, una versión zapoteca del dios de la tormenta o Tláloc. También enterraban figurillas que eran el Dios Viejo zapoteca, similar al Dios Viejo de Teotihuacán, pero con un elaborado tocado.[i]

Gran parte de Teotihuacán sigue siendo un misterio. Sin embargo, los antropólogos han obtenido muchos datos de entierros, murales, esculturas y otras pruebas, llegando a la conclusión de que la religión y los rituales de Teotihuacán eran similares a los de otras culturas mesoamericanas. Sin duda, como ciudad multiétnica, los emigrantes trajeron consigo sus religiones. Es posible que estos diversos sistemas de creencias se fundieran para formar la concepción que los teotihuacanos tenían del cosmos y de su lugar en él.

---

[i] Rodriguez, *The Oaxaca Barrio*, 32-73.

Capítulo 8: Las Grandes Pirámides

A diferencia de las pirámides egipcias, que eran enormes tumbas para los faraones muertos, las tres grandes pirámides de Teotihuacán eran templos. Los aztecas llamaban al bulevar principal de Teotihuacán la Avenida de los Muertos, dando por sentado que en las altísimas pirámides yacían enterrados poderosos reyes, pero no se ha encontrado ninguna tumba real. En cambio, las tres pirámides servían como centro de culto para la ciudad, que se extendía de este a oeste.

Cada templo era único. Su tamaño, forma y construcción eran diferentes, y cada uno tenía un significado simbólico. Toda la ciudad surgió de un plan maestro que partía de las pirámides como eje central y utilizaba técnicas arquitectónicas y de ingeniería muy sofisticadas. Aunque cada pirámide era distinta, formaban un conjunto armónico, equilibrado y complementario. Los arquitectos de la ciudad determinaron la ubicación de las pirámides a lo largo de la Avenida de los Muertos en dirección norte basándose en la trayectoria del sol poniente el 29 de abril y el 12 de agosto.

¿Por qué estas dos fechas? Los mesoamericanos seguían un calendario ritual de 260 días, del 12 de agosto al 29 de abril, y un calendario solar de 365 días que incluía el resto de los 105 días. La fecha de agosto iniciaba el año nuevo para los mayas (y presumiblemente para los teotihuacanos). La Pirámide del Sol es la mayor del trío y la tercera pirámide más grande del mundo. La

Pirámide de la Luna es aproximadamente el 40% de la Pirámide del Sol. Curiosamente, 105 días son el 40% del año sagrado de 260 días.

La primera pirámide que se encuentra una persona al entrar en la Avenida de los Muertos desde el sur es el Templo de la Serpiente Emplumada. Aunque es la más pequeña de las tres pirámides, es la más ornamentada y destaca por sus llamativas esculturas. De sus capas de talud-tablero sobresalen a intervalos cabezas en forma de dragón con cuellos emplumados.

La Pirámide de la Serpiente Emplumada presenta dos tipos de cabezas de serpiente en cada nivel [223]

Estas cabezas de serpiente emplumada se alternan con cabezas de ojos saltones y dos colmillos, y cada uno de los dos tipos de cabeza pesa más de cuatro toneladas. Los eruditos debaten acaloradamente sobre la identidad de la criatura de ojos saltones. Algunos creen que se trata del dios de la tormenta Tlaloc, conocido por sus ojos saltones. Sin embargo, hay bajorrelieves de cuerpos reptiles que se retuercen por las paredes y parecen conectarse a cada cabeza. Podría tratarse de un dios cocodrilo, de una serpiente de cascabel o de la serpiente de fuego, todas ellas deidades mesoamericanas.

Aunque sus capas superiores están muy erosionadas, la pirámide llegó a tener casi 30 metros de altura, aproximadamente la altura de un edificio de diez plantas. Cada lado de su base cuadrada mide unos 18 metros. Los ojos de las cabezas de las serpientes probablemente tenían un cristal verde obsidiana que brillaba a la luz del sol. Hoy, la pirámide es de un gris apagado, pero hace dieciséis siglos, su fachada brillaba con pintura azul, roja, dorada y verde. Los teotihuacanos construyeron la Pirámide de la Serpiente Emplumada entre los años 150 y 200 de nuestra era.

La Pirámide de la Serpiente Emplumada se encuentra dentro de la Ciudadela, un patio hundido de 38 acres. A cada lado de la pirámide hay estructuras parecidas a palacios, quizás donde vivía la realeza o los sacerdotes. La enorme Ciudadela, que rodeaba la Pirámide de la Serpiente Emplumada, ofrecía mucho espacio para celebrar multitudinarias reuniones al aire libre para observar ceremonias. Alrededor del perímetro de la Ciudadela hay quince plataformas escalonadas, quizás utilizadas para rituales de sacrificio o como puestos de observación. Los arqueólogos creen que la Ciudadela estaba hundida para poder llenarla de agua periódicamente, como una recreación de la montaña sagrada emergiendo del mar en el momento de la creación.

La Pirámide de la Serpiente Emplumada está obviamente dedicada a la Serpiente Emplumada y a su pareja reptil. Casi todas las culturas mesoamericanas veneraban a la Serpiente Emplumada. En el arte olmeca, parecía representar la fertilidad y el crecimiento. En la mitología maya, era Kukulkán, el Creador. Los toltecas y aztecas la llamaban Quetzalcóatl: la estrella de la mañana y dios de la creación y el viento.

¿Y el reptil de ojos saltones que se asocia con la Serpiente Emplumada en la pirámide? Los mayas tenían una deidad cocodrilo que veían en el cielo en las noches claras y oscuras. Las nubes de polvo cósmico dejan un camino largo, oscuro y arqueado llamado "Grieta Oscura" a través de la Vía Láctea. Para los mayas, la Grieta Oscura parecía arrastrarse por el cielo como un cocodrilo. Pero también parecía un túnel oscuro hacia el inframundo, el camino desde el útero primordial. ¿Podría ser el reptil que acompaña a la Serpiente Emplumada en la pirámide el cocodrilo de la "Falla Oscura"? La identidad del reptil puede estar relacionada con un túnel de la longitud de un campo de fútbol que discurre bajo la pirámide de la Serpiente Emplumada. El túnel fue excavado entre cincuenta y cien años antes de la construcción de la pirámide.

La grieta oscura de la Vía Láctea [224]

En 2003, un torrente de lluvia inundó Teotihuacán, abriendo un socavón en la base de la Pirámide de la Serpiente Emplumada. El arqueólogo Sergio Gómez, del Instituto Nacional de Antropología e Historia de México, llegó al día siguiente para examinar el agujero. No estaba seguro de lo que veía, pero sabía que había que repararlo para mantener la integridad de la pirámide y la seguridad de los turistas. No esperaba encontrar nada en el agujero. Aun así, descendió al abismo con una cuerda atada a la cintura y sujetado por sus compañeros.

Cuando por fin sus pies tocaron el suelo, alumbró con la linterna y se dio cuenta de que estaba en un túnel hecho por el hombre, no algo esculpido por la intemperie. Tenía techo, pero unas enormes piedras bloqueaban el paso. Gómez sabía que los arqueólogos habían descubierto un túnel bajo la Pirámide del Sol en 1971. Y ahora, ¡había encontrado uno bajo la Pirámide de la Serpiente Emplumada!

Pero Gómez sabía que tendría que esperar un tiempo antes de descubrir qué tesoros guardaba el túnel. "No puedes sumergirte y empezar a remover la tierra. Tienes que tener una hipótesis clara y que te la aprueben".[i]

---

[i] Shaer, "A Secret Tunnel".

Con el yacimiento vedado a los turistas, el Instituto Nacional de Antropología e Historia de México entregó un aparato de radar. Gómez y su equipo se pusieron manos a la obra para explorar el subsuelo de la Ciudadela. En 2005, completaron un mapa digital que mostraba un túnel de 330 pies que discurría bajo la Ciudadela hasta el centro de la Pirámide de la Serpiente Emplumada. Presentaron sus hallazgos al gobierno mexicano, solicitando permiso para excavar.

Finalmente, en 2009, seis años después de encontrar el túnel, Gómez obtuvo la autorización que buscaba. El proceso de excavación del túnel de cuarenta pies fue insoportablemente lento. Tuvieron que excavar a mano con precaución para no dañar ningún artefacto. También tuvieron que construir andamios para evitar que el túnel se derrumbara sobre ellos. Retiraron con cuidado toneladas de tierra y descubrieron piel humana, huesos de jaguar y puma, bolas de ámbar, cerámica, joyas, cuchillos y estatuillas de obsidiana, incluida una estatua de jaguar. Dos robots ayudaron en la parte final del túnel, que se abrió en una sala en forma de cruz.

En un principio, Gómez pensó que la cámara podría albergar las tumbas de grandes reyes de Teotihuacán. Eso creían los aztecas y muchos arqueólogos. En cambio, Gómez encontró charcos de mercurio en el suelo y pirita de hierro (oro de los tontos) incrustada en el suelo, el techo y las paredes, que emitía un brillo espeluznante. El túnel y la cámara del fondo parecían emular el inframundo primordial mesoamericano, la cueva de la creación, donde la humanidad surgió de las tinieblas.[i]

Cuando se abandona el Templo de la Serpiente Emplumada y se camina hacia el norte por la Avenida de los Muertos, la Pirámide del Sol asoma por delante, justo a la derecha de la avenida. Mide 60 metros de altura y tiene cuatro niveles. Su base rectangular mide 720 por 760 pies. En lugar de llegar a un punto en la parte superior, tiene una capa plana en la que una vez estuvo un templo. Visto desde arriba, recuerda a una tarta de bodas rectangular de cuatro pisos.

---

[i] Shaer, "A Secret Tunnel".

La Pirámide del Sol vista desde la Avenida de los Muertos [225]

Los lados de la pirámide son lisos, con piedras de revestimiento, y hace unos 1.800 años estaría enlucida con cal y quizá pintada con murales. Una serie de escaleras sencillas y dobles ascienden por las capas de la parte frontal de la pirámide, orientada al oeste. La cima ofrece una vista espectacular de toda la ciudad. Delante de la pirámide había una gran plataforma para ceremonias.

En las excavaciones realizadas en 1906 se encontraron niños enterrados en posición sentada en las cuatro esquinas de la pirámide en cada nivel. Estos sacrificios de niños llevaron a especular que la pirámide estaba dedicada al Dios de la Tormenta, parecido a Tláloc, ya que los aztecas sacrificaban niños a Tláloc. Pero en aquel momento, los estudiosos no tenían pruebas de que los teotihuacanos practicaran el ritual de sacrificio de niños a su Dios de la Tormenta de ojos saltones, ni nada más apuntaba a esa deidad.

Durante las siete décadas siguientes, varios equipos excavaron túneles bajo la pirámide sin encontrar gran cosa de interés. Varios arqueólogos, entre ellos René Millon, que encabezó el Proyecto de Cartografía de Teotihuacán, estaban seguros de que bajo la pirámide había tumbas reales. En 1971, un equipo descubrió un túnel en el lado oeste de la

Pirámide del Sol, que conducía a cuatro cámaras que se extendían como un trébol. Estas cámaras habían sido saqueadas en la antigüedad, probablemente por los toltecas o los aztecas. Los saqueadores sólo dejaron fragmentos de cerámica y escamas de obsidiana.

Pero entonces, en 2011, los arqueólogos se emocionaron al descubrir otro túnel. Un equipo dirigido por Saburo Sugiyama llevaba excavando desde 2008. Sus esfuerzos desvelaron varios misterios relativos a las etapas de construcción de la pirámide, las funciones del túnel, el significado de la pirámide y las ofrendas de dedicación a la pirámide. Los aztecas habían supuesto que la mayor pirámide de Teotihuacán estaba dedicada al sol, pero ¿era así?

El equipo de Sugiyama llegó a la conclusión de que el túnel descubierto en 1971 estaba hecho por el hombre y no era un tubo de lava, como se pensaba. También descubrieron que la Pirámide del Sol fue construida sobre tres templos anteriores, que los teotihuacanos demolieron para construir la pirámide definitiva. La Estructura Uno de los templos anteriores no era una pirámide, sino un edificio amurallado. El equipo de Sugiyama encontró un bebé recién nacido enterrado cerca de la Estructura Uno. El bebé fue probablemente sacrificado cuando ese templo fue arrasado antes de la construcción de la actual Pirámide del Sol.[i]

El equipo determinó que los teotihuacanos construyeron la actual Pirámide del Sol en una sola fase de construcción tras colocar más sacrificios en sus cimientos y en la estructura de relleno. Los arqueólogos descubrieron el cráneo parcial de un infante de entre uno y dos años y de un niño de entre cuatro y seis años. También hallaron escondites de ofrendas con una gran caracola, cuchillas de obsidiana y una estatuilla de obsidiana. Finalmente, descubrieron otro túnel que conducía a una cámara de ofrendas, donde yacían huesos de animales, estatuillas de piedra verde, cerámica, pirita y más objetos de obsidiana. Entre los estimulantes hallazgos se encontraban once vasijas completas de Tláloc, una exquisita máscara verde de serpentina y dos esculturas de piedra verde. Entre los restos de animales había un águila que se había comido recientemente dos conejos, un cráneo y garras de puma y un cráneo de lobo.

---

[i] Nawa Sugiyama, et al, "Inside the Sun Pyramid at Teotihuacan, Mexico: 2008–2011 Excavations and Preliminary Results", *Latin American Antiquity* 24, no. 4 (2013): 403-16. http://www.jstor.org/stable/23645621.

Una vasija de Tláloc de Teotihuacán del Dios de la Tormenta[226]

El equipo de Sugiyama realizó nuevas pruebas de radiocarbono en la pirámide y su túnel subterráneo. Estas pruebas revelaron que la pirámide fue construida entre los años 170 y 310 d. C., aproximadamente un siglo más tarde de lo que se suponía. Los teotihuacanos construyeron el túnel entre los años 140 y 240 de nuestra era. Estas nuevas fechas cuestionan la hipótesis de que las tres pirámides fueran construidas prácticamente al mismo tiempo.[i] Los teotihuacanos construyeron la Pirámide de la Luna original alrededor del año 100 d. C. y erigieron la Pirámide de la Serpiente Emplumada entre los años 150 y 200 d. C. Probablemente construyeron la Pirámide del Sol más tarde.

Pero las renovaciones de la Pirámide de la Luna continuaron hasta el año 400, posiblemente incluso hasta el 450 d. C., mucho después de que se terminaran las otras dos pirámides.

¿Qué ceremonias celebraban los teotihuacanos en la Pirámide del Sol? Incluso antes de construir la pirámide, sacrificaban niños en los templos anteriores situados en su emplazamiento. ¿A qué dios dedicaron la pirámide los teotihuacanos? El Dr. Saburo Sugiyama cree que objetos como las vasijas de Tláloc y el sacrificio de niños apuntan a la asociación de la pirámide con el dios de los ojos saltones de la tormenta de Teotihuacán.

---

[i] Sugiyama, "Inside the Sun Pyramid", 416-29.

La última parada en la subida gradual de la Avenida de los Muertos es la Pirámide de la Luna. Con 141 pies de altura y una base rectangular de 480 por 427 pies, esta pirámide refleja el Cerro Gordo que se cierne tras ella. El mito de la creación de la mayoría de los mesoamericanos era que la gente surgía de las entrañas de una montaña sagrada, y Cerro Gordo es la montaña más alta de las que rodean el valle de Teotihuacán.

Al igual que la Pirámide del Sol, sus lados inclinados son relativamente lisos. Adosada a la parte frontal de la pirámide hay una plataforma de cinco niveles con una amplia escalinata central. La construcción de esta pirámide comenzó alrededor del año 100 d. C. Al principio era una pirámide pequeña, pero sufrió seis renovaciones en los tres siglos y medio siguientes. Cada vez, una nueva pirámide más grande cubrió la estructura anterior hasta alcanzar su tamaño final.

¿A qué deidad honra este templo/pirámide? Algunos antropólogos creen que se trata de un templo a la Gran Diosa del inframundo, el agua y posiblemente la creación. Otros piensan que no está asociado a un dios en particular, sino más bien a la cosmología de Teotihuacán. Al igual que en las otras dos pirámides, los rituales en esta pirámide incluían sacrificios animales y humanos, aunque no de niños preadolescentes. En las sucesivas capas de la pirámide, cada vez más grande, los arqueólogos han descubierto restos de jaguares y otros felinos salvajes, águilas, halcones, serpientes y seres humanos. Al parecer, en la Pirámide de la Serpiente Emplumada sólo hubo un sacrificio, pero en él se masacraron más de doscientas personas. En cambio, los constructores de la Pirámide de la Luna ofrecían varios sacrificios humanos cada cincuenta años aproximadamente, a medida que ampliaban la pirámide.

Pirámide de la Luna[227]

Saburo Sugiyama y Rubén Cabrera dirigieron las excavaciones del interior de la Pirámide de la Luna y sus alrededores entre 1998 y 2004. Curiosamente, no desenterraron sacrificios humanos en las tres primeras fases de construcción de lo que hoy es el núcleo interior de la pirámide. Sugiyama cree que Teotihuacán atravesaba una transición política y militar cuando se produjo la reconstrucción de la tercera pirámide. Esta nueva capa, completada alrededor del año 250 d. C., era mucho más grande que las tres primeras. La dedicación de esta nueva pirámide implicó el sacrificio de al menos dos seres humanos. Los investigadores descubrieron un esqueleto completo de un hombre de mediana edad y alto estatus que se cree que era un prisionero de guerra, ya que el análisis de isótopos demostró que no era de Teotihuacán. También encontraron un trozo del cráneo de otra persona en la fosa de sacrificios, junto con pumas, serpientes de cascabel, aves rapaces y conchas.[i]

Los teotihuacanos renovaron la Pirámide de la Luna por cuarta vez alrededor del año 300 d. C., utilizando el estilo arquitectónico talud-tablero en la pirámide y la plataforma adosada en el frente. Aumentaron

---

[i] Saburo Sugiyama and Leonardo Luján, "Dedicatory Burial/Offering Complexes at the Moon Pyramid, Teotihuacan: A Preliminary Report of 1998-2004 Explorations", *Ancient Mesoamerica*. 18 (1)(2007): 127-146. doi:10.1017/S0956536107000065. JSTOR 26309326. S2CID 54787122.

la distancia de delante a atrás en 340 pies. Dos adolescentes, un joven y un hombre de mediana edad -todos extranjeros- fueron sacrificados y enterrados con cabezas de puma, lobo, jaguar y halcón. En otra zona de sacrificios, los arqueólogos encontraron doce víctimas decapitadas con las manos atadas.

Alrededor del año 350 d. C., la Pirámide de la Luna sufrió una quinta renovación, que amplió su tamaño de este a oeste a 472 pies de ancho. Este proyecto de construcción supuso el sacrificio violento de diecisiete hombres de mediana edad. La fosa de ofrendas sólo contenía sus cráneos y restos de la tela que les habían metido en la boca para amordazarlos. El análisis del isotipo demostró que ninguno de ellos era teotihuacano nativo o residente de larga data.[i]

En esta quinta renovación, en la cima de la pirámide, los teotihuacanos ofrecieron un sacrificio diferente e inusual de tres ancianos. La mayoría de los esqueletos de otras víctimas de sacrificio tenían las manos atadas a la espalda, pero estos tres hombres estaban sentados con las piernas cruzadas, apoyando las manos en las piernas. Dos llevaban los ornamentos pectorales de la élite maya y fueron enterrados con un águila real y dos pumas. Su honorable entierro indica que eran hombres de alto rango. El Dr. Saburo Sugiyama cree que este entierro simboliza una intrigante conexión maya-teotihuacana:

"Creo que es importante porque, por primera vez, tenemos datos que indican una conexión entre la clase dirigente maya de Teotihuacán, en el corazón de uno de los principales monumentos de la ciudad... Tenemos que estudiar más a fondo los objetos y los huesos, pero las ofrendas sugieren claramente una relación directa entre el grupo dirigente de Teotihuacán y las familias reales mayas... Además, se encontraron en posición sentada con las piernas cruzadas, lo que es muy raro, si es que alguna vez se encuentra, en los entierros de aquí. La posición, sin embargo, puede verse en imágenes en murales, esculturas o estatuillas como sacerdotes, dioses o guerreros en Teotihuacán y otros sitios relacionados".[ii]

---

[i] Christine D. White, et al, "Residential Histories of the Human Sacrifices at the Moon Pyramid, Teotihuacan: Evidence from Oxygen and Strontium Isotopes", *Ancient Mesoamerica* 18 (1) (2007): 159-72. http://www.jstor.org/stable/26309328.

[ii] Arizona State University, "Ceremonial Burial At Moon Pyramid Shows Teotihuacan Rulers Had Mayan Connection", *Science Daily*, October 29, 2002.

En 2017, la tomografía de resistividad eléctrica reveló un túnel de treinta y tres pies bajo tierra que conduce desde la plaza frente a la pirámide hasta una cámara de cincuenta pies de ancho bajo la pirámide.[i] ¿Qué yace enterrado en la habitación secreta bajo la Pirámide de la Luna? La respuesta tendrá que esperar a que los arqueólogos completen su investigación.

---

[i] Argote, D. L., et al, "Designing the Underworld in Teotihuacan: Cave Detection beneath the Moon Pyramid by ERT and ANT Surveys", *Journal of Archaeological Science*, 118, 105141 (2020). https://doi.org/10.1016/j.jas.2020.105141.

TERCERA SECCIÓN: LA INFLUENCIA DE TEOTIHUACÁN EN MESOAMÉRICA

Capítulo 9: Relaciones con los mayas y los zapotecas

A mediados de la década de 1930, un club de fútbol de los suburbios del oeste de Ciudad de Guatemala decidió ampliar su campo de entrenamiento excavando en dos modestos terraplenes. ¡Clank! Una pala golpea algo duro. ¿Una roca? Cuando el obrero empezó a mover la tierra para desenterrarla, se dio cuenta de que no era una roca. Era un edificio antiguo. El ministro de Educación Pública invitó a tres arqueólogos de renombre a investigar.

Alfred Kidder, Jesse Jennings y Edwin Shook comenzaron sus cuidadosas excavaciones. Se emocionaron al descubrir que estaban desenterrando una antigua ciudad maya llamada Kaminaljuyu, que significa "colinas de los muertos" en lengua maya k'iche'. Descubrieron cerámica, arquitectura, santuarios y objetos funerarios. Les entusiasmó descubrir objetos que mostraban rasgos inconfundibles de Teotihuacán: cerámica, esculturas de piedra y elementos arquitectónicos talud-tablero datados entre los años 200 y 500 de nuestra era.

¿Cuál era la relación entre Teotihuacán, en el centro de México, y Kaminaljuyu, en Guatemala? ¿Conquistaron y habitaron los teotihuacanos Kaminaljuyu? A medida que los arqueólogos fueron profundizando, se dieron cuenta de que los artefactos de Teotihuacán no llegaron de repente, sino que se fueron incorporando gradualmente a las capas del yacimiento de Kaminaljuyu. Los descubrimientos en los montículos «A» y «B» tenían características típicas mayas en sus niveles más bajos, pero los dos niveles más altos presentaban el talud-tablero en las laderas de las pirámides. También estaban cubiertas de *piedrín*, un material protector hecho de piedra triturada y agua. Su uso era habitual en Teotihuacán. Las tumbas contenían obsidiana verde de Pachuca, procedente de las minas de Teotihuacán en el complejo volcánico de la Sierra de Las Navajas.[i]

Esta aparición gradual de rasgos culturales teotihuacanos en Kaminaljuyu, mezclados con artefactos mayas clásicos, apuntaba a una interacción social pacífica, probablemente basada en el comercio. Ninguna prueba sugiere que los teotihuacanos conquistaran y subyugaran Kaminaljuyu. En Teotihuacán existen numerosos ejemplos de motivos mayas junto al arte y la arquitectura clásicos teotihuacanos. Es probable que ambas civilizaciones disfrutaran de una relación mutuamente beneficiosa.

La historia de Teotihuacán plantea interrogantes sobre la opinión que los demás mesoamericanos de la época tenían de Teotihuacán. ¿La consideraban un atractivo centro económico y destino comercial, como podríamos pensar de ciudades como Ámsterdam, Guangzhou, Shangai o Tokio? ¿O temían ser engullidos por su maquinaria militar? ¿Les impresionaba el tamaño descomunal de Teotihuacán y su meticulosa planificación urbana? ¿Qué factores empujaron a los mayas, zapotecas y otras culturas a establecer sus enclaves dentro del centro cosmopolita?

Ya fuera un imperio político o comercial, Teotihuacán influyó en la mayor parte de la región mesoamericana, incluso en lugares que se encontraban a más de un mes de viaje. Murales y estelas de piedra talladas por los mayas dejan constancia de sus interacciones con los teotihuacanos. La arquitectura de estilo talud-tablero de Teotihuacán se encuentra en todo el sur de México y se extiende por las costas del Pacífico y del Golfo hasta Guatemala. ¿Se trataba de un dominio militar o de emisarios diplomáticos que renovaban lazos de amistad para promover el comercio? Esta cuestión sigue siendo objeto de debate entre los antropólogos.

El papel de Teotihuacán en el desarrollo político maya no está claro, pero ambas culturas mantenían una estrecha relación comercial. Aunque Teotihuacán contaba con numerosos talleres que producían

---

[i] Edwin M. Shook and Alfred V. Kidder, "Mound E-III-3, K'aminaljuyu, Guatemala", in *Contributions to American Anthropology and History*, Vol. 9 (53) (1952): 33–127. Washington D.C.: Carnegie Institution of Washington.

todo tipo de cerámica, también importaban cerámica maya. Muchas ciudades-estado mayas mantuvieron interacciones duraderas con Teotihuacán durante cientos de años, especialmente en la región del Petén, al sur de México, en la frontera con Belice y Guatemala.[i]

¿Hasta dónde estarías dispuesto a viajar por chocolate? Luego de que los olmecas descubrieran cómo preparar una bebida de chocolate a partir del grano de cacao, éste se convirtió en un lujo popular en Mesoamérica para preparar una bebida ritual. Los mayas incluso utilizaban las habas de cacao como moneda; ¡el dinero crecía literalmente en los árboles! Las habas de cacao más apreciadas procedían de la región del Soconusco, en el océano Pacífico, cerca de la frontera de México con Guatemala y a unos seiscientos kilómetros de Teotihuacán.

Los árboles de cacao, las montañas y los pájaros quetzales de la selva tropical aparecen en algunas cerámicas y murales de Teotihuacán, lo que implica un sólido vínculo entre Teotihuacán y el Soconusco. Teotihuacán intercambiaba obsidiana verde con la región costera del Pacífico del norte de Guatemala por pieles de jaguar, granos de cacao y coloridos penachos de pájaros. Las dos zonas también intercambiaban innovaciones artísticas e ideas religiosas.[ii]

La curiosamente llamada Plaza de las Columnas se encuentra en el lado oeste de la Avenida de los Muertos, entre las Pirámides del Sol y de la Luna. No tiene columnas, sino un complejo de tres pirámides que rodean una gran plaza central. Las excavaciones del arqueólogo Nawa Sugiyama en la Plaza de las Columnas, que comenzaron en 2015, han descubierto murales de estilo maya. El equipo también descubrió una mezcla de cerámica fina de estilo maya y teotihuacano. Creen que representa un gran festín entre mayas y teotihuacanos con motivo de la dedicación de la pirámide principal de la plaza (la cuarta más grande de Teotihuacán) entre los años 300 y 350 de nuestra era.[iii]

---

[i] Sarah C. Clayton, "Interregional Relationships in Mesoamerica: Interpreting Maya Ceramics at Teotihuacan", *Latin American Antiquity* 16, no. 4 (2005): 427.
https://doi.org/10.2307/30042508.

[ii] Kenneth G Hirth., David M. Carballo, and Barbara Arroyo, *Teotihuacan: The World Beyond the City* (Washington, D.C.: Dumbarton Oaks, 2020), 422-3.

[iii] Lizzie Wade, "The Arrival of Strangers: New Evidence Points to a Clash Between Two Ancient Mesoamerican Cultures, Teotihuacan and the Maya", *Science* (February 27, 2020)
https://www.science.org/content/article/astounding-new-finds-suggest-ancient-empire-may-be-

Gran parte de las interacciones de los teotihuacanos con los mayas consistieron en intercambios comerciales y culturales amistosos. Sin embargo, la fascinación de los teotihuacanos por los tesoros de la selva maya acabó por provocar una invasión militar de Guatemala y Honduras. La ciudad maya de Tikal, en Guatemala, se encuentra en la región del Petén, en la base de la península de Yucatán, entre México y Belice. Las inscripciones de Tikal documentan la entrada de teotihuacanos armados en el año 378 de la era cristiana.

¿Pero una invasión no habría perturbado las amistosas relaciones comerciales de Teotihuacán con otros centros mayas? Las ciudades mayas se extendían por unos 240.000 km2 en el sur de México, Guatemala, Honduras y Belice. Nunca tuvieron un imperio unificado; las ciudades-estado eran independientes. Así, Teotihuacán podía mantener una relación comercial amistosa con algunas ciudades mayas mientras conquistaba y gobernaba otras. Un estudio de los documentos escritos, los restos arqueológicos y las obras de arte de Tikal revela una violenta toma del poder en el año 378 d. C.

El arqueólogo David Stuart y la estudiosa mayista Tatiana Proskouriakoff coincidieron en que un caudillo de Teotihuacán mató al rey maya de Tikal, Chak Tok Ich'aak I (Pata de Jaguar). Las inscripciones de la ciudad dicen que un general llamado Siyaj K'ak' (Nace el Fuego) entró en la ciudad el mismo día que murió Pata de Jaguar.[i] El General Fuego Nace probablemente sirvió a las órdenes del Rey Teotihuacán Lechuza (Jatz'om Kuy o Atlatl Cauac), que según las inscripciones mayas reinó en Teotihuacán entre los años 374 y 439 de nuestra era.[ii]

Un año después de la muerte del rey Pata de Jaguar (probablemente ejecutado o muerto en batalla con los teotihuacanos), Nace el Fuego instaló a Yax Nuun Ayiin (Primer Cocodrilo) como nuevo rey de Tikal. Primer Cocodrilo, hijo de Búho Lanzavirotes, gobernó hasta su muerte en el año 404 d. C. Un retrato muestra a Primer Cocodrilo sosteniendo un lanzavirotes teotihuacano (un átlatl) y vistiendo un tipo de tocado con borlas comúnmente representado en los murales de Teotihuacán. Aunque el arte maya suele ser realista, algunas imágenes del Primer

---

hiding-plain-sight.

[i] Michael D. Coe, *The Maya (Ancient Peoples and Places Series)* (London and New York: Thames & Hudson, 1999), 90.
[ii] Wade, "The Arrival of Strangers".

Cocodrilo y del Búho Lanzavirotes de Tikal tienen el aspecto abstracto y bidimensional del arte de Teotihuacán.

Yax Nuun Ayiin (Primer Cocodrilo) gobernó Tikal de 379 a 404 d. C. [228]

Los arqueólogos encontraron lo que creían que era la tumba del Primer Cocodrilo bajo una pirámide de Tikal. Nueve sacrificios humanos rodeaban su cuerpo, y en la tumba yacía una copa con la inscripción "la copa del hijo del Búho Lanzavirotes". Sin embargo, el análisis de isótopos (que da una idea de la dieta de una persona a lo largo de su vida) muestra que la persona enterrada en la tumba creció en Tikal o cerca, no en Teotihuacán.

Entonces, ¿quién era Primer Cocodrilo? ¿Era un maya de los alrededores que pretendía ser un príncipe de Teotihuacán? ¿O la persona de la tumba no es Primer Cocodrilo? Tal vez Primer Cocodrilo era un príncipe teotihuacano que creció en Tikal por alguna razón; cuando alcanzó la mayoría de edad, los teotihuacanos despacharon al rey maya y coronaron a Primer Cocodrilo. Lo único que sabemos con certeza es que los mayas creían que era hijo del Búho Lanzavirotes y un príncipe de Teotihuacán.

Los antropólogos Edwin Román Ramírez y Stephen Houston publicaron su estudio de detección de luz lidar de Tikal en 2021. El software lidar reveló que lo que parecía ser una colina cubierta de enredaderas y árboles selváticos era en realidad un templo. El equipo se asombró al encontrar una réplica del complejo de Ciudadela en

Teotihuacán que abarcaba el templo, excepto que era un 30 por ciento más pequeño. El complejo de Tikal utilizaba la arquitectura talud-tablero y los incensarios de estilo teotihuacano.[i]

Tras la muerte de Primer Cocodrilo, su hijo, Siyaj Chan K'awiil (Cielo de Tormenta), se convirtió en rey de Tikal en 404 y gobernó hasta su muerte en 456. El General Nace el Fuego también derrotó a la ciudad de Uaxactun, quince millas al sur de Tikal, fundando una dinastía de reyes de su propia descendencia en esa ciudad. En la generación siguiente, K'inich Yax K'uk' Mo' (Gran Sol, Pájaro Quetzal Primero), procedente de Tikal, estableció una nueva dinastía en Copán, en Honduras. Probablemente era descendiente de Primer Cocodrilo, ya que las inscripciones dicen que era extranjero y que Teotihuacán lo ordenó rey de Copán.

La firma isotópica del esqueleto de la tumba de Gran Sol muestra que vivió en Tikal, lo que tiene sentido si había crecido como príncipe real de Tikal. A diferencia del ADN, que aporta información genética, el análisis isotópico da información sobre dónde creció y vivió una persona de adulta basándose en su dieta. Además, las obras de arte lo muestran vestido al estilo teotihuacano y con ojos de anteojo, como el dios teotihuacano de la tormenta.[ii]

Un incensario de Copán que representa a Gran Sol, Pájaro Quetzal Primero[229]

---

[i] Stephen Houston, et al, "A Teotihuacan Complex at the Classic Maya City of Tikal, Guatemala", *Antiquity* 95, no. 384 (2021): e32. doi:10.15184/aqy.2021.140.

[ii] Wade, "The Arrival of Strangers".

En la época de la invasión de Tikal (378 d. C.), las obras de arte vandalizadas en Teotihuacán apuntan a la violencia ejercida contra los residentes mayas de Teotihuacán. Entre los años 350 y 400 d. C., los teotihuacanos arrancaron murales mayas de los muros de la Plaza de las Columnas, rayaron los rostros, rompieron los murales en pedazos y los enterraron bajo tierra. Esta destrucción se produjo cerca del momento en que los teotihuacanos sacrificaron a tres ancianos mayas de élite en la Pirámide de la Luna. Alrededor del año 350 d. C., la amistosa relación entre los teotihuacanos y los mayas residentes se vino abajo.

El equipo de Sugiyama desenterró otro oscuro hallazgo en la zona de la Plaza de las Columnas: una fosa de huesos humanos quemados de hombres, mujeres y niños. Fueron asesinados a hachazos o desmembrados poco después de morir. ¿Quién fue masacrado aquí y por qué? Algunos de los cráneos están aplanados en la parte posterior, típico del modelado craneal maya mediante el atado de las cabezas de los niños sobre una tabla. Los mayas también llevaban joyas en los dientes, y algunos de los cráneos tenían agujeros perforados en los dientes.[i]

Las relaciones de Teotihuacán con los mayas fueron complicadas, pero ¿y con los zapotecas? Sabemos que los emigrantes de Oaxaca a Teotihuacán siguieron practicando sus distintas costumbres e interactuando con sus tierras de origen. Los teotihuacanos y los zapotecas mantenían un intenso comercio, compartían una ideología religiosa fundamental e intercambiaban ideas y técnicas artísticas.

Oaxaca se encuentra al sur de Teotihuacán (con la región de Puebla entre ambas) y se extiende desde la costa del Pacífico hasta la región de Veracruz. En la época clásica de Teotihuacán, los zapotecas eran los habitantes dominantes de Oaxaca. Su capital en la cima de la montaña era Monte Albán (Montaña Blanca), que llegó a tener unos veinticinco mil habitantes. Monte Albán era su nombre en español; los zapotecas que aún vivían en la región cuando llegaron los españoles la llamaban Dani Baán o Danipaguache ("Montaña Sagrada").

Teotihuacán tenía un puesto avanzado llamado Chingdu a unos sesenta kilómetros al noroeste, cerca de lo que sería Tollan (Tula), la futura capital tolteca. Curiosamente, el análisis de sus artefactos indicó que Chingdu tenía una población mixta de zapotecas y teotihuacanos, aunque Chingdu estaba a más de trescientas millas al norte de Monte

---

[i] Wade, "The Arrival of Strangers".

Albán. En la misma zona, el pueblo de Holt Mehta también tenía una mezcla de zapotecos y teotihuacanos. ¿Por qué vivían los zapotecas tan lejos de su tierra natal? Tenían una comunidad bien documentada en Teotihuacán. ¿Los zapotecas y los teotihuacanos colonizaron conjuntamente esta región?

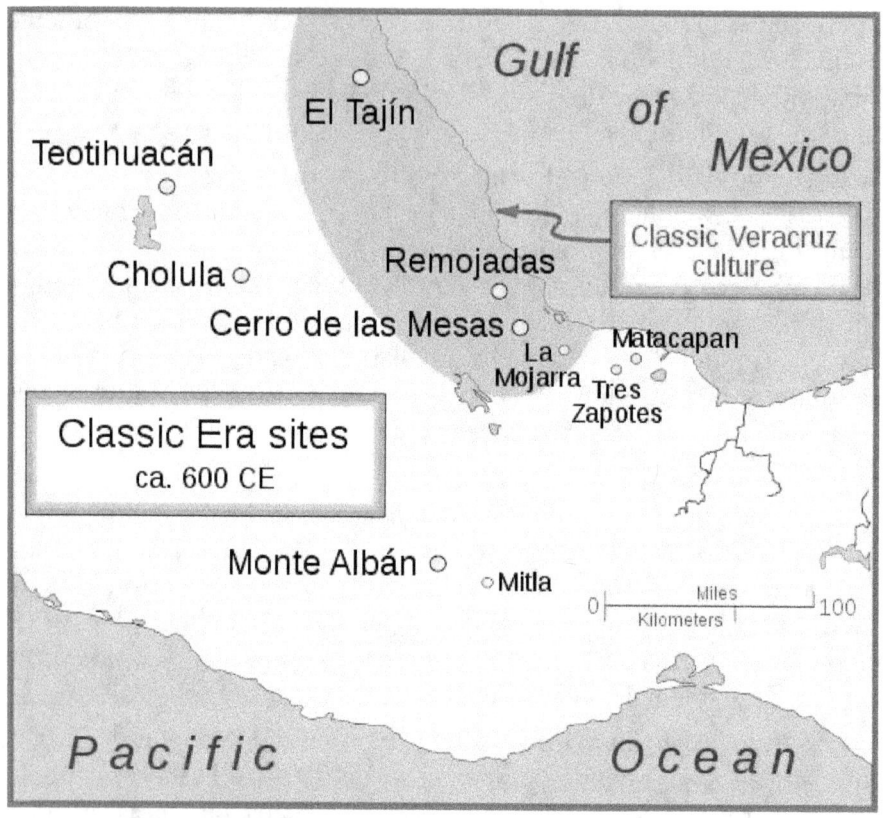

Monte Albán estaba a unas trescientas millas al sur de Teotihuacán[230]

Un estudio isotópico de 2022 sobre restos humanos indica que al menos algunos teotihuacanos también vivieron en Monte Albán.[i] Un enclave teotihuacano en la capital zapoteca pudo formar parte de su sistema de gestión comercial. Oaxaca no tenía fuentes conocidas de obsidiana, por lo que era una importación muy deseada. Los artículos de obsidiana verde extraídos de las minas de Pachuca, en Teotihuacán, constituían el 80% de toda la obsidiana encontrada en el valle del Río

---

[i] Isabel Casar, et al, "Monte Alban and Teotihuacan Connections: Can Stable Isotope Analysis of Bone and Enamel Detect Migration between Two Ancient Mesoamerican Urban Capitals?", *Archaeological and Anthropological Sciences.*

Verde, controlado por los zapotecas, en la época clásica. La región costera zapoteca de Saltillo producía conchas ornamentales, un artículo codiciado por los teotihuacanos. Teotihuacán también importaba apliques de cacao, algodón y cerámica, como las vasijas trípodes de cerámica gris de Oaxaca. Alrededor del año 250 d. C., los zapotecas de la costa reajustaron sus relaciones comerciales con otras potencias regionales para centrarse en Teotihuacán.[i]

Como Teotihuacán mantenía un próspero comercio con los zapotecas de la costa y Monte Albán, las culturas también intercambiaron ideas, como estilos arquitectónicos, obras de arte y motivos decorativos. Por ejemplo, los monumentos zapotecas de la zona costera muestran símbolos vinculados a Teotihuacán. Algunos estudiosos sostienen que Teotihuacán hizo avanzar su imperio comercial a través de alianzas estratégicas, pero también, en ocasiones, mediante la conquista y la colonización. Los zapotecas desarrollaron la escritura jeroglífica hacia el año 250 d. C., y sus monumentos documentan la "llegada" de los teotihuacanos a Monte Albán. Sin embargo, no dan información sobre lo que supuso su llegada. ¿Llegaron para comerciar o como emisarios en representación de Teotihuacán? ¿Fue un acontecimiento aislado? ¿O se trató de una invasión?

En 2002, el antropólogo Marcus Winter propuso que Teotihuacán pudo haber gobernado la capital zapoteca de Monte Albán en su periodo IIIA (200-500 d. C.) y que los teotihuacanos vivieron en la ciudad en esa época. Los investigadores han desenterrado artefactos de Teotihuacán en las ciudades costeras oaxaqueñas de Cerro de la Tortuga y Charco.[ii] El antropólogo Arthur Joyce observó "alteraciones" en los asentamientos zapotecas densamente poblados del valle del Río Verde en la costa del Pacífico. Por ejemplo, los asentamientos se trasladaron a las cimas de las colinas y construyeron murallas defensivas, y algunas ciudades fueron incendiadas o abandonadas abruptamente. Cree que las incursiones de Teotihuacán pudieron causar la agitación en la región.

Las relaciones de Teotihuacán con los mayas y los zapotecas giraban en torno al deseo de obtener productos exóticos como granos de cacao, conchas ornamentales y algodón. Aunque Teotihuacán gobernaba

---

[i] Arthur A. Joyce, "Interregional Interaction and Social Development on the Oaxaca Coast", *Ancient Mesoamerica*. 4, no. 1 (1993): 67-84. http://www.jstor.org/stable/26307326.

[ii] García-Des Lauriers and Murakami, *Teotihuacan and Early Classic Mesoamerica*.

algunas ciudades mayas de Guatemala y posiblemente de Honduras, también mantenía relaciones comerciales con otras ciudades-estado mayas de México y América Central. Los zapotecas mantenían estrechas relaciones comerciales con los teotihuacanos y coexistieron pacíficamente con ellos en Teotihuacán y la región de Tollan. Es posible que Teotihuacán ejerciera cierto control político sobre partes de Oaxaca, pero se necesitan pruebas concluyentes.

Las tres culturas compartían deidades y rituales religiosos similares, incluidos sacrificios humanos y de animales. Al interactuar a través del comercio, se beneficiaron del intercambio de ideas y tecnologías. A pesar de ser la ciudad más grande de América y gobernar un vasto imperio comercial, Teotihuacán nunca desarrolló el nivel de escritura que alcanzaron los mayas y los zapotecas. Sólo disponemos del registro arqueológico y de algunas inscripciones mayas y zapotecas para conocer la historia, la religión y la política de Teotihuacán.

Capítulo 10: Influencia sobre los aztecas

Para los aztecas, Teotihuacán era el lugar donde nacían los dioses. Era el lugar místico donde un dios humilde se arrojó al fuego y se convirtió en el sol, dando origen a la quinta y última creación del mundo. Cuando los aztecas contemplaron la ciudad por primera vez, debieron de quedarse sin aliento. Nunca habían visto una ciudad de esta magnitud y orden. Aunque la ciudad se estaba desmoronando, las altísimas pirámides y los majestuosos templos provocaban asombro.

¿Qué ocurrió en los seis siglos transcurridos entre la caída de Teotihuacán y la llegada de los aztecas? En ese tiempo, la selva reclamó muchas ciudades mayas, algunas redescubiertas ahora gracias a la tecnología de imágenes lidar. Pero las pirámides y monumentos antiguos de Teotihuacán se alzaban sobre el valle semiárido de las tierras altas. Siguió en pie mucho después de que el Imperio azteca se levantara y cayera ante los españoles. El análisis de la cerámica realizado por el Proyecto de Cartografía de Teotihuacán muestra que Teotihuacán volvió a ser una ciudad-estado vital en la época azteca, y que continuó siéndolo tras la llegada de los españoles.[i]

Teotihuacán nunca fue abandonada del todo durante el periodo Epiclásico (600-900 d. C.). Tras su colapso en el año 650 d. C., un resto

---

[i] Christopher P. Garraty, "Aztec Teotihuacan: Political Processes at a Postclassic and Early Colonial City-State in the Basin of Mexico", *Latin American Antiquity* 17, no. 4 (2006): 36. https://doi.org/10.2307/25063064.

de la población continuó viviendo en la ciudad. Seguía siendo la única zona urbana importante del valle de Teotihuacán, un subvalle de la cuenca de México. La población se recuperó lentamente en el periodo Epiclásico, con una población estimada de unos treinta mil habitantes hacia el año 900 de nuestra era. Pero el dominio político del centro de México había cambiado. Los nuevos actores principales eran la ciudad tolteca de Tollan, en el noroeste, y la ciudad otomí de Otompan (Xaltocan), a unas sesenta millas al este de Teotihuacán.[i]

El arte teotihuacano de esta época era ecléctico e incorporaba nuevos estilos a los motivos tradicionales de Teotihuacán, lo que sugería un cambio gradual de etnia. El arte de Teotihuacán seguía representando a la Serpiente Emplumada y un lugar de origen mítico llamado Tollan. Tollan era el nombre de la ciudad cercana de los toltecas, que significa "entre los juncos", y que algunos estudiosos creen que era el nombre original de Teotihuacán. Los jeroglíficos mayas llamaban a Teotihuacán "Puh" o "entre los juncos".[ii]

En el siglo VIII, sucesivas oleadas de chichimecas de habla náhuatl invadieron el valle de Teotihuacán y acabaron dominando la cuenca de México. Los chichimecas eran feroces nómadas procedentes de los duros desiertos del noroeste de México, sin ciudades ni lengua escrita. Abandonaron su vida errante y se asentaron en el centro de México, un entorno más acogedor. Establecieron sus primeros asentamientos en los límites de la influencia de Teotihuacán.

Los aztecas afirmaban ser chichimecas, pero también decían que originalmente vivían en Aztlán, una misteriosa ciudad-isla situada en un gran lago del noroeste de México. Su mitología decía que siete tribus salieron de siete cuevas dentro de una gran montaña en el centro de la isla. Una a una, estas siete tribus aztecas abandonaron la isla. Emigraron hacia el centro de México: Xochimilca, Tlahuica, Acolhua, Tlaxcalteca, Tepaneca, Chalca y Mexica. La última tribu en partir fue la mexica, que acabó convirtiéndose en la tribu más poderosa y cabeza del Imperio azteca.

Los toltecas eran una tribu chichimeca que no era azteca. Los toltecas, famosos por su arte y artesanía, se asentaron en Tollan (Tula) hacia el año 700 d. C., a unos sesenta kilómetros al noroeste de

---

[i] Susan Toby Evans, "Aztec-period Political Organization in the Teotihuacan Valley: Otumba as a City-State", *Ancient Mesoamerica* 12, no. 1 (2001): 90. http://www.jstor.org/stable/26308189.

[ii] Nichols, "Review of Teotihuacan", *Latin American Antiquity*, 335-36.

Teotihuacán, cerca de las ciudades teotihuacano-zapotecas de Chingdu y Holt Mehta. Un análisis de los diseños de la cerámica muestra que Tollan estaba bajo la influencia de Teotihuacán cuando llegaron los toltecas, pero la cultura tolteca tomó el relevo. Los toltecas construyeron una nueva Tollan (Tula Grande), que llegó a tener unos sesenta mil habitantes y se convirtió en el centro neurálgico del centro de México.

Alrededor de la época de la caída de Teotihuacán, el rey Ixtlilcuechahua comenzó a expandir el territorio tolteca, aprovechando el vacío de poder. Aproximadamente un siglo después, el rey-sacerdote Ce Acatl Topiltzin Quetzalcoatl gobernó a los toltecas. Sus abuelos maternos, posiblemente de Teotihuacán, le enseñaron a venerar a la Serpiente Emplumada o Quetzalcóatl. El rey estaba tan fascinado con la deidad que adoptó su nombre, pero prohibió los sacrificios humanos que a menudo se asociaban con Quetzalcóatl.

Luego de que Topiltzin Quetzalcoatl gobernara sobre los toltecas como un rey sabio durante muchos años, Tezcatlipoca, el dios del humo y los espejos, engañó a Topiltzin y a su hermana para que bebieran alucinógenos. A la mañana siguiente, se despertaron desnudos uno junto al otro. Avergonzado y humillado, Topiltzin abdicó de su trono y vagó sin rumbo por México, apuñalándose continuamente en un ritual de derramamiento de sangre para expiar su pecado.

Cuando llegó al golfo de México, construyó una balsa y remó mar adentro, jurando volver al mismo lugar en el Año de la Caña Única. El calendario mesoamericano seguía un ciclo de cincuenta y dos años, siendo "una caña" el primer año de cada ciclo, "dos cañas" el segundo año, y así sucesivamente. Así, cuando el barco de Hernán Cortés llegó en 1519, era un año de "una caña", comenzando un nuevo ciclo. Algunos mesoamericanos pensaron que Cortés era el gran rey Topiltzin Quetzalcoatl que regresaba.

Tras la partida de Topiltzin Quetzalcoatl, los toltecas volvieron a practicar los sacrificios humanos. El conflicto por este motivo desembocó en una brutal guerra civil que diezmó su población, dejándolos vulnerables a la invasión de otras tribus chichimecas. Tras el ataque de los chichimecas, que quemaron su pirámide y su templo hacia el año 1150 d. C., los toltecas abandonaron Tollan. Algunos se reasentaron en la orilla occidental del lago de Texcoco, en Chapultepec, antigua ciudad de Teotihuacán. Otros se asentaron en la península de Yucatán.

Mientras tanto, entre los años 900 y 1200 d. C., el valle de Teotihuacán experimentó un aumento de población con la aparición de pequeñas aldeas. Uno de ellos fue Otumba, a 16 km al este de Teotihuacán, habitado por los otomíes, posiblemente chichimecas pero no aztecas. Otumba creció hasta convertirse en una poderosa ciudad que, siglos más tarde, se deshizo del control azteca y dominó el norte del valle de Teotihuacán. Otumba acudió en ayuda de los aztecas contra los españoles, pero perdió una batalla decisiva. Después de que su pueblo suplicara y recibiera el perdón de Cortés, Otumba continuó siendo un centro comercial estratégico durante la época colonial.

Otra tribu de habla náhuatl, la rama acolhua de los aztecas, entró en el valle de México hacia el año 1200 de nuestra era. Se hicieron con el control de la ciudad de Texcoco, a unos dieciséis kilómetros al sur de Teotihuacán, en el lago Texcoco. A principios del siglo XIII, los acolhua-aztecas sometieron a Teotihuacán y la incorporaron a la confederación acolhua. Integraron Teotihuacán y el valle superior de Teotihuacán en la ciudad-estado de Otumba, que también estaba bajo su control.

Cuatro guerreros aztecas del Códice Mendoza, escrito hacia 1541 [231]

Mientras los acolhuas afirmaban su poder en el sur del valle de Teotihuacán, los otomíes, en las estribaciones del norte del valle de Teotihuacán, establecieron haciendas de cultivo de maguey en terrazas. Los mesoamericanos utilizaban la fibra del maguey o del agave para fabricar cuerdas, redes de pesca, esteras y hamacas. Fabricaban papel de maguey, sobre el que pintaban sus códices o historias pictóricas. La savia del maguey tiene propiedades antibióticas y los aztecas la mezclaban con sal para hacer compresas para heridas. Los toltecas y los aztecas elaboraban una bebida alcohólica llamada pulque con los tallos de las flores de maguey.

Aproximadamente en la misma época en que los toltecas huyeron de Tollan, los mexica-aztecas, otra tribu de habla náhuatl, abandonaron su isla de Aztlán, en el noroeste de México, y vagaron durante un siglo entre las espinas de los cactus y los lagartos venenosos del abrasador desierto. Decían descender de una deidad o jefe llamado Mixcoatl, que según los toltecas era el padre del rey Ce Acatl Topiltzin. Eran parientes cercanos de los acolhua-aztecas y más tarde se aliaron con ellos para formar la Triple Alianza Azteca. Según los mexica-aztecas, llegaron a Tollan alrededor del año 1250 de nuestra era. Vivieron en la ciudad, en su mayor parte desierta, durante veinte años, absorbiendo la rica cultura dejada atrás y casándose con los pocos toltecas que aún quedaban en la zona.

A continuación, los mexica-aztecas se adentraron en la región del lago de Texcoco, pasando por Teotihuacán. Aunque quedaron asombrados por la magnífica ciudad, no se detuvieron como en Tollan. En su lugar, continuaron hacia el sur, donde se abrirían camino hasta la cima para controlar el sistema lacustre y, en última instancia, toda la cuenca de México. Tras formar la Triple Alianza Azteca con otras dos tribus azteca-chichimecas, crearon un imperio a principios del siglo XIV. Gobernaron el centro y el sur de México hasta la llegada de los españoles, aproximadamente un siglo después.

En 1545, el franciscano Bernardino de Sahagún inició una investigación etnográfica sobre Mesoamérica, entrevistando a hombres de élite de habla náhuatl, en su mayoría aztecas. El *Códice Florentino* (*Historia General de las Cosas de Nueva España*) recoge sus investigaciones en doce libros escritos tanto en español como en náhuatl. Los frailes franciscanos aprendieron el náhuatl y lo convirtieron al alfabeto latino (utilizado para el inglés y otras lenguas de Europa occidental).

Cuando Sahagún les preguntó a los aztecas qué sabían de Teotihuacán, le dijeron:

"Era el lugar de enterramiento de los gobernantes. Porque se dice: 'Cuando morimos, no morimos verdaderamente, porque estamos vivos, porque volvemos a la vida, porque aún vivimos, porque despertamos'... Así, los ancianos decían: 'El que murió se convirtió en dios'".[i]

Sahagún dejó constancia de que los aztecas creían que las primeras leyes surgieron en Teotihuacán. También pensaban que en Teotihuacán vivieron gigantes, suponiendo que los hombres corrientes no podían haber construido los grandes monumentos:

"Y así construyeron montículos muy grandes al Sol y a la Luna, como si fueran montañas. Es increíble que digan que fueron hechos a mano, pero en esa época aún vivían gigantes".[ii]

El emperador azteca Moctezuma II (L) en el Códice Florentino [232]

Los aztecas consideraban a Teotihuacán como el epicentro de la creación, dando a la ciudad el nombre que hoy le damos, que significaba "el lugar donde surgieron los dioses". También les intrigaba su modelo de planificación urbana. Pensaron en Teotihuacán como el arquetipo de su ciudad de Tenochtitlan, aunque la capital azteca nunca se acercó al tamaño y la grandeza de la antigua metrópolis. Los aztecas veneraban a los teotihuacanos primigenios que construyeron la magnífica ciudad.

---

[i] Fray Bernardino de Sahagún, *Historia General de las Cosas de Nueva España*, ed. Francisco del Paso y Troncoso (Madrid: Fototipia de Hauser y Menet, 1905), book 10, folio 142v-143.

[ii] Sahagún, *Historia General*, book 10, folio 142v.

La realeza azteca peregrinaba regularmente a Teotihuacán, al parecer cada veinte días, durante el reinado de Moctezuma II, quien ostentaba el cargo de emperador cuando Hernán Cortés invadió México. Los sacerdotes aztecas construyeron altares y ofrecieron sacrificios a su dios del Sol, Huitzilopochtli, al pie de lo que llamaron la Pirámide del Sol. Descubrieron uno de los túneles ocultos de la pirámide y exploraron sus profundidades. Encontraron exquisita cerámica e impresionantes máscaras de piedra, que llevaron a su capital, Tenochtitlan, e instalaron en el Templo Mayor.[i]

Los acolhua-aztecas de Texcoco integraron a Teotihuacán en su propia ciudad-estado. Pero se convirtió en una ciudad-estado oficial propia en 1409, con el príncipe acolhua Huetzin como primer *tlatoani* o rey azteca. Huetzin era de linaje tolteca y acolhua, pero sólo reinó nueve años. Los tepanecas, otra tribu azteca, invadieron la zona, mataron a Huetzin y tomaron el control de Teotihuacán. En 1418, Totomochtzin, un príncipe tepaneca, fue nombrado rey de Teotihuacán.

El dominio tepaneca de Teotihuacán terminó abruptamente en 1427, cuando tres grandes ciudades-estado aztecas formaron la Triple Alianza. Texcoco, Tenochtitlan y Tlacopan unieron sus fuerzas para hacerse con el control de la cuenca de México, creando el Imperio azteca. Tlacopan era un actor menor en comparación con los mexica-aztecas de Tenochtitlan y los acolhua-aztecas de Texcoco. Texcoco recuperó Teotihuacán y la mayoría de las demás ciudades-estado al este del lago Texcoco en 1434.

Los mexica-aztecas impusieron el culto a su dios solar Huitzilopochtli en todas las ciudades-estado del Imperio azteca. Por lo demás, la mayoría de las ciudades-estado, incluida Teotihuacán, gozaban de relativa independencia. Podían elegir a su propio rey y disfrutar de estabilidad política, lo que propiciaba un comercio rentable. Podían adorar a sus propios dioses siempre que hicieran de Huitzilopochtli el dios principal. Teotihuacán tenía que pagar tributo dos veces al año, que incluía mantos de algodón, taparrabos, faldas y trajes de guerrero. El algodón probablemente procedía de Morelos, ya tejido en tela, que los teotihuacanos cosían en prendas. El tributo también incluía jarabe de maguey, chiles, miel y piedra caliza. Además, aportaban un cierto número de guerreros para las campañas del imperio.[ii]

---

[i] Robb, *Teotihuacan: City of Water*, 13.
[ii] Evans, "Aztec-period Political Organization", 95.

Teotihuacán tenía su propio *tlatoani* (rey), pero operaba bajo el señorío del sabio y longevo Nezahualcóyotl, que transformó la parte de Texcoco del Imperio azteca en un centro cultural. Nezahualcóyotl era poeta, vidente e ingeniero. Desarrolló brillantes innovaciones en irrigación y reunió *tlamatini*: astrónomos, filósofos, sabios y eruditos que provocaron un renacimiento cultural en Texcoco. Nezahualcóyotl adoraba a Tloque Nahuaque, el dios desconocido y creador increado, y odiaba los sacrificios humanos. Pero el sangriento ritual continuó con regularidad en la capital mexica-azteca de Tenochtitlan.

Nezahualcóyotl, señor de Teotihuacán [233]

Como ciudad-estado autónoma bajo el dominio de los acolhuas-aztecas de Texcoco, Teotihuacán disfrutó de las estrategias de ingeniería social de los acolhuas, de la interacción con otras ciudades-estado del centro de México y de un mayor comercio y acceso a materiales. Teotihuacán siempre fue una ciudad multiétnica y continuó teniendo una mezcla de culturas. El análisis de la cerámica muestra que los teotihuacanos de la época clásica probablemente estaban casi extinguidos. Los aztecas tenían un sistema de escritura simplista y llevaban meticulosos registros, pero no escribieron nada sobre la historia de la antigua Teotihuacán. Al parecer, era un misterio tanto para ellos como para nosotros.

Cuando Cortés desembarcó en México en 1519, los aztecas controlaban unas cincuenta ciudades-estado en la cuenca de México, incluida Teotihuacán. Los aztecas construyeron una muralla alrededor de la principal zona ceremonial de Teotihuacán, quizá para protegerla de los saqueadores o para impedir que los plebeyos accedieran al lugar sagrado. El Proyecto de Cartografía de Teotihuacán encontró abundante cerámica azteca, lo que demuestra que los aztecas vivían en la parte residencial de Teotihuacán. La ausencia de cerámica azteca cerca de las pirámides indica que el centro de la ciudad probablemente permaneció vacío, excepto para los actos ceremoniales de la realeza y los sacerdotes aztecas.[i]

Cuando llegaron los españoles, vivían en Teotihuacán unos cinco mil aztecas, que gobernaban unas cuarenta millas cuadradas de tierras de cultivo y aldeas del valle de Teotihuacán, con una población total de unos catorce mil habitantes para la ciudad-estado. En aquel momento existían otras cinco ciudades-estado aztecas en el valle de Teotihuacán, con una población total de unos 130.000 habitantes. Esta cifra se desplomaría rápidamente con la llegada de los conquistadores.

Los españoles trajeron enfermedades víricas y bacterianas a las que los aztecas y otros pueblos indígenas nunca habían estado expuestos: viruela, sarampión, fiebre tifoidea e influenza. Oleadas de epidemias arrasaron las ciudades aztecas, destrozando la cuenca de la población de México. En el primer año tras el desembarco de Cortés en México, cerca del 40% de los habitantes de la capital azteca de Tenochtitlan murieron de viruela. En cincuenta años, al menos una cuarta parte de los aztecas y otros habitantes de la cuenca de México perecieron a causa

---

[i] Garraty, "Aztec Teotihuacan", 365.

de estas enfermedades contra las que no tenían inmunidad adquirida.

Una vez que los españoles conquistaron a los aztecas en 1521, organizaron su nueva administración. Teotihuacán se convirtió en uno de los cuatro centros administrativos regionales del antiguo régimen acolhua. Los españoles introdujeron caballos y nuevas tecnologías, como el transporte sobre ruedas. Los frailes franciscanos trajeron el catolicismo y registraron las historias de la población indígena.

Desgraciadamente, en menos de un siglo, las enfermedades, los reasentamientos y la hambruna provocada por una sequía redujeron la población indígena del valle de Teotihuacán, antaño floreciente, a sólo el 10% de su número anterior. Mientras tanto, multitud de colonos españoles llegaron para desplazar a los indígenas. Teotihuacán había sido testigo del auge y la caída de múltiples culturas; ahora, comenzaba un nuevo capítulo para la ciudad bimilenaria.

Conclusión

Gran parte de Teotihuacán sigue siendo un misterio, pero su influencia en Mesoamérica fue espectacular. Su crecimiento hasta convertirse en una ciudad vasta y populosa y sus impresionantes logros sirvieron de ejemplo a otras civilizaciones. La importancia de Teotihuacán como centro religioso y comercial y su papel en la urbanización de la región dejaron huella en la historia. Podemos encontrar correlaciones con los centros urbanos actuales y aprender de los éxitos y fracasos de Teotihuacán.

¿Cómo creció Teotihuacán hasta convertirse en la mayor metrópoli de América y una de las diez más grandes del mundo? Los teotihuacanos no pueden atribuirse todo el mérito, ya que la naturaleza desempeñó un papel, y los volcanes expulsaron a la población de sus antiguas ciudades. Pero Teotihuacán acogió a emigrantes de cerca y de lejos, estableciendo barrios para diferentes grupos tribales. Los emigrantes podían sentirse cómodos en barrios con personas de su misma cultura y lengua, a la vez que ponían en práctica sus habilidades específicas en la extraordinaria variedad de talleres de la ciudad.

Teotihuacán también se embarcó en un innovador proyecto de vivienda para prácticamente toda la ciudad, sin precedentes para la época e incluso hoy en día. Su sistema de viviendas de una sola planta para más de 100.000 personas ofrecía unas condiciones de vida cómodas y ordenadas, y sigue siendo un ejemplo de planificación urbana en la actualidad. Durante su historia temprana y media, todos los habitantes de la megaciudad tenían suficiente para comer, lo que indica el éxito de las técnicas de irrigación y agricultura.

Teotihuacán tendía a hacerlo todo a gran escala. Cuando se construyó, la Pirámide del Sol era la más alta de México y la segunda de Mesoamérica. Sin embargo, los teotihuacanos la construyeron sin rueda ni bestias de carga. Su vasta red comercial se extendía en un radio de más de mil millas, desde el océano Pacífico hasta la costa del Golfo y hasta Guatemala, Honduras y Belice. Administró con éxito su enorme entorno cosmopolita y produjo impresionantes obras de arte: templos asombrosos, murales brillantes, cerámica exquisita y figurillas intrigantes.

Teotihuacán fue el centro religioso más importante de Mesoamérica y sirvió de animado centro comercial para múltiples culturas. Fue el principal centro de culto de la cuenca de México y atrajo a peregrinos de todo México y Centroamérica. Incluso después de su caída, los aztecas viajaban hasta allí para ofrecer sacrificios y rezar en la Pirámide del Sol. Como núcleo comercial de Mesoamérica, exportaba obsidiana y otros productos elaborados en sus numerosos talleres, al tiempo que importaba materias primas, artículos de lujo y alimentos para su población. Teotihuacán aprovechó su población multiétnica para cultivar socios comerciales amistosos y se enriqueció en el proceso.

Teotihuacán fue el único centro urbano del valle de Teotihuacán en su apogeo. Aun así, desempeñó un papel en la urbanización de una zona más amplia: el resto de la cuenca de México y, más al sur, las zonas zapoteca y maya. Contaba con un dinámico proceso de interconexión y multitudes de personas que iban y venían por motivos comerciales y religiosos. Teotihuacán sirvió de modelo de desarrollo urbano y tenía una economía próspera con estrategias de éxito para mantener a su enorme población.

¿Cuáles son las claves de la exitosa urbanización de Teotihuacán? ¿Cómo podemos relacionar la antigua metrópolis con las grandes ciudades actuales? Pensemos en los componentes de una buena ciudad. El primero sería un liderazgo fuerte y eficaz. El antropólogo Cowgill estaba convencido de que Teotihuacán tuvo un gobernante dinámico y poderoso (o probablemente una serie de monarcas fuertes) durante su frenética construcción de pirámides y viviendas urbanas. Estos líderes tenían una visión y la capacidad de convencer a la gente para captar esa visión y ponerla en práctica.

Una vez finalizados los proyectos de construcción, es posible que Teotihuacán pasara a contar con un consejo de liderazgo más centrado en los problemas colectivos del pueblo y no en la gloria de la ciudad. Un consejo de liderazgo colectivo valoraría la diversidad de su pueblo al tiempo que proporcionaría a todos una calidad de vida decente. Un consejo así podría estar más comprometido con la gente corriente y ser más consciente de sus necesidades. Ambos tipos de liderazgo son esenciales para una ciudad próspera hoy en día, dependiendo de en qué punto de su desarrollo se encuentre el centro urbano y de sus retos específicos.

¿Qué podemos aprender de Teotihuacán sobre cómo prosperar en un estilo de vida urbano? Hoy en día, muchos habitantes de las ciudades se sienten aislados en medio de la multitud, ya que no tienen conexiones significativas con los demás a su alrededor. Por eso los complejos habitacionales de Teotihuacán eran tan ingeniosos. Reunían a pequeños grupos de unas sesenta personas o más con vínculos de parentesco o étnicos. En su "barrio", estaban aislados del bullicio y el ruido de la ciudad. Todos se conocían y probablemente estaban conectados al mismo taller. Podían cultivar macetas de flores y hortalizas, los niños podían correr sin peligro bajo el sol, y había camaradería y apoyo mutuo.

Teotihuacán nos recuerda los múltiples beneficios de conocer la historia de nuestro mundo. Del estudio del pasado extraemos ideas que podemos aplicar en nuestro presente y nuestro futuro. Nos ayuda a darnos cuenta de que no hay "una sola manera" de hacer las cosas correctamente. Pero también podemos aprender de los fracasos del pasado. Aunque no podemos estar totalmente seguros de lo que ocurrió durante el declive de Teotihuacán, el análisis de los esqueletos indica que la ciudad experimentó una escasez de alimentos. Es posible que los cambios medioambientales ralentizaran la producción agrícola, pero al parecer los dirigentes no supieron atajar el problema.

Los dirigentes podrían haber reducido su población estableciendo colonias en otras partes del valle de Teotihuacán o incluso más lejos. Quizá fue eso lo que hicieron y por lo que la población disminuyó en el siglo pasado. Podrían haber aumentado las importaciones de grano y pescado seco de otras regiones. La casi inanición que padeció la población pudo provocar disturbios y revueltas en el centro administrativo y religioso de la ciudad, ya que se quemaron los templos y palacios. En la actualidad, muchas ciudades se enfrentan a protestas y actos de violencia que amenazan su existencia. Teotihuacán puede ser un ejemplo de lo que *no se* debe hacer ante tales desafíos urbanos.

Y sin embargo, aunque Teotihuacán "sucumbió", continuó, a escala reducida, a través de múltiples cambios de liderazgo y de población en la cuenca de México. Fue testigo del auge y la caída de los toltecas y se asimiló al Imperio azteca. Llegó a ser un centro administrativo regional en la época colonial española, pero casi fue arrasada por las enfermedades y el hambre. Hoy, la historia de Teotihuacán forma parte de la identidad y el honor de México. Más de cuatro millones de visitantes acuden cada año a la ciudad para conocer el extraordinario legado de Teotihuacán.

Vea más libros escritos por Enthralling History

Bibliografía

Primera Parte: El Imperio azteca

Bellamy, Kate. "On the External Relations of Purepecha: An Investigation into Classification, Contact and Patterns of Word Formation". Doctoral Theses, University of Leiden, 2018, https://www.lotpublications.nl/Documents/498_fulltext.pdf.

Berdan, Frances. *Aztecs of Central Mexico: An Imperial Society*. Belmont, CA, USA: Cengage Learning, 28 de abril de 2004.

Bierhorst, John. *History and Mythology of the Aztecs: The Codex Chimalpopoca*. University of Arizona Press, 1 de junio de 1998.

Blanton, Richard. "Prehispanic Settlement Patterns of the Ixtapalapa Peninsula Region, Mexico". PhD diss., University of Michigan, 1970.

Blanton, Richard. "Prehispanic Adaptation in the Ixtapalapa Region, Mexico". *Science*, 175 (4028) (1972):1317-26.

Burkhart, Louise M. "The Solar Christ in Nahuatl Doctrinal Texts of Early Colonial Mexico". *Ethnohistory*, 35, no. 3 (1988): 234-56. Consultado el 10 de junio de 2021. doi:10.2307/481801.

Carrasco, Pedro. *The Tenochca Empire of Ancient Mexico: The Triple Alliance of Tenochtitlan, Tetzcoco, and Tlacopan*. University of Oklahoma Press, 1 de marzo de 2011.

Clendinnen, Inga. *Aztecs: An Interpretation*. Cambridge University Press, July 28, 2014.

Coe, Michael D., Javier Urcid, Rex Koontz. *Mexico: From the Olmecs to the Aztecs*. Thames & Hudson, 17 de septiembre de 2019.

Colston, Stephen A. "'No Longer Will There Be a Mexico:' Omens, Prophecies, and the Conquest of the Aztec Empire". *American Indian*

Quarterly, 9, no. 3 (1985): 239-58. Consultado el 1 de junio de 2021. doi:10.2307/1183828.

Cortés, Hernán. *Cartas y Relaciones de* Hernán *Cortés al Emperador Carlos V.* Edited by Pascual de Gayangos. Paris: A. Chaix, 1866. Microfilm.

Cruz, Isabel De La, Angélica González-Oliver, Brian M. Kemp, Juan A. Román, David Glenn Smith, and Alfonso Torre-Blanco. "Sex Identification of Children Sacrificed to the Ancient Aztec Rain Gods in Tlatelolco". *Current Anthropology* 49, no. 3 (2008): 519-26 Consultado el 10 de junio de 2021. doi:10.1086/587642.

Dewan, Leslie and Hosler, Dorothy. "Ancient Maritime Trade on Balsa Rafts: An Engineering Analysis". *Journal of Archaeological Research,* Vol. 64 (2008): 19-36.

Elzey, Wayne. "A Hill on a Land Surrounded by Water: An Aztec Story of Origin and Destiny". *History of Religions,* 31, no. 2 (1991):105-49. Consultado el 16 de junio de 2021. http://www.jstor.org/stable/1063021.

Hosler, Dorothy. "West Mexican Metallurgy: South and Central American Origins and West Mexican Transformations". *American Anthropologist,* Vol. 90, No. 4 (1988): 832-843.

Ioannidis, Alexander G., Javier Blanco-Portillo, and Andres Moreno-Estrada. "Native American Gene Flow into Polynesia Predating Easter Island Settlement". *Nature,* Vol. 583 (2020): 572-77.

Levy, Buddy. *Conquistador: Hernan Cortes, King Montezuma, and the Last Stand of the Aztecs.* New York: Bantam, 28 de julio de 2009.

Lockhart, James. *The Nahuas after the Conquest: A Social and Cultural History of the Indians of Central Mexico, Sixteenth Through Eighteenth Centuries.* Stanford University Press, 1 de septiembre de1994.

Matthew, Laura E., Michel R. Oudijk. *Indian Conquistadors: Indigenous Allies in the Conquest of Mesoamerica.* University of Oklahoma Press, 22 de octubre de 2012.

Miller, Mary Ellen. *The Art of Mesoamerica: From Olmec to Aztec (World of Art).*Thames & Hudson, 11 de junio de 2019.

Pohl, John, Adam Hook. *Aztecs and Conquistadores: The Spanish Invasion and the Collapse of the Aztec Empire.* Osprey Publishing, 10 de octubre de 2005.

Powis TG, A. Cyphers, N. W. Gaikwad, L. Grivetti, and K. Cheong. "Cacao Use and the San Lorenzo Olmec". *Proceedings of the National Academy of Sciences,* 108(21)(2011): 8595-600.

Smith, Michael E. *The Aztecs, 3rd Edition.* Wiley.com, 27 de diciembre de 2011.

Strawn, Susan M., "Hand Spinning and Cotton in the Aztec Empire, as Revealed by the Codex Mendoza". *Textile Society of America Symposium Proceedings.* 5 (2002).

Thomas, Hugh. *Conquest: Cortes, Montezuma, and the Fall of Old Mexico.* Simon & Schuster, 7 de abril de 1995.

Valentini, Philipp J. T. "The Olmecas and the Tultecas: A Study in Early Mexican Ethnology and History". *American Antiquarian Society,* (Octubre 1882): pp. 209-30, https://www.americanantiquarian.org/proceedings/48003300.pdf

Segunda Parte: La civilización maya

David Freidel. A Forest of Kings: The Untold Story of the Ancient Maya. William Morrow Paperbacks; January 24, 1992.

Matthew Restall. Invading Guatemala: Spanish, Nahua, and Maya Accounts of the Conquest Wars. Penn State University Press; January 15, 2008.

Lawrence H. Feldman. Lost Shores, Forgotten Peoples: Spanish Explorations of the South East Maya Lowlands. Duke University Press Books; February 5, 2001.

David Drew. The Lost Chronicles of the Maya Kings. University of California Press; March 20, 2000.

Elliot M. Abrams. How the Maya Built Their World: Energetics and Ancient Architecture. University of Texas Press; June 4, 2010.

Simon Martin, Nikolai Grube. Chronicle of the Maya Kings and Queens: Deciphering The Dynasties of the Ancient Maya. Thames & Hudson; April 28, 2008.

Michael D. Coe, Stephen D. Houston. The Maya (Ancient Peoples and Places). Thames & Hudson; June 16, 2015.

Richard Diehl. Olmecs: America's First Civilization (Ancient Peoples & Places). Thames and Hudson; December 31, 2004.

Michael D. Coe. America's First Civilization. Discovering the Olmec. American Heritage Association / Smithsonian; January 1, 1968.

Robert M. Rosenswig. The Beginnings of Mesoamerican Civilization: Inter-Regional Interaction and the Olmec. Cambridge University Press; December 28, 2009.

Francisco Estrada-Belli. The First Maya Civilization: Ritual and Power Before the Classic Period. Routledge; December 20, 2010.

Sarah E. Jackson. Politics of the Maya Court: Hierarchy and Change in the Late Classic Period. University of Oklahoma Press. May 24, 2013.

Tercera Parte: La civilización olmeca

Richard A. Diehl. The Olmecs: America's First Civilization (Ancient Peoples and Places). London: Thames & Hudson; 1 de noviembre de 2005.

Michael D. Coe. Rex Koontz. *Mexico: From the Olmecs to the Aztecs (Ancient Peoples and Places)*. London and New York: Thames & Hudson; 14 de junio de 2013.

Christopher A Pool. *Olmec archaeology and early Mesoamerica*. Cambridge and New York: Cambridge University Press, 2007.

Deborah L. Nichols. Christopher A. Pool. *The Oxford Handbook of Mesoamerican Archaeology*. Oxford University Press; 24 de septiembre de 2012.

Douglas J. Kennett. Archaic-Period Foragers and Farmers in Mesoamerica. Sep 2012.

Rosemary A. Joyce. John S. Henderson. *Beginnings of Village Life in Eastern Mesoamerica*. Cambridge University Press; 20 de enero de 2017.

Michael D. Coe. *Magnetic Exploration of the Olmec Civilization*. Yale University. January 1972(PDF online reproduction).

Karl A Taube. *Olmec Art*. Washington, D.C: Dumbarton Oaks Research Library and Collection; 2004.

Kathleen Berrin. (editor) Virginia M. Fields(editor). *Olmec: Colossal Masterworks of Ancient Mexico*. Yale University Press; 26 de octubre de 2010.

Mary Ellen Miller. *The Art of Mesoamerica (World of Art)*. Thames & Hudson; 10 de septiembre de 2012.

Christopher A. Pool(editor). Settlement Archaeology and Political Economy at Tres Zapotes, Veracruz, Mexico (Monographs). The Cotsen Institute of Archaeology Press; 1 de julio de 2003.

Cuarta Parte: La Civilización Tolteca

Nigel Davies. The Toltecs, until the fall of Tula. University of Oklahoma Press; January 1, 1977.

Nigel Davies. The Toltec Heritage: From the Fall of Tula to the Rise of Tenochtitlan. University of Oklahoma Press; January 1, 1980.

Richard A. Diehl. Tula: The Toltec Capital of Ancient Mexico. New York: Thames & Hudson; November 1, 1983.

H. B. Nicholson. Topiltzin Quetzalcoatl: The Once and Future Lord of the Toltecs. University Press of Colorado; September 15, 2001.

Frank Díaz. The Gospel of the Toltecs: The Life and Teachings of Quetzalcoatl. Bear & Company; July 30, 2002.

Jeff Karl Kowalski. Cynthia Kristan-Graham. George J. Bey III. Twin Tollans: Chichén Itzá, Tula, and the Epiclassic to Early Postclassic Mesoamerican

World, Revised Edition. Dumbarton Oaks Research Library and Collection; November 28, 2011.

Michael D. Coe, Stephen D. Houston. The Maya (Ancient Peoples and Places). Thames & Hudson; June 16, 2015.

Elliot M. Abrams. How the Maya Built Their World: Energetics and Ancient Architecture. University of Texas Press; June 4, 2010.

Quinta Parte: Teotihuacán

Argote, D. L., A. Tejero-Andrade, M. Cárdenas-Soto, G. Cifuentes-Nava, R. E. Chávez, E. Hernández-Quintero, A. García-Serrano, A., and V. Ortega. "Designing the Underworld in Teotihuacan: Cave Detection beneath the Moon Pyramid by ERT and ANT Surveys". *Journal of Archaeological Science*, 118, 105141 (2020). https://doi.org/10.1016/j.jas.2020.105141

Arizona State University. "Ceremonial Burial at Moon Pyramid Shows Teotihuacan Rulers Had Mayan Connection", *Science Daily*. October 29, 2002.

Braswell, Geoffrey E., ed. *The Maya and Teotihuacan: Reinterpreting Early Classic Interaction*. Austin: University of Texas Press, 2003.

Carballo, David M. "The Social Organization of Craft Production and Interregional Exchange at Teotihuacan". In *Merchants, Markets, and Exchange in the Pre-Columbian World*, ed. Kenneth D. Hirth, 113-140. Dumbarton Oaks Pre-Columbian Symposia and Colloquia, 2013. https://sites.bu.edu/patt-es/files/2014/10/Carballo2013_Merchants.pdf

Carballo, David M. "Urban Life on Teotihuacan's Periphery – New Research at the Tlajinga District". *Ancient Mesoamerica* 30, no. 1 (2019): 91-94. doi:10.1017/S0956536118000500.

Carballo, David M. *Urbanization and Religion in Ancient Central Mexico*. New York: Oxford University Press, 2016.

Casar, I., L. Márquez, and E. Cienfuegos. "Monte Alban and Teotihuacan Connections: Can Stable Isotope Analysis of Bone and Enamel Detect Migration between Two Ancient Mesoamerican Urban Capitals?" *Archaeological and Anthropological Sciences*

Clayton, Sarah C. "Interregional Relationships in Mesoamerica: Interpreting Maya Ceramics at Teotihuacan", *Latin American Antiquity* 16, no. 4 (2005): 427-48. https://doi.org/10.2307/30042508.

Coe, Michael D. *The Maya (Ancient Peoples and Places Series)*. London and New York: Thames & Hudson, 1999.

Coggins, Clemency Chase. "Creation Religion and the Numbers at Teotihuacan and Izapa". *RES: Anthropology and Aesthetics*, no. 29/30 (1996): 16-38. http://www.jstor.org/stable/20166942

Cowgill, George L. *Ancient Teotihuacan: Early Urbanism in Central Mexico (Case Studies in Early Societies)*. Cambridge: Cambridge University Press, 2015.

Cowgill, George L. "State and Society at Teotihuacan, Mexico", *Annual Review of Anthropology* 26 (1997): 129-61. http://www.jstor.org/stable/2952518.

Day, Jane Stevenson, Kristi Butterwick, and Robert B. Pickering. "Archaeological Interpretations of West Mexican Ceramic Art from the Late Preclassic Period: Three Figurine Projects", *Ancient Mesoamerica* 7, no. 1 (1996): 149-61. http://www.jstor.org/stable/26307287.

Demarest, Arthur. *Ancient Maya: The Rise and Fall of a Forest Civilization*. Cambridge: Cambridge University Press, 2004. ISBN 978-0-521-53390-4. OCLC 51438896

Department of the Arts of Africa, Oceania, and the Americas. "Teotihuacan". In *Heilbrunn Timeline of Art History*. New York: The Metropolitan Museum of Art, October 2001. http://www.metmuseum.org/toah/hd/teot/hd_teot.htm

Evans, Susan Toby. "Aztec-period Political Organization in the Teotihuacan Valley: Otumba as a City-State". Ancient Mesoamerica 12, no. 1 (2001): 89-100. http://www.jstor.org/stable/26308189

Follensbee, Billie J. A. "Fiber Technology and Weaving in Formative-Period Gulf Coast Cultures". *Ancient Mesoamerica* 19, no. 1 (2008): 87-110. http://www.jstor.org/stable/26309219

García-Des Lauriers, Claudia, ed. and Tatsuya Murakami, ed. *Teotihuacan and Early Classic Mesoamerica: Multiscalar Perspectives on Power, Identity, and Interregional Relations*. Louisville: University Press of Colorado, 2021.

Garraty, Christopher P. "Aztec Teotihuacan: Political Processes at a Postclassic and Early Colonial City-State in the Basin of Mexico". *Latin American Antiquity* 17, no. 4 (2006): 363-87. https://doi.org/10.2307/25063064

Grennes-Ravitz, Ronald A., and G. H. Coleman. "The Quintessential Role of Olmec in the Central Highlands of Mexico: A Refutation". *American Antiquity* 41, no. 2 (1976): 196-206. https://doi.org/10.2307/279172.

Gruner, Erina, and John Hodgson. "Precursor to Teotihuacan?" *Archaeology* 59, no. 2 (2006): 9-9. http://www.jstor.org/stable/41780063.

Hassig, Ross. *War and Society in Ancient Mesoamerica*. Berkeley: University of California Press, 1992.

Headrick, Annabeth. *The Teotihuacan Trinity: The Sociopolitical Structure of an Ancient Mesoamerican City (The William and Bettye Nowlin Series in Art, History, and Culture of the Western Hemisphere)*. Austin: University of Texas Press, 2017.

Hirth, Kenneth G., David M. Carballo, and Barbara Arroyo. *Teotihuacan: The World Beyond the City*. Washington, D.C.: Dumbarton Oaks, 2020.

Houston, Stephen, Edwin Román Ramírez, Thomas G. Garrison, David Stuart, Héctor Escobedo Ayala, and Pamela Rosales. "A Teotihuacan Complex at the Classic Maya City of Tikal, Guatemala", *Antiquity* 95, no. 384 (2021): e32. doi:10.15184/aqy.2021.140.

Joyce, Arthur A. "Interregional Interaction and Social Development on the Oaxaca Coast". *Ancient Mesoamerica*. 4, no. 1 (1993): 67-84.
http://www.jstor.org/stable/26307326

Lachniet, Matthew S., and Juan Pablo Bernal-Uruchurtu. "AD 550-600 Collapse at Teotihuacan: Testing Climatic Forcing from a 2400-Year Mesoamerican Rainfall Reconstruction", In *Megadrought and Collapse: From Early Agriculture to Angkor*, edited by Harvey Weiss, 183-204. New York: Oxford Academic, 2017.
https://doi.org/10.1093/oso/9780199329199.003.0006.

"Mammoth Traps near Mexico City Are First Ever Found". *Mexico News Daily*. November 8, 2019. https://mexiconewsdaily.com/news/mammoth-traps-near-mexico-city-are-first-ever-found/

Manzanilla, Linda R. "Cooperation and Tensions in Multi-ethnic Corporate Societies Using Teotihuacan, Central Mexico, as a Case Study". *Proceedings of the National Academy of Sciences*. 112, no.30 (March 2015): 9210-15.

Moran, Barbara. "Lessons from Teo", *The Brink: Boston University*, 2015.
https://www.bu.edu/articles/2015/archaeology-teotihuacan-mexico/

Nichols, Deborah L. "Review of Teotihuacan and the Development of Postclassic Mesoamerica, by Davíd Carrasco, Lindsay Jones, Scott Sessions, and Kenneth G. Hirth". *Latin American Antiquity* 12, no. 3 (2001): 334-36.
https://doi.org/10.2307/971638

Pasztory, Esther. "Still Invisible: The Problem of the Aesthetics of Abstraction for Pre-Columbian Art and Its Implications for Other Cultures". *Anthropology and Aesthetics*. 104 (1990-1991): 19-20.
https://doi.org/10.1086/RESvn1ms20166829

Pasztory, Esther. *Teotihuacan: An Experiment in Living*. Norman: University of Oklahoma Press, 1997.

Pre-Hispanic City of Teotihuacan. UNESCO: World Heritage Convention.
https://whc.unesco.org/en/list/414

Reuters. "Riches of Artifacts under Pyramid Reveals Ancient Mexican Culture". *Daily Sabah*

Robb, Matthew, ed. *Teotihuacan: City of Water, City of Fire*. Berkeley: University of California Press, 2017.

Rodriguez, Maria Teresa Palomares. *The Oaxaca Barrio in Teotihuacan: Mortuary Customs and Ethnicity in Mesoamerica's Greatest Metropolis.* Carbondale: Southern Illinois University, 2013.

Sahagún, Fray Bernardino de. *Historia General de las Cosas de Nueva España.* Edited by Francisco del Paso y Troncoso. Madrid: Fototipia de Hauser y Menet, 1905.

Santley, Robert S., and Philip J. Arnold. "The Obsidian Trade to the Tuxtlas Region and Its Implications for the Prehistory of Southern Veracruz, Mexico". *Ancient Mesoamerica* 16, no. 2 (2005): 179-94. http://www.jstor.org/stable/26309178.

Shaer, Matthew. "A Secret Tunnel Found in Mexico May Finally Solve the Mysteries of Teotihuacán". *Smithsonian Magazine* (June 2016). https://www.smithsonianmag.com/history/discovery-secret-tunnel-mexico-solve-mysteries-teotihuacan-180959070/

Shook, Edwin M., and Alfred V. Kidder. "Mound E-III-3, K'aminaljuyu, Guatemala". In *Contributions to American Anthropology and History*, Vol. 9 (53) (1952): 33-127. Washington D.C.: Carnegie Institution of Washington.

Smith, Michael E., Abhishek Chatterjee, Angela C. Huster, Sierra Stewart, and Marion Forest. "Apartment Compounds, Households, and Population in the Ancient City of Teotihuacan, Mexico". *Ancient Mesoamerica* 30, no. 3 (2019): 399-418. doi:10.1017/S0956536118000573.

Somerville, A. D., N. Sugiyama, L. R. Manzanilla, and M. J. Schoeninger. "Animal Management at the Ancient Metropolis of Teotihuacan, Mexico: Stable Isotope Analysis of Leporid (Cottontail and Jackrabbit) Bone Mineral". *PLoS One.* 2016 Aug 17;11(8):e0159982. doi: 10.1371/journal.pone.0159982. PMID: 27532515; PMCID: PMC4988673.

Storey, Rebecca. "An Estimate of Mortality in a Pre-Columbian Urban Population". *American Anthropologist* 87, no. 3 (1985): 519-35. http://www.jstor.org/stable/678874

Storey, Rebecca. "Perinatal Mortality at Pre-Columbian Teotihuacan". *American Journal of Biological Anthropology.* 69, no. 4 (April 1986): 541-548.

Sugiyama, Nawa, Raúl Valadez, Gilberto Pérez, Bernardo Rodriguez, and Fabiola Torres. "Animal Management, Preparation and Sacrifice: Reconstructing Burial 6 at the Moon Pyramid, Teotihuacan, México". *Anthropozoologica,* 48(2), 467-485, (1 December 2013).

Sugiyama, Nawa, Saburo Sugiyama, and Alejandro Sarabia. "Inside the Sun Pyramid at Teotihuacan, Mexico: 2008–2011 Excavations and Preliminary Results". *Latin American Antiquity* 24, no. 4 (2013): 403-32. http://www.jstor.org/stable/23645621.

Sugiyama, Saburo and Leonardo Luján. "Dedicatory Burial/Offering Complexes at the Moon Pyramid, Teotihuacan: A Preliminary Report of 1998-

2004 Explorations". *Ancient Mesoamerica.* 18 (1): 127–146. doi:10.1017/S0956536107000065. JSTOR 26309326. S2CID 54787122.

Taube, Karl A. "The Teotihuacan Cave of Origin: The Iconography and Architecture of Emergence Mythology in Mesoamerica and the American Southwest". RES: *Anthropology and Aesthetics,* no. 12 (1986): 51–82. http://www.jstor.org/stable/20166753.

University of California - Riverside. "Modern Activities Follow the Contours of Ancient Teotihuacan: Lidar Mapping Study Reveals Vast Landscape Modifications That Still Influence Construction and Farming". *ScienceDaily,* September 20, 2021. www.sciencedaily.com/releases/2021/09/210920173156.htm

Venegas, Roberto. "Obsidian from Teotihuacan", *Historical Mexico.* https://historicalmx.org/items/show/78.

Von Winning, Hasso. "The Old Fire God and His Symbolism at Teotihuacan". *Indiana,* Vol. 4 (1977). https://doi.org/10.18441/ind.v4i0.7-61

Wade, Lizzie. "The Arrival of Strangers: New Evidence Points to a Clash Between Two Ancient Mesoamerican Cultures, Teotihuacan and the Maya". *Science.* February 27, 2020. https://www.science.org/content/article/astounding-new-finds-suggest-ancient-empire-may-be-hiding-plain-sight

White, Christine D., T. Douglas Price, and Fred J. Longstaffe. "Residential Histories of the Human Sacrifices at the Moon Pyramid, Teotihuacan: Evidence from Oxygen and Strontium Isotopes". *Ancient Mesoamerica* 18, no. 1 (2007): 159–72. http://www.jstor.org/stable/26309328

Fuentes de imágenes

1. https://www.needpix.com/photo/892953/aztec-calendar-aztec
2. https://commons.wikimedia.org/wiki/File:Mexico_coat_of_arms.png
3. Madman2001, CC BY-SA 3.0 <http://creativecommons.org/licenses/by-sa/3.0/>, vía Wikimedia Commons https://commons.wikimedia.org/wiki/File:Formative_Era_sites.svg
4. Ruben Charles, (http://www.rubencharles.com), CC BY 2.0 <https://creativecommons.org/licenses/by/2.0>, vía Wikimedia Commons https://commons.wikimedia.org/wiki/File:Altar_4_La_Venta_(Ruben_Charles).jpg
5. https://commons.wikimedia.org/wiki/File:La_Venta_Pir%C3%A1mide_cara_poniente.jpg
6. https://pixabay.com/sv/photos/olmec-chef-tabasco-rean-mexico-619120/
7. Madman2001, CC BY 3.0 <https://creativecommons.org/licenses/by/3.0>, vía Wikimedia Commons https://commons.wikimedia.org/wiki/File:Olmec_Figurine_holding_infant_(Met).jpg
8. https://en.wikipedia.org/wiki/Werejaguar#/media/File:Jaguarbaby.jpg
9. Audrey and George Delange https://commons.wikimedia.org/wiki/File:La_Venta_Stele_19_(Delange).jpg
10. Del Museo de Antropología de Xalapa, Vera Cruz, México. https://en.wikipedia.org/wiki/Epi-Olmec_culture#/media/File:Harvestermountainlord.jpg
11. Leandro Neumann Ciuffo de Rio de Janeiro, Brasil, CC BY 2.0 <https://creativecommons.org/licenses/by/2.0>, vía Wikimedia Commons https://en.wikipedia.org/wiki/Toltec#/media/File:Piramide_tolteca_de_Tula_(1).jpg

12 Mabarlabin, CC BY-SA 3.0 <https://creativecommons.org/licenses/by-sa/3.0>, vía Wikimedia Commons https://commons.wikimedia.org/wiki/File:Toltec_influence_cities_marked1.jpg

13 O.Mustafin, CC0, vía Wikimedia Commons https://commons.wikimedia.org/wiki/File:Topiltzin.jpg

14 Mabarlabin, CC BY-SA 3.0 <https://creativecommons.org/licenses/by-sa/3.0>, vía Wikimedia Commons https://commons.wikimedia.org/wiki/File:El_descubrimiento_del_pulque_Jos%C3%A9_Mar%C3%ADa_Obreg%C3%B3n.jpg

15 Gary Todd, CC0, vía Wikimedia Commons https://commons.wikimedia.org/wiki/File:Toltec_Chac_Mool.jpg

16 Cangadoba, CC BY-SA 4.0 <https://creativecommons.org/licenses/by-sa/4.0>, vía Wikimedia Commons. https://commons.wikimedia.org/wiki/File:Quetzalcoatl_isolated.png

17 AlejandroLinaresGarcia, CC BY-SA 3.0 <https://creativecommons.org/licenses/by-sa/3.0>, vía Wikimedia Commons https://commons.wikimedia.org/wiki/File:TulaSite81.JPG

18 Daniel Schwen, CC BY-SA 4.0 <https://creativecommons.org/licenses/by-sa/4.0>, vía Wikimedia Commons. https://commons.wikimedia.org/wiki/File:Chichen_Itza_2.jpg

19 Juan Carlos Fonseca Mata, CC BY-SA 4.0 <https://creativecommons.org/licenses/by-sa/4.0>, vía Wikimedia Commons https://commons.wikimedia.org/wiki/File:Mapa_de_San_Miguel_y_San_Felipe_de_los_Chichimecas_(1580)_-_Chichimecas_2.jpg

20 Juan Carlos Fonseca Mata, CC BY-SA 4.0 <https://creativecommons.org/licenses/by-sa/4.0>, vía Wikimedia Commons https://commons.wikimedia.org/wiki/File:Baj%C3%ADo_Mx.png

21 Elmer Homero CC BY-SA 3.0 <http://creativecommons.org/licenses/by-sa/3.0/>, vía Wikimedia Commons https://commons.wikimedia.org/wiki/File:ChichimecNations.png

22 Ketzalkoatl Periodismo Ambiental, CC BY-SA 2.0 <https://creativecommons.org/licenses/by-sa/2.0>, vía Wikimedia Commons https://commons.wikimedia.org/wiki/File:Festival_de_la_Toltekidad2.jpg

23 Francisco del Valle, CC BY-SA 4.0 <https://creativecommons.org/licenses/by-sa/4.0>, vía Wikimedia Commons https://commons.wikimedia.org/wiki/File:Centro_Ceremonial_Chichimeca.jpg

24 Francisco del Valle, CC BY-SA 4.0 <https://creativecommons.org/licenses/by-sa/4.0>, vía Wikimedia Commons https://commons.wikimedia.org /wiki/File:Mapa_de_San_Miguel_y_San_Felipe_de_los_Chichimecas_(1580)_-_Chichimecas_1.jpg

25 Juan Carlos Fonseca Mata, CC BY-SA 4.0 <https://creativecommons.org/licenses/by-sa/4.0>, vía Wikimedia Commons https://commons.wikimedia.org/wiki/File:San_Felipe,_Guanajuato_-_Mapa_de_San_Miguel_y_San_Felipe_de_los_Chichimecas_(1580).jpg

26 https://commons.wikimedia.org/wiki/File:Codex_Boturini,_page_3.jpg

27 https://commons.wikimedia.org/wiki/File:Tenoch.jpg

28 https://commons.wikimedia.org/wiki/File:MA_D037_From_the_Boturini_MS_showing_the_commencement_of_the_Aztec_migration.jpg

29 https://commons.wikimedia.org/wiki/File:ToltecaChichimeca_Chicomostoc.jpg

30 Marisol Narváez Quiroz, CC BY-SA 3.0 <https://creativecommons.org/licenses/by-sa/3.0>, vía Wikimedia Commons https://commons.wikimedia.org/wiki/File:LA_QUEMADA_zacatecas.jpg

31 OrniCosa de MEXICO, D.F., MEXICO, CC BY 2.0 <https://creativecommons.org/licenses/by/2.0>, vía Wikimedia Commons https://commons.wikimedia.org/wiki/File:La_Quemada,_Zacatecas.jpg

32 JavierDo, CC BY-SA 3.0 <https://creativecommons.org/licenses/by-sa/3.0>, vía Wikimedia Commons https://commons.wikimedia.org/wiki/File:Ruinas,_La_Quemada_-_panoramio_(4).jpg

33 https://commons.wikimedia.org/wiki/File:1704_Gemelli_Map_of_the_Aztec_Migration_from_Aztlan_to_Chapultapec_-_Geographicus_-_AztecMigration-gemelli-1704.jpg

34 https://commons.wikimedia.org/wiki/File:Boturini_Codex_(folio_3).JPG

35 https://commons.wikimedia.org/wiki/File:Boturini_Codex_(folio_4).JPG

36 Archivo: Lago de Texcoco-posclásico.png: YavidaxiuFile:Valle de México c.1519-fr.svg: historicair 13:51, 11 de septiembre de 2007 (UTC)obra derivada: Sémhur, CC BY-SA 4.0 <https://creativecommons.org/licenses/by-sa/4.0>, vía Wikimedia Commons https://commons.wikimedia.org/wiki/File:Basin_of_Mexico_1519_map-en.svg

37 The Trustees at the British Museum, CC BY-SA 4.0 <https://creativecommons.org/licenses/by-sa/4.0>, vía Wikimedia Commons https://commons.wikimedia.org/wiki/File:Codice_Aubin_Folio_25.png

38 https://commons.wikimedia.org/wiki/File:The_Eagle,_the_Snake,_and_the_Cactus_in_the_Founding_of_Tenochtitlan_WDL6749.png

39 https://commons.wikimedia.org/wiki/File:Acamapichtli,_the_First_Aztec_King_(Reigned_1376%E2%80%9395)_WDL6718.png

40 https://commons.wikimedia.org/wiki/File:Historia_general_de_las_cosas_de_Nueva_Espa%C3%B1a_vol._1_folio_74v_(cleared_up).png

41 https://commons.wikimedia.org/wiki/File:El_templo_mayor_en_Tenochtitlan.png

42 https://commons.wikimedia.org/wiki/File:The_American_Museum_journal_(c1900-(1918))_(18162300141).jpg

43 https://commons.wikimedia.org/wiki/File:Tezozomoc_funeral.jpg

44 https://commons.wikimedia.org/wiki/File:Four_Aztec_Warriors_in_Drawn_in_Codex_Mendoza.jpg

45 https://commons.wikimedia.org/wiki/File:Aztecexpansion.png

46 https://commons.wikimedia.org/wiki/File:Nezahualcoyotl.jpg

47 https://commons.wikimedia.org/wiki/File:The_Battle_of_Azcapotzalco_WDL6746.png

48 Aztec Empire 1519 map-fr.svg: Keepscases & Sémhurderivative work: Rowanwindwhistler, CC BY-SA 4.0 <https://creativecommons.org/licenses/by-sa/4.0>, vía Wikimedia Commons https://commons.wikimedia.org/wiki/File:Aztec_Empire_1519_map-es.svg

49 https://commons.wikimedia.org/wiki/File:Aztec_warriors.png

50 https://commons.wikimedia.org/wiki/File:Dique_Nezahualc%C3%B3yotl_primer_mapa_de_Tenochtitlan.png

51 Misaelos, CC BY-SA 3.0 <https://creativecommons.org/licenses/by-sa/3.0>, vía Wikimedia Commons https://commons.wikimedia.org/wiki/File:Ba%C3%B1os_de_Nezahualcoyotl.JPG

52 Juan de Tovar, ver página para licencia, vía Wikimedia Commons https://commons.wikimedia.org/wiki/File:Moctezuma_I,_the_Fifth_Aztec_King.png

53 No se proporciona autor legible mecánicamente. Se presupone Gengiskanhg (basado en reclamaciones de derechos de autor)., CC BY-SA 3.0 <http://creativecommons.org/licenses/by-sa/3.0/>, vía Wikimedia Commons https://commons.wikimedia.org/wiki/File:PatzcuaroLakeIslands_fromTheTopOfJanitzioIsland_PatzcuaroLake_MichoacanMexico.jpg

54 https://en.wikipedia.org/wiki/Pre-Columbian_rafts#/media/File:Andean_raft,_1748.jpg

55 No se proporciona autor legible mecánicamente. Se presupone que es Madman2001 (según los derechos de autor)., CC BY-SA 3.0 <http://creativecommons.org/licenses/by-sa/3.0/>, vía Wikimedia Commons https://en.wikipedia.org/wiki/Tarascan_state#/media/File:Tarascan_Coyote_Statuette.jpg

56 Thelmadatter, CC BY-SA 3.0 <https://creativecommons.org/licenses/by-sa/3.0>, vía Wikimedia Commons https://commons.wikimedia.org/wiki/File:4thYacatatztztz.JPG

57 https://commons.wikimedia.org/wiki/File:Tarascan_aztec_states.png

58 Thelmadatter, CC BY-SA 3.0 <https://creativecommons.org/licenses/by-sa/3.0>, vía Wikimedia Commons, https://commons.wikimedia.org/w/index.php?curid=8481277

59 https://commons.wikimedia.org/wiki/File:Ornamenta_Pur%C3%A9pecha.jpg

60 https://commons.wikimedia.org/wiki/File:Aztec_Indians_Mexico_Tlaxcalan_Cortez.jpg

61 https://commons.wikimedia.org/wiki/File:Moctezuma_Xocoyotzin_Newberry.jpg

62 Jaontiveros, CC BY-SA 4.0 <https://creativecommons.org/licenses/by-sa/4.0/>, vía Wikimedia Commons https://en.wikipedia.org/wiki/Juan_de_Grijalva#/media/File:Expedici%C3%B3n_de_Girjalva_1518.svg

63 Arrie.Irazabal, CC BY-SA 4.0 <https://creativecommons.org/licenses/by-sa/4.0>, vía Wikimedia Commons https://commons.wikimedia.org/wiki/File:Cortes_hernan_2.jpg

64 https://en.wikipedia.org/wiki/La_Malinche#/media/File:MOM_D093_Donna_Marina_(La_Malinche).jpg

65 historicair 23:39, 9 de septiembre de 2007 (UTC), CC BY-SA 3.0 <http://creativecommons.org/licenses/by-sa/3.0/>, vía Wikimedia Commons https://upload.wikimedia.org/wikipedia/commons/7/7f/Cempoala_location_map-fr.svg

66 https://commons.wikimedia.org/w/index.php?curid=5801517

67 https://commons.wikimedia.org/wiki/File:Cortez_and_Montezuma_at_Mexican_Temple.jpg

68 https://commons.wikimedia.org/wiki/File:Los_informantes_de_moctezuma_Isidro_Mart%C3%ADnez_siglo_XIX.jpg

69 Jl FilpoC, CC BY-SA 4.0 <https://creativecommons.org/licenses/by-sa/4.0/>, vía Wikimedia Commons, https://commons.wikimedia.org/w/index.php?curid=79340037

70 https://commons.wikimedia.org/wiki/File:Stories_of_American_explorers_-_a_historical_reader_(1906)_(14592623230).jpg

71 https://commons.wikimedia.org/wiki/File:ROHM_D273_Aztecs_continue_their_assault_against_the_conquistadors.jpg

72 https://commons.wikimedia.org/wiki/File:Manuel_Rodriguez_de_Guzman_-_Battle_of_Otumba_-_1983.591_-_Museum_of_Fine_Arts.jpg

73 Archivo:Lago de Texcoco-posclásico.png: YavidaxiuFile:Valley of Mexico c.1519-fr.svg: historicair 13:51, 11 de septiembre de 2007 (UTC) obra derivada: Sémhur, CC BY-SA 4.0 <https://creativecommons.org/licenses/by-sa/4.0/>, vía Wikimedia Commons https://commons.wikimedia.org/wiki/File:Basin_of_Mexico_1519_map-fr.svg

74 https://commons.wikimedia.org/wiki/File:The_Conquest_of_Tenochtitlan.jpg

75 https://commons.wikimedia.org/wiki/File:ROHM_D201_The_conquistadors_enter_tenochtitlan_to_the_sounds_of_martial_music.jpg

76 https://commons.wikimedia.org/w/index.php?curid=21809420

77 Jaontiveros, CC BY-SA 4.0 <https://creativecommons.org/licenses/by-sa/4.0>, vía Wikimedia Commons, https://commons.wikimedia.org/w/index.php?curid=6222300

78 GAED, CC BY-SA 3.0 <https://creativecommons.org/licenses/by-sa/3.0>, vía Wikimedia Commons https://commons.wikimedia.org/wiki/File:Templo_Mayor_50.jpg

79 Tobiascontreras, CC BY-SA 3.0 <https://creativecommons.org/licenses/by-sa/3.0>, vía Wikimedia Commons https://commons.wikimedia.org/wiki/File:Misi%C3%B3n_Santiago_de_Jalpan.jpg

80 Autor desconocido, CC BY-SA 4.0 <https://creativecommons.org/licenses/by-sa/4.0>, vía Wikimedia Commons https://commons.wikimedia.org/wiki/File:Bernardino_de_Sahag%C3%BAn.jpg

81 https://commons.wikimedia.org/wiki/File:Blowing_on_maize.jpg

82 https://commons.wikimedia.org/wiki/File:Mestizo._Mestiza._Mestiza.jpg

83 https://commons.wikimedia.org/wiki/File:Guide_leaflet_(1901)_(14581791148).jpg

84 Fotografía de Mike Peel (www.mikepeel.net)., CC BY-SA 4.0 <https://creativecommons.org/licenses/by-sa/4.0>, vía Wikimedia Commons https://commons.wikimedia.org/wiki/File:Templo_Mayor_2015_007.jpg

85 https://commons.wikimedia.org/wiki/File:General_guide_to_the_exhibition_halls_of_the_American_Museum_of_Natural_History_(1911)_(14595489267).jpg

86 https://commons.wikimedia.org/wiki/File:COM_V2_D273_Prisoners_for_sacrifice_were_decorated.png

87 Luidger, CC BY-SA 3.0 <http://creativecommons.org/licenses/by-sa/3.0/>, vía Wikimedia Commons https://en.wikipedia.org/wiki/Human_sacrifice_in_Aztec_culture#/media/File:20041229-Ocelotl-Cuauhxicalli_(Museo_Nacional_de_Antropolog%C3%ADa)_MQ.jpg

88 HJPD, CC BY 3.0 <https://creativecommons.org/licenses/by/3.0>, vía Wikimedia Commons https://commons.wikimedia.org/wiki/File:TemploMayor4.jpg

89 Johnoregon, CC BY-SA 4.0 <https://creativecommons.org/licenses/by-sa/4.0>, vía Wikimedia Commons https://commons.wikimedia.org/wiki/File:Danzantes_Bas%C3%ADlica_de_Guadalupe.jpg

90 https://commons.wikimedia.org/wiki/File:Irrigaci%C3%B3n_con_uictli_C%C3%B3dice_Florentino_libro_XI_f.228.jpg.

91 Wolfgang Sauber, CC BY-SA 3.0 <https://creativecommons.org/licenses/by-sa/3.0>, vía Wikimedia Commons https://commons.wikimedia.org/wiki/File:Murales_Rivera_-_Markt_in_Tlatelolco_1.jpg

92 https://commons.wikimedia.org/wiki/File:Aztec_high_lords_bottom.png

93 The Bodleian Library, University of Oxford, CC BY 4.0 <https://creativecommons.org/licenses/by/4.0>, vía Wikimedia Commons https://commons.wikimedia.org/wiki/File:Bodl_Arch.Selden.A.1_roll236.2_frame5.jpg

94 https://commons.wikimedia.org/wiki/File:Patolli.jpg

95 https://commons.wikimedia.org/wiki/File:Cacao_-_Fig_1._Aztec_glyph_or_pictograph_for_80_bales_of_cacao.png

96 https://commons.wikimedia.org/wiki/File:Aztec_drums,_Florentine_Codex..jpg

97 en:User:Ancheta Wis, CC BY-SA 2.5 <https://creativecommons.org/licenses/by-sa/2.5>, vía Wikimedia Commons https://commons.wikimedia.org/wiki/File:Aztec_Sun_Stone_Replica_cropped.jpg

98 Fotógrafo : El Comandante, CC BY-SA 3.0 <https://creativecommons.org/licenses/by-sa/3.0>, vía Wikimedia Commons https://commons.wikimedia.org/wiki/File:Cuauhxicalli_de_Moctezuma_Ilhuicamina.JPG

99 J Mndz, CC BY-SA 2.0 <https://creativecommons.org/licenses/by-sa/2.0>, vía Wikimedia Commons https://commons.wikimedia.org/wiki/File:Diosa_Coatlicue.jpg

100 MinaMarciano, CC BY-SA 4.0 <https://creativecommons.org/licenses/by-sa/4.0>, vía Wikimedia Commons https://commons.wikimedia.org/wiki/File:Xipe_Totec_Annotation.jpg

101 Cleveland Museum of Art, CC0, vía Wikimedia Commons https://commons.wikimedia.org/wiki/File:Central_Mexico,_Aztec,_13th-16th_century_-_Goddess_Plaque_-_1949.199_-_Cleveland_Museum_of_Art.tif

102 British Museum, CC BY-SA 4.0 <https://creativecommons.org/licenses/by-sa/4.0>, vía Wikimedia Commons https://commons.wikimedia.org/wiki/File:Double_headed_turquoise_serpentAztecbritish_museum.jpg

103 Sailko, CC BY 3.0 <https://creativecommons.org/licenses/by/3.0>, vía Wikimedia Commons https://commons.wikimedia.org/wiki/File:Mesoamerica,_puebla,_cholula,_mixteca-puebla_(nahua-mixteca),_ciotola_con_piede,_1200-1521_ca._02.jpg

104 Thomas Ledl, CC BY-SA 4.0 <https://creativecommons.org/licenses/by-sa/4.0>, vía Wikimedia Commons https://commons.wikimedia.org/wiki/File:Feather_headdress_Moctezuma_II.JPG

105 Danielllerandi, CC BY-SA 3.0 <https://creativecommons.org/licenses/by-sa/3.0>, vía Wikimedia Commons https://commons.wikimedia.org/wiki/File:Cuautinchan7.JPG

106 British Museum, CC BY-SA 3.0 <http://creativecommons.org/licenses/by-sa/3.0/>, vía Wikimedia Commons https://commons.wikimedia.org/wiki/File:Mictlantecuhtli-retouched.jpg

107 https://commons.wikimedia.org/wiki/File:Quetzalcoatl_and_Tezcatlipoca.jpg

108 Éclusette, CC BY 3.0 <https://creativecommons.org/licenses/by/3.0>, vía Wikimedia Commons https://commons.wikimedia.org/wiki/File:Mexico_-_Museo_de_antropologia_-_Tonatiuh_en_jarre_rouge.JPG

109 Anagoria, CC BY 3.0 <https://creativecommons.org/licenses/by/3.0>, vía Wikimedia Commons https://commons.wikimedia.org/wiki/File:2013-12-24_Coatlicue_anagoria.JPG

110 Fotógrafo: Manuel Aguilar-Moreno / CSULA Ulama Project, CC BY 2.5 <https://creativecommons.org/licenses/by/2.5>, vía Wikimedia Commons https://commons.wikimedia.org/wiki/File:Ulama_37_(Aguilar).jpg

111 Santi LLobet, CC BY 2.0 <https://creativecommons.org/licenses/by/2.0>, vía Wikimedia Commons https://commons.wikimedia.org/wiki/File:Indigenous_women_market.jpg

112 AlejandroLinaresGarcia, CC BY-SA 3.0 <https://creativecommons.org/licenses/by-sa/3.0>, vía Wikimedia Commons https://commons.wikimedia.org/wiki/File:AztecDanceRitualAsbaje08.jpg

113 https://commons.wikimedia.org/wiki/File:Flag_of_Mexico.jpg

114 Kmusser, CC BY-SA 3.0 <http://creativecommons.org/licenses/by-sa/3.0/>, via Wikimedia Commons https://commons.wikimedia.org/wiki/File:Mayamap.png

115 Madman2001 CC BY-SA 3.0 <http://creativecommons.org/licenses/by-sa/3.0/>, via Wikimedia Commons https://commons.wikimedia.org/wiki/File:Olmec_Heartland_Overview_4.svg

116 Maribel Ponce Ixba (frida27ponce), CC BY 2.0 <https://creativecommons.org/licenses/by/2.0>, via Wikimedia Commons https://commons.wikimedia.org/wiki/File:San_Lorenzo_Monument_3_crop.jpg

117 Mag2017, CC BY-SA 4.0 <https://creativecommons.org/licenses/by-sa/4.0>, via Wikimedia Commons https://commons.wikimedia.org/wiki/File:Se%C3%B1or_de_las_limas_2.jpg

118 Metropolitan Museum of Art, CC0, via Wikimedia Commons https://commons.wikimedia.org/wiki/File:Bird_Vessel_MET_DP23080.jpg

119 https://commons.wikimedia.org/wiki/File:La_Venta_Pir%C3%A1mide_cara_poniente.jpg

120 Glysiak, CC BY-SA 4.0 <https://creativecommons.org/licenses/by-sa/4.0>, via Wikimedia Commons https://commons.wikimedia.org/wiki/File:Olmeca_head_in_Villahermosa.jpg

121 No machine-readable author provided. MapMaster assumed (based on copyright claims)., CC BY-SA 3.0 <http://creativecommons.org/licenses/by-sa/3.0/>, via Wikimedia Commons https://commons.wikimedia.org/wiki/File:La_Venta_site_plan.png

122 Ruben Charles, (http://www.rubencharles.com), CC BY 2.0 <https://creativecommons.org/licenses/by/2.0>, via Wikimedia Commons

https://commons.wikimedia.org/wiki/File:La_Venta_Mosaic_(Ruben_Charles).jpg

123 Alexander Wetmore, CC0, via Wikimedia Commons https://commons.wikimedia.org/wiki/File:Matthew_and_Marion_Stirling_in_Veracruz,_Mexico.jpg

124 Audrey and George Delange, Attribution, via Wikimedia Commons https://commons.wikimedia.org/wiki/File:La_Venta_Stele_19_(Delange).jpg

125 Madman2001, CC BY-SA 3.0 <https://creativecommons.org/licenses/by-sa/3.0>, via Wikimedia Commons https://commons.wikimedia.org/wiki/File:Epi-Olmec_cultural_area.svg

126 HJPD, CC BY-SA 3.0 <https://creativecommons.org/licenses/by-sa/3.0>, via Wikimedia Commons https://commons.wikimedia.org/wiki/File:Tres_Zapotes_Monument_A.jpg

127 Madman2001, CC BY-SA 4.0 <https://creativecommons.org/licenses/by-sa/4.0>, via Wikimedia Commons https://commons.wikimedia.org/wiki/File:Larger_Southern_Maya_area_v3.svg

128 No machine-readable author provided. Authenticmaya~commonswiki assumed (based on copyright claims)., CC BY-SA 2.5 <https://creativecommons.org/licenses/by-sa/2.5>, via Wikimedia Commons https://commons.wikimedia.org/wiki/File:KaminalJuyu.jpg

129 Geoff Gallice from Gainesville, CC BY 2.0 <https://creativecommons.org/licenses/by/2.0>, via Wikimedia Commons https://commons.wikimedia.org/wiki/File:El_Mirador_5.jpg

130 Dennis Jarvis from Halifax, Canada, CC BY-SA 2.0 <https://creativecommons.org/licenses/by-sa/2.0>, via Wikimedia Commons https://commons.wikimedia.org/wiki/File:Flickr_-_archer10_(Dennis)_-_Guatemala_1828_-_La_Danta_at_the_Mayan_site_of_El_Mirador.jpg

131 Diego Delso, CC BY-SA 4.0 <https://creativecommons.org/licenses/by-sa/4.0>, via Wikimedia Commons https://commons.wikimedia.org/wiki/File:Cuadrangulo_de_las_monjas-Uxmal-Yucatan-Mexico0265.JPG

132 Tobias1983, CC BY-SA 3.0 <https://creativecommons.org/licenses/by-sa/3.0>, via Wikimedia Commons https://commons.wikimedia.org/wiki/File:MayaHouse.JPG

133 https://commons.wikimedia.org/wiki/File:God_D_Itzamna.jpg

134 AlejandroLinaresGarcia, CC BY-SA 3.0 <https://creativecommons.org/licenses/by-sa/3.0>, via Wikimedia Commons https://commons.wikimedia.org/wiki/File:LaPochotaChiapa1.jpg

135 User:R.123 Attribution-ShareAlike 2.5 Generic (CC BY-SA 2.5) https://creativecommons.org/licenses/by-sa/2.5/ via Wikimedia Commons, https://commons.wikimedia.org/wiki/File:El_Caracol_observatory.jpg

136 https://commons.wikimedia.org/wiki/File:ChichenItzaEquinox.jpg

137 Gary Todd, CC0, via Wikimedia Commons https://commons.wikimedia.org/wiki/File:Gulf_Coast_Classic_Period_Elongated_Skull_Deformed_for_Beauty.jpg

138 https://commons.wikimedia.org/wiki/File:CodexPages6_8.jpg

139 Kmusser, CC BY-SA 3.0 <http://creativecommons.org/licenses/by-sa/3.0/>, via Wikimedia Commons https://commons.wikimedia.org/wiki/File:Mayamap.png

140 chensiyuan, CC BY-SA 4.0 <https://creativecommons.org/licenses/by-sa/4.0>, via Wikimedia Commons https://commons.wikimedia.org/wiki/File:Tikal_mayan_ruins_2009.jpg

141 Elelicht, CC BY-SA 3.0 <http://creativecommons.org/licenses/by-sa/3.0/>, via Wikimedia Commons https://en.wikipedia.org/wiki/File:Nord_Akropolis_Tikal.jpg

142 Simon Burchell, CC BY-SA 3.0 <http://creativecommons.org/licenses/by-sa/3.0/>, via Wikimedia Commons https://en.wikipedia.org/wiki/File:Mundo_Perdido_pyramid_5C-54,_Tikal.jpg

143 https://commons.wikimedia.org/wiki/File:Map_Kaan_%26_Mutal.jpg

144 ant_mela, CC BY 2.0 <https://creativecommons.org/licenses/by/2.0>, via Wikimedia Commons https://commons.wikimedia.org/wiki/File:Calakmul95.jpg

145 Sailko, CC BY-SA 3.0 <https://creativecommons.org/licenses/by-sa/3.0>, via Wikimedia Commons https://commons.wikimedia.org/wiki/File:Messico,_maya,_piatto_da_calakmul,_600-800_ca..JPG

146 Gary Todd, CC0, via Wikimedia Commons https://commons.wikimedia.org/wiki/File:Classic_Maya_Stele_51,_Calakmul,_Campeche.jpg

147 No machine-readable author provided. Madman2001 assumed (based on copyright claims)., CC BY-SA 3.0 <http://creativecommons.org/licenses/by-sa/3.0/>, via Wikimedia Commons https://commons.wikimedia.org/wiki/File:Maya_site_northern_Yucatan_800_AD.svg

148 Salhedine, CC BY-SA 4.0 <https://creativecommons.org/licenses/by-sa/4.0>, via Wikimedia Commons https://commons.wikimedia.org/wiki/File:Cenote_Xtoloc_en_Chich%C3%A9n_Itz%C3%A1.jpg

149 Daniel Schwen, CC BY-SA 4.0 <https://creativecommons.org/licenses/by-sa/4.0>, via Wikimedia Commons https://commons.wikimedia.org/wiki/File:Chichen_Itza_3.jpg

150 Keith Pomakis, CC BY-SA 2.5 <https://creativecommons.org/licenses/by-sa/2.5>, via Wikimedia Commons https://commons.wikimedia.org/wiki/File:Templo_de_los_Guerreros.jpg

151 Bjørn Christian Tørrissen, CC BY-SA 3.0 <https://creativecommons.org/licenses/by-sa/3.0>, via Wikimedia Commons

https://commons.wikimedia.org/wiki/File:Chichen-Itza-Ballcourt-Panorama-2010.jpg

152 https://commons.wikimedia.org/wiki/File:Azulm6.jpg

153 https://commons.wikimedia.org/wiki/File:Postclassicguatemalahighlands.png

154 Pavel Vorobiev, CC BY-SA 3.0 <https://creativecommons.org/licenses/by-sa/3.0>, via Wikimedia Commons https://commons.wikimedia.org/wiki/File:Mayapan_%272010_-_31.JPG

155 Mabarlabin, CC BY-SA 3.0 <https://creativecommons.org/licenses/by-sa/3.0>, via Wikimedia Commons https://commons.wikimedia.org/wiki/File:Itza_Kingdom.jpg

156 https://commons.wikimedia.org/wiki/File:EstatuaAkumal.jpg

157 https://commons.wikimedia.org/wiki/File:Cortes-Hernan-LOC.jpg

158 https://commons.wikimedia.org/wiki/File:Soconusco.png

159 chensiyuan, CC BY-SA 4.0 <https://creativecommons.org/licenses/by-sa/4.0>, via Wikimedia Commons https://commons.wikimedia.org/wiki/File:Lago_de_Atitl%C3%A1n_2009.JPG

160 Simon Burchell, CC BY-SA 4.0 <https://creativecommons.org/licenses/by-sa/4.0>, via Wikimedia Commons https://commons.wikimedia.org/wiki/File:Chiapas_conquest_routes_1523_to_1525.png

161 https://commons.wikimedia.org/wiki/File:Bartolom%C3%A9_de_las_Casas_Regionum_355385740_MG_8829_A3-fl.tif

162 User:Vmenkov, CC BY-SA 3.0 <https://creativecommons.org/licenses/by-sa/3.0>, via Wikimedia Commons https://commons.wikimedia.org/wiki/File:Dzibilchalt%C3%BAn_-_Spanish_Church_-_P1110771.JPG

163 Madman2001 CC BY-SA 3.0 <http://creativecommons.org/licenses/by-sa/3.0/>, via Wikimedia Commons https://commons.wikimedia.org/wiki/File:Olmec_Heartland_Overview_4.svg

164 Till Niermann, CC BY-SA 3.0 <https://creativecommons.org/licenses/by-sa/3.0>, via Wikimedia Commons https://commons.wikimedia.org/wiki/File:Paddy_fields_Bahundanda_Nepal.jpg

165 https://commons.wikimedia.org/wiki/File:Teosinte_and_Modern_Corn_Comparison_(3745571067).jpg

166 The High Fin Sperm Whale, CC BY-SA 3.0 <https://creativecommons.org/licenses/by-sa/3.0>, via Wikimedia Commons https://commons.wikimedia.org/wiki/File:Black_obsidian.JPG

167 Zde, CC BY-SA 4.0 <https://creativecommons.org/licenses/by-sa/4.0>, via Wikimedia Commons https://commons.wikimedia.org/wiki/File:Early_Cyclydic_tools,_obsidian_blades,_3rd_mil_BC,_AM_Milos,_152366.jpg

168 Suffolk County Council, CC BY 2.0 <https://creativecommons.org/licenses/by/2.0>, via Wikimedia Commons

https://commons.wikimedia.org/wiki/File:A_patinated_flint_%27bruised%27_or_backed_blade,_of_possible_final_Upper_Palaeolithic_to_Mesolithic_date_(FindID_721027).jpg

169 Adam Jones from Kelowna, BC, Canada, CC BY-SA 2.0 <https://creativecommons.org/licenses/by-sa/2.0>, via Wikimedia Commons https://commons.wikimedia.org/wiki/File:View_over_Oaxaca_Valley_-_Monte_Alban_Archaeological_Site_-_Oaxaca_City_-_Oaxaca_-_Mexico_(6505660215).jpg

170 Daderot, CC0, via Wikimedia Commons https://commons.wikimedia.org/wiki/File:Bat_god,_Zapotec,_Period_III-A_-_Mesoamerican_objects_in_the_American_Museum_of_Natural_History_-_DSC06023.JPG

171 Madman2001 CC BY-SA 3.0 <http://creativecommons.org/licenses/by-sa/3.0/>, via Wikimedia Commons https://commons.wikimedia.org/wiki/File:Olmec_Heartland_Overview_4.svg

172 Deror_avi, CC BY-SA 3.0 <https://creativecommons.org/licenses/by-sa/3.0>, via Wikimedia Commons https://commons.wikimedia.org/wiki/File:Exhibits_at_the_National_Anthropology_Museum,_Mexico_City_IMG_7416.JPG

173 Utilisateur:Olmec CC BY-SA 3.0 <https://creativecommons.org/licenses/by-sa/3.0>, via Wikimedia Commons https://en.wikipedia.org/wiki/File:Cabeza_Colosal_n%C2%BA1_del_Museo_Xalapa.jpg

174 rosemania, CC BY 2.0 <https://creativecommons.org/licenses/by/2.0>, via Wikimedia Commons https://commons.wikimedia.org/wiki/File:San_Lorenzo_Colossal_Head_2,_from_Veracruz.jpg

175 Maribel Ponce Ixba (frida27ponce), CC BY 2.0 <https://creativecommons.org/licenses/by/2.0>, via Wikimedia Commons https://commons.wikimedia.org/wiki/File:San_Lorenzo_Monument_3_crop.jpg

176 Marshall Astor (Life on the Edge), CC BY-SA 2.0 <https://creativecommons.org/licenses/by-sa/2.0>, via Wikimedia Commons https://commons.wikimedia.org/wiki/File:San_Lorenzo_Monument_4_crop.jpg

177 Maunus·ƛ·, CC BY-SA 3.0 <https://creativecommons.org/licenses/by-sa/3.0>, via Wikimedia Commons https://commons.wikimedia.org/wiki/File:OlmecheadMNAH.jpg

178 Cdennis, CC0, via Wikimedia Commons https://commons.wikimedia.org/wiki/File:San_Lorenzo_Colossal_Head_7.jpg

179 Sergio Gonzalez, CC BY-SA 2.0 <https://creativecommons.org/licenses/by-sa/2.0>, via Wikimedia Commons https://commons.wikimedia.org/wiki/File:San_Lorenzo_Colossal_Head_8.jpg

180 Leslie Hazell, CC BY-SA 3.0 <https://creativecommons.org/licenses/by-sa/3.0>, via Wikimedia Commons https://commons.wikimedia.org/wiki/File:San_Lorenzo_Colossal_Head_10.jpg

181 Kåre Thor Olsen, CC BY-SA 2.5 <https://creativecommons.org/licenses/by-sa/2.5>, via Wikimedia Commons https://commons.wikimedia.org/wiki/File:Chich%C3%A9n_Itz%C3%A1_Goal.jpg

182 de:User:Sputnik, CC BY-SA 2.5 <https://creativecommons.org/licenses/by-sa/2.5>, via Wikimedia Commons https://commons.wikimedia.org/wiki/File:Pok_ta_pok_ballgame_maya_indians_mexico_3.JPG

183 No machine-readable author provided. MapMaster assumed (based on copyright claims)., CC BY-SA 3.0 <http://creativecommons.org/licenses/by-sa/3.0/>, via Wikimedia Commons https://commons.wikimedia.org/wiki/File:La_Venta_site_plan.png

184 https://commons.wikimedia.org/wiki/File:La_Venta_Pir%C3%A1mide_cara_poniente.jpg

185 https://commons.wikimedia.org/wiki/File:La_Venta_Complejo_A.jpg

186 Ruben Charles, (http://www.rubencharles.com), CC BY 2.0 <https://creativecommons.org/licenses/by/2.0>, via Wikimedia Commons https://commons.wikimedia.org/wiki/File:Altar_4_La_Venta_(Ruben_Charles).jpg

187 Adrian Hernandez, CC BY-SA 4.0 <https://creativecommons.org/licenses/by-sa/4.0>, via Wikimedia Commons https://commons.wikimedia.org/wiki/File:La_Mojarra_Estela_1_(Escritura_superior).jpg

188 Ruben Charles, (http://www.rubencharles.com), CC BY 2.0 <https://creativecommons.org/licenses/by/2.0>, via Wikimedia Commons https://commons.wikimedia.org/wiki/File:La_Venta_Mosaic_(Ruben_Charles).jpg

189 Audrey and George Delange, Attribution, via Wikimedia Commons https://commons.wikimedia.org/wiki/File:La_Venta_Stele_19_(Delange).jpg

190 Madman2001, CC BY-SA 3.0 <https://creativecommons.org/licenses/by-sa/3.0>, via Wikimedia Commons https://commons.wikimedia.org/wiki/File:Epi-Olmec_cultural_area.svg

191 Heraldry, GFDL <http://www.gnu.org/copyleft/fdl.html>, via Wikimedia Commons https://commons.wikimedia.org/wiki/File:Mexico_and_Central_America_(orthographic_projection).svg

192 https://unsplash.com/photos/dqtz7uLc2F4

193 https://unsplash.com/photos/eCySkpvdFhE

194 User:Luidger, CC BY-SA 3.0 <http://creativecommons.org/licenses/by-sa/3.0/>, via Wikimedia Commons https://commons.wikimedia.org/wiki/File:Telamones_Tula.jpg

195 Polimerek, CC BY-SA 3.0 <https://creativecommons.org/licenses/by-sa/3.0>, via Wikimedia Commons: https://commons.wikimedia.org/wiki/File:Teotihuacan_Pyramid_of_the_moon_3.jpg

196 El Comandante, CC BY-SA 4.0 <https://creativecommons.org/licenses/by-sa/4.0>, via Wikimedia Commons; https://commons.wikimedia.org/wiki/File:Acr%C3%B3bata_de_Tlatilco.JPG

197 Sailko, CC BY 3.0 <https://creativecommons.org/licenses/by/3.0>, via Wikimedia Commons; https://commons.wikimedia.org/wiki/File:Massico,_totonac,_remojadas_veracruz,_figura_di_comandante_seduto,_300-600_dc_ca.jpg

198 Jami Dwyer, CC BY-SA 2.0 <https://creativecommons.org/licenses/by-sa/2.0>, via Wikimedia Commons; https://commons.wikimedia.org/wiki/File:Teotihuacan_Feathered_Serpent_(Jami_Dwyer).jpg

199 Cleveland Museum of Art, CC0, via Wikimedia Commons; https://commons.wikimedia.org/wiki/File:Mexico,_Oaxaca,_Zapotec_Culture_-_Funerary_Urn_-_1944.78_-_Cleveland_Museum_of_Art.tif

200 HJPD, CC BY-SA 3.0 <https://creativecommons.org/licenses/by-sa/3.0>, via Wikimedia Commons; https://commons.wikimedia.org/wiki/File:TableroTalud.jpg

201 https://commons.wikimedia.org/wiki/File:Teotihuacan_stone_mask_Soleil_de_nuit_lot31.jpg

202 Luis Alvaz, CC BY-SA 4.0 <https://creativecommons.org/licenses/by-sa/4.0>, via Wikimedia Commons; https://commons.wikimedia.org/wiki/File:Popocat%C3%A9petl_desde_el_este_(Puebla)_03.jpg

203 Carlos Alonso Caballero Vallejo, CC BY-SA 4.0 <https://creativecommons.org/licenses/by-sa/4.0>, via Wikimedia Commons; https://commons.wikimedia.org/wiki/File:Osamentas_en_Teotihuac%C3%A1n.jpg

204 Renê Millon, CC BY-SA 4.0 <https://creativecommons.org/licenses/by-sa/4.0>, via Wikimedia Commons; https://commons.wikimedia.org/wiki/File:Teotihucan_layout.gif

205 Wolfgang Sauber, CC BY-SA 3.0 <https://creativecommons.org/licenses/by-sa/3.0>, via Wikimedia Commons; https://commons.wikimedia.org/wiki/File:Teotihuac%C3%A1n_-_Modell_Stadt_2.jpg

206 Adrian Hernandez, CC BY-SA 4.0 <https://creativecommons.org/licenses/by-sa/4.0>, via Wikimedia Commons; https://commons.wikimedia.org/wiki/File:Tetitla_Diosa_de_Jade.jpg

207 YoelResidente, CC BY-SA 4.0 <https://creativecommons.org/licenses/by-sa/4.0>, via Wikimedia Commons; https://commons.wikimedia.org/wiki/File:Mural_Tetitla.jpg

208 Armineaghayan, CC BY-SA 4.0 <https://creativecommons.org/licenses/by-sa/4.0>, via Wikimedia Commons; https://commons.wikimedia.org/wiki/File:Wiki_Loves_Pyramids,_Wikimania15,_ArmAg_(16).JPG

209 Wolfgang Sauber, CC BY-SA 3.0 <https://creativecommons.org/licenses/by-sa/3.0>, via Wikimedia Commons; https://commons.wikimedia.org/wiki/File:Teotihuac%C3%A1n_-_Palacio_de_Atctelco_Wandmalerei_3.jpg

210 UNESCO / Dominique Roger, CC BY-SA 3.0 IGO <https://creativecommons.org/licenses/by-sa/3.0/igo/deed.en>, via Wikimedia Commons; https://commons.wikimedia.org/wiki/File:Painting,_Mexico_-_UNESCO_-_PHOTO0000001337_0001.tiff

211 Madman, CC BY-SA 3.0 <http://creativecommons.org/licenses/by-sa/3.0/>, via Wikimedia Commons; https://commons.wikimedia.org/wiki/File:Remojadas_Wheeled_Figurine.jpg

212 https://commons.wikimedia.org/wiki/File:Tripod_Vessel_with_Image_of_Tlaloc_LACMA_AC1993.217.16.jpg

213 https://commons.wikimedia.org/wiki/File:Tepantitla-Mountain-of-Abundance_mural.jpg

214 Thomas Aleto from Riverside, PA, CC BY 2.0 <https://creativecommons.org/licenses/by/2.0>, via Wikimedia Commons; https://commons.wikimedia.org/wiki/File:Great_Goddess_of_Teotihuacan_(T_Aleto).jpg

215 https://commons.wikimedia.org/wiki/File:Tepantitla-Mountain-of-Abundance_mural.jpg

216 Sigvald Linné, CC0, via Wikimedia Commons; https://commons.wikimedia.org/wiki/File:Arkeologiskt_f%C3%B6rem%C3%A5l_fr%C3%A5n_Teotihuacan_-_SMVK_-_0307.q.0070.tif

217 Madman2001, CC BY-SA 3.0 <http://creativecommons.org/licenses/by-sa/3.0/>, via Wikimedia Commons; https://commons.wikimedia.org/wiki/File:Lake_Texcoco_c_1519.png

218 Wikipedia Loves Art participant "artifacts", CC BY 2.5 <https://creativecommons.org/licenses/by/2.5>, via Wikimedia Commons; https://commons.wikimedia.org/wiki/File:WLA_lacma_Teotihuacan_jadeite_male.jpg

219 لا روسا, CC BY-SA 4.0 <https://creativecommons.org/licenses/by-sa/4.0>, via Wikimedia Commons; https://commons.wikimedia.org/wiki/File:Huehueteotl,_Teotihuac%C3%A1n.JPG

220 Cleveland Museum of Art, CC0, via Wikimedia Commons; https://commons.wikimedia.org/wiki/File:Clevelandart_1965.20_(cropped).jpg

221 Dennis Jarvis from Halifax, Canada, CC BY-SA 2.0 <https://creativecommons.org/licenses/by-sa/2.0>, via Wikimedia Commons; https://commons.wikimedia.org/wiki/File:Mexico-3401_(2213945451).jpg

222 Cleveland Museum of Art, CC0, via Wikimedia Commons; https://commons.wikimedia.org/wiki/File:Clevelandart_1963.252_(cropped).jpg

223 Arian Zwegers, Brussels, Belgium, CC BY 2.0 <https://creativecommons.org/licenses/by/2.0>, via Wikimedia Commons; https://commons.wikimedia.org/wiki/File:Teotihuacan,_Citadel,_Temple_of_the_Feathered_Serpent_(20686669345).jpg

224 https://commons.wikimedia.org/wiki/File:Dark_Rift_2012.jpg

225 HighVibrationStation, CC BY-SA 4.0 <https://creativecommons.org/licenses/by-sa/4.0>, via Wikimedia Commons; https://commons.wikimedia.org/wiki/File:Teotihuacan_Pyramid_of_the_sun_from_the_front.jpg

226 Gary Todd, CC0, via Wikimedia Commons; https://commons.wikimedia.org/wiki/File:Teotihuacan_Ceramic_Vessel_of_Storm_God_Tlaloc,_Valley_of_Mexico,_150_BC-750_AD.jpg

227 Jorge Láscar from Australia, CC BY 2.0 <https://creativecommons.org/licenses/by/2.0>, via Wikimedia Commons; https://commons.wikimedia.org/wiki/File:Lascar_Pir%C3%A1mide_de_la_Luna_(Pyramid_of_the_Moon)_(4567206968).jpg

228 H. Grobe, CC BY 3.0 <https://creativecommons.org/licenses/by/3.0>, via Wikimedia Commons; https://commons.wikimedia.org/wiki/File:Stela_4,_Tikal,_Guatemala_detail_photographed_1980.jpg

229 DuendeThumb, CC BY-SA 3.0 <https://creativecommons.org/licenses/by-sa/3.0>, via Wikimedia Commons; https://commons.wikimedia.org/wiki/File:Yax_Kuk_Mo.jpg

230 Madman2001, CC BY-SA 3.0 <http://creativecommons.org/licenses/by-sa/3.0/>, via Wikimedia Commons; https://commons.wikimedia.org/wiki/File:Classic_sites_1.svg

231 https://commons.wikimedia.org/wiki/File:Four_Aztec_Warriors_in_Drawn_in_Codex_Mendoza.jpg

232 https://commons.wikimedia.org/wiki/File:Pr%C3%ADncipe_Moctezuma_el_Joven_llegando_al_rescate_de_los_mercaderes_sitiados_en_Ayotlan,_en_el_folio_6r_del_libro_IX.png

233 https://commons.wikimedia.org/wiki/File:Nezahualcoyotl.jpg

www.ingramcontent.com/pod-product-compliance
Lightning Source LLC
Chambersburg PA
CBHW070054070526
44107CB00160B/390